象山港跨海大桥　　　　2013 年 12 月 28 日，蒋曼儒摄

石浦港一隅

2012 年摄

2008年12月30日上午，时任浙江省委常委、宁波市委书记巴音朝鲁在象山港北岸横山码头塘坝上宣布大桥及接线工程开工并启动开工按钮

2012 年 12 月 28 日，象山港大桥举行通车仪式，时任省委常委、宁波市委书记王辉忠（右五），宁波市委副书记、市长刘奇（右四）等出席

2012 年 3 月 16 日，时任象山县委书记李关定在环象山港公路工程开工典礼上致辞

2008 年 9 月 19 日，时任县委书记周江勇（左二）、县长李关定（左三）在三门口大桥通车典礼分别致辞

2010 年 12 月 28 日，中心城区公交新线路开通暨新车投放仪式

北渔山灯塔　　2012 年摄

石浦三千吨级对台贸易码头　　2012 年摄

西泽轮渡码头　　2012 年摄

郭家山隧道　　2012 年摄

Xiangshanxian Jiaotongzhi

象山县交通志

《象山县交通志》编审委员会编纂小组　编

人民交通出版社股份有限公司
China Communications Press Co.,Ltd.

内 容 提 要

《象山县交通志》系象山县交通运输局主持编纂之地方资料性文献，全书分六编一丛录，约 80 万字。它以翔实的资料，丰富的内容，全面记述了象山自公元 706 年立县至 2010 年交通发展史，重笔浓彩地突出了新中国成立后，尤其是改革开放以来，在党和各级政府领导下，通过广大交通干部职工之努力及全社会支持和配合，象山交通基础设施建设日新月异、突飞猛进之巨大变化。真实记录了象山交通人吃苦耐劳、开拓奋进、攻坚克难之精神风貌，有力佐证了交通事业在地方经济建设和社会发展中发挥的先行官作用。

图书在版编目(CIP)数据

象山县交通志/《象山县交通志》编审委员会编纂小组编.—北京：人民交通出版社股份有限公司，2014.7

ISBN 978-7-114-11525-7

Ⅰ.①象… Ⅱ.①象… Ⅲ.①交通运输业-概况-象山县 Ⅳ.①F512.755.4

中国版本图书馆 CIP 数据核字(2014)第 151480 号

书　　名：象山县交通志
著 作 者：《象山县交通志》编审委员会编纂小组
责任编辑：张征宇　刘永芬　陈鹏
出版发行：人民交通出版社股份有限公司
地　　址：(100011)北京市朝阳区安定门外外馆斜街 3 号
网　　址：http://www.ccpress.com.cn
销售电话：(010)59757973
总 经 销：人民交通出版社股份有限公司发行部
经　　销：各地新华书店
印　　刷：北京天宇万达印刷有限公司
开　　本：787×1092　1/16
印　　张：34.5
插　　页：5
字　　数：801 千
版　　次：2014 年 8 月　第 1 版
印　　次：2014 年 8 月　第 1 次印刷
书　　号：ISBN 978-7-114-11525-7
定　　价：150.00 元

《象山县交通志》编审委员会

主　任：袁廷春

副主任：邓夫琪　黄建国　杜建民　张赛君　包春成
龚根宝　蒋连红　朱建新　蒋宪曙

委　员：徐　勇　吴志杰　石　坚　肖方刚　蒋小平
郑　飞　韩　晖　闻吉祥　周松青

顾　问：林志龙　竺桂良

《象山县交通志》编纂小组

组　长：杜建民

副组长：蒋宪曙　徐　勇

主　编：吴开楠

编　辑：杨武良　林德盛

采　访：王　慰　王　敏　俞胜才　蔡海江　练　煜　陈志友
陈英宽　陈佳林　张优利　张晨博　朱永平

图　照：陈锦艳　杨武良

校　对：吴开楠

审稿单位：宁波市交通志编审委员会

序

交通的演绎和进化，记录着时代的变迁与发展。此次修志，不仅是交通事业发展的实际需要，也是时代赋予我们的神圣使命。以史为鉴，可晓得失；以志为鉴，可知兴衰。20世纪90年代初，第一部《象山县交通志》问世。弹指一挥间，飞逝二十余载。今欣闻《象山县交通志》再版，可喜可贺。

象山于唐神龙年间建县，居浙江省中部沿海，位于象山港与三门湾之间，是个美丽而富有文化底蕴的地方，人杰地灵。但，“山海阻隔”曾经困扰了无数代象山人前进的步伐。多年来，我们秉承“海纳百川，勇立潮头”精神，用自己的智慧和汗水，砥砺奋进，艰苦卓绝，从解放初仅有一条“杭象国道”公路到如今外拥“高速路网”、内有“快捷通道”的现代化大交通格局。特别新世纪以来，象山交通建设投资逐年攀高，交通路网日趋完善，使一个“海道隔越、陆道艰险”，“大岭一百廿、小岭一百八”，一路穿陆的半岛县，初步实现了“路面高级或次高级化、越岭隧道化、海岛陆岛化”。伴随着今年象山港大桥的建成通车，天堑变通途，一桥飞架，千年圆梦，象山将快步踏入桥海时代。

此《象山县交通志》遵宗效法，体例规范，编排科学，结构严谨，文风朴实，语言精练，是一部好志，传之后世，可鉴可用。

俱往也，数辉煌还看今朝。象山交通必将承载桥海时代的希冀，一路高歌，突飞猛进，创造更为灿烂的明天。付梓在即，略抒胸臆。是为序。

序

凡　例

一、《象山县交通志》是一部统合古今、详今明古的专业志书，旨在资政、教化、存史，以鉴后世，从中吸取经验、教训，以推动地方交通事业发展。

二、本志遵循辩证唯物主义和历史唯物主义原则，存真求实，力求思想性、科学性与资料性的统一，全面客观地反映象山交通的发端、发展与现状。记事上限不拘，下限2010年，重要史实延至书稿付印前。

三、本志除大事记为编年体与记事本末体外，采用记叙体，横排纵述，以概述全貌、条述重点、表列一般，分编、章、节、目、子目撰写；特殊时期要事设专记、附记。

四、本志述、记、志、传、图、表、录七体并用，以志为主。除概述叙议结合外，余皆述而不议，寓观点于记叙中。

五、纪年采用公元纪年括注历史纪年，大事记并列公元与历史纪年。"解放前后"以1949年7月8日象山解放为界；"新中国成立前后"以1949年10月1日中华人民共和国成立为界。

六、本志遵循"生不立传"原则，凡对象山交通事业有突出贡献及重大影响的已故者，按卒年先后为序，列传简介生平。在世先进模范人物以事系人，散记相关章节。

七、本志所涉各类名称，新中国成立前用旧称，必要时括注今称；新中国成立后首次出现用全称，后概简称。彩色图照置卷首，黑白图照随文而设，且加注说明文字。

八、本志所涉计量单位，古近代沿用旧制，必要时括注法定计量单位。现代采用公制，单位用汉字，数量用阿拉伯数字。

九、入志资料取自正史、旧志、档案、书籍、报刊、碑铭、调查踏勘等，一般不注明出处。解放后数据采用统计部门或相关部门统计资料。

目　　录

第二编　交通设施

第三编　交通运输

第四编　交通管理

第五编　交通工业与科技培训

第六编　人物传录

从　　录

概　述

象山县居长三角地区南缘、浙江省中部沿海，位于象山港与三门湾之间，三面环海、多港湾，地处北纬28°45′22″.08～29°43′11″.55，东经121°34′05″.43～122°51′48″.82。由本土象山半岛和沿海656个岛礁组成，陆地面积约1382平方公里，海域面积约6618平方公里，沿海岸线长860余公里。素有"海山仙子国"和"天然氧吧"美誉。2006年，被评为全国生态示范区。继而陆续建成渔山列岛国家级海洋生态特别保护区、韭山列岛国家级自然保护区和国家级海洋渔文化生态保护实验区，成为全国唯一拥有3个国家级保护区之县域经济体。2010年，全县总人口54万，生产总值2717348万元，财政一般预算收入351616万元。

春秋时象山为越国鄞地，秦、汉属鄞县地。两晋、南北朝分属宁海、鄞县。公元706年(唐神龙二年)立县，治彭姥村，村西北有山，形如伏象，故名象山，隶台州。764年(唐广德二年)改隶明州。南宋升明州为庆元府，元改庆元路，明改宁波府，清沿明制，象山均为属县。民国初，象山属会稽道。1949年7月8日解放，属宁波专区，1954年4月属舟山专区。1958年10月，宁海县并入，象山转隶台州专区。1959年1月，台州专区撤销，象山回属宁波专区。1961年10月宁海、象山分治。1983年7月，宁波地市合并，象山为市属县。今县治丹城，辖丹东、丹西、爵溪3街道，石浦、西周、鹤浦、贤庠、墙头、泗洲头、定塘、涂茨、大徐、新桥10镇，东陈、晓塘、黄避岙、茅洋、高塘岛5乡。

县南南田诸岛，明初为"封禁之地"，1875年(清光绪元年)开禁。1909年(清宣统元年)置南田抚民厅，辖南田、高塘、花岙、坦塘、对面山、檀头山、南北渔山8岛。1912年(民国元年)置南田县，治樊岙。1940年(民国29年)撤县，为三门县南田区。1952年4月，南田析归象山。

本土象山半岛，南北狭长，三面环海，一路穿陆。北界象山港与鄞州、奉化相望，西与宁海县接壤，东濒乱礁洋、大目洋，南临猫头洋，岳井洋、西沪港分别由南北楔入。岸线曲折，岬湾相间，大陆岸线约322公里，海岛岸线约541公里。海域辽阔，岛屿星列，水道纵横，港湾优良，以象山港、石浦港、三门湾尤著，位置适中，为南北海上交通必经区域。

天台山脉，蜿蜒东来。境内最高为东搬山，海拔810.8米，雄踞宁海、象山两县间。地势由西北向东南倾斜，低山丘陵为主，约793平方公里，占总面积67.5%。平原狭小，错落其间，北南庄、南定山两平原较大，多海积经围垦而成，夙有"七山一水二分田"之称。溪流密布，源头短促，多独注入海。亚热带季风性湿润气候，无祁寒酷暑，春夏之际多梅雨，夏秋之交多台风，为全年两个降雨高峰期。五狮山东西走向，分全境为南北两片，自成体系。北以丹城为中心，南以石浦为枢纽，两地陆道相距45公里，其间"九岭十八亭"。历史上受自然环境制约，交通不便，非军、公、讼、伕运，往来极少。

立县以来，府县交通，水道为便。陈山、姜屿、湖头，昔皆私渡。1164年(宋隆兴二年)主簿赵彦逾造二大舟，篙师28名，往来于陈山与奉化东宿间，始有官渡。明开黄溪、淡港两渡，清开西泽、西周等渡。清末，宁波、象山间通小轮，民渡渐衰。五狮山、东溪岭一线以南习称下南乡,主海上交通,石浦为海运中心。“佛头峰上娟娟月,曾送开元番客船。”足证唐时已有海舶往来。宋置东门寨,元设巡检司,明迁昌国卫并置石浦前、后千户所。其地为“日本之贡道,番舶所羁留”。1406年(明永乐四年),侍郎俞士吉出使日本,由石浦南关桥发舟,诚可谓“一出东门便十洲”。

明初沿海封禁,清初“沿海居民,皆迁内地,离海三十里”。至光绪初年,南田开禁,海运始有转机。1880年(清光绪六年),僧显德建灯塔于三门山。1895年(清光绪二十一年),上海海关在北渔山建造灯塔,时称远东第一大灯塔。嗣后,石浦始建永川、永利码头,沪、甬航行台、温、闽间商轮,纷纷弯埠石浦。民国初,石浦新建达兴、鹤浦码头,客轮通航三门海游、宁海越溪及境内西南等地。1940年(民国29年)春,宁波封港,上海运往内地棉布、药品等,一度悉由石浦中转,投入沪石间航船不下30艘,故货栈、报关行、运输行一时林立,特设海关分卡,至石浦沦陷止。

旧时,陆上设馆驿,明初始置邮铺17处,清设急递铺18处。民间道路,以驿道为干线,铺以卵石,称弹石路,民国时,村村相通。逾山有岭,谚“大岭一百廿,小岭一百八”。遇水架桥,民国《象山县志》、《南田县志》载,大小桥梁473座。五里一亭,供行旅憩息。1935年(民国24年)2月,首建县城至西泽公路,长18.64公里,称象西国防公路,1938年(抗日战争第二年)政府下令掘毁。1947年(民国36年)初修复。解放后,1956年修建丹城至白墩码头公路10公里。1958年,宁海至象山公路竣工,俗称宁西公路,境内段52.8公里。1969年建茅洋至石浦公路,长47.6公里,丹城至石浦陆道畅通。1975年,全县有公路10条,总长201.6公里。1978年,丹城至宁海梅林公路建成,称象西线,缩短县城至宁波里程27公里。1985年修通沙岗至石浦公路,较茅石线缩短丹城距石浦29公里。同年,泗洲头至马岙大麦塘公路建成,是年除个别海岛乡(檀头山、东门)外,实现乡乡通公路。次年,鹤浦至樊岙、高塘至港口码头两公路竣工验收,结束南田、高塘两岛无公路历史。20世纪80年代始,勃兴水泥路、沥青路等高级次高级路面修建。1986年,梅(林)丹(城)公路改造,象西线象山段首次改建二级水泥路。1988年,境内公路417.59公里,其中省道141.06公里,县道184.32公里,乡道65.91公里,专用道26.3公里。1992年,象西公路彭姥岭、蚶岙岭两隧道相继开通,出入象山不再翻山越岭。1999年底,象西线象山段建成沿海国道主干线象山连接线一级公路,境内始有首条高等级公路。2004年,巨爵线、沿海南线一级公路相继建成。2006年,全县490个行政村皆通等级公路。2010年末,境内公路总里程1187.373公里,其中省道135.46公里、县道266.102公里、乡道191.746公里、村道580.238公里、专用道13.827公里。每百平方公里公路密度为85.48公里。著名公路桥有蜊门港、浮礁渡、铜瓦门、三门口及在建的象山港大桥等。公路隧道有彭姥岭、蚶岙岭、高架岭、史家山、北山、松岙、旦门等40座,计长13151.15米,列全省各县之首。

1935年(民国24年),境内始有宁穿汽车公司雪佛兰汽车(环座)2辆,行驶丹城至西泽公路。1947年(民国36年)9月,象山永安汽车公司福特牌车1辆,经营丹城至西泽客运。解放后,境内客货汽车渐增。改革开放前,汽车客运由县汽车站独家经营。货运以专业交通运输部门为主,运力不足。1983年始,客货运输多家经营,允许城乡个体或联户购置机动车及拖拉机参与运输。1988年,民用机动车7224辆,其中:大型客车79辆,小型客车294辆,大型货车243辆、3160吨,特种车34辆,专用车34辆,摩托车621辆,简易机动车907辆、

954 吨,轮式拖拉机 5012 辆。陆上客运量 566.58 万人次,货运量 102.54 万吨。其年,象山汽车总站日发客车 69 班次,其中县内 55 班次,奉化 1 班次,宁波 8 班次,宁海 4 班次,杭州 1 班次。无跨省班线。2010 年末,全县拥有营运载客汽车 1055 辆,16620 客位。完成客运量 2220 万人次,旅客周转量 98710 万人公里。拥有营运货车 2612 辆、8145 吨位。其中普通货车 1683 辆、5069 吨,厢式货车 758 辆、1825 吨,冷藏保温、罐式装置等专用货车 112 辆、1251 吨,牵引车 59 辆。完成货运量 680 万吨,货物周转量 157870 万吨公里。是年,跨省客运班线有通往上海、南京、武汉、山东、安徽、湖北、福州、广州等 14 条线,日发 21 个班次;跨市班线 22 条,日发 50 个班次;跨县班线 22 条,日发 278 个班次。

石浦港四岛环抱,五门罗列,面积 27 平方公里,可容渔船万余艘,昔为"浙洋中路重镇",兼擅渔港、商港、军港之胜。1900 年(清光绪二十六年),石浦老道头北建永川码头,俗称老码头。1905 年(清光绪三十一年),石浦新道头北建永利码头,俗称新码头。1952 年,华东区海运管理局宁波分局于达兴码头原址修建 300 吨级浮(趸船)码头,称石浦第一码头。1965 年在石浦天妃宫前建 1500 吨级浮码头,称石浦第二码头。1968 年建鹤浦框架式码头,继建港口、三门口、鹤浦浮码头,但港区及码头依然狭小。1982 年起,在番头建新港区,1985 年 3 月首期工程竣工,建成 1000 吨级框架式码头,设计年货物通过能力 20 万吨。石浦第一、第二码头改作客运专用。沿海各省市及台湾各类船舶,常进港避风。1987 年,入港台轮 1821 艘次,接待台胞 15555 人次,占全国接待总数 40%。本县籍货轮北航辽宁营口,南通广西龙门,西溯湖北沙市,年货物吞吐量达 40 万吨。客运定期航线通椒江市、沈家门、三门海游、健跳、宁海越溪及境内各埠;1989 年 10 月沪石航线通航。1991 年 4 月,石浦 3000 吨级对台专用码头建成,可停泊台轮 9 艘,设计年货物通过能力 20 万吨。1995 年 9 月,连接南田岛与高塘岛之蜊门港大桥建成,为国内首座预应力组合桁架单拱型跨海大桥。1996 年 1 月,石浦至鹤浦汽车轮渡通航,结束县境内最大岛屿与大陆不通汽车历史。2002 年 5 月,铜瓦门大桥竣工,从此,东门岛居民摆脱出门靠渡船困境。同年,石浦金星至高塘岛汽渡通过验收,行程 15 分钟。2004 年石浦至渔山岛客轮开通,航程 2 小时 20 分。2008 年 9 月,三门口跨海大桥建成通车,南田、高塘两岛与大陆实现"无缝对接",岛上 7 万居民出行无须再赖渡船。2009 年 3 月,《宁波—舟山港总体规划》出台,明确石浦港规划港口岸线为 45.7 公里,主要功能定位以煤炭、杂货等物资运输为主,并为陆岛交通和沿海客运服务。

象山港沿岸主要港埠为西泽、白墩、西沪港。西泽为通往鄞、甬要津,1840 年(清道光二十年)开渡,1961 年始由县运输公司经营渡运,翌年改县航运公司经营,1966 年建岸壁式突堤码头。另有小轮通航舟山六横岛,其他如乌屿山至鄞县横山,横里至奉化湖头渡,淡港至奉化石沿,下沈至奉化桐照,柴溪至宁海峡山、奉化桐照,均有小机动船营运。1988 年 7 月,西泽轮渡通航,为象山至宁波第二通道,较象西线缩短路程 48 公里。2003 年 10 月,大唐国际发电股份有限公司之乌沙山发电厂,在象山港南岸西周镇落成,为全省五大百亿工程项目之一,2004 年建成 35000 吨级卸煤及 3000 吨级综合码头各 1 座,设计年货物通过能力 600 万吨。2007 年 7 月,宁波杭钢富春管业有限公司 5000 吨级码头在贤庠镇北竣工,设计年货物通过能力 55 万吨。2009 年 1 月,西泽轮渡西 5000 吨级货运码头建成,设计年货物通过能力 25 万吨。是年 3 月,《宁波——舟山港总体规划》明确,象山港规划港口岸线共 45 公里,涉及西周等 4 个作业区,主要功能近期为散杂货运输和电厂煤炭接卸,远期兼顾集装箱运输。2010年底,位于乌沙山电厂西的象山海螺水泥有限公司5000吨级码头投入使用,设计年货物通过能力483万吨。至此,彻底改变境内北部地区码头等级低下,装卸、仓储、堆场等设施简陋旧貌。白墩位于象山港的内港西沪港东岸,向为县城海上门户,1956年重建码头。原有客轮通航宁波、舟山,因淤浅日甚,1978年停航。西沪港口小腹大,为一封闭型港湾,港汊纷陈,有山下、墙头、黄溪等港,候潮出入。入口处称高泥港,全长5公里,宽1~1.5公里,水深10~20米,建1000吨级以上码头多处,可停泊3000吨级海轮。

境内航道190海里,设航标88座,皆装半导体日光自动开关及自动换泡器,以太阳能、风能发电,部分还配雷达、无线电装置。船舶逐步更新,由小吨位木帆船向大吨位钢质船发展。1988年,拥有客轮17艘,2569客位,完成客运量81.66万人次,1058.37万人公里;拥有货船231艘,载重15773.5吨,完成货运量68.64万吨,23881.76万吨公里。1993年10月,县航运公司1400吨级"繁象"冷藏船首航日本。1994年,定塘镇宁波站村联合村民船舶,首建荣宁船务公司,为省内首家村级海运企业。不久,船队驶及长江中下游及国内沿海,被誉"浙江海运第一村"。1997年,县航运公司"金飞鱼"轮活鱼运输船成功首航韩国。1998年10月,县内有史以来最大货轮,县海运总公司"腾兴2"轮投入营运,载货能力4000吨以上。2007年5月,永正海运公司置16000吨货船1艘,载重刷新县内记录。2008年1月,县博大船业有限公司打造的22500吨散货船在鹤浦船舶修造基地顺利下水,属县内造首艘最大吨位船舶。同年5月,县新乐船厂打造的16500吨"阿丽娅"轮Ⅱ类化学品船,获全省首艘具有自主知识产权船舶。同月,县东红船业有限公司成功打造23000吨散货船,吨位再创县内新高。是年,境内建成石浦打鼓峙、鹤浦万寿塘、涂茨干门港三大船舶修造基地,全县拥有注册船厂35家。2010年,全县拥有营运船舶130艘,其中沿海客轮及车、客渡轮19艘,1819客位、108车位;沿海货轮111艘,内含万吨级以上货轮34艘,总运力68.8万吨。完成客运量75万人次,旅客周转量532万人公里;货运量2028万吨,货物周转量2306753万吨公里。

20世纪90年代始,交通基础设施建设突飞猛进,成为全县现代化建设"先行官"。象山交通从"海道隔越、陆道艰险"瞬间变为越岭隧道化,海岛陆岛化,路面高级、次高级化。至2005年,顺利实现境内交通状况从"明显缓解"到"基本适应"之历史性转变,并确定今后交通工作思路,即构建大交通、融入大都市,初步实现交通适度超前经济建设与社会发展之要求。2008年末,盼望已久的象山港大桥及接线工程隆重开工。2012年底正式通车,象山县交通末梢地位得以彻底改变,真正实现宁波半小时、上海三小时之长三角经济区梦想。

大　事　记

公元629年　唐贞观三年

宁海县健跳(今属三门县)有六市船(每逢农历集市开船,月往返6航次,故称六市船)通航东关(今石浦东关)。

1066年　宋治平三年

县令林旦在墙头西沪港东南岸跳头嘴筑墙头渡,渡舟可由象山港至奉化石堰往返。

1080年　宋元丰三年

高丽使朴寅亮航海至象山,尉张中以诗送之,有司劾小官不当外交使客。(宋宝庆《四明志》载:新罗岙山,旧传新罗国人泊舟于此)。

1164年　宋隆兴二年

主簿赵彦逾筹资督建巨舟二艘,设篙手28名,航行于陈山与奉化东宿渡之间,为官渡之始。

1195年　宋庆元元年

县令赵善与复置陈山驿。水陆兼程自姜屿渡过港、越道成岭至鄞县横溪达明州。

1223年　宋嘉定十六年

智门院僧师哲建后倚驿亭、西沙岭驿亭。

1384年　明洪武十七年

信国公汤和巡视浙东沿海,封禁南田8岛108岙,居民内遣,遂空其地。

1389年　明洪武二十二年

汤和过姜屿渡,檄奉化县置船3艘,渡工6名,航行于姜屿与奉化湖头渡之间。遂革陈山渡。

1394年　明洪武二十七年

始置邮铺18处。

1406年　明永乐四年

礼部侍郎俞士吉出使日本,由石浦南关桥发舟。

1465—1487年　明成化间

重修儒雅洋桥,改名欧阳桥。

1490年　明弘治三年

蛎港上游建蛎港桥,后命名“仁德桥”。

1493年　明弘治六年

知县郑琳督建海口大桥。

1506—1521年　明正德间

义官王玉重建石浦南关桥。

1566年　明嘉靖四十五年

五月二十四日,飓风大发,坏船百余艘。

1602 年　明万历三十年

西周村民周时策等倡建镇瀛桥。

1607 年　明万历三十五年

县令吴学周督修大溪桥(今大溪蒋桥)。

1661 年　清顺治十八年

沿海居民奉命内迁,离海 30 里,近海要口皆树木栅,以禁船只出入。康熙间展复。

1684 年　清康熙二十三年

黄溪渡改达奉化十庙碶。

1693 年　清康熙三十二年

复开陈山渡。

1724 年　清雍正二年

七月,海啸,商旅漂没,改渡于翔鹤潭。发爵溪渔船为渡船。

1744 年　清乾隆九年

宁海尼一修倡建蛎江桥,道光间圮,光绪间重建。

1756 年　清乾隆二十一年

六月十八日,西乡民夜渡奉化茅山进香,船触礁沉没,死 40 人。

1757 年　清乾隆二十二年

协镇李大伦倡修东溪岭路及路亭。

1775 年　清乾隆四十年

贤庠镇东塘河上游槐溪上,里人俞惟仁重修徐施桥。

1776 年　清乾隆四十一年

商人沈文肇捐修黄溪渡上、下道头。

1790 年　清乾隆五十五年

县人董尔成在墙头镇黄溪村东北跨皃溪建清水桥,又名青龙桥。1835 年(道光十五年)、1864 年(同治三年)、1882 年(光绪八年)重修。桥东有五层石塔,西有碑亭,民国时均圮。

1796—1820 年　清嘉庆间

白查渡(今蛎江埠)始有航船通宁海之海游(今三门县城)。

1814 年　清嘉庆十九年

邑人周光第悯渡者夜间登岸艰难,建普照亭于黄溪埠,并设路灯。

1817 年　清嘉庆二十二年

方家岙村东北跨大雷溪建瑞安桥。1843 年(道光二十三年)水毁;1870 年(同治九年)里人欧起模募建高桥,原条石平桥改为单孔乱石拱桥,跨径 11 米,为境内单孔最大跨径古石拱桥。2007 年 10 月,列入第六批象山县级文物保护对象,至今完好。

1821 年　清道光元年

里人石承震、郑和光等筹建大地园管溪桥。

1824 年　清道光四年

邑人伊昭廉捐修彭姥岭、西沙岭路。

许绍捐修东溪岭南至东溪岭脚凉亭段、励观岳募修东溪岭北段弹石路,全长1357米,宽1.5~2米。岭头海拔230.2米,历为县城通石浦要道。

1825年 清道光五年

八月初二,溪沿村民过港进香,因超载翻船,死20人。

1828年 清道光八年

重建大溪蒋大溪桥,长46米,宽2.5米,11孔条石平板桥,改名镇西桥。1970年拆建为公路桥。

1838年 清道光十八年

县令姚怀祥建亭溪七里亭,1925年(民国14年)重修,1956年再修,穿廊式3间,砖石结构,石柱8根。

1840年 清道光二十年

开西泽渡,达鄞县之横山渡。

1845年 清道光二十五年

邑人翁仁村、何兰、夏绍棂捐资在高泥村南长蛇山嘴,设高泥渡,西南渡高泥港至墙头镇猫头码头,渡程1.5公里,建有道头,渡船2艘。

1847年 清道光二十七年

邑人吴学章倡设滩港义渡。达奉化湖头渡,渡程4.9公里。1854年(咸丰四年)邑人张绍翰等捐资建埠。1959年,跃进塘建成,移址横里村碶门头山嘴,改称横里渡。

1852年 清咸丰二年

板岭村前建默风桥。

1858年 清咸丰八年

昌国西门外武牙峻东山下建武牙峻亭。1974年重修。殿堂式,砖木结构,3间。

1859年 清咸丰九年

在彭姥岭顶,重建彭姥岭凉亭,穿廊式砖木结构,3间。1970年筑象西公路,岭顶降坡,拆迁至岭脚。1984年,重建钢筋混凝土平顶2间,高3.25米。

1864年 清同治三年

东陈乡松岙大溪上建松岙大桥。条石平桥,3孔,净跨皆3.7米,长14米,宽1.6米,高1.5米。

1872年 清同治十一年

邑人杨茂三捐建东溪普济桥,4孔,条石平桥。1968年改建公路桥。

1875年 清光绪元年

南田诸岛开禁。

慈云庵僧林庆倡建石浦文澜桥。

1880年 清光绪六年

三门山保善庵僧显德,募资于山巅造灯塔,以照夜航。

1883年 清光绪九年

十一月,中国“怀远”轮,在北渔山附近失事,死船员、旅客165人。

励家坪九龙江上建桥,桥畔建亭,皆名永渡。渡废。

1884 年　清光绪十年

邑人萧进步捐资创建西泽外埠头。

石浦先后设永义昶、民信、圣盛 3 民信局,俗称长行。

1886 年　清光绪十二年

里人吴聚川在大徐镇安家溪村北雅林溪上建庆丰桥。

1888 年　清光绪十四年

董镇鸣等在鹤浦下湾门东南口,捐资建韭菜埠。民国间,有航船 4 艘往来石浦。

里人蒋世棣及其妹赖蒋氏在西周镇南跨大长溪建镇定桥。

1890 年　清光绪十六年

蒙顶山僧募资重建车岭庆丰桥。

德国"扬子"轮在北渔山附近失事。

1894 年　清光绪二十年

樊岙至鹤浦大路建成,阔 2.7 米,中铺石板,全长 7 公里。

樊岙太平桥建成。

1895 年　清光绪二十一年

上海海关以 5 万两关平银,于北渔山建灯塔,时称远东第一大灯塔。

1897 年　清光绪二十三年

里人顾锡龄、黄寿吉、俞正浩在定塘镇台洞塘村三叉江上募建神仙桥,姜鸿略助田 10 亩,以供修葺。

1898 年　清光绪二十四年

鹤浦镇外埠头跨樊鹤江建顺安桥。

宁波治安商轮局"济安"轮行驶定海、宁波、普陀山、石浦间。

1900 年　光绪二十六年

上海老公茂公司在石浦老道头北建浮式码头,名永川,俗称老码头。

下沈长庆桥建成,17 洞,长 87 米,长度为全县民间古桥之冠。

1903 年　清光绪二十九年

海游至石浦客货航线通航,称六市船(每月六航次)。

宁波永川轮船公司之"永川"轮、"湖光"轮、"海宁"轮、"定海"轮,通航温州间,往返皆弯埠石浦。

西沪港(黄溪、墙头、长礁、白墩)有小轮通航宁波江北岸。弯埠宁海薛岙。

1905 年　清光绪三十一年

台州越东公司在石浦新道头北建永利码头,俗称新码头。

1906 年　清光绪三十二年

石浦设邮柜,两年后,丹城设邮柜,后均改代办所。

1907 年　清光绪三十三年

宁波宝华轮局之"宝华"轮航行甬瓯间兼弯石浦。

1908 年　清光绪三十四年

石浦有小轮通航宁海之海游,境内蟹钳渡、鹤浦等埠。

1909 年　清宣统元年

清廷辟象山港为军港。七月十八日,贝勒载洵与海军提督萨镇冰至高泥港督办兴工事宜。

海游各商铺筹款购置小汽轮 1 艘,定名“海游”,航行海游、石浦、泗洲头间。

儒雅洋隔溪张村西跨于家溪建万安桥。条石平桥,7 孔,长 25 米。

1910 年　清宣统二年

西周镇赖岙村北芭蕉溪上,里人赖庆连、赖庆林、赖余宋募建永镇桥。原条石平桥,1988 年,改建钢筋混凝土板桥。

里人刘康枋在石浦镇延昌北塘头港上建永安桥。原条石拱桥,1916 年(民国 5 年)毛崇修。1980 年重建钢筋混凝土桥。

丹城东北郑家岙重修罗汉堂亭。穿廊式,5 间,砖石结构,有石柱 8 根,两旁置石凳,北通罗汉堂。

1911 年　清宣统三年

年初,清廷海军部派曹嘉祥、胡应祥购买高泥田地、房屋,拟建海军基地。十月辛亥革命爆发,曹等携公款潜逃,建港成泡影。

1912 年　民国元年

年初,废南田抚民厅,置南田县,治樊岙。4 月,东溪岭以南划归南田县,县治迁石浦。翌年,取消划并,县治迁回樊岙。

1914 年　民国 3 年

4 月 24 日,招商局“新裕”轮载兵员 700 余人赴闽,至南韭山附近,因迷雾与该轮之护航舰“海容”轮相撞致沉,石浦纪协顺行派船往救,生还 24 人,死 600 余人。

西周镇杰岙村南跨黄溪建长春桥。块石拱桥,单孔,净跨 8.6 米,宽 5.4 米,有石栏。

1915 年　民国 4 年

邑人任筱和、任筱孚昆仲,筹资建造东门灯塔,颇具规模。

东乡村民集资建造红生礁灯塔。

1916 年　民国 5 年

8 月 24 日,民主主义革命家孙中山先生视察象山港。

1917 年　民国 6 年

宁波三北轮埠公司“慈北”轮,航行三北龙山、宁波、椒江间,皆弯埠石浦。

里人俞本元募修贤庠镇岑晁鸦鹊桥。跨东塘港,原石拱桥,桥下可航船。1957 年,改建成条石台墩,钢筋混凝土板梁桥,易名东港桥。1988 年重修。

1918 年　民国 7 年

邑人张茂华募建西周渡观海楼,以利行旅歇宿。

1919 年　民国 8 年

台州临浦商轮公司“临浦”轮,辟石浦至海游,石浦至蟹钳渡航线,皆弯埠鹤浦。

1920 年　民国 9 年

知事李洣,提赈灾银,建造白墩码头,不足数募捐集资。

邑人纪传长、任筱孚募资重建石浦五里桥。

定山渡建保安桥，渡废。

1923 年　民国 12 年

南田岛犁头嶴建新治桥，废拔绳渡。

蚄江白岩下村东建桥，为县内最先采用钢筋混凝土结构之桥梁，称洋桥头。

1925 年　民国 14 年

7 月，石浦商民郑国赢，从上海购置“广浦”客轮，行驶海游、泗洲头、南田、石浦。

1927 年　民国 16 年

1 月，北京大学校长蔡元培、教授马叙伦因遭孙传芳通缉，避难象山，蔡为东门灯塔题“出其东门，界尔照明”8 字。

6 月 17 日，县政府设立建设科。

浙江省第四管理船舶事务所成立，下设石浦分所。

上海达兴公司在石浦建造达兴码头。

宁象商轮公司置“宁象”轮，定期航行于宁波与象山港沿岸各埠。三日一往返。

1929 年　民国 18 年

樊岙至龙泉塘弹石路建成，长 12 公里，宽 1.7 米。

南田县长毛皋坤筹建鹤浦码头，4 个月告竣。

樊岙至鹤浦人力车道建成，长 6 公里，宽 6 米，沙石路面，两旁铺石板，人力车 7 辆运营。

1930 年　民国 19 年

南田县同源轮船局在沪购得商船 1 艘，定翌年 1 月 5 日开航，逢二、八开甬，停靠镇海、舟山、石浦、南田、金清港等埠。

1931 年　民国 20 年

3 月，法国“长江”轮在北渔山西南触礁沉没。

1932 年　民国 21 年

11 月，始筹建县城至西泽公路，1935 年建成通车，全长 18.64 公里，为本县第一条公路，由宁穿公司经营客运。

1933 年　民国 22 年

9 月 1 日、18 日两次台风袭境，冲毁堤塘堰坝 146 处，计 121088 丈。受灾 39050 亩，毁房损屋，船只漂沉，难以计数。

1934 年　民国 23 年

周子文在县城设立“飞云轻车股份有限公司”，有黄包车 15 辆。

1935 年　民国 24 年

4 月，南田县鹤浦镇交通协会购置“鸿安”轮，通航石浦、蟹钳渡间。

1936 年　民国 25 年

丹城开设自行车行，有张霖记、崔炳记、徐隆记 3 家。

1938 年　民国 27 年

1 月 10 日，“永浦”轮在蟹钳渡遭武装匪徒洗劫。乘客航警被枪杀 5 名，另 5 名乘客被绑架，除 1 名逃回外，余下落不明。

5 月 20 日，涂茨村民袁明菊等发起成立“象山县船业同业工会”。

7月3日,石浦设“浙江省战时船舶管理总队驻象分站”、“浙江省战时水陆联营处”。

10月,奉命掘毁丹城至西泽公路。

10月23日,大雨成灾,象西要津欧阳桥等被毁。

是年,成立浙江省驿运处象山分站。

1940年　民国29年

1-4月,甬椒封港。上海至内地客货运输,均改由石浦港中转西周过象山港内运,石浦成为浙东沿海联系上海及内地要埠,行驶沪石间轮船,不下30艘。

2月6日,张金木等发起组织石浦搬运业职业工会。

3月5日,张鹤年等发起组织石浦镇码头业职业工会。

4月14日,徐小来、张长春等成立象山县轿夫业工会。

9月6日,成立浙海关石浦分卡。

10月,省食盐收运处,为抢运玉泉盐场存盐10万担,令象山县政府组织运输。盐廒至泗洲头水道,由泗灵、高桥、峰北等乡船运;泗洲头至西周陆道,由儒蕉、淡港两乡联合承运。共动员民众2000余人。

11月18日,利民车行出资修建蟹钳渡至西周人力车道,长20公里,宽2.3米。由该车行营运,专利10年。

11月28日晚,“永浦”轮(蟹石线客班)与“宝利”轮(沪石椒线客货轮)在下湾门相撞,“永浦”轮沉没,幸无人员死亡。

1941年　民国30年

3月15日,檀头山帆船3艘,载乘客19名自石浦返,至铜瓦门外,突遇日舰1艘,被扣引火焚烧,除1人潜逸,余皆死难。

4月19日,石浦沦陷。所有通航石浦各轮悉停。

1942年　民国31年

3月11日,丹城沦陷。日军勒令各保长率伕督修丹城至茅洋砩矿、茅洋至虎头山简易公路。

日伪华中矿业公司在茅洋至蚋江埠修建轻便铁路,以14节拖斗之小火车运送砩石。

日军移鹤浦码头于石浦十三宫,与老码头同为专运砩石之码头。

6月,日伪“中华轮船公司”所属“浙东”、“旭茂”、“华霖”、“华商”等轮通航上海、宁波与石浦间。

1943年　民国32年

7月中旬,石浦港边十三宫之砩石堆场及小码头,夏夜滑坡,沉没海底。

1944年　民国33年

北渔山为日军侵占,灯塔毁于战事。

全县码头,悉被日占领军破坏,只剩石浦老码头。

1945年　民国34年

3月上旬,伪十师三十九团强迫三角棣、陈山等地民伕200余人赶筑白墩码头,接宁波至石浦陆道交通线。

6月,伪十师师长谢文达派“复兴”渡轮,行驶白墩与翔鹤潭间。

8月16日,县接日本投降快讯。17日,伪军撤走。县城收复,县政府迁回,散发《告民众书》。

9月15日,石浦娄碧玉、龚道木、葛化玉等发起,成立石浦镇码头业职业工会;陈小才等发起成立石浦镇驳船业职业工会;陈友根等发起成立石浦镇脚夫业职业工会。

11月7日,丹城翁阿杏、周大堂、陈玉常等发起成立象山县轿舆业职业工会。

11月17日,撤销浙江省驿运站象山分站。

1946年　民国35年

1月1日,成立浙江省外海护航委员会石浦办事处。

3月11日,陈友根等发起成立延昌乡脚夫业职业工会。张阿福、魏信祥等发起成立延昌乡驳船业职业工会。

12月26日,自象开甬之“上海”轮,在东屿山海面遇海匪拦劫,航警被缴械,旅客损失1000万元以上。匪徒威胁乘船的国民党县党部书记长周凯旋说:“以后请书记长帮忙”。

1947年　民国36年

1月17日,县政府根据《浙江省工赈筑路办法》规定,召开会议,决议恢复象西公路,赈米21吨;修复象石公路象杨段(丹城至杨岙山)涵桥,赈小麦92包、面粉5吨。

3月,乡民胡维丁等发起成立溪口乡脚夫业工会。

7月中旬,石浦镇码头业工会与脚夫业工会,加入中国海员工会,为宁波分会石浦装卸组。

9月27日,象西公路修复。10月5日通车,由永安汽车公司经营客运。

12月,石浦人奚金根、林和法等发起成立老码头职业工会。

上海海关派机师史瑞昌赴北渔山重修灯塔,并新建胡椒湾灯塔。

1948年　民国37年

4月16日,欧阳桥重建竣工,举行通桥典礼,与会者五千余人。

5月5日,东门灯塔修复放光。

1949年　民国38年

7月8日,解放军21军61师、22军198团及县大队先后进入丹城,宣告象山解放。

10月21日,象山县人民政府成立。设建设科,配工作人员1名,管理农林、交通、工业事宜。

1950年

5月,动员民船87艘支援解放舟山,6月,悉数归还。

7月,开展反封建霸头及残余势力斗争,成立县手车搬运工会、石浦搬运工会,统一调度业务。

“象南”、“福宝”两轮航行石浦、鹤浦、泗洲头、海游间。

鹤浦镇后塘角村东樊岙港上建枫树脚塘桥,条石平桥,长18米,3孔,高5米,面宽1.65米。

1951年

7月,“益众1”轮携带重机枪,冲破国民党军队封锁,辟宁波至石浦客运航线。

浙江省航运公司宁波分公司“504”轮航行宁波与象山间,弯埠西泽、六横、定海、镇海等地。

“万利”轮通航宁波、定海、石浦。

9月3日,窦源科首任建设科长。

1952年

8月28日,“万利”轮载客15名及货物自甬返石,途经爵溪洋面为国民党军队劫至大陈,船被扣,人释回。

1953年

1月21日,上海区港务管理局宁波分局在石浦设立管理站。

3月,在石浦兴达码头原址重建码头,名石浦第一码头。

隶属石浦镇工商联合会,载重75吨之“新合源”帆船运营于沪、石、椒、温之间。

8月16日,超强台风登陆,水田受损48465亩,倒房屋1269间,损坏船33只,毁海塘8处,伤17人。

1954年

4月,象山县划归舟山专区。石浦航管站隶舟山航管所。

5月,中央人民政府副主席、中国人民解放军总司令朱德视察象山港。

鹤浦、石浦人董根法、庄阿富,李忠荣、金良田等7人筹建运输合作社。

8月,陈山、西周人陈万洋、李运芳、吴金良、周永清等成立白墩运输互助组。

1955年

2月8日,蒋经国偕同民国国防部长俞大维等,由大陈岛乘“大昭”军舰巡视渔山岛及灯塔。13日,渔山列岛解放,灯塔毁。

1956年

1月初,丹城至白墩码头公路动工,6月8日建成通车。全长9公里。在丹城东门外设站,办理客货运输。

1月27日,丹城至蟹钳渡公路动工兴建。

5月16日,经县人民委员会批准,建设科改称工业科。

6月,舟山航运管理处,投资3.55万元在西沪港东北角白墩重建200吨级浮式码头。

8月1日,第12号台风袭击象山,中心风力12级以上。潮水冲毁门前涂海堤,淹至丹城老南门,南庄平原一片汪洋。死3401人,塌房77395间,冲走船舶102艘,毁坏碶闸、桥梁无数。

8月,省交通厅派工程师葛辰生等踏勘宁海至象山线路,拟建宁(海)象(山)公路。

10月1日,象山县第一、二、三运输合作社成立。

12月17日,县人民委员会决定,交通建设一线从工业科析出,单独设立交通建设科。

1957年

5月25日,工业手工业科、交通建设科合并为工业手工业局。

象山县搬运站、石浦搬运站成立。

1958年

2月6日,毛泽东主席到杭州视察,见省图象山县无海防公路,指示速建,2月16日,省交通厅即派总工程师葛辰生、工程师吴伯云等赴宁海县筹建宁象公路。

6月7日，石浦搬运站转为地方国营。

6月29日，县工业手工业局改称工业手工业交通管理局。

10月2日，成立县运输指挥部。

10月4日，象山、宁海两县合并，称象山县。局址迁往宁海沥洋，局建制改为部建制，分设轻工业部、重工业部、交通邮电部。陈恒旺为交通邮电部部长。

11月7日，动工8月余，越西溪岭之宁象公路全线通车，长78.6公里，投资83.52万元。为象山通往邻县之首条公路，汽车站由东门迁南门。

1959年

4月21日，撤销部建制，恢复局建制。成立象山县工业交通局，局址迁往宁海城关。

8月24日，工业、交通分设，建象山县交通局。局长柏光禧。

10月12日，合并各运输合作社、搬运站、航管站，成立"象山县运输公司"。航管站为公司之附属机构。

象山运输公司置机动船4艘，经营石浦至白峤、蟹钳渡、鹤浦、高塘及西泽至横山航线客运。

石浦搬运站党支部书记顾满银出席全国群英会。

1960年

3月1日船倒山至西泽公路重建通车。

成立县航道养护队，隶县航管站。4月，接收省航运管理局航标8座。

成立县公路基建工程队。

1961年

县航管站在石浦天妃宫前炸山填海6000平方米，辟为番薯运输堆场及小型船舶泊位。

10月3—5日，台灾，毁房28605间，漂没船只143只，死19人。

10月，象山、宁海两县分开，局址迁回丹城，工业、交通复合，称工业交通管理局。

1962年

6月1日，县人民委员会决定，合并手工业管理局和工业交通管理局，称工业手工业交通管理局，局长高林山。

10月2日，县运输公司撤销。一、二、三社和石浦搬运站转集体企业。

成立地方国营象山县航运公司。

成立丹城、石浦交通运输管理站。

1963年

2月12日，浙江省交通厅运输局宁波联营处成立，象山联运业务由航管站兼理，成立联运营业站，下设白墩营业组。

8月13日，修建儒雅洋至横山手车道，1981年10月改建公路。

9月11—13日，台风灾害，毁大小水利工程1393处、桥梁87座。

1964年

12月，泗西公路动建，南起泗洲头镇通山桥，北讫西周镇蛇山桥，长16.1公里，1967年5月1日竣工。

本年，石浦搬运站首建职工宿舍1050平方米。

年内，石浦海陆运输队改组为象运四社。

1965 年

5 月 1 日，成立象宁航运管理所，统一领导象山、宁海两县航运管理，下设宁海县中心工作组。

象山第二运输社建造 88 吨、66 千瓦木质机动货船 1 艘，各运输社纷予改革运输工具。

6 月，石浦天妃宫码头建成，称石浦第二码头。

台湾“福利 2”木壳轮，因不谙航道，在渔山小港触礁，船员弃船返台。

1966 年

1 月 8 日，恢复以行政区域划分设置的航管机构，分别成立象山县航管站、宁海县航管站。

1967 年

4 月 1 日，茅洋至石浦公路破土动工。1969 年 10 月 1 日全线通车。

1968 年

鹤浦建成 300 吨级钢筋混凝土框架式码头。

东溪海潭村东南跨玉带溪建井头桥，又名龙顺桥。钢筋混凝土双曲拱结构，单孔净跨 12 米，宽 6.5 米。

1969 年

3 月 20 日，县革命委员会生产指挥组成立，下设工交组。

10 月 1 日，岑晁至龙屿公路动工。分三期建设，1981 年 10 月全线贯通，长 7.83 公里。

是月，大塘港堵港工程开工，石蟹航线改驶白礁水道。

10 月 15 日，东溪至旦门公路动工。1977 年 12 月竣工。

12 月 21 日，成立县革命委员会维护水上革命秩序领导小组。

是月，石浦至延昌沿港马路动工始建。1988 年，按东、北、中、南方位拓建。1991 年，全线竣工，长 7220 米，宽 15~18 米，改称渔港路。

1970 年

11 月，县革委会生产指挥组工交局革命领导小组成立。

丹城至爵溪公路开工，全长 12.5 公里，历时 7 年，1976 年建成通车。

1971 年

7 月 10 日，丹城经黄家塘至西周公路建成通车。

高塘岛乌岩港口动建 200 吨级浮式码头，1975 年 12 月竣工并投入使用。

1972 年

7 月，象山汽车站自南门迁西门，占地 19.7 亩，建筑面积 6689.42 平方米。

11 月，工交分开，成立县革委会生产指挥组交通局革命领导小组。同月，成立县交通管理站。

象山航标组在野猪礁、狗山南嘴、百亩礁、水桶礁等处建灯桩，沙背、铁沙暗礁处设灯浮。

1973 年

3 月 2 日，成立县交通安全委员会。

1974 年

8 月，内港航道大塘港堵口工程竣工。

8月，台湾渔船3艘首次避风石浦港。

1975年

4月23日，浮礁渡礁横大队渡船因超载沉没，死6人，获救33人。

成立县汽车修配厂，隶交通局。

新长岭至下山公路建成，全长4.3公里。

1976年

6月，白墩港因陈山围塘而淤浅，甬象客轮停航。

7月6日，县第一、二、三、四运输合作社合并，成立县海运公司。

1977年

4月，交通部、省交通厅、地区交管局领导来象视察石浦港口，建议划定新港区。

6月，中共象山县委常委会通过决议，划石浦港东江(番头)粮站道头南首，至隔峙山碶门北首为新港区用地。

象西公路(象山至新昌西山)象山段下沈桥建成，投资16万元。

专业运输单位船舶实现机动化。

昌国围垦盐田，开凿北门岭隧道，长190米。1985年，扩展为公路隧道，称昌国隧道。

1978年

7月14日，成立县海上船舶防台(风)领导小组。

象西公路莲花一桥建成，耗资28万元，为境内首座标准公路大桥。

8月，井水至蒲白墩公路动工。1980年建成通车。

9月27日，排头至饭蒸山公路修通，象西公路境内段全线贯通。

12月22日，改县交通管理站为县车辆监理站。

1979年

4月1日，成立浙江省汽车运输公司象山站车队，原属宁海车队之象山客货车辆及驾驶、修理人员划归。

十亩田公路桥重建竣工。

4月5日，定塘至周岙公路动工。1982年7月1日竣工。

8月1日，五狮山公路动工。1980年2月3日建成。

11月15日，儒雅洋至横山公路开工。1980年5月21日竣工。

1980年

12月，海运公司购置350吨冷藏船1艘。次年夏复购444吨1艘。是年冬，航运公司购冷藏船1艘、1820吨。航线延伸北至辽宁，南达广州，西溯武汉。

是月，石浦至昌国穿城公路建成。

1981年

2月20日，县汽车客运公司成立。主营丹城至宁波、石浦、西泽、岑晁客运。县汽车修配厂兼理。

是月，县第二运输公司购置载客汽车2辆，初营石浦近郊客运。

6月25日，省交通厅公路局拨款20万元，新建丹城建设路，铺设混凝土路面。1984年完工，长2020米，宽24米，总投资70余万元。

8月30日至9月1日，台风灾害。毁海塘50条、长29.2公里，冲缺89处(13.24公里)，毁损碶闸32座、桥梁30处、屋1215间、船26艘。

9月9日，县成立沙岗至石浦公路筹建领导小组。

9月23日，台风灾害，冲毁水利工程335处，倒塌山塘40只、桥123座、机耕路50条，损房7580间。

1982年

1月16日，设县港务管理站，与县航管站合署办公。

3月20日，县成立石浦新港区建设领导小组。8月，兴建1000吨级码头，设计年货物通过能力20万吨。

6月15日，各区建立交通运输管理站。

7月9日，樟家墩至钱仓新塘公路建成。为县东北沿象山港网络公路一环。

10月，航运公司"象机4"水泥客轮下水，85吨、66千瓦，营运石浦至乌岩港口航线。东门船厂打造。

12月，建成鹤浦镇樊岙石门岭隧道，长284米。

海运公司实行经济责任制。

1983年

4月14日，台湾商人假渔轮首次至石浦港，应邀与县外贸公司等开展小额贸易，是年贸易13艘次，成交额11.67万美元。1984年增至29艘次，成交额43万美元。

9月26日、27日，台灾，毁船93只。

航运公司"象机4"客轮，被评为市、县先进集体。

县第一运输公司实行经济责任制。

丹城东谷湖建跨湖大桥，15孔，净跨55米，长60米，宽5米。

1984年

3月，县水、公、铁物资联运中转站成立，10月改称象山县物资联运公司。

4月4日，松岙隧道凿通。

7月28日，象山县航海电器厂成立，后改称宁波航海电器厂。

8月14日，县港务管理站设石浦水上客运站。

11月，河南省漯河市交通局与象山县交通局缔结为"兄弟局"。

1985年

3月15—16日，石浦新港区建成，通过省交通厅验收。

3月28日，县委、县政府拟订《关于开发石浦镇经济的十项决定》，以发挥港口优势，加快建设步伐。

4月，成立县交通局石浦分局。

4月15日，石浦新港区第一期工程竣工投产。港区岸线长243米，框架平台码头可停靠1000吨级海轮，堆场4200平方米，仓库576平方米。

11月17日，泗洲头至大麦塘公路建成，全长18.5公里，穿越隧道2处。至此，除个别海岛乡外，实现乡乡通公路。

12月11日，省计经委批准，在象山港西泽与横山建造汽车轮渡。翌年1月，成立象山港汽车轮渡工程领导小组及办公室。5月1日动工。

沙岗至石浦沿海公路建成,较茅(洋)石(浦)线丹城至石浦缩短29公里,石浦至宁波缩短15公里。

县汽车出租公司成立,隶县城建局。1987年因亏损停办。

12月29日,中共中央总书记胡耀邦,经象山赴大陈岛视察,由新建待验之沙石公路至石浦登轮。省委书记王芳及中共中央办公厅副主任温家宝等陪同。

1986年

2月13日,鹤浦经石门岭隧道至樊岙四都长6.14公里鹤樊公路、乌岩港口至高塘长3.6公里高塘岛公路竣工验收。结束南田、高塘两岛无公路历史。

5月30日,县公路段田洋湖道班、县航运公司黄云厚、公路段丁明荣,获省交通文明建设先进集体和个人嘉奖。

6月2日,石浦镇檀头山岛前卫村"5011"渔轮,自石浦返航,装载失当,违章搭客34人,至大王宫码头近200米处翻沉,死27人。

8月1日,高塘岛三门口建成100吨级浮码头。

12月10日,县航运公司置"大金山"轮,辟石浦至沈家门客运航线。2000年停航。

12月25日,象山港轮渡公司成立。

1987年

7月1日,北渔山灯塔重建竣工、放光。

9月14日,总长600米之彭姥岭隧道工程招投标,温岭县岩下建筑安装工程队、象山县爆破工程队分段中标,10月15日开工。

10月23日,根据国务院《关于改革道路交通管理体制的通知》精神,交通监理工作由交通部门划归公安部门管理。

12月29日,鹤浦300吨级浮码头建成使用。

是日,南田岛蟹厂至百丈新建公路验收合格,全长2.5公里。

1988年

5月1日,丹城至石浦沿海公路沙岗至昌国段水泥路改建工程开工,长20公里,11月29日竣工,比原计划提前半年完成。

6月9日,县客运公司大客车自甬载客45人返象,在蚶岙岭上坡多次熄火,欲停车修理,因刹车不灵,汽车倒溜,司机、旅客惊慌跳车,致汽车翻落山坡94米,死9人,重伤3人,轻伤18人,车毁。

6月28日,县委、县政府在西周镇莲花村(时称莲花乡)召开大会,表彰"6.9"蚶岙岭翻车事件中奋勇抢救遇难乘客的蚶岙村民。

7月25日上午9时,象山港汽车轮渡正式通航,新辟象山至宁波第二通道,使宁波与象山距离缩短48公里,象山人民赴甬2小时交通圈梦想实现。宁波市副市长叶信虎、象山县县长郑友庆为现场庆典剪彩。

8月7日,7号台风过境,损坏轮渡趸船、撑墩及渡轮,损失23万元。

12月10日,象山县航运公司被评为1988年度部级优质运输先进单位。

12月,县长途汽车客运公司辟象山至上海零担货运线,月往返4趟。在沪宜山路设办事处。

12 月 27 日,孟岙至外高泥沿海公路通过竣工验收,全长 9 公里。

1989 年

1 月 1 日,沙石线公路 20 公里混凝土路面交付使用。

4 月,宁波航海电器厂并入县汽车修配厂。

5 月 24 日,航管体制改革,市交通委员会代表市政府与县政府签订县航管所行政权下放《交接协议书》。

6 月 2 日,市交通委员会、市航管处领导来象调研考察“八五”期间海岛交通基础设施状况。

6 月 15 日,国家交通部规划设计院在舟山召开“八五”期间海岛交通建设会议,象山高塘、南田、檀头山、东门四岛列入“八五”海岛建设项目。

7 月,县港航体制改革,事企分离、港航分家。港务管理站划归企业,“站”改“所”。

7 月 23 日 8 时许,绍兴市海运公司“浙绍海 1”轮途经檀头山壮嘴头洋面,机仓不慎失火、蔓延。石浦镇政府组织抢救,经县“海运公司 10”、“12”、“122”轮及“税政 5”、小网巾部队“南虹 3”和途经的“浙江 806”轮全力扑救,幸免于难。

8 月,县航管所内设港监、运管、行政 3 股,航务工程、航政检查 2 队。白墩、西泽设航管站。

8 月 20 日,沙岗至黄土岭 9 公里水泥路面改造竣工,比原计划提前两个月。至此,丹石公路路面改造工程全线完工。

10 月 20 日,县航运公司“石浦 2”客轮驶抵上海十六铺码头,象山石浦至上海客运航线恢复通航。

1990 年

2 月,石浦 3000 吨级对台专用码头开工。

2 月 29 日,“浙象副机 41”轮由黄避岙装载 136 吨石子往崇明,途经大洋山触礁沉没,损失 81000 元,幸无人员伤亡。

县航运公司“象机 4”轮获省交通系统“学雷锋、树新风、创三优”先进单位及宁波市“模范集体”称号。

5 月 22 日,县公路段内设路政管理队。

1991 年

3 月 22 日,市交委代表市政府与县政府在丹城签订《象山县公路段行政权下放协议书》。

3 月 23 日,宁波市副市长叶信虎和市交委领导一行,由县领导陪同,视察彭姥岭隧道工程和石浦 3000 吨级对台专用码头工程。

4 月 30 日,省交通厅发〔1991〕130 号文,象山县公路段更名象山县公路管理段。

5 月,大塘、鹤浦航运管理工作组改设航运管理站。

5 月 15 日,蚶岙岭隧道工程开工。

7 月 6-7 日,全省港航系统职工思想政治工作第四届研讨会在石浦召开。

7 月 24 日,黄避岙乡兵营至谢家段 4.4 公里的乡道公路通过竣工验收。

8月16日,石浦3000吨级对台专用码头通过交工验收。长21米,宽4.5米的趸船框架式结构,可停泊台轮9艘。

9月6日,椒江市副市长牟中欧率赴象考察学习团一行14人,来县考察交通工程建设情况。县交通局副局长蒋炳芳陪同考察。县政协主席欧绪坤、副县长陈有华看望牟副市长一行。

9月7日,交通部部长黄镇东,省交通厅厅长邵尧定、副厅长蔡体楞,宁波市副市长叶信虎、市交委书记钟之光、副主任高明峰等,来象考察交通工程建设情况。县委书记邵孝杰、副县长包国民、陈有华、交通局长陈官浩等陪同。

9月29日,石浦——南田——高塘陆岛交通工程在石浦通过初步设计方案。

10月3日,石浦东门300吨级客运码头通过竣工验收,获市优良工程。

11月,县长途汽车运输公司开通象山至上海班线,二日一往返。为县首条跨省客运线。

1992年

3月,县公路管理段职工赖春梅分别获1991年度全国总工会"先进女职工"和省总工会"巾帼奉献积极分子"称号。

4月5日,经中国公路运输工会全国委员会等单位联合评选,县长运公司盛松林驾驶的02-F0106客车荣获全国红旗车称号。

6月25日,县政府印发《关于加快本县交通基础设施建设的若干规定(试行)》。

11月6日,县政府颁嘉奖令,表彰彭姆岭隧道工程指挥部办公室、蚶岙岭隧道工程领导小组办公室。奖励两办人员人民币2万元,两办负责人县交通局长陈官浩、副局长蒋炳芳各晋升一级工资,并授予县交通局锦旗一枚(见丛录)。

11月11日,彭姥岭、蚶岙岭两隧道相继竣工,结束象山主干线公路翻山越岭历史。县委、县政府隆重举行盛大通车庆典活动。

11月21日,县人民法院设立常驻县公路运输管理所执行室,受理相关案件。1997年11月17日撤销。

12月1日,县交通局获交通部"水上交通安全先进集体"称号。

12月4日,位于丹城天安路的县汽车客运中心正式竣工,为县首座二级客运场站。

12月13日,国家交通投资公司副总经理刘东富来象调研,视察彭姥岭、蚶岙岭隧道。

县长运公司驾驶员盛松林当选为省八届人大代表。

12月,撤销县交通局石浦分局。

1993年

1月8日,县汽车客运中心始运行,举行盛大通车典礼。

1月11日,经县体改办、县经委、县交通局等8个职能部门联合论证后批准,县一运公司成立象山和凤贸易有限责任公司。董事长钱回声、经理张松岳。注册资金80万元,公司持法人股,45位职工持个人股。属县内首家以集体企业为发起人创办的股份制企业。1996年底因亏损歇业。

3月,县公路管理段职工彭亚芬获1992年度全国"巾帼建功"标兵。

3月23日,省政府决定,石浦港新港区设立石浦国轮外贸运输装卸点,申报国家二类开放口岸。

3月29日,宁波市副市长叶信虎一行3人来象指导交通工作,冒雨察看蚶岙岭、彭姥岭隧道及石浦新港区等。

4月7日,经国务院批准,石浦港为国家二类开放口岸,并正式开港。

5月1日,县公路管理段茅洋养护站、县长运总公司盛松林分别获宁波市先进集体和劳动模范。

5月16日,首轮《象山县交通志》出版发行,全志记事上限不拘,下迄1988年,分七类十五章,计38万字。

9月14日,经交通部批准,象山航运公司1400吨级"繁象"冷藏轮投入国际航线。10月12日启航日本,为县首艘涉外近洋货轮。

9月16日,石浦港3000吨级码头启用,顺利靠泊5000载重吨"长南"煤轮。

县首批11辆"桑塔纳"出租车投入营运。其中县亚细亚公司7辆,石浦宏达出租公司3辆,个体1辆。

1994年

1月8日,蜊门港大桥开工。长219米,宽9.8米,预应力混凝土桁架组合拱桥,主跨150米。系交通部"八五"期全国最大陆岛交通工程石浦——南田——高塘陆岛交通工程关键项目。原由贵州土木工程公司负责施工,因技术力量不足撤离。6月8日,交通部第三航务工程局第四工程公司接手承建。

3月,县公路管理段彭亚芬获1993年度全国妇联颁"三八红旗手"称号。

5月,县航运管理所增挂航道管理所牌,原浙江省船舶检验处象山检查站改省船检局象山检验所,县港航监督"站"改"所"。

8月15日,象山港大桥前期工作领导小组成立。常务副县长练兴常任组长,副县长陈有华任副组长,有关部门和镇、乡政府领导13人为成员,始着手前期准备工作。线路走向西周黄家塘与奉化石沿间,后因项目大、筹资难等诸多原因搁置。

10月13日,涂茨镇干门港至沈家门客运航线通航,舟山佛渡乡"普民交29"轮营运。2005年停航。

10月25日,彭姥岭隧道工程通过省、市有关主管部门验收。

12月23日,适逢天频下雨,因经象西公路赴甬之奉化段修路,大量车辆绕道盛宁线丹泽公路,致梅洋至樟家墩2公里砂石路产生大面积"弹簧"路,危及交通安全畅通。县公路管理段全体干部职工轮番组织抢修,历时40余天终恢复。

1995年

3月,丹城南门出口至田横山段二级加宽公路动建,长3144米,宽28米。翌年10月竣工。

4月,县公路管理段彭亚芬获1994年度宁波市颁特等劳动模范。

4月10日,汤(家店)钱(昌)公路改建工程动工。

7月8日,县公路运输总公司首辟1路、2路公交线。1路自东谷湖至变电所,往返9公里;2路自大白象至大碶头,往返10公里。开创丹城城区公交车历史。

9月18日,蜊门港大桥竣工,获市优良工程。

12月14日,海拔370米的西周镇伊家山村,历经6年建成长4437米、宽6.5米山岭重丘四级公路,结束该村不通汽车历史。

1996 年

1 月 20 日,石浦至鹤浦汽车轮渡通航。

2 月 9 日,三门县航运公司“浙三机 3”轮(木质船),载客 50 余人,由石浦驶往三门海游,于三门县蛇盘乡山前村红岩塘外洋面翻沉,8 人获救 8 人死,余失踪。

4 月 1 日,中国单拱跨海第一桥——蜊门港大桥评为 1995 年度象山精神文明建设 10 件新事之首。

5 月 18 日,西泽——上海(金山)高速客轮首航。宁波海运总公司“海马 3”轮营运。1998 年 1 月因亏损停航。

6 月 1 日,城区辟 3 路公交线,沿天安路客运中心、靖南东路、东谷湖路、东风路、老街、环城西路、靖南西路、客运中心,双向循环,单程 7.2 公里。

8 月 27 日,全省水上运管专业会议在象召开。

11 月 18 日,县交通局工程管理所所长、工程师柴志刚出席在广州召开的全国第十二届桥梁学术交流会议,会上作蜊门港大桥工程经验介绍,并入选大会文献。

12 月 2 日,盛宁线丹城东谷耸“S”段截弯取直,分快、慢车道,长 800 米,宽 18 米。1997 年 10 月 1 日竣工。

1997 年

1 月 18 日,“象山”轮替代“石浦 2”轮营运石——申航线。

3 月,县公路管理段深化公路养护体制改革,成立养护公司。推行企业化管理,打破事业性工资,与岗位职责、养护技能、工作业绩挂钩。职工积极性大增。至 1999 年,公路路况及段综合管理获全市“好路杯”竞赛三连冠。

4 月 4 日,县机构编制委员会批复,专业、县乡养护合并,县乡公路养护管理所划归县公路管理段。

5 月 26 日,浮礁渡大桥竣工。桥长 234 米,宽 10 米,总投资 850 万元,获市优良工程。为大塘岛陆岛交通工程主体项目。

6 月 28 日,举行石南高工程全线通车庆典,交通部、省市有关负责人和县四套班子成员等 180 人出席。

6 月 30 日,县汽车客运公司并入县公路运输总公司。

8 月 18 日,11 号台风在温岭市登陆,严重影响县境,近中心最大风力 12 级以上,狂风、暴雨、海潮“三碰头”,毁渔船 531 艘,公路 18.1 公里,死亡 12 人,经济损失 16.78 亿元。

8 月 23 日,县公路运输总公司开通象山至杭州首条高速客运班线。

10 月 17 日,县航运公司活鱼运输船“金飞鱼”轮成功首航韩国。

12 月,县航管所获全市“航政杯”考评第一名。

12 月 12 日,“象山”轮弯埠舟山六横岛,辟六横——上海航线。

1998 年

2 月,县路桥公司、县交通工程公司合并,成立县交通工程建设有限公司。

4 月 13 日,浙江省交通厅、公安厅联合发出《关于公路交通标志标线管理工作移交的有关事项通知》,自 7 月 1 日起,全省公路交通标志、标线设置和管理统一由各级交通主管部门负责。

6月,不少车主以自备车名义购置“奥拓”轿车擅自投入营运,出租客运市场受扰。县政府采取回收车辆等措施,势态稳定。

6月28日,沿海国道主干线象山连接线象山段一期工程开工建设。10月26日,二期动建。

7月31日,县公路运输总公司兼并县汽车修理总厂。

10月1日,铜瓦门大桥及接线工程开工建设,为石浦——东门岛陆岛交通工程。

10月22日,县有史以来最大货轮“腾兴2”从石浦港启航营运。航速11节,可载货4118吨。

1999年

4月28日,五新公路开工改建沥青路,县公路管理段承建。11月16日竣工,全长3.91公里,耗资297万元。获市文明优良工程,

5月1日,县公路管理段雅林溪养护站站长、市特等劳模彭亚芬在京参加“五一”庆祝活动,受胡锦涛等中央领导接见。

是日,县公路管理段田洋湖养护站获市“集体劳动模范”殊荣。

5月4日,田洋湖养护站站长韩士庆获县第三届“十佳青年”。

10月,辟城区4路公交线,沿新丰路、丹峰西路、东谷湖路、建设东路、育才路、丹峰东路、西谷湖路、建设西路,返新丰路,行程7.8公里,双向循环。

10月30日,县公路运输总公司兼并县第二运输公司。

12月28日,沿海国道主干线象山连接线举行竣工通车典礼。全线长50.7公里,按一级公路标准建造,其中境内段长33.33公里,总投资2.58亿元。

县公路管理段路政管理大队接收公路标志标线设置与管理工作。

2000年

1月,县公路管理段试行内部养路招投标,以丹城养护站管辖的亭白公路6.4公里砂石路和新丰路南出口4.88公里水泥路与沥青路为试点。至年底,养护成本降低近万元,路况正常。后全面推广。

1月18日,鹤高公路油路改建工程开工,三级公路标准,长16.375公里。2001年1月10日竣工,总投资930万元,获市优良工程。为县首条海岛沥青路。

1月28日,经省人民政府批准,撤彭姥岭隧道收费站,设甬台温高速公路象山连接线象山收费站。4月,经县编委会批准,象山县彭姥岭隧道管理所更名县四自公路管理所。

2月28日,史家山隧道开工,长922.4米,宽10.45米,高5米,双车道、单向行,总投资3800万元。次年8月31日建成通车。至此,全县开通公路隧道30座,计长9364.7米,居全省各县之首。

3月,县公路管理段田洋湖养护站站长韩士庆被宁波市总工会授予“市文明职工”。

3月10日22时,椒江“浙椒机180”货轮,载货420吨从上海驶往温州,途经象山淡水门海域时遇8级风浪沉没,8名船员落水,获救4人,失踪1人,死3人。

“五一”前夕,县公路管理段田洋湖养护站站长韩士庆被市委、市政府授予市“特等劳动模范”。

5月,三井线蒋家湾段油路改建开工,长1.9公里,平原微丘三级公路标准。11月完工,投资114万元。

6月1日,宁波市沿海南线象山段一级公路开工,为省、市重点工程。首期工程自丹城出口田横山至沙岗,长5.02公里,穿越隧道2座。翌年9月10日建成,总投资5000万元,获市优良工程。

7月,县公路管理段沙岗油灶基地沥青拌和设备防尘改造获成功。

8月,盛宁线西溪岭段油路改建开工,长3.15公里,山岭重丘三级公路标准,11月完工。

8月10日,8号台风"杰拉华"毁坏公路、码头等交通设施,损失354.35万元。

9月14日,14号台风"桑美"毁坏公路、码头等交通设施,损失400余万元。

11月1日,省交通厅厅长郭学焕来象指导工作。

12月28日,象山——宁波开通直达快客班线,半小时1班,日18班次,单程2小时。

2001年

1月,全省汽车驾驶员培训行业正式纳入交通部门行业管理。

县政府出台公路绿化三年计划,提出主干线两侧5~10米宽、支线3~5米宽的绿化建设要求。

5月1日,定昌线、三黄线油路改建开工。定昌线自定塘镇至庙山,长3.78公里,三黄线自三眼碶至黄埠,长约4公里,皆三级公路标准,年底先后竣工。

5月10日,县交通局制订《象山县"十五"交通科技发展计划》。

6月,鹤樊线、泗西线油路改建开工。鹤樊公路自鹤浦镇南五村至樊岙、长3.64公里;泗西公路自西周镇至庆丰桥,长2.43公里。年底先后竣工。

6月8日,环石浦港陆岛交通工程——铜瓦门大桥主拱成功合龙。

7月,泗马线泗洲头段6公里油路改建开工,三级公路标准,投资460万元。11月竣工。

8月,县水上安监体制改革,航管所24人随港监职能划归海事部门。

9月1日,沿海南线二期工程分段开工,系沙岗至石浦汽车东站、石浦凤凰山至井水,计长25公里,其中新、改建单洞隧道4座。2003年竣工,获优良工程。

9月28日,石浦港4380米岸线内39座码头区域疏浚工程竣工。

11月,县公路管理段田洋湖养护站站长韩士庆获全国交通系统劳动模范。宁波市仅此1人。

2002年

1月,县航管所迁址石浦兴港路94号,假石浦水上客运中心办公。

3月11日凌晨6时,"浙玉机127"轮,在境域牛鼻山水道与"浙椒机235"轮碰撞沉没,幸无人员伤亡。19日,象山海事处成功打捞。

3月31日,沿海南线松岙上行线(自线路终点段至起始段方向,亦称左幅)隧道贯通,长400米,投资1140万元。

同日,沿海南线田横山至沙岗段绿化工程完工,总面积14万平方米,耗资300万元。

5月,泗马线峙后至墩岙塘,定昌线庙山至马盘,鹤樊线樊岙至小南田,泗西线庆丰桥至黄泥桥、通山桥至金家岙,三黄线黄埠至黄脚,珠蒲线珠溪至蒲门,茅石线茅洋至潭头,7路段先后改建油路。除茅石线按二级公路标准外,余皆三级公路标准,总投资约3000万元。

年内悉数完工。

6月,沿海南线三期工程井水至台宁屿段开工,长5.995公里,其中跨大塘港建桥1座,长396米。全线路面暂筑半幅,2004年底完工。

6月4日,沿海南线工程旦门双隧道掘通,皆长505米,总耗资3000余万元。

7月1日,县公路管理段田洋湖养护站站长韩士庆,获宁波市"十佳诚信交通人",名列榜首。

7月20日,巨爵线一级公路开工,西起丹东街道巨鹰路,穿赵岙岭隧道,东至爵溪街道大燕路,全长5公里。2004年9月28日竣工,总投资5631万元。获市优良工程。

7月29日下午1时10分许,象西公路高架岭隧道内发生2车相撞、6死5重伤特大交通事故。

7月31日,全长5公里、宽60米的城区象山港路竣工通车。

8月,县明福航运公司斥资820万元,置3300载重吨汽油运输船("浙象909"轮),填补境内无汽油船空白。

是月,县航管所增设港航稽查大队,所长兼任大队长,人员10名。

11月5日,石浦镇金星至高塘岛车、客渡通过竣工验收。行程15分钟。

12月,辟城郊6路公交线,沿小白象、天安路、南庄、洋心、仇家山、滨海大道、西港、大目涂至岳头,往返20公里。

是月,全县694辆载客农用车更新改造为499辆中巴车,且纳入公司化经营管理。

2003年

2月10日,象山交通局获宁波市防非典先进集体,副局长杜建民获先进个人。

2月12日,召开全县交通工作会议。回顾1998年来,已累计完成交通投资6.5亿元,实现交通建设从"明显缓解"到"基本适应"历史性转变。确定今后交通工作思路:构建大交通,融入大都市,基本建成十字型快速交通主骨架,基本实现交通适度超前经济建设与社会发展要求。

3月,象西线象山段被评为"省公路绿色通道建设示范路段"。

是月,省交通厅薛振安副厅长来象,视察县亚西亚运业发展有限公司和顺达路客运站。并赴茅洋乡南充村,调研偏远山区交通发展。

4月,市人大代表象山中心组向市人代会提交《加快象山港大桥工程各项前期工作进度》提案。

5月,撤白墩航管站,设爵溪站。

是月,象山港大桥及接线工程纳入省交通道路建设规划网络。

5月19日,辟城区第7路公交线,自东谷湖至丹峰西路,途经靖南东路、文韵路、丹峰东路、高教园区、象山港路,往返16公里。

5月22日上午,在高塘岛乡渔潭村举行三门口跨海大桥开工典礼。宁波市委书记黄兴国致贺电,县委书记肖培生宣布开工,县长周江勇致辞。大桥连接石浦镇和高塘岛乡,经蜊门港大桥达南田岛,为环石浦港陆岛交通工程重要项目之一。

5月30日,开工大修彭姥岭隧道,采用内壁复合式衬砌工艺,计划投资580万元,工期100天。

8月29日，县委、县政府、县人大、县政协联合召开“农村公路建设”动员大会，全面实施“乡村康庄工程”。市农村公路建设办公室、县各镇乡及有关部门负责人参加。

9月，城区滨海大道建成通车。

9月23日，交通部公路文明行业浙江省检查考核组检查境内象西线路况及养护站管理，获好评，加3个分值。

10月29日，县车辆综合性能检测站由交通部门划归公安部门管理。

12月，连接高塘岛与花岙岛之高花汽渡码头开工建设，拟置15车300客位渡轮1艘，计划总投资718万元。

12月16日，省交通厅厅长赵詹奇、省公路局局长郑黎明等，由市交通局副局长奚际斌陪同来象调研。实地踏勘象山港大桥拟建工程选址与走向，听取县领导专题介绍与汇报。

2004年

1月，县首艘6500吨集装箱船下水，长116.4米，宽16.2米，型深7.8米，吃水6.15米。县明福公司等集资，鹤浦前进船厂建造。

4月，辟城郊8路公交线，自东谷湖，经靖南东路、姚家山、龙泽名园、梅溪、后山、袁家，至岙里，往返9.4公里。

4月22日，宁波市成立象山港大桥建设领导小组，常务副市长邵占维为组长。

6月20日始，县路政、运管、交警等人员，分别在象西线、盛宁线采取定点与流动形式，开展全国统一治超行动。至30日，共出动1640人次，查获超限超载大货车14辆，当场卸载122吨，有效遏制双超现象。

7月8日，宁波市副市长何剑敏、市交通局副局长奚际斌、徐国光等，来象调研农村公路建设情况。

8月12日，省人民政府批文，准设沿海南线收费站。

9月，县中兴出租车公司首创出租车行业“爱心车队”，开展无偿接送考生、盛情慰问福利院老人等活动。

9月16日，受中交公路规划设计院委托，县公路管理段组织人员，于当天24小时内，对象山港大桥拟建工程进行机动车OD调查（即交通起讫点调查，又称OD交通量调查）和交通量观察，为大桥建设规模、等级提供准确数据。鄞州、宁海各设1调查点，象山设象西线牌头、盛宁线西泽码头与东陈3调查点。

11月3日上午8时，开展全省性公路OD调查，搜集出行汽车之起讫点及路段交通量和车辆乘载状况等公路交通信息。境内设西周、大徐2点，分别进行连续12小时内OD调查和24小时内交通量调查，县公路管理段组织实施。

11月5日，县5000吨级战备码头开工。位贤庠镇小蔚庄村北，占地10万平方米。按“平时用于民，战时用于军”原则，设计年货物通过能力25万吨，计划总投资6062.5万元。后因有碍象山港大桥筹建而停工，经市发改委协调，码头向东移位，2007年6月8日复工。

12月，县航管所迁石浦金山路与曙光路交汇处新大楼。

2005年

1月，花岙岛建成首条公路，全长5.8公里，其中隧道1座，总投资387万元。

是月，县汽车轮渡有限公司西泽渡运站分获交通部文明客运站和省三星级水路文明客运站。

6 月 12 日，象山港大桥项目通过交通部行业评审。

7 月，县交通公路运输、路政管理审批入驻县便民服务中心。

9 月 11 日，受 9 号台风“麦莎”、15 号台风“卡努”侵袭，公路、码头、船舶等交通设施毁损计 5574.16 万元。

11 月，县公路管理段路政管理大队根据省有关部门《关于清理和完善公路交通限速标志的通知》，调整、增设境内象西线、盛宁线、茅石线、汤鲁线、沿海南线限速标志 91 套。

12 月，撤鹤浦航管站，设西周站。

12 月 10 日始，丹大公路前岙段 3.8 公里水泥路大修。翌年 1 月 19 日完工，耗资 110 万元。

2006 年

1 月，公交车相继设电子监控器、自动投币机，无人售票。

2 月 20 日，国家发展和改革委员会批文，同意建设宁波象山港大桥及接线工程。项目起自宁波绕城高速公路云龙互通立交，经鄞州、跨象山港，止于墙头镇戴港，接省道象西线，全长约 49 公里，总投资暂为 50.5 亿元，其中资本金 20 亿元。

3 月底始，沿海南线沙岗至大圻头 14 公里绿化改造，7 月初完工。新植乔、灌、花木 36 种，约 42 万余株，草坪 2.5 万平方米，耗资 300 万元。

4 月，县中兴出租车公司“中兴爱心”车队长钮祥仁被中国出租汽车暨汽车租赁协会评为全国文明出租汽车驾驶员。

6 月，县航管所新履港口管理职能。

6 月 8 日，象山港大桥及接线工程环境影响报告书通过国家环保总局专家评审。

7 月，县航管所行政审批入驻县便民服务石浦分中心，人员 3 名。

7 月 25 日，宁波市委副书记、市长毛光烈等来象调研，视察中石油海洋工程基地及象山港大桥奠基活动场地。

8 月始，县公路管理段改善泗长线、大下线等 12 条县、乡公路安全保障设施，在五沿（海、江、河、湖、水库）及山岭高落差路段增设钢护栏或石砌墙体护栏。费时 40 天，耗资 159 万元。

8 月 16 日，石浦港 3.7 公里岸线内 52 座码头区域疏浚工程开工。12 月 6 日竣工。耗资 305.4 万元。

9 月 4 日，田洋湖养护站长韩士庆，在全省交通行业“三文明一提高”创建活动中获“全省交通行业十佳标兵”称号。

9 月 14 日，贤庠镇小蔚庄隆重举行象山港大桥奠基典礼，全国政协副主席阿不来提·阿不都热西提，浙江省委书记习近平，宁波市委书记巴音朝鲁等领导出席，宁波市市长毛光烈主持奠基典礼。

9 月 25 日，沿海南线丹城至石浦段始收车辆通行费，设站松岙隧道北。

10 月，继县交通局新设行政许可科，交通行政许可事项入驻县便民服务中心办理。

10 月底，全县 490 个行政村等级公路通村率、路面硬化率、工程质量合格率皆实现 100%，总里程 517 公里。

11月,国家博物馆水下考古研究中心和宁波市文物考古研究所联合打捞象山港内海底古文物,青白瓷、青花瓷等27件出水,分属宋、元、明、清时期。

12月,县航运管理所更名县港航管理处。

2007年

1月,市船检体制改革,县港航管理处检验船舶范围从原200总吨以下,扩至1000总吨。

1月20日上午,象山港大桥试桩仪式在"海力801"号打桩船上举行,市有关领导和县主要领导出席。10点半始,长86.6米、直径1.6米的钢管桩由高压氮气锤击入海底。

1月26日,境内海拔最高的两行政村伊家山和拷树岭开通班车。

5月,象山永正海运公司耗资6200余万元,置16000载重吨船舶1艘,为县最大货船。全县海运运力由此回升至35万吨。

6月5日,总投资2200万元的爵溪民营客运站投入运行,为全省首创。

同日,位于象山港西路的汽车新客运中心开工建设。占地57362平方米,建筑面积22469平方米,一级客运场站标准设计,概算投资1.2亿元。

12月10日,县公路运输有限责任公司和广州穗美怡汽车运输有限公司联营对开班线通车。沿途停靠泉州、汕头、深圳、东莞等,日1班次。

县公路管理段象山连接线养护站站长石晓东获市颁首席工人称号。

2008年

1月2日,30本技师资格证书发给一线公路养护工。至此,县公路管理段有技师资格养护工40名,居宁波市首位。

1月10日,长159.6米、宽23.8米、载重22500吨"大荣"散货轮,在鹤浦由宁波博大船业有限公司成功打造并顺利下水。属县首艘最大吨位船舶。船主为香港客户。

3月10日,丹东街道后山村通往象山产业区城东工业园之林善岙隧道工程开工,全长1475米。

3月11日,大徐镇白墩至新凉亭客班车开通,途经上岙、下岙、新罗岙、虎啸铺4个自然村,惠及近千户村民。

5月1日,全省性公路路政管理投诉、举报电话启用,号码92266。境内省、县、乡道公路上皆设告示牌。

5月6日,县新乐船厂成功打造16500吨级"阿丽娅"轮Ⅱ类化学品船,为全省首艘具有自主知识产权船舶,冠名"新乐"型。

5月7日,县东红船业有限公司打造的"梅山岗53"轮下水,为县首艘最大吨位散装船。总长159.88米,宽24.4米,23000吨级,结构吃水10米,续航力6000海里,航速13.2节。上海京荣船舶设计有限公司设计。2005年10月,县首艘万吨轮"永兴6"亦由东红公司打造。

5月20日,宁波市市长助理林静国率有关部门负责人来象调研象山港大桥及接线工程,踏看桥位及走线。

6月1日,福建籍散货船"景发8"轮,自福州驶往上海,至石浦铜头岛附近水域,遇风浪倾翻,9名船员遇险。县海事部门组织"星远强1"等货轮及附近作业渔船驰救,遇险人员获救,送至石浦。

7月4日,三门口大桥全线贯通。

7 月 30 日,国务院正式批准象山港大桥及接线工程可行性研究报告。

8 月 1 日,沿海南线松岙至昌国段长 14.45 公里破损油路面修复工程启动。计划投入资金 530 余万元,9 月上旬完成。

8 月 5 日,市长助理林静国一行来象调研象山港大桥及接线工程。

8 月 19 日,经国家海洋局批准,渔山列岛列入国家级海洋生态特别保护区,乃浙江省第四个、宁波市首例。

8 月 25 日凌晨 0 时 50 分许,巨爵公路燕山水库路段 1 轿车连撞隔离花坛及照明灯杆后翻车,车内 4 人皆亡。

9 月 4 日,天津市市长、县人黄兴国来信,祝贺象山港大桥获准建设。

9 月 9 日,位于丹西街道新丰路县出租汽车服务中心启用。内设宁波市首家县级计价器检测维修站,附驾驶员休息区、教育区、换班交接区。

是日晚 9 时许,彭某夫妇无证小船从石浦载客驶往鹤浦,至黄胖礁附近沉没。13 人落水,生还 10 人,死 2 人,失踪 1 人。

9 月 10 日,召开象山港大桥建设协调会。宁波市办公厅副主任、大桥工程领导小组办公室主任詹新华,县委常委、政法委书记、大桥工程象山总指挥金红旗参加会议。着重就工程用电用水、土地征用等进行探讨协商。

9 月 18 日,石浦港航道疏浚工程开工,系 1993 年以来第六次局部疏浚。

9 月 19 日,举行三门口跨海大桥通车典礼。县委书记周江勇宣布大桥通车。县委副书记、县长李关定,市交通局副局长徐国光分别致辞。县人大主任徐才印、县政协主席白国璋、市公路管理局局长竺本国、市港航管理局局长冯华等出席。大桥建成通车,使象山第一大岛鹤浦和第二大岛高塘与大陆实现“无缝对接”。

是日,县公路运输管理所牵头,丹城至高塘岛途经三门口大桥直达客班线开通。

10 月,定塘镇英山渡加长拓宽渡埠,浇筑部分路面,新建候渡亭。

10 月 15 日,象山港公路大桥及接线工程初步设计审查会议在宁波举行,交通运输部总工程师周海涛、原副总工程师王玉等 8 名全国著名桥梁专家与会。翌日,现场踏勘大桥选址及走线。

10 月 30 日,象山港公路大桥及接线工程象山指挥部召集县国土资源局、农林局及黄避岙乡、墙头镇、贤庠镇等领导,参加涉及工程建设之林地报批工作会议,要求抓紧做好测量及相关工作,坚持程序到位、依法行政,处理好村与村、户与户间林地界限问题。

10–11 月,县公路管理段投资 600 万元,增设泗长、泗西、石三、茅石等 9 条公路临水、临崖路段防撞钢护栏,计 37.638 公里。

10 月上旬至 11 月初,市水下考古队与县文物办,在象山南部海域,发现一艘清代末木质商贸运输沉船和两艘约 20 世纪 30 年代前后大铁轮,在沉船遗址表面采集出水“盛源合记”玉印、西班牙银币、精美青花瓷、铜器、锡器等 15 件。

11 月 7 日,象山港大桥及接线工程完成试验段招标。

11 月 17 日,召开象山港大桥及接线工程(象山段)征迁工作动员大会。县政府与有关镇乡、部门签订责任状。墙头镇、黄避岙乡和鸭屿村、洋北村作表态发言。

12 月 4 日,象山港公路大桥及接线工程项目初步设计方案获交通运输部批复,工程进入实施阶段。

12月6日,大桥开发有限公司与8家施工、监理、测量、供应单位及保险公司签订首批合同,涉及金额1.366亿元,为年内开工奠定基础。

12月8日,象西线(象山段)高架岭隧道完成刷白装饰、机械通风、渗漏水防治等改造,恢复通车。

12月17日,三门口跨海大桥工程通过宁波市交通工程质量监督站验收。

12月18日,国务院印发《关于实施成品油价格和税费改革的通知》,决定自2009年1月1日起,取消在成品油价外征收的公路养路费、航道养护费、公路运输管理费、公路客货运附加费、水路运输管理费、水运客货运附加费等六项收费,实施成品油税费改革(费改税)。

12月20日,经两个多月连续施工,完成盛宁线东门出口750余米"卡脖子"路段拓宽改造,路宽从原14米拓至18米,增设护栏、路灯、标志牌、减速带等安全设施。

12月23日,市、县海事部门和县经发局、交通局、发改局等专家召开石浦港通航能力评审会,确定石浦港三门水道以东至下湾门段可通航3万吨级船舶。

12月30日上午9点50分,在象山港北岸横山码头塘坝隆重举行象山港公路大桥及接线工程开工仪式。省委书记、省人大常委会主任赵洪祝发来贺信。省委常委、市委书记、市人大常委会主任巴音朝鲁宣布大桥开工并启动开工按钮。市委常委、常务副市长王勇、省交通厅副厅长王宝德、县委副书记、县长李关定分别致辞。

2009年

1月初,县公路运输管理所分别与县内9家客运、20家货运、4家驾培、2家危险品运输企业签订年度道路运输安全责任书。推行安全车、安全带、安全仪、安全(驾驶)员、安全(智能监控)卡、安全(客)站六大安全建设。

1月8日,宁波恒大船务有限公司经营的石浦至鹤浦车客渡,因三门口大桥建成,运量骤减致亏损停航。后经县交通局协调,一周后复航以保障春运期畅通,3月15日终停航。

1月14日下午,县委副书记、县长李关定等赴甬走访象山港大桥及接线工程指挥部,了解工程进度情况。

1月15日上午,鹤浦船舶修造基地东红、博大两船厂分别打造14000载重吨"海泓达"轮和6800载重吨"鸿翔79"轮两船同时下水。

1月20日上午,象山港大桥南岸段完成首个灌注桩基施工。

2月1日,县汽车轮渡有限公司新置1艘16车98客位渡轮投入营运,为该公司第7艘客滚轮,名"浙象汽渡11"轮。

2月2日,象山港大桥及接线工程象山指挥部组织召开土地报批暨政策处理工作会议,落实工程土地报批和政策处理工作,就土地征用、房屋拆迁、红线放样、被征地农民保险等,为沿线镇乡征迁工作人员作业务指导。

2月3日,象山港大桥及接线工程墙头镇段雷港、塔岭、黄溪渡等处始征地红线放样。至20日,包括黄避岙乡段全面完成。

2月9日,宁波市委副书记、市长毛光烈,市长助理林静国率市有关部门和鄞州区、东钱湖管委会等单位负责人,来县调研象山港大桥及接线工程。

2月29日,县四自公路管理所获浙江省委、省政府颁省级文明单位,为县交通系统首家获此殊荣单位。

3月4日，象山港大桥及接线工程(象山段)杆线迁移工作会议在县大桥办召开，有关镇乡及供电、广电、电信部门等负责人参加，要求倒计时安排迁移工作，确保大桥建设无障碍施工。

3月8日上午，县四自公路管理所获称省公路系统“巾帼文明岗”的40余位女职工在丹城公园门口举行“迎三八”妇女权益保障法宣传。

3月10日，县公路运输管理所联合10多家汽车维修企业，推行“和谐3.15”活动，开展车辆优惠维修、免费清洗等诚信服务，为期10天。

3月13日，经县港航管理处调研，县政府出台《关于加快象山县海洋运输业发展的若干意见(试行)》，从政府财政扶持、优化发展环境等方面，为水运业之发展提供一系列优惠政策(见丛录)。

3月30日，县农村公路项目争取到国家2009年新增中央预算内投资1065万元，占全市21.3%。

是日，象山港大桥及接线工程象山段林地报批工作完成，为大桥建设所涉3个县市区之首。

是日，《宁波——舟山港总体规划》得到上级有关部门批复，《规划》明确象山港规划港口岸线45公里，涉及西周等4个作业区，主要功能以散杂货运输和电厂煤炭接卸为主，远期兼顾集装箱运输。石浦港规划港口岸线45.7公里，涉及金星等11个区块，主要功能定位以煤炭、杂货等物资运输为主，并为陆岛交通和沿海客运服务。

4月初，《象山县交通发展规划(2007-2020)》获县政府批准。《规划》分3个阶段，近期为2007-2010年，中期为2011-2015年，远期为2016-2020年。按照打造滨海花园型城市的战略目标，加快构建“内接外联、海陆一体”的交通网络体系，至2020年，公路网总里程规划1760公里，形成“四纵四横、两连两环”交通干线公路格局，投资超百亿元。

4月20日凌晨，连日强降雨致汤鲁线、泗西线、泗长线、马漕线等公路多处引发山体滑坡，路基塌方，交通受阻。县公路部门调遣百余名职工，分五路抢修。21日恢复通车。

4月25日，象山县荣膺“宁波市重点船舶产业基地”铜牌。

4月27日，象山港大桥建设应急供电保障工程始立塔，县供电部门组织30余人施工，拟5月中旬全线通电。

4月29日，由县公路部门实施的三门口跨海大桥接线段绿化工程完工，新植金桂、香樟、水腊、红花继木等苗木14种，计12万余株，耗资209.2万元。

4月30日，举行盛宁线丹城至西泽段改建工程开工典礼，县委副书记、县长李关定致辞并宣布工程开工。工程起自丹东街道巨鹰路与塔山路交汇处，止于贤庠镇西泽村，全长16.538公里，一级公路标准，路基宽24.5米，属省重点工程。

5月3日，象西线高架岭隧道东洞口段改造工程历经8月完工通车。全长817米，按隧道(预)复线线位新建，一级公路标准，配设加强型钢护栏，投资约600万元。

5月11-12日，中国船舶工业集团公司总经理谭作钧、中国船舶工业股份有限公司总经理聂成根、上海船舶工业有限公司总经理孙伟等一行来象考察调研。走访石浦打鼓峙、鹤浦万寿塘船舶修造基地及内门山、外干门造船规划点和中石油宁波基地等，实地了解象山船舶工业发展状况和象山港区域发展规划、岸线资源条件等。市委副书记、市长毛光烈，县委书记周江勇等陪同考察。

5月13日上午，由中洋船舶工业有限公司打造，载重27000吨“银环19”散货轮，在涂茨镇干门港船舶修造基地下水。创象山造最大吨位散装货轮，船东台州银环海运公司。

5月14日，象山港大桥建设专线供水、供电保障工程全面完工。其中供水管线长23.86公里，日供水量4500立方；供电线路长3.2公里，设钢塔9基，日供电量5600千瓦时。

5月20日，承建象山港大桥5、6、7、8标段的中交第二航务工程局有限公司、中铁大桥局股份有限公司、中交第二公路工程有限公司、浙江省交通工程建设集团有限公司4家施工单位进驻大桥施工场地。

5月21日，西泽5000吨级货运码头通过交工验收，获优良工程。浙江省交通勘察设计有限公司设计，宁波交通工程集团有限公司承建。

5月22日，环象山港公路(林善岙至黄避岙)工程环境影响报告书通过县环保局组织的有关专家评审。项目总体符合宁波市综合交通规划和象山县交通发展规划，不存在重大环境制约因素，符合国家产业政策及环境保护要求。

5月25日，县公路管理段新购两辆全自动公路清扫机首次上路亮相，具有除尘环保、清扫力强等特点，创象山公路机械清扫替代人工历史。

6月6日，象山港大桥水域始设置临时性航标。内含航道助航和施工作业区标志共20座，采用同步闪光、雷达反射等现代先进装置。宁波市航星航标工程有限公司施工，宁波航标处“海标21”轮大型航标船跟随作业，宁波航标处象山航标站现场监理。

6月7日，省交通厅副厅长李良福一行来象调研象山港大桥工程建设。市交通局副局长吕忠达，县委常委、大桥工程象山指挥部总指挥金红旗等陪同。

6月17日，亭船线船倒山至白墩段沥青路改水泥路工程完工。长约5公里，耗资520万元。

6月18日上午10时33分，象山港大桥打下首根钢管桩。长90米，直径1.6米，重75吨，由中交第二航务工程局施工，历经95分钟、3706次锤击沉桩。大桥主桥施工由此揭开序幕。

6月23日，象山港大桥及接线工程举行立功竞赛誓师大会，百余名大桥建设者代表各自单位庄严宣誓。省总工会发来贺信，市总工会主席胡建岳宣布竞赛启动并致辞。县委副书记、县长李关定等出席。

6月24日，境内第二大岛——高塘岛至花岙岛汽渡通航，10(轿)车位、80客位“高花渡1”轮营运，往返12分钟。

6月26日，石浦打鼓屿浙江神州船业有限公司打造的23000吨级“神鱼6”货轮下水。船东为爵溪街道的宁波神鱼轻工机械有限公司属下合资企业——宁波神鱼海运有限公司。

7月1日，经县公路运输管理所牵头协调，县公路运输有限责任公司和县亚西亚客运公司属下各自经营丹城至石浦客运班线两车队合并，成立丹石线联合车队后营运。消弭多年互争客源、危及安全、有损集体经济和社会效益等弊端。

7月14日，境内出租车《从业资格证》始集中换发。原驾驶员均须赴宁波经培训、考核、审核等一系列程序方能换证，今起由县运管所统一组织，在当地办理，从业人员称便。

7月17日上午,县港航管理局成立并正式挂牌。县委副书记、县长李关定授牌,市交通局副局长孙时光、市港航局局长冯华和党委书记薛殿华、县领导林胜国、吴安定等出席,县委常委、常务副县长卢敏主持仪式。

7月18日,黄避岙乡周家、大斜桥、谢家3偏远自然村开通客运班车。

7月28日上午,海军某部驻地鹤浦小网巾至和平湾国防公路举行开工典礼。副市长陈炳水、市政协副主席胡建岳、舟山保障基地后勤部长周江平、快16支队大队长章岳兴、县领导周江勇、仇必春等出席,副县长孙小雄主持仪式。工程1.65公里,其中隧道1座长255米。

8月3日,县船舶工业发展研讨会在石浦举行。武汉理工大学交通学院院长吴卫国教授率近10位专家教授来象,与县东红、振宇、新乐等10余家船舶企业共同探讨船舶产业发展趋势。

8月6日下午,受台风"莫拉克"影响,县大桥办紧急启动防台预案,象山港大桥工地600余名施工人员安全撤离至贤庠中学等临时避风点。11日恢复施工。

8月10日,"莫拉克"台风造成盛宁线、茅石线、石三线等20余条公路近百处塌方,马漕线交通中断。县公路管理段紧急调遣200余人,数十台(套)车辆、机械,组成15支队伍奋力抢修。11日晚7时许全线恢复通车。

8月11日下午5时许,三门县"浙三渔0211"轮钢质渔船在象山渔山渔场突遇强风沉没,船上15人皆落水。县政府即令有关部门配合施救,"中国渔政33205"等5艘救援船赶赴现场。浙江海事局及时协调东海舰队、省海洋渔业局等部门,出动直升机全力搜救,7人获救,8人失踪。

8月14日,全省11个市公路局(处)领导、专家50余人来象,参观考察"省公路绿色通道建设示范路"——象西线象山段,赞叹该路绿色长廊。

8月20日,象山港大桥及接线工程建设涉及房屋拆迁首批移民签订协议。9月9日,完成墙头、黄避岙两镇乡7个村、97农户签约。10月22日始集中开拆。

8月21日,市委副书记、市长毛光烈率市有关部门和单位负责人来象,督查象山港大桥工程建设情况。县领导李关定、金红旗等陪同。

8月22日,象山港大桥北岸首座桥墩混凝土浇筑完成。

8月26日,县委书记周江勇、县委常委、常务副县长卢敏,先后到县交通局及县港航管理局调研,了解交通基础设施建设、行业管理等情况。

9月4日,全县新农村公路建设领导小组(扩大)会议召开,就农村公路养护 管理体制、安保工程建设等征求意见。县委常委、常务副县长卢敏,县有关部门和镇乡(街道)相关负责人等参加。

9月14日,象西线高架岭隧道复线工程开工仪式在墙头镇盛王张村附近举行,县人大副主任陈晓发出席。工程长2.46公里,按一级公路标准设计,其中隧道长1385米。

9月28日,县交通部门针对境内交通重点工程、公路运输、水路运输及道路养护,开展安全生产专项检查,消除事故隐患。

10月12日,县公路管理段全面实施农村公路"安保"工程,涉及县内15个镇乡(街道)计115余公里。凡临水、临崖、急弯路段皆设钢护栏、警示牌等,同时开展土路肩硬化,混凝土碎板修复、地质灾害处理等专项整治。投资1800万元,工期2个月。

10 月 22 日凌晨 3 时许，一轻型普通货车自甬返象，途经象西线西周路段，撞翻在慢车道上更换轮胎的正三轮摩托车，摩托车驾驶员和协助换胎 4 名乘客皆死亡。

10 月 29 日晚 7 时，城区天安路与丹南路交界处，一客车司机因醉酒驾驶被现场查获，受行政拘留 15 天、扣证 6 个月处罚。乃象山公安交警据省"蓝盾 09-10"统一部署，被查之首例酒驾严重交通违法者。

11 月 7 日，中国近代航海专家、被誉"中国第一领港"的李高涓先生纪念碑揭牌仪式在丹东街道河东村刘家岙山举行，县统战、侨办、文史等部门有关人员和李先生亲属参加。

11 月 10 日，象山造首艘 25000 吨级全自动化"无人机舱"散货船"奥里克诺"轮，在浙江新乐造船有限公司 30000 吨级船坞下水。经全球最权威十大船级社之一的法国船级社产品质量认证，具有很高技术含量，系"新乐"为意大利罗密欧集团打造的同吨位 6 船中首艘。

11 月 16 日，沿海南线大金山下行线（右幅）隧道及接线工程贯通。一级公路标准设计，全长 4.38 公里，其中隧道长 1905 米，创县内隧道长度之最。

11 月 18 日，县公路部门首用纤维沥青碎石封层新技术修复沥青路面。该技术从法国引进，能增强路面抗挤压、摩擦等性能三分之一以上。

11 月 20 日，原省级自然保护区——象山县韭山列岛通过环保部组织的专家评审，列入国家级海洋生态自然保护区。2011 年 4 月，国务院正式批复同意。

11 月 21 日，县公路运输管理所联合县交警部门始开展正三轮摩托车等低速车辆无牌无证、假牌假证、非法改装、违法载客等专项整治，为期 40 天。

12 月 2 日下午，由浙江东红船业有限公司打造的 28000 吨散货船"兴龙舟 588"轮，空船顺利驶出石浦港下湾门航道。石浦港通航能力经专家评审可提升至 3 万吨理论得以初步验证。

12 月 4 日，象山港大桥及接线工程建设用地获国土资源部批复，计 255.486 公顷。

12 月 8 日，县港航管理局在石浦港黄胖礁至老鼠山、原水产城前沿至中界山东北间抛设 12 只钢制浮筒，作港内航道界位标志，以保障来往船只安全。

12 月 9 日上午，县领导周江勇、李关定、白国璋、金红旗、郑亚红一行视察象山港大桥及接线工程，对工程迅速顺利推进表示满意。县委书记周江勇称赞：象山的"一号工程"创造一流的速度，展示一流的形象。

12 月 14 日，《今日象山》载，县公交公司 3 路车司机张文碧十几年如一日照顾非亲非故盲人，多次拾金不昧，上交归还乘客遗失的巨额现金和贵重物品及 2004、2006 年分获"宁波市公共交通服务明星"等事迹。

12 月 17 日上午，位于涂茨镇的中洋船舶工业有限公司打造的 27000 吨级"银环 111"散货轮成功下水。船长 172.8 米、型宽 23.8 米、型深 10.2 米，船东为上海银环海运公司。

12 月 23 日，县公路运输管理所组织县内规模型客运、危物货运、车辆维修、检测、驾培共 40 家参与道路运输企业的诚实守信、规范服务等信用体系年度考核，合格 39 家，整改 1 家。

12 月 31 日上午 6 时，位于象山港路 118 号的新汽车客运中心启用。

2010 年

1 月 6 日，石浦杨氏古船坊制作的 11 艘仿古船模通过专家组验收，送中国航海博物馆收藏。船模按比例仿照不同朝代战船、商船和渔船，以隋朝、三国时代为多。其中一艘长 3.1

米、宽 0.68 米、高 2.4 米大型蓬莱古船船模，乃仿造迄今国内出土的最长古船，具有较高研究价值。

1 月 8 日下午 4 时 26 分，象山港大桥工程打下最后一根钢管桩，至此，大桥 660 根沉桩任务悉数完成。

1 月 11 日，位于西周镇的华翔集团旗下劳伦斯汽车内饰件公司以 1 亿元人民币收购欧洲某真木工厂，并借此揽得为欧洲豪华车配套真木内饰件大额订单。

1 月 20 日，新客运中心内中巴场站启用，县城往返西周、石浦等西南片中巴车统一进站，原西门老车站、顺达路等露天场站随之撤销。

1 月 22 日，全市公路管理工作会议在象召开，象山公路段获 2009 年度市“好路杯”竞赛一等奖，大徐路政中队通过第三批市规范化路政中队验收。

2 月 1 日，县召开象山港大桥及接线工程新春团拜会，联袂献演文艺节目。县领导周江勇、李关定、金红旗、白国璋，市交通局副局长、市高等级公路建设指挥部总指挥吕忠达、市府办公厅副主任詹鑫华等出席。

2 月 2 日上午，象山港大桥首跨现浇箱梁始浇铸。

是日傍晚，丹城首现历史性大堵车，象山港路、天安路等数百米路段内车辆拥堵长达 1 小时多。

2 月 8 日，县城首通两路夜间公交线。车各 5 辆，每晚 6～8 点，每班次间隔 8 分钟。一由东门车站至新客运中心，经建设路、环城西路、丹峰西路、园中路、象山港路、西谷路等往返；二自巨鹰路至新客运中心，经靖南大街、西谷路等来回。

3 月 1 日，《中华人民共和国海岛保护法》颁布实施，境内 600 余座海岛生态系统受法律保护。

3 月 12 日，县公路运输管理所联合 18 家汽车维修企业开展为期 11 天“绿色 3.15”免费、优惠服务。

3 月 24 日，盛宁线贤庠段一级公路改建工程始房屋拆迁施工，涉及海墩、贤庠、沈家洋、碶头陈、章家墩、东风、西山下 7 个村，30 余住户，建筑面积约 5000 平方米。

3 月 29 日，浙江东红船业有限公司举行 52000 吨级远洋散货船“旗祥 7”轮开工典礼。刷新象山造船之最大吨位，率先迈入境内造船业“50000 吨级”时代。翌年 10 月 29 日上午下水并举行隆重仪式。县委、县政府、县政协发贺信贺电，市人大副主任、党组副书记卓祥駷，市人大副主任、市工商联主席崔秀玲，市工商联副主席徐建初，省船舶协会会长李仁鑫等出席，2000 余群众赶赴观看。

4 月 5 日 19 时，象山港大桥北主塔成功吊装国内最大双壁钢套箱，约 6 个篮球场大，3 层楼高。

4 月 13 日，《今日象山》载，县公路管理段获宁波市 2009 年度创建“群众满意基层站所（办事窗口）”先进单位称号，全县仅 4 家。

4 月 15 日，根据《上海世博会“环沪护城河”交通系统安保工作方案》，象山发往上海班车乘客需携带身份证履行实名购票登记制，且提前 30 分钟进站接受相关安检。至 11 月 15 日结束。

4 月 22 日，县交通部门 2009 年底开展的“护航民工，平安返乡”春运特别服务行动，入围象山县2009年度精神文明十件新事评选活动候选名单，于《今日象山》公开评选。“行动”通过发放“象山外来务工人员返乡运输联系卡”，采取节日加班、区间优化、省内调节、省外加线等举措，为13万外来民工顺利返乡提供“门对门”包车服务，共发送爱心包车150辆次，计7608人次。

4月28日上午11时，象山港大桥及接线工程戴港特大桥之钢栈桥顺利合拢。长2124米、宽3米，为大桥及接线工程最长钢栈桥。

4月29日，北渔山岛客运码头通过交工验收。码头长110米、宽6.5米，混凝土重力式结构，500吨级泊位2个，设计年客运通过能力2.4万人次，货运通过能力1.8万吨，总投资850万元。

5月，县交警部门会同交通、安监等部门开展创建交通秩序示范公路活动。确定象西线西周段为交通秩序示范路段，茅石线定山段为限期整改路段。

5月1日，交通运输部颁《道路运输驾驶员诚信考核办法(试行)》实施，全县从事道路营运的驾驶员及机动车驾培教练员皆试行诚信计分考核。

5月4日晚10时30分，象山港大桥首片预制箱梁浇筑完成，长60米、顶板宽12米、底板宽5米、高3.5米，重达1461吨。象山港大桥上部结构施工由此全面展开。

5月18日，《象山县乡村公路养护和管理实施办法》施行。各镇乡街道建立公路养护管理机构，负责辖区内乡村公路养护，县公路管理段履行业务指导、行业督查职责。养护经费按上级补助、地方自筹原则筹集。

5月25日下午5时许，宁波克浪机械制造有限公司厂车途经象山经济开发区滨海工业园海宁路时，碰撞一辆工程车，死4人、伤3人。

6月3日，《今日象山》载，公安部新颁《机动车驾驶证申领和使用规定》实施两月，县内被查酒驾者218名。

6月10日，县政府牵头，公安、交通、残联、石浦镇联动，全面整治石浦非法营运残疾车。通过车辆置换、就业安置、社会参保等补偿措施，取缔残疾车78辆。7月6日，丹城33辆客运残疾车亦取缔。

6月12日，涂茨镇肖家、崔家岙、潘家坎、里庵4个偏僻自然村开通中巴车，惠及2300余村民出行。

6月18日，县公路运输管理所联合县环保部门开展为期3个月机动车维修市场专项整治，对未经许可擅自经营及未按要求随意处置废物而污染环境的业户，责令停业或限期整改，以打造低碳汽修。

6月21日，根据《道路运输车辆燃料消耗量检测和监督管理办法》(交通运输部令2009年第11号)，县公路运输管理所发布《关于开展道路运输车辆燃料消耗量达标车型车辆参数及配置核查工作的通告》。告知客货运经营业户，新购车辆须先查询其燃料消耗量是否符合《过渡期车型表》或《达标车型表》，若不在两表内，切勿购买，否则无法办理《道路运输证》。

6月22日，中共象山县委做出《关于实施对接大桥转型跨越三年行动计划的决定》，旨在全面贯彻落实科学发展观，深入实施“桥海兴县”战略，扎实开启桥海新时代，加快转变发展方式，努力开创新一轮科学发展新局面。

7月8日，连接丹城巨鹰路至象山产业区城东工业园的林善岙隧道及接线(一期)工程竣工通车,全长 4.96 公里,其中单座隧道长 1475 米。

7 月 20 日,境内定线不定时客运中巴车票小幅上调:5 公里内、7~16 公里每票涨 5 角,16~40 公里每票涨 1 元,40 公里以上每票涨 1 元 5 角。

7 月 21 日上午,象山县道路交通事故综合应急演习在县城滨海大道与天安路交界处举行,以检验道路事故应急预案之实用性和可操作性及各部门、单位应急指挥与协调配合和群众自救互救等能力。县交通、公安、卫生等部门 18 家单位 180 余人参加,市政府应急办副主任顾昌国、县领导卢敏、应春华、林荣根观摩演练。

7 月 22 日,《甬台温高速公路复线戴港至丹城连接线工程建设项目环境影响报告》经浙江省环境保护科学设计研究院评价(预)审批,刊登《今日象山》公示。

7 月 29 日,县内国有化公交改制工作启动,城乡客运一体化规划正式实施。丹城、石浦两地个体承包的 100 辆中巴车将予收购,同时延伸与新增公交线路,适当降低票价。

8 月 17 日,石浦至渔山岛客运航线开通,98 客位“渔光曲 3”轮首航,单程约一个半小时。

8 月 25 日上午 9 时,象山港大桥首片预应力箱梁成功架设。

9 月 1 日,县亚西亚运业发展有限公司属下亚西亚客运有限公司开通象山至江西省万年县客运班线,途经金华、衢州、上饶、鹰潭。55 客位高一级金龙豪华大巴日发一班,全程 750 公里,8 小时车程,在象江西籍民工称便。

9 月 3 日,经商务部批准,浙江良和交通建设有限公司获对外承包工程经营资格,为县内第十家外经获权企业。

9 月 8 日,象山港大桥始主索塔施工,高 225.5 米。

9 月 15 日下午,百余位受邀参加第十三届中国开渔节的海内外象山乡贤考察象山港大桥建设工程。

9 月 16 日上午,国家级海洋渔文化(象山)生态保护实验区颁牌仪式在石浦港畔举行。文化部、农业部及省、市、县有关领导出席,文化部领导为象山县颁牌。象山成国内第七个、全省第一个国家级文化生态保护实验区。

9 月 20 日,全县客运出租车运价调整听证会在丹城召开,消费者、经营者、人大代表、政协委员、政府部门、社会组织等 15 名代表及 5 名旁听人员参加。县物价局会同交通局在听取社会各界意见后,完善定价方案,报县政府审定公布。

9 月 24 日 20 时 40 分,自石浦港赴渔场作业的“浙象渔 25217”轮与一南京籍拖轮(“宁海拖 4001”)碰撞,渔船沉没,7 名渔工落水,1 人死亡,6 人失踪。

9 月 25 日,浙江东红船业有限公司注册登记为东红集团有限公司,成县内继华翔、天安、日升后第四家无行政区域的集团公司。

10 月 10 日,80 辆新出租车亮相境内客运市场,新车分别喷印各公司相应色彩,装卫星定位监控、新型计价器、智能显示屏顶灯等,按每 2 公里 7 元新标准计价。

10 月 25 日,象山剧院门前建成首座公共主题车库。工字钢构造,长方体,占地 200 平方米,分三层共 32 只轿车位,总造价 60 万元,免费试用数月。翌年 3 月 1 日,向社会开放,实行有偿泊车。

10 月 30 日,位于西周镇的象山海螺水泥有限责任公司 5000 吨级综合码头通过交工验收。设计年货物通过能力483万吨，泊位3个，其中2个设有装卸输送皮带机。

11月15日，经县交通系统各部门、单位协力监管、排查，上海世博会期象沪交通安全保障工作圆满完成。县公路运输管理所分获省公路局、市公路运输管理处世博会安保先进集体，县客运中心获省公路局世博安全先进单位。

11月19日，象山县职业高级中学增挂宁波建设工程学校校牌。

11月23日，《今日象山》载：最近，省委常委、常务副省长陈敏尔对象山打造省海洋经济先行区作重要批示：象山发展海洋经济基础好，机遇好，思路对头，势头强劲；特别是在海岛保护利用、海洋产业和海洋旅游等方面有望在全省发挥示范作用。

11月24日，象山与武汉理工大学交通学院合作，成立武汉理工大学宁波船舶与海洋工程研究院，设宁波博海船舶海洋工程设计股份有限公司。

11月30日，上午7时起，县公路管理段根据省交通厅统一部署，组织百余人进行24小时机动车OD调查和交通量观测，搜集出行汽车之起讫点、路段交通量及车辆乘载状况等公路信息，为"十二五"规划提供全新、可靠资料依据。境内设贤庠、沙岗、泗洲头、西周、定山、沿海南线收费站、象西线收费站7个调查点。

12月1日，象山农行首推船舶抵押按揭贷款，最长期限10年，按季还贷。以解境内造船、海运企业"求发展、融资难"之忧。

12月5日，象山港高级技工学校揭牌。前身为象山县技工学校，其汽修专业2008年成中央财政支持的职业教育示范实训基地，设有浙江省机动车维修从业人员资格考评机构。

12月6日，象山港大桥第8合同段主桥项目获宁波市交通局、中共宁波市纪委驻市交通局纪检组颁发"交通系统廉政文化进工地"先进单位称号。

12月10日，象山港区首座引航艇码头开建，双联浮式500吨级，总长125米，可靠泊2艘长40米引航艇。

12月11日，象西线高架岭复线隧道贯通。长1385米，宽10.5米，单向行、双车道。

12月28日上午，县中心城区公交新线路开通暨新车投放仪式在丹城人民广场举行，县领导卢敏、陈晓发、胡建萍等出席并宣布新线路开通。至此，丹城地区公交线路从原9条增至21条，其中日常班线14条、专线3条、夜间4条，计车118辆。

第一编　交通自然环境

象山三面环海，一面穿陆，交通亦因地制宜。本志首述交通自然环境，分陆域、海域两章，以明梗概。

第一章　陆　　域

象山半岛自宁海县紫溪——一市一线东延入海，象山县居其东，是为本土，陆地面积1382平方公里。象山港之西沪港从北向南楔入，三门湾之蟹钳港由南向北深入，又形成西乡地峡及东乡、南乡两个次一级小半岛。最窄地段在墙头至蚚江埠一线，仅10公里。东乡小半岛自黄溪渡至岳头嘴一线，直距12公里为界。南乡小半岛自蚚江埠至东陈幸福塘一线，直距9.7公里为限。地势由西北向东南倾斜，主要地貌类型属侏罗纪晚期火山岩低山丘陵，溪流大多独注入海，河网密度小，通航河流最长不过10公里。素称"七山一水二分田"。

第一节　山　　陵

天台余脉，经宁海县茶山蜿蜒东来，主低山丘陵约793平方公里，占总面积67.5%。

一、低山(500~1000米)

东搬山(大丹山)　雄踞宁海、象山两县间。主峰高810.8米，为象山第一高峰。绵延西周、泗洲头两镇与宁海县间。自北至南有柴溪、石门、尖岭、小尖岭、廿四泡、西溪、峙后、马岙、车岙等岭道，均通宁海县境。北象西公路，东泗西公路，南泗长公路，中盛宁公路纵横其间。

蒙顶山　在东搬山东，主峰高584.8米。东北有泗西公路，西南有下莲公路。

大雷山　在西沪港南，高590.3米。荷花身山，高588.2米，在大雷山东南。两山紧接，北有象西公路，东、南有盛宁公路，西有溪东公路，由西至东有石鼓岭、顺风岭、行者岭、和尚岭、姆岭等。

白岩山　在西沪港西，高550.8米。东、北象西公路、新下公路，自西至东有西沙岭、高家岭、蚶岙岭等、

射箭山　在西沪港东，高548.7米。东有盛宁公路，南有象西公路，西北有亭船公路。

珠山　为象北主山，高541.8米。西有盛宁公路，汤鲁公路东、南、北环绕。白鹭、猫狸

檑、蓬岭、萧家岭等岭横贯东西。

五狮山　在县境中部,高 555.4 米。北有盛宁公路,西有茅石公路,东有沙石公路,南有东旦公路。有鸡高岭、东溪岭、箭岭、板岭、张捕岭等。

二、山地(200~500 米)

钱仓山地　青湾—毛湾—白岩山一线,最高天顶山,216.8 米,西部有汤鲁公路。

爵溪山地　水流桥—东谷耸以东,最高大爿山,445.1 米。西有盛宁公路,北有汤鲁公路,南有丹大公路,东有大公、牛白公路。中有巨爵公路。有缸岙岭、相思岭、麻狸岭、公屿岭、白沙湾岭、前岙岭、赵五娘岭、赵岙岭、万岙岭等。

黄避岙山地　西泽—大林—海口一线,最高寨后山,250.2 米。东有盛宁公路,南有毛黄公路,中有岑龙公路。自北至南有西山下,孟岙、相见、清风等岭横贯东西。

高泥山地　东塔—龙屿—童翁岭一线,最高黄大山,291 米。北有岑龙公路,南有孟高公路、东有毛黄公路。有东塔、高泥、高墩洋等岭贯穿南北。

中山山地　莲花双汪岭以北,最高中山,267.8 米,南有象西公路、莲下公路。

黄吉峧山地　崇门头—七里—下高塘一线,最高蔡家山,217.2 米。南有大下公路。

梅岭峧山地　北起风门峧,南至高湾峧。万金山高 333.8 米,白岩山高 393.5 米。东有沙石公路,北有东旦公路,西有茅石公路,南有下高塘至大圻头公路,成环线。有旋潭、叠石、梅岭峧等岭横贯东西。

田洋湖山地　分灵岩山—鸡鸣山、将军山—栲湾二线,最高大斗山高 299.3 米,将军山高 298 米、灵岩山高 255 米。中有茅石公路,西南有田中公路、东南有马漕公路。自西至东有灵岩、虎窠、上盘、竹家、前庙、船岩、东岙、田洋湖三条岭等岭。

昌国山地　分大岭峧—半边山、天灯盏—马鞍岗 2 线,最高大明山高 425.3 米、马鞍岗高 360 米、天灯盏高 314.7 米、炮台山高 249.5 米。东有沙石公路,西南有马漕公路。有樟树、黄泥、庵堂、鸡报、岳头、大岭、油茶、相帽等岭。

石浦山地　分大金山—青山头、青埠岭—抱儿石 2 线,最高大金山 393.9 米、鹅公头 371 米、双峰头 363.2 米。中有三黄公路,南有茅石公路。有大小青埠、洞门、鹅公、黄埠、平步、井水、蛱蜢、司前、青山等岭。

坦塘山地(原系海岛)　捣米山—鹁鸪头,最高仙人大座,217.3 米。北有井蒲公路。

三、丘陵(200 米以下)

象山港南岸　自西向东有利山、乌沙、横里、岑晁、青莱、木瓜、乌屿山、狮子山、长如山、桃树湾等。西有象西等公路,东有盛宁、汤鲁等公路。

大目洋沿岸　岳头山(东陈)、天峰塔山、沙塘湾山,有南洋公路、沙石公路、塘沙公路。

石浦港西北岸　隔峙山、横峙、雷公山、晓湾山、金鸡山。有茅石公路、井蒲公路。

岳井洋西岸　呈山、白沙湾。西有泗马公路,东为蟹钳港。

大塘港沿岸　龙山、乌鸦山、狮子山、逸狗山、英山。西部有井蒲公路,东部有茅石、励司等公路。

第二节　峧

两并行山脉间的谷地(地峡),成明显分界线,坡度较缓,利修建道路,方言称峧。境内主要大峧东西走向居多,两头通海,均有公路贯通。如乌石峧(南堡至蛎江埠一线,高 40.8 米)、风门峧(旦门至东溪一线,高 65.5 米)、高湾峧(乌江、七里至新桥盐田一线,高 36.8 米),三峧长度 8~10 公里不等。小峧有新桥黄吉峧,昌国大岭峧等。属峧而不称峧者:南田风门曲、大徐望海岭、水流桥、雅林溪关山弄、涂茨馒头山等。

第三节　平　　原

境内均系沉积物补偿性堆积形成的平原,有海积和冲积平原,统称堆积平原。

海积平原　有南庄、定山、钱仓、贤庠、珠溪、黄避岙、西周、金星、灵南、七里、南田、鹤浦、高塘等。白岩山、旦门、新桥、昌国、花岙等新围盐场,皆在沿海地区。

冲积平原　梅溪、丹城、白石、九顷、墙头、亭溪、泗洲头、溪口、海台、鸡鸣等,皆处在山麓,由洪水冲积而成。

第四节　河　　流

县内溪流,源短流急,洪枯无时。平原河网不多,有灌溉之利,无舟楫之便。南庄平原主要有南大河、东大河、西大河、马岗河、横大河等,各有支流相通,形成河网。西周平原有淡港、西周港、下沈港,各支流相通。县北平原有东塘河、小东塘河、横塘河。大塘港水系有九龙江、长塘河、叶荫港、灵昭河、金石引河。南田岛有中镇河、盛家河、弯塘河,各有支流相通,形成河网。

南大河　源于县城西北象山凤跃溪,穿城南下,出来薰门外成河,至史家泾通东大河,至横塘河通西大河,至朝宗碶入下洋。1975 年自象山河起开挖新河,直通门前涂之横大河入海。全长 8 公里,宽 32 米,深 4 米。

东大河　源于县城东象潭、锦溪及梅溪,至太平桥成河,至会源碶入下洋,分入贤昌碶、秀才碶入横大河。1975 年自百丈岸起开挖直河,直通门前涂入海。全长 7.9 公里,宽 18 米,深 3.8 米。

大塘港　原三门湾内港,北段拗猛门港、中段强大湾港,南段普陀门港,通岳井洋、石浦港。1970 年前后堵港蓄淡,遂成内河。在台宁屿内建闸,水入岳井洋,全长 18 公里,宽 200 米。

九龙江　源出黄埠岭,至二眼碶成河,名双叉江,至三眼碶名九龙江,至炮台山入大塘港。全长 4.8 公里。

长塘河　源出大明山,上游绿屿溪,至庙山成河,经定山渡头至浮礁渡入大塘港,长 6.1 公里。

淡港　上游一出儒雅洋乡蒙顶山南,一出棋盘岩西,至隔溪张村金谷庙前汇合,至湖边村成河,经潘埠、渡头街,由淡港门碶入象山港。全长 5.5 公里。

樊鹤港　又名中镇河,源于樊岙龙头背小西天,汇南北弄堂水,至樊岙外埠头成河,经蟹厂至鹤浦大闸入石浦港。全长 6 公里。

中靖河　亦称中心港,居高塘岛平原河网之中心,横贯全岛,西起金交椅村,东至港口,由乌岩港口入林门港。全长 5 公里。

第二章 海　域

象山缘海而邑，海域辽阔，西起境内大陆海岸，北至舟山磨盘洋，东连浩淼东海，南达台州大陈洋，总面积6618平方公里。

第一节 近　海

近海有乱礁洋、大目洋、猫头洋，洋面宽阔，洋内岛礁星列，大小水道穿插其间。

一、乱礁洋

在象山半岛东北海域，属孝顺洋，又称磨盘洋，北起东屿山，南以四礁与大目洋为界，西至大陆。以礁石众多得名，因礁石棋布，亦称棋盘洋。有岛屿13个，礁42个，故称“乱礁洋面碎纷纷”。宋文天祥，清黄宗羲皆有诗咏之（见本书“丛录”）。南北长9.5公里，东西宽约8公里，面积80平方公里。水深7~8米，西部岛屿间最深处20米左右。东为牛鼻山水道，因东屿山别称牛鼻山得名，为浙江沿海南北航行要道。礁石众多，水道狭窄，为事故多发海域。红生礁东侧为小型客货轮主要航道。从北往南，牙牌礁、小东屿、鸡娘礁、小野猪等礁处建有灯桩。

二、大目洋

在象山半岛之东。北至乱礁洋，东至韭山列岛，南至檀头山岛，西到大陆。长约46公里，宽约40公里，面积1790平方公里。泥质底，一般水深4~6米，东南、南及东北深约10米。规则半日潮，平均潮差4.1米，流速1~2.3节不等。牛鼻山水道纵贯洋面中央，为浙江中部沿海航行要道。西岸大平、大目、昌国三大湾，有大平岗、羊背山、大羊屿、旦门山、三岳山、屏风山、铜头岛、牛栏基等岛礁。设有灯桩、灯浮多处。

三、猫头洋

在县东南，北至檀头山与大目洋相接，东至渔山列岛，南接台州湾。长约65公里，宽约48公里，面积2768平方公里，分隶象山、三门、临海二县一市，以三门县五指岛中之猫头山得名。是浙江沿海南北航行必经海域。泥质底，水深大部分10~12米，东侧平均16~20米，西侧4~6米。较大岛屿檀头山、南田、高塘、花岙、南北渔山、南北泽、东矶等58岛。较大水道满山、蛇盘、猫头、白礁等。港湾有石浦、海游、健跳、浦坝、椒江、胡陈等。洋内建灯桩30余座，灯塔在北渔山。

第二节 港　湾

境内海岸线绵长曲折，岬角海湾相间，多港湾。

一、象山港

在县境北部，西南—东北走向，主干中心线长60公里，岸线总长406公里，内含岛礁岸线125.5公里。总面积582.5平方公里，其中水域面积419.6平方公里，群山环抱，系半封闭型港湾，港内通航、避风条件优越。北岸为（宁波）北仑区、鄞州区、奉化市境，港西及港南为宁海、象山二县。境内沿港自东向西依次为涂茨镇、贤庠镇、黄避岙乡、西周镇，21世纪初，分别列为环杭州湾产业带象山产业区之A、B两区块，以船舶建造、仓储物流、临港型工业等为主。

港口口门宽约20公里，六横诸岛为屏障，东北接崎头洋之佛渡水道，东南连磨盘洋之牛鼻山水道。中部南侧有西沪港，为主要避风港区。港尾黄墩港、铁港，属宁海县。港内较窄，宽3~8公里不等，平均水深10米左右。港口、港尾较浅。最深处中部20~47米。沿港南北气候差异明显，故浙江气象台预报气象以此为分界线。属不规则半日潮，时差约2小时，潮差口小内大。除港口略带旋转，港内多往复流，平均最大时速流4.07公里，落潮流速大于涨潮。港底地形复杂，底质泥、粉砂质泥、砂质泥、泥质粉砂、砾石、贝壳沙等。

二、西沪港

位于象山港中部南侧，在县城西北，离县城最近处为黄溪渡，仅5公里。港口小腹大，为典型的封闭型港湾。港内风平浪静，涂面广阔平坦。属规则半日潮，最高潮差5.2米，涨潮流向港内，落潮流向港外，流速不到2节，港口2~4节。一般水深2~5米，入口一段10~20米，最深处长礁渡东北37米。港内岸线长48.5公里，总面积50.67平方公里。沿港自北向东依次为黄避岙乡、大徐镇，从白墩向南转西折北依次为墙头镇、西周镇。港汊众多，有白墩港、洋北港、黄溪港、墙头港、山下港。悉通公路。白墩港曾为象山第二海运港埠。

西沪港入口处称高泥港，为象山港主要避风港区。1909年（清宣统元年），清廷派亲王载洵来港视察，筹辟军港，因辛亥革命爆发而中辍。可通行万吨以下舰船。礁门与老鼠礁间，抛系船浮筒数只，可供1000吨级海轮系泊。港口有海军码头数座，可泊3000吨级舰船。长礁、老鼠礁、蛤巴嘴建有灯标，羊角礁南偏西有灯浮标。南北两岸有农渡，通航条件良好。

三、石浦港

在象山半岛南端，四岛环抱，五门罗列。西北靠大陆，东门岛、对面山岛屏障于东，南田岛、高塘岛环抱于南，紧连三门湾，天然构成5个航门水道（大塘港堵港后，普陀门已废），通往猫头洋。风平浪静，港湾优良，港内中心线长18公里，宽0.35~3公里，呈月牙状，面积27平方公里，水深6~45米。港中有铜钿礁、毛蚶山、汰网屿、黄胖礁、老鼠山、土地礁、中界山、打鼓屿、三门山等。港内航行、锚泊、避风条件优越，兼渔港、商港、军港之利，历为海疆要地。大陆自东北至西南均属石浦镇，海岛自东往西南依次为东门岛、南田岛、高塘岛。东北通牛鼻山水道，西南通满山、白礁两水道。

潮流系规则半日潮，大潮升5米，小潮3.7米，港内往复流，涨潮由铜瓦门、东门、下湾门、林门流入，从三门口流出，落潮则相反。石浦镇附近港面在高低潮时转流，憩息时间约15~30分钟，流速1.5~3节。最高潮位3.63米，最低潮位2.89米，平均高潮位2.14米，平均低潮位1.4米，平均潮差3.54米。

历史上曾发生多次港岸坍陷（滑坡）。1900年（清光绪二十六年）秋，石浦横塘岸无故陆沉亩许，断岸如削，深3竿余，不久涨平如故，可就原址建屋。1904年10月8日（光绪三十年九月朔)横塘岸地陷,沉30余家,溺死3人。1944年(民国33年)7月19日,石浦十三宫(原海军灯光球场)日本华中矿业公司碑石堆场及专用码头一夜之间沉没殆尽。1969年9月,第二码头附近滑坡。1985年10月13日,海军灯光球场外沿港马路坍陷。1986年9月,陆军船艇大队驻地沿岸滑坡。几次坍陷中,2次发生在农历八月末九月初,另2次亦发生在大潮或低潮时。原因尚未查清。

水流为往复流,含沙量大,常年混浊。因流速2节以上,泥沙淤积不显,与石浦港西口白礁水道蓄纳潮量有关。大塘港堵港蓄淡,使普陀门口外严重淤积,庵山与狗山淤连。县内曾有堵岳井洋之议,此举会否改变港湾潮流流态,继而引发石浦港和三门港之泥沙淤积,尚待探讨论证。

四、三门湾

在县境南部偏西,西南起自三门县牛头门宫北嘴,东北至象山县金七门南山岛,宽22公里,纵深40公里,面积775平方公里,为敞开型海湾,系浙江省六大海湾之一。据民国《三门年鉴》载:渔潭、坦塘2岛间,三山鼎列,中流砥柱,气势雄伟,远望俨若三门而得名。又三门湾口有三门岛,故名三门湾。1899年(清光绪二十五年),意大利曾垂涎此湾,有租借之议。湾内水深一般5~10米,最深处猫头山水道北端达50米,泥质底,略向东南倾斜,北部及西北部近岸较浅,多滩涂。属规则半日潮,潮流往复流,湾口附近涨潮流向西北,落潮流向东南,平均潮差约4米,流速1~2.5节。湾内各水道流向与水道方向一致。沿岸东部属象山县,北部属宁海县,西部属三门县。有白礁、满山、老爷门、金七门、金交椅、珠门、蛇蟠、沥洋、猫头、海游、正屿、旗门、健跳等水道。有健跳、海游、胡陈、越溪、蟹钳渡、泗洲头、台宁、金交椅等港埠。湾内较大岛屿:南田、高塘、花岙、崇爊、蛇蟠、涛头、满山、五峙门、青门、大狗头、大甲、五子、三门、下弓等(图1-2-1)。建灯桩数十座、灯浮数座。

图1-2-1　20世纪80年代三门山形势图

五、南田湾

位于县南三门湾北部,介于花岙、高塘、南田、南山4岛间,口宽6公里,纵深4.6公里,面积57平方公里,开敞型,水深2~7米,北经林门与石浦港相通,经珠门港与白礁水道相连。

第三节　浅 海 水 道

本县沿海底部大陆架平缓,深度不大,浅海广布。因岛礁、陆岸相互分隔,多大小水道,以牛鼻山、白礁二水道为著。

牛鼻山水道　在象山半岛东，纵贯乱礁洋、大目洋。北起东屿山，与象山港、双屿港、佛渡水道相通，南至半洋礁，与猫头洋相连，西近海岸，东至梅散、韭山二列岛，南北长40公里，东西宽10～16公里，面积约520平方公里。水道北部入口处，耸立东屿山，主峰高125.3米，其东北端一岬角，岩洞贯通，形如穿牛之鼻，别名牛鼻山，水道以此得名。历为中小型船舶通航要道。主要航道有二：一为西侧大陆沿岸诸小岛之间，水深2.4～10米，最浅处大目山与旦门山附近，约2.4米；最窄处东屿山南约3.7公里处，小野猪礁与红生礁之间，宽0.65公里，航道狭窄、水浅、多岛礁，陆上山峰错杂，目标不显，近岸又有大片渔网，仅供吃水2米左右小型船只行驶。沿线鸡娘礁、红生礁、小野猪礁、燕礁、小漠山、练杵山等设助航灯标。二为韭山列岛西侧航道，水域开阔，航障少。又有东屿山(125.3米)、大爿山(445.1米)、大漠山(150米)等高大岛屿或山峰导航。沿线西磨盘、泗礁石、抛露礁、矮旗山、田螺头、锁山等设灯桩、灯浮，助航标志完善，可供5000吨级以下船舶昼夜航行。水道西侧附近三处可供中小型船舶作临时避风地：一是东、西屿山之间，水深10～20米，泥质底，避6～7级东至南风；二为大捕山东北侧，水深7米左右，泥质底，避6～7级西至西南风；三属大平岗与大岩洞北边，水深3～5米，泥质底，避6～7级南至西南风。

白礁水道　在县西南与宁海交界处，南起满山水道，向北深入蟹钳港25公里，面积45平方公里。水道以宁海县白礁得名，西岸宁海县岳井村，又名岳井洋。内含马岙门、崇门头、蟹钳港、泗洲头港等水道。自满山至牒屿山段航道宽约2.5公里，水深不足1米；自牒屿山至水屿段航道较直，宽约4～5公里，水深2～7米。水屿向北航道狭窄，宽200米，水深2～3米；至大青山，水道分岔，西为马岙门，东为崇门头，各宽200米，崇门头水道多礁石，影响航行。水道内布白礁、水屿、青屿、牛轭礁、小青山、大青山、小猫山、大门山、囡儿礁、死人山、崇巉、玉印、笔竿山等岛礁20余个。水道自南向北，东岸为晓塘乡、定塘镇、隔洋塘(属宁海县岳井)、新桥镇、茅洋乡；西岸为宁海县伍山、岳井及境内泗洲头镇。东岸新桥镇狮子山有公路衔接茅石公路，西岸泗洲头镇大麦塘有泗马公路衔接盛宁公路，宁海县岳井、松岙亦有公路衔接盛宁公路。水道曾有石浦至蟹钳渡航班，另马岙渡、王家渡、李家渡、红卫塘皆有渡船往来两岸。

强大湾与大陆之间为大塘港北段，北口称拗猛门，南口称强大湾，东南通普陀门。南北长3.5公里，宽200米，昔为石浦至蟹钳渡客轮必经之道(1970年前后诸港筑坝)，今为内河，有中泥渡。拗猛门内之东有七里港，通上下七里埠。亦因堵港而成内河。

潮汐为规则半日潮，涨潮顺水道内流，落潮向外流，流速：三门口1.5～2.5节，向内1.8～2.5节。牒屿山、台宁屿、水屿、亡儿礁、下马岙、平岩头等处设灯桩。

白礁水道东支为崇门头，介于崇巉与五峙门之间，长4.5公里，宽500米，水深2～7米，泥质底，水道口门多礁石，北通关头港、东溪港，航行宜慎。

白礁水道西支为马岙门，介于崇巉岛与墩岙塘之间，长4公里，宽500米，水深4～5米，北通蟹钳港、泗洲头港。水道南侧大青山岛北偏西水下0.3米处一暗礁，航行宜慎。

关头港(乌江)　乌江水冲刷成，西南接崇门头水道，长4公里，宽50～200米，水深1～6米，水道中有癞头礁、分水礁，航行须慎。

东溪港　东溪冲刷成，在分水礁北，南接崇门头水道，与关头港仅隔一滩涂。长2.5公里，宽50～150米，水深1～4米。

蟹钳港　介于海台滩涂与泗洲头、马岙滩涂之间，纵深5.5公里，宽100~250米，水深1.8~6米，泥质底，大潮升6.2米，小潮升4.2米，流速1~2节。水道北部死人山岛以东为蟹钳渡、蛎江埠，以西则泗洲头港。蟹钳渡在南岸杨岙山嘴建有石砌码头，涨潮时可泊200吨级海轮，原有小轮南航石浦，北渡花墙。两岸筑有公路。渡东北2公里许蛎江埠，即白查古渡旧址，今废。

泗洲头港　西溪冲刷成，纵深3公里，水深0.5~3米，两边悉泥涂，北岸为泗洲头镇。

石浦港诸水道　石浦港出入水道5个，即铜瓦门、东门、下湾门、林门、三门。

铜瓦门水道　在石浦港最北端，介于大陆点灯山岗与东门岛之间，主要航门之一。东西向，航道长约500米，宽度一般200米，入口处附近最窄，仅150米。水深10~42米，口外900米处浅段，水深45米。涨潮流向港内，落潮向外。一般低潮前1小时左右，憩息30分钟。涨潮流速3~4节，最大6~7节，落潮时门口有强烈旋涡、激浪，影响航行，故有“金山望月，铜瓦观潮”之谚。口门东、西及小铜钿礁设灯桩。航道两侧皆岩石，上空架电线，高36米；门内600米处一适淹礁，碍船只进出。涨潮前2小时可出入3000吨级海轮。

东门水道　在东门岛与对面山岛之间，东西向，长2公里，最宽处1500米，最窄处150米。水深4~56米。水道最窄处水下0.5米有一暗礁，地势险恶，“其状若门，下有横石如阃”，为危险航区，仅当地船只进出。涨潮时流向西，水流湍急，一般流速3~4节，最大6~7节，旋涡强烈。落潮流速同，流向相反。

下湾门水道　位于对面山岛与南田岛之间，西北、东南走向，长4.3公里，宽250~500米，东南口附近，最窄处180米。水深25~50米，口外最浅处水深6~7米。属规则半日潮，涨潮流向西北，流速2.7节；落潮流向东南，流速3.1节。原仅通航5000吨级海轮，为入港主要航门之一。水道两侧裸岩山嘴数处，余均泥涂。水道西北口有汰网屿(设有灯桩)、毛蚶山两岛，分乌龟门、中门、边门3水道，皆可通航。架电线两组，高37米。东南口设有灯桩数座。2008年12月，经国家级专家评审，石浦港该水道通航能力可提升至30000吨，且不必候潮进出。2009年12月2日，浙江东红船业有限公司新造28000吨散货空船顺利驶出下湾门。

林门水道　介于南田岛与高塘岛间，石浦港南大门，口外南田湾，水道曲折作S状，南北向，水道长3.3公里，最宽处250米，南口最窄80米。水深5~33米，南口外大片海域，水深2米，200吨级船只，半潮时可慢速通过。涨潮北流，始于高潮前4~4.5小时，流速2.2节；落潮南流，始于高潮后1.5小时，流速2.8节。北口架电线，高20米。两岸岩壁几处，余均泥涂。在笔架山、龙珠礁设灯桩，北口设灯浮标。

三门水道　位于高塘岛与坦塘岛间，石浦港西门，东西向。港中庵山、狗山、万金山3岛，分水道为北、中、南3门，故称三门，亦称三门口。口内为石浦港之箬渔洋，口外为三门湾之满山水道及白礁水道。北门介于庵山与坦塘间，多礁石沙滩，不宜航行。中门介于庵山与万金山间，水深7~46米，宽200~400米，通航条件良好，设灯桩1处，立标1处，为石浦港与三门湾间主要航道。南门介于万金山与高塘岛间，水深7~37米，宽200~400米，亦可通航。三门口水道之潮流流向与上述4个水道相反，涨潮流向外，落潮向内流，流速2~3节。2008年9月，水道南北两岸建成三门口跨海大桥。

普陀门水道　在坦塘岛与大陆之间，呈西南向，全长7公里，宽250米，最窄处两山夹峙

70 米,西口有台宁屿,其外白礁水道,南口箬渔洋,稍北晓湾港,水道深不及 2 米,仅能通航 100 吨级船只。1970 年前后,堵港蓄淡,西口建闸,南口筑坝,遂为大塘港之一部。

西沪港诸水道　西沪港内港汊众多,由东转南折西,依次白墩港、洋北港、黄溪港、墙头港、山下港等,皆涂高港浅,泥质底,略带沙性。

白墩水道　在西沪港北面东侧,县城西北 9 公里。水道东西向,东狭西宽,30~600 米不等,全长 5.5 公里,水深 0~4 米。水道由雅林溪、枫溪冲刷成,两岸皆海涂。

洋北港、黄溪港、墙头港、山下港水道　大都南北向,汇入白墩港水道。长 3~4 公里,宽 100~500 米不等,水深 0~4 米。均建有块石混凝土码头,可停靠 20 吨以下船只。

珠门港水道　介于高塘岛与花岙岛之间,西北东南向,长 8 公里,宽 200~900 米,西宽东窄。水深西部 8 米,东部 610 米,中部 40~43 米。潮流最大流速 4 节,多急流旋涡。西段称珠门港,口宽,两岸多泥滩,港内多渔栅。船只行驶于水道中心,距北岸 200 米处,以避开南岸泥滩。此段为优良锚地,可避 9 级北、东、南三面风向。东段称金交椅港,两岸崖壁陡峭,南岸有大佛头山,奇峰突起,海拔 308.8 米。水道狭窄,船只行航道中心。东口尽处,退潮时因回水之故,东南潮流正与退潮流相反,如涨潮一般,故称“涨落门”。在畚桩山、金交椅山各建有浆砌块石码头,机动船摆渡。2003 年 12 月,高塘岛、花岙岛两岸始建汽渡码头。2009 年 6 月正式通航,往返 12 分钟。

满山水道　在县南三门湾东部,介于象山县高塘岛、花岙岛与三门县下万山、青门山、灶窝山之间。北接白礁水道、猫头水道通胡陈、越溪、海游、健跳;南通猫头洋,为石浦至椒江市航道。宽 6 公里,长 9 公里,面积 60 平方公里,南北向。水深 3~10 米,最深处 46 米,潮流为往复流。以满山岛、五指岛为中心,分东西两条水道。南来船舶进出石浦港、岳井洋,多走东水道。北端大陆多干涸泥滩,西北多礁石,为危险水道。在长屿、乃礁、双礁、杨礁、平礁、龙堂山等岛设有灯桩。

金七门水道　在南田岛与南山岛间,东西向,东猫头洋,西三门湾。长 1.5 公里,最窄处 150 米,水深 5~39 米,属规则半日潮,涨潮流向西,落潮流向东,流速 1.5~2.5 节。西口外较浅,仅 2.8 米。可通航百吨以下船只,适航于水道中央。水道两则为锚地,泥底,可避 8 级北、东、东南三向风势。原有小轮通航石浦、鹤浦、港口。

淡水门水道　在石浦港铜瓦门东北,介于牛栏基岛与萝卜山岛之间,东北西南向。北大目洋,南猫头洋。长 600 米,宽 200 米。水深 5~11 米,皆岩岸。为北来船只进入石浦港之捷径,西侧有灯桩。来往船只较多,一般通航百吨以下船只。其东桔树门,西干门港,皆不宜通航。

龙洞门水道　在丹城东南 12.25 公里处,介于龙洞门嘴与大羊屿间。宋宝庆《四明志》载:北岸山嘴有一岩洞,相传“有五龙聚会于此”,故名龙洞,水道由此得名。别称锯门隘,东西向,长 500 米,宽 200 米,水深 2~3.9 米,泥质底,属规则半日潮,涨潮流向西,落潮流向东,流速 1~2 节。大目洋驶门前涂柴嘴头捷径。

外干门水道　在象山半岛东北角,介于大陆与干门岛间,西为象山港,东为乱礁洋。西北东南向,长 1 公里,宽 200~400 米,水深 5~20 米。潮流急,可通航几十吨的小型船只。避 8~9 级大风,南岸有简易混凝土码头,当地渔船、小型运输船锚泊、装卸之处。

表 1-2-1 为境内水道一览。

境内水道一览 表1-2-1

名称	长度(公里)	宽度(公里)	水深(米)	位置
牛鼻山	40	10~16	2~20	大陆沿岸与韭山列岛间,南北向
外干门	1	0.2~0.4	5~20	陆岸与外干门岛间,西北—东南向
高泥港	4.7	0.8~1.4	10~37	西沪港,东西向
山下港	3	0.02~0.3	0~4	西沪港西北,东北—西南向
白墩港	5.5	0.03~0.6	0~4	西沪港东北,东西向
洋北港	3	0.03~0.3	0~4	西沪港东,西北—东南向
墙头港	4.2	0.1~0.3	0~3	西沪港南,南北向
黄溪港	3	0.1~0.5	0~2	西沪港东南,南北向
外竹门	1.7	0.6~1	16~18	韭山列岛,上竹山与大青山间,南北向
中竹门	1.05	0.2~0.3	6~6.4	韭山列岛,中竹山与上竹山间,南北向
牛门	1.3	0.9~1.1	11~15	韭山列岛,下竹山与牛槽山间,南北向
里竹门	0.7	0.1~0.4	8~10	韭山列岛,下竹山与中竹山间,西北—东南向
双山门	1.1	0.4~0.65	15~18	韭山列岛,官船岙与双山间,东北—西南向
龙洞门	0.5	0.2	2~3.9	县东大羊屿与陆岸间,东西向
蚊虫山门	1	0.25~1	10~12	韭山列岛,南韭山与蚊虫山间,东西向
白礁水道	25	0.15~2.5	1~6	县西南,南北向
泗洲头港	3	0.02~0.1	0.5~3	白礁水道北端,西北—东南向
蟹钳港	5.5	0.1~0.25	1.8~6	白礁水道北端,南北向
关头埠港	4	0.05~0.2	1~6	白礁水道中东,东北—西南向
东溪埠港	2.5	0.05~0.15	1~4	白礁水道中东,东北—西南向
崇门头	4.5	0.5	2~7	白礁水道中东,南北向
马岙门	4	0.5	4~5	白礁水道中西,南北向
干门港	0.7	0.2~0.9	1~4	半招列岛,萝卜山与陆岸间,南北向
淡水门	0.6	0.2	5~11	半招列岛,牛栏基与萝卜山间,南北向
铜瓦门	0.5	0.15~0.4	10~42	石浦港北,东门岛与陆岸间,东西向
东门	2	0.15~1.5	4~56	石浦港东,东门岛与对面山岛间
下湾门	4.3	0.25~0.5	25~50	石浦港南,对面山岛与南田岛间,西北—东南向
林门	5	0.08~0.25	2~33	石浦港南,南田岛与高塘岛间,南北向
三门	4	0.2~0.4	7.2~46	石浦港西,高塘岛与坦塘岛间,中有庵山、万金山分三门,东西向
珠门港	5.6	0.2~0.9	8~43	高塘岛与花岙岛间,东西向
金交椅	2.7	0.2~0.3	6~43	高塘岛与花岙岛间,西北—东南向
老爷门	2.8	0.5~0.9	10~55	花岙岛与大、小甲山间,东南—西北向
金七门	1.5	0.15	5~39	南田岛与南山岛间,东西向
满山水道	9	6	3~10	县西南三门湾,南北向

第四节　岛　礁

象山县沿海岛礁星罗棋布，然历无确数，且名称混乱，表述不一。民国《象山县志》仅列海岛112个。解放后，围涂垦殖项目不绝，先后有20多个岛礁与大陆连为一体，或成海岸，或成孤山。1984年，开展海域地理实体普查，查明列岛6个、岛屿236个、群礁6个、海礁372个。2010—2011年普查有岛屿452个、海礁205个。岛礁数量之多，海域地名门类之全，居全省之冠。

境内岛礁均属基岩质，其地质构造与象山半岛一脉相承。452个岛屿总面积约180平方公里，占全县陆地总面积百分之十六。其中住人岛屿16个，南田岛最大，面积约90平方公里，为浙江第三大岛、宁波第一岛，今置鹤浦镇。高塘岛次之，面积约42平方公里。海礁以大潮平均高潮面出露区别，有明礁、干出礁、暗礁之分。海礁密集处称群礁，岛礁密集处称列岛或群岛。

一、列岛

泗礁列岛　在丹城东21.85公里处，大目洋与乱礁洋间，牛鼻山水道西侧。分布在南北长1公里、东西宽0.75公里的海域中，由4岛1礁组成。陆地总面积约0.077平方公里。

相传有一神仙肩担四山，欲堵爵溪门头，使羊背山与大陆相连，适被凡人发现，一声惊叫，担断山落，遂成四岛，因名四礁。后写作"泗礁"。主岛有二：上泗礁居北，下泗礁居南，设有灯桩。二岛夹一航门，中有一干出礁，形势险恶，名拦门虎，常发生触礁沉船事故。

均由火山凝灰岩构成。无乔木，禾草茂盛，灌木丛生。有大量海鸟栖息。

韭山列岛　位于大目洋东缘，东对东海，西距大陆最近点爵溪镇长嘴头18.5公里，距丹城30公里。由76个岛礁组成，其中岛屿27个。分布在南北长11.5公里、东西宽10公里的海域中。呈东北—西南向排列，陆地总面积7.3平方公里。

由主岛得名。"形势巍峨，岛岙深远"。除主岛南韭山外，较大的岛屿还有官船岙、积谷山、蚊虫山、双山、大青山、上竹山、中竹山、下竹山等。皆青葱翠绿。

列岛水域广阔，属规则半日潮，涨潮流向西及西北，落潮流向东及东南，流速2.5节，大潮升4.6米，小潮升3.4米。气候适宜，属亚热带海洋性季风气候。冬季稍冷，夏季多雾，7—10月受台风影响最甚。

列岛地位重要，开发颇早。民国《象山县志》载："韭山直对日本，倭奴入寇，遇东南风则从韭山入昌石，寇象山；遇东北风则从南五山入海门，寇黄岩。故韭山者外洋之要冲，番舶闽船所必经，象海第一门户也。"从南韭山上所留摩崖石刻看，早在东晋已有人迹。旧时常为海盗所盘踞，1946年(民国35年)，成立南韭山渔业产供销运合作社，在南韭山与官船岙盖草房数十栋，招民开荒捕鱼，并购汽艇1艘经营鱼货收购，往返于定海、石浦之间。大陆解放前一度被国民党军盘踞。1950年12月16日解放，有部队驻守，直至70年代。南韭山、积谷山筑有码头和环岛公路。列岛淡水源充足，南韭山、积谷山、官船岙有天然和人工水池、水井多处。现有南韭山村。分居2个自然村，以渔为主，属爵溪街道。官船岙，常有大陆居民临时搭棚，或捕鱼，或采贝。每至渔汛，常有众多渔船在列岛各海湾锚泊，冰鲜船来此收购鱼货。2003年，经浙江省政府批准，列入省级自然保护区。2009年11月，通过环保部组织的专家评审，列入国家级海洋生态自然保护区。2011 年 4 月，国务院正式批复确认。

列岛尚属新开发海岛区，自然资源利用程度较低。丰富的野生植物及贝、藻等资源有待进一步开发。

三岳山列岛　别称三仙岛。位于丹城东南 27 公里处，牛鼻山水道南端西侧，西距大陆最近点昌国东嘴头 3.61 公里。由 12 个岛礁组成，分布在南北长 1.5 公里、东西宽 1.6 公里的海域中，呈西北—东南向排列，陆地总面积 0.326 平方公里。

列岛是牛鼻山水道主要导航山之一。因三个主岛一字排列，有三峰，故名。方言“萼”、“鹤”与“岳”同音，又作三萼山、三鹤山。民国《象山县志》载，“山有三峰，春时百花竞发，因名三仙岛。”

半招列岛　位于丹城东南 30 公里处，大目洋西南侧，石浦港铜瓦门东北，西距大陆最近点石浦镇沙塘湾炮台山嘴 0.3 公里。由 13 个岛礁组成，分布在南北长 2 公里、东西宽 4 公里的海域中，呈东西向排列。海岸线总长 17.27 公里，陆地总面积 2.5 平方公里。

名称含义不详，据民国《象山县志》载，实为“西名”（即外国人所命名）。据查，船只从石浦港至此，历时半潮，故名。方言“潮”、“招”音近，后误传为“半招”。

主岛有三：萝卜山，面积 0.329 平方公里；牛栏基，面积 0.8 平方公里；铜头岛，面积 0.906 平方公里。地势东高西低，主峰铜头山，海拔 172.4 米，为列岛最高峰。属亚热带海洋性季风气候，温和多雨，春夏多雾，夏秋间多台风。

主要由火山凝灰岩构成，萝卜山则由砂砾岩等构成。除铜头岛海岸较陡峭外，余皆较平缓。

主岛皆留有人居旧址，开垦遗迹，梯田档式，但何时开发，史无记载。现种有萝卜、番薯等作物，放有牛、羊。列岛内有水道 3 条，为小型船只出入石浦港的主要航道。

渔山列岛　位于丹城东南 74.5 公里处，猫头洋东缘，西北距大陆最近点石浦镇铜瓦门 47.5 公里。由 54 个岛礁组成，分布在南北长 7.5 公里、东西宽 4.5 公里的海域中，呈东北—西南向排列，陆地总面积约 2 平方公里。

列岛地处渔山渔场中心，附近海域渔业资源丰富，各地渔民常来此捕捞，且以两主岛为栖息之地和导航目标，故以“渔山”称之。英国版海图称“黑山列岛”，来历不详。列岛分南北两群，北渔山居东北，面积 0.48 平方公里；南渔山居西南，面积 0.88 平方公里，海拔 127.4 米，为列岛最高峰。

属亚热带海洋性季风气候。因受台湾暖流控制时间较长，冬暖夏凉。冬多东北风，夏多西南风。春夏之交多大雾，一般在上午 10 时后散去；夏秋两季多台风，7—10 月影响最甚。

列岛开发较早。明为海门汛地，清属象山昌石营管辖。乾隆《象山县志》载：1659 年（清顺治十六年），为平郑成功、张煌言抗清军，兵部尚书苏纳海禁山洋采捕，十八年迁居民入大陆。直至乾嘉间，闽南渔民始陆续来此捕鱼定居。清朱正元《浙江沿海图说》云，“号为多盗”，“有居民者凡三岛，南渔山二十余户，北渔山二十余户，白礁五户，皆闽人之捕鱼为业者。”1840 年鸦片战争后，先后被英、美、日侵占。1895 年（清光绪二十一年），上海海关税务总司海务科在北渔山建成时称远东第一大灯塔——北渔山灯塔。1912 年（民国元年）属南田县，1940 年属三门县，1952 年析归象山县。时有居民 70 余户，280 余人，分居南、北渔山。1955 年 3 月 10 日解放，居民悉被国民党军劫至台湾。1958 年，石浦居民重建渔山村，1984

年10月,宁波市人民政府授予“文明岛”称号。现有2个自然村,以渔为业,属石浦管辖。二主岛筑有简易盘山公路、码头,可泊百吨级船只。2008年8月,被定为国家级海洋生态特别保护区。属全省第四个、宁波市首例。2010年6月,在卫星定位系统指引下,70座人工鱼礁投放海域内,为2004年首次投放7座报废渔船单船礁体后第二期投放,进一步推进保护区基础建设项目。

五虎礁列岛　在丹城东南75.6公里处,北渔山以东。西距大陆最近点铜瓦门47.2公里。由11个岛礁组成,分布在南北长0.75公里,东西宽0.5公里的海域中,呈南北向排列,陆地总面积为0.03平方公里。

五虎礁是我国领海基点岛之一,因四岛一礁形如五虎卧疆,故有此称。由火山凝灰岩构成。多悬崖峭壁,难以攀登。最高点海拔53.3米。土壤贫瘠,灌禾稀疏。有海鸥等栖息。

二、岛屿

东屿山　在县城东北23公里处,象山港口东南,乱礁洋北端,牛鼻山水道西侧,西南距大陆最近点涂茨镇长沙村3.04公里。南北向,长2.21公里,宽0.6~1.5公里,岸线长9.7公里,面积1.95平方公里。

因其高峻挺拔,与西屿山东西对峙如天柱,故名东柱山。民国《象山县志》云,东殊山,原名“东柱山,西名牛鼻山”。其东北端有一岩洞,两端贯通,形若牛鼻穿孔,故有牛鼻山、穿鼻山之称。1982年定名东屿山。

东屿山为县北第一大岛。火山凝灰岩构成。峰峦起伏,有高峰三座,中峰海拔125.3米,北峰和南峰分别为116米和114.4米。海岸曲折,多岬湾。山坡较平缓,植被良好。

岛上水源充足。有水井4口。1955年,钱仓村民始开发该岛,植茶360余亩,在西岸大牛角开耕地10余亩,种水稻、茭白、番薯、土豆、甘蔗、花生等作物,沿海养殖蛏子、紫菜。常年居住五六十人,采茶季节达四五百人,建有茶叶加工场,年产茶叶约20吨。

东屿山地扼象山港口,西侧可通航百吨级以下船只,东侧为牛鼻山水道北口。可通航吃水5米以下海轮。西南岸建有简易水泥块石码头,平潮时可泊20吨级以下小船。

道人山　在县城东北14.3公里处,北距大陆最近点猫头嘴0.83公里。西北—东南向,长2.16公里,均宽0.57公里,岸线8.54公里,面积1.23平方公里。

主峰有一岩石耸立,形若道人端坐,俗称道人岩,岛由此得名。一名双泉山,因有二清泉得名。明嘉靖《象山县志》载:“双泉山,县东北十里海中,岩上有巨人迹、上马石,相传安期生尝游此。又名道人山。”民国《象山县志》载,“西名羊岛”来历不详。

水源充足,有天然水池及人工水井多处。民国时已有居民数十户,原有道人山村,农渔兼营,属涂茨镇,近年迁入涂茨,名涂西村。西南涂滩养有200余亩蛏子、紫菜。东北有采石场,北有道头,可停泊数十吨级船只。

南韭山　韭山列岛主岛。在县城东32公里处,居列岛中部偏西,西距大陆最近点长嘴头18.61公里。东北—西南向,呈S形,长5.26公里,均宽0.74公里,面积为4.1平方公里。岸线曲折,岬湾相间,长约24公里。两端高峻稍宽,中部地平较窄,岗峰起伏,有百米以上高峰四座,西南端主峰瞭半天海拔164.5米,为列岛第二高峰;东北部小塘岗次之,海拔152.9米。

民国《象山县志》载,“韭山以产大韭得名。”又“峰有九,大山二,小山一,故又名九山”。

明嘉靖《宁波府志》、清顾祖禹《读史方舆纪要》亦均有“山多大韭”之记载。今岛上仍有野韭。又因其雄踞舟山群岛之南,位古南海中,故冠以南字。

西北大湾与东南大湾面宽水深,为锚泊避风良地。渔汛时节,常有渔船停泊,也有冷冻船收购鱼货。水源丰富,筑有水池、水井多处。

南韭山何时开发,史无确载,据爵溪渔民所见,岛上原有东晋石刻,尚能背得“东南半壁,一麋一鹿,东晋十二年,宁绍把将欧”。民国《象山县志》载,“韭山摩崖石刻,在韭山南平岩上,字大五六分至寸许,近被海沙拥塞,止得千余字可见,而不能识为何时所刻。”今实地考察已不可得,唯见燥谷仓洞口石壁上刻有“仙岩”二字,内壁上有隶书“逸仙洞”三字,尚依稀可辨。旧时常为海盗所踞。民国初年曾有居民4户(据民国《象山县志》载)。爵溪等沿海居民常上岛搭棚暂居,或捕鱼,或采贝,或砍柴。民国35年,南韭山渔业产供销运合作社盖草房数十栋,招民垦植捕捞。1949年7月为国民党军盘踞,翌年12月16日解放,已无居民。1966年爵溪居民迁来定居,建南韭山村,分居里塘、捣臼湾两地,以渔为主,有机动渔船6艘,耕地20余亩,种植番薯、土豆等。近年多数迁往爵溪,几成设防岛屿。筑公路贯通全岛,竹嘴和里塘建有水泥码头,可停泊百吨级以下船只。外东嘴设有灯桩。

崇巉岛　在县城西南21公里处,介于马岙门和崇门头间,东距大陆最近点乌屿门山0.37公里。南北向,略呈菱形,长3.5公里,最宽1.2公里,面积约2平方公里。岸线平直,多石砌堤岸,长7公里。

群众习称舌状体为“巉头”。该岛形似舌头,托水而出,高踞海中,故名崇巉。

有小山四座,均由火山凝灰岩构成。麦地山孤峙于北端,三山毗连,横贯中部,最高稻桶山岗海拔83.2米。

属塘田型大岛。民国《象山县志》载,民国初已有崇巉、崇巉外、合成三塘,均在三山之南。20世纪70年代于三山之北围成新塘,并将麦地山连入其内,共计面积1700余亩,一般海拔2~3米。

为县内16个住人岛之一。民国初属奠南乡,解放前属灵照乡,解放后属新桥乡。现有崇巉村,分居3个自然村,属新桥镇。居民以农为主。建有小水库1座。东北角有渡口,是联系大陆的唯一交通要道。

东门岛　在县城南30.5公里处,石浦以东,介于铜瓦门与东门之间,离大陆最近点铜瓦门0.15公里。南北向,长3.7公里,均宽0.46公里,面积1.72平方公里。海岸曲折,多岬湾,长8.64公里,有百米以上山峰二座,主峰南汇山居北,海拔127.6米。

由东门水道得名,一名东门山。《浙江通志》载,东门山“即《汉书》所载曰天门山,先未析象山时,此山在南海中,接宁海之东,故名东门。”

东门岛开发历史悠久,历属象山县。唐以前辟为渔商港埠,素有“浙洋重镇起东门,犄角形成石浦镇”及“老东门,新石浦”之说。民国《象山县志》载,岛上东门庙建于唐前,唐贞观、永徽间,越州商贾“每经过庙下无不祈祷牲礼”。地处海道要冲,历代屯兵设防。1209年(宋嘉定二年)设东门寨,元置东门巡检司,明初一度迁定海昌国卫于此,清设东门汛。解放后属东门乡,现属石浦镇。有自然村7个,1800余户,5000余人,以渔为主。文教卫生设施齐全。建有气象站、海洋站、油库、冷冻厂等。有千吨级以下码头4座,日有渡轮往返于石浦及对面山、南田岛之间。2002年5月,岛东北处建成铜瓦门跨海大桥,结束岛上居民出门靠渡船历史。2008 年 9 月,岛东海拔 100 米门头山上建开渔节祭海场,面积 3500 平方米,可容 5000 余人。施工中,发现一古烽火台遗址。黄土堆夯,高约 3 米,下宽上窄,周长 30 米,呈不规则梯形,已部分垮塌。上部平坦,碎石破砖众多。经县文管会考证,为明初时筑。

对面山　在县城南 32.2 公里处,石浦港东侧,介于东门、下湾门二水道间,西距大陆最近点石浦中央塘 1.5 公里。以处东门岛对面得名。西北—东南向,长 3.75 公里,均宽 0.9 公里,最宽 2.5 公里,面积 3.4 平方公里。海岸曲折多湾,长 14.64 公里。

火山凝灰岩构成。东岸曲折多湾,西北和西海岸较平直,且多石砌堤岸。丘陵面积占全岛的 84%以上。地势东南高,西北低,平均海拔约 50 米,有百米以上山峰 7 座,主峰眼睛山海拔 196.4 米,中部稻桶岩海拔 174 米,平原分布在西北和西滨海地带,均围垦而成,海拔 2~3米,面积各为 0.3 和 0.25 平方公里。

对面山为“南田八岛”之一,历史上多属象山县。民国元年属南田县,29 年属三门县,1952 年析归象山县,属东门乡,现属石浦镇。有自然村 5 个,250 余户,950 余人,以渔为主,农渔兼营。有小学、医疗站等文教卫生设施。陆上交通不便,各村间靠小道联系,对外交通尚便,有码头 2 座,日有渡轮往返于东门、石浦、鹤浦之间。东南端狮子尾巴设有灯桩。

檀头山　在县城东南 36.7 公里处,大目洋、猫头洋之间,西北距大陆最近点铜瓦门 8 公里。南北向,长 6.6 公里,均宽 1.6 公里,最宽 5.35 公里。面积 10.5 平方公里。海岸线曲折,岬湾相间,长 45 公里。

宋宝庆《四明志》载,山在“县南一百三十里海中,上有一石坛,平如案”,故名石坛山,俗称坛头山,方言“坛”、“檀”同音,后称檀头山。

火山凝灰岩构成,基岩多裸露。分南、北两块,由一宽约 100 米、长约 500 米的沙埕连成。属海岛丘陵地貌,地势南、北宽阔高峻,中部狭窄低平。岗峰连绵,有百米以上山峰 19 座。主峰檀头山位于东南,海拔 225 米;副峰大平头居于北,海拔 195.2 米。

属亚热带海洋性季风气候。年平均气温为 16℃,1 月平均气温 5.4℃,8 月平均气温 27.8℃。年平均降水量 1300~1350 毫米。春夏之间多大雾,一般在上午 10 时后散去。夏、秋两季多大风,7—9 月受台风影响最甚。水源充足,多山涧短溪。

檀头山为“南田八岛”之一,开发较早,历史上多属象山县。清嘉庆间曾为蔡牵所踞。民国元年属南田县,29 年属三门县。1950 年 12 月 16 日解放,1952 年析归象山县,属檀渔乡。1961 年建檀头山人民公社,1983 年撤社建乡,1992 年并入石浦镇。有 10 个自然村,900 余户,3000 余人,以渔为主。有中小学、卫生院等设施。

檀头山地处国内航道要冲,石浦港外围屏障,历为御敌前哨、海防要地。解放后曾有部队驻守,20 世纪 60 年代,建有飒爽英姿、红妆习武的女民兵炮兵班,一枝独秀、出类拔萃,可与闻名遐迩的洞头岛“海岛女民兵”媲美。岛上筑有环岛公路 1 条,码头 4 座,原有班轮通航石浦,今为保留性渡埠,有待日后进一步开发。北部的外沙头、南部的小宫嘴头及东岙海湾等均为锚泊良地。

南田岛　在县城南 33.2 公里处,石浦港南侧,介于对面山与高塘岛之间,北距大陆最近点直落港 1.25 公里。南北向,葫芦状,长 14.7 公里,宽 10.1 公里,岸线 78 公里,面积 90 平方公里。东、南及西南海岸曲折多湾,基岩多裸露,北及西北海岸较平直,多石砌堤岸。

为县内第一大岛。民国《象山县志》载,因其地处县南,“田尽膏腴,其塘田皆天造,不假人工”,故称“南田”。

气候温和,光照充足,属亚热带海洋性季风气候。年平均气温17℃,1月平均气温5.4℃,8月平均气温27.8℃。无霜期295天。年平均降水量1254.7毫米。春夏之交多大雾,一般在上午10时前后散去。夏秋两季多台风。水源丰富,河流纵横。樊岙港源于东南小西天,汇集诸水自西北注入石浦港,全长18公里;南有中心河横贯平原西入南田湾,两河皆有灌溉之利。

南田岛为“南田八岛”主岛,开发颇早。县人陈汉章《南田志略》云,象山立县后即有居民。小百丈、樊岙、高坎头等地墓葬的发现及铜镜、铁刀、器皿等文物的出土证明在唐代已有人居。明洪武十八年为防倭患,“南田八岛”与定海、玉环同被列为封禁之地,南端金七门今存洪武间所立的“奉旨永远封禁”残碑。明末清初,张煌言、张名振以此为基地坚持复明斗争近20年。清光绪元年“南田八岛”开禁,招民开垦,先后设南田招垦局、抚民厅,民国元年改置南田县,治樊岙,29年撤县设区,划归三门县。1949年10月26日南田岛解放,1952年析归象山县,建5乡,1956年撤并为2乡,现置鹤浦镇。全岛有自然村79个,11200余户,33500余人,有耕地23200亩。居民农渔各业兼营,以农为主。中学、小学、卫生院、文化站等文教卫生设施完善。

南田岛是石浦港天然屏障之一,交通方便。沿港建有码头6座,小网巾、韭菜湾、前龙头、后龙头设有渡口,日有渡轮往返于石浦、高塘、对面山。鹤浦是全岛政治、经济、文化、交通中心,原有班轮通石浦、蟹钳渡及三门海游等地。樊岙港为全岛内航河道,机动船直抵樊岙,历为沟通南北的交通纽带。20世纪80年代建成公路2条,纵贯全岛。1995年9月,岛西与高塘岛交界处建成蜊门港跨海大桥。21世纪初,新建通村联网公路20余条。2010年末,岛内公路总里程约70公里。

高塘岛　在县城南40.2公里处,石浦港西南侧,东隔蜊门港与南田岛相邻,西靠三门湾,北距大陆最近点坦塘前面山1公里。东南—西北向,长10.85公里,宽3~6.2公里,面积42.315平方公里,为县南第二大岛。南北海岸较平直,多石砌堤岸,东西海岸曲折,多基岩海岸,长47.53公里。

全岛多塘田,原名龙泉塘,以箬渔山龙潭坑的龙泉得名,后因塘田较高,改称“高塘”。属亚热带海洋性季风气候,年平均气温约17℃,1月平均气温5.4℃,8月平均气温28℃。无霜期295天。年平均降水量1250~1300毫米。春夏之交多大雾,夏秋两季多台风。水源不丰,怕干旱。解放后,疏浚河道70余公里,建小水库、山池15处,水利条件大为改善。

高塘岛为“南田八岛”之一。民国元年属南田县,29年属三门县。1949年10月26日解放,1952年析归象山县,建珠门、高塘、杏港3乡,1956年并为高塘乡,现称高塘岛乡。有自然村54个,5400余户,19000余人。有耕地17400余亩。居民农渔兼营,以农为主。小学、中学、卫生院、医疗站、文化站等文教卫生设施。

高塘岛是石浦港西南屏障,扼三门水道。水陆交通均较方便。建有码头3座,日有班轮、渡轮通航石浦、鹤浦等地,原石浦至蟹钳渡、三门海游班轮皆弯埠三门口码头。有县道石三公路横贯东西,中心港可通航小船。1995年建成蜊门港大桥,与南田岛相通。2008年,建成三门口跨海大桥,直抵石浦镇。至2010年,先后建成通村联网公路26条,计40多公里。

花岙岛　在县城南44.7公里处,高塘岛南,西靠三门湾口,东临南田湾,北距大陆最近点前面山 7.14 公里。南北向,长 5 公里,均宽 1.97 公里,最宽处 5 公里,面积 9.83 平方公里。海岸曲折,岬湾相间,长 42.23 公里。

旧称花鸟岛,因多花鸟得名;一名悬岙岛,因孤悬于海得名;后二名合一称花岙岛。又岛有一峰,雄伟挺拔,有巨岩屹立,高百余米,状若大佛之头,故别称大佛头山。清雍正《浙江通志》云:“大佛头,县南一百五十里,高出海中诸山数百丈,周一百余里,日本人入贡以此山为向导。”

花岙岛为“南田八岛”之一,历史上多属象山县。明末清初,张煌言在此屯兵,今存兵营遗址,列为县级重点文物保护单位。民国元年属南田县,29 年属三门县。1949 年 10 月解放,1952 年析归象山县,现属高塘岛乡。有 4 个自然村,230 户,870 余人。有耕地 750 余亩。居民农渔兼营,以农为主。原交通不便,尽山间小道。北岸建有码头 2 座,盐场码头是唯一交通枢纽,日有渡船通高塘岛金高椅村。2003 年底,始建高塘、花岙两地汽渡码头。2005 年,岛内建成首条公路,长 5.8 公里,其中隧道一座,长 320 米。2009 年 6 月,高(塘)花(岙)汽渡通航。

北渔山　渔山列岛主岛之一。在县城东南 74 公里处,西北距大陆最近点铜瓦山 47 公里。东北—西南向,呈“丫”字状,长 1.3 公里,宽 0.38 公里,岸线 5.2 公里,面积 0.48 平方公里。

该岛处渔山列岛东北部,故名北渔山。火山凝灰岩构成。基岩海岸,曲折多湾,除西北岸较平缓外,均陡峭难登,尤其南岸,悬崖峭壁,势如刀切,高达七八十米,且多洞穴。西南有一悬崖陷落地段,上架石梁,俗称仙人桥,其下波涛汹涌,景色壮观;北端有一小海湾,口小腹大,多乱礁,形势险恶,俗称老虎口,其西侧筑有防风坝,可泊小船。地势南高北低,坡度平缓,有二峰,东南端主峰海拔 83.4 米,中部副峰海拔 64.6 米。

北渔山是国内航线主要导航岛之一,又是设防岛。远东第一大灯塔——北渔山灯塔耸立于主峰之巅,“渔山列岛”碑立于副峰之侧。西岸大岙底建有水泥码头,可供 200 吨级船只锚泊避风,简易盘岛公路直通灯塔。2008 年 10 月,西南岸动建 500 吨级码头,设计年客运通过能力 2.4 万人次,货运通过能力 1.8 万吨。2010 年 4 月底竣工验收,8 月 17 日开通至石浦客运航线,行程一个半小时。

南渔山　渔山列岛主岛之一。在县城东南 75.5 公里、北渔山西南 1.35 公里处,西北距大陆最近点铜瓦山 47.5 公里。西北—东南向,鸡雏形,长 1.55 公里,均宽 0.56 公里,岸线 5.17公里,面积 0.88 平方公里。

因处渔山列岛西南部,故名南渔山,又因周围多产鳓鱼,舟山渔民称之鳓鱼山,以别于岱衢洋的大渔山。

火山凝灰岩构成。基岩海岸,岬短湾浅,西北、西南海岸较平缓,余皆陡峭。地势南北略高,中间稍低。有二峰,东南角主峰海拔 127.2 米,为渔山列岛最高峰;西北副峰海拔 124.6米。

南渔山是“南田八岛”之一,历史上多属象山县。民国元年属南田县,29 年属三门县,1952 年析归象山县,现属石浦镇。朱正元《浙江沿海图说》载,清季有居民 20 余户,“皆闽人之捕鱼为业者”。民国时有闽南籍柯姓渔民 10 余户,40 余人,1955 年 3 月国民党军撤离时被劫往台湾。现无人居住,存断墙残壁。

南渔山为设防岛。筑有简易盘岛公路,西岸建有500吨级水泥码头,北岸有突出岩块成天然道头,可停泊50吨级以下船只。

表1-2-2为境内主要岛屿一览。

境内主要岛屿一览　　表1-2-2

名　称	地理位置	距大陆里程(公里)	面积(平方公里)	岸线(公里)	最高点海拔(米)	备　注
野龙山	丹城北偏东21.3公里处,象山港口	1.2	0.0756	1.23	61	
猫礁	丹城北20.9公里处,象山港内	1.38	0.0013	0.45	22	
雅礁	丹城北20.6公里处,象山港内	1.69	0.0016	0.26	17.3	
鼠礁	丹城北偏东20.5公里处,象山港内	1.17	0.0040	0.23	18	
外门山	丹城北20.3公里处,象山港内	0.8	0.0404	0.82	53	
内门山	丹城北19.8公里处,象山港内	0.15	0.0450	0.87	52	
扁鸡山	丹城东北19.4公里处,象山港口	50米	0.004	0.24	15	
园山	丹城东北19.2公里处,象山港口	0.18	0.0108	0.29	21	1988年围入塘内
长山	丹城东北19.1公里处,象山港口	0.15	0.0115	0.56	13	1988年围入塘内
鹅蛋山	丹城东北20.3公里处,象山港口	0.24	0.0050	0.21	13	
馒肚皮岛	丹城东北19.95公里处,象山港口	0.12	0.0036	0.24	12.1	
外干门山	丹城东北20.4公里处,象山港口	0.2	0.162	2.3	56	
田螺山	丹城东北19.1公里处,象山港口南侧大港口内	50米	500平方米	120	9.8	1988年围入塘内
擂鼓山	丹城东北21.5公里,象山港口东南侧	2.1	0.1748	2.44	48	
小擂鼓山	丹城东北20.9公里处,象山港口东南侧	100米	0.0537	1.55	37	
老虎头	丹城东北21.3公里处,小擂鼓山南20米	2.11	0.0056	0.26	27.9	

续上表

名　称	地 理 位 置	距大陆里程（公里）	面积（平方公里）	岸线（公里）	最高点海拔（米）	备　注
西屿山	丹城东北 21.8 公里处，象山港口东南	2.35	0.405	2.97	116.2	
老沙头	丹城东北 21.3 公里处，西屿山西南端	2.1	0.0045	0.21	14.6	
东屿山	丹城东北 23 公里处，象山港口东南	3.04	1.95	9.7	125.3	
小东屿	丹城东北 23.5 公里处，东屿山西北角	4.48	0.0112	0.28	26.8	
东长礁	丹城东北 23.7 公里处，东屿山以东	5.02	0.0025	0.21	14.1	
磨山	丹城北 16.5 公里处，象山港内	0.2	0.0015	0.14	12	
毛礁山	丹城北 16.1 公里处，象山港内，西泽码头以西	0.37	0.005	0.27	14	
张嘴山	丹城东北 18.5 公里处，涂茨镇长沙村北	20 米	0.0396	1.57	44.7	
鸡娘礁	丹城东北 19.6 公里、东屿山西南 1.6 公里处	1.31	0.003	0.18	11.5	
稻蓬山	丹城东北 19.1 公里、东屿山南偏西约 4 公里处	1.15	0.06	1	61.4	
长礁	丹城东北 18.35 公里、稻蓬山南 0.6 公里处	1.48	0.004		14.1	一岛一礁连成
大野猪	丹城东北 22.9 公里处，乱礁洋东缘	6.5	0.0077	0.32	15.5	
红生礁	丹城东北 18.2 公里、稻蓬山南 1 公里处	1.63	0.0105	0.550	24.4	设有灯桩
乌龟山	丹城西北 16.5 公里处，象山港中部	2.16	0.0128	0.37	25.3	
大半边	丹城东北 17.8 公里、红生礁西南 0.85 公里处	1.46	0.02	0.78	39.5	
小半边	丹城东北 17.5 公里、大半边西南 50 米处	1.41	0.0024	0.25	20.8	
四角山	丹城东北 16.75 公里处	0.98	0.0495	1.45	49	

续上表

名　称	地 理 位 置	距大陆里程（公里）	面积（平方公里）	岸线（公里）	最高点海拔（米）	备　注
饭罩山	丹城东北16公里处，四角山之西	0.78	0.0072	0.35	25.5	
大捕山	丹城东北16.4公里处，四角山南	1.59	0.1079	1.98	82.7	
大捕尾屿	丹城东北16.7公里处，大捕山东南	2.5	0.01		17.1	
柴山	丹城东北22.1公里处，乱礁洋东缘	7.5	0.0072	0.37	18	
大凉帽	丹城东北13.2公里处，道人山西	0.74	0.0066	0.35	17.1	
小凉帽	丹城东北13.4公里，介于大凉帽与道人山间	0.85	0.002	0.13	16	
道人山	丹城东北14.3公里处	0.83	1.23	8.54		
灯笼山	丹城东北19.1公里处，乱礁洋南缘	5	0.0075	0.36	35.1	
婆罗岐山	丹城西北11.2公里，西沪港北部	0.28	0.0063	0.21	17.3	
海山	丹城西8.3公里处，西沪港南端	0.25	0.01	0.38	21	
馒头山	丹城东北13.5公里处，道人山南端	2.19	0.0253	0.73	38.3	
上青礁	丹城东北14公里处，道人山南	3.18	0.006	0.25	19.4	
下青礁	丹城东北14.1公里处	3.4	0.008	0.41	17.3	
大象面	丹城东北9.8公里处，白岩山盐场东南海中	0.87	0.0021	0.15	9.1	
蛇礁山	丹城东北9.2公里处，白岩山盐场东南海中	0.13	0.0168	0.78	20.3	
鼠山	丹城东北9.9公里处，乔木湾西北	0.31	0.01	0.48	15.2	
半边山	丹城东10公里处，鼠山东南	0.37	0.0144	0.55	35	

续上表

名　称	地理位置	距大陆里程（公里）	面积（平方公里）	岸线（公里）	最高点海拔（米）	备　注
乔木湾	丹城东10.4公里处，青门西侧	0.65	0.19	2.73	70	
青门山	丹城东11.2公里处，青门东侧	1.25	0.7	3.8	119.5	
大平岗	丹城东12公里处，西南与青门山相连	2	1.03	8.35	118.4	
竹屿	丹城东13.25公里处，大平岗东侧	3.5	0.123	1.95	57	
大岩洞	丹城东14公里处，大平岗以东	4.04	0.0975	1.77	50.4	
马鞍山	丹城东14.7公里、大平岗东	4.67	0.0238	0.75	29.6	
天胆礁	丹城东21.4公里处，上泗礁北偏西	11.3	0.0132	0.87	14.2	属泗礁列岛，常有渔船锚泊
和尚山	丹城东21.75公里，上泗礁北	11.5	0.0085	0.48	25.4	属泗礁列岛，常有渔船锚泊
上泗礁	丹城东21.7公里处	11.7	0.025	0.73	26.5	属泗礁列岛，常有渔船锚泊
下泗礁	丹城东21.9公里处	11.85	0.0288	0.75	29.4	属泗礁列岛，常有渔船锚泊
大荸荠岛	丹城东9.6公里处，大燕山东北	0.2	0.0153	0.46	30	
牛轭礁	丹城东10.55公里处，大平岗西南	1.15	0.024	0.9	21	
乌吱	丹城东13.75公里、大平岗东南1.5公里处	4	0.0352	0.78	39.6	
羊背山	丹城东11.5公里处，爵溪门头东侧	1	0.425	3.95	124.8	
地保山	丹城东12.7公里处，羊背山东偏北	1.85	0.0075	0.38	24	
羊头	丹城东12.5公里处，羊背山东侧	1.35	0.075	1.58	55.1	
礁头	丹城东8.85公里处，爵溪下沙岭头北	40米	0.0028	0.15	6.5	

续上表

名　称	地 理 位 置	距大陆里程（公里）	面积（平方公里）	岸线（公里）	最高点海拔（米）	备　注
青礁	丹城东 12.3 公里处，羊背山东南	0.93	0.0108	0.56	19.3	
燕礁	丹城东 12.3 公里，羊背山南 0.7 公里处	0.83	0.01	0.34	12	设有灯桩
里奶城	丹城东 11.5 公里、羊背山西南 1 公里处	十几米	0.014	0.24	14.7	
中奶城	丹城东 11.9 公里处，里奶城南	30 米	0.006	0.29	15.5	
外奶城	丹城东 12 公里处，里奶城东南	数米	0.018	0.4	17.1	
大漠山	丹城东南 15 公里处，牛鼻山水道西侧	2.69	1.035	4.95	150	属开发岛
小漠山	丹城东南 14 公里处	1.51	0.014	0.45	31.8	设有灯桩
大漠尾	丹城东南 16.4 公里处，大漠山东侧	4.3	0.024	0.53	41.7	
大漠卵子	丹城东南 16.6 公里处，大漠山以东	4.7	0.02	0.43	12.6	
大羊屿	丹城东南 13 公里处	0.2	0.2736	3.15	66.9	属开发岛
小羊屿	丹城东南 13.2 公里处，大羊屿南	1.3	0.0104	0.43	25.5	
里湖礁	丹城东南 9.3 公里处	60 米	0.0054	0.26	15	1988 年围入黄沙塘
鹁鸪山	丹城东南 11.2 公里处，门前涂以东	1.89	0.18	2.25	61.8	1991 年围入大目涂
下大门山	丹城东南 11.5 公里处，鹁鸪山西南	1.5	0.0341	0.77	22.8	1991 年围入大目涂
上大门山	丹城东南 11.6 公里处	1.4	0.0204	0.55	26	1991 年围入大目涂
狗屎山	丹城东南 11.8 公里处，下大门山东	1.75	0.003	0.15	8.8	1991 年围入大目涂
小门山	丹城东南 12.3 公里处	0.46	0.028	0.68	23	1991 年围入大目涂

续上表

名　称	地 理 位 置	距大陆里程（公里）	面积（平方公里）	岸线（公里）	最高点海拔（米）	备　注
列山	丹城东南 12.5 公里处，小门山西南	0.31	0.02	0.43	16.7	1991 年围入大目涂
官船岙	丹城东 31 公里处，南韭山北	18.5	0.882	7.28	105.1	属韭山列岛
沙城屿	丹城东 32.6 公里处，官船岙东南	21.5	0.0413	1.3	32.7	属韭山列岛
牛槽山	丹城东 34.4 公里，南韭山北	21.57	0.0275	0.75	39.2	属韭山列岛
下竹山	丹城东 34.5 公里处，南韭山北	22.8	0.165	2.23	69.3	属韭山列岛
中竹山	丹城东 35.3 公里处，南韭山北偏东	23.42	0.1241	2.1	57.1	属韭山列岛
上竹山	丹城东 36.3 公里处，南韭山东北	24.6	0.22	2.75	71.3	属韭山列岛，东南岸海湾可泊船
麒麟腰	丹城东 39 公里处，上竹山东	26.2	0.0024	0.2	22.4	属韭山列岛
麒麟头	丹城东 39.1 公里，上竹山东	26.4	0.0251	0.75	47.4	属韭山列岛
虫山	丹城东 36.2 公里处，上竹山南	24.6	0.04	0.95	34.6	属韭山列岛
小青山	丹城东 37.3 公里处，上竹山东南	25.6	0.017	0.38	29.9	属韭山列岛
大青山	丹城东 37.7 公里，南韭山东北	26	0.213	2.03	93.8	属韭山列岛，设有灯桩
双山	丹城东 33 公里、南韭山北	20.4	0.1584	1.63	58.1	属韭山列岛
大劈开	丹城东 34.9 公里处，南韭山东北	22.68	0.045	0.8	60.2	属韭山列岛
南韭山	丹城东 32 公里处	18.61	4.1	24	164.5	韭山列岛主岛
矮旗山	丹城东 31.4 公里处，南韭山西南	18.33	0.04	0.98	38.2	属韭山列岛，设有灯桩
外趴脚	丹城东 33.3 公里，南韭山中部偏南	20.82	0.05	1.15	47.4	属韭山列岛

续上表

名　称	地理位置	距大陆里程（公里）	面积（平方公里）	岸线（公里）	最高点海拔（米）	备　注
蚊虫山	丹城东31公里、南韭山南	19	0.442	3.25	155.4	属韭山列岛，东南、西北岸可靠小船
杨梅头	丹城东31.9公里处，蚊虫山以东	19.75	0.012	0.4	25.5	属韭山列岛
大马灯	丹城东34.3公里、蚊虫山东南	22	0.0435	0.72	44.7	属韭山列岛
中马灯	丹城东33.6公里处，大马灯西偏南	21.57	0.0396	0.75	26	属韭山列岛
小马灯	丹城东33.7公里处，大马灯西南	22	0.0276	0.65	37.6	属韭山列岛
铁墩	丹城东35.6公里处，积谷山西北	23.5	0.0175	0.67	25.7	属韭山列岛
积谷山	丹城东36.5公里处，列岛东南端	23.89	0.34	2.95	165	属韭山列岛第一高峰
马补山	丹城东33.3公里、积谷山西	21.15	0.0228	0.52	40.8	属韭山列岛北岸可泊小船
北耳朵	丹城东36.3公里处，积谷山北	24.15	0.0094	0.29	18.3	属韭山列岛
南耳朵	丹城东36.8公里，积谷山南	24.7	0.012	0.42	33.3	属韭山列岛
将军帽	丹城东37.2公里处，积谷山东	25.6	0.0155	0.45	41.6	属韭山列岛
死人山	丹城西南15公里处蟹钳港航道西侧	0.31	0.04	1.08	30.8	
松树山	丹城西南15.6公里处，蟹钳港东侧	60米	0.035	0.8	46.9	
下道娘	丹城东南17.9公里、旦门山东北	3.85	0.007	0.29	11.80	
藕香山	丹城东南17.3公里处	0.3	0.0184	0.63	32.5	
旦门山	丹城东南18公里处	1.35	0.946	6.83	135.4	
练杵山	丹城东南19公里处，旦门山东	4.1	0.025	0.8	24.3	设有灯桩

续上表

名　称	地 理 位 置	距大陆里程（公里）	面积（平方公里）	岸线（公里）	最高点海拔（米）	备　注
布袋山	丹城东南 20 公里、旦门山东	4.3	0.35	3.76	95	
大猫礁	丹城东南 20.35 公里处，布袋山东偏北	6.1	0.042	1.05	27.2	
田白礁	丹城东南 20.55 公里处，大猫礁东	6.5	0.0198	0.48	20.1	可通航数十吨船只
田螺头	丹城东南 21 公里处，田白礁东	7.2	0.013	0.48	19.6	东端设有灯桩
里船相	丹城东南 20.6 公里处，布袋山东偏南	5.6	0.095	1.35	54.6	
外船相	丹城东南 20.8 公里处，里船相东侧	6	0.04	0.78	32.9	
枫世礁	丹城南偏西 17 公里处，关头涂内	0.2	0.005	0.3	7	
大门山	丹城西南 19.5 公里处	0.18	0.046	0.95	47.2	设有灯桩
笔杆山	丹城南偏西 20 公里处，崇门头水道中	0.11	0.008	0.42	16.5	
小猫山	丹城西南 20.9 公里处，马岙门东侧	1	0.0138	0.55	28.4	
崇巉岛	丹城西南 21 公里处	0.37	2	7	83.2	
玉印	丹城南偏西 20.55 公里，崇门头水道中段	0.18	0.0075	0.43	25	
锅肚山	丹城东南 22.7 公里处	1.35	0.0096	0.3	24.6	
横长山	丹城东南 23.5 公里处	0.24	0.217	2.45	97.4	
屏风山	丹城东南 24 公里处	1.5	0.22	3.1	90	
一岳山	丹城东南 26.3 公里处	3	0.12	2.45	40.8	属三岳山列岛
二岳山	丹城东南 27 公里处	3.61	0.065	1.55	45.2	属三岳山列岛

续上表

名　称	地理位置	距大陆里程（公里）	面积（平方公里）	岸线（公里）	最高点海拔（米）	备　注
三岳山	丹城东南27.3公里处	3.76	0.1	1.55	69.3	属三岳山列岛
鸡冠礁	丹城东南27.6公里，三岳山东南	4.45	0.0075	0.43	13.1	属三岳山列岛
蚕山	丹城东南28.6公里处，三岳山列岛南	3.5	0.075	1.8	45.5	
小蚕	丹城东南28.6公里处	3.8	0.015	0.5	25.9	属蚕山
大蚕	丹城东南28.7公里处，小蚕西南	3.5	0.06	1.3	45.5	属蚕山，东北端设有灯桩
蛤蟆礁	丹城东南26.7公里	50米	0.005	0.25	24.5	
小水屿	丹城西南28.35公里处，白礁水道内	0.4	0.0035	0.2	8.4	
萝卜山	丹城南偏东28.6公里处	0.31	0.329	3.8	73	半招列岛主岛之一，东南端设有灯桩
牛栏基	丹城南偏东29.8公里处	1.06	0.8	6.53	134	半招列岛主岛之一
铜头岛	丹城东南30.1公里处	2.59	0.906	4.61	172.7	半招列岛主岛之一
铜头岛嘴	丹城东南30公里处，铜头岛东北	4.1	0.045	0.92	35.6	属半招列岛
猪娘山	丹城东南30.5公里处，牛栏基西南	1.36	0.075	0.79	32.1	属半招列岛
铜钱礁	丹城南29.3公里处，石浦港东北端	0.25	0.1125	1.3	53.6	周围为石浦锚地
小山	丹城南29.7公里处，铜钱礁南侧	0.463	0.0126	0.52	25	设有灯桩
鸡笼礁	丹城东南34.4公里，檀头山东北	8.4	0.05	0.82	39.9	
东门岛	丹城南30.5公里处	0.15	1.72	8.64	127.6	
对面山	丹城南32.2公里处	1.5	3.4	14.64	196.4	东南端设有灯桩

续上表

名　称	地理位置	距大陆里程（公里）	面积（平方公里）	岸线（公里）	最高点海拔（米）	备　注
汏网屿	丹城南32.5公里处，石浦港内下湾门口	0.81	0.098	1.92	51.4	设有灯桩，建有采石场，石料运往宁波、上海等地
毛蚶山	丹城南32.7公里处，汏网屿与对面山间	1.2	0.026	0.61	36	建有采石场，石料运往宁波、上海等地
秤锤礁	丹城东南33.5公里、东门门头以东	3.5	0.037	1.32	33.4	留有开垦痕迹
礁尾岛	丹城东南33.5公里、秤锤礁西偏南	3.55	0.022	0.55	27	设有灯桩，留有开垦遗迹
茅草山	丹城南33.6公里、秤锤礁东偏南	3.7	0.036	0.82	29.7	
大乌礁	丹城东南34.5公里，秤锤礁南	4.35	0.0224	0.63	32.9	
小乌礁	丹城东南34.5公里，秤锤礁东	5.22	0.004	0.25	9.9	
檀头山	丹城东南36.7公里	8	10.5	45	225	
中礁	丹城东南35公里、檀头山大平头北	8.2	0.06	1.1	52.5	留有开垦遗迹
中礁尾	丹城东南35公里处，中礁东侧	8.43	0.016	0.6	43.9	
高礁山	丹城东南35.2公里处，中礁西南侧	8.09	0.064	0.87	73.2	留有开垦遗迹
癞头屿	丹城东南37.5公里、檀头山东	10.26	0.006	0.3	23.7	
鸟礁	丹城东南38公里、檀头山东	11.19	0.005	0.27	20	设有灯桩
马桶盖	丹城南33公里处，对面山东南侧	4.3	0.015	0.35	10.6	
小屿山	丹城东南36.4公里处	6.6	0.029	0.72	35.1	
珓杯屿	丹城东南38.4公里处，檀头山孔村南	8.6	0.0141	0.48	25.6	
大魟鱼岛	丹城东南38.6公里、檀头山孔村西南	8.55	0.016	0.5	23.8	

续上表

名　称	地 理 位 置	距大陆里程（公里）	面积（平方公里）	岸线（公里）	最高点海拔（米）	备　注
魟鱼翼屿	丹城东南39公里处，大魟鱼岛西南	8.6	0.00375	0.25	20	
小癞头屿	丹城东南39.4公里处，檀头山大王宫东南	10.5	0.005	0.27	16.7	
大王宫卵子	丹城东南39.6公里处，大王宫南	10.3	0.0187	0.6	42.4	
外开礁	丹城东南39公里处，大王宫南偏东	10.4	0.011	0.44	22.4	
乌缆岛	丹城东南39.2公里处，檀头山前岩南	9.3	0.005	0.3	17	
打鼓峙	丹城南34.5公里处，石浦港内	0.17	1.375	5	83	船舶修造基地，东南角设有灯桩
中界山	丹城南34.5公里处，石浦港内	0.74	0.741	4.88	128.1	留有梯田遗迹
老鼠山	丹城南34.5公里处，中界山东	1.86	0.009	0.42	25	
金龙礁	丹城南36.6公里处，下湾门东南口	5.6	0.0362	1.23	28.7	设有灯桩
乱子礁	丹城南35.4公里处，石浦港内	0.2	0.0027	0.15	9	
黄石礁	丹城南35.5公里处，大塘港口	0.75	1000平方米	100米	3.3	
小牒屿山	丹城南36.5公里处，高塘岛西偏北	1.8	1200平方米	90米	6.4	
牒屿山	丹城南36.5公里、高塘岛纱帽绿山西北	2	0.024		28.1	设有灯桩
癞头山	丹城南37公里、高塘岛纱帽绿山西北	2.1	0.006	0.32	23.8	
三门山	丹城南35.8公里处，石浦港西侧	0.25	0.269	4.55	59	出入石浦港的导航山，设有灯桩
庵山	丹城南35.8公里处	0.25	0.073	1.38	39.1	三门山之一
狗山	丹城南36.1公里处，庵山东南侧	0.6	0.025	0.78	24.3	三门山之一

续上表

名称	地理位置	距大陆里程（公里）	面积（平方公里）	岸线（公里）	最高点海拔（米）	备注
饭甑山	丹城南36.6公里处，介于庵山、狗山与高塘岛之间	0.85	0.171	2.39	59	三门山之一、三门山灯塔遗址，设有灯桩
箬帽山	丹城南39.3公里处，高塘岛万金山西南	4.4	0.024	0.68	15	
泥螺屿	丹城东南42.1公里，檀头山大王宫南	12.5	0.081	1.7	50.1	
纱帽屿	丹城东南44.2公里、檀头山前岩南	13.75	0.016	0.57	33.6	
南田岛	丹城南33.2公里处，石浦港南侧	1.25	90	78	平均海拔150~200	
高塘岛	丹城南40.2公里，石浦港西南侧	1	42.315	47.53	平均海拔50~100	
断坝	丹城南42.5公里处，南田岛老爷山南	11	0.017	0.58	39.1	
涨落门	丹城南43.3公里处，花岙岛长嘴头东	8.1	0.005	0.28	8.4	
藤棚屿	丹城南43公里处，高塘岛蟹钳嘴东南	8.4	0.0245	0.85	25.1	
偶岛	丹城南43.3公里处，藤棚屿南	8.7	0.028	0.85	27.1	
大埠头	丹城南44.25公里处，南田岛天灯盏西南	12.8	0.0075	0.4	28	
鬼礁山	丹城南44.2公里处，天灯盏东南	12.8	0.03	0.85	43.4	
猢狲铁链	丹城南45公里，天灯盏东南	13.34	0.0068	0.47	9.7	
花岙岛	丹城南44.7公里处	7.14	9.83	42.23	平均海拔100~200	
黄屿门头	丹城南44.5公里处，花岙岛西端	9.15	0.0105	0.48	34	
黄屿门山	丹城南45公里处，花岙岛西端，黄屿门头南	9.25	0.095	1.3	86.7	曾被开垦，尚存房屋遗址
黄屿	丹城南44.9公里处，花岙岛西端，黄屿门南口中	9.5	0.0048	0.23	7	

续上表

名　称	地 理 位 置	距大陆里程（公里）	面积（平方公里）	岸线（公里）	最高点海拔（米）	备　注
穿礁	丹城南45.2公里处，花岙岛西端南侧黄泥澳口	9.65	0.0065	0.31	10	
清凉屿	丹城南44.6公里处，花岙岛倒船湾东	9.35	0.04	0.97	53.7	
小清凉屿	丹城南44.7公里处，清凉屿西南	9.4	0.007	0.3	27	
八排门	丹城南44.5公里处，南田岛西南端炮台山西	10.5	0.055	0.98	58.7	
扁屿	丹城南44.7公里、南田岛西南端炮台山南	11	0.0132	0.53	10	
园士	丹城南44.6公里处，南田岛水牛背山西南	11	0.028	0.75	36	
箬帽礁	丹城南44.8公里处，南田岛东南胖蓬岩山南	13	0.01	0.5	10	
两爿礁	丹城南46公里处，南田岛东南岸倒船澳口北	14.2	0.0075	0.36	17	
娘主头	丹城南45.4公里处，花岙岛狼萁山嘴东	10	0.005	0.28	20	
小门头山	丹城南46.7公里处，花岙岛南端炮台山西	11.3	0.0066	0.37	14	
狮子山	丹城南47公里处，花岙岛南端炮台山西南	11.5	0.0125	0.75	24	
稻杆蓬礁	丹城南47.6公里处，花岙岛南老爷门水道中	12	2400平方米	130米	12.5	
大甲山	丹城南48.3公里处，老爷门水道南侧	12.5	0.15	1.95	107.7	有开垦痕迹，房屋遗址
小甲山	丹城南48.55公里处，大甲山东，老爷门水道南侧	13	0.021	1	26	
横山	丹城南48.7公里	13.1	0.007	0.25	19.7	
南山	丹城南48.5公里处，金七门水道南侧	15	1.065	7.3	156.3	
弥陀岛	丹城南49.1公里、南田岛天灯盏山东南	17.5	0.025	0.94	41.6	设有灯桩

续上表

名　称	地 理 位 置	距大陆里程（公里）	面积（平方公里）	岸线（公里）	最高点海拔（米）	备　注
油鬈屿	丹城南 51.3 公里、南田岛龙王山东南	19.8	0.016	0.55	29.1	
油菜花屿	丹城南 52 公里处、油鬈屿东偏南	20.19	0.085	1.87	48	
草鞋耙屿	丹城南 52.2 公里、南山西南	17.85	0.023	0.76	26.6	设有灯桩
草鞋屿	丹城南 52.4 公里处，草鞋耙屿西南侧	18	0.0264	0.75	17	
草鞋襻屿	丹城南 52.35 公里处	18	0.0072	0.28	17.7	
北渔山	丹城东南 74 公里处	47	0.48	5.2	83.4	渔山列岛主岛之一
竹桥屿	丹城东南 74.7 公里处，北渔山东北角	46.8	0.0084	0.31	21.8	属渔山列岛
多伦礁	丹城东南 75.2 公里处，北渔山东	46.83	0.001	0.14	20.5	属渔山列岛
伏虎礁	丹城东南 75.6 公里、北渔山东	47.25	0.017	0.55	46.6	属五虎礁列岛
仔虎礁	丹城东南 75.6 公里处，伏虎礁南侧	47.26	0.0036	0.23	41	属五虎礁列岛
尖虎礁	丹城东南 75.7 公里、伏虎礁南	47.3	0.0028	0.19	40	属五虎礁列岛
高虎礁	丹城东南 75.4 公里，伏虎礁西南	47.4	0.003	0.21	53.3	属五虎礁列岛
坟碑礁	丹城东南 74.6 公里处，北渔山西南侧	46	0.0154	0.65	27.9	属渔山列岛
大白礁	丹城东南 75.3 公里、北渔山西南	46.2	0.1943	2.1	61.9	属渔山列岛
小白礁	丹城东南 75 公里处，大白礁西侧	45.7	0.047	1.3	32.1	属渔山列岛
观音礁	丹城东南 75.5 公里处，北渔山东南角	48.1	0.005	0.27	48.1	属渔山列岛
大礁	丹城东南 76.7 公里处，南渔山东北角	47.23	0.0105	0.35	33.8	属渔山列岛
南渔山	丹城东南 75.5 公里，北渔山西南	47.5	0.88	5.17	127.2	渔山列岛主岛之一

注：2011 年 4 月 12 日，大羊屿、牛栏基列入国家首批开发利用无居民海岛名录。

三、群礁

五档礁　属韭山列岛。在丹城东33.3公里处,南韭山中部南侧,西距大陆最近点爵溪镇长嘴头21.19公里。因礁块有五,分布在长0.4公里、宽0.2公里的海域中,南北一字排列成拦挡之势,故名五档礁。明礁有4个,即挡礁、犁头嘴、小犁头、棺材礁;干出礁1个,即小雨伞礁。挡礁和犁头嘴较大,面积分别为0.0021平方公里和0.0045平方公里,海拔分别为18.7米和8米。

名膛礁　在丹城东南19.3公里、旦门山西南1.9公里处,西距大陆最近点旦门长山嘴0.6公里。当地渔民捕鱼,常在此触礁,不知何因,以为有“名堂”,故称名堂礁,后误作名膛礁。有6个干出礁组成,分布在长0.7公里、宽0.2公里的海域中,分东西两群排列。东边4个,干出高度约4.2米;西边2个,干出高度约4.1米。均由火山凝灰岩构成。1985年2月地名标准化处理时,自西向东分别定名为名礁石、膛礁石、名礁块、鬼名膛、鬼礁、鬼礁石。

百亩田礁　在丹城东南26.1公里、北岳山北偏东2公里处,牛鼻山水道西南侧,西南距大陆最近点昌国半边山5.26公里。因其分布范围大,约有百亩水田,故名百亩田礁。由3个干出礁、2个暗礁组成,分布在长0.6公里、宽0.4公里的海域中,呈南北向排列。干出礁干出高度分别为1.6米、0.9米、1.4米,暗礁水深分别为0.7米、3.9米。均火山凝灰岩构成。1985年2月地名标准化处理时,自北而南分别定名田暗礁、百暗礁、田石礁、田亩礁、百礁石。群礁形势险恶,是牛鼻山水道险礁之一,曾发生过20余起触礁沉船事故。旧有灯桩,因风急浪高而倒塌。20世纪80年代初仍有船触礁,其中有300吨级运输船1艘,170吨级以下货船3艘。1984年10月,在其西南侧三鸭蛋礁上设立灯桩,事故始消减。

七姐妹　别称七礁头。在丹城东南25.5公里、半边山村南0.2公里处,西距大陆最近点0.15公里。因有7礁得名。分布在长0.7公里、宽0.2公里的海域中,东西向排列。有干出礁6个,即小平礁、踏道下礁、太婆礁、稻桶石、扁箕礁、元宝礁,干出高度分别为2.5米、1.5米、2米、3米、1.5米、1.9米;明礁1个,即大块礁,海拔18.4米。均火山凝灰岩构成。

七星礁　在丹城东南36.5公里处,檀头山大沙村与尾嘴头之间,西北距大陆最近点鹁鸪头8公里。因七星礁分布在大平头南海中呈北斗状,故名。底盘较小,岩石嶙峋,均火山凝灰岩构成,高约3米。1985年2月地名标准化处理时分别定名天枢礁、天璇礁、天玑礁、天权礁、玉衡礁、开阳礁、摇光礁。

刺蓬礁　在丹城东南38公里、檀头山尾嘴头东2公里处,西北距大陆最近点鹁鸪嘴10.2公里。因分布在癞头屿周围,形似荆棘丛,故名刺蓬礁。由4个干出礁和1个暗礁组成。癞头屿北边一礁干出高度0.7米,西北一暗礁水深约0.5米,东边一礁干出高度0.5米,南偏西一礁干出高度2.3米,南边一礁干出高度约2米。均火山凝灰岩构成。底盘较小,礁岩险恶。1985年2月地名标准化处理时,分别定名刺癞礁、暗癞礁、癞子礁、瘌痢礁、干癞礁。

境内海礁一览见表1-2-3。

境内海礁一览　　表1-2-3

名　称	类别	所在乡镇	地理位置	距丹城(公里)	距大陆最近点(公里)	海拔(米)	面积(平方米)	备　注
鹊蛋礁	干	贤庠	象山港口南侧,野龙山西	北21.1	1.7			
野龙臀礁	干	贤庠	象山港口南侧,野龙山北侧	北21.5	1.7	0.8		俗名野龙屁股,1985年4月定为今名

续上表

名　称	类别	所在乡镇	地 理 位 置	距丹城（公里）	距大陆最近点（公里）	海拔（米）	面积（平方米）	备　　注
鼠尾礁	干	贤庠	象山港口南侧，鼠礁北	北 20.75	1.3	0.7		俗名老鼠尾巴，1985 年 4 月定为今名
门闩礁	暗	贤庠	象山港口南侧，外门山西北	北 20.1	1.2	-1.1		影响航行
门栿礁	干	贤庠	象山港口南侧，内门山东北端	北 20	0.8	1.2		
小留湖礁	干	贤庠	象山港口南侧，野龙山西南	北 19.6	0.5	1.1		
百丈礁	干	贤庠	象山港口南侧，青莱炮台山北	北 17.1	0.25	0.4		
泥沙礁	暗	涂茨	象山港口，东屿山西 3.2 公里	东北 21.1	2	-0.4		原名泥礁，1985 年 2 月因重名，更为今名
虎拦礁	干	涂茨	象山港口东屿山东 50 米	东北 23.5	5	1.4		原名拦门虎，1985 年 2 月因重名，更为今名。形势险恶，影响航行
馒头礁	干	涂茨	东屿山东 100 米	东北 22.85	5.05	1.4		
小瓦爿礁	干	涂茨	擂鼓山与老虎口间	东北 19.2	0.6	1		
猫脚爪礁	干	贤庠	象山港东南侧	北 16.2	0.3	1.2		
泥涂礁	干	黄避岙	象山港东南侧	北 15.6	0.1	2.7		原名泥礁，1985 年 2 月因重名，更为今名
虎舌头礁	干	涂茨	东屿山南 50 米	东北 21.8	3.25	3.5		
三礁	干	黄避岙	象山港东南侧	北 16.4	0.1	4		亦名小礁，1985 年 2 月定名三礁
华西礁	干	黄避岙	象山港象山角西	西北 16.75	0.12	1.5		1985 年 2 月定名
鸡娘蛋礁	暗	涂茨	乱礁洋西北	东北 19.8	1.6	-2.3		
小鸡娘礁	干	涂茨	乱礁洋鸡娘礁北	东北 19.6	1.6	1		别名北横柴
海螺礁	明	涂茨	张嘴山南 0.5 公里	东北 18.6	0.25	3.2		原名螺礁，1985 年 2 月因重名，更为今名

续上表

名称	类别	所在乡镇	地理位置	距丹城（公里）	距大陆最近点（公里）	海拔（米）	面积（平方米）	备注
中央岩	干	涂茨	长沙滩边缘居中	东北 17.8	0.01	4.8		
稻桶礁	干	涂茨	稻蓬山东南端 0.25 公里	东北 19.15	1.5	1.8		
金地栿礁	干	涂茨	长沙滩南，四角山北 1.5 公里	东北 17.5	0.16	1		
夫鱼礁	干	涂茨	大野猪与七仙女间	东北 23.2	6.35	2.5		原名魟鱼礁，1985 年 2 月因重名，更为今名
大棋子礁	干	涂茨	乱礁洋东缘，对棋山东侧	东北 23.9	7.45	3.6		1985 年 2 月定名，影响航行
小棋子礁	干	涂茨	乱礁洋东缘，对棋山东	东北 23.8	7.35	3.6		1985 年 2 月定名
外牌子	明	涂茨	乱礁洋中部，红生礁东 1.2 公里	东北 19.75	2.92	1.7		影响航行
里牌子	明	涂茨	红生礁东 0.85 公里	东北 19.35	2.57	0.6		
八仙桌礁	干	涂茨	乱礁洋东缘，大野猪与对棋山间	东北 23.2	6.85	4.1		
洋礁	干	涂茨	道人山北 2.45 公里	东北 16.5	0.23	1.5		
拦门虎	干	涂茨	四角山东北 1.55 公里，红生礁西南 0.3 公里	东北 18.35	1.7	0.6		有碍航行
蛤蜊礁	明	涂茨	红生礁与大半边间	东北 18.15	1.7	2.4	400	
小野猪礁	明	涂茨	乱礁洋主航道中	东北 19	2.5	1.4		影响航行，设有灯桩
酒埕礁	干	涂茨	四角山北端	东北 17	0.9	2.1		
练杵礁	暗	涂茨	四角山与小半边间	东北 15.5	1.5	-1.5		
大礁门	明	涂茨	猫头嘴东 0.15 公里	东北 15.8	0.15	0.3		
鸡冠头礁	明	涂茨	四角山西南端	东北 16	1.2	4.6		别名鸡头颈

续上表

名 称	类别	所在乡镇	地 理 位 置	距丹城（公里）	距大陆最近点（公里）	海拔（米）	面积（平方米）	备 注
淡船礁	干	涂茨	道人山东北 1.75 公里	东北 16.1	0.75	2.8		别名弹船礁
三脚香炉礁	暗	涂茨	灯笼山东北 1.3 公里	东北 19.6	4.85	-6		
缸爿礁	干	涂茨	道人山北 0.3 公里	东北 14.3	0.85	1.6		
小红岩	明	涂茨	乱礁洋东缘	东北 21.1	6.25	2.7		
北稻秆礁	暗	涂茨	灯笼山北 0.7 公里	东北 18.7	4.6	-4.5		
沉钱礁	暗	涂茨	大红岩、红钱礁南	东北 21.75	7.25	-2.2		1985 年 2 月定名
小礁	干	涂茨	道人山西 2.3 公里	东北 13.7	0.05	3.1	100	
柴山尾礁	干	涂茨	乱礁洋东缘，柴山东端	东北 22.4	8	1.4		
水礁	干	涂茨	道人山西侧	东北 13.8	10	3.1	240	
水下礁	干	涂茨	道人山东，大捕山与猪栏夹间	东北 15.1	1.6	1.3		
鸡冠嘴礁	明	涂茨	道人山西北	东北 12.1	0.03	5.1		
南稻秆礁	暗	涂茨	灯笼山南 0.9 公里	东北 18.5	5.4	-4.1		
火叉水礁	明	涂茨	道人山东南 80 米	东北 14.3	2.7	1		
鲳鱼礁	暗	涂茨	乱礁洋东南缘	东北 21.7	7.9	-1.2		
外鲳鱼礁	暗	涂茨	柴山南 1.1 公里	东北 21.65	8.3	-1.6		
青礁夹礁	干	涂茨	上青礁下青礁间	东北 14.3	3.3	1.5		原名拦门虎，1985 年 2 月因重名，改今名
棺材礁	干	涂茨	上、下青礁西 0.3 公里	东北 14.1	3.1	5.3	300	

续上表

名　称	类别	所在乡镇	地理位置	距丹城（公里）	距大陆最近点（公里）	海拔（米）	面积（平方米）	备　注
乌沙礁	干	西周	象山港中部南，乌沙角灯桩西100米	西北19.2	0.1	1.6		
长礁渡	明	西周	高泥港西侧门口南岸	西北13.85	0.06	3.4		设有灯桩
西乌礁	干	黄避岙	西沪港北马滩村南偏西0.5公里	西北10.2	0.12	3.6		原名乌礁，1985年2月因重名，改为今名
凤凰礁	干	黄避岙	高泥港北侧，外高泥村西南	西北13.2	0.1	2.6		
老鼠礁	适淹	黄避岙	高泥港北侧，蛇山嘴与猫头嘴间	西北12.1	0.3	5.7		设有灯桩
凤鼠礁	暗	黄避岙	高泥港北侧，①②号浮标间	西北12.5	0.4	-1.1		
礁门礁	干	黄避岙	高泥港北侧，凤凰山嘴南150米	西北13.5	0.15	2.5		设有灯桩
羊角礁	干	黄避岙	高泥港北侧，婆罗嘴与蛤蚆嘴间	西北10.5	0.65	0.3		设有灯桩
海山小礁	干	墙头	西沪港南侧，海山北20米	西8.3	0.7	3		
象面小礁	干	爵溪	大象面西北约150米	东北9.75	10	3.3		
小碗礁	干	爵溪	碗礁东南100米	东11.2	1.75	0.9		
蛇蛋礁	干	爵溪	蛇礁山西250米	东北8.9	0.4	3.7		
拦门礁	干	爵溪	上、下泗礁间	东21.85	11.75	0.2		原名拦门虎，1985年1月因重名，更为今名，属泗礁列岛
里马角礁	干	爵溪	大平岗与羊背山间	东12	2.25	1.1		
羊尾巴	干	爵溪	羊背山西北端	东10.65	0.7	0.4		
牛桩礁	干	爵溪	燕礁西北50米	东12.3	0.8	4.6		有碍航行
螺球湾小礁	干	爵溪	官船岙西50米	东30.7	18.9	4.2		属韭山列岛

续上表

名　称	类别	所在乡镇	地 理 位 置	距丹城（公里）	距大陆最近点（公里）	海拔（米）	面积（平方米）	备　　注
小青山小礁	明	爵溪	小青山西 50 米	东 37.5	25.5	2.5	400	属韭山列岛
螺礁	干	爵溪	官船岙东 0.5 公里	东 32.3	20.5	4.7		属韭山列岛
鞋底礁	暗	爵溪	双山与下竹山间	东 34.1	22.25	-2		属韭山列岛，1985 年 2 月命名，有碍航行
向盘礁	暗	爵溪	官船岙与双山间	东 32.3	20.4	-1.8		属韭山列岛，有碍航行
小东岩	明	爵溪	南韭山中部北侧	东 32.6	20.6	15.2	400	属韭山列岛
小塘礁	干	爵溪	南韭山中部北 200 米	东 33.1	21	1.5	300	属韭山列岛
仙人桥礁	干	爵溪	南韭山中部东南，里趴脚东 0.15 公里	东 33.4	21.35		400	属韭山列岛
小雨伞礁	干	爵溪	南韭山中部，犁头嘴与挡礁间	东 33.4	21.2		300	属韭山列岛五档礁，原名雨伞礁，1985 年 1 月因重名，更为今名
黑礁	暗	爵溪	蚊虫山西 1.2 公里	东 29.6	17.4	-2.3		属韭山列岛，一名蚊虫栏，影响航行
蚊虫山小礁	干	爵溪	蚊虫山西 0.25 公里	东 30.5	18.35	4		属韭山列岛
小马鞍	明	爵溪	蚊虫山南 0.2 公里	东 31.3	19.15	5	450	属韭山列岛
龙礁	干	爵溪	蚊虫山南 0.4 公里	东 31.1	18.9	4.2		属韭山列岛，影响航行
马鞍桩	干	爵溪	蚊虫山南 0.3 公里	东 31.4	19.25	2.3		属韭山列岛
白礁	暗	爵溪	蚊虫山南 0.8 公里	东 31.3	19.15	-2.1		属韭山列岛
马灯礁	干	爵溪	大马灯与中马灯间	东 34.1	21.9			属韭山列岛
里道礁	干	爵溪	大马灯南侧	东 34.5	22.3	4.2		属韭山列岛
铜帽南翼礁	明	爵溪	铜山南 30 米	东 37.35	25.2			属韭山列岛，1985 年 1 月定名

续上表

名　称	类别	所在乡镇	地 理 位 置	距丹城（公里）	距大陆最近点（公里）	海拔（米）	面积（平方米）	备　　注
铜山小礁	干	爵溪	铜山西北端	东 37.1	25	0.2		属韭山列岛
抛露礁	适淹	爵溪	大目山东北大目洋中	东 18.5	6.2	0.6	500	影响航行，旁有浮标
黄牛礁	明	东陈	鹁鸪山南 150 米	东南 11	1.65	3.4		
七姑娘礁	干	东陈	鹁鸪山南 40 米	东南 11.3	2	2	200	原名七姐妹，1985 年 2 月因重名，更为今名
狐狸礁	干	东陈	幸福塘东南 0.3 公里	东南 12.5	0.15	0.7	50	1991 年围入大目涂内
耙鼻头礁	干	东陈	旦门山南 100 米	东南 19.2	2.5	3.6		
松籽礁	明	新桥	松树山西北 0.15 公里	西南 15.6	0.5	5		1985 年 1 月定名
前面头礁	干	丹城	大目山南 90 米	东南 16.4	4.25			
猪心头礁	明	东陈	猪心头山东 2 米	东南 13	2 米	5.5	300	
后岐头礁	明	东陈	松岙炮台山东南	东南 13	0.03	5	100	
水桶岙礁	明	东陈	水桶岙东	东南 13.5	0.07	5	200	
小田螺礁	适淹	东陈	田螺头东南 100 米	东南 20.6	7.5	1		有碍航行
暗虎礁	暗	东陈	旦门山东 0.55 公里	东南 18.5	3.4	-1.1		影响航行，1985 年 2 月定名
小猪礁	干	东陈	布袋山东 5 米	东南 19.6	4.3	2		原名小野猪礁，1985 年 2 月因重名，更为今名
平礁	干	东陈	藕岙山东 50 米	东南 17.5	0.75	2.7		
水獭礁	明	东陈	大猫礁南 100 米	东南 20	6	1	200	
鬼礁	干	东陈	旦门山西南 3 公里	南 19.24	1.1	1.5	300	属名膛礁

续上表

名称	类别	所在乡镇	地理位置	距丹城（公里）	距大陆最近点（公里）	海拔（米）	面积（平方米）	备注
鬼礁石	干	东陈	旦门山西南3公里	南19.25	1.1	4.2	250	属名膛礁
三鸭蛋	干	昌国	一岳山东北1.5公里	东南25.8	4.9	5		有碍航行，设有灯桩
田暗礁	暗	昌国	一岳山北偏东2公里	东南26	5.26	-0.7	300	属百亩田礁
百暗礁	暗	昌国	一岳山北偏东2公里	东南26.1	5.36	-3.9	200	属百亩田礁
田石礁	干	昌国	一岳山北偏东2公里	东南26	5.26	0.9	250	属百亩田礁
田亩礁	干	昌国	一岳山北偏东2公里	东南26.1	5.36	1.6	300	属百亩田礁
百礁石	干	昌国	一岳山北偏东2公里	东南26.05	5.36	1.4	300	属百亩田礁
上缸爿礁	干	昌国	玉柱山北侧	南22.7	0.15	3.2		
下缸爿礁	干	昌国	玉柱山东北侧	南22.8	0.1	4.7		
狗心礁	干	昌国	玉柱山西	东南22.8	0.05	4.4		
木杓礁	干	昌国	横长山北偏西0.5公里	东南23.1	0.8	1.7		
涨网嘴	干	昌国	横长山南侧	东南23.8	2.8	1		属三岳山列岛
连岳礁	干	昌国	一岳山与二岳山间	东南26.4	3	3		属三岳山列岛，1985年2月定名
近门礁	干	昌国	一岳山与二岳山间	东南26.4	3	1.7		属三岳山列岛，1985年2月定名
碎碎礁	明	昌国	二岳山西南0.8公里	东南26.85	3.55	5		属三岳山列岛
踏道下礁	干	昌国	半边山村南0.2公里	东南25.4	0.2	1.5		属七姐妹礁
小平礁	干	昌国	半边山村南	东南25.5	0.4	2.5		属七姐妹礁。原名平礁，1985年2月因重名，更为今名

续上表

名　称	类别	所在乡镇	地 理 位 置	距丹城（公里）	距大陆最近点（公里）	海拔（米）	面积（平方米）	备　注
太婆礁	干	昌国	半边山村东南	东南 25.5	0.7	2	300	属七姐妹礁，原名老太婆礁，1985 年 2 月因重名，更为今名
稻桶石	干	昌国	半边山村南	东南 25.5	0.6	3	0.2	属七姐妹礁，原名稻桶礁，1985 年 2 月因重名，改为今名
扁箕礁	干	昌国	半边山村东南	东南 25.55	0.24	1.5		属七姐妹礁
元宝礁	干	昌国	半边山村南	东南 25.6	0.3	1.9		属七姐妹礁
四礁	明	昌国	园山嘴东 0.5 公里	东南 26.3	0.5	4		
婆婆礁	明	昌国	柴呇村东偏南 0.8 公里	东南 26.5	0.05	5.7		原名老太婆，1985 年 1 月因重名，更为今名
铜头嘴礁	干	石浦	铜头岛南北侧	东南 29.9	3.2			属半招列岛，1985 年 2 月定名
牛乱子宕	干	石浦	淡水门东偏北 0.4 公里	东南 29	1.35	3		属半招列岛，1985 年 2 月定名
牛乱子礁	干	石浦	牛栏基东侧	东南 30	2.3	4		属半招列岛
小缸爿礁	干	石浦	铜头岛南 0.2 公里	东南 30.75	2.92	0.8		属半招列岛
紫菜地礁	干	石浦	牛栏基与铜头岛间	东南 30.25	2.35	4		属半招列岛
娘娘印	适淹	石浦	铜瓦门进口 0.6 公里	南 29.3	0.25			有碍航行，设有灯桩
魟鱼礁	明	石浦	檀头山北 1.2 公里，中尾礁东 0.5 公里	东南 35.4	8.9	2.1	135	
檀长礁	明	石浦	檀头山大崩阔东北首	东南 35.5	7.9	2		原名长礁，1985 年 2 月因重名，更为今名
切开礁	明	石浦	檀头山大山头西侧	东南 35.2	6.5	4		
小蛤蟆礁	明	石浦	檀头山大崩阔南面	东南 36.1	7.7	3		原名蛤蟆礁，1985 年 1 月因重名，更为今名

续上表

名　称	类别	所在乡镇	地 理 位 置	距丹城（公里）	距大陆最近点（公里）	海拔（米）	面积（平方米）	备　　注
石老虎礁	暗	石浦	东门水道最窄处	南 32.7	2.2	-0.5		东门主要险礁
小百亩礁	干	石浦	檀头山西 1.5 公里	东南 34.4	4.9	1.3		
水桶礁	干	石浦	大乌礁东南 0.75 公里	东南 35.4	5.2	0.9		设有灯桩
蚶子礁	干	石浦	下湾门北口	南 32.8	1.35	5		1985 年 1 月定名，影响航行
玉衡礁	明	石浦	檀头山沙头礁北 0.425公里	东南 36	8.13	3		属七星礁
开阳礁	明	石浦	檀头山沙头礁北0.4公里	东南 36.2	8.15	3		属七星礁
刺瘌礁	干	石浦	瘌头屿北 0.2 公里	东南 37.2	10.3	0.7	300	属刺蓬礁
暗瘌礁	暗	石浦	瘌头屿西偏北 0.3 公里	东南 37.2	10.15	-0.5	300	属刺蓬礁
瘌子礁	干	石浦	瘌头屿东 0.2 公里	东南 37.4	10.45	0.5	400	属刺蓬礁
干瘌礁	干	石浦	瘌头屿南 0.15 公里	东南 37.8	10.25	2		属刺蓬礁
瘌痢礁	干	石浦	瘌头屿南偏西 0.23 公里	东南 37.82	10.25	2.3	350	属刺蓬礁
土地礁	明	鹤浦	石浦缸内，中界山东 0.2 公里	南 34.2	1.7	4.3		
黄牛乱子礁	适淹	石浦	石浦港三门水道东北侧	南 35.6	0.2			影响航行
万瑟礁	干	石浦	下湾门东南	南 36.8	6.1			
金龙尾礁	干	石浦	金龙礁东 0.15 公里	南 36.5	6.25	0.9		有碍航行
捧浪礁	干	石浦	下湾门进口处	南 37.1	5.6	0.7		原名水桶礁，1985 年 2 月因重名，更为今名，影响航行，设有浮标
里埠头礁	干	石浦	檀头山舱板嘴头东北 0.35 公里	东南 37.8	7.2			

续上表

名　称	类别	所在乡镇	地理位置	距丹城（公里）	距大陆最近点（公里）	海拔（米）	面积（平方米）	备　注
舱板礁	干	石浦	檀头山舱板嘴头北50米	东南37.5	7.5			
稻床礁	干	石浦	檀头山东，里、外稻桶礁北0.15公里	东南39.2	10.4			1985年1月定名
外稻桶礁	干	石浦	檀头山大王宫村东0.6公里	东南39.3	10.5	1.3		
大牛角嘴礁	干	石浦	檀头山大牛角嘴南50米	东南38.6	9.3			
东瓜嘴礁	干	石浦	檀头山东瓜岩北50米	东南37.9	7.8	5		
乌缆桩礁	干	石浦	檀头山乌缆嘴头南0.1公里	东南39.1	9.45			
水底礁	干	石浦	大虹鱼岛西南0.25公里	东南38.8	8.7	1.2		
龙珠礁	适淹	鹤浦	蜊门港中	南38.5	4.2		300	设有灯桩
蓬浪礁	干	鹤浦	大片山东1.5公里，小湾与平岩头间	南39.75	8.5	2.9		
龙背礁	干	鹤浦	风门口北侧，断坝西0.4公里	南42.25	11			1985年1月定名
南帽翼礁	明	鹤浦	纱帽屿南0.1公里	东南44.3	13.85	7	250	
泥　礁	干	高塘岛	蓬棚屿西0.3公里	南43	8.2	2.5		
大鱼埠头礁	干	鹤浦	风门口南岸，鬼礁山北	南43	11.2			
风门小礁	干	鹤浦	风门口内	南43.4	11.5	4		1985年1月定名
乌龟脚爪礁	干	鹤浦	鬼礁山北0.1公里	南43.7	12.6	1.6		
猢狲桩礁	干	鹤浦	南田岛天灯盏山东南	南45.1	13.5	1.4	300	1985年1月定名
猢狲扣礁	干	鹤浦	天灯盏山东南，猢狲铁链东南300米	南45.2	13.75	0.6	380	1985年1月定名

续上表

名　称	类别	所在乡镇	地 理 位 置	距丹城（公里）	距大陆最近点（公里）	海拔（米）	面积（平方米）	备　　注
泥螺蛋礁	暗	石浦	泥螺山东偏南11公里	东南49	23	-6.4	500	1985年1月定名
元宝石	干	高塘岛	黄屿门山西50米	南44.9	9.4	6.3	350	
小青礁	干	高塘岛	黄屿门水道中	南44.8	9.35		400	原名青礁，1985年1月因重名，更为今名
猪头礁	干	高塘岛	黄屿门山西南50米	南45	9.6	3.6	300	
软泥礁	干	高塘岛	清凉屿西偏北0.7公里	南44.2	8.9	3.4		原名泥礁，1985年1月因重名，更为今名
清凉礁	干	高塘岛	清凉屿北30米	南44.5	9.5	4.4	350	1985年1月定名
牌位礁	干	高塘岛	狮子山东50米	南46.9	11.4	5	300	
香炉碗礁	干	高塘岛	狮子山东南60米	南47.2	11.6	2.6		
狮子尾礁	干	高塘岛	狮子山东南0.1公里	南47.3	11.6	2.6		1985年1月定名
涨趴礁	干	高塘岛	老爷门中	南47.3	11.7	5.3	350	有碍航行
蟹子礁	干	高塘岛	花岙岛蟹钳嘴东50米	南46.2	11	2.4	400	
尖浪礁	适淹	高塘岛	蟹钳口与趴脚澳间	南46.5	11.4		450	原名蓬浪礁，1985年1月因重名，更为今名
东炮弹礁	明	高塘岛	花岙岛炮台山东南端	南47	11.5	6		1985年1月定名
西炮弹礁	明	高塘岛	花岙岛炮台山东南端	南46.9	11.45	5	400	1985年1月定名
水牛游礁	干	高塘岛	花岙岛炮台山东南1公里	南47.3	11.7	2.2		
横礁	干	鹤浦	金七门西南，南田炮台山西1公里	南46.5	13	1	250	别名石地栿
稻穗礁	干	高塘岛	花岙岛南，稻杆蓬礁西南80米	南47.7	12.1	5.4		有碍航行

续上表

名　称	类别	所在乡镇	地 理 位 置	距丹城（公里）	距大陆最近点（公里）	海拔（米）	面积（平方米）	备　　注
龙牙屑礁	干	高塘岛	大甲山北 50 米	南 48	12.3	5.1		
甲壳虫礁	暗	高塘岛	大甲山东南 0.6 公里	南 49	13.5	-3.6		1985 年 1 月定名，有碍航行
骑马礁	明	鹤浦	南山南 0.1 公里	南 49.11	15.7			
杏礁	干	鹤浦	油菜花屿西 50 米	南 51.45	20	3.9	400	
草鞋底礁	干	鹤浦	草鞋耙屿南 0.35 公里	南 52.5	18.25			1985 年 1 月定名
卵黄蛋礁	干	石浦	大白带北 0.1 公里	东南 74	45.5	1.6		属渔山列岛，影响航行
狭本礁	干	石浦	北渔山北 40 米	东南 74.7	46.2	3.7		属渔山列岛
尴尬礁	明	石浦	伏虎礁东 70 米	东南 75.7	47.35	0.5		属渔山列岛五虎礁
边礁	干	石浦	大白礁北 50 米	东南 75.3	46.2	2		属渔山列岛，1984 年 10 月定名
乱岩礁	干	石浦	大白礁南 30 米	东南 75.6	46.3	3		属渔山列岛，1984 年 10 月定名
白笔架礁	干	石浦	大白礁南 0.17 公里	东南 75.1	46.5	2.5		属渔山列岛
鸡娘屙礁	明	石浦	母鸡礁西 30 米	东南 75.1	46.6	3	300	属渔山列岛
落仙礁	干	石浦	北渔山南端偏西 30 米	东南 76	46.6	2		属渔山列岛，1984 年 10 月定名
小乌礁	干	石浦	南渔山东北 60 米	东南 76.8	47.15	3		属渔山列岛，1984 年 10 月定名
乔底礁	干	石浦	南渔山北 40 米	东南 76.5	47	1.5		属渔山列岛，1984 年 10 月定名
湾里小礁	干	石浦	南渔山南 0.1 公里	东南 76.5	47.45	1.5		属渔山列岛，1984 年 10 月定名

第五节　锚　　地

境内锚地多分布象山港、西沪港、石浦港。设备之完善数石浦港。其余沿海海湾及岛屿澳门亦多天然锚地。

1997年,县政府印发《关于船舶防台避风锚泊有关问题的通知》,统一安排锚地,以确保县内外船舶安全、有序防台避风。一号锚地(青屿山北至崇巉塘南、平岩头塘南)主要供东陈乡渔船和80~500吨交通运输船、石浦镇小渔船及当地船舶使用;二号锚地(水屿灯塔北至青屿山南)为石浦镇大型渔船锚泊;三号锚地(中界山西至三门口)供台湾渔轮及鹤浦、高塘大型渔船使用;四号锚地(中界山两侧)供500吨以上运输船使用;五号锚地(台宁屿北至水屿南)亦为石浦镇大型渔船锚泊。遇强台风,要求石浦镇政府、县水产部门,主动与三门、宁海相关部门联系,及时转移至健跳港、胡陈港避风。同时规定林门港锚地为鹤浦、高塘渔船及当地其他船只使用;晓湾港锚地为石浦及附近80吨以下船舶使用;金高椅锚地为高塘南片及当地船舶使用;白墩港锚地为县北船舶使用;外地船舶皆安排相应锚地避风;部队防台水鼓(浮筒)属部队舰艇专用,任何船舶不得擅自占用。2004年作适当调整:一号锚地为当地船舶使用,三号锚地增东陈乡渔船及80~500吨运输船锚泊。

石浦港诸锚地　港内大部为泥质底,分石浦镇前沿、中界山、蜊门港、箬渔洋、普陀门、晓湾6个锚地。除镇前沿、林(蜊)门港内有个别岩石底外,余皆可抛锚避风。浮筒14只,可锚泊3000吨级以下海轮,可容渔船万艘。2008年,沿岸新设5个视频监控点。

石浦镇前沿锚地　在大陆与东门岛、汰网屿间,南北向,长4公里,宽0.35~1.5公里,水深10米以上,泥底,可避诸向大风。分3泊锚区,浮筒3只。1号泊区,在南汇西北角与石浦镇三湾之间过江架空电线以北;2号泊区,在东门油库码头与石浦镇天妃宫以北,泥质底,间有瓦砾;3号泊区,在汰网屿灯桩以北。

中界山锚地　在中界山南北两侧,东西向,面积约5平方公里,泥质底,水深10米左右,浮筒3只,均可泊锚1000吨级以上船舶,南侧南岸为鹤浦镇前沿。

蜊门港锚地　在南田岛龙头山与高塘岛笔架山之间,因处前龙头山南,别称前龙头锚地。东西向,长1.5公里,宽0.6公里,粘泥质底,水深7~13米,原设浮筒3只,可系泊千吨级船舶,供小型船只避诸向大风。2008年,新增浮筒10只。

箬渔洋锚地　在中界山与三门山之间,东西向,长5公里,宽2公里,面积约8平方公里,水深10米左右,泥质底,浮筒4只,可供3千吨级海轮系泊,避台风。

普陀门锚地　在大塘港南口,介坦塘炮台山与大陆岸间,西北—东南向,长约1公里,宽约0.3公里,水深3~5米,泥底,可供小型船只避台风。

晓湾锚地　介于打鼓屿与金鸡山间,长2公里,宽200米,面积0.3平方公里,水深2.7米,泥质底,可泊小船,避台风。清乾隆《象山县志·海防考》载:“井水山下为酒吸港,港如酒吸器然。可避风,泊百余舟。东北飓起,则闽广海舶系缆其下,亦要地也。港口北折为九龙港,则励家坪老岸也。”即其地。

石浦外港锚地　在檀头山岛与南田岛之间水域,水深5~10米,泥质底,可供千吨级船舶锚泊,避6~7级西北、东北风。遇西北风,涨潮时涌浪较大。

下湾门锚地　介于对面山与南田岛之间，西北—东南向，长5公里，宽250~500米，最窄处在入口附近，水深10~70米，内设灯桩3座。

西沪港锚地　位西沪港入口处，自象山港南金呑山嘴至蛤巴嘴间，长5公里，宽1~1.5公里，水深10~37米，泥底，浮筒2只，可供千吨级船舶锚泊。

崇巉港锚地　在新桥镇崇巉港与茅洋乡蟹钳港间，呈带状，长约25公里，面积4万余亩，水深4.2~6.2米，粘泥质底。四周山体遮挡，风、水流与锚泊渔船交角较少，且水深适宜，滩涂缓冲效果较好，可供2000~3000艘渔船锚泊，避12级以上强台风。建有视频监控点4个，气象监测站4座，助航灯标3座，临时码头及上岸通道7座，大马力渔船系泊浮筒35个等设施。2007年，锚地建成不久，恰逢台风"韦帕"、"罗沙"先后来临，成功接受千余艘渔船避风考验。

表1-2-4为境内锚地一览。

境内锚地一览　　表1-2-4

名　称	水深（米）	底质	避风能力	备　注
象山港锚地	5~38	泥	各类船舶避台风	港内较好避风锚地有：大对山与白石山之间、悬岛南侧、白象山西北侧。浮筒19只
西沪港锚地	10~37	泥	千吨级海轮避风	象山港中段南岸内港
石浦港锚地	5~10	泥	可避台风	港内划分6个锚地
三门湾锚地	5~10	泥	避7~8级偏北风	适合百吨级船舶泊锚
白礁水道锚地	5	泥	可避台风	适合百吨级船舶泊锚，2008年设浮筒10只
西屿山锚地	10~20	泥	东—东南风6~7级	介于东、西屿山之间
大捕山锚地	7	泥	西—西南风7级	在大捕山东北侧
大平岗锚地	3~5	泥	西南风6~7级	爵溪大平岗与大岩洞北
青莱山锚地	6~10	泥	南—东南风7级	在象山港南岸西泽西，百丈礁北
官船呑锚地	6~10	泥	北—东北风6~7级	在韭山列岛；岛南澳口
流水坑锚地	5~15	沙泥	南—西南风6~7级	在南韭山岛北侧大劈开与双山之间
南韭山西侧锚地	4~10	泥	东北—东南风6~7级	在嘹半天西乌贼澳内

续上表

名　称	水深（米）	底质	避风能力	备　注
南韭山东南锚地	5~10	泥	西—北风6~7级	介于外东嘴，犁头嘴及南韭山南之间各湾内
南韭山西北锚地	1~2	泥	小型船舶可避东北—西南风6~7级	介于蛤蟆嘴与其西南之捣臼湾嘴之间，遇大潮落流易拖锚
檀头山北锚地	5	硬泥	东南—西南风6级	夏季常用此锚地
檀头山南锚地	3~5	软泥	西北—北风8~9级	东北风时澳内稍受涌浪影响，泊锚时不可靠近岸边，因山嘴有礁脉外伸
檀头山东澳锚地	2~5	泥	东南—西北风7~8级	岛东外婆嘴与尾嘴头之间
洋船湾锚地	2~5	泥	东南—西南风8级	在檀头山东，夏季多在此泊锚
半招列岛锚地	5~7	泥	东南风7级	在檀头山与铜头山，牛栏基之间
白沙湾锚地	1~3.4	泥	西北风	可供50吨级船舶泊锚
金漆门锚地	2.4~4.2	泥	北—东—东南风8级	锚地西岸常有渔网
珠门港锚地	5.4~15	泥	北—东—南风9级	在金交椅西段
北渔山东北小澳	2~5	石	5级以上偏北风	澳内有涌浪，临时泊锚用
北渔山西北澳	5~14	泥	东北—东南风6级	
北渔山灯塔南锚地	20	泥	西北—东北风	万不得已时临时泊锚，涌浪大，易拖锚
石浦外港锚地	5~10	泥	西北—东北风	西北风涨潮时涌浪较大
崇巉港锚地	4.2~6.2	粘泥	避12级以上强台风	崇巉港与蟹钳港间

第六节　潮　　汐

新中国成立后，政府重视潮汐观察，先后在大目涂松兰山、象山港西泽、三门湾鹁鸪头设3个潮汐站。

一、潮候

象山沿海为规则半日潮区。潮汐以一太阴日(24 小时 50 分钟)为周期,两涨两落。每月朔望后一两天潮差最大,称大潮;上弦、下弦后一两天最小,称小潮。谚"初三潮,十八水,初八、廿三小水低,初九、廿四又起水"。高潮以石浦为最早,爵溪次之,象山港、岳井洋最迟。低潮则相反。沿海居民习惯用"八分算法"推算潮时,即以朔望日出现的高潮、低潮时刻为基准,逐日推迟 0.8 小时(48 分钟),便得所需时日潮时。

二、潮差

象山沿海为中强等潮差规则半日潮区,潮差冬小夏大,潮位冬低夏高,全县沿海多年平均潮差一般在 3 米以上,松兰山岸段为 3.04 米,西泽岸段略大,鹁鸪头岸更大,分别为 3.18 米、3.89 米。西泽以西,象山港的潮差则愈向内愈大,湖头渡 3.32 米,横江 3.63 米,桐照 3.91米。

三、潮流

东部沿海(包括大目洋、猫头洋北部)因海域开敞,潮流明显呈旋转状,流速缓慢,一般由北向南递减。又因受外海和沿岸流系影响,流速呈季节性差异,且表层(5 米层)大于底层。实测表层流速,最大为 138 厘米/秒。高低潮时间见表 1-2-5。

高低潮时间 表 1-2-5

潮别		日期	地点及潮时	
			石浦	西泽
高潮	大潮	初一、十六	7:52~9:29 20:11~21:32	8:31~10:10 20:55~22:17
	小潮	初八、廿三	00:03~02:00 12:43~13:59	00:32~02:29 13:16~14:47
低潮	大潮	初一、十六	02:04~03:18 14:25~15:38	02:02~03:20 14:18~15:45
	小潮	初八、廿三	06:25~08:12 18:44~20:17	06:19~08:19 19:00~20:09

注:本潮时表按 2010 年国家海洋信息中心编长江口至台湾海峡潮汐表中各月朔、望、上弦、下弦日高低潮时中居中时刻选录。

第二编 交通设施

境内无航空机场，铁路尚属规划阶段，故以陆上、水上交通设施分述。象山港大桥及接线工程（境内段）因其等级高、规模大，特设专章记述。

第一章 陆上交通设施

县境三面环海，交通倚重海道。明初海禁，注重陆道修建。官修驿道，民倡“修桥铺路建凉亭”。民国时，村村有道，溪溪有桥，山山有岭，桥畔岭顶建凉亭。

1935年（民国24年），县城至西泽公路建成，为县有公路之始。但车站、桥梁因陋就简，未臻完善。解放后，1958年宁象公路兴工，揭开公路建设新页。20世纪70年代，工业发展，公路货运量渐增，加快交通基础设施建设成为重要议题。全县上下合力兴建县乡公路。80年代末，不但实现乡乡通公路，且主干线硬化路面，一改“象山到、汽车跳”之砂石路旧貌。90年代，实施路面高级、次高级化、越岭隧道化、海岛陆岛化，营造畅、洁、绿、美公路交通环境。21世纪始，开展通村公路建设，完善农村公路网络，沿途安全保障，停靠站点等设施渐趋标准化、人性化，出行更为安全、便捷、舒适。

第一节 民间道路

唐立县初，行旅往来州郡以海道为主，故陆道设馆驿，未置铺递。明初禁海运，陆上始辟驿道，置铺递。地方士绅发起，修造道路，或捐田生息为维修之费，此风历代相传。山区及附近地区，就地取材，以卵石铺面，饰以图案，称弹石路或石子路，一般阔1.5米左右，近城镇稍宽。平原地区土质松软，多以石板铺面，唯宽度稍逊。民间道路以明、清驿道为干线，村村相连。至民国中期，形成网络。抗战期间，为防日寇进犯，奉令分段破坏公路及民间道路90公里，拆毁桥梁15座。抗战胜利后修复如故。解放后，改建公路、机耕路（简易机动车路），弹石路减少。1963年、1988年普查道路，弹石路分别为836.8公里与358.7公里。至2010年，仅边远山区古岭道尚存弹石路。

一、驿道

自唐至宋，设蓬莱驿、应真馆、绿野馆于县城。县城至宁海县经西溪岭，设西溪驿；至明州取海道，1195年（宋庆元元年），设陈山驿，水陆兼程；自姜屿渡过港，越道成岭至鄞县横溪达明州。1223年(宋嘉定十六年),设西沙岭驿、后倚驿(潘埠),元至正年间皆废。1394年(明洪武二十七年),昌国卫从东门岛迁后门山(今昌国村),建石浦前、后所、爵溪所、钱仓所。总铺设县署前,其间修驿道,设公馆于卫所,置铺递17处,里程总计105公里。

县城至湖头渡,计程20公里,设火烧铺(虎啸铺)、三角铺(三角埭)、湖头铺(黄避岙乡小山湖头)。渡象山港接鄞县火扒铺。

县城至钱仓所,计程20公里(重复5公里),设杉木洋铺、钱仓铺(经水流桥、桐岭、金鸡岭)。

县城至爵溪所10公里,设爵溪铺(经赵岙岭)。

县城至宁海县境30公里,设大井铺(白石)、姥岭铺(九顷)、应家铺(南堡)、白岩铺(白岩下)、方前铺(塘岸)。

县城至石浦所45公里(重复15公里),设东溪铺、蛤岙铺(乌江)、交绾铺(高湾)、鸡鸣铺(田下岭)、卫前铺(昌国)、玉女铺(女溪)。

清顺治间改设急递铺(称塘拨)18处,里程总计99公里。改由石门岭通宁海县。

自县城经西沙岭(图2-1-1)、四条岭至石门岭,长40公里,设大溪桥(大溪蒋)、墙头、西沙岭、儒雅洋、庆丰桥、西周、关山、石门岭等铺。又支线自欧阳桥通淡港渡,渡象山港经奉、鄞境达宁波府城,公馆设潘埠。

自县城至黄溪渡5公里(重复4公里),设黄溪铺,渡象山港达奉化(今翔鹤潭)转宁波府城。

自县城至石浦所45公里,设白石、九顷、南堡、乌江、交绾、田下岭等铺。又支线自马岗至金井头3公里,中设王家山铺。

自县城至陈山渡10公里,设太平庄铺(虎啸铺)、陈山铺,渡象山港达奉化翔鹤潭转宁波府城。

1988年,明、清存留驿道铺递24处通公路,3处通简易机动车路。今存少数遗址。

图2-1-1　20世纪80年代西沙岭古驿亭

二、岭道

境内低山丘陵占总面积67.5%。旧时交通悉赖岭道,有高岭120条,低岭182条。珠岗岭、五狮山公路岭海拔分别530米、525米,行人较稀。要道中,廿四泡岭、相公岭、石门岭,海拔分别450米、384.8米、382米,相公岭尤陡峭著称。清乾隆间,县人倪象占《蓬山清话》记叙走陆道之情景:“县之初设,自神龙二年,至广德二年,凡五十八年属台州,从宁海至州郭皆陆道也。属明州之后,始行海道。元末方国珍乱海上,其禁不可考。本朝顺治初及康熙十二年耿逆之乱,沿海居民皆起遣内地,离海三十里。其近海要口,皆树木栅,以禁民之出入,虽海错皆不得取。于是一切差铺必由西南陆行,逾西沙岭、石门岭转宁海、奉化至郡城,多崎岖山径。今土桥向南有小路曰四条岭,可出田岙,经官山上石门岭也。四条岭上有村曰破塘,殆破站之义欤。时递铺役丁皆负斗桶而行,斗桶直掩半身,避虎狼荆棘之害也”。

石门岭　系象山、宁海二县界岭，因西至宁海石门得名。东北起自西周镇官山村西里静路口，西南至宁海县石门里袁村东，长3400米，弹石路。岭顶海拔382米，名石岗。明嘉靖《象山县志》有载。清改驿道。2009年5月，经县文管会文物普查，发现岭顶处有一关隘遗址，由长方形围墙构成，乱石砌筑，四角内方外圆弧，东西长31米，南北宽14米，高1.2~2.3米不等。南、北段围墙近中部辟有两城门，外窄内宽。为清晚期象山通往宁海交通要塞。

四条岭　自西周镇初坑村经破塘村至赖岙村，长2700米，宽1.5米，弹石路。岭顶海拔140米。或说以破塘村为中心，4条岭由各通田岙、赖岙、东岙、初坑4村之四条短岭组成，故合称“四条岭”。或说自县城西去宁海县境需越四大岭，即彭姥岭、西沙岭、车岭、四条岭，此为第四条岭，故名。

东溪岭　北起东陈乡樟岙村西乐善亭，南至新桥镇东溪岭脚村凉亭。长1357米，宽1.5~2米，弹石路。岭头海拔230.2米。历为县城通石浦要道。明、清时为驿道。1757年（清乾隆二十二年），象协副将李大伦改砌，煅石凿山，陡处砌石级，并在岭南之半另辟青木岭通山根、井头等村。1824年（清道光四年），里人许超捐修南岭，励观岳募修北岭。1853年（清咸丰三年），昌国俞宗点因岭路险峻，出资买山，再辟新路。亭3座，南北岭脚及岭顶各1座，茶田13亩，今岭顶一亭圮（参阅丛录清虞峻《改砌东溪岭记》）。

彭姥岭　原象西公路第一岭，东起丹城西门，西至墙头镇七里亭。长4000米，宽6.5米。岭顶海拔106米，东陡西缓。又有古驿道，东起丹城西门，西至墙头镇珓杯丘村，长1200米，宽2米，弹石路。岭头、岭西凉亭各1座。岭头西有井泉称花银渟，可饮。岭西古道一段铺砖，告诫赴县诉讼者及早“转头”之意（姥，音姆mu；砖头和“转头”谐音）。1992年，彭姥岭隧道凿通，接线公路建成，古岭大部毁，公路岭亦一度废弃，今为城西古迹景区路。

东塔岭　在黄避岙乡西沪港口，东起鲁家岙，西至东塔村。长1900米，宽1.2~1.5米，东陡西缓，弹石路，岭顶海拔75米。岭西畔笠帽涂，有渡船达西周镇长礁渡，后因建高泥岭，渡改高泥，东塔岭行人稀少。今岭道基本完好。

西沙岭　东起墙头镇岭下村倒马坑，西至西周镇儒雅洋欧阳桥。长2180米，宽1.8~2米，东陡西缓，弹石路，岭顶海拔219.5米。一岭三亭。1223年（宋嘉定十六年），在岭上建驿亭，元至正年间改称止息亭。1824年（清道光四年）重修岭道。2009年3月2日，《今日象山》载：西沙岭古道发现古碑，碑之上方书有“止息庵”三字，右侧镌刻“光绪十四年”，碑面磨损，字迹难辨。2010年，因局部岭道坍塌，县拨2.7万元予以维修。

西溪岭　宁象界岭。东北起泗洲头镇井坑村，西南至宁海县岭根陈村。盛宁公路经此，盘纡曲折，长4200米，宽6.5米，原为沙石路面，2001年改建沥青路面，垭口海拔222.3米。旧系驿道，建有西溪岭驿亭，宋时废。古道大部改建公路，尚存山顶两侧各400米弹石路，宽1.5米。由古道上下，较公路短2.2公里。

黄埠岭　东南起石浦镇北门水库，经文昌阁、胡公庙，西北至晓塘乡黄埠岭脚村，长3015米，宽2米，弹石路。岭头海拔295米，东缓西陡，沿途有歇桥亭、文昌阁亭、岭顶亭、岭脚亭。文昌阁村胡公庙下有石阶一段，224级，条石砌筑，俗称百步耸（图2-1-2），为全县最长条石阶。岭道至今完整，仍有定塘、晓塘至石浦往返者行走。石浦文昌阁北支路通女溪。岭头西北有支路贯通大青埠岭头与黄埠岭头，称鹅公岭。文昌阁至岭头，原驻军修有公路。

船岩岭　又称东京岭。相传南宋抗金名将岳飞解粮至高塘,遭黑风岭强人伏击,退至岭顶,见前无去路,遂率兵乘船而去。走前,刻船于岩以记。后人称为船岩,今岩上之船仍依稀可见。又传此岭古时通东京,故名东京岭。东北起自新桥镇高湾村,西南至定塘镇岙底林家村。长 2190 米,宽 1.5 米,弹石路。岭顶海拔 210 米。古为定塘镇通新桥捷径,至今完好。

石鼓岭　岭上有石形若鼓,击之竟然有声,因曰石鼓,岭亦由此得名。清道光《象山县志》有载。北起墙头镇方家岙村三坑口,南至茅洋乡屠家园村吟凤桥。长 3110 米,宽 2~2.3 米,弹石路。岭顶海拔 200.8 米,南陡北缓。岭北、岭顶有亭。岭顶支岭二条,西南通南充村,长 1000 米,弹石路;北往大雷山,长约 1500 米,泥路。岭道完好,古为墙头镇通往茅洋、泗洲头等地要道,如图 2-1-3 所示。

图 2-1-2　20 世纪 80 年代黄埠岭百步耸

图 2-1-3　20 世纪 80 年代石鼓岭岭道

行者岭　(方音 hang jiang ling)东北起自丹西街道九顷杨蓬岙村,西南至茅洋乡行者岭脚村。长 1040 米,宽 1.5 米,弹石路。岭顶海拔 146.7 米,有亭。古为县城通往溪口、蟹钳渡等地捷径。今岭道完好,行人稀少。

相见岭　东南起自大徐镇梅洋村,西北至黄避岙乡大林村。今为沥青公路,长 2000 米,宽 6.5 米,最高点海拔 54 米。原系相见岭东南段(梅洋至黄坭坎)、童翁岭西北段(大林至黄坭坎),1984 年修建公路贯通,统称相见岭。

何婆岭　东南起自泗洲头镇金家岙,西北至西周镇黄泥桥。泗西公路一段,沥青路面,长 2600 米,宽 6.5 米,岭顶海拔 143 米,有亭。原为县南各乡通西乡及渡港赴宁波古道。

吉港岭　又称新岭。在南田岛,东起鹤浦镇螺丝礁里岙村,西至吉港村。长 900 米,宽 1.5 米,弹石路。岭顶海拔 72 米,有亭。古为鹤浦、樊岙通往高塘岛要道。

洞门岭　东起晓塘乡黄埠村,西至定塘镇小新城村。长 1500 米,宽 2 米,弹石路。岭顶海拔 79.2 米,两侧坡度平缓,为旧时石浦通往定山等地捷径。

顺风岭　南起茅洋乡杨家岙村俞家,北至墙头镇天打路村。长 2700 米,宽 1.5 米,南缓北陡,弹石路。岭顶海拔350米。古为茅洋通往亭溪、墙头捷径。抗战时被日军占领,今存碉堡及壕沟遗址。

番头岭 又称镇岭,岭北称半岭,岭南称界牌岭。北起石浦镇西教场,南至凤岭木梳塘,通番头岙、蒋家湾等地。长1000米,宽2米,弹石路,中铺石板。岭顶海拔95.8米,建有镇岭亭。已凿半岭隧道贯穿其下,五爱村至新港区公路经此。

象山主要岭道见表2-1-1~表2-1-4。

象山、宁海接壤主要岭道一览(单位:米) 表2-1-1

名称	象山		宁海	长度	高度(海拔)	备注
	乡(镇)	村	村			
大岭头	西周	柴溪	和平岙	3000	225.4	弹石路
石门岭	西周	官山	里袁	3400	382	弹石路,3亭
尖岭头	西周	横山	岙里王	3650	340	公路,750米
小尖岭	泗洲头	横埕	沙地下	3300	317	弹石路
廿四泡	泗洲头	肖胡	大国叶	4500	450	弹石路
西溪岭	泗洲头	井坑	岭根陈	4200	222.3	盛宁公路
峙后岭	泗洲头	上峙后	岭根陈	2800	214.3	弹石路
马岙岭	泗洲头	上马岙	马岙岭脚	2000	160.7	弹石路,1亭
车岙岭	泗洲头	苏岙	车岙	1100	108.9	弹石路

县北主要岭道一览(单位:米) 表2-1-2

名称	起讫地	长度	高度(海拔)	备注
蒲门岭	贤庠镇珠溪下庄—蒲门	1000	82	弹石路
黄沙岭	贤庠镇蒲门—涂茨镇上章家	2400	140.3	弹石路
白鹭山岭	贤庠镇下庄—涂茨镇汤岙	3000	262	弹石路
新岭	贤庠镇下庄—涂茨镇汤岙	2500	230	泥路
狮狸岭	贤庠镇下庄—涂茨镇里庵	3210	257.6	弹石路,2亭
小灵峰岭	贤庠镇溪沿—涂茨镇里庵茶场	2550	330	弹石路
蓬岭	贤庠镇龙王堂—涂茨镇泊戈洋	3210	185.2	弹石路
萧家岭	贤庠镇山厂—涂茨镇萧家	1975	167.5	弹石路,1亭
南门岭(岩岭头)	涂茨镇钱仓—大坛	800	80	弹石路(废)
傅家岭	涂茨镇钱仓东门—傅家	550	67.8	弹石路
东门岭	涂茨镇钱仓东门—东门外	700	85	弹石路
长沙岭	涂茨镇长沙—大坛	1400	103.9	弹石路
风门坑岭	涂茨镇大岭后—大坛	950	101.2	弹石路
毛湾岭	涂茨镇上毛湾—前山姚	1262	90.2	弹石路,1亭
后七埠岭	涂茨镇上毛湾—后七埠	950	55	弹石路

续上表

名　称	起 讫 地	长 度	高度（海拔）	备　注
横山岭（大岭头）	涂茨镇碶门头亭—金鸡岭岔路	950	40	汤钱公路
金鸡岭	涂茨镇白石坑—丫叉山	650	36	原机耕路，2004 年建村道公路
塔岭头	涂茨镇塔岭脚—太山岙	650	67	弹石路
青岭	涂茨镇珠山脚—大徐镇下院	1100	136.1	弹石路
桐岭	涂茨镇珠山脚—大徐镇水流桥	1510	112.9	弹石路，1 亭
干岭头	涂茨镇下盆岙—大徐镇杉木洋	800	39	汤钱公路，原 1 亭，1993 年圮
樟树岭	大徐镇三角埭—贤庠镇沈家洋	1300	40	弹石路，1 亭
平岭头	大徐镇梅洋—贤庠镇岙里弄	1100	47.8	原盛宁公路一段，1997 年改道，1 亭
卖盐岭	大徐镇沙地—贤庠镇樟树岭头	1200	110.8	泥路
东塔岭	黄避岙乡东塔—鲁家岙	1900	75	弹石路
横路岭	黄避岙乡大林—贤庠镇朱下庵	1500	120	弹石路、泥路
孟岙岭	黄避岙乡孟岙—贤庠镇张家岙	1000	55	泥路、弹石路
西山下岭	黄避岙乡黄避岙—贤庠镇西山下	1500	39.7	公路，1 亭
相见岭	黄避岙乡黄泥坎—大徐镇梅洋	2250	42	公路
童翁岭	黄避岙乡黄泥坎—大林	1200	54	公路
尖岙岭	黄避岙乡高池坑—黄夹岙	1100	40	公路，1 亭
高墩洋岭（后岭）	黄避岙乡白屿—谢家岙	1700	110	弹石路
高墩洋岭	黄避岙乡驿上岙—高湖	1850	130	弹石路，1 亭
	黄避岙乡水湖荡—高墩洋茶场	1900	112	机耕路
大斜岭	黄避岙乡西山下岭亭—高庄	2100	55.8	公路
邬家岭	黄避岙乡黄避岙—箬帚畈	760	79.8	弹石路
杨家岭	黄避岙乡宜夹岙—杨家岙	500	65	弹石路
西岙坑岭	黄避岙乡谢家—西寺庄	400	52	弹石路
高泥岭	黄避岙乡鲁家岙—里高泥	1000	102.8	弹石路
西泽岭	贤庠镇西泽—小蔚庄	750	6.5	弹石路
大岭头	贤庠镇下庄溪—小蔚庄	650	84	弹石路
望海岭	贤庠镇官司塘—塘岙	1600	70	原弹石路，2007 年改通村公路
停止岭	贤庠镇寺前—塘岙	1400	48.6	樟新公路
竹浦岭	贤庠镇寺前—官司塘	1000	56	简易公路，1 亭
袁家岭	大徐镇塔幢—大磊头	400	41.3	简易公路

续上表

名　称	起 讫 地	长 度	高度（海拔）	备　注
望海岭	大徐镇黄盆岙—大磊头	1250	38	公路,1 亭
缸岙岭	大徐镇相思岭—缸岙	900	111.8	弹石路
相思岭	大徐镇相思岭—里考坑	1200	117.8	弹石路,1 亭
白沙湾岭（大岙岭）	爵溪街道大岙—白沙湾	2000	98.2	公路
下沙岭	爵溪街道沙龙尾巴—大岙一	650	60	弹石路,1 亭
公屿岭	爵溪街道牛肠岙—公屿	1550	178	弹石路
牛肠岙岭	爵溪街道嘉湖塘岸—丹东街道青湾	4000	109	简易公路,1 亭
前岙岭（爵溪岭）	爵溪街道南门车站—丹东街道马兰山	4000	113.2	原丹爵公路,1 亭
前岙岭	爵溪街道前岙—新凉亭	1800	113.2	原弹石路,1991 年遂道建成,部分毁,3 亭
高岭（赵五娘岭）	爵溪街道白沙湾—丹东街道游仙寨	2900	293.8	弹石路,1 亭
赵岙岭	爵溪街道杨公桥—丹东街道赵岙凉亭	2880	95	旧为弹石路,有 2 亭。2004 年建成巨爵公路
双岭	爵溪街道西门外—丹东街道田洋里	3000	98;182	弹石路,1 亭
缯绷岭	大徐镇林善岙—丹东街道青湾	1550	177.7	俗名大岭头,弹石路,1 亭
庵头岭	爵溪街道前岙—丹东街道赤坎	650	37.5	弹石路
外岭头	爵溪街道前岙—丹东街道赤坎	650	31.3	弹石路
麻狸跳	丹东街道上梅溪—大徐镇外考坑	1400	95.2	机耕路、弹石路
万岙岭	丹东街道姚家山—大徐镇外考坑	1400	86.7	弹石路、泥路
大娘岭	大徐镇上岙—陈山	3700	374	弹石路
北门岭	丹城北门—大徐镇新罗岙	1800	143.3	弹石路,2006 年建沙地岗公墓区,岭顶段改公路
东谷笪	丹东街道东谷湖—大徐镇关山弄	1600	39.2	盛宁公路
白墩岭	墙头镇白墩—大徐镇陈山	800	50.7	弹石路
彭姥岭	墙头镇珓杯丘—丹西街道西门	1200	106	原弹石路,1 亭,1992 年彭姥岭隧道凿通,古岭大部毁
	墙头镇七里亭—丹西街道西门	2500	106	原象西公路,1992 年彭姥岭隧道贯通,废
仓岙岭（大岭头）（小岭头）	墙头镇仓库水库—丹西街道泮家桥、竺家坎	2600	126.1	弹石路

续上表

名　称	起 讫 地	长 度	高度（海拔）	备　注
麻车岭	墙头镇山根俞—蔡家岙	750	49.2	原弹石路,2006年改通村公路
大岙岭	墙头镇吊水岩—大岙	600	74	原机耕路,2006年改通村公路
西沙岭	墙头镇岭下陈—西周镇欧阳桥	2180	219.5	弹石路,3亭
高架岭	墙头镇徐家井—西周镇杨岙	3500	273.3	弹石路,1亭,2000年12月凿通高架岭隧道
蚶岙岭	墙头镇孙家—西周镇蚶岙	2000	167.9	弹石路,其中岭顶300米改公路
蚶岙岭	墙头镇新长岭亭—西周镇蚶岙	5200	167.9	原象西公路,2000年末废
黄牯岭	墙头镇方家岙—麻狸樯	800	159	弹石路
长坑岭	墙头镇麻狸樯—西周镇梼树岭	2100	347.5	弹石路
相公岭	墙头镇石硼头—西周镇箬岭	2530	384.8	弹石路
石鼓岭	墙头镇方家岙—茅洋乡屠家园	3100	00.8	弹石路
岙岭	西周镇岙岭下—湖边塘岸	800	88.3	弹石路
乌沙岭	西周镇乌沙—淡港门	550	74.6	原泥路、弹石路,2007年改通村公路
箬岭	西周镇儒雅洋—箬岭	2200	165.8	公路
梼树岭	西周镇伊家山—长坑岭	1000	255	弹石路
芭蕉岭	西周镇黄泥桥—横山村	6900	193.6	儒蕉公路
小何婆岭	西周镇黄泥桥—戬谷桥	950	85	儒蕉公路
何婆岭	西周镇黄泥桥—泗洲头镇金家岙	2700	143	泗西公路,1亭
虾须岭	西周镇伊家山—泗洲头镇金家岙	1963	240	弹石路
车岭	西周镇赖家—庆丰桥	2300	120	弹石路
车岭	西周镇赖家—庆丰桥	2200	120	泗西公路
四条岭	西周镇赖岙—初坑	2600	140	弹石路
	西周镇田岙—破塘	1000	140	弹石路
	西周镇东岙—破塘	1300	140	机耕路
黄土岭	丹西街道朱水溪—三岔路	1100	40	盛宁公路,1亭
和尚岭	东陈乡马岗—叶家山	1600	51	弹石路,1亭
行者岭	丹西街道杨蓬岙—茅洋乡行者岭脚	1040	146.7	弹石路,1亭
黄泥岭	茅洋乡缸窑俞—小白岩	750	60.1	弹石路
顺风岭	墙头镇天打路—茅洋乡杨家岙	2700	350	弹石路
杨梅岭	茅洋乡小白岩—杨家岙	600	63.8	弹石路
下岭	茅洋乡东岙—杨家岙	300	48.5	弹石路
上岭	茅洋乡东岙—杨家岙俞家	650	86	弹石路
石山岭	茅洋乡溪口—小白岩	850	47.8	弹石路

县南主要岭道一览(单位:米) 表 2-1-3

名称	起讫地	长度	高度(海拔)	备注
鹭鸶跳岭	茅洋乡蟹钳渡—泗洲头镇鹭鸶跳	700	34.5	盛宁公路
灵岩岭	泗洲头镇峙前—下峙后	2300	210	弹石路,2 亭,2011 年 4 月入选"宁波十大文化旅游古道"
老虎岩岭	泗洲头镇峙前—峙后	2130	225	弹石路
五狮山岭	东陈乡南堡—新桥镇箭岭顶	3500	540	弹石路
峙前岭	泗洲头镇峙前—下马岙	1423	25	泗长公路,隧道
墩岙岭	泗洲头镇马岙—墩岙	950	63.5	弹石路,1 亭
东溪岭	新桥镇东溪岭脚—东陈乡樟岙	1357	230.2	弹石路,2 亭
青木岭	新桥镇东溪岭南—里岙	900	164.8	弹石路
木头岭	新桥镇木头岙—岙底	1500	100	弹石路,隧道
五狮山岭	新桥镇山根—茅洋乡乌石岐	8600	525	公路
箭岭	新桥镇山根—茅洋乡李家弄	1422	236.9	弹石路,4 亭
杨岙岭	新桥镇海台—茅洋乡杨岙	1200	131	弹石路
板岭	新桥镇板岭—井头	650	66	弹石路,机耕路
	新桥镇板岭—海台	2450	66	茅石公路,1 亭,2003 年通隧道
大岭头	新桥镇小白蛇—外韩	700	60	弹石路
张捕岭	新桥镇小白蛇—龙洞	1000	80	弹石路
白鹭岗	新桥镇小白蛇—里江东	900	90	弹石路
洋坑岭	新桥镇洋坑—东陈乡松岙里山	4031	210.8	弹石路
风门岐	新桥镇庙前杨—东陈乡大湾	2900	65.5	东旦公路,1 亭
鸡高岭	东陈乡南盘枣坑—松岙里山	1400	134.2	弹石路
松岙岭	东陈乡田湾—松岙岭脚	950	65	弹石路
东旦岭	东陈乡东旦—王家缆	750	119	弹石路
平石岭	东陈乡王家—关帝庙	2200	43.8	沿海南线公路
鸡窝岭	东陈乡大荒地—松岙	1300	60.8	沿海南线公路,1 亭
叠石岭	东陈乡岩头陈—新桥镇关头	1400	142.5	弹石路,1 亭
梅岭岐	东陈乡小湾—新桥镇石柱里	2900	204.7	弹石路,1 亭
大岭头	东陈乡梅岭—新桥镇高湾丁家	1200	98.9	弹石路,1 亭
黄大湾岭(西水湾)	新桥镇花前—双岙	600	51.9	泥路
西湾岭(礁湾)	新桥镇五寺门—双岙	1400	65	泥路

续上表

名　　称	起　讫　地	长　度	高度（海拔）	备　　注
大岙岭	新桥镇黄吉岙—双岙	1100	56.4	弹石路
竹家岭	定塘镇岙底—新桥镇黄公岙	1500	170.2	弹石路
前庙岭	定塘镇岙底林家—新桥镇高塘上黄家	1300	202.5	泥路
船岩岭（东京岭）	定塘镇岙底林家—新桥镇高湾	2190	210	弹石路
上盘岭	定塘镇田洋湖—新桥镇上盘	2800	87.2	原茅石公路，1亭，1999年底凿通隧道
	定塘镇田洋湖—新桥镇上盘	1750	87.2	弹石路
灵岙岭	定塘镇山灶—新桥镇下灵岙	800	69.8	弹石路
竿头岭	定塘镇竿头—新桥镇中灵岙	1000	100.7	弹石路
弄堂岭	定塘镇珓头—新岙	1000	55.4	弹石路
虎窝岭（花果岭）	新桥镇上盘—定塘镇新岙	650	61.5	弹石路，1亭
乌岩头岭	定塘镇里岙—新岙	300	45	弹石路
小岭	新桥镇弹涂岙—下坎	600	74	泥路
田洋湖岭	定塘镇田洋湖—石浦镇鸡鸣	1600	119.2	弹石路，1亭
东岙岭	定塘镇东岙—石浦镇鸡鸣	1300	120	弹石路
斜岙岭	定塘镇周岙—斜岙	900	74.5	弹石路，1亭
三条岭（田下岭）	新桥镇高湾—石浦镇田下岭	2750	38、64、25	弹石路
败门岭（杨岙岭）	定塘镇杨岙—小太平	800	130	弹石路
大岭	定塘镇相帽岭脚—石浦镇官地	1200	164.8	弹石路
相帽岭	定塘镇新安寺—石浦镇三家村	3500	229.2	弹石路
大青埠岭	定塘镇方前—石浦镇三家村	2020	209.2	弹石路，2亭
大山垅	定塘镇上营—石浦镇三家村	2200	240	弹石路，泥路
小青埠岭	定塘镇小青埠—晓塘乡青脚	1600	152.8	弹石路
下岙岭	石浦镇昌国下岙—沙塘湾	600	40	弹石路，1亭
沙塘湾岭	石浦镇昌国杉树岙—沙塘湾	800	80	弹石路
鸡报岭	石浦镇镇昌国西门外—马盘	2950	122.6	机耕路、弹石路
黄泥岭	石浦镇昌国鸡报岭头—官地	1400	100	机耕路
庵堂岭（武牙耸）	石浦镇昌国西门外—鸡鸣塘岸	900	50	机耕路，1亭
蛟龙岭	石浦镇昌国盐田—大蛟龙	2050	49	机耕路

续上表

名　称	起 讫 地	长 度	高度（海拔）	备　注
矮岭头	石浦镇昌国半边山—大蛟龙	1400	109	弹石路
施家岭	石浦镇昌国上小湾—水塘头	1700	43.1	机耕路
缸窑岭	石浦镇昌国东沙角—岳头	600	65	弹石路
黄芝岭	石浦镇昌国南门外—花桥头	700	40.6	弹石路，1亭公路改建拆
半岭（镇岭）	石浦镇西门外—栖凤岭	1000	95.8	弹石路，1亭
祝家岐	石浦镇汝溪—文昌阁	1100	109.6	弹石路，1亭
弹岭	石浦镇番头岙—晓塘乡南山	2300	248.2	弹石路
礁坑岭	石浦镇番头岙—晓塘乡清水潭	2300	247.4	弹石路
平步岭	石浦镇番头岙—晓塘乡花湾	3000	261.2	弹石路
大炮岭（隔岭岗）	石浦镇蒋家湾—晓塘乡花湾	1800	222	弹石路
井水岭	石浦镇井水—晓塘乡鹤洋、月楼岙	1750	150	弹石路
梅坑岭	石浦镇井水岭头—晓塘乡鹤洋	1000	135.7	弹石路，1亭
蛱蜢岭	石浦镇马峙—晓塘乡鹤洋、月楼岙	1000	130.4	弹石路
南向岭	石浦镇马峙—晓塘乡月楼岙	3500	108.7	原茅石公路，1亭，现称三井公路
	石浦镇南向—晓塘乡月楼岙	1850	108.7	弹石路
司前岭	石浦镇司前—晓塘乡励家坪里岙	1000	75	弹石路，1亭
青山岭	晓塘乡下陈—励家坪	1350	48.5	弹石路
石鼓庵岭	晓塘乡黄埠—定塘镇下营	2300	315	弹石路
洞门岭	晓塘乡黄埠—定塘镇小新城	1520	79.2	弹石路
抱儿石岭	晓塘乡抱儿石—定塘镇大湾	550	56.2	弹石路
黄埠岭	晓塘乡黄埠岭脚—石浦镇北门外	3015	295	弹石路，3亭
鹅公岭	晓塘乡黄埠岭头—定塘镇大青埠岭头	2120	340	弹石路

海岛主要岭道一览（单位：米）　　表2-1-4

名　称	起 讫 地	长 度	高度（海拔）	备　注
小网市岭	鹤浦镇小网巿—长山嘴埠头	1100	40.2	弹石路，公路
大沙岭	鹤浦镇小百丈—大沙	2100	108.5	原弹石路，2004年改公路
和平湾岭	鹤浦镇雉鸡里—和平湾	1000	107.2	弹石路
象潭岭	鹤浦镇雉鸡里—棺材湾	1700	67	弹石路
黄金坛岭	鹤浦镇黄金坦—流水岩	1900	136	弹石路
小岙岭	鹤浦镇黄金盘—小岙	750	77.6	弹石路
大塘里岭	高塘岛乡大塘里—高涂岙	800	79.2	弹石路

续上表

名　称	起 讫 地	长 度	高度（海拔）	备　注
花岙岭	高塘岛乡花岙—高涂岙	1600	44.2	机耕路
金漆门岭	鹤浦镇金漆门—龙虎斗	1900	91.7	弹石路
水胡涂岭	鹤浦镇水胡涂—牧童岙	900	81	弹石路,1亭
百脚岙岭	鹤浦镇百脚岙—李沙棚	1000	92.2	弹石路
石门岭	鹤浦镇马小坦—雉鸡山脚	1634	60	弹石路,废
川洞岭	鹤浦镇川洞—高坎头	1050	98.3	弹石路,1亭
螺蛳礁岭（南田岭）	鹤浦镇外湾—李沙棚	1700	133.7	弹石路
吉港新岭	鹤浦镇里湾—吉港	900	72	弹石路,公路,1亭
盘沙岭	石浦檀头山大王宫—三角坛码头	3300	52.5	机耕路
小沙岭	石浦檀头山前排厂—小沙头	1400	90	机耕路,弹石路
大沙岭	石浦檀头山大沙—大荀头	800	50	机耕路,弹石路

注:境内岭道凡海拔30米上下、坡缓,不作统计。

三、人力车道

1929年(民国18年),南田县长毛皋坤,以工代赈,拨上年赈款部分筑樊岙至鹤浦车道,翌年完工,耗银2300余元。长6.5公里,宽3.2米,两侧铺石板,中间铺沙石,人车分道。解放后,1978年始改建公路,1986年竣工,时无汽车通行,拖拉机、机动三轮车行驶。

1941年(民国30年),日军拉伕修筑丹城至杨岙山车道,中经姆岭、和尚岭,长25公里,宽6米,沙石路面。1948年,原路基改建公路,未通汽车,行人力车。解放后,1952年建成丹城至蟹钳渡公路。1966年茅洋至杨岙山段整修后通车。

泗洲头至西周车道,长20公里,弹石路面,宽1.5米。1940年(民国29年),甬、椒封港,上海客货从石浦转运,为必经陆道。利民车行在原路因陋就简改建。1967年建成公路。

四、简易机动车道

俗称机耕路。1958年县引入拖拉机,1970年,境内拖拉机72台,农忙耕田,农闲运输,遂拓展旧路,宽2.5~4米不等,实为简易公路。20世纪80年代,机耕路迅增。1985年拖拉机3090台,机耕路683.49公里。1988年,拖拉机5212台,机耕路619.7公里(部分机耕路改建公路)。时简易公路及长度5公里以上机耕路20条。后多改为等级公路。

大徐镇海口至黄避岙乡白屿村,长6公里。大部分沿海塘,中经鸭屿村。东接盛宁公路,西接孟高公路。1998年改建公路。

贤庠镇山厂至乌屿山埠,途经珠溪村,长6公里,与汤鲁公路相交于珠溪。1993年改建公路。

丹城东谷湖至爵溪街道北门,途经梅溪、牛丈岙、越缯棚岭(海拔109米),长10.2公里。东接丹大公路,西连东谷湖路。今部分路段改公路。

丹东街道大碶头至黄鳝洞简易公路,长3.5公里,越双岭(海拔120米),南接丹大公路。

白岩山盐场简易公路,长9公里,自汤钱公路周郎塘至铜柱山码头、白岩山。1977年白岩山盐场自建。今为临港产业区。

昌国盐场简易公路，自沙石公路昌国隧道北口起至玉柱山、大崎头，全长 11.2 公里。1976 年盐场自建。

丹西街道洋心闸至行者岭脚，经三岔路、九顷、杨蓬岙，在三岔路与盛宁公路相交，在洋心闸与南洋公路相接。全长 6 公里。20 世纪 90 年代初改为公路。

爵溪街道前岙至松兰山简易公路，经柴嘴头，越惠泉岭，长 6.3 公里。1991 年始，先后改建为丹爵公路、松兰山景区路、城区巨鹰路。

墙头镇大溪蒋至排其，途经仓岙水库西岸，长 6.7 公里。1968 年建成。2004 年改建通村公路。

西周镇尖岭头(海拔 230 米)至下沈港，经横山、平潭、赖岙、下沈。长 9.8 公里。1997 年改公路。

西周镇白岩后村(海拔 310 米)至赖岙，经杰岙，长 6.2 公里。

西周镇里静(海拔 335 米)至杰岙，长 5.1 公里。

茅洋乡乌石岐至楼下陈粮站，经行者岭脚、断坑、小白岩，长 5.5 公里，东南接盛宁公路，西北接溪东公路。2005 年改通村公路。

新桥镇上盘至定塘镇中泥渡，经灵下舍，长 5.7 公里。2006 年改通村公路。

新桥镇东溪村至里江东，经海山、龙洞，长 5 公里。东接茅石公路。2004 年改通村公路。

晓塘乡三眼碶至大树墩，经顾家、九龙江，长 5 公里。2005 年改通村公路。

石浦镇昌国村西门至定塘镇周岙，经鸡报岭、黄泥岭、金架山村，长 6.5 公里。东接沙石公路，西接周岙公路。1997 年改公路。

高塘岛乡高塘至珠门沙头，经横江村，长 5 公里。2003 年改公路。

高塘岛乡龙头渡乌龟山至横江村，经杏八、树七、百家徐等村，长 5.5 公里。2005 年改通村公路。

石浦镇檀头山岛大王宫至前岩，经六股头村，长 6 公里，简易公路。驻军修建。

第二节 凉 亭

凉亭，南乡人称路廊，行旅歇息避风雨之所。民国《象山县志》载亭 185 座。1963 年普查，得 225 座。旧时境内主要道路，大都 5 里有亭 1 座。县城至石浦 90 里，有“九岭十八亭”。县城至排头 70 里，有亭 22 座。县城至钱仓 40 里，有亭 9 座。县城至爵溪 20 里有亭 6 座。

凉亭建路中为穿廊式，建路旁为殿堂式。穿廊式凉亭，亭外另辟行路，肩挑污物，绕道亭外。3 间居多，黄埠岭亭宏敞，7 间殿堂式。余如丹城郑家岙罗汉堂亭、柴溪海头亭。有亭后建庵供茶，半河半路庵、石浦三弯路廊、五里桥亭皆是。凉亭多建于城郊、岭头、岭脚、渡口、桥旁，布局合理，实民间“驿站”。亭柱、拱门、坐凳，多用条石砌筑。邑人视“造桥、铺路、修凉亭”为三大善举，乐于捐助，购置田亩，供修缮及烧茶费用。烧茶者多为当地老人。西周新桥头凉亭，84 岁老妇赖常明，其婆母、其女，三代管理茶亭，后无茶田，亭中另辟半间，开小店自赡。茶亭田多者如彭姥岭亭，有田 32 亩。丹城文昌阁亭，有田 27 亩。东溪岭亭，有田 13

亩。一般五六亩居多。解放后修建凉亭，地方出力，公家补助材料及工匠工资。迨乘车既便，凉亭仅供短途行人及附近农民息歇。规模亦趋简陋，多2间，少1间。1985年普查，2间以上凉亭179座，单简凉亭76座，计255座。2010年底核查古凉亭共计217座，择其要者述之。

三湾路廊　在石浦镇东北三湾路，象石古道十八亭之一，穿廊式，3间10石柱，拱门，石凳、墙裙，均条石砌筑，亭中2石柱，刻楹联“一宇拓江壖，赫赫明神堂庇护；三湾通石镇，劳劳过客暂勾留”。墙上有钱形旋读凸文2个，一为“坐坐也好”，一为“去去就来”，系昌国俞怀白书。西墙有雕刻精细的宫殿式神龛，楹联“泗水恩波长流千古；荔江法雨普及万民”（石浦港又称荔江，石浦简称荔，见文以此为最早）。弧形条石拱门，地面铺石板。亭西有庵3间，神龛左右有拱门，以回廊通庵。建筑结构对称精巧，号称“浙东第一亭”。1920年（民国9年），俞怀白、纪传长、任筱甫等募建。后因新建渔港路，亭废。昔日胜迹，今作民居。

客爱亭　在丹西街道三岔路村，象石古道十八亭之一。三间穿廊式，中一间之副脊檩，以巨大鱼骨为之。鱼骨为1755年（清乾隆二十年）正月，取自误入岳头港大海鱼（另一条骨在岳头咸水祠堂内）。1958年修建公路拆除。

涌泉亭　在黄避岙乡西山下岭上，1853年（清咸丰三年）建。三间殿堂式，石柱6，木柱9。亭中有涌泉。楹联“凉自亭生皆可宽停厥趾；亭因凉建方能得复其凉”。1995年改建贤黄公路降坡时西移约百米。

珠山亭　在涂茨镇珠山脚村前，1986年建。坐北朝南，27平方米，钢筋混凝土平顶，高3.6米，拱门2个。西北各有花格窗1个，新颖别致。

碶门头亭　在涂茨镇周郎塘东碶门头，1964年建。三间殿堂式，坐北朝南，钢筋混凝土人字桁架，砖簟，青瓦。

彭姥岭亭　在县城西北彭姥岭顶，始建年月不详，1857年（清咸丰七年）毁，九年重修。1970年因建公路降坡，拆移岭脚珓杯丘。旧亭有庵，今尚在垭口之上，昔有茶田32亩。1984年新建今亭。钢筋混凝土平顶2间，48平方米，高3.25米。

丰乐亭　在昌国镇南门外乌龟山东山脚，1919年（民国8年）建。三间殿堂式，条石柱，条石墙裙，石板铺地，条石为凳，有廊簷。建造精致，楹联2副。2001年重修。

大沙岭亭　在鹤浦镇大沙村西岭顶。吉港岭亭，在鹤浦镇吉港岭顶。均一间桥洞式，石片为拱，无柱，无瓦。建造年月不详。2005年因建通村公路降坡未修，今濒临倒塌。

长寿亭　在茅洋乡白岩下村南，1875年（清光绪元年）建。三间穿廊式，卵石铺地。原有庵，今毁。画栋，境内少见。

乌石岘凉亭　在茅洋乡乌石岘村东，穿廊式，砖木结构，卵石铺地。3间，中为殿堂式，通关帝庙。栋书“雍正辛亥（1731年）募修，道光丁酉年（1837年）又修”。东墙有“兰盆胜会”碑，1830年（清道光十年）立。

行者岭亭　在丹西街道杨蓬岙村南行者岭上。三间穿廊式，石板铺地，钢筋混凝土人字桁架，4石柱。亭内有碑记4块：1786年（清乾隆五十一年）《助田、禁卖碑》，1827年（清道光七年）《九顷普济庵会碑》，1855年（清咸丰五年）、1893年（清光绪十九年）重修碑。旧有庵，今圮。

爵溪新凉亭　在爵溪镇爵溪岭脚，1938年（民国27年）建。三间穿廊式，乱石墙，8石柱，石板铺地。亭中碑记2，一记1959年4月11日吕泗洋作业及1958年、1959年罹难渔民名单；一碑记修路情形，“善岙××路”及“王道荡荡，王道平平……”等，隐约可见。

双解亭　在西周镇文岙村黄栀岐，1878年（清光绪四年）建。三间穿廊，中间北面开窗。石柱、条石凳，卵石铺地（图2-1-4）。中有双联式石茶槽一只，前后均有文字镌刻，正面卷画形图案，刻“双解亭”3字，旁有联对“一杯能止渴，两腋便生风”，背面刻“式饮庶几”4字，旁有联对“可济行人渴，聊抒旅客情”并刻“光绪戊寅年十月立”等字。槽梁有字难辨。有“双解亭碑”2块。

图2-1-4　20世纪80年代双解亭

凉亭分布

丹东街道　罗汉堂凉亭、半路庵凉亭（已拆）、沙溪凉亭（已拆）、赵岙凉亭、黄鳝洞凉亭、高岭凉亭、泗洲堂凉亭。

丹西街道　客爱亭（已拆）、白凉亭、黄土岭茶亭、彭姥岭凉亭、白鹤庙凉亭（重建）、仇家山强盗门过街亭、行者岭亭、白石凉亭。

爵溪街道　爵溪岭欢喜亭、新凉亭、嘉湖塘凉亭（1992年建燕山水库拆）、天打岩凉亭（1990年围塘拆）、下沙凉亭、大岙凉亭（1976年圮）、牛肠岙凉亭、杨公桥亭（1992年建燕山水库拆）、前岙积善亭、前岙公路亭。

大徐镇　汤家店凉亭、塔幢乐善亭、桐岭亭、水流桥大觉亭、花莲山凉亭、十亩田安心亭、海口公心亭、相见岭亭、想思岭亭、三角埭三安亭、樟树岭亭、袁家岭亭（已圮）、大磊头望海亭、林善岙龙源亭、干岭头凉亭、安家溪望海亭、上岙半山亭、开口岩镇龙亭（已圮）、新凉亭（改建公路拆）、安家溪庆丰亭（已圮）。

涂茨镇　萧家山湾亭（2002年修通村公路移位）、前山姚凉亭（改建公路拆）、王山头凉亭（改建公路拆）、萧家岭凉亭、白鹤庙凉亭、麻狸岭亭、珠山亭、碶门头亭、蓬岭亭。

贤庠镇　平岭头亭、海下龙山庙亭、贤庠凉亭、下庄溪西硖头亭、岑晁凉亭、盐厂师婆亭、东港龙头庙亭、盐厂竹浦亭、乌屿山凉亭、龙王堂凉亭、寺前凉亭、竹浦岭亭、停止岭亭、麻狸岭亭、白鹭岭亭、门前山亭。

黄避岙乡　谢家湖头林岩亭、尖岙岭善庆亭（2004年修通村公路拆）、高墩洋亭、大林小庙亭（2009年圮）、水湖塘凉亭、西山下涌泉亭。

墙头镇　彭姥岭顶亭、珓杯丘凉亭、七里亭、黄溪渡普照亭、仓岙山村亭、存心亭、茶亭岭凉亭、丁家凉亭、三官堂舣舟亭、新长岭亭、西沙岭半山亭、西沙岭止息亭、慈溪坪凉亭、黄牯岭亭、麻狸檑亭、石鼓岭亭、笠帽坪亭。

西周镇　双解亭、欧阳桥亭、上张凉亭、庙岭亭、长礁亭、双汪岭亭（图2-1-5）、高架岭紫云亭，蚶岙岭亭、赖家凉亭、清水潭凉亭、车岭顶亭、朱岗凉亭、南峰岗亭、黄栀岐双解亭、沙溪

图 2-1-5　21 世纪初双汪岭路亭

桥亭(2004 年修公路拆)、新桥头凉亭、牛卧岭亭、土桥凉亭、琴诗岙三祝亭、道头亭(已圮)、长庆桥集善亭(扩建公路拆)、平潭凉亭(修公路拆)、外静凉亭、里静凉亭、石门岭坐岩亭、关山如意亭、老鼠桥亭、航头嘉乐亭、柴溪过街亭、海头庵亭、石门岭喜鹊台亭、排头凉亭(改建公路拆)、界岭头亭。

泗洲头镇　鹭鸶跳共赏亭、鹭鸶跳村亭(2003 年扩建公路拆)、泗洲头泗水亭、浦下亭(2006 年修通村公路拆)、西溪岭顶亭(2009 年拆)、西溪岭脚亭、廿四泡凉亭(2000 年圮)、朝天宇凉亭、小尖岭凉亭、何婆岭亭、灵岩岭北亭、茅山庙亭、虾须岭亭、马岙岭亭、灵岩岭半山亭、峙前岭顶亭(已圮)、峙前岭北亭、下马岙九马亭、平岩亭、墩岙塘道头亭、墩岙岭亭,梅岙塘凉亭(已圮)、对岙王凉亭、新塘岭凉亭、光棍庙回屿亭、马岙六角亭。

东陈乡　姆龙洞亭、和尚岭亭(2000 年圮)、田湾凉亭(2005 年修通村公路拆)、东溪岭脚乐善亭、沙岗过街亭(扩建公路拆)、大湾凉亭、松岙凉亭(2010 年重修)、水桶岙凉亭(已圮)、西垅岐凉亭(已圮)、大荒地凉亭、双桥圆山头凉亭。

茅洋乡　箭岭半山亭、箭岭脚亭、郑家庄永安亭、行者岭脚新凉亭(火灾毁)、白岩下长寿亭、顺德桥亭、蛎江碉堡亭(已拆)、杨岙山渡亭、蟹钳渡亭、乌石岐凉亭、屠家园凉亭、断坑凉亭(已圮)、唐山脚凉亭(已圮)。

新桥镇　箭岭顶亭、岩头陈麦果井亭、板岭跃进亭、东溪新凉亭、东溪岭脚亭、梅岭岐凉亭、大岭头普济亭、爱枫亭(新凉亭)、乌江路廊(2002 年修公路拆)、灰塔岭亭、黄公岙凉亭(2008 年重建)、梓树岭亭、圆屿塘角亭、上灵岙亭(2004 年改建公路拆)、上盘岭亭、高湾岐亭、半边凉亭。

定塘镇　山灶桃花亭、中泥襟江亭、下灶忠义亭、竿头龙洞亭、下角端倪亭(2005 年重修)、虎窝岭亭、田洋湖岭亭、定山通衢亭、浮礁渡亭、大青埠岭亭(2008 年重修)、斜岙清心亭、横湾绿屿亭、浮礁渡海清亭、小花港渡亭、叶口山渡亭、金牛港渡亭、英山老渡亭。

晓塘乡　梅坑岭亭、中学永安亭(2000 年圮)、黄埠岙底亭、黄埠岭顶亭、黄埠岭歇轿亭(2006 年重修)、双连屿渡亭、白玉湾渡亭、励家坪永渡亭、龙尾巴渡亭、官市头渡亭。

石浦镇　三湾路廊、铜关路廊、五里桥亭、郐家凤凰亭(2006 年修通村公路拆)、白门楼凉亭、盐厂路廊(2008 年修公路拆)、小岭头栖凤亭、文昌阁凉亭(图 2-1-6)、半岭镇岭亭、乌龟山丰乐亭、黄芝岭亭(2002 年建沿海南线拆)、卫前街申明亭、武牙耸凉亭、鸡鸣塘岸半勾亭、鸡鸣碶门凉亭(2007 年修通村公路拆)、风水洋凉亭(2007 年修通村公路拆)、田下岭亭(2006 年改建庵)、南向岭亭、南向村前亭、司前岭亭、金鸡山渡亭(2003 年圮)、晓湾渡亭、蒲湾渡亭(1998 年台风毁)、界前山渡亭(已圮)、泥礁渡亭、风雨亭。东门乡道头凉亭。

高塘岛乡　乌龟山渡亭、小乌岩凉亭、梅树凉亭、蟹礁头亭、弓弦硖凉亭、大坑里凉亭。

鹤浦镇　石屋洞凉亭、川洞岭亭、南田岭亭、水胡涂岭亭、龙虎斗凉亭、小网巾渡亭、大沙岭亭、吉港岭亭、后龙头渡亭、鸭嘴渡亭、韭菜湾渡亭。

图 2-1-6　20 世纪 80 年代石浦文昌阁凉亭

第三节　县城主要道路

1981 年，首建城区建设路。1989 年始，陆续建成新丰路、靖南路、丹峰路、巨鹰路、象山港路、滨海大道等。2007 年，实施"拉开框架、南扩东拓、两翼发展"城市建设决策，天安路延伸段（丹阳路至滨海大道）、环城西路复线（象山港路至彭姥岭隧道东洞口）相继建成通车。至此，纵横贯通、内外连接的新城区道路网络基本形成。

建设路

东起东谷湖路，西至环城西路，全长 2020 米。水泥混凝土路面宽 24 米，其中机动车道宽 18 米，两侧非机动车道宽 3 米。机动车、非机动车道间分设钢质隔离栏。原系盛宁公路一段，砂石路面，1978 年兴建。1981 年，改建水泥路，1984 年完工。1995 年 7 月始，首通"1"路公交车。1999 年 10 月，始通"4"路公交车。2010 年，增通"9"路公交车。

新丰路

北起建设路，南至象山港路，全长 1351 米，分期分段建成。1989 年，筑建设路至丹峰路段，长 951 米。水泥路宽 24 米，其中车行道宽 16 米，两侧人行道宽 4 米。翌年，建丹峰路至象山港路段，长 400 米。水泥路宽 40 米，其中机动车道宽 16 米，两侧非机动车道和人行道各宽 5 米，两侧绿化带宽 2 米。1999 年始，通"4"路公交车。2002 年，增通"5"路公交车。2010 年，增通"15"路专线公交车。

靖南路

西起环城西路，东至巨鹰路，全长 3818 米。水泥路宽 32 米，其中机动车道宽 19 米，双向四车道，中设 2 米宽绿化隔离带；两侧人行道各宽 5.5 米。1992 年始建，1995 年竣工。1996 年 6 月始，通"3"路公交车。2002 年，通"5"路公交车，2003 至 2004 年，东段通"7"路、"8"路公交车。2010 年增通"12"、"14"路公交车。

天安路

北起建设路，南至滨海大道，全长 6190 米，分期分段建成。1994 至 1995 年，拓宽建设路至象山港路段，长 1390 米，原称南河路。水泥路宽 40 米，其中机动车道宽 16 米，两侧非机动车道与人行道各宽 5 米，中间两绿化隔离带宽各 2 米。1998 年，改建象山港路至丹阳路段，长 790 米。水泥路宽 40 米，其中机动车道宽 16 米，两侧非机动车道与人行道各宽 4.5

米,中间两绿化隔离带宽各3米。2002年6月,动建丹阳路至滨海大道段,长4010米。因土地征用、房屋拆建等影响,几经停工。2005年复工,2007年末,终建成。路面设计标准同象山港至丹阳路段。1995年7月,始通"2"路公交车。次年,又通"3"路公交车。2002年,增通"6"路公交车。2009年11月24日,南端滨海大道至大目湾新城段首期延伸工程开工,长1658米,宽40米。2010年,增通"11"、"13"路公交车。

丹峰路

西起环城西路,东至巨鹰路,水泥混凝土路面,全长3688米。1994年始建,路宽26米,其中机动车道宽8米,两侧非机动车道各宽5米,人行道各宽4米,机动车、非机动车道间分设钢质护栏。1997年,建成丹峰东路延伸段。1999年10月,始通"4"路公交车。2003年5月,通"7"路公交车。2010年增通"9"路公交车。

象山港路

东起巨鹰路、连巨爵公路,西至环城西路,接象西公路之史家山隧道与彭姥岭隧道,为城西进出口要道。全长4108米,城市道路一级标准设计,水泥混凝土路面,宽60米,其中机动车道宽24米,双向八车道,中设2米宽绿化隔离带;两侧非机动车道、人行道、绿化带分别宽4.5米、11米、1.5米。为县新世纪重点工程。1999年6月动建,2002年7月竣工通车。总投资5420万元。2003年5月通"7"路公交车。2009年末,位于路西之新客运中心启用,为便旅客集散,先后增通"1"、"3"、"4"、"5"、"9"、"11"路及夜间公交车。

巨鹰路

北起塔山东路,南至柴嘴头,全长7776米,分期分段建成。2000年6月,始建靖南东路至滨海大道段,长5380米,2002年竣工,时称环城东路。混凝土路面宽22米,其中机动车道宽16米,双向四车道,中设6米宽绿化隔离带。2005年,续建靖南东路至塔山东路段,长398米,宽52米。其中机动车道宽23米,双向6车道,中间绿化带宽6米,两侧非机动车道各宽4.5米,两侧人行道、绿化带各宽3.5米。2008—2009年,续建滨海大道至柴嘴头段,长1998米,宽30米。2009—2011年,原环城东路段拓宽至60米。2010年通"7"、"8"、"14"路公交车。

滨海大道

东起巨鹰路,西至沿海南线公路,全长4378米。按市政一级道路标准设计,沥青路面宽60米。其中机动车道宽24米,双向八车道,中设10米宽绿化隔离带,两侧非机动车道、人行道各宽4.5米,机动、非机动车道间设4米宽绿化带。2002年8月动建,2003年9月竣工,耗资18632.5万元。2002年12月始,通"6"路公交车。2010年通"15"路专线公交车。

环城西路复线

南连象山港西路,北接彭姥岭隧道东洞口,全长1172米。沥青路面南段宽36米、北段宽26米。其中机动车道宽16米,双向四车道,中设2米宽绿化隔离带,两侧非机动车道南段宽4米,北段宽3米,两侧绿化带宽1米,南段两侧人行道宽4米。为县城西出口主干道,2007年建。

第四节　公　　路

1988年末,境内公路36条,总里程417.59公里。其中省道3条、141.06公里,县道13条、184.32公里,乡道12条、65.91公里,专用道6条、26.3公里。除象西、盛宁等主干线公路始逐段改建水泥路面外,余皆泥结碎石路(砂石路)。至2010年末,列入年度养护计划及统计报表的公路572条,总里程1187.373公里,其中省道3条、135.46公里,县道16条、266.102公里,乡道39条、191.746公里,村道510条、580.238公里,专用道4条、13.827公里。全县路网中,按技术等级分:一级公路93.373公里,二级公路114.621公里,三级公路301.614公里,四级公路677.765公里;按路面等级分:高级路面(水泥混凝土、沥青混凝土)1177.461公里,次高级路面(沥青表处、块石路)6.777公里,中低级路面(砂石路)3.135公里。新建、在建尚未列入养护计划及统计报表的公路2条,总里程8.918公里。

一、省道

盛宁公路(线路编号S215)

自鄞州区盛垫至宁海县城关,全长97.8公里。途经本县西泽、贤庠、大徐、丹城、三岔路、沙岗、茅洋、泗洲头、西溪岭,呈东北—西南走向。境内段长50.63公里,其中二级公路22.955公里,三级公路24.245公里,四级公路3.43公里;内含水泥混凝土路面47.914公里,沥青路面2.716公里;有桥梁8座,计165米(不含2010年丹城至西泽尚在改建段桥、隧),横山至西泽车客渡1处,渡程7.2公里。2010年日均车流量9194辆。

原称宁西公路,自宁海至西泽。1932年(民国21年),鄞、奉、象、镇、慈5县筑路会议议定,筑象山(丹城)至西泽公路,称象西国防公路,预算经费法币16万元,省拨半数,县城、石浦商会筹集1万元,余7万元按粮户额,以加成累计法分摊业户。1935年(民国24年)2月完工。路长18.64公里,碎石路面,桥梁4座,涵洞47座,总耗资84581.5元。抗战期间,宁波防守司令部下令掘毁。1947年(民国36年),经修复勉强通车,路况差,次年划为国道,称杭象国道。

1956年,建丹城至白墩码头公路。次年7月,丹城至蟹钳渡公路建成,长23.4公里。1964年,汤家店至西泽公路修建毕,耗资5.4万元。

1958年2月6日,毛泽东主席来杭州视察,见省图上无象山海防公路,指示速建。2月16日,省交通厅即派总工程师葛辰生、工程师吴伯云等赴宁海县筹办。本县成立"宁象公路象山县委员会"。同年3月3日动工,宁海至丹城78.6公里,总投资83.52万元,其中国家投资45.56万元,建勤折价37.96万元。是年11月7日通车,23日验收合格,由台州专区公路运输公司接管。资金尚结余4.44万元,续建船倒山至钱仓公路15.3公里,时称宁钱公路。1979年,调整省道,截汤家店至钱仓段,接汤家店至西泽段,改称宁西公路,为境内最长公路干线。

1966年,丹城东谷岙因建水库,改谷底为绕山。1981年,丹城东谷湖至西门改建水泥路面2公里,行车道宽18米,人行道各宽3米,中设隔离带。后,茶厂至西门改水泥路面1公里。茶厂至黄土岭段改建块石路面3.4公里。1989年,因建象山港汽车轮渡,接线0.86公里。同年,宁西公路经轮渡过港接盛横公路,改称盛宁公路。

1990年,改建黄土岭至沙岗段,长5.9公里,水泥混凝土路面,三级标准,路基宽8.5米,路面宽7米,桥涵设计荷载汽-15、挂-80(即公路-Ⅱ级),当年完工,总投资206万元。

1992年11月,改建丹城东谷湖至西泽段,长17.369公里,水泥混凝土路面,原定平丘三级公路标准,路基宽8.5米,路面宽7米,拟投资1042万元。1993年10月,经宁波市计委批复,提高等级,调整为平丘二级公路标准,路基宽12米,路面宽9米,计划投资2667万元,其中中央军委交通战备补助600万元,市交委补助430万元,余自筹。1994年完工,时丹城东门出口段未实施,总耗资1590万元。其中截岙里弄至三角棣越岭(平岭头)段,劈樟树岭之茶山取道直行,缩短里程0.58公里。1997年,丹城东谷耸"S"段截弯取直,改建0.8公里,平丘二级加宽标准,耗资400万元。。

1993年2月,改建茅洋至溪口段,长5公里,三级沥青表处路面,路基宽8.5米,路面宽7米,桥涵设计汽-15、挂-80,总投资125万元。1994年改建溪口至西溪岭脚段,长9.8公里;1995—1996年,改建沙岗至茅洋段3.9公里;2000年,改建西溪岭脚至岭顶宁海交界段,长3.43公里;皆沥青表处路面,其中平丘段三级公路标准,路基宽8.5米,路面宽7米。山岭段四级公路标准,路基宽5米,路面宽4.5米。合计总投资558万元。

2000年、2005年,先后二次修复丹城至西泽(图2-1-7)部分沉降路段混凝土碎板,耗资60万元。2006—2008年,鹭鸶跳岭段劈山降坡、取道直行,改建0.9公里三级水泥混凝土路面,核工业华东建设工程集团承建,耗资418.56万元,获优良工程。2007年,沙岗至西溪岭段(宁海交界)沥青路面悉数改建水泥混凝土路面,全长20.995公里,翌年完工,总投资2640万元(含鹭鸶跳岭段)。

2008年9月始,西泽至丹城东门出口段16.83公里,黄土岭至沙岗段8.87公里,全面实施路面、路肩、边沟、挡墙、涵洞等破损修复,2009年初完工,耗资724.83万元。

2008年10月,东门出口象山同家模具厂段0.752公里路面修复兼拓宽改造,路基从原14米拓至18米,其中行车道宽9米,两侧非机动车道各宽4.5米,12月完工,总投资142.22万元。翌年7月始,丹城至西泽段改建一级沥青混凝土公路。丹城起点从东谷北路改巨鹰北路,经龙泽名园、外考坑、船倒山,后皆沿原线路走向,长16.5公里,其中新建分离式隧道1座,左、右两单洞各长450、420米,新、改建桥梁8座、计长710.34米。双向四车道,整体式路基宽24.5米,其中机动车道宽2×7.5米,中设绿化隔离带,非机动车道宽2×3.5米,边设防护栏。贤庠镇路下庄村至贤庠村段2公里左侧临近工业园区,路面加宽7.5米为辅车道。2012年底竣工,耗资约4.2亿元。浙江大舜公路建设有限公司、浙江良和交通工程建设有限公司、浙江衢州交通集团有限公司、浙江大成建设集团有限公司分段承建。

图2-1-7　21世纪初丹城至西泽一级公路樟家墩村路段

茅石公路(线路编号S216)

北起茅洋乡,与省道盛宁公路相交,经海台、新桥、定塘、晓塘,南迄石浦镇,连沿海南线公路,全长51.5公里。其中一级公路2.834公里,二级公路18.067公里,三级公路30.599公里;内含水泥混凝土路面17.574公里,沥青路面33.926公里;有桥梁11座,计147.9米,隧道4座,计665.8米。系全线在县境内的唯一省道。线路走向原经三眼碶越南向岭,2000年,全国公路普查,改道经晓塘村、九龙江、下洋墩、蒋家湾至石浦。2010年日均车流量3801辆。

1941年(民国30年),日军侵占茅洋砩矿,强拉民伕,修筑丹城至杨岙山公路,茅洋至蛎江埠修矿山铁路。1948 年(民国 37 年)3 月,原路基改建,称象石公路象杨段,以工代赈。线路基本依循古道,唯马岗段因和尚岭坡陡另辟。当时接近解放,未验收通车。1942 年(民国 31 年)3 月 11 日,丹城沦陷,日军欲修建丹城至杨岙山公路,贯通丹城至石浦水陆交通,以掠夺茅洋砩矿,令沿线各保长强征民伕修筑。又建茅洋至虎头山支线,以运竹木供矿山使用。象杨段公路除和尚岭新辟公路,余皆循古道略修整,宽 3 米左右,未通汽车。抗战胜利,虎头山至楼下陈段,于 1946 年(民国 35 年)2 月毁路还田,归还业主。次年(民国 36 年),县建设科以工代赈,每工食米 4 升,续建象石公路象杨段。

宁象公路建成后,即着手兴建茅石公路。设计线路,茅洋矿区至杨岙山段仍按原线,自杨岙山越板岭,经新桥、高湾,越三条岭、武牙耸,经昌国至石浦,计划预算 25 万元。于 1958 年 12 月 4 日开工劈山。翌年因高湾至昌国段"有碍战备"停建,耗资 2.82 万元。1966 年,茅洋砩矿至杨岙段沿用民国时期原线整修。1967 年 4 月茅石公路正式动建,1969 年 10 月全线通车,属四级砂石路面。国家计划投资 143.38 万元,实耗 136 万元。1971 年茅洋至李家弄段截弯取直,废矿区公路,缩短 0.7 公里。

1991 年,蒋家湾村至石浦凤凰桥段 3.71 公里,改建重丘三级沥青路,路基宽 7.5 米,路面宽 6 米,桥涵设计荷载公路-Ⅱ级,年内完工,耗资 111.3 万元。次年,黄公岙穿村段 0.5 公里,改建平丘二级水泥混凝土路,路基宽 12 米,路面宽 9 米,桥涵设计荷载公路-Ⅱ级,耗资 35 万元。1993 年 9 月,新桥穿镇段 1.44 公里,改建平丘三级水泥混凝土路,路基宽 8.5 米,路面宽 7 米,耗资 105 万元。同年,新桥至黄公岙村段 1.97 公里,改建二级沥青路,路基宽 12 米,路面宽 9 米,耗资 72 万元。翌年,东溪至新桥段 2.81 公里,改建平丘二级沥青路完工,路基宽 12 米,路面宽 9 米,耗资 112.4 万元。同年,晓塘乡美石村至石浦下洋墩段 12.37 公里,改建三级水泥混凝土路,路基宽 8.5 米,路面宽 7 米,其中新凿下洋墩隧道 1 座,翌年底竣工,耗资 347.8 万元。1997 年,定塘穿镇段新建元亨路,水泥混凝土路面,长 1.445 公里,属城镇道路,定塘镇出资。次年,定塘镇葫芦门村至美石村段 1.99 公里,改建平丘三级沥青路,路基、路面分别宽 8.5 米、7 米,其中新凿美石岭隧道 1 座,翌年底竣工。耗资 376 万元。同年,黄公岙村至定山村段 8.67 公里,改建平丘二级沥青路,路基、路面分别宽 12 米、9 米,其中新凿上盘岭隧道 1 座,翌年竣工,耗资 312 万元。

2000 年,定塘原穿镇段 1.12 公里,改建二级水泥混凝土路完工,路基宽 12 米,路面宽 9 米,耗资 101 万元。翌年,石浦低峧村至蒋家湾 1.9 公里,改建三级沥青路,耗资 52.2 万元。是年至 2003 年,石浦井水段 5.706 公里列入沿海南线一级公路改建。2002 年,茅洋至杨岙山段 3.7 公里,改建重丘二级沥青路,路基宽 8.5 米,路面宽 7 米。翌年,续建杨岙山至东溪段 9.75 公里,其中新凿板岭隧道 1 座,总投资 487.5 万元。同年,石浦凤凰桥至老车站段1.57 公里,"黑"(沥青路)改"白"(水泥路),建成平丘二级水泥混凝土路,路基宽 12 米,路面宽 9 米,耗资 117.75 万元。2007 年 9 月,定塘穿镇段改道直行,新建东坑岭村至葫芦门村段,二级水泥混凝土路,长 1.8225 公里,路基宽 12 米,行车道宽 7.5 米。较元亨路缩短里程 0.377 公里。其中桥梁 2 座,均为预应力空心板梁,混凝土灌注桩台、墩。翌年 6 月竣工,总投资 762 万元。2008 年 6 月,新桥镇至石浦镇全长 30 余公里路面大中修完工。其中新桥关头村至石浦井头村 27 公里,属水泥混凝土路面碎板修复,井头村至蒋家湾 3 公里沥青路面"病害"整治,历经 9 个月,耗资 322.8 万元。是年 12 月始,分期大修茅洋至东溪段 12.64 公里、东溪至新桥2.7公里沥青路面,经“病害”整治加铺5厘米沥青碎石混凝土路面。2010年3月完工,总耗资1268.3万元。图2-1-8和图2-1-9为20世纪80年代盛宁线路段。

图2-1-8 20世纪80年代盛宁线西溪岭盘山公路

图2-1-9 20世纪80年代盛宁线丹城段

象西公路(线路编号S311)

起自县城西门,穿宁海县境,迄新昌县西山,全程140公里。境内段经亭溪、墙头、莲花、西周、下沈、柴溪,至宁海县界。东西向,一级公路标准,长33.33公里,内含水泥混凝土路面17.35公里,沥青路面15.98公里。其中桥梁19座,计661.7米,隧道3座,计2896.4米。2010年日均车流量13745辆。

象西公路境内段原系多条公路连接而成。1969年驻象海军投资修建西周经文岙、黄家塘、双汪岭、蚶岙碶至西泸港公路16.5公里,称西泸公路(其中西周至文岙、双汪岭至蚶岙碶段为象西路一部分)。1970年末,海军投资25万元,交地方修建丹城至蚶岙碶段公路20.6公里,1972年竣工,与西泸公路相接,称丹黄公路(丹城至黄家塘)。同年10月,泗西公路延伸至下沈3公里。1974年,省交通厅批准宁海象山两县联合要求,拨款修建梅丹公路(丹城至梅林)。12月开工,1978年10月竣工。象山筑双汪岭经渡头街至文岙4.6公里,下沈至饭蒸山8.8公里,耗资68万元。境内段因多次分段建成,技术标准参差不一。1979年始,县公路段拓宽路面,截弯取直,次年9月完工。

1986年始,实施梅丹公路改造,境内蚶岙碶门头至柴溪万蒸山段18.4公里,亭溪村至墙头舫前村段8.7公里,先后开工。三级水泥混凝土路面宽7米,路基宽8.5米,泥结碎石路肩,桥涵设计荷载汽-15、挂-80,1990年竣工,总投资2168万元。

1987-1992年开凿彭姥岭隧道(详见第六节隧道),1991—1992年开凿蚶岙岭隧道,分别弃越岭段,缩短里程6.67公里。

1991年,改建西周桥(老桥)西端接线段270米,水泥混凝土路面,耗资12.23万元。

1998年6月28日,境内段动工改建沿海国道主干线象山连接线(宁海梅林—象山丹城),属市重点工程。全长31.546公里,一级公路标准,路基宽24.5米,机动车道宽16米,双向四车道,中设1.5米宽绿化隔离带,两侧非机动车道各宽3.5米,机动车、非机动车道间设钢质防护栏。其中玹杯丘至莲花(原鹅场)段15公里余为水泥混凝土路面,莲花至柴溪(宁海交界处)段16公里沥青混凝土路面。桥涵设计荷载汽-20、挂-100(即公路-Ⅰ级),同时新建、改建的有亭溪桥、莲花三桥、西周二桥、下沈二桥、高架岭隧道等。1999年12月全线竣工,总投资2.58亿元。

施工单位有:交通部第一公路工程总公司、交通部第一航务工程局第一工程公司、铁道部隧道工程局第一工程处、上海市桥梁工程有限公司、南通市路桥工程总公司、攀枝花公路桥梁工程总公司、温岭市交通工程公司、象山县交通工程建设公司、仙居县路桥工程公司、鄞县公路桥梁建筑工程公司。

2001年8月,史家山隧道及接线工程竣工,为入城单行线,彭姥岭隧道随后改出城单行线。

2008年,玹杯丘至西周鹅场段15.515公里水泥路面碎板修复,鹅场至西周万蒸山段16.015公里沥青路面大修,总耗资6156万元。

2008年9月,高架岭隧道实施洞内装饰、通风、照明等改造,东洞口新辟817米分离式车道,2009年4月底完工,总耗资1190万元。

2009年7月,高架岭隧道复线工程开工,长2.46公里,其中隧道长1385米,余为两端接线公路。一级公路标准设计,路基宽11.25米,路面宽7.5米,单向下行线。宁波交通设计研究院设计,顺吉建设集团承建,江苏华宁交通工程咨询监理有限公司监理。2011年11月竣工,投资8481万元。

二、县道

汤鲁公路(线路编号X501)

起自大徐镇汤家店村,与省道盛宁线相交,途经涂茨、钱仓、珠溪、贤庠、黄避岙、龙屿,至鲁家岙村。环形状,全长42.136公里。其中二级公路2.280公里、三级39.856公里;内含水泥混凝土路面14.57公里,沥青路面27.566公里。桥梁10座计152.6米。原为四级砂石路,1995年至2005年分期分段改建。2000年全国公路普查,集原汤钱、樟新(寺前村东叉口起至新塘)、岑龙、龙鲁四公路易名。2010年日均车流量3386辆。

原汤钱公路自汤家店至钱仓，全长12.75公里，四级公路，砂石路基宽6.5米，路面宽4.5米，1958年7月建成。1980年5月，续建钱仓至新塘段1.9公里。沿途越花莲山、干岭头、大岭头。时设汤家店、涂茨、钱仓3车站，杉木洋、碶门头、前山姚、中堡、新塘设停靠站。1995年始分期分段改建水泥路，其中大徐、涂茨穿镇段为二级标准（涂茨1.37公里，大徐0.91公里），路基宽12米，路面宽9米，余皆三级，路基宽8.5米，路面宽7米。桥涵设计荷载汽-15、拖-80。1997年底全线完工，耗资1758万元。

原樟新公路自贤庠镇樟家墩至涂茨镇新塘，西接盛宁线，东连汤钱线，全长18公里。路基宽6米，路面宽3.5米，四级砂石路。桥梁5座、72.97米，设计荷载汽-10、履-50。途中设珠溪车站，唐岙、寺前、溪沿、俞公岙、蒲门、屿岙、黄沙设停靠站。全线分三期修筑，一期樟家墩至珠溪5.4公里，1976年8月至1979年6月筑成。二期珠溪至蒲门5.5公里，1980年12月修通。三期蒲门至新塘7.1公里，1982年7月全线贯通。筑路经费民办公助，国家投资16.86万元。2000年岑晁至珠溪段5.377公里改建沥青路。三级公路标准，路基宽8.5米，路面宽7米，桥涵设计荷载汽-20、挂-100，行车时速30公里，耗资501.4万元。获市优良工程。2002年，改建珠溪至蒲门段。长5.52公里，三级沥青路面宽7米，路基宽8.5米，耗资540万元。2003年改建钱仓至蒲门段7.34公里，三级沥青路面宽7米，路基宽8.5米，耗资580万元。

原岑龙公路起自贤庠镇岑晁，越西山下岭至黄避岙乡龙屿村，长7.83公里。砂石路面，四级标准。在贤庠与盛宁线相交。桥梁1座，长22米，设计荷载汽-15、挂-80。分三期筑成，1969年动建贤庠至岑晁段，1981年10月竣工，长1.53公里。1970年1月筑贤庠至黄避岙段，1977年12月建成，长3.3公里。1980年12月，黄避岙至龙屿段3公里建成。龙屿设车站，横塘、黄避岙、西山下设停靠站。1995年，改建岑晁至贤庠段，三级水泥路面宽8米，路基宽12米，耗资240万元。1999年改建黄避岙至龙屿段，重丘三级沥青路，路基宽7.5米，路面宽6米，耗资120.65万元，获市优良工程。2003年改建贤庠至黄避岙段，在西山下岭劈山降坡，截弯取直。三级沥青路面宽6米，路基宽7.5米，耗资177.6万元。

原龙鲁公路自龙屿至鲁家岙，长3.556公里，1996年建。砂石路面宽3.5~4米，路基宽6.5米。其中涵洞16道，设计荷载汽-15、挂-80。2005年改建三级沥青路，路基宽7.5米，路面宽6米，耗资274万元。

丹大公路（线路编号X502）

起自丹城大白象，与省道盛宁线相交，南经大碶头、后洋、滨海大道，西折爵溪，北转公屿，经黄盆岙至大徐，与汤鲁线相交。环形状，全长24.581公里。2000年全国公路普查，合丹爵、大公两公路及爵溪至公屿段易名。原为砂石路，1989年始分期改建水泥路，2005年完工，其中一级公路8.138公里，三级公路16.443公里，桥梁3座，计58.5米，隧道1座，长685米，2010年日均车流量5188辆。

原丹爵公路自丹城至爵溪，全长12.5公里，泥结碎石路面，路基宽6.5米，路面宽4.5米。桥梁3座，计32.1米，设计荷载汽-10，履-50，属四级公路。丹城至前岙段9公里在南庄平原，余越前岙岭（亦称爵溪岭），中途设大碶头车站，南庄、前岙设停靠站。1969年8月动工，1976年12月竣工，总投资21.25万元。1988年4月，开凿前岙岭隧道（亦称爵溪隧道）。1990年改建水泥混凝土路，其中丹城南门出口段二级公路标准长4.91公里，路基宽12~18米，路面宽 9 米,余三级标准,路基宽 8.5 米,路面宽 7 米。后洋至爵溪段线路走向由后洋村经桥头林村越前岙岭,改经上余村穿爵溪隧道至终点。1991 年先后竣工。其中隧道长 685 米,宽 8.6 米,高 4.5 米,投资 595 万元;道路改建耗资 460 万元。越岭段随之废弃。2002 年,南门出口段随城区天安路拓建为一级公路。

原大公线自大徐经黄盆岙、牛岙至公屿,全长 6.1 公里。1987 年始建泥结碎石路,路基宽 6.5 米,路面宽 4 米,四级公路标准,1989 年竣工,投资 183 万元。2005 年 5 月始改建水泥路,三级公路标准,路基宽 7.5 米,路面宽 6 米,设计路面轴载 BZZ-100,桥涵荷载汽-20、挂-100,行车时速 30 公里。次年 7 月 10 日完工,耗资 530.8 万元。

爵溪至公屿段砂石路 1995 年建,全长 5.981 公里。2005 年改建一级水泥路,路基宽 30 米,路面宽 17 米,中设 2 米宽绿化隔离带,耗资 460 万元。

2005 年 12 月 10 日始,前岙至爵溪段 3.8 公里破损水泥路面大修、安全设施更新。翌年 1 月 19 日完工,耗资 110 万元。

亭船公路(线路编号 X503)

起自墙头镇七里亭村,与省道象西线相交,北经洋北、白墩,东折雅林溪,至大徐镇船倒山,相交于省道盛宁线。环形状,全长 12.026 公里,其中桥梁 2 座,长 22.3 米。2000 年全国公路普查,亭白、船白两路合一更现名。2010 年日均车流量 1973 辆。

原船白公路 5.626 公里,砂石路面,四级标准,1956 年动建,1957 年完工。原为县城通往白墩码头经海运与宁波客货转运主要线路。船倒山、雅林溪、陈山、白墩码头设停靠站。2003 年改建沥青路,路基宽 7.5 米,路面宽 6 米,设计荷载为道路 BZZ-100,三级公路标准,耗资 397.8 万元。宁波交通设计研究院设计,宏润建设集团股份有限公司承建,象山交通工程咨询监理有限公司监理。2008 年 11 月改建水泥路,翌年 4 月完工。核工业华东建设工程集团公司承建,耗资 537.34 万元。

原亭白公路 6.4 公里,四级砂石路,1983 年 2 月建,投资 7.7 万元。洋北、桃湾、白墩设停靠站。2005 年改建水泥路,路基宽 7.5 米,路面宽 6 米,三级公路标准,设计荷载为道路 BZZ-100,桥涵汽-20、挂-100,行车时速 30 公里,获县优良工程。耗资 532.7 万元。

孙下公路(线路编号 X504)

原称新下公路,南起墙头镇舫前村新长岭,与省道象西公路相交,北至下山村,全长 4.3 公里。1974 年动建,次年竣工,砂石路面宽 3.5 米,路基宽 5 米,四级公路,投资 5.5 万元。沿途设孙家、下沙、下山停靠站。

1994 年 3 月始,改建水泥路,路基宽 7.5 米,路面宽 6 米,三级公路,桥涵设计荷载汽-20、挂-100。次年 11 月竣工,耗资 233 万元。2000 年全国公路普查,更名孙下公路,起自孙家村,与县道盛莲公路相交,终点下山,全长 2.847 公路。

泗西公路(线路编号 X505)

东南起自泗洲头镇通山桥,接省道盛宁公路,西北迄西周镇,连省道象西公路。全长 15.778公里。其中三级水泥路 2.458 公里,三级沥青路 10.3 公里,四级沥青路 3.02 公里。2010 年日均车流量 7522 辆。

原为石浦通往宁波捷径, 1964 年动建,1967 年 5 月竣工,投资 9.18 万元。桥梁 5 座,计长 119.7 米,设计荷载汽-10,履-50,挂-80。越何婆岭、车岭、黄泥桥。西周设站,张岙、何婆岭、新屋设停靠站。四级公路,砂石路面。1986年,车岭、黄泥桥段4公里截弯取直。

1994年,象西线至西周冷冻厂段2.458公里改建三级水泥路,路基宽8.5米,路面宽7米,投资119万元。2001年,冷冻厂至庆丰桥1.73公里改建沥青路,耗资180万元。2002至2003年分期分段改建沥青路,其中黄泥桥至庆丰桥段3.15公里,通山桥至金家岙3.96公里,金家岙至何婆岭1.46公里、皆三级公路标准,路基宽7.5米,路面宽6米,投资629万元。2005年改建何婆岭至黄泥桥段3.02公里,沥青路,路基宽6.5米,路面宽6米,公路标准四级,耗资240.7万元。

沙新公路(线路编号X506)

北起东陈乡沙岗村,接省道盛宁线,途经松岙、双桥、昌国、半岭,南迄石浦镇新港区。2000年全国公路普查,合并沙石、五新两公路易名。全长26.358公里,其中一级沥青路10.399公里,路基宽22.5米,路面宽2×7米,双向四车道;三级水泥路12.018公里,三级沥青路3.941公里,皆路基宽8.5米,路面宽7米。桥梁10座,计长136.4米,设计荷载汽-15、挂-80;隧道6座,计长2116.05米。2010年日均车流量19786辆。

1980年12月,建成石浦至昌国穿城公路4.8公里,国家投资14.2万元,昌国公社自筹8万元。1982年3月沙岗至昌国段动建,1986年1月竣工,投资212万元。因施工单位偷工减料,管理部门监督不严,致大圻头至鸡鸣塘岸段0.8公里弹性路面,几经填补无效而重建,损失万余元。公路验收前,即有车辆往来,两次观察,昼夜行车超过500辆。1985年12月29日,中共中央总书记胡耀邦赴大陈岛视察,途经象山,经国家安保局随行人员对茅石、沙石两线比较,取道沙石线。1988年,县政府决定改造沙岗至昌国段20公里为水泥混凝土路面,5月4日动工,1989年元旦通车,比计划提前6个月,耗资600万元。1989年,五爱村至新港区段竣工通车,耗资165万元。1990年,昌国至石浦段水泥路改建完工。1999年,五新公路3.91公里改建沥青路,耗资296.9万元。获市优良工程。2003年,沙岗至双桥段随沿海南线建设,拓为一级公路。

2007—2008年,修复破损混凝土路面,增设挡墙、涵洞等安全防护设施,耗资365.93万元。

大下公路(线路编号X507)

东起新桥镇大圻头,接县道沿海南线公路,经高湾穿茅石公路西抵狮子山,折南经蒲白墩、漕前、双连屿,至石浦镇下洋墩。全长28.833公里,其中桥梁2座,长170米。2000年全国公路普查,集下大、下狮、井蒲3公路更名。2001—2008年分期分段改建,其中二级沥青路面3.608公里,三级沥青路面22.522公里、三级水泥路面2.703公里。2010年日均车流量3043辆。

原下大公路自新桥镇下高塘至大圻头,西连省道茅石公路,东接原沙石公路,长6.454公里,砂石路面,四级公路,分两期筑成。1978年2月,始建下高塘至新桥盐场段4.5公里,耗资4.6万元,1981年10月竣工。1982年3月续建盐场至大圻头段2.18公里,耗资4.6万元。2003年3月始改建三级沥青路面,路基宽7.5米,路面宽6米。2004年1月完工,耗资408.53万元。

原下狮公路自下高塘至狮子山,长6.46公里。1988年6月县林业局投资修筑,1990年完工。2004—2005年改建沥青路面,三级公路标准,路基宽7.5米,路面宽6米。狮子山至长山村(属宁海县)2.397 公里同时改建。总耗资 615 万元。

原井蒲公路自井水至蒲白墩,东接省道茅石公路,长 18.4 公里。砂石路面,四级公路,其中碶闸桥一座,长 54 米,设计荷载汽-10,履-50,沿途设底峧、蜘蛛山、下洋墩、双连屿、白玉湾、台宁、叶口山、小花港、漕前、蒲白墩等停靠站。1978 年 8 月兴建,1980 年 12 月竣工,耗资 11.22 万元。1987 年建蜘蛛山支线,长 0.5 公里。1994 年 6 月,井水至下洋墩 5.3 公里改建水泥路(2000 年划归茅石线),三级公路标准,路基宽 8.5 米,路面宽 7 米。因资金未到位,于次年 1 月浇筑 4 公里后停工。至 1997 年底复工,翌年底竣工,耗资 347.87 万元,历时 4 年半。2003 年漕前至蒲白墩 1.85 公里改建沥青路,路基宽 8.5 米,路面宽 7 米。投资 168 万元。2004 年,漕前至下洋墩 7.512 公里改建,其中二级沥青路面 3.608 公里,三级沥青路面 2.361 公里,三级水泥路面 1.543 公里,耗资 550 万元。2005 年改建洪岩塘至宁海交界处 3 公里,路基宽 7.5 米,沥青路面宽 6.5 米,耗资 480 万元。2007 年 10 月,改建西边塘段1.16公里三级水泥路,次年 2 月完工,耗资 167.47 万元。2008 年 7-9 月,大圻头至下高塘5.05公里沥青路大修,耗资 255.94 万元。

石三公路(线路编号 X508)

北起石浦镇,接县道沙新公路,南经石鹤汽渡、鹤浦、南五,折西转北,经蜊门港大桥、高塘岛、三门口跨海大桥,至石浦下洋墩,与县道大下线相接,呈“U”型状。全长 25.114 公里,其中渡口一处、长 5.307 公里,桥梁 8 座(其中三门口跨海大桥系 3 座特大桥组成)、计1857.4 米,隧道 4 座、463.9 米。2000 年全国公路普查,鹤高、高三两公路合并更名。是年始分期分段改建沥青路、水泥路,2005 年完工。三级公路,路基宽 8.5 米,路面宽 7 米。2008 年三门口跨海大桥建成,线路北延至下洋墩。2010 年日均车流量 4764 辆。

原鹤高公路,自鹤浦至高塘,长 16.375 公里,四级砂石路面,分期分段建成。1986 年 2 月,港口至高塘段 3.6 公里建成,时无汽车通行。1992 年建鹤浦至南五段,长 4.2 公里。1993 年建南五至蜊门港东岸段,长 7.39 公里。1994 年,蜊门港大桥工程开工,建蜊门港西岸至港口段接线公路,长 1.185 公里。总投资 341 万元。2000 年 1 月 18 日始,全线改建沥青路,2001 年 1 月 10 日竣工,总耗资 930 万元。

原高三公路,起自高塘岛乡高塘村,经前排厂村、百家徐、小鱼潭至三门口。长 3.35 公里,砂石路。1988 年动建,1989 年完工,投资 18 万元。2005 年改建水泥路,耗资 311.4 万元。

2007 年,鹤浦至高塘段沥青路中修,耗资 477.14 万元。

2008 年 9 月,三门口跨海大桥及北岸接线公路竣工通车,桥长 1472 米,路长 3.83 公里,总投资 1.8033 亿元。

马漕公路(线路编号 X509)

东起石浦镇马盘村,接县道沙新公路,经镜架山、周岙、定塘镇,西至漕前,连县道大下公路。全长 14.044 公里,其中桥梁 8 座,计长 292.7 米,隧道 1 座,长 212 米。2000 年全国公路普查,定周、周镜、镜马等公路合并改名。2000—2003 年,分期分段改建三级沥青路。2010 年日均车流量 3257 辆。

全线分期分段建成。定塘至周岙,长 6 公里,路基宽 6.5~7 米、砂石路面宽 3.5 米,属四级公路,1979 年 4 月动工,1982 年 7 月竣工,沿途设杨岙、庙山、周岙停靠站。周岙至镜架山，长2.5公里，砂石路四级，1992年建成，耗资47.5万元。镜架山至马盘，长2.325公里，三级公路标准，路基宽7.5米，砂石路面宽6米，桥涵设计荷载汽-15、挂-80，1995年3月始建，1997年12月竣工，总投资285万元。定山至浮礁渡1.32公里砂石路，1997年建。浮礁渡至漕前1.899公里砂石路，1998年建。

2000年改建定山元亨路至浮礁渡大桥段1.32公里，路基宽8.5米，路面宽7米，投资37万元。2001—2003年改建定塘至周岙段6公里，路基宽7.5米，路面宽6米，耗资185万元；镜架山至马盘段2.325公里、浮礁渡至漕前段1.899公里、周岙至镜架山段2.5公里，路基宽皆7.5米，路面宽皆6米，总耗资313万元。2003年，周岙至浮礁渡段6.9公里沥青路面大修，耗资483万元。

泗长公路（线路编号X510）

北起泗洲头镇，与省道盛宁线相交，途经峙后、峙前、马岙，南至大麦塘，通宁海县长街镇。长18.821公里，其中桥梁5座、计104.6米，隧道2座、计220.2米。原称泗马公路，砂石路面，属四级公路，1979年8月动工，1985年11月竣工，投资67.45万元。为象山通往宁海县境第三通道。2000年全国公路普查，更名泗长公路。2010年日均车流量2526辆。

2001年，改建泗洲头至峙后段6公里，路基宽6.5米，沥青路面宽6米，设计行车时速20公里，投资421万元，获市优良工程。

2002年改建峙后至墩岙塘段8.35公里沥青路面，路基宽6.5米，路面宽6米，公路四级标准，耗资385.7万元。2003年改建墩岙至大麦塘段4.471公里，路基宽6.5米，路面宽6米，沥青路四级标准，耗资361万元。

三井公路（线路编号X511）

北起晓塘乡三眼碶，南至石浦镇井水，中越南向岭，长7.07公里。其中桥梁1座，长23.4米。原为茅石公路一段，砂石路面，四级公路标准，2000年全国公路普查时命名。同年按三级公路标准改建蒋家湾至井水段，沥青路面长1.9公里，路基宽8.5米，路面宽7米，耗资114万元。2005年全线改建完工，路基宽6.5米，路面宽6米，四级公路标准。设计路面轴载BZZ-100、桥涵公路-Ⅱ级，行车时速20公里。耗资550万元。2010年日均车流量830辆。

盛莲公路（线路编号X512）

东南起自墙头镇盛王张，途经孙家、蚶岙，西北至西周镇莲花村。长7.362公里，其中桥梁2座、计31.4米，隧道1座、925米。原为四级砂石路面，属省道象西公路一段。1993—1995年改建水泥路，路基宽7.5米，路面宽7米，三级公路标准。2000年全国公路普查，改称县道盛莲公路。2007年，混凝土路面、路肩、边沟及安全设施等大修，耗资560万元。2010年日均车流量2383辆。

西杭公路（线路编号X513）

东起西周镇，接县道泗西线，经下沈，西至杭头，连省道象西公路。长5.032公里，其中桥梁2座，计82.6米。原属象西公路一段，1988年始改建水泥路面，1989年完工，三级公路标准。2000年全国公路普查时命名。2010年日均车流量2504辆。

盛青公路（线路编号X514）

起自西周镇蚶岙村，接县道盛莲线，终点青嘴头，长2.017公里。2002年始建，砂石路面，四级公路。2004年改建水泥路，三级公路标准，耗资182万元。原称蚶下公路，2006年改现名。

巨爵公路(线路编号 X515)

西起丹东街道巨鹰路,接城区象山港路,经赵岙、燕山水库,东至爵溪大燕路。水泥混凝土路面,全长 5.045 公里。其中线路两端段山岭重丘一级公路 3.792 公里,设计整体式路基宽 22.5 米,行车道宽 2×7 米,中央绿化分隔带宽 1.5 米,双向四车道。中途赵岙段二级公路 1.253 公里,双向双车道。桥梁 1 座、长 30 米,隧道 2 座、计 588 米。设计路面标准轴载 BZZ-100,桥涵荷载公路-Ⅱ级,行车时速 60 公里。2010 年日均车流量 13356 辆。

2002 年 7 月 20 日动建,2004 年 9 月 28 日竣工,投资 5631 万元,获市优良工程。宁波交通设计研究院设计,浙江天一交通建设有限公司、宏润建设集团股份有限公司承建,宁波交通工程咨询监理有限公司监理。

沿海南线公路(线路编号 X516)

北起丹城酒厂,在城区新丰路与盛宁线相交,南经东陈、双桥、东湾、昌国、石浦,折西经下洋墩、跨大塘港大桥,迄台宁屿,全长 44.498 公里(内有 9.754、5.706 公里分别于沙新线、茅石线重叠,故划归两线,实际以 29.038 公里算)。其中桥梁 22 座、计 821.4 米,隧道 2 座、计 684 米。设计路面荷载 BZZ-100,桥涵荷载公路-Ⅱ级,行车时速 60 公里。省、市重点工程(图 2-1-10)。

1995 年 3 月,丹城南门出口(象山港路)至田横山段 3.144 公里动建,二级公路加宽标准,路基宽 28 米,水泥路面宽 2×7.5 米,双向四车道,中设 1.5 米绿化隔离带,两侧非机动车道各宽 5.5 米,机动、非机动车道间设 0.25 米宽钢质护栏。次年 10 月完工。

图 2-1-10　21 世纪初沿海南线一级公路东陈乡路段

2000 年 6 月 1 日,田横山至沙岗段 5.02 公里开工,其中穿越北山、玉玑山上下行隧道 2 座。按一级公路标准设计,路基宽 24.5 米,水泥路面宽 2×8.5 米,双向四车道,中设 1.5 米宽绿化带,两侧非机动车道各宽 3 米,机动、非机动车道间设钢护栏。桥涵设计荷载公路-Ⅱ级。2001 年 9 月 10 日竣工,获市优良工程。

2001 年 9 月 1 日,沙岗至石浦汽车东站段 20.077 公里开工,穿越松岙、旦门上下行隧道 4 座(划归沙新公路)。一级公路标准,路基宽整体式 22.5 米,沥青路面宽 2×7 米,双向四车道,中设 1.5 米宽绿化带,两侧非机动车道各宽 3.5 米,机动、非机动车道间设钢护栏。设计桥涵荷载公路-Ⅱ级,路面荷载 BZZ-100。2003 年 7 月 28 日完工,获省优良工程。

石浦凤凰山至井水段 5 公里 2001 年 9 月 1 日开工,设计路基整体式宽 20 米,沥青路面宽 2×7 米,双向四车道,中间绿化带宽 1.5 米,两侧非机动车道各宽 2.25 米,机动、非机动车道间设钢护栏。2003 年 11 月 30 日完工,获省优良工程。井水至台宁屿段 5.995 公里 2002 年 6 月开工(其中台宁屿码头接线段 0.906 公里未实施),路面半幅,双向双车道,其中下洋墩处跨大塘港建桥 1 座,计 396 米,2004 年 12 月 28 日完工。至此全线告竣,总投资 35581 万元。

工程由宁波市交通设计研究院设计，宁波交通工程咨询监理有限公司、北京育才交通工程咨询监理有限公司监理。路、桥、隧道分别由浙江通途交通工程有限公司、宁波交通集团公司、象山交通建设有限公司、浙江良和交通工程建设有限公司、宏润建设集团股份有限公司等承建。交通安全设施由杭州红萌交通设施有限公司、萧山金鹰交通设施有限公司、余姚交通标志设施有限公司分别承建。沿线绿化分别由萧山市政园林建设总公司、宁波博林农艺有限公司、绍兴园林建筑有限公司、宁波良和绿化有限公司、宁波经济开发区汇绿园林有限公司、浙江森禾种业股份有限公司承建。

2006年，因大圻头附近公路横穿旦门、新桥两盐场，碱性土质浓，致沿线14公里绿化生长不良。3月底始，县公路管理段实施挖泥换(黄)土、砌墙防(海)潮等改造、新植花木42万余株，草坪2.5万立方米，耗资300万元。2008年8月，因松岙至昌国段沿海软土路基沉陷，致14余公里路面破损，实施为期1月修复，耗资530余万元。

2008年11月20日始，续建石浦汽车东站至凤凰山段，长4.38公里，其中穿越大金山分离式单洞隧道1座、计1905米，桥梁1座、计27.04米(另1隧1桥待实施)。一级公路标准设计，整体式路基宽20米，沥青路面宽2×7米，双向四车道，中设绿化隔离带。2010年12月25日竣工，总投资13000万元。宁波交通设计研究院设计，浙江交通工程建设集团有限公司、顺吉集团有限公司承建，台州公路水运工程监理咨询有限公司监理。

2009年2—10月，完成台宁屿码头0.906公里水泥混凝土路面浇筑，核工业华东建设工程集团公司承建，投资147.17万元。

三、乡道

东旦公路(线路编号Y581)

西起新桥镇东溪村，相交茅石公路，经庙前杨、上周，东至东陈乡旦门村，与沿海南线相交。全长7.702公里，其中桥梁3座，计30.5米。1969年10月始建，1977年12月完工。路基宽5.5米，砂石路面宽4米，属四级公路，耗资5.58万元，尚距终点站0.7公里。1988年续建终点段，耗资4.65万元。1999年12月8日始，改建沥青路，三级公路标准，路基宽7.5米，路面宽6米。2000年9月20日竣工，比原计划提前19天完工，耗资624.7万元。2006年9月，路面及设施大修改造，耗资179.3万元。2010年日均车流量2290辆。

新青公路(线路编号Y582)

位涂茨镇。西南起自新塘村，连县道汤鲁公路，东北至青湾码头，长1.75公里。砂石路面，四级公路，1981年10月建成。2006年改建水泥路，重丘三级公路标准，路基宽7.5米，路面宽7米，耗资152万元。

莲下公路(线路编号Y583)

位西周镇。东起莲花村双汪岭，接县道盛莲公路，经盛丰村，西北至下湾村，长3.579公里。原属四级公路，砂石路面，1969年10月动工，1970年1月建成。系驻象海军投资修建西沪港至黄家塘公路一段，1978年划归地方管理。1995年初，改建水泥路，路基宽7.5米，路面宽6米，年底完工，三级公路标准。总投资286万元，其中四八一九工厂出资150万元。

樟寺公路(线路编号Y584)

位贤庠镇。西南起自樟家墩村，与省道盛宁公路相交，经着衣亭、塘岙，东北至寺前村，相交县道汤鲁公路。全长4.693公里，其中桥梁1座，计14米。原属县道樟新公路一段，

1976年始建,1980年2月完工,砂石路面。2000年全国公路普查改乡道,称现名。2004年改建水泥路,路基宽7.5米,路面宽7米,耗资466万元,属三级公路。

田中公路(线路编号Y585)

位定塘镇。东起省道茅石公路田洋湖村,经小塘湾,西至中泥村,全长5.294公里。1980年5月建成,砂石路面宽3.5米,路基宽6.5米,属四级公路。2004年改建水泥路,路基宽7.5米,路面宽6米,三级公路标准,总投资466万元。2010年日均车流量3889辆。

南双公路(线路编号Y586)

位南田岛。起自南五村,接县道石三公路,经大百丈,至双湾村,全长5.362公里。1985年9月建成,砂石路面宽4米,路基宽6.5米。2002年日均车流量500辆。2006年改建水泥路,其中三级公路4.672公里,路基宽7.5米,路面宽7米;四级公路0.69公里,路基宽6.5米,路面宽5米。总投资472万元。2010年,日均车流量增至4380辆。

溪东公路(线路编号Y588)

位茅洋乡。南起溪口村,与省道盛宁公路相交,经郑家庄、东岙、屠家园、北至南充村。全长6.209公里,其中隧道1座、计141.8米,桥梁1座、计6米。1981年建成,路基宽6.5米,砂石路面宽3.5米,属四级公路,耗资28万元。2004年改建水泥路,路基宽7.5米,路面宽7米,重丘三级公路标准,耗资349万元。

下莲公路(线路编号Y589)

位西周镇。起自下沈,接县道西杭公路,经赖岙、横山、芭蕉、黄泥桥、儒下洋、伊家、湖边,至莲花,与省道象西公路相交,成环状。全长24.84公里,其中桥梁9座,计120.4米。2000年全国公路普查,集下赖、赖横、儒横、儒伊、莲伊五路更名。原属四级砂石路面,依次分别始建于1991、1993、1980、1986、1984年。2002年,下沈至赖岙改建四级水泥路,长2.20公里,耗资150万元。2004年改建莲花至上张水库段,三级水泥路,长2.23公里,耗资215万元。2005年横山至儒下洋改建四级水泥路,长7.80公里,耗资512万元。2006年,改建赖岙至横山段四级水泥路,长5.68公里,耗资456万元。2008年始,改建上张水库至儒下洋段,长6.93公里,重丘三级水泥路标准,路基宽7.5米,路面宽6.5米,2010年3月完工,耗资2300万元。同年,日均车流量1331辆。

孟黄公路(线路编号Y590)

位黄避岙乡。东南起自孟岙,接乡道三高公路,西北至黄避岙村,全长1.298公里。原属大徐镇梅洋至黄避岙公路一段,四级砂石路面。路基宽6.5米,路面宽4米。1981年8月动建,1984年7月竣工。1999年改建三级沥青路,路基宽7.5米,路面宽7米,耗资88万元。2000年全国公路普查改现名。

前崔公路(线路编号Y591)

位涂茨镇。东南起自前山姚村,接县道汤鲁公路,西北至崔家岙村延伸到潘家坎,全长1.45公里。1980年4月建成,砂石路面宽4米,路基宽7米,属四级公路。1998年改建三级水泥路,路基宽7.5米,路面宽7米,耗资57.26万元。

前中公路(线路编号Y592)

位涂茨镇。起自县道汤鲁公路前山姚村,由西向东、折北转西,经毛湾、长沙、至中堡村交汤鲁线。半环状,全长8.438公里,其中隧道3座,计644米。1984年4月始建,1987年10

月竣工,四级砂石路面。2005年始改建三级水泥路,路基宽7.5米,路面宽6米。翌年完工,耗资431万元。2010年日均车流量1035辆。

励司公路(线路编号Y593)

北起晓塘乡励家坪村,南至石浦镇司前村,接省道茅石公路,全长3.913公里。其中桥梁1座、计20.9米,隧道1座、计233米。1996年建成,四级砂石路面。2005至2006年改建水泥路,路基宽7.5米,路面宽7米,三级公路标准,投资185.5万元。

昌沙公路(线路编号Y594)

石浦镇昌国村至皇城沙滩,全长1.772公里,其中桥梁1座,计9米。1988年底建成,四级砂石路面。2000年改建二级沥青路,路基宽12米,路面宽9米,耗资209万元。

南洋公路(线路编号Y595)

东北起自丹西街道南庄樟树下村,接县道丹大公路,南经洋心、新碶头,折西南经东陈乡岳头,至洋里村。全长8.488公里,其中桥梁2座,计57.8米。2000年全国公路普查,南岳、洋岳两公路合并更名。原南岳公路1989年动建砂石路面,次年完工,投资42万元。原洋岳砂石公路1991年建成,耗资31万元。1999年南岳公路改建水泥路,投资874万元。2004年原洋岳公路改建水泥路,耗资337万元。全线三级公路标准,路基宽8.5米,路面宽7米。2010年日均车流量8603辆。

白西公路(线路编号Y596)

位晓塘乡。东南起自晓塘乡白玉湾村,接县道大下公路,西北迄西边塘村,长1.813公里。1989年12月建成,四级砂石路面,投资5万元。1999年改建水泥路,三级公路标准,路基宽8.5米,路面宽7米,耗资72.52万元。

西周公路(线路编号Y597)

东南起自贤庠镇西山下岭顶,接县道汤鲁公路,经黄避岙乡大斜桥村,西北迄周家村,全长2.786公里,1988年5月始建,1991年完工,砂石路面。2005年改建水泥路,路基宽7米,路面宽5米,耗资116.9万元。属四级公路。

兵西公路(线路编号Y598)

西南起自黄避岙乡兵营村,接县道汤鲁公路,经周家、谢家,东北迄贤庠镇西泽码头,连省道盛宁公路,全长6.452公里。1991年建兵营至谢家段,1994年建谢家至西泽段,皆砂石路面,原为黄避岙至西泽公路一段,2000年全国公路普查更名。2006年改建水泥路,三级公路标准,路基宽7.5米,路面宽6米,总投资390万元。2010年,日均车流量819辆。

牛白公路(线路编号Y599)

位爵溪街道。北起牛丈岙村,南至白沙湾村,全长10.832公里,其中桥梁5座,计30.3米。2000年全国公路普查,牛爵、爵白两公路合并更名。原为砂石路面。爵溪至白沙湾段长6.2公里,1986年7月建成,总投资27万元;牛丈岙至爵溪段1995年开通,耗资70万元。2006—2007年,全线改建水泥路。其中爵溪城区段一级公路1.699公里,路基宽24.5米、路面宽2×7米;三级公路1.999公里,路基宽8.5米、路面宽7米;四级公路7.134公里,路基宽7米、路面宽6米。总耗资528万元。2010年,日均车流量1679辆。

昌新公路(线路编号Y601)

位石浦镇。西起昌国,东至新鹤村,全长2.239公里。原为四级砂石路,路基宽6.5~7

米，路面宽 3.5~4 米，1989 年建，投资 91 万元。2006 年改建水泥路，三级公路标准，路基宽 8.5 米，路面宽 7 米。投资 711 万元，其中旅游局出资 599 万元。

何伊公路(线路编号 Y602)

西起泗洲头镇何婆岭，接县道泗西公路，经西周镇尖坑、防东，东迄伊家山，长 4.437 公里。原为砂石路，路基宽 6.5 米，路面宽 3.5 米，山岭重丘四级盘山公路。其中弯道 75 处，挡土墙 51 堵，涵洞 18 道，设计荷载汽-15、挂-80。1995 年建成，投资 150 万元。2006 年改建水泥路，耗资 297 万元。

墙方公路(线路编号 Y603)

位墙头镇。北起墙头村，接省道象西公路，南迄方家岙村，全长 1.39 公里。1974 年筑砂石路，投资 1.2 万元。2002 年改建水泥路，路基宽 8.5 米，路面宽 7 米，三级公路标准，耗资 83.4 万元。

上下公路(线路编号 Y604)

位新桥镇。东北起自上盘村，接省道茅石公路，经上灵岙，西南至下灵岙，全长 3.276 公里。其中涵洞 44 道，计 381.4 米，设计荷载汽-15、挂-80。1996 年，始建砂石路，路基宽 6.5 米，路面宽 4 米，属四级公路，投资 2.6 万元。2004 年改建三级水泥路，路基宽 7.5 米，路面宽 6 米，耗资 243 万元。

三高公路(线路编号 Y605)

东起大徐镇三角埭，接省道盛宁公路，途经梅洋、黄避岙乡大林、孟岙、白屿，西至高泥港区，全长 13.525 公里。2000 年全国公路普查，梅黄、孟高两公路合并易名。原为砂石路，梅黄公路 1986 年建，路基宽 6.5 米，路面宽 4 米，四级公路。孟高公路 1988 年建。1998 年始分期分段改建沥青路、水泥路，路基宽 7.5 米，路面宽 6 米，2004 年完工。其中三级公路 11.674 公里，四级公路 1.851 公路，总投资 425.81 万元。2010 年日均车流量 965 辆。

盐三公路(线路编号 Y606)

东南起自石浦镇盐厂村，穿省道茅石公路，经黄脚、黄埠，西北迄晓塘乡三眼碶，接县道三井公路，全长 9.96 公里。其中桥梁 1 座、计 10 米，隧道 1 座、计 400 米。2000 年全国公路普查，三黄、黄石两路合并改现名。原为砂石路，四级公路标准，1968 年建成三黄公路，1980 年筑通黄石公路。2001 年始分期分段改建沥青路、水泥路，2006 年完工。三眼碶至黄埠段 4.189 公里，按山岭重丘三级公路标准改建沥青路，路基宽 7.5 米，路面宽 6 米，2001 年 5 月 1 日开工，12 月 26 日竣工，总投资 305.5 万元。黄埠至黄脚段 2002 年改建，长 2.676 公里，路基宽 7.5 米，沥青路面宽 6 米，三级公路标准，耗资 202 万元。黄脚至石浦段 3.095 公里，2004 至 2006 年改建水泥路，重修黄石隧道，路基宽 7.5 米，路面宽 6 米，三级公路标准，耗资 535.8 万元。2010 年日均车流量 1688 辆。

南金公路(线路编号 Y607)

位南田岛。北起南五村，接县道石三公路，经樊岙、牧童岙，南至金七门，全长 12.828 公里。其中桥梁 2 座、计 27.5 米，隧道 2 座、计 530 米。设计路面轴载 BZZ-100、桥涵荷载公路-Ⅱ级、行车时速 30 公里。原称鹤樊公路，长 9.34 公里，1978 年 11 月始建，1986 年 2 月竣工，泥结碎石四级公路。2001—2003 年，分期改建南五村至樊岙、樊岙至水湖涂村段，分别长 4.088 公里、4.1 公里，路基宽 7.5 米，沥青表处路面宽 6 米，重丘三级公路标准(后者含水糊涂隧道)，耗资分别为369万元、416万元。2005年改建水湖涂村至金七门村段，全长4.65公里，水泥混凝土路面，重丘四级公路标准，路基宽6.5米，路面宽5米，耗资458万元，2010年，日均车流量5420辆。

横尖公路(线路编号Y608)

位西周镇。北起横山村，接乡道下莲公路，南迄尖岭头村，全长3.21公里。其中桥梁1座，计18.4米，设计荷载汽-15、挂-80。原为砂石路，路基宽6.5米，路面宽4.5米，四级公路标准。1994年6月动建，1997年12月竣工，投资113万元。2005年改建水泥路，耗资183万元。

庙岭公路(线路编号Y609)

位新桥镇。南起庙前杨村，接乡道东旦公路，经洋坑，北迄岭脚村，长1.953公里。原系砂石路，路基宽6.5米，路面宽4.5米，1998年1月始建，12月竣工，耗资67.79万元。2004年改建水泥路，投资326万元。属四级公路。

相塔公路(线路编号Y611)

东起大徐镇与黄避岙乡交界之相见岭，接乡道三高公路，经黄避岙乡鸭屿，西至塔头旺，全长4.143公里。1998年，始建砂石路，四级公路标准，路基宽7米，路面宽6米。1999年2月竣工，投资189万元。2006年改建三级水泥路，耗资353万元。

西老公路(线路编号Y612)

位贤庠镇。南起西泽砖瓦厂，接省道盛宁公路，北迄老码头，全长0.778公里。原为砂石路面，1974年修筑。2006年改建水泥路，四级公路标准，路基宽7米，路面宽6米，耗资51.4万元。

斧高公路(线路编号Y614)

位南田岛。北起斧头岩，接乡道南金公路，南至高坎头，长1.904公里。其中隧道1座，计356米。1987年修建砂石路。2006年改建水泥路，重修高坎头隧道，四级公路标准，路基宽7米，路面宽6米，耗资450.8万元。

百珠公路(线路编号Y615)

位涂茨镇。南起百丈塘岸，接县道汤鲁公路，北迄珠山脚。2003年修建砂石路。2005年改建四级水泥路，长1.562公里，路基宽7米，路面宽6米。耗资107万元。

高珠公路(线路编号Y616)

位高塘岛。东起高塘街，接县道石三公路，经中港，西迄珠门，全长3.917公里。原砂石路面宽4米，路基宽6.5米，2003年修建，投资4万元。2006年改建水泥路，三级公路标准，路基宽7.5米，路面宽6米，耗资291万元。

龙横公路(线路编号Y617)

位黄避岙乡。东南起自龙屿，接县道汤鲁公路，西北迄横里，长1.36公里。1996年10月筑通砂石路。2006年改建水泥路，三级公路标准，路基宽7.5米，路面宽6米，耗资79.86万元。

花下公路(线路编号Y618)

位大徐镇。南起花莲山脚，接县道汤鲁公路，北至下院村，长1.039公里。2003年始建砂石路，路面宽4米，路基宽6.5米。2005年改建水泥路，投资56.3万元，属四级公路。

上马公路(线路编号 Y619)

位泗洲头镇。西起上马岙,东至马岙,接县道泗长公路,全长 3.642 公里。水泥路面宽 4 米,路基宽 6.5 米,属四级公路。桥梁 3 座,计 19.7 米。2003 年建,投资 185 万元。

新石公路(线路编号 Y620)

位新桥镇。西起新桥街,接省道茅石公路,东至石柱里村,全长 1.807 公里,其中桥梁 1 座、计 50 米。水泥路面宽 4 米,路基宽 6.5 米,四级公路。2003—2005 年分段建成,投资 180 万元。

塘岑公路(线路编号 Y621)

位贤庠镇。东南起自塘岙,接乡道樟寺公路,西北至岑晁,长 2.834 公里。2003 年修建砂石路。2006 年改建水泥路,路基宽 7 米,路面宽 5 米,四级公路,其中桥梁 1 座,计 15 米,耗资 104 万元。

儒栲公路(线路编号 Y622)

位西周镇。原称儒箬公路,西起儒下洋,接乡道下莲公路,经大竹园,东至箬岭,长 2.47 公里。水泥路面宽 4 米,路基宽 6.5 米,四级公路。2003 年建,投资 197 万元。2009 年续建箬岭至栲树岭段,长 3.221 公里,其中桥梁 1 座、26.2 米,耗资 322 万元。同年末改现名,全长 5.691 公里。

板江公路(线路编号 Y624)

位新桥镇。东北起自板岭,接省道茅石公路,西南至江东村,全长 3.58 公里。2003 年始建砂石路,路面宽 3.5 米,路基宽 6.5 米,四级公路。2005 年改建水泥路,投资 296 万元。

四、专用道

文下公路(线路编号 Z501)

位西周镇。南起文岙,交省道象西公路,北迄下湾,接乡道莲下公路,全长 3.135 公里。由驻象海军出资修建,砂石路面,四级公路。其中碶闸桥 1 座,计 40 米,1958 年建。设计荷载汽-10,挂-60。

松百公路(线路编号 Z502)

位东陈乡。西起松岙,接县道沙新公路,东迄百米湾,全长 1.787 公里,砂石路面,四级公路。1988 年大目涂围垦工程指挥部修建,翌年竣工,投资 12 万元。2005 年改建水泥路,耗资 140 万元。

西周变电所公路(线路编号 Z504)

位西周镇。起自土桥村,接县道泗西公路,迄变电所,全长 0.952 公里。1969 年始建,砂石路面,2005 年改建水泥路,四级公路标准。

茅五公路(线路编号 Z506)

位茅洋乡。自省道盛宁公路乌石岭至五狮山顶,盘山公路,全长 7.953 公里。原为砂石路,1979 年 8 月动工,1980 年 2 月建成,由驻象部队出资建养。2002—2004 年改建水泥路,四级公路标准。

五、村道

1988 年末,全县 766 个行政村,通公路 523 个,占总数 68.28%,然皆属等外路。2003 年始,全面实施乡村康庄工程建设。至 2006 年,新建乡村公路项目 317 个,里程 517 公里。改造危险隧道 14 座,计 3800.4 米,总投资 4.5 亿元。其中乡村公路 4.1 亿元,危隧改造 0.4 亿元。至此,全县490个行政村,公路通村率、路面硬化率、质量合格率皆达100%。至2006年10月,建设通村公路项目317个,计517公里,总投资4.5亿元。全县490个行政村之等级公路通村率、路面硬化率、工程质量合格率皆达100%。2007年始实施农村联网公路(村际道路)建设,完善农村公路网络。至2008年,共投资10684万元,建设村际联网公路142项,新增129.8公里新农村公路,使155个自然村、重要的农村生活、生产节点与行政村、干线公路相接。2009年,新建农村联网公路76项,计71.9公里。2010年末,境内村道公路(包括通村公路、联网公路)510条,皆达四级公路标准,总里程580.238公里。

六、新建公路(2010年底尚未列入养护计划及统计报表)

丹城至林善岙公路

起自丹东街道巨鹰路,经下梅溪、岙里,至大徐镇林善岙,与县道丹大公路相交。西南、东北走向,长4.96公里,水泥混凝土路面。其中桥梁6座、计207.56米,分离式单洞隧道1座,计1470米(另一单洞未实施)。双向四车道,一级公路标准设计,巨鹰路至岙里村段1.7公里参照城市道路标准,路宽32米,余宽24.5米。2008年3月6日开工,2010年7月8日竣工通车,总投资1.52亿元。宁波交通设计研究院设计,浙江衢州交通建设集团有限公司承建,江西上饶赣东公路工程咨询中心监理。

鹤浦镇至盘基码头公路

位南田岛。自鹤浦镇浦港西路至盘基码头,西南、东北走向,长3.958公里,水泥混凝土路面,其中桥梁2座,计92米。浦港西路至金鹤石化有限公司1.35公里按市政道路标准设计,路基宽24.5米,路面宽16米,余按三级公路标准设计,路基宽8.5米,路面宽7.5米。2007年12月1日开工,2011年3月31日竣工,总投资3261万元。宁波市交通设计研究院设计,宁波市交通工程建设集团有限公司承建,宁波交通工程咨询监理有限公司监理。

境内公路与村道公路见表2-1-5和表2-1-6。

1989—2010年境内公路等级一览(单位:公里)　　表2-1-5

年份	总里程(公里)	按行政等级分					按技术等级分				
		省道公路	县道公路	乡道公路	村道公路	专用道公路	一级公路	二级公路	三级公路	四级公路	等外公路
1989	417.59	141.06	184.32	65.91		26.3			208.16	209.43	
1990	447.52	138.82	165.05	115.55		28.1			29.1	335.65	82.77
1991	453.63	138.82	165.05	121.46		28.3				242.53	211.1
1992	462.6	139.5	165.1	129.7		28.3		4.0	61.2	155.5	241.9
1993	477.5	139.5	164.6	145.1		28.3			95.6	181.9	200
1994	478.2	137.4	162.9	149.6		28.3		19.5	116.1	159.4	183.2
1995	489.4	137.4	164.55	159.15		28.3		21.3	123.8	173.7	170.6
1996	491.6	137.4	164.6	161.3		28.3		22.8	136	164.4	168.4
1997	530	137.4	175.3	189		28.3		29.8	138.2	199.5	162.5
1998	514.33	137.38	164.55	184.1		28.3		31.24	157.46	173.11	152.52
1999	530.95	137.38	176.4	188.87		28.3	29.18	32.84	150.06	172.85	146.02

续上表

年份	总里程（公里）	按行政等级分					按技术等级分				
		省道公路	县道公路	乡道公路	村道公路	专用道公路	一级公路	二级公路	三级公路	四级公路	等外公路
2000	531.95	137.38	177.4	188.87		28.3	33.35	34.64	180.61	153.65	129.7
2001	563.3	142.7	224.8	175.6		20.2	33.3	51.5	204.6	273.9	
2002	586.104	142.66	231.319	189.825		22.3	39.83	51.54	222.617	272.117	
2003	586.078	142.66	224.819	196.299		22.3	33.333	64.99	254.686	233.072	
2004	584.178	142.66	226.819	196.299		18.4	37.23	64.99	293.626	188.332	
2005	589.028	142.66	231.669	196.299		18.4	42.08	64.99	319.881	162.077	
2006	966.602	142.66	222.6	187.4	430.115	13.827	77.759	65.51	362.027	433.296	58.01
2007	1043.258	142.66	222.6	187.4	476.771	13.827	77.76	65.51	366.15	533.838	
2008	1039.946	135.46	222.6	187.4	480.659	13.827	77.76	58.169	366.15	537.867	
2009	1111.723	135.46	242.371	191.247	528.818	13.827	81.852	59.296	382.004	588.571	
2010	1187.373	135.46	266.102	191.746	580.238	13.827	93.373	114.621	301.614	677.765	

2010年末象山县主要村道公路一览

表2-1-6

所在乡镇	起讫地	建设年份	通村名称	路线长度(公里)
丹东、爵溪街道	上余—大岙	2003	大岙	13.283
丹东街道	环城东路—河东	2003	河东	1.368
丹东街道	赤坎—下余	2003	下余	1.686
丹东街道	东谷湖路—岙里	2005	岙里、袁家	3.109
丹东街道	丹爵线—陆家	2005	陆家	0.812
丹东街道	丹城至松兰山线—寨里	2005	寨里	0.669
丹东街道	下余—东塘	2007	下余、东塘	0.937
丹东街道	桥头胡—蒋家	2007	蒋家	0.796
丹东街道	后洋—桥头林	2010	桥头林	0.748
丹西街道	三岔路—南庄	2003	南庄、三岔路	2.644
丹西街道	丹爵线—西林	2009	西林	0.472
丹西街道	丹岳线—韩家村	2004	韩家村	0.5
丹西街道	南庄至洋里—仇家山	2005	仇家山	0.459
丹西街道	南庄至洋里—西港	2006	西港	0.541
丹西街道	盛宁线—下前山	2005	下前山	0.648
丹西街道	南庄至洋里—何家	2006	何家	0.683
丹西街道	盛宁线—巴龙头	2007	巴龙头	0.403
丹西街道	南岳线—下蒋家	2007	桥头胡、蒋家	0.703
丹西街道	南岳线—周建	2007	周建	0.498
丹西街道	滨海大道—虞家	2007	虞家	0.603

续上表

所在乡镇	起讫地	建设年份	通村名称	路线长度(公里)
丹西街道	盛宁线—九顷	2008	九顷	1.4
丹西街道	仇家山—北山下	2010	北山下	1.002
丹西街道	南岳线—里新	2008	里新	0.331
丹西街道	丹山路—何家	2010	何家	0.165
爵溪街道	沙头—白沙湾	2008	白沙湾	3.281
黄避岙乡	黄泽线—谢家村	2003	谢家村	1.244
黄避岙乡	相塔线—山夹岙	2004	山夹岙	1.8
黄避岙乡	汤鲁线—谢家岙	2008	谢家岙	0.673
黄避岙乡	兵营—西泽—黄家塘	2008	黄家塘	0.9
黄避岙乡	梅龙线—高湖	2008	高湖	1.02
黄避岙乡	梅龙线—孟岙	2003	孟岙	0.91
黄避岙乡	相塔线—上岙	2004	上岙	0.9
黄避岙乡	相塔线—下岙	2005	下岙	0.8
黄避岙乡	相塔线—东塔	2006	东塔	2.4
黄避岙乡	汤鲁线—上龙屿	2007	上龙屿	0.305
黄避岙乡	沙塘—兵营	2007	兵营	2
黄避岙乡	汤鲁线—上龙屿	2007	上龙屿	0.269
黄避岙乡	里高泥—长蛇山嘴	2008	长蛇山嘴	0.542
黄避岙乡	外高泥—庙山嘴	2010	庙山嘴	0.617
黄避岙乡	塔头旺—育苗场	2010	育苗场	0.591
黄避岙乡	山夹岙—双井头	2008	双井头	0.83
黄避岙乡	鹰嘴岩—高庄	2010	高庄	0.457
黄避岙乡	兵营—齐家	2008	齐家	0.544
黄避岙乡	横塘桥头—横里	2009	横里	2.348
黄避岙乡	汤鲁线—鲁家岙	2008	鲁家岙	0.46
贤庠镇	盛宁线—沈家洋	2003	沈家洋	0.755
贤庠镇	盛宁线—碶头陈	2003	碶头陈	1.201
贤庠镇	汤鲁线—青莱	2004	青莱	1.197
贤庠镇	汤鲁线—乌屿山	2004	乌屿山	3.572
贤庠镇	汤鲁线—盐厂	2004	盐厂	1.455
贤庠镇	汤鲁线—俞公岙	2004	俞公岙	0.781
贤庠镇	盛宁线至沈家洋—珠山岙	2005	珠山岙	2.243
贤庠镇	兵营至西泽—小蔚庄	2005	小蔚庄	0.678
贤庠镇	汤鲁线—程家屿	2006	程家屿	0.835
贤庠镇	珠溪—山厂	2006	山厂	1.69

续上表

所在乡镇	起 讫 地	建设年份	通村名称	路线长度(公里)
贤庠镇	汤鲁线—大石门	2006	大石门	1.901
贤庠镇	汤鲁线—民洋	2004	民洋	2.318
贤庠镇	汤鲁线—东礇头	2005	东礇头	1.199
贤庠镇	青莱线—芦岙	2006	芦岙	0.52
贤庠镇	汤鲁线—岑东村	2006	岑东村	1.277
贤庠镇	盛宁线—海上	2004	海上	0.674
贤庠镇	盛宁线—海中	2004	海中	0.732
贤庠镇	盛宁线—海下	2004	海下	0.913
贤庠镇	盛宁线—张家岙	2003	张家岙	0.719
贤庠镇	盛宁线—路下庄	2006	路下庄	0.621
贤庠镇	盛宁线—马岙	2006	马岙	0.465
贤庠镇	民洋—俞公岙	2007	俞公岙	0.913
贤庠镇	木瓜—乌屿山	2007	乌屿山	1.33
贤庠镇	汤鲁线—上寺前	2007	上寺前	1.086
贤庠镇	岑晁—官司塘	2010	官司塘	1.091
贤庠镇	岑晁—东港礇	2009	东港礇	1.658
贤庠镇	岑晁—海下	2010	海下	0.888
贤庠镇	岑晁—海上	2010	海上	0.326
贤庠镇	岑晁—海墩	2010	海墩	0.486
贤庠镇	岑晁—塘岸下	2010	塘岸下	0.562
贤庠镇	盛宁线—章家墩	2010	章家墩	0.708
贤庠镇	沈家洋—着衣亭	2009	着衣亭	0.952
贤庠镇	章峙线—常乐	2009	常乐	0.403
贤庠镇	珠青公路—付家	2009	付家	0.988
涂茨镇	汤鲁线—屿岙	2003	屿岙	0.52
涂茨镇	汤鲁线—泊戈洋	2003	泊戈洋	1.877
涂茨镇	汤鲁线—玉泉	2003	玉泉	1.982
涂茨镇	东港线—里庵	2003	里庵	1.027
涂茨镇	汤鲁线—汤岙	2003	汤岙	1.826
涂茨镇	永联线—旭拱岙	2003	旭拱岙	1.402
涂茨镇	汤鲁线—涂茨	2004	涂茨	1.163
涂茨镇	汤鲁线—庵后	2004	庵后	1.138
涂茨镇	汤鲁线—永联	2004	永联	1.342
涂茨镇	汤鲁线—黄沙	2004	黄沙	0.619
涂茨镇	汤鲁线—泉水坑	2007	泉水坑	0.407

续上表

所在乡镇	起讫地	建设年份	通村名称	路线长度(公里)
涂茨镇	汤鲁线—竹山头	2007	竹山头	0.89
涂茨镇	汤鲁线—公墓区	2007	公墓区	0.99
涂茨镇	崔前线—民主	2009	民主	2.114
涂茨镇	汤鲁线—沈岙	2009	沈岙	0.555
涂茨镇	汤鲁线—扫基塔	2009	扫基塔	0.327
涂茨镇	汤鲁线—陈家公路	2010	陈家公路	0.844
涂茨镇	白叶坑—中心校	2008	中心校	0.613
大徐镇	亭船线—上岙	2003	上岙	1.89
大徐镇	盛宁线—甲田岙	2003	甲田岙	0.626
大徐镇	丹大线—相思岭	2001	相思岭	1.993
大徐镇	丹大线—林善岙	2010	林善岙	0.433
大徐镇	盛宁线—海口	2005	海口	0.523
大徐镇	盛宁线—里考坑	2006	里考坑	2.335
大徐镇	盛宁线—新罗岙	2006	新罗岙	1.346
大徐镇	盛宁线—夏雨岙	2006	夏雨岙	0.707
大徐镇	汤鲁线—大义村	2004	大义村	0.575
大徐镇	盛宁线—沙地	2004	沙地	1.45
大徐镇	梅龙线—洪水山	2004	洪水山	1.009
大徐镇	盛宁线—后林	2005	后林	0.819
大徐镇	丹大线—黄盆岙	2007	黄盆岙	0.682
大徐镇	殷夫中学—塔幢	2007	塔幢	0.298
大徐镇	盛宁线—三角地	2007	三角地	0.981
大徐镇	盛宁线—大麦岙	2007	大麦岙	0.635
大徐镇	盛宁线—外考坑	2007	外考坑	0.217
大徐镇	盛宁线—后岭	2007	后岭	0.169
大徐镇	盛宁线—汤家店工业区	2007	汤家店工业区	0.529
大徐镇	大公线—江岙	2009	江岙	0.521
大徐镇	泥塘—施家坑	2009	施家坑	0.539
大徐镇	下院外厂—青岭	2009	青岭	0.629
大徐镇	丹大线—范家山	2010	范家山	0.233
大徐镇	盛宁线—雅雀岭	2010	雅雀岭	0.413
大徐镇	海口—山夹岙	2010	山夹岙	1.68
大徐镇	下岙熊家—兰家	2010	兰家	0.37
大徐镇	上岙—丁家	2010	丁家	1.03
大徐镇	海口—安家溪	2010	安家溪	0.839

续上表

所在乡镇	起讫地	建设年份	通村名称	路线长度(公里)
西周镇	莲下线—西岙郑	2003	西岙郑	0.759
西周镇	盛莲线—蚶岙	2003	蚶岙	1.345
西周镇	莲下线—杰下	2003	杰下	1.494
西周镇	下沈—尖岭头	2005	尖岭头	0.896
西周镇	泗西线—白月岙	2004	白月岙	0.664
西周镇	泗西线—土下	2004	土下	0.645
西周镇	泗西线—沙泉	2004	沙泉	1.124
西周镇	泗西线—寒山	2004	寒山	0.765
西周镇	莲下线—金竹坑	2004	金竹坑	0.941
西周镇	盛莲线—杨岙	2004	杨岙	0.912
西周镇	大坑—白月岙	2004	白月岙	0.962
西周镇	象西线—万金山村	2004	万金山村	0.454
西周镇	渡头街—勤丰村	2004	勤丰村	1.371
西周镇	文下线—虎山	2004	虎山	2.031
西周镇	莲下线—隔溪张	2005	隔溪张	0.924
西周镇	西周至杭头—东岙	2005	东岙	1.187
西周镇	象西线—虎山	2005	虎山	1.572
西周镇	莲下线—倪家	2005	倪家	0.528
西周镇	莲下线—陈隘	2005	陈隘	0.876
西周镇	莲下线—潘埠	2005	潘埠	0.878
西周镇	象西线—柴溪	2006	柴溪	1.165
西周镇	莲下线—田岙	2006	田岙	1.282
西周镇	洒西线—山顶岭	2006	山顶岭	0.433
西周镇	莲下线—勤丰	2006	勤丰	0.558
西周镇	象西线—利山	2006	利山	0.814
西周镇	泗西线—土下	2001	土下	0.601
西周镇	象西线—龙翔	2006	龙翔	0.652
西周镇	西周至杭头—关山	2006	关山	1.353
西周镇	盛连线—蚶岙村	2009	蚶岙村	0.661
墙头镇	象西线—黄溪	2003	黄溪	0.862
墙头镇	象西线—吊水岩	2004	吊水岩	0.943
墙头镇	象西线—周家路	2004	周家路	2.611
墙头镇	墙方线—溪里方	2004	溪里方	0.734
墙头镇	象西线—岭下	2004	岭下	0.73
墙头镇	周家路—毛洋岭	2005	毛洋岭	1.802

续上表

所在乡镇	起讫地	建设年份	通村名称	路线长度(公里)
墙头镇	舫前—孔家	2005	孔家	2.137
墙头镇	象西线—下塔	2003	下塔	0.586
墙头镇	象西线—亭岙	2003	亭岙	0.859
墙头镇	象周线—蔡家岙	2003	蔡家岙村	1.718
墙头镇	象西线—玉山	2004	玉山	0.607
墙头镇	黄溪—黄溪渡	2005	黄溪渡	2.046
墙头镇	象西线—山根俞	2006	山根俞	0.717
墙头镇	象西线—麻车岭	2006	麻车岭	0.672
墙头镇	高架岭隧道—盛莲线	2006	盛莲线	0.585
墙头镇	山根俞加油站—亭岙村	2004	亭岙村	0.532
墙头镇	毛洋岭—吊水岩	2004	吊水岩	2.939
墙头镇	岭下—岭下脚	2004	岭下脚	0.382
墙头镇	岭下—舫前	2010	舫前	1.95
墙头镇	玉山—沈山岙	2010	沈山岙	0.471
墙头镇	盛莲线—盛王张村	2003	盛王张村	0.261
墙头镇	方家岙—溪里方	2010	溪里方	0.498
墙头镇	墙头—石棚头	2010	石棚头	1.352
墙头镇	亭白线—桃湾桔场	2007	桃湾桔场	0.328
墙头镇	象西线—方家岙	2010	方家岙	1.496
泗洲头镇	泗西线—横埕	2003	横埕	2.142
泗洲头镇	东联—象山林场	2003	象山林场	1.008
泗洲头镇	泗长线—墩岙	2003	墩岙	1.52
泗洲头镇	盛宁线—杨大场	2003	杨大场	0.797
泗洲头镇	盛宁线—东联	2003	东联	1.238
泗洲头镇	泗长线—上峙后	2004	上峙后	1.213
泗洲头镇	泗长线—马岙岭	2005	马岙岭	1.139
泗洲头镇	泗西线—张岙	2005	张岙	1.135
泗洲头镇	泗西线—后王村	2005	后王	0.724
泗洲头镇	泗西线—塘岸(村委会)	2005	塘岸	0.984
泗洲头镇	盛宁线—泗洲头	2005	泗洲头	0.952
泗洲头镇	泗长线—西洋	2005	西洋	1.657
泗洲头镇	盛宁线—下山头	2004	下山头	1.204
泗洲头镇	盛宁线—小石坑	2005	小石坑	0.472
泗洲头镇	横埕—肖胡	2005	肖胡	0.468
泗洲头镇	泗长线—南岙	2004	南岙	1.054

续上表

所在乡镇	起讫地	建设年份	通村名称	路线长度(公里)
泗洲头镇	泗长线—里坑	2004	里坑村	1.129
泗洲头镇	泗长线—外厂	2004	外厂	1.076
泗洲头镇	泗西线—大理	2004	大理	0.86
泗洲头镇	泗长线—对岙王	2003	对岙王	1.021
泗洲头镇	泗长线—峙前	2003	峙前	0.408
泗洲头镇	杨大场—里村公路	2010	里村公路	0.91
泗洲头镇	墩岙塘—闸门头	2010	闸门头	0.272
泗洲头镇	泗长线—梅岙塘村	2010	梅岙塘村	0.356
泗洲头镇	苏岙—墩岙塘村	2010	墩岙塘村	1.286
泗洲头镇	泗西线—塘岸村	2010	塘岸村	0.468
泗洲头镇	大麦塘—新塘	2007	新塘	0.574
泗洲头镇	墩岙—里岙	2007	里岙	0.347
泗洲头镇	苏岙—苏岙自然村	2007	苏岙自然村	0.85
泗洲头镇	里坑—对岙王	2007	对岙王	0.643
泗洲头镇	泗长线—里外厂	2007	里外厂	0.882
泗洲头镇	泗洲头—后王	2007	后王	0.586
泗洲头镇	横埕—上岙	2007	上岙	0.348
茅洋乡	溪东线—小白岩	2003	小白岩	1.339
茅洋乡	南充	2008	南充	0.376
茅洋乡	盛宁线—上缸厂	2004	上缸厂	0.806
茅洋乡	溪东线—杨家岙	2004	杨家岙	1.198
茅洋乡	盛宁线—李家弄	2006	李家弄	1.15
茅洋乡	溪东线—大地园	2006	大地园	0.526
茅洋乡	盛宁线—兴坑	2008	兴坑	0.482
茅洋乡	盛宁线—文山	2008	文山	0.374
茅洋乡	溪东线—山下叶	2007	山下叶	0.486
茅洋乡	溪东线—花露山	2004	花露山	0.981
茅洋乡	屠南线—蔡家	2005	蔡家	0.763
茅洋乡	屠南线—蔡家	2005	蔡家	1.145
茅洋乡	盛宁线—银洋	2005	银洋	1.746
茅洋乡	缸窑俞—断坑	2005	断坑	0.586
茅洋乡	缸窑俞—行者岭脚	2005	行者岭脚	1.355
茅洋乡	南充—祠堂	2009	祠堂	0.383
茅洋乡	茅石线—里外房村	2009	里外房村	0.788
茅洋乡	盛宁线—生态畜牧区	2010	生态畜牧区	0.323

续上表

所在乡镇	起讫地	建设年份	通村名称	路线长度(公里)
茅洋乡	山下叶—花露山	2010	花露山	0.605
茅洋乡	郑家庄—小白岩	2010	小白岩	0.939
茅洋乡	小白岩—乌岩岭	2010	乌岩岭	4.03
茅洋乡	溪东线—山下叶	2007	山下叶	0.537
茅洋乡	盛宁线—茅石线	2007	茅石线	1.491
茅洋乡	盛宁线—胡家	2007	胡家	0.582
东陈乡	沿海南线—樟岙	2004	樟岙	2.216
东陈乡	沿海南线—王家榄	2004	王家榄	0.931
东陈乡	樟岙—南堡王水库	2004	南堡王水库	1.049
东陈乡	盛宁线—马岗	2005	马岗	1.354
东陈乡	盛宁线—南堡	2005	南堡	1.104
东陈乡	沙石线—东旦	2005	东旦	2.18
东陈乡	沿海南线—南盘	2006	南盘	1.802
东陈乡	沿海南线—平石	2003	平石	0.573
东陈乡	沿海南线—旦仁	2003	旦仁	0.798
东陈乡	沿海南线—王家	2003	王家	0.33
东陈乡	盛宁线—西山	2004	西山	0.659
东陈乡	沿海南线—山头	2004	山头	0.575
东陈乡	沿海南线—金井头	2004	金井头	1.04
东陈乡	盛宁线—普陀何	2004	普陀何	1.067
东陈乡	沿海南线—梅岭	2004	梅岭、小湾	1.405
东陈乡	东旦线—旋潭	2005	旋潭	1.63
东陈乡	沿海南线—乌岩	2005	乌岩	2.179
东陈乡	盛宁线—东升	2005	东升	0.72
东陈乡	盛宁线—叶家山	2005	叶家山	0.579
东陈乡	南堡—南堡王	2005	南堡王	1.354
东陈乡	盛宁线至普陀河线—南堡王线	2007	樟岙、南堡	0.582
东陈乡	沿海南线(山头—沙岗)	2008	沙岗	0.511
东陈乡	马岗—保宁	2008	保宁	2.131
东陈乡	滨海大道—岳头村	2009	岳头村	0.609
东陈乡	平石—乌岩	2010	乌岩	1.136
东陈乡	东旦—大乱子码头	2010	东旦	1.532
东陈乡	王家揽—下出埠码头	2010	王家揽	1.6
东陈乡	樟岙—大茅坑水库	2009	樟岙	0.515
东陈乡	滨海大道—岳头	2008	岳头	1.183

续上表

所在乡镇	起 讫 地	建设年份	通村名称	路线长度(公里)
东陈乡	沿海南线—中心校	2008	中心校	0.431
东陈乡	樟岙—南堡	2008	南堡	0.528
新桥镇	茅石线—洋坑	2005	洋坑	3.983
新桥镇	茅石线—板岭村	2006	板岭村	0.826
新桥镇	大下线—丁家塘	2006	丁家塘	0.421
新桥镇	大下线—黄吉岙	2005	黄吉岙	1.728
新桥镇	茅石线—高塘	2005	高塘	0.717
新桥镇	新石线—石柱里	2005	石柱里	0.924
新桥镇	大下线—崇巉	2006	崇巉	2.025
新桥镇	大下线—七林湾	2006	七林湾	0.622
新桥镇	茅石线—东史	2006	东史	0.728
新桥镇	茅石线—小白蛇	2006	小白蛇	2.346
新桥镇	茅石线—山根	2007	山根	1.123
新桥镇	庙前杨至岭下—洋坑	2007	洋坑	0.602
新桥镇	洋坑线—里岙	2007	里岙	0.317
新桥镇	洋坑—五师寺	2008	五师寺	0.315
新桥镇	庙前杨至岭下—横山	2005	横山	0.62
新桥镇	东旦线—郎家岙	2005	郎家岙	1.065
新桥镇	茅石线—海山	2005	海山	1.137
新桥镇	七林湾—隔岭	2008	隔岭	0.764
新桥镇	大下线—双岙	2005	双岙	0.869
新桥镇	大下线—花前	2005	花前	0.258
新桥镇	上下线—下灵岙	2004	下灵岙	0.49
新桥镇	茅石线—关头	2008	关头	0.639
新桥镇	茅石线—小岭下	2005	小岭下	1.686
新桥镇	茅石线—弹涂岙	2005	弹涂岙	1.973
新桥镇	茅石线—邵家	2010	邵家	0.56
新桥镇	沈家—蔡家岙	2009	蔡家岙	0.487
新桥镇	洋坑—里岙	210	里岙	0.4
新桥镇	孙家—茅屋坑	2010	茅屋坑	0.739
新桥镇	泗西线—土桥	2010	土桥	0.864
新桥镇	东岙口—海光厂	2009	海光厂	0.408
新桥镇	泗西线—土下村	2009	土下村	1
新桥镇	关头—祈福	2007	祈福	1.674
新桥镇	茅石线—黄公岙	2007	黄公岙	0.617

续上表

所在乡镇	起讫地	建设年份	通村名称	路线长度(公里)
新桥镇	茅石线—隔溪坑	2007	隔溪坑	0.635
定塘镇	茅石线—葫芦门	2003	葫芦门	0.547
定塘镇	井蒲线—英山渡	2003	英山渡	1.521
定塘镇	马漕线—金牛港	2003	金牛港	1.538
定塘镇	中站—漕后村	2003	漕后村	0.25
定塘镇	马漕线—沙地	2004	沙地	1.728
定塘镇	田中线—田中线至里岙线	2004	里岙村	1.351
定塘镇	井蒲线—礁横	2004	礁横	1.392
定塘镇	马漕线—下营	2004	下营	2.126
定塘镇	茅石线—岙底	2005	岙底	1.563
定塘镇	原茅石线—定山	2005	定山	0.667
定塘镇	田中线—小湾塘	2005	小湾塘、中泥	0.767
定塘镇	田中线—下灶	2003	下灶	1.423
定塘镇	老茅石线—后南	2003	后南	0.996
定塘镇	茅石线—盛家	2003	盛家	1.107
定塘镇	茅石线—楼下舍	2003	楼下舍	1.693
定塘镇	老茅石线—后北	2003	后北	1.178
定塘镇	马漕线—地龙	2003	地龙	0.948
定塘镇	田中线—外塘	2003	外塘	0.626
定塘镇	田中线—竿头	2004	竿头	1.006
定塘镇	马漕线—洋岙	2004	洋岙	0.958
定塘镇	井浦线—大塘小学	2004	大塘小学	0.703
定塘镇	茅石线—后塘村	2004	后塘村	0.472
定塘镇	田中线—里岙	2004	里岙	0.546
定塘镇	沙地线—上营	2004	上营	0.544
定塘镇	方前—青脚	2005	青脚、方前	3.148
定塘镇	茅石线—小新城	2007	小新城	2.98
定塘镇	马漕线—横湾	2005	横湾	0.651
定塘镇	定中线—四眼碶	2005	四眼碶、下角	2.156
定塘镇	定中线—下角	2005	下角	2.329
定塘镇	茅石线—上岙村	2005	上岙村	1.716
定塘镇	茅石线—小太平	2006	小太平	0.965
定塘镇	茅石线—斜岙	2006	斜岙	0.477
定塘镇	马漕线—漕后	2006	漕后	0.913
定塘镇	大下线—大花港	2006	大花港	0.758

续上表

所在乡镇	起 讫 地	建设年份	通村名称	路线长度(公里)
定塘镇	马漕线—宁波站	2006	宁波站	0.733
定塘镇	茅石线—田洋湖	2006	田洋湖	0.649
定塘镇	茅石线—镜架岙	2006	镜架岙	0.668
定塘镇	定塘穿镇段(河塘路)	2004	定塘穿镇段(河塘路)	1.336
定塘镇	定塘至中泥	2004	上灵公路、中泥	6.42
定塘镇	马漕线—礁横塘头	2009	礁横塘头	1.802
定塘镇	台洞塘—四眼碶	2009	四眼碶	0.341
定塘镇	田中线—定中线	2009	洋岙	0.635
定塘镇	马漕线—叶口山村	2010	叶口山村	1.89
定塘镇	白墩—金牛港村	2010	金牛港村	1.214
定塘镇	台洞塘—下角村	2010	下角村	0.392
定塘镇	小太平—盛家村	2010	盛家村	0.241
定塘镇	茅石线—马漕线	2010	马漕线	2.485
定塘镇	东坑岭—葫芦门	2009	葫芦门	1.822
定塘镇	大下线—叶口山	2007	叶口山	0.578
定塘镇	大湾山—下营	2007	下营	2.334
晓塘乡	茅石线—中岙	2003	中岙	0.839
晓塘乡	茅石线—中央巉	2004	中央巉	0.683
晓塘乡	茅石线—新厂	2004	新厂	1.869
晓塘乡	盐三线—南山	2005	南山	0.256
晓塘乡	盐厂至三眼碶—鹤洋	2006	鹤洋	0.508
晓塘乡	盐厂至三眼碶—黄埠	2006	黄埠	0.452
晓塘乡	沿海南线—双连峙	2006	双连峙	0.759
晓塘乡	三井线—湾边	2006	湾边	1.443
晓塘乡	茅石线—美石	2004	美石	0.616
晓塘乡	茅石线—里塘	2004	里塘	0.662
晓塘乡	茅石线—下陈	2004	下陈	0.85
晓塘乡	茅石线—光明	2005	光明	0.68
晓塘乡	盐厂至三眼碶—礁头	2005	礁头	0.639
晓塘乡	茅石线—金家	2005	金家	0.532
晓塘乡	三井线—任家	2006	任家	2.914
晓塘乡	盐厂至三眼碶—山岙	2006	山岙	2.095
晓塘乡	茅石线—炮台下	2006	炮台下	0.725
晓塘乡	茅石线—九龙江	2003	九龙江	1.747
晓塘乡	沿海南线至西边塘—鹁鸪头	2003	鹁鸪头	3.394

续上表

所在乡镇	起 讫 地	建设年份	通村名称	路线长度(公里)
晓塘乡	盐厂至三眼碶—青脚	2006	青脚	0.656
晓塘乡	任家—定塘上岙	2006	定塘上岙	1.224
晓塘乡	盐三线—邓家	2009	邓家	0.863
晓塘乡	渡头街—里岙	2009	里岙	1.375
晓塘乡	里塘—中央巉	2009	中央巉	1.191
晓塘乡	三下线—炮台下村	2007	炮台下村	0.617
晓塘乡	西边塘—鹁鸪头	2007	鹁鸪头	0.719
晓塘乡	盐三线—黄埠	2009	黄埠	0.684
晓塘乡	三下线—顾家	2010	顾家	0.509
晓塘乡	里岙—外岙	2010	外岙	0.728
晓塘乡	中岙—中央巉	2010	中央巉	0.978
晓塘乡	下林—大树墩	2010	大树墩	1.216
晓塘乡	竹峙—下陈	2010	下陈	1.142
晓塘乡	双联峙—西边塘	2010	西边塘	0.5
晓塘乡	西边塘—台宁	2010	台宁	1.491
晓塘乡	美石—三眼碶	2007	三眼碶	0.467
晓塘乡	里塘—新厂	2007	新厂	0.713
晓塘乡	黄埠—花湾	2007	花湾	0.637
晓塘乡	三下线—大树墩	2007	大树墩	0.824
晓塘乡	三下线—布厂	2007	布厂	0.71
晓塘乡	竹峙新村—老村	2007	老村	1.093
石浦镇	沙石线—鸡鸣	2003	鸡鸣	2.008
石浦镇	沿海南线—树桥头	2003	树桥头	0.953
石浦镇	沿海南线—下塘村	2003	下塘村	1.07
石浦镇	沿海南线—星塘村	2004	星塘村	0.731
石浦镇	沿海南线—晓湾	2004	晓湾	1.486
石浦镇	三门口大桥接线—坦塘	2004	坦塘	0.779
石浦镇	茅石线—横峙渔村	2004	横峙渔村	1.826
石浦镇	沿海南线—番头岙	2004	番头岙	0.625
石浦镇	马漕线—马盘	2004	马盘	0.596
石浦镇	沿海南线—平阳厂	2004	平阳厂	1.386
石浦镇	沿海南线—马峙村	2004	马峙村	1.072
石浦镇	沿海南线—井水村	2004	井水村	1.148
石浦镇	东门陆岛公路	2005	东门陆岛公路	5.956
石浦镇	沿海南线—下金鸡	2005	下金鸡	1.563

续上表

所在乡镇	起讫地	建设年份	通村名称	路线长度(公里)
石浦镇	沿海南线—朝天门	2005	朝天门	1.926
石浦镇	沿海南线—雷公山	2005	雷公山	1.595
石浦镇	沿海南线—南向村	2005	南向村	0.744
石浦镇	沿海南线—凤上山	2005	凤上山	0.722
石浦镇	沿海南线—上湾	2005	上湾	0.559
石浦镇	沿海南线—西边	2005	西边	1.408
石浦镇	茅石线至低峤—蒲湾	2006	蒲湾	2.137
石浦镇	茅石线—低峤	2006	低峤	0.541
石浦镇	沿海南线—下盐村	2004	下盐村	0.837
石浦镇	泥礁—干湾村	2005	干湾	2.294
石浦镇	沿海南线—三家	2005	三家	1.086
石浦镇	茅石线—下农	2005	下农	0.956
石浦镇	沿海南线—田下岭村	2005	田下岭村	0.645
石浦镇	沿海南线—蒋家湾	2005	蒋家湾	0.505
石浦镇	茅石线—司前	2006	司前	0.848
石浦镇	坦塘—泥礁村	2006	泥礁村	1.088
石浦镇	东农	2005	东农	0.835
石浦镇	塘湾隧道工程	2006	塘湾隧道工程	0.546
石浦镇	南汇山嘴—小塘公路	2009	小塘公路	1.126
石浦镇	沙石线—长山头	2009	长山头	1.776
石浦镇	沿海南线—蛟龙村	2006	蛟龙村	4.145
石浦镇	低峧—朝天门	2010	朝天门	0.363
石浦镇	坦塘—泥礁	2010	泥礁	0.267
石浦镇	番头岙—黄石	2010	黄石	0.467
石浦镇	杉树岙—中岙	2010	中岙	0.695
石浦镇	东门陆岛公路延伸段	2010	东门陆岛公路延伸段	0.563
石浦镇	沙石线—金家马盘	2007	金家马盘	1.21
石浦镇	蜘蛛山—下洋墩	2007	下洋墩	0.848
石浦镇	晓湾—上金鸡	2007	上金鸡	1.367
石浦镇	沿海南线—蜘蛛山	2007	蜘蛛山	0.418
鹤浦镇	鹤浦—前龙头村	2003	前龙头村、万金塘	5.702
鹤浦镇	鹤樊线—凤凰山	2003	凤凰山	0.859
鹤浦镇	高坎头—谷桶公路	2003	谷桶公路	1.326
鹤浦镇	鹤金线—南田墩村	2004	南田墩村	0.845
鹤浦镇	石三线—黄金坦	2004	黄金坦	2.353

续上表

所在乡镇	起讫地	建设年份	通村名称	路线长度(公里)
鹤浦镇	百丈线—文山前村	2004	文山前村	0.852
鹤浦镇	百丈线—大文沙村	2005	大文沙村	3.692
鹤浦镇	鹤金线—马小坦村	2005	马小坦村	0.659
鹤浦镇	鹤大线—小百丈村	2005	小百丈村	0.624
鹤浦镇	峙湾—小网巾	2005	小网巾、峙湾	1.196
鹤浦镇	小网巾—流水岩	2005	流水岩	1.917
鹤浦镇	鹤渔—后龙头	2005	后龙头	3.057
鹤浦镇	鹤高线—凤凰头村	2005	凤凰头	1.334
鹤浦镇	大湾塘—黄金盘村	2005	黄金盘村	1.959
鹤浦镇	鹤大线—犁头嶮	2005	犁头嶮	0.892
鹤浦镇	峙湾公路—和平湾	2005	和平湾	1.503
鹤浦镇	石三线—小岙	2005	小岙	0.588
鹤浦镇	小网巾—峙湾	2005	峙湾	0.518
鹤浦镇	鹤金线—风门口渔业码头	2005	风门口渔业码头	2.344
鹤浦镇	鹤樊线—红卫塘	2005	红卫塘	2.173
鹤浦镇	南金线—小岙	2005	小岙	0.772
鹤浦镇	南金线—百家岙	2007	百家岙	0.487
鹤浦镇	南金线—石屋	2007	石屋	0.948
鹤浦镇	后龙头—渔业码头	2007	后龙头	0.545
鹤浦镇	水湖涂—小岙	2007	小岙、水糊涂	0.709
鹤浦镇	小网巾—流水岩	2007	流水岩	0.467
鹤浦镇	杨柳坑—腰主头	2007	腰主头、杨柳坑	0.726
鹤浦镇	南五老塘角—九皮庄	2007	九皮庄	1.37
鹤浦镇	镇蟹厂—文山前	2009	文山前	1.795
鹤浦镇	大百丈—雉鸡里	2009	雉鸡里	0.889
鹤浦镇	樊岙—犁头嶮	2009	犁头嶮	1.951
鹤浦镇	高坎头—外高坎	2009	外高坎	0.58
鹤浦镇	鹤金线—营盘岩	2009	营盘岩	0.295
鹤浦镇	牧童岙—岙坤里	2009	岙坤里	0.576
鹤浦镇	鹤大线—下湾村	2010	下湾村	0.52
鹤浦镇	凤凰头—小湾塘	2010	小湾塘	0.446
鹤浦镇	前龙头—吉港	2010	吉港	1.785
鹤浦镇	高坎头—里沙棚	2010	里沙棚	0.547
鹤浦镇	谷桶—南田墩	2010	南田墩	1.655
鹤浦镇	马小坦—马屁股	2010	马屁股	0.448

续上表

所在乡镇	起讫地	建设年份	通村名称	路线长度(公里)
鹤浦镇	樊岙—川洞	2010	川洞	1.627
鹤浦镇	蟹厂—盛家	2010	盛家	0.743
高塘岛乡	高塘—金高椅	2003	金高椅	1.792
高塘岛乡	高塘—珠门	2003	珠门	1.3
高塘岛乡	石三线—三五	2003	三五	1.399
高塘岛乡	香桩渡口—花岙	2003	花岙、大塘里	5.823
高塘岛乡	三五—港口	2004	港口	1.875
高塘岛乡	三门口—纱帽绿	2004	纱帽绿、渔潭	2.715
高塘岛乡	鹤高线—杏八村	2004	杏八村	1.297
高塘岛乡	石三线—孝贤湾	2005	孝贤湾	1.887
高塘岛乡	石三线—大乌岩	2003	大乌岩、勤头	1.716
高塘岛乡	高珠线—余宇	2003	余宇	0.764
高塘岛乡	石三线—高金汽渡	2004	高金汽渡、江北	2.288
高塘岛乡	鹤高线—树七村	2004	树七村	0.93
高塘岛乡	龙珠—勤头	2004	勤头	2.124
高塘岛乡	石三线—兴港	2005	兴港	0.777
高塘岛乡	石三线—合利	2005	合利	0.827
高塘岛乡	石三线—文献	2005	文献	1.107
高塘岛乡	石三线—百家徐	2005	百家徐	0.973
高塘岛乡	石三线—上江	2005	上江	1.593
高塘岛乡	石三线—仰天堂	2005	仰天堂	0.342
高塘岛乡	高珠线—中江	2007	中江、港口	0.575
高塘岛乡	高珠线—罗元	2007	高珠线、罗元	0.992
高塘岛乡	江北—江南	2007	江南、江北	0.71
高塘岛乡	江南—杏十三	2007	杏十三、江南	1.099
高塘岛乡	万渔村—渔潭	2009	渔潭	0.869
高塘岛乡	余宇—前排厂	2009	前排厂	0.485
高塘岛乡	高珠线—渔业码头	2010	渔业码头	0.349
高塘岛乡	杏十三—塘局	2010	塘局、三桃	0.882
高塘岛乡	金高椅—港口	2009	港口	3.657
高塘岛乡	花大线—大塘里	2008	大塘里	0.439
高塘岛乡	文献—水厂	2010	水厂	5.795
高塘岛乡	湾里—杏八	2010	杏八	2.695
高塘岛乡	沙帽绿—长大水库	2010	长大水库	1.25
高塘岛乡	高珠线—梅头港	2010	梅头港	1.8

第五节　桥　　梁

旧时,凡跨江河、溪流架设之通道,无论其跨径大小皆称桥梁。宋宝庆《四明志》载县有桥梁13座。明嘉靖《象山县志》载29座。清康熙《象山县志》载38座。民国《象山县志》、《南田县志》载473座。1959年后,交通发展,桥梁激增。1963年普查,跨径2米以上桥梁730座。1988年普查增至2171座,然公路桥甚少,多属民间桥。20世纪90年代始,城区扩展,道路拓宽,注重交通基础设施建设,公路桥渐增,不少民间桥隧成隐沟暗涵。

一、公路桥

1988年,境内公路桥74座,计1461.44米。交通部1981年颁《公路工程技术标准》:大型桥多孔跨径100米以上,单孔跨径40米以上;中型桥多孔跨径30~100米,单孔跨径20~40米;小型桥多孔跨径8~30米,单孔跨径5~20米。多孔跨径小于8米,单孔跨径小于5米称涵洞。时设计荷载汽-13、拖-60桥梁,即符合后设计荷载汽-10,履-50标准。后《工程标准》几经修订,20世纪90年代末,凡新建公路桥梁均须达到公路-Ⅱ级以上标准,即汽-15、挂-80。设计荷载汽-20、挂-100,即符合公路-Ⅰ级标准。交通部2004年1月新颁《标准》:特大型桥多孔跨径1000米以上,单孔跨径150以上;大型桥多孔跨径100~1000米,单孔跨径40~150米;余不变。2010年末,列入养护计划及统计报表的公路桥梁208座,计6735.72米。其中省道桥38座、计974.6米,县道桥81座、计3903.3米,乡道桥33座、计455.7米,村道桥55座、计1362.12米,专用道桥1座、计40米。新建、在建,尚未列入养护计划及统计报表的桥梁18座,计1257.08米。

(一)省道公路桥

盛宁公路桥梁

铁杖岙桥　位大徐镇十亩地村枫溪。1932年(民国21年)建,数次毁于水。1979年重建,次年竣工,钢筋混凝土双曲拱结构,单孔,净跨20米,桥长23米,宽7米。1995年改建拓宽至11米,其中人行道各宽1米。设计荷载公路-Ⅱ级。投资6万元。2009年公路改造,拆除重建(详见2010年底尚未列入养护计划及统计报表的新建、改建桥)。

船倒山桥　位大徐镇虎啸铺考坑溪出口处。古为太平桥,1932年(民国21年)改公路桥,后毁于水。1958年原址旁重建。1963年水毁,再建钢筋混凝土肋形板桥。因公路至此成S弯,桥两端平曲线半径偏少,桥栏几度撞坏。1989年古桥址下游建新桥,将公路截弯取直。为钢筋混凝土空心板梁,2孔,每孔净跨12米,桥长24米,宽10米,其中人行道各宽0.5米,台、墩为单排双柱灌注桩。设计荷载公路-Ⅱ级。投资30万元。2009年,道路改建被拆,下游30米处重建(详见2010年底尚未列入养护计划及统计报表的新建、改建桥)。

珠水溪桥　位丹西街道珠水溪村,跨珠水溪,原木梁三合土桥,1967年建。1972年改建,石拱,桥长20米,宽5.8米,3孔,孔径分别为4.4米、3.9米、4.5米,投资0.4万元。1992年桥面拓宽至9米,设计荷载公路-Ⅱ级,耗资13万元。

溪口桥　1967年建,位茅洋乡溪口村东,跨溪口山溪。1993年10月改建,空心板梁结构,双柱框架式桥台,单孔、净跨10.9米,桥长13米,宽8米,设计荷载公路-Ⅱ级。投资14万元。

平桥头桥　位茅洋乡溪口村西南管溪。原条石平桥，清乾隆间里人郑和光募建。1912年(民国元年)修建，1958年重建公路桥，钢筋混凝土板梁，长20.2米，宽6米，2孔、每孔净跨5.2米，重力式U型台墩，1964年重修，设计荷载汽-15，耗资3.2万元。2007年8月重建，3孔、净跨分别10米、9米、10米，预应力空心板梁，桥长29米，宽9米，设计荷载公路-Ⅱ级，2008年6月完工，投资55万。宁波交通设计研究院设计，铁道部十四局集团公司承建，象山交通工程咨询监理有限公司监理。

陈家桥　位茅洋乡白岩下村西北，跨清水溪，1957年建。1983年改建，钢筋混凝土板梁，单孔净跨10米，长10米，宽9.5米，重力式桥台。设计荷载汽-15，挂-80，投资4.7万元。2010年危桥改造，钢筋混凝土空心板梁，重力式台墩，单孔净跨10米，桥长10米，宽9.5米。设计荷载公路-Ⅱ级，投资40万元。宁波神州交通事务所设计，核工业华东建设工程集团公司承建，县交通工程咨询监理有限公司监理。

东岙桥　位泗洲头镇西北，跨东岙溪，1958年建。1983年改建，钢筋混凝土板梁，2孔、每孔净跨8米，长16米，宽10.5米，块石台墩。设计荷载汽-15、挂-80，投资6.6万元。2010年危桥改造，空心板梁，桩柱式台墩，设计荷载公路-Ⅱ级，投资45万元。宁波神州交通事务所设计，核工业华东建设工程集团公司承建，县交通工程咨询监理有限公司监理。

通山桥　俗称它山桥。跨龙溪，位泗洲头镇塘岸村东，原为古桥，1958年改建3孔混凝土桥。1960年水毁，重建2孔石拱桥，每孔净跨12米，宽7米，桥长38.4米。块石台墩，桥面设石栏。设计荷载汽-15、挂-80，耗资6.2万元。2006年10月11日重建，宽9.5米，3孔、每孔净跨10米，预应力空心板梁，桥长30米，设计荷载公路-Ⅱ级。2007年3月30日完工，投资65.5万元。宁波交通设计研究院设计，浙江良和交通工程建设有限公司承建，象山交通工程咨询监理有限公司监理。

茅石公路桥梁

茗香庵桥　位茅洋乡李家弄村东，跨上湖山溪。1969年建，石拱结构，单孔净跨6米，桥长8米，宽6.5米。1976年重修，宽9米，设计荷载汽-13，拖-60，耗资4万元。2010年危桥改造，空心板梁，重力式U型台墩，单孔净跨8米，桥长8米，宽11.5米，设计荷载公路-Ⅱ级，投资65万元。宁波神州交通事务所设计，核工业华东建设工程集团公司承建，县交通工程咨询监理有限公司监理。

井头桥　又名龙顺桥。位海台村东南玉带溪。1968年建，钢筋混凝土双曲拱结构，单孔净跨12米，宽8.5米，桥长15.4米。设计荷载汽-13，拖-60。投资0.5万元。2003年改建，长13米，宽9米，单孔净跨13米，设计荷载公路-Ⅱ级，耗资30万元。

东溪桥　古名普济桥，位东溪村西南，跨东溪。1872年(清同治十一年)，里人杨茂三始建4孔条石平桥，名普济桥，俗称新大桥。1968年改建公路桥，钢筋混凝土空心板梁，重力式一字台墩，桥长23.9米，宽6米，2孔、每孔净跨10米。设计荷载汽-13，拖-60，投资3.5万元。2007年10月25日重建，2孔、每孔10.5米，桥长23米，宽9米，钢筋混凝土空心板梁，2008年2月5日竣工，设计荷载公路-Ⅱ级，耗资51.4万元。宁波交通设计研究院设计，浙江良和交通工程建设有限公司承建，象山交通工程咨询监理有限公司监理。

关头桥　位关头村，跨关头溪，1968年建。1994年重建，八字形桥台，板梁结构，单孔净跨6米，桥长6米，宽9米。设计荷载公路-Ⅱ级，投资2万元。

新桥桥　位新桥镇新桥街西古新桥下游，跨石柱溪，1968 年建。钢筋混凝土双曲拱轻型式石台，单孔净跨 12 米，长 15.4 米，宽 6.5 米。设计荷载汽-13，拖-60，投资 1.12 万元。2005 年 8 月 15 日重建，桥长 16 米，宽 9 米，2 孔、每孔净跨 8 米，钢筋混凝土空心板梁，设计荷载公路-Ⅱ级，12 月 31 日竣工，投资 36.8 万元。宁波交通设计研究院设计，浙江良和交通工程建设有限公司承建，象山交通工程咨询监理有限公司监理。

上盘桥　位上盘村，跨上盘溪。1999 年建，八字形桥台，钢筋混凝土板梁，单孔净跨 5 米，长 5.5 米，宽 10.5 米，设计荷载公路-Ⅱ级。投资 9.3 万元。

田洋湖桥　位田洋湖村西南，跨岙底溪，1968 年建。钢筋混凝土板梁，一字石台，单孔净跨 6 米，长 6.6 米，宽 6 米。设计荷载汽-15，拖-80，投资 8 万元。1995 年路面改造，桥宽拓至 9 米，设计荷载公路-Ⅱ级。

杨岙桥　位定塘镇杨岙村西，跨杨岙坑，1969 年建。钢筋混凝土板梁，浆砌块石桥台，单孔净跨 6 米，长 6.7 米，宽 6 米。1995 年路面改造，桥拓宽至 9 米。设计荷载公路-Ⅱ级，投资 0.3 万元。

元亨桥　位定塘镇元亨路，跨渡头街河，1996 年建。钢筋混凝土空心板梁，多柱框架式桥台，3 孔、每孔净跨 13 米，桥长 40.5 米，宽 7.5 米。2003 年拓宽至 12 米，设计荷载公路-Ⅱ级，投资 195 万元。

九龙江桥　位晓塘乡九龙江村西，跨九龙江，1995 年建。钢筋混凝土空心板梁，组合式桥台，桥长 15.8 米，宽 9 米，2 孔、每孔净跨 6 米。设计荷载汽-15，挂-80，投资 17.1 万元。

下洋墩桥　位下洋墩村西南，跨下洋墩河，1995 年建。钢筋混凝土板梁，八字形桥台，单孔净跨 5 米，桥长 6.8 米，宽 9 米。设计荷载公路-Ⅱ级，投资 5.5 万元。2008 年重修，耗资 35.5 万元。

象西公路桥梁

丹城西门立交桥　在彭姥岭隧道东，丹城西门口。属半功能公路互通式立交桥。全长 278 米（包括上下坡引桥段），5 联、5 孔，主桥孔径净跨 14 米；4 联为 8 米等跨连续，每联长 24 米。桥面宽 12 米，其中行车道宽 9 米，两侧人行道各宽 1.5 米。桥主跨净高 5 米，桥下通车。轻型桥台 2 座，弯道接线重力式组合桥台 1 座，均浆砌块石结构。Ⅲ柱式框架桥墩 13 座。设 3 座实地式上桥人行踏步，采现场浇注施工。设计荷载公路-Ⅱ级，县第二建筑工程公司承建。1989 年 3 月动工，翌年 5 月竣工，投资 150 万元。时其结构形式、功能宁波市之最。

隧道一号桥　在彭姥岭隧道西，位墙头镇玟杯丘村东北，跨老坑，1988 年建。钢筋混凝土板梁，支撑式桥台，长 6.5 米，单孔净跨 5 米，宽 12.5 米。设计荷载公路-Ⅱ级，投资 6 万元。

隧道二号桥　位墙头镇吊水岩村北，跨大堰头溪，1988 年建。块石拱桥，单孔净跨 5 米，桥长 9 米，宽 12 米。1999 年拓宽至 25 米。设计荷载公路-Ⅱ级，投资 9.2 万元。

凫溪桥　位墙头镇七里亭村西，跨凫溪。清道光《象山县志》有载，原为条石平桥。1971 年改建，钢筋混凝土板梁，块石台，桥长 7.7 米，宽 6.5 米，单孔净跨 6 米，设计荷载汽-13，拖-60。1999 年重建，长 8 米，宽 25 米，单孔净跨 8 米。设计荷载公路-Ⅱ级，投资 30 万元。

大溪蒋桥　位墙头镇大溪蒋大溪，古称大溪桥。宋宝庆《四明志》有载，始建年月不详。1607 年（明万历三十五年）重修，1828 年（清道光八年）重建。11 孔条石平桥，长 46 米，宽

2.65米,改称镇西桥(见丛录《建镇西桥记》碑记)。1970年为建丹黄公路拆除石条,在原址重建公路桥,钢筋混凝土空心板梁,有栏,4孔,其中1孔跨径为10.9米,余皆10.7米,桥长44.4米,宽6米,块石台墩。设计荷载汽-13,拖-60,投资8万元。1999年改建,多柱框架式墩台,3孔,每孔净跨13米,桥长39米,宽27米。设计荷载公路-Ⅱ级。投资199万元。

东门桥 位墙头镇东,跨大雷溪,1971年始建。钢筋混凝土板梁,块石墩台。长13.28米,宽6.5米,2孔、每孔净跨6米。1999年改建,长14米,宽27米,2孔、每孔净跨6.7米。设计荷载公路-Ⅱ级,耗资50万元。上游80米处有条石平桥,古名登瀛桥,俗称东门桥。

杨岙桥 位西周镇杨岙村西北,跨杨岙溪,1999年建。钢筋混凝土板梁,长6.8米,宽27米,单孔净跨6.8米,设计荷载公路-Ⅱ级。投资22.5万元。

莲花三桥 位西周镇莲花村西,跨淡港,1999年建。钢筋混凝土空心板梁,多柱框架式桥台,长52米,宽27米,4孔、每孔净跨13米,设计荷载公路-Ⅱ级。投资265万元。下游并列莲花一桥、二桥,分别建于1978年、1996年,已属人行桥。

仙人桥 位西周镇文岙村北,跨文岙溪,1999年建。钢筋混凝土空心板梁,八字形桥台,长8米,宽27米,单孔净跨8米,设计荷载公路-Ⅱ级,投资40万元。

文诗桥 位西周镇琴诗岙村,跨文诗河,1999年建。钢筋混凝土空心板梁,八字形桥台,长6米,宽27米,单孔净跨6米。设计荷载公路-Ⅱ级,投资19万元。

西周二桥 位西周村北,跨嵩溪,1999年建。钢筋混凝土空心板梁,多柱框架式桥台,长39米,宽27米,3孔、每孔净跨13米。设计荷载公路-Ⅱ级,投资200万元。上游有西周一桥,1969年建,因公路改建,已属城区道路桥。

山头新村桥 位西周镇山头新村,跨山头溪,1999年建。钢筋混凝土空心板梁,多柱框架式桥台,长13米,宽27米,单孔净跨13米,设计荷载公路-Ⅱ级,投资58万元。

西大河桥 位西周镇西大村,跨西大河,1999年建。钢筋混凝土空心板梁,多柱框架式桥台,桥长20米,宽27米,2孔、每孔净跨10米。设计荷载公路-Ⅱ级,投资90万元。

下沈二桥 位西周镇下沈村北,跨大溪坑,1999年建。钢筋混凝土空心板梁,多柱框架式桥台,长96米,宽27米,6孔、每孔净跨16米。设计荷载公路-Ⅱ级,投资480万元。

杭头一桥 位西周镇杭头村北,跨杭头溪,1999年建。钢筋混凝土空心板梁,多柱框架式桥台,长13.8米、宽27米,单孔净跨13米。设计荷载公路-Ⅱ级,投资58万元。

杭头二桥 位西周镇杭头村北,跨山溪,1999年建。钢筋混凝土空心板梁,多柱框架式桥台,长13米,宽26米,单孔净跨13米,设计荷载公路-Ⅱ级,投资56万元。

牌头桥 位西周镇牌头村北,跨牌头溪,1999年建。钢筋混凝土空心板梁,多柱框架式桥台,长13米,宽27米,单孔净跨13米,设计荷载公路-Ⅱ级,投资57万元。

皇印桥 位西周镇皇印村,跨皇印溪,1999年建。钢筋混凝土空心板梁,多柱框架式桥台,长6.3米,宽27米,单孔净跨6米。设计荷载公路-Ⅱ级,投资19.2万元。

海头庵桥 位西周镇海头庵村,跨岩鸥坑,1999年建。钢筋混凝土空心板梁,多柱框架式桥台,长20.3米,宽27米,2孔、每孔净跨10米。设计荷载公路-Ⅱ级,投资92万元。

(二)县道公路桥

沿海南线公路桥梁

白凉亭桥 位丹西街道新丰路南端,跨白石泾河,1990年建。钢筋混凝土空心板梁,重力式桥台。长6.7米,宽28米,单孔净跨5.7米。设计荷载公路-Ⅱ级,投资10万元。

工业园区一桥　位丹西街道县工业园区东,跨马家堰河,1996年建。钢筋混凝土空心板梁,重力式桥台。长16米,宽28米,单孔净跨10米。设计荷载公路-Ⅱ级,投资45万元。

工业园区二桥　位丹西街道县工业园区东,一桥南500米,跨三拔草河,1996年建。钢筋混凝土空心板梁,重力式桥台。长14米,宽28米,单孔净跨8米。设计荷载公路-Ⅱ级,投资22万元。

工业园区三桥　位丹西街道县工业园区东,二桥南250米,跨象山河,1996年建。钢筋混凝土空心板梁,重力式桥台。长12米,宽28米,单孔净跨6米。设计荷载公路-Ⅱ级。投资40万元。

工业园区四桥　位县工业园区东南,三桥南400米,跨中央河,1996年建。钢筋混凝土空心板梁,重力式桥台。长15.7米,宽28米,单孔净跨10米,设计荷载公路-Ⅱ级,投资35万元。

胡家溪一号桥　位丹西街道胡家溪村西,跨九顷河,2001年建。钢筋混凝土空心板梁,重力式桥台。长31米,宽28米,3孔、每孔净跨10米。设计荷载公路-Ⅱ级,投资72万元。

胡家溪二号桥　位丹西街道胡家溪村西,跨胡家溪河,2001年建。钢筋混凝土空心板梁,重力式桥台。长31米,宽28米,3孔、每孔净跨10米。设计荷载公路-Ⅱ级,投资72万元。

东陈一桥　位东陈乡东陈村西北,跨东陈河,2001年建。钢筋混凝土空心板梁,承拉式桥台。长31米,宽28米,3孔、每孔净跨10米。设计荷载公路-Ⅱ级,投资70万元。

东陈二桥　位东陈乡东陈村西,跨西庄河,2001年建。钢筋混凝土空心板梁,重力式桥台。长31米,宽28米,3孔、每孔净跨10米。设计荷载公路-Ⅱ级,投资70万元。

东陈三桥　位东陈乡东陈村西南,跨马岗河,2001年建。钢筋混凝土空心板梁,重力式桥台。长11米,宽28米,单孔净跨10米。设计荷载公路-Ⅱ级,投资25万元。

沙岗桥　位东陈乡沙岗村,跨沙岗河,2001年建,钢筋混凝土空心板梁,重力式桥台。长11米,宽28米,单孔净跨10米。设计荷载公路-Ⅱ级,投资25万元。

旦门盐场桥　位东陈乡旦门盐场,跨咸河,2003年建。钢筋混凝土空心板梁,桩柱式墩台。长21米,宽28米,2孔,每孔净跨10米。设计荷载公路-Ⅱ级,投资70万元。

新桥盐场一桥　位新桥镇盐场,跨盐场排淡一河,2003年建。钢筋混凝土空心板梁,桩柱式墩台,长11米,宽28米,单孔净跨10米。设计荷载公路-Ⅱ级,投资30万元。

新桥盐场二桥　位新桥镇盐场,跨盐场排淡二河,2003年建。钢筋混凝土空心板梁,桩柱式墩台。长11米,宽28米,单孔净跨10米。设计荷载公路-Ⅱ级,投资30万元。

新桥盐场三桥　位新桥镇盐场,跨盐场排淡三河,2003年建。钢筋混凝土空心板梁,桩柱式墩台。长11米,宽28米,单孔净跨10米。设计荷载公路-Ⅱ级,投资30万元。

大圻头桥　位新桥镇大圻头,跨盐场排淡河,2003年建。钢筋混凝土空心板梁,桩柱式墩台。长81米,宽28米,4孔,每孔净跨20米。设计荷载公路-Ⅱ级,投资100万元。

昌国盐场一桥　位石浦镇昌国盐场,跨盐场排淡河,2003年建。钢筋混凝土空心板梁,重力式桥台。长11米,宽28米,单孔净跨10米。设计荷载公路-Ⅱ级,投资30万元。

昌国盐场二桥　位石浦镇昌国盐场,跨盐场马盘溪,2003年建。钢筋混凝土空心板梁,重力式桥台。长 11 米,宽 28 米,单孔净跨 10 米。设计荷载公路-Ⅱ级,投资 30 万元。

昌国桥　位石浦镇昌国村西,跨昌国溪,2003 年建。钢筋混凝土空心板梁,重力式桥台。长 11 米,宽 28 米,单孔净跨 10 米。设计荷载公路-Ⅱ级,投资 30 万元。

蒋湾桥　位石浦镇蒋家湾村,跨蒋家湾溪,2003 年建。钢筋混凝土板梁,桩柱式墩台。长 40 米,宽 8.7 米(单幅),3 孔、每孔净跨 13 米。设计荷载公路-Ⅱ级,投资 50 万元。

上湾桥　位石浦镇上湾村,跨上湾溪,2003 年建。钢筋混凝土空心板梁,重力式桥台。长 11 米,宽 8.7 米(单幅),单孔净跨 10 米。设计荷载公路-Ⅱ级。投资 30 万元。

下洋墩大桥　又名大塘港大桥(图 2-1-11)。位晓塘乡下洋墩村西,跨大塘港,属境内首座最长内河桥。2002 年动工,2003 年竣工。钢筋混凝土箱式梁,桩柱式墩台。全长 390 米,宽 9.7 米(单幅),13 孔、每孔净跨 30 米。设计荷载公路-Ⅱ级,投资 750 万元。宁波市交通设计院设计,浙江三水建设有限公司承建。

图 2-1-11　21 世纪初下洋墩大桥

汤鲁公路桥梁

大徐一桥　位大徐镇大徐村东殷夫学校前,跨珠山西南麓塔幢溪。1995 年汤钱公路水泥路面改造,大徐段截弯取直时建,钢筋混凝土板梁,U 型薄壁台墩,长 11.5 米,宽 9.5 米,单孔净跨 6 米,设计荷载公路-Ⅱ级,投资 32 万元。

大徐二桥　位大徐镇塔幢村西南,跨塔幢溪。与大徐一桥同期修建,钢筋混凝土板梁,轻型桥台,长 15.1 米,宽 9.5 米,单孔净跨 6 米。设计荷载公路-Ⅱ级,投资 35 万元。

下盆岙一桥　位涂茨镇百丈塘岸,跨珠山南麓溪,1958 年建。1995 年改建,钢筋混凝土板梁,U 形薄壁墩台。长 13.5 米,宽 12.5 米,单孔净跨 12 米,设计荷载汽-15,挂-80,投资 30 万元。

下盆岙二桥　位涂茨镇百丈塘岸,跨珠山南麓溪,1958 年建。1995 年改建,钢筋混凝土板梁,薄壁墩台。长 12 米,宽 12.5 米,单孔净跨 6 米,设计荷载汽-15,挂-80,投资 30 万元。

新塘桥　位涂茨镇新塘村西北,跨长河,1980 年建。1995 年改建,钢筋混凝土板梁,轻型桥台。长 25 米,宽 8.5 米,4 孔,每孔净跨 5 米,设计荷载汽-15,挂-80,投资 60 万元。

溪沿桥　位贤庠镇溪沿村西北，跨龙角岩溪，1980 年建。1983 年改建，钢筋混凝土板梁，轻型桥台。长 13 米，宽 7.5 米，3 孔，每孔净跨 3 米。设计荷载汽-15，挂-80，投资 30 万元。

珠溪桥　位贤庠镇珠溪村北，跨珠溪，1980 年建。2002 年改建，钢筋混凝土空心板梁，轻型桥台。长 19.8 米，宽 8.5 米，2 孔，每孔净跨 9 米。设计荷载公路-Ⅱ级，投资 40 万元。

岑晁桥　位贤庠镇贤庠村北，跨东塘河。原条石平桥，1977 年改建钢筋混凝土双曲拱桥，单孔净跨 18 米，长 23.5 米，宽 6.5 米。1988 年改钢筋混凝土板梁，块石台墩。3 孔、每孔净跨 5.7 米，长 21.3 米，宽 7.16 米。设计荷载汽-15、挂-80，投资 60 万元。

横塘桥　位黄避岙乡横塘村东，跨横塘河，1980 年建。2 孔，每孔净跨 4 米，实心简支板桥，宽 10.5 米，重力式墩台，扩大基础。2010 年危桥改造，单孔净跨 13 米，桥长 15 米，宽10.5 米，预应力空心板梁，灌注桩台墩，设计荷载公路-Ⅰ级，投资 68 万元。宁波市神州交通设计事务所设计，核工业华东建设工程集团公司承建，县交通工程咨询监理有限公司监理。

龙屿桥　位黄避岙乡龙屿村西北，跨龙屿溪，1980 年建。钢筋混凝土板梁，重力式桥台，长 6.4 米，宽 7.5 米，单孔净跨 5 米。设计荷载汽-15，挂-80，投资 5 万元。

丹大公路桥梁

南大河碶门桥　位丹东街道小东洋村东，跨南大河，1976 年建。钢筋混凝土板梁，块石台墩。长 13.8 米，宽 4.5 米，3 孔、每孔净跨 3.5 米。设计荷载汽-13，拖-60。2007 年改建，桥宽拓至 7.5 米，3 孔、每孔净跨 4.3 米，桥长 13.9 米，设计荷载公路-Ⅱ级，耗资 40 万元。

新东大河桥　位县城滨海大道东端，在上余村与下余村间，跨东大河，2002 年建。钢筋混凝土板梁，重力式桥台，长 35 米，宽 25.5 米，3 孔，每孔净跨 10 米。设计荷载公路-Ⅱ级，投资 80 万元。原丹爵公路东大河桥在丹东街道桥头林村东，公路改线后成村道桥。2009 年拆除重建，桥长 18.04 米，2 孔、每孔净跨 7 米，宽 10.5 米，耗资 50 万元。

爵溪大桥　位爵溪街道，跨爵溪溪流，1969 年建。钢筋混凝土板梁，重力式桥台，长 9.6 米，宽 10 米，单孔净跨 6 米。设计荷载汽-15，挂-80，投资 25 万元。

亭船公路桥梁

冷水孔桥　位大徐镇雅林溪村开口岩，跨上岙溪，原石台砖拱桥，1957 年建。1980 年水毁重建，钢筋混凝土板梁，块石台。单孔净跨 6 米，长 9.3 米，宽 6.3 米。设计荷载汽-13，拖-60。1993 年改建，拓宽至 8 米。设计荷载公路-Ⅱ级，投资 10 万元。

雅林溪桥　位大徐镇雅林溪村西南，跨雅林溪，原为过水路面，2003 年新建，钢筋混凝土板梁，轻型桥台。长 13 米，宽 7.5 米，3 孔、每孔净跨 4 米。设计荷载公路-Ⅱ级，投资 20 万元。

泗西公路桥梁

杨家桥　位泗洲头镇后王村西北，跨龙溪，原名本心桥，始建 1850 年（清道光三十年）。1964 年改建公路桥，钢筋混凝土板梁。后因水毁，1982 年改建石拱桥。块石台墩，3 孔、每孔净跨 8 米，长 34.1 米，宽 7 米。设计荷载汽-15，挂-80。2007 年重建，预应力钢筋混凝土板梁，双柱式 U 形桥台，3 孔、每孔净跨 10 米，宽 9.5 米，长 34.1 米，设计荷载公路-Ⅱ级，耗资 76.4 万元。宁波交通设计研究院设计，浙江良和交通工程建设有限公司承建，象山交通工程咨询监理有限公司监理。

张岙桥　位泗洲头镇张岙村西，跨龙溪，原为过水路面，1984 年建。钢筋混凝土板梁，块石台墩。2 孔、每孔净跨 8 米，长 16.8 米，宽 7.5 米。设计荷载汽-15，挂-80，投资 20 万元。

金家岙桥　位泗洲头镇金家岙村，跨金家岙溪，1967 年建。块石拱，块石台墩。长 7 米，宽 13 米，单孔净跨 5 米。设计荷载汽-15，挂-80，投资 6 万元。

黄泥桥　位西周镇何婆岭北，跨于家溪。初为木桥，1850 年（清道光三十年）邑人马世型与里人倪世珍建石桥，1965 年加长增高原桥墩，改建公路桥。1987 年在原桥下游 10 米处建新桥。钢筋混凝土板梁，块石台墩。2 孔、每孔净跨 8 米，长 27.2 米，宽 8 米。设计荷载公路-Ⅱ级。投资 8 万元。

冷库桥　位西周镇土桥村南，跨大长溪，原为过水路面，1972 年改线时，建低水位桥。1984 年改建，钢筋混凝土板梁，块石台墩。3 孔、每孔净跨 6.7 米，长 34.6 米，宽 8 米。设计荷载汽-15，挂-80。投资 15 万元。2010 年底危桥改造，钢筋混凝土空心板梁，重力式台墩，3 孔，每孔净跨 7.8 米，桥长 34.6 米，宽 8.5 米，设计荷载公路-Ⅱ级，耗资 50 万元。宁波神州交通事务所设计，核工业华东建设工程集团公司承建，县交通工程咨询监理有限公司监理。

沙新公路桥梁

砖瓦厂桥　亦称西江桥，位东陈乡海墩村南砖瓦厂前，跨樟岙溪。1984 年始建，钢筋混凝土板梁，块石台墩，2 孔，每孔净跨 4 米，长 12.3 米，宽 8 米，设计荷载汽-15、挂-80。2002 年重建。钢筋混凝土空心板梁，轻型桥台。长 14 米，宽 27 米，单孔净跨 13 米。设计荷载公路-Ⅱ级，投资 30 万元。

田湾桥　位东陈乡松岙隧道北，跨幸福塘河。1984 年始建，钢筋混凝土板梁，块石台墩，单孔净跨 5.8 米，长 6.2 米，宽 9 米。2002 年重建。钢筋混凝土空心板梁，重力式桥台。长 14 米，宽 28 米，单孔净跨 13 米。设计荷载公路-Ⅱ级，投资 35 万元。

松岙桥　位东陈乡城堡岙村南，跨白蛇溪。1984 年始建，钢筋混凝土板梁，块石台墩，2 孔，每孔净跨 5.8 米，长 15.1 米，宽 7.5 米。2003 年重建。钢筋混凝土空心板梁，重力式桥台。长 14 米，宽 28 米，单孔净跨 13 米。设计荷载公路-Ⅱ级，投资 35 万元。

旦义桥　亦称旦仁桥，位东陈乡仁义村东，跨峧头溪。1984 年始建，钢筋混凝土板梁，块石台墩，2 孔，每孔净跨 4 米，长 10.7 米，宽 7.5 米。2003 年重建。钢筋混凝土空心板梁，重力式桥台。长 14 米，宽 28 米，单孔净跨 13 米。设计荷载公路-Ⅱ级，投资 35 万元。

王家桥　位东陈乡王家村西，跨盐场平岩坑溪，1984 年建。钢筋混凝土板梁，块石台墩。2 孔、每孔净跨 4 米，长 11.8 米，宽 8.5 米。设计荷载汽-15，挂-80，投资 10 万元。

东湾桥　位旦门东湾村胜利碶内侧，跨盐场咸河，1985 年建。钢筋混凝土板梁，块石台墩，长 11 米，宽 8.5 米，2 孔、净跨分别为 5.5 米、5 米。设计荷载汽-15，挂-80，投资 10 万元。2007 年重建，重力式台墩，长 15.4 米，宽 8.5 米，2 孔、每孔净跨 6 米，耗资 30 万元。

中央港桥　位新桥盐田宝山北，跨盐场排淡河，1985 年建。钢筋混凝土板梁，块石台墩。长 14.2 米，宽 9 米，2 孔、每孔净跨 4 米，设计荷载公路-Ⅱ级。投资 10 万元。

鸡鸣桥　位石浦镇鸡鸣村，跨鸡鸣溪，1984 年建。钢筋混凝土板梁，轻型桥台，长 7 米，宽 9 米，单孔净跨 6 米。设计荷载汽-15，挂-80，投资 7 万元。

定山桥　位石浦镇昌国村东南，跨昌国街溪坑，1985 年建。钢筋混凝土板梁，轻型桥台。长 14.8 米，宽 8.5 米，单孔净跨 12 米。设计荷载汽-15，挂-80，投资 10 万元。

汝溪桥　位石浦镇汝溪村，跨汝溪，1988 年建。钢筋混凝土板梁，重力式桥台，长 17.2 米，宽 9 米，2 孔，每孔净跨 6 米。设计荷载汽-15，挂-80，投资 10 万元。

大下公路桥梁

狮子山桥　位新桥镇狮子山桔场，跨碶门河，2006 年建。钢筋混凝土板梁，桩柱式台墩。长 54 米，宽 8.5 米，3 孔、每孔净跨 16 米。设计荷载公路-Ⅱ级，投资 100 万元。市交通设计研究院设计，铁道部十四局集团公司承建，县交通工程咨询监理有限公司监理。

台宁桥　位晓塘乡台宁屿村东，跨普陀门港，原为大闸桥（排水碶门），1973 年建。2002 年，上游 20 米处建新桥，预应力钢筋混凝土空心板梁，桩柱式墩台，青石桥栏。长 116 米，宽 9.5 米，4 孔、每孔净跨 25 米。设计荷载公路-Ⅱ级，投资 100 万元。市交通设计研究院设计，浙江宏润建设集团股份有限公司承建。获优良工程。

石三公路桥梁

镇南桥　位鹤浦镇，跨鹤樊江，1991 年建。钢筋混凝土板梁，轻型桥台。长 15.6 米，宽 7 米，2 孔、每孔净跨 6.8 米。设计荷载汽-15，挂-80，投资 18 万元。2006 年重建，钢筋混凝土空心板梁，桩柱式台墩，青石桥栏。2 孔、每孔净跨 10 米，长 20 米，宽 12 米，设计荷载公路-Ⅱ级，耗资 79.12 万元。宁波交通设计研究院设计，大兴安岭建筑工程公司承建，象山交通工程咨询监理有限公司监理。

镇北桥　位鹤浦镇，跨鹤浦中学前横河，1991 年建。钢筋混凝土板梁，块石台墩。长 18 米，宽 11.5 米，单孔净跨 8 米。设计荷载汽-15，挂-80。投资 10 万元。

蟹厂桥　位鹤浦镇蟹厂村东南，跨鹤樊江。1985 年建，2000 年改建，钢筋混凝土空心板梁，桩柱式台墩。长 31.4 米，宽 9.5 米，4 孔，其中间 2 孔净跨皆 9.96 米，两端各 5 米。设计荷载公路-Ⅱ级。投资 40 万元。

蜊门港跨海大桥　位鹤浦镇与高塘岛乡交界，跨蜊门港（图 2-1-12）。连接宁波市两最大岛屿——南田岛与高塘岛。属交通部"八五"期间全国最大陆岛交通工程，为境内石浦—南田—高塘陆岛交通工程关键项目。单孔主跨 150 米，预应力组合桁架单拱型桥，长 220 米，宽 9.7 米，其中行车道宽 7 米，净空高 25 米，设计荷载公路-Ⅱ级。同济大学桥梁设计分院设计，交通部第三航务工程局第四工程公司承建，宁波市交通工程质量监督站监理。1994 年 6 月 8 日开工，1995 年 7 月 21 日合龙，同年 9 月 18 日竣工。为国内首座预应力组合桁架单拱型跨海大桥，获市优良工程，总投资 1077 万元。

三门口跨海大桥　位石浦镇与高塘岛乡交界，跨石浦港三门口海峡，属环石浦港陆岛交通工程关键项目（图 2-1-13）。由北岸引线和大桥主体两部分组成。引线北起石浦下洋墩村，水泥混凝土路面长 3.83 公里，宽 8.5 米，按山岭重丘二级公路标准设计，行车时速 40 公里。大桥全长 1472 米，宽 12.5 米，其中行车道宽 9 米。依地势由北、中、南 3 座特大桥组成，设计荷载公路-Ⅰ级，其中北、中皆为主跨 270 米中承式钢管混凝土提篮桥，分别长 352 米、368 米；南为主跨 340 米连续刚构组合梁，长 752 米。工程自 2002 年 10 月 13 日开工，2008 年 9 月 19 日通车，总投资 1.8033 亿元，其中大桥 1.5 亿元。中铁大桥勘测设计院设计，宏润建设集团、浙江良和公司、中铁十三局集团分别承建，宁波交通工程咨询监理有限公司监理，湖南长沙理工大学监控。

前门山桥　位石浦镇，跨三门口海峡北山谷，2008 年建。钢筋混凝土空心板梁，轻形桥

图 2-1-12 20 世纪末蛃门港跨海大桥

图 2-1-13 21 世纪初三门口跨海大桥

台。长 96 米,宽 12.5 米,6 孔,每孔净跨 16 米,设计荷载公路-Ⅰ级,总投资 240 万元。中铁大桥勘测设计院设计,中铁十三局集团承建,宁波交通工程咨询监理有限公司监理,湖南长沙理工大学监控。

马漕公路桥梁

镜架山一桥 位石浦镇金架山(别名镜架山)村,跨镜架山溪,1996 年建。钢筋混凝土板梁,轻型桥台。长 7.6 米,宽 8 米,单孔净跨 5 米。设计荷载汽-15,挂-80,投资 5 万元。

镜架山二桥 位石浦镇金架山村,跨镜架山溪,1996 年建。钢筋混凝土板梁,轻型桥台。长 7.6 米,宽 8 米,单孔净跨 5 米。设计荷载汽-15,挂-80,投资 5 万元。

镜架山桥 位石浦镇金架山村,跨镜架山溪,1996 年建。钢筋混凝土板梁,重力式桥台。长 11.5 米,宽 7.7 米,2 孔、每孔净跨 4.7 米。设计荷载汽-15,挂-80,投资 20 万元。

周岙桥　位定塘镇周岙村北，跨镜架山溪，1996年建。钢筋混凝土板梁，重力式桥台。长10.4米，宽7.5米，2孔、每孔净跨4米。设计荷载汽-15，挂-80，投资6万元。

上营桥　位定塘镇上营村，跨上营溪，1995年建。钢筋混凝土板梁，重力式桥台。长9.6米，宽7.5米，2孔、每孔净跨4米。设计荷载汽-15，挂-80，投资6万元。

浮礁渡大桥　位定塘镇浮礁渡村东，跨大塘港。为大塘陆岛交通工程之一，宁波市交通设计研究院设计，象山县市政工程公司承建。1996年3月动工，翌年5月建成通车。钢筋混凝土空心板梁，桩柱式台墩。9孔，每孔净跨25米，净空高6.5米，桥长234米，宽10米，其中行车道宽7米，两侧人行道各宽1.5米。设计荷载公路-Ⅱ级，投资850万元。1997年"8.18"特大台灾际，民赖该桥紧急转移至安全区，赞为"救命桥"。

漕前一桥　位定塘镇漕后村，跨小漕港，1998年建。钢筋混凝土板梁，重力式桥台，宽9.6米，其中行车道宽7米，桥长6米，单孔净跨5米。设计荷载汽-15，挂80，投资6万元。

漕前二桥　位定塘镇漕后村，南距一桥350米，跨大漕港，1998年建。钢筋混凝土板梁，重力式桥台。单孔净跨5米，桥长6米，宽9.6米，其中行车道宽7米，两侧人行道各宽1.3米。设计荷载汽-15，挂-80。投资6万元。

泗长公路桥梁

泗洲头桥　位泗洲头镇西南，跨西溪，1984年建。钢筋混凝土空心板梁，块石台墩。5孔、净跨皆10.6米，桥长53.9米，宽7.5米。设计荷载汽-15，挂-80，投资30万元。2008年12月始改建，预应力空心板梁，桥宽拓至10.5米，青石桥栏，设计荷载公路-Ⅱ级，2009年8月5日竣工，耗资95万元。宁波交通设计研究院设计，浙江良和交通建设有限公司承建、象山交通工程咨询监理有限公司监理。

铜鼓岩桥　位泗洲头镇西南，跨南岙溪，1984年建。石拱结构，单孔净跨8米，桥长13.3米，宽7.5米。设计荷载汽-15，挂-80，耗资5万元。2008年12月始改建，单孔净跨10米，预应力空心板梁，长14.8米，宽8.5米，其中行车道宽7.5米，重力式U形桥台，设计荷载公路-Ⅱ级，2009年8月5日竣工，耗资43万元。宁波交通设计研究院设计，浙江良和交通工程建设有限公司承建，象山交通工程咨询监理有限公司监理。

峙后桥　位泗洲头镇峙后村北，跨峙后溪，1984年建。钢筋混凝土板梁，轻型桥台。单孔净跨6米，桥长7.6米，宽7.5米。设计荷载汽-15，挂-80，投资5万元。2008年12月始改建，单孔净跨7米，长11.8米，现浇钢筋混凝土板梁，桥宽拓至8.5米，设计荷载公路-Ⅱ级。2009年8月5日竣工，耗资12万元。

龙滩坑桥　位泗洲头镇南端，跨龙滩坑，1984年建。钢筋混凝土板梁，轻型桥台。单孔净跨5米，桥长6.8米，宽7.5米。设计荷载汽-15，挂-80，投资6万元。2008年12月始改建，单孔净跨6米，现浇钢筋混凝土板梁，长6米，宽8.5米，设计荷载公路-Ⅱ级。2009年8月5日竣工，耗资11万元。

峙前桥　位泗洲头镇峙前村东南，跨峙前溪，1984年建。钢筋混凝土板梁，块石台墩。3孔、净跨皆4米，桥长18.4米，宽7.5米。设计荷载汽-15，挂-80。2008年12月始改建，3孔、每孔净跨分别为6米、6.4米、6米，桥宽拓至8.5米，现浇钢筋混凝土板梁，设计荷载公路-Ⅱ级。2009年8月5日竣工，耗资24万元。

三井公路桥梁

三眼碶桥　位晓塘乡后岭村三眼碶，跨九龙江。原为双曲拱结构，单孔净跨15米，1969

年建。2005 年重建,钢筋混凝土板梁,桩柱式桥台,2 孔、净跨皆 10 米,桥长 23.4 米,宽 8.5 米,青石桥栏,设计荷载公路-Ⅱ级,耗资 53.4 万元。

盛莲公路桥梁

蚶岙一桥　位西周镇蚶岙村北,跨蚶岙溪坑,1993 年建。钢筋混凝土板梁,轻型桥台。单孔净跨 5 米,桥长 6 米,宽 7.5 米。设计荷载汽-15,挂-80,投资 10 万元。2006 年 10 月始重建,钢筋混凝土板梁,单孔净跨 8 米,桥长 8 米,宽 11 米,设计荷载公路-Ⅱ级。2007 年 3 月竣工,耗资 29.8 万元。

蚶岙二桥　位西周镇蚶岙村西北,跨蚶岙溪,1993 年建。钢筋混凝土空心板梁,桩柱式台墩。2 孔、净跨皆 8 米,桥长 23.4 米,宽 9.6 米。设计荷载汽-15,挂-80,投资 10 万元。

西杭公路桥梁

蒋家桥　位西周镇北,蛇山与龟山间,跨里婆岙溪,1979 年建。钢筋混凝土板梁,块石台,单孔净跨 6 米,桥长 8 米,宽 9 米,设计荷载汽-15,挂-80,投资 6 万元。

下沈桥　位西周镇下沈村西南,跨下沈大溪,1977 年建。钢筋混凝土双铰平板 拱结构,桥长 74.8 米,宽 7 米,5 孔净跨皆 12 米,设计荷载汽-15,挂-80,投资 16 万元。2007 年重建,预应力混凝土空心板梁,重力式双柱台墩,桥长 74.6 米,宽 10.5 米,其中行车道宽 7 米,4 孔、每孔净跨 16 米,青石桥栏。设计荷载公路-Ⅱ级,耗资 130.7 万元。宁波市交通设计研究院设计,浙江良和交通建设有限公司承建,象山交通工程咨询监理有限公司监理。

巨爵公路桥梁

爵溪桥　位爵溪街道工业园区,跨燕山水库泄洪溪,2005 年建。钢筋混凝土空心板梁,桩柱式台墩。单孔净跨 25 米,桥长 30 米,宽 25.5 米,其中行车道宽 22.5 米。设计荷载公路-Ⅱ级。投资 30 万元。

(三)乡道公路桥

乡道公路桥 33 座,见表 2-1-7。

2010 年乡道公路桥一览　　表 2-1-7

公路名称	桥梁名称	结　构	桥长(米)	桥宽(米)	桥梁跨径(米)×(孔)	建造年份
东旦线	庙前杨桥	重力式板梁	15	8.6	6×2	1977
东旦线	东旦二桥	轻型板梁	8	8.6	6×1	1977
东旦线	上周桥	重力式石拱	7.5	9.5	5.5×1	1977
溪东线	东岙桥	轻型板梁	6	6.5	5×1	1981
励司线	永渡桥	重力式板梁	20.9	7.5	6×3	1996
南洋线	新碶头桥	桩柱空心板梁	34.6	8.7	7×3	1991
南洋线	碶门头桥	重力式板梁	23.2	4.2	3.5×5	1991
下莲线	赖岙桥	重力式板梁	27	7.2	6×4	1991
下莲线	镇水桥	重力式石拱	12.2	8.6	8×1	1993
下莲线	芭蕉桥	重力式石拱	8.5	7.3	6×1	1981
下莲线	金竹坑桥	重力式石拱	8.5	11	6×1	1981

续上表

公路名称	桥梁名称	结　构	桥长(米)	桥宽(米)	桥梁跨径(米)×(孔)	建造年份
下莲线	花桥头	轻型板梁	6.3	6	5×1	1986
下莲线	伊家一号桥	重力式板梁	18.2	7.5	7.2×1+6.4×1	1984
下莲线	伊家二号桥	重力式板梁	26.6	7.5	6×1+5.7×1+4.9×1	1984
下莲线	蔡家田桥	重力式板梁	6.9	8.8	6×1	1984
下莲线	潘埠桥	轻型板梁	6.2	8	5.5×1	1984
牛白线	村前桥	轻型板梁	6.5	8.2	5.2×1	1996
牛白线	牛丈岙一桥	重力式板梁	5.8	8.2	5×1	1995
牛白线	牛丈岙二桥	重力式板梁	5.8	7	5×1	1995
牛白线	牛丈岙三桥	重力式板梁	6.2	7	5×1	1995
牛白线	爵溪桥	重力式板梁	6	7	5×1	1995
石三线	黄脚小桥	重力式板梁	10	7.6	5×2	1980
南金线	樊岙一桥	重力式板梁	12.5	7	4.5×2	1978
南金线	樊岙二桥	重力式板梁	15	7.5	4×3	1978
横尖线	横山桥	重力式板梁	18.4	7.5	6.6×1	1997
上马线	马岙一桥	重力式板梁	6.8	6.5	5.8×1	2003
上马线	马岙二桥	重力式板梁	6.9	6.5	5.9×1	2003
上马线	马岙三桥	重力式板梁	6	6.5	5×1	2003
塘岑线	塘碶桥	重力式板梁	15	6	9×1	2003
儒栲线	儒下洋桥	重力式板梁	26.2	8	5×5	2003
樟寺线	着衣亭桥	重力式板梁	14	6.2	3.4×3	1980
昌沙线	昌国桥	重力式板梁	9	8.5	5×1	2000
新石线	涌泉桥	重力式板梁	50	6.5	10×5	2004

(四)专用公路桥

文岙至下湾公路桥梁

淡港碶桥　位西周镇黄家塘,跨淡港,1958 年建。钢筋混凝土板梁,块石台墩,长 40 米,宽 6.5 米,8 孔,每孔净跨 3 米,设计荷载汽-10、拖-60。

(五)村道公路桥

村道公路桥共 54 座,其中"铜瓦门跨海大桥"最具代表性,特在此专述之,余 53 座桥详见表 2-1-8 村道公路桥一览。

延昌至东门岛公路桥梁

铜瓦门跨海大桥　在石浦延昌至东门岛间,跨铜瓦门海峡。市、县重点工程,环石浦港陆岛交通项目(图 2-1-14)。主跨为 238 米之中承式钢管混凝土提篮式拱桥,长 297 米,宽 10 米,其中行车道宽 7.5 米,单跨 238 米,净空高 25 米。宁波市交通设计研究院、大连理工大学联合设计,铁道部大桥局第一桥梁工程处承建,宁波市交通工程咨询监理有限公司监理,同济大学同步监控。1998 年 10 月开工,因舟山船厂加工钢管拱质差报废,致工程于次年 9 月停工。后经市交通委协调,由上海船厂中标加工。2000 年 5 月复工,2001 年 6 月 8 日钢管拱顺利合龙。2002 年 5 月竣工,创国内同类型桥主跨度之最,总投资 1651 万元。

图 2-1-14 21 世纪初铜瓦门跨海大桥

2010 年村道公路桥一览

表 2-1-8

线路起讫点	桥梁名称	结　构	桥长(米)	桥宽(米)	桥梁跨径(米)×(孔)	建造年份
三岔路—南庄	三南桥	空心板梁	18	7.5	12×1	2003
上余—大岙	上余桥	重力式板梁	10	6.5	8×1	2003
盛宁线—海口	海口桥	桩柱板梁	40	6.5	20×2	2005
盛宁线—新罗岙	瑞云桥	重力式板梁	12	6.5	12×1	2006
盛宁线—李家弄	聚兴桥	重力式板梁	18	6.5	6×3	2006
盛宁线—碶头陈	吊桥	重力式板梁	30	6.5	15×2	2003
盛宁线—沈家洋	珠山岙桥	重力式空心板梁	20	6.5	10×2	2003
盛宁线—小石坑	小石坑桥	重力式板梁	12	6.5	4×3	2005
南洋线—韩家	横河桥	重力式板梁	8	6.5	8×1	2004
南洋线—仇家山	西大河一桥	桩柱板梁	16	6.5	8×2	2005
南洋线—西港	西大河二桥	桩柱板梁	16	6.5	8×2	2006
南洋线—何家	西大河三桥	桩柱板梁	16	6.5	8×2	2006
马漕线—下营	下营桥	重力式板梁	28	6.5	14×2	2004
茅石线—小新城	大湾山桥	桩柱板梁	28	6.5	14×2	2007
定塘—中泥	定山桥	桩柱板梁	16	6.5	8×2	2004
定塘—中泥	宏润桥	桩柱板梁	32	6.5	8×4	2004
东旦线—旋潭	旋潭二桥	重力式板梁	8	6.5	8×1	2005

续上表

线路起讫点	桥梁名称	结　　构	桥长(米)	桥宽(米)	桥梁跨径(米)×(孔)	建造年份
梅龙线—高湖	高湖桥	重力式板梁	12	6.5	6×2	2008
溪东线—小白岩	宁楼桥	轻型板梁	5	6.5	5×1	2010
溪东线—杨家岙	杨家岙桥	重力式板梁	6	6.5	6×1	2004
溪东线—大地园	管溪桥	重力式板梁	21	6.5	7×3	2006
溪东线—花露山	花露山桥	重力式板梁	21	6.5	7×3	2004
屠南线—蔡家	蔡家桥	重力式板梁	12	6.5	6×2	2005
象西线—周家路	周家路桥	重力式板梁	20	6.5	5×4	2004
周家路—毛洋	毛洋岭桥	桩柱板梁	60	6.5	20×3	2005
延昌—东门岛	东门桥	桩柱板梁	10	7.5	10×1	2005
延昌—东门岛	铜瓦门大桥	桩柱空心板梁	297	10	238×1	2002
盛宁线—夏雨岙	夏雨岙桥	重力式桥梁	7	4.5	5×1	2006
后洋—桥头林	桥头林东大河桥	桩柱空心板梁	18.04	10.5	7×2	2010
东坑岭—葫芦门	东坑桥	桩柱空心板梁	43.04	11.5	13×3	2003
	亭水塘桥	桩柱空心板梁	28.04	11.5	8×3	2003
周家路—蔡家岙	东山一桥	桩柱板梁	20	6.5	5×4	2003
周家路—蔡家岙	东山二桥	重力式板梁	8	6.5	8×1	2003
沙石线—鸡鸣	鸡鸣桥	重力式板梁	10	6.5	5×2	2003
沿海南线—西边	西霞桥	重力式板梁	16	6.5	16×1	2005
泗西线—后王	后王桥	重力式板梁	16	6.5	8×2	2005
泗西线—后王	后王二桥	重力式空心板梁	16	6.5	16×1	2005
泗西线—白月岙	联谊桥	桩柱空心板梁	39	6.5	13×3	2004
泗西线—沙泉	庆中桥	重力式板梁	26	6.5	13×2	2004
泗西线—土下	镇星桥	重力式板梁	40	6.5	10×4	2001
泗长线—南岙	南岙桥	重力式板梁	6	6.5	6×1	2004
莲下线—陈隘	陈隘桥	重力式板梁	40	6.5	10×4	2005
盐厂—三眼碶	卫成桥	重力式板梁	12	6.5	6×2	2006
盐厂—三眼碶	兴民桥	重力式板梁	12	6	6×2	2006
新石线—石柱里	涌泉桥	桩柱空心板梁	50	6.5	10×5	2005
庙前杨—岭下—洋坑	南溪桥	重力式空心板梁	8	6.5	8×1	2007
庙前杨—岭下—洋坑	永丰桥	重力式板梁	14	6	7×2	2007
泗西线—土桥	镇定桥	重力式板梁	40	6.5	10×4	2010
溪东线—山下叶	山下叶桥	薄壁墩板梁	21	6.5	7×3	2007
象西线—方家岙	方家岙桥	重力式板梁	12	5	5×2	2010
东联—象山林场	东联桥	重力式板梁	16	4.5	5×3	2003

续上表

线路起讫点	桥梁名称	结　　构	桥长(米)	桥宽(米)	桥梁跨径(米)×(孔)	建造年份
前崔线—民主	民主桥	重力式板梁	11	7	7×1	2009
大坑—白月岙	大坑桥	重力式板梁	22	4.5	6×1	2004
渡头街—勤丰村	勤丰桥	重力式板梁	13	4.5	4×3	2004
石三线—黄埠	黄埠桥	重力式板梁	6	4.5	5×1	2009

(六)新建、改建桥(2010年底尚未列入养护计划及统计报表)

石浦树桥头村至打鼓峙公路桥梁

晓湾港跨海大桥　在石浦镇西树桥头村至打鼓峙岛,跨晓湾港(图2-1-15)。预应力混凝土T形板梁,主桥单跨45米;南北引桥各3孔、跨度分别为3(孔)×30米、3(孔)×28.5米,计175.5米。桥长220.5米,宽10米。1.5米直径灌注桩台墩,嵌岩2.5米以上,设计荷载公路-Ⅱ级。2006年11月开工,2009年3月完工,总造价1100万元。石浦镇政府打鼓峙建设开发有限公司投资,上海市政工程设计研究院设计,浙江良和交通建设有限公司承建,宁波交通工程咨询监理有限公司监理。

图2-1-15　21世纪初晓湾港跨海大桥

盛宁线丹城至西泽一级公路改建工程桥梁

丰泽园桥　位巨鹰北路,跨丰泽园小区外河。钢筋混凝土空心板梁,桩柱式台墩。单孔净跨8米,桥长12.8米,宽24.5米,其中机动车道宽2×7.5米,中设2.5米宽隔离栏;非机动车道宽2×3.5米,边设防护栏。双向四车道,设计荷载公路-Ⅰ级。2009年10月8日开工,2010年12月竣工,总投资100万元。辽宁省交通勘测设计院设计,浙江大舜公路建设有限公司承建,江苏华宁交通工程咨询监理有限公司监理。

西湖潭大桥　位龙泽名园东南,跨西湖潭水库。桥长565.5米,迄今境内最长内河桥(图2-1-16)。地势北高南低最大纵坡3%,由主桥和引桥25孔不等跨连续组成。其中主桥3孔为预应力现浇箱梁,跨径分别为40、60、40米,底部呈拱形;引桥22孔为预应力空心板梁,跨径 13 米、20 米不等,其中一孔桥下通车。双向四车道,分离式桥面 2 幅,均宽 11.71 米,其中行车道宽 8.25 米,单侧人行道宽 3.2 米,中设隔离栅,外置防护栏。肋板、桩柱式台墩,设计荷载公路-I级。2009 年 7 月开工,2011 年 5 月竣工,总投资 4500 万元。辽宁省交通勘测设计院设计,浙江大舜公路建设有限公司承建,江苏华宁交通工程咨询监理有限公司监理。

图 2-1-16　21 世纪初西湖潭大桥

船倒山桥　2009 年 10 月,因公路改建,原桥拆除,下游 30 米处重建。预应力钢筋混凝土空心板梁,桩柱式台、墩。单孔净跨 13 米,桥长 17.84 米,宽 24.5 米,其中机动车道宽 2×7.5 米,中设 2.5 米宽隔离栏;非机动车道宽 2×3.5 米,边设防护栏。双向四车道,设计荷载公路-I级。2010 年 5 月竣工,投资 95 万元。辽宁省交通勘测设计院设计,浙江良和交通工程建设有限公司承建,江苏华宁交通工程咨询监理有限公司监理。

铁杖岙桥　2010 年 8 月,随公路改建拆除重建。钢筋混凝土空心板梁,灌注桩基础,柱式台墩。3 孔、每孔净跨 8 米,桥长 28.84 米,宽 24.5 米,其中机动车道宽 2×7.5 米,中设 2.5 米宽隔离栏;非机动车道宽 2×3.5 米,边设防护栏。双向四车道,设计荷载公路-Ⅰ级。2012 年 1 月竣工,投资约 130 万元。辽宁省交通勘测设计院设计,浙江衢州交通集团有限公司承建,江苏华宁交通工程咨询监理有限公司监理。

路下庄桥　位贤庠镇路下庄村东,跨路下庄溪。预应力钢筋混凝土空心板梁,灌注桩基础,柱式台墩。2 孔、每孔净跨 10 米,桥长 24.84 米,宽 24.5 米,其中机动车道宽 2×7.5 米,中设 2.5 米宽隔离栏;非机动车道宽 2×3.5 米,边设防护栏。双向四车道,设计荷载公路-Ⅰ级。左侧临工业区,桥面加宽 7.5 米为辅车道。2010 年 8 月开工,2011 年 10 月竣工,投资约 195 万元。辽宁省交通勘测设计院设计,浙江大成建设集团有限公司承建,江苏华宁交通工程咨询监理有限公司监理。

贤庠 1 号桥　位贤庠镇贤庠村西南,跨张家岙溪。预应力钢筋混凝土空心板梁,灌注桩基础,柱式台墩。单孔净跨 13 米,桥长 17.84 米,宽 24.5 米,其中机动车道宽 2×7.5 米,中设 2.5 米宽隔离栏;非机动车道宽 2×3.5 米,边设防护栏。双向四车道,设计荷载公路-Ⅰ级。左侧临工业区,桥面加宽 7.5 米为辅车道。2010 年 8 月开工,2011 年 11 月竣工,投资 163 万元。设计、施工、监理单位与路下庄桥同。

贤庠2号桥 位贤庠镇贤庠村西南,贤庠1号桥北240余米,跨朱下庵溪。预应力钢筋混凝土空心板梁,灌注桩基础,柱式台墩。单孔净跨13米,桥长17.84米,宽24.5米,其中机动车道宽2×7.5米,中设2.5米宽隔离栏;非机动车道宽2×3.5米,边设防护栏。双向四车道,设计荷载公路-Ⅰ级。左侧临工业区,桥面加宽7.5米为辅车道。2010年8月开工,2011年11月竣工,投资154万元。设计、施工、监理单位与路下庄桥同。

贤庠3号桥 位贤庠镇贤庠村西,贤庠2号桥北约150米,跨西山下溪。预应力钢筋混凝土空心板梁,灌注桩基础,柱式台墩。2孔、每孔净跨10米,桥长24.84米,宽24.5米,其中机动车道宽2×7.5米,中设2.5米宽隔离栏;非机动车道宽2×3.5米,边设防护栏。双向四车道,设计荷载公路-Ⅰ级。左侧临工业区,桥面加宽7.5米为辅车道。2010年8月开工,2011年12月竣工,投资148万元。设计、施工、监理单位与路下庄桥同。

丹城至林善岙公路桥梁

一桥 位丹东街道梅苑中央花城南,跨上梅溪河。钢筋混凝土空心板梁,桩柱式台墩,桥长12.04米,宽32米,单孔净跨8米,设计荷载公路-Ⅰ级。2008年3月开工,2010年7月竣工,总投资84.78万元。

二桥 位丹城第四小学南,跨新开河。钢筋混凝土空心板梁,桩柱式台墩,桥长12.4米,宽32米,单孔净跨13米,设计荷载公路Ⅰ级。2008年11月开工,2010年7月竣工,总投资136.64万元。

三桥 位下梅溪村南,跨村河。钢筋混凝土空心板梁,桩柱式台墩,桥长12.04米,宽32米,单孔净跨8米,设计荷载公路-Ⅰ级。2009年2月开工,2010年7月竣工,总投资96.99万元。

四桥 位青湾水库西南,跨岙里村溪。预应力钢筋混凝土空心板梁,桩柱式肋板台墩,桥长84.04米,宽24.5米,4孔、每孔净跨20米,设计荷载公路-Ⅰ级。2008年7月开工,2010年7月竣工,总投资455.34万元。

五桥 位青湾水库西北,跨青湾溪。钢筋混凝土空心板梁,桩柱式肋板台墩,桥长64.04米,宽12.25米,3孔、每孔净跨20米,设计荷载公路-Ⅰ级。2008年9月开工,2010年7月竣工,总投资136.39万元。

六桥 位大徐镇林善岙村南,跨林善岙溪。预应力钢筋混凝土空心板梁,U形桥台,桥长23米,宽12.25米,单孔净跨13米,设计荷载公路-Ⅰ级。2008年5月开工,2010年7月竣工,总投资54.02万元。

沿海南线大金山隧道接线公路桥梁

五新桥 位石浦镇五新村西,跨汝溪。预应力钢筋混凝土空心板梁,重力式桥台。长27.04米,宽20米,单孔净跨16米,设计荷载公路-Ⅰ级。2008年11月开工,2010年10月竣工,总投资140万元。宁波交通设计研究院设计,浙江交通工程建设集团有限公司承建。

鹤浦至盘基公路桥梁

鹤浦大闸二桥 位鹤浦镇东北,跨大闸碶门港(图2-1-17)。预应力钢筋混凝土空心板梁,桩柱式台、墩。3孔,净跨皆25米,桥长75米,宽24.5米,双向四车道,中设隔离栏,边设青石栏板,两侧人行道宽各3米,设计荷载公路-Ⅰ级。2007年12月开工,2009年7月竣工,总投资400万元。宁波市交通设计研究院设计,宁波交通工程建设集团有限公司承建,宁波交通工程咨询监理有限公司监理。

图2-1-17 21世纪初鹤浦大闸二桥

盘基桥 位盘基码头西南,跨人工养殖河。预应力空心板梁,轻型桥台。单孔净跨13米,桥长17米,宽8.5米,设计荷载公路-Ⅰ级。2007年12月开工,2009年7月竣工,投资100万元。

二、民间桥

民间桥梁分碇步、木桥、石拱桥、条石平桥、钢筋混凝土桥、钢桥、立体交叉桥7类。述其较著者。

(一)碇步

为浅溪漫水建筑,在部分山区至今仍有实用价值。旧时,横越溪涧,多安放大块方石于溪中,平面向上,间隔尺许,随浅就深,履石渡水,称碇步或磴步。溪水上涨,碇步被淹,则涉水而过。儒雅洋、西周、下沈、莲花等山区多用之。解放后,交通发展,碇步多废,山区尚存者,长则数十碇,短者三、五碇。西周镇司前上碇步,溪宽21.8米,碇34个,钢筋混凝土预制件;距上游大坑桥160米,距下游中碇步100米。西周镇司前中碇步,溪宽21.8米,碇35个,钢筋混凝土预制件,北距下碇步95米。西周镇司前下碇步(图2-1-18),溪宽23.5米,碇36个,钢筋混凝土预制件,距下游镇安桥130米。今均改为拦水坝。

(二)木桥

大都临时桥梁。南田岛自明洪武至清同治间封禁500年,光绪初开禁,草莱初辟,河上多搭木桥。民国《南田县志》所载,木桥17座。解放后渐少。20世纪80年代尚存2座。梅勾山木桥,在贤庠镇珠溪梅勾山,7孔,长25米,松木桩架,钢筋混凝土空心板铺面,宽1.8米,可行手车。花砖厂木桥,在晓塘乡九龙江村,跨九龙江,8孔,长26米,宽1.85米,松木桩架,石板铺面,可通手车。1992年、1997年先后毁。

(三)石拱桥

分条石、块石、乱石数种,乱石拱居多。俗称"洞桥",计438座,总跨径1654米。

图 2-1-18　20 世纪 80 年代大长溪下西周磴步

欧阳桥　在西周镇儒雅洋、莲花间西沙岭脚，跨于家溪。始建年月不详，宋宝庆《四明志》载，俗称儒雅洋桥，明成化间重修。1939 年（民国 28 年）毁于洪水，架木为桥。民国 36 年重建石拱桥，里人应尚才、蒙顶山天寿寺僧功宝募建，乡绅何敏求卖田 36 亩资助，翌年 4 月 16 日竣工。3 孔，中孔净跨 9.6 米，边孔皆净跨 8 米，长 28 米，宽 5 米，高 6.5 米。块石砌拱圈，两侧乱石干砌，桥栏用条块石堆砌（图 2-1-19）。桥面平顺，面铺卵石，砌成图案。东首有殿堂式凉亭 3 间。1990 年列为县级文物保护单位。2009 年，上张水库建成蓄水，淹至桥面。

图 2-1-19　20 世纪 80 年代欧阳轿

杨公桥　在爵溪街道北赵岙岭下，跨黄鳝洞溪，单孔，弧形条石拱桥，净跨 4 米，长 5 米。始建年月不详，现存 4 座条石拱桥（白屿清阳桥、五爱仁义桥、大徐泥塘桥）中跨径最大的弧形条石拱桥。桥南有凉亭，1850 年（清道光三十年）建。

瑞安桥　在墙头镇方家岙村东北，跨大雷溪。单孔乱块石拱桥，净跨 9 米，长 25 米，宽 3.4 米，高 5 米。桥面平顺，桥旁立碑。建于 1817 年（清嘉庆二十二年），1870 年（清同治九年）重建高桥。2007 年列为县级文物保护单位，至今完好。

文澜桥　在石浦镇旧城,介于南关桥、水门桥之间,原涨潮可通小舟。1875年(清光绪元年)慈云庵僧林庆募建。单孔条石拱桥,纵联分级并列镟拱,条石台。有望柱4对,石栏两端各有石阶8级。解放后改建平桥以通手车。1980年整修人民路,沿溪覆盖钢筋混凝土板,拓宽街道,桥废。

永渡桥　在晓塘乡励家坪渡头街,跨九龙江。扼石浦通往定山要冲,昔设舟渡。1883年(清光绪九年),建石拱桥3孔,中孔净跨6.2米,西孔5.55米,东孔5.4米,长30米。设分水尖,高4米。弧形条石纵联分节并列镟拱,高3米,宽3米。望柱11对,条石栏板,中镌"永渡桥",两头各有石阶9级。下通海船。为便于车辆通行,1983年10月改建钢筋混凝土平桥,台墩均条石浆砌,3孔,中孔净跨6米,边孔各6.25米,长23米,高4米,车道宽3.9米,人行道各1米。桥西有亭。

伊家桥　在西周镇关山村南,跨石门岭溪。乱石拱桥,单孔净跨7.2米,宽4.5米,高4.5米。始建年月不详。

后溪桥　在墙头镇七里亭西北,跨大岙溪。单孔乱石拱桥,净跨8米,长13米,宽3.4米,高2米。始建年月不详。

镇宁桥　在西周镇排头村,跨排头溪。单孔乱石拱桥,净跨7.5米,宽3.8米,高4.5米。始建年月不详。

茅山高桥　在泗洲头镇新民水库坝前,跨龙溪。块石镟拱,单孔净跨8米,长18米,宽4.2米,高5米。始建年月不详,1916年(民国5年)重建。

长春桥　在西周镇杰岙村南,跨黄砻溪。单孔块石拱桥,净跨8.6米,宽4.2米,高5米,有石栏(图2-1-20)。1914年(民国3年)建。

图2-1-20　21世纪初长春桥

存心桥　在泗洲头镇中央岙西北,跨兰沙溪。乱块石拱桥,单孔净跨7.2米,长15米,宽2.8米,高4.5米。1918年(民国7年)建。

长岩桥　在西周镇杰岙村南,跨黄砻溪。1920年(民国9年)水毁重建。石拱桥,单孔净跨7.7米,宽3.5米,高4米。桥东有凉亭。

凤吟桥　在茅洋乡屠家园村西南。原有石拱桥,1970年建虎头山水库时淹没,于东岙至南充间取直、凿洞,筑堤长168米,建此桥,单孔块石镟拱,净跨7.4米,宽5米,高4米。每隔2.5米有栏1对,计67对。

鹤浦电站桥　在鹤浦镇原潮汐发电站旁,1971年建。单孔块石浆砌拱桥,净跨20米,县石拱桥中跨径最大,长22米,宽3.3米,高6米。桥面平顺,可通小型机动车。

永安桥　在大徐镇杉木洋村东,跨桐岭溪。乱石拱,单孔净跨7米,长10.6米,宽5.37米,高3.45米。原2孔条石平桥,1977年水毁,次年重建。

横山桥　在西周镇横山村东北,跨芭蕉溪,1977年建。单孔浆砌块石拱,净跨7.85米,宽4.5米,高4米,有栏。拱顶镌"横山桥"。1997年改建公路桥。

尖岭头桥 在西周镇横山村南，跨尖岭溪。单孔块石浆砌镟拱，净跨7.5米，长9米，宽6米，高3.5米。1977年，尖岭头村建。拱顶镌“尖岭头桥”。

吴家山桥 在大徐镇塔幢村东，跨枫溪。单孔块石镟拱，净跨7.8米，长11.1米，宽4.8米，高3.65米。原钢筋混凝土槽板桥，1982年改建。

慈心桥 俗称合山桥，在大徐镇虎啸铺村西，跨新罗岙溪。单孔乱石拱桥，净跨8米，长10米，宽2.6米，高4米，桥面平顺。

(四)条石平桥

总计620座，跨径2534米。建桥用条石大都取材三门湾蛇盘岛(属三门县)，石色赭红。桥台多用乱块石砌筑，桥墩用条石。上游设分水尖，下游设绑石或撑石，中梁镌桥名及建造年月，也有桥旁立碑，勒石记建桥始末及助田、助银者姓名和数额。

东溪桥 在新桥镇东溪村西南，跨东溪。12孔，长37.6米，宽2.2米(原1.4米，1980年重修加宽)，设分水尖，有撑石。始建年月不详，宋宝庆《四明志》已载。1971年因建公路占用2孔。

狮象桥 在石浦镇番头岙东圆峰庙前，跨桐桥溪，宋代建。界于狮象两山间，因名。3孔，长11.6米，宽2.4米，设分水尖，有撑石。原有石栏，望柱，一雕狮、一雕象，今仅存象柱一，桥南南狮山有烈士陵园。

五里桥 在石浦镇五爱村北，跨汝溪。9孔，宽2.4米，长39米，有栏。建于明洪武年间，古为外地至石浦民间要道。1964年被洪水冲去一墩，敷钢轨。今为7墩8孔。明嘉靖《宁波府志》载有“五眼桥”，因时桥5孔(俗称孔为眼)，故名，至今犹称五眼桥。又因桥距昌国卫城、石浦所城各5里，又称五里桥。民国9年，里人纪传长、任筱甫重修，增至9孔，中孔桥栏镌“五里桥”，清光绪丁未科榜眼喻长霖书。南有桥亭(内立桥碑)、永福庵，故又称永福桥。2010年3月，五新村出资21万元实施危桥修复。

庆丰桥 在西周镇车岭村，跨沙地溪。始建年月不详，明嘉靖间水毁重建，1754年(清乾隆十九年)毁，里人张良思重修，屋盖式木桥(图2-1-21)。1891年(清光绪十七年)，蒙顶山僧定荣募建，3孔条石平桥，设分水尖，长11.6米，宽3.6米，有栏板，内侧镌龙凤花鸟，外侧镌“庆丰桥”3字，栏板间为望柱，两端柱顶雕饰覆叶莲蓬，柱外有抱鼓石，中间望柱顶部，一侧雕狮，一侧雕象，雕工精湛，栩栩如生。1985年列县级重点文物保护单位。

海口桥 在大徐镇海口村北，跨枫溪。分南北二桥，长堤连接，连堤长147米。南桥1493年(明弘治六年)建。5孔，长25米。1843年(清道光二十三年)圮，重修。为增加泄洪量，增建北桥，3孔，长12米。二桥均高2.4米。桥墩两头均设分水尖。军民塘未围时，海潮上溯1.5公里至铁杖岙。可泊百余吨海船，故称海口村，桥以村名。1990年改为公路桥。

镇安桥 俗称新桥头，在西周镇北，跨大长溪。古蹬步，清乾隆间改建木桥。1815年(清嘉庆二十年)改建7孔条石平桥，长30.5米，宽2.15米。桥西有殿堂式凉亭3间。1997年“8.18”台风毁，翌年重建，钢筋混凝土板梁，块石台墩，长28米，宽6.6米，高3米，3孔、每孔净跨8米，石板桥栏，桥北一亭。

清水桥 又名青龙桥，在墙头镇黄溪村东北，跨皋溪。1790年(清乾隆五十五年)建，1835年(清道光十五年)、1864年(清同治三年)、1882年(清光绪八年)重修。4孔，长22.5米。东西各有五层石塔一，有碑亭一，民国间圮。

图 2-1-21　20 世纪 80 年代庆丰桥

新桥　在新桥镇新桥街北，跨石柱溪，3 孔，长 12 米，宽 1.75 米。始建年月不详，清道光《象山县志》载，传说桥成之日，由县令开桥，适逢新娘花轿经此。县令谓："今日新娘为大，应由新娘开桥"。新娘答以："太爷开桥，做官节节高"。太爷道："新娘开桥万年牢"。互让后由新娘开桥，命名"永新桥"习称新桥。

三星桥　在泗洲头镇南，跨西溪，俗称新桥头，清同治间建，1981 年重修。6 孔，长 32.8 米，宽 2.45 米，设分水尖。

水底桥　又称淡港桥，在西周镇渡头街北，跨淡港。清同治间建 3 孔条石平桥，高出涂面 1 尺。光绪间重修。涨潮则以舟渡，潮退行人，故名水底桥。清王莳兰有记（见丛录碑记《淡港桥题名碑引》）。1958 年，下游黄家塘海口建闸蓄淡，桥废。1977 年，上游百米处建莲花公路大桥。

镇定桥　俗称沙溪桥，在西周镇南，跨大长溪。昔为木桥，1888 年（清光绪十四年）改建条石平桥 9 孔，长 32.2 米，宽 2.5 米，有栏，桥墩设分水尖，有撑石。桥西建殿堂式凉亭 3 间，山墙立有桥碑。1988 年山洪暴发，因重修时，桥身非预制板块，而敷筋连片现浇钢筋混凝土，代替条石，故整体被毁。同年重建，5 孔桥，条块石浆砌台墩，跨径各 5 米，长 29 米，宽 4.5 米，高 3.1 米。

太平桥　在鹤浦镇樊岙村南，跨县署河，1894 年（清光绪二十年）建。7 孔，长 29 米，宽 2.08 米，设分水尖，有撑石。

顺安桥　在鹤浦镇外埠头，跨樊鹤江，1898 年（清光绪二十四年）建。3 孔，长 12.4 米，上行人力车，下可通船。

长庆桥　在西周镇下沈村西，跨下沈港，1900 年（清光绪二十六年）建。17 孔，长 87.4 米，宽 2.75 米，为境内最长民间桥梁（图 2-1-22）。

万安桥　在西周镇隔溪张村西，跨于家溪，1909 年（清宣统元年）建。7 孔，长 25 米，墩有撑石。

鹤龄桥　在西周镇杰岙村，跨黄筠溪，1910 年（宣统二年）建。7 孔，条石台墩，每孔净跨 2.5~3.5 米不等。长 25 米，宽 2.05 米，高 2.3 米，设分水尖。

玉带桥　在新桥镇井头村南，跨玉带溪。5 孔，长 20 米，宽 2.1 米。始建年月不详，1920

图 2-1-22　21 世纪初长庆桥

年(民国 9 年)水毁。民国 11 年,里人顾文黻募款重建。

管溪桥　在茅洋乡大地园村东,跨管溪。9 孔,长 37 米,宽 2.3 米。始建年月不详。2004 年拓宽改建公路桥。

两眼碶桥　在晓塘乡后岭村南,跨黄埠溪。原系 2 孔碶门,改建年月不详。4 孔,每孔净跨 2.1 米,宽 1.4 米,高 2.5 米。山岩为台,中桥墩为山岩,东西 2 墩条石。桥成“<”型。

保安桥　在定塘镇渡头街,跨长塘河。1920 年(民国 9 年)建,1982 年重修。5 孔,总跨 17.25 米,连堤长 50 米,宽 2.05 米。

茅山下桥　在泗洲头镇新民水库、茅山高桥下游,跨龙溪。1920 年(民国 9 年)建,1977 年重建。4 孔,条块石台墩,跨径 2.6~3.6 米不等,宽 2.9 米,高 2.2 米。

施何桥　又名大平桥,在大徐镇雅林溪村,跨雅林溪。1929 年(民国 18 年)建,3 孔条石平桥。1963 年水毁,1964 年重修,增加 1 孔。今为 4 孔条石平桥,长 17.4 米,宽 2 米。

(五)钢筋混凝土桥

民国时期不多,仅茅洋蛎江桥、泗洲头西洋上庙前桥、柴溪万年桥等 4 座。蛎江桥最早,1923 年(民国 12 年)建。1970 年后,拖拉机及简易机动车猛增,新建、改建桥梁渐多。1975 年后,平原地区兴修水利,河道截直拓宽,水利部门新建双曲拱桥 7 座,钢筋混凝土桁架桥 4 座。1975 年至 1980 年间,县交通局在丹城汪家河开办桥梁预制工场,专产槽形桥面板。1985 年普查,此类桥计 1084 座,总跨径 4649 米,占总民间桥梁数 50%。现钢筋混凝土构造已普及民间桥。

洋桥头　在茅洋乡白岩下村东,跨蛎江。1923 年(民国 12 年),茗香庵尼在上海等地募捐建桥,为境内最早钢筋混凝土桥。当时称水泥为洋灰,故俗称洋桥头。钢筋混凝土排架桥墩,块石台。6 孔,净跨 4~9 米不等,总跨 47.4 米。连堤长 90 米,宽 3.2 米,高 4 米,有栏。解放前已严重倾斜,裂痕多处,1987 年 8 月 21 日倒坍。

仁德桥　原名蛎江桥,在茅洋乡白岩下村西南,古为白查渡址,1490 年(明弘治三年)建,1699 年(清康熙三十八年)水毁。1744 年(清乾隆九年),宁海一老尼在今桥址倡修 3 孔条石平桥,清道光间水毁。1894 年(清光绪二十年),在庵山西建 24 孔条石平桥(通文山村),1920年(民国9年)水毁。民国12年在上游600米处建洋桥头,1987年倒坍。江上无桥,香港沈炳麟捐资15万元,县拨款8万元,在蚜江桥旧址重建。沈炳麟命名仁德桥。1988年建钢筋混凝土空心板梁,灌注桩台墩,4孔,每孔净跨12米。长53米,连堤70.5米,宽5米,高3米,按公路桥梁设计。桥西建水阁式凉亭1座,亭内有碑记。2010年成危桥,茅洋乡政府投资180万元改建,桥长55.8米、宽7.5米,钢筋混凝土空心板梁,灌注桩台墩。设计荷载公路-Ⅱ级(图2-1-23)。

图2-1-23 21世纪初仁德桥

万年桥(西周镇柴溪村西) 跨柴溪,1941年(民国30年)建。钢筋混凝土台墩,3孔,中孔净跨6.2米,边孔各4.7米。桥长17米,宽3.1米,高2.2米。

上庙前桥 在泗洲头镇西洋村西,跨西溪。1941年日军侵境,为沟通宁海县境建。块石台,原有钢筋混凝土桥墩,洪水冲走,桥梁屹立如故,实罕见。现单孔净跨10.5米。宽1.7米,高2.6米。其上游200米处有中央桥,原为与该桥同时建造之钢筋混凝土桥,水毁后改建钢桁架桥。

万年桥(贤庠镇珠溪村) 跨西珠溪出口处。原条石平桥,1798年(清嘉庆三年)建,1921年(民国10年)重修。1949年水毁,翌年重修,1974年改建今桥。条石墩、块石台,3孔,每孔净跨3.3米,长11米,宽8米,两旁各2米为人行道。

听鹿桥 在贤庠镇珠溪村,跨珠溪。原2孔条石平桥,清同治初年建,桥成之日,忽闻山上鹿鸣声,故名。民国10、18年,两度重修。1949年水毁,1986年于下游30米今址重建。块石台墩,2孔,净跨分别为6.65米、6.2米。长14米,宽1.85米。

万年桥(贤庠镇上白家村西) 跨东塘河。条块石台墩,3孔,中孔净跨6米,边孔皆5.8米。长29.6米,宽5米,高4.5米。俗称吊桥,昔无桥,以小舟吊渡,故名。1866年(清同治五年)修。1950年重建。1989年又重建。

庆丰桥 在大徐镇安家溪村北,跨雅林溪。1886年(清光绪十二年)建,1899年(光绪二十五年)修。7孔条石平桥,旁建庆丰亭,解放前水毁。1964年改建2孔钢桁架平桥,1977年毁。1986年里人罗裕世募建今桥,空心板梁,条块石台墩。4孔,净跨5.1~5.7米不等。长25米,宽1.5米,桥东建亭。

神先桥　又名大树桥，在晓塘乡三叉塘，跨三叉塘港。1897年（清光绪二十三年）始建条石平桥，1966年重建。乱块石台，条石墩，5孔，净跨2.8~3.4米不等，总跨16.85米。连堤长30米，宽2.3米，高3米。

赖岙桥　原名永镇桥，在西周镇赖岙村北，跨芭蕉溪。1910年（清宣统二年）建，多孔条石平桥。1986年改建公路桥，块石台墩，设分水尖，4孔，净跨4.45~5.8米。桥长25米，宽4.6米。

杨家桥　在丹西街道杨家村北，跨南大河。建于宋绍兴间，为南大河上第三桥。1966年重建，钢筋混凝土梁架结构，单孔净跨16米，宽2.4米，高5米。2000年改建城区公路桥。

甬东桥　在贤庠镇珠溪村，跨珠溪。原3孔条石平桥，始建年月不详，民国10年重修。1949年水毁，当年修复。1977年毁，1983年改在原址上游40米建桥，块石台，单孔净跨11.2米，长13米，宽4.5米。

陈家山桥　在丹东街道陈家山南，跨东大河，1961年建。双曲拱结构，单孔净跨12.7米，宽4.5米，高3.5米。

陈隘桥　在西周镇陈隘村东，跨于家溪，1970年建。块石台墩，8孔，其中1孔净跨2.5米，余各3米。长30米，宽2.35米。2005年改建通村公路桥。

坝前桥　在茅洋乡溪口水库溢洪道前，1977年建。块石台墩，3孔，每孔净跨8.2米。桥长27米，宽3米，高3米。

上余桥　在丹东街道上余村，跨东大河，1978年建。双曲拱结构，单孔净跨12米，宽3.8米，高4米。2005年改通村公路桥。

下余桥　在丹东街道下余村，结构同上。

伊家桥　在西周镇伊家村东，跨于家溪，1978年建。块石台墩，4孔，净跨4.8~6.9米不等。长27米，宽3.2米，高4米，铁栏。2003年改建通村公路桥。

洋心桥　在丹西街道洋心村中。

仇家山桥　在仇家山东。

西港桥　在西港村东。皆1979年建，跨西大河。均为双曲拱结构，单孔净跨14米。洋心桥宽5.3米，余皆宽4米，高5米。今仇家山桥、西港桥已成通村公路桥。

小厅桥　在丹西街道小厅村西北，1980年建，2005年拓建城区天安路拆。

李家桥　在丹东街道李家村西，1980年建。

方家桥　在丹东街道东岙村西南，1984年建。

和平硖桥　在丹东街道原林海砖瓦厂西，1979年建。以上4桥，皆跨南大河，结构同，双曲拱桥，单孔净跨22米，李家桥宽4.8米，其余3桥皆宽3米，高5米。

蒋家桥　在丹东街道蒋家村东，跨南大河，1980年建。块石台墩，3孔，每孔净跨4米。长30米，宽3米，高5米。

白月岙桥　在西周镇白月岙西，跨大长溪，1982年建。块石台，钢筋混凝土墩，7孔，每孔净跨3米。桥长28米，宽4.2米。2004年改为通村公路桥。

东谷湖桥　在丹东街道东谷湖上，1983年建。块石台，钢筋混凝土排架。15孔，净跨55米，长60米，宽5米，其中人行道各1米。

大坑桥　在西周镇大坑村西，跨大长溪，1983年建。块石台墩，3孔，每孔净跨6米。长

27.6 米,宽 4.5 米,高 3.45 米。

区委桥　在西周镇白月岙西,跨大长溪,1984 年建。块石台墩,4 孔,每孔净跨 6.4 米。长 28 米,宽 4.65 米。

田岙桥　在西周镇田岙村西,跨芭蕉溪,1984 年建。块石墩,5 孔,每孔净跨 4.9 米。桥长 28 米,宽 3.4 米,高 2.5 米。

镇前桥　在爵溪街道新街,跨爵溪,1985 年建。块石台,单孔,净跨 6 米,宽 26 米。人行道各宽 2.5 米,高 2.4 米,车道各 7 米,人行道与车道间有花坛分隔,车道中间又有花坛分隔为单行车道。

门前桥　在大徐镇十亩地村前,跨枫溪。块石台墩,5 孔,南北两孔净跨 2.5 米,中间皆 2.8 米,长 18 米,宽 3.05 米。1978 年建,1986 年重修。

(六)钢桥

1963 年、1964 年,省交通厅调拨部分次旧轻型钢轨,修建民间桥梁 32 座,总跨径 299 米。

积善桥　在大徐镇开口岩,跨雅林溪。原 3 孔条石平桥,1830 年(清道光十年)建,1963 年水毁。1964 年改建钢桥。钢桁架、钢筋混凝土板、条石台。单孔净跨 14 米,宽 2.4 米,高 2.5 米(图 2-1-24)。

图 2-1-24　21 世纪初积善桥

安澜桥　在定塘镇漕后村,跨漕港。清同治间建 2 孔条石平桥,1967 年改建钢桥。钢桁架,钢筋混凝土现浇面,块石台,单孔净跨 8.8 米,长 16 米,宽 2.5 米,高 3.5 米。

李家钢桥　在丹东街道李家村东,跨老南大河,1963 年建。钢桁架,钢筋混凝土板面,块石台,单孔净跨 13.5 米,长 15 米。

前岙塘钢桥　在爵溪街道前岙村,跨前岙塘横河,1963 年建。钢桁架,钢筋混凝土板面,块石台,单孔净跨 10.2 米。长 14 米,宽 2.5 米,高 2 米。

岳头钢桥　在东陈乡岳头村北,跨官河。1966 年改建钢桥,钢桁架、条石台,单孔净跨 10 米,宽 2 米,高 3.5 米,有纤道。原 2 孔条石平桥,清乾隆间建,称官河桥,亦称花桥。

河西钢桥　在丹东街道河西村东,跨东大河,1978 年建。钢桁架,钢筋混凝土板面,块石台。单孔净跨 12.7 米，宽 3.8 米，高 4 米。

（七）立体交叉桥

俗称旱桥。解放后，在山地修建公路，与民间道路高低悬殊，建立体交叉桥以便交通。

南水门桥　俗呼水门头，在石浦镇旧城九市曲南。1387 年（明洪武二十年），调昌国县（今定海）军依山势筑石浦所城，于两山嘴间筑水门，为巨大弧形条石砌拱门，昔海潮止于此。1661 年（清顺治十八年），准民入居。清咸丰间，于拱门中半砌路，半仍溪流，水门上下，咸可行人，也通手车，为城内外主要交通关隘，可称县内最早立体交叉桥。1976 年，县第二食品厂运锅炉入城，门矮炉高，拆门运炉，改建钢筋混凝土平桥，块石台。溪改暗沟，可通小型汽车。上层有栏。

月楼岙旱桥　在晓塘乡月楼岙村东，1967 年建茅石公路时筑。上层公路，宽 9 米，下层简易机动车路。单孔净跨 4 米，块石拱，高 5.3 米。21 世纪初，随公路改建拓宽至 17 米。

文昌阁旱桥　在石浦镇北门外文昌阁，为黄埠岭道。1988 年建五里桥至新港区公路，降坡，建拱形块石浆砌旱桥。单孔，净跨 8.5 米，宽 4 米，拱高 6 米（图 2-1-25）。

图 2-1-25　20 世纪 80 年代文昌阁旱桥

大岭后旱桥　在涂茨镇大岭后村东南，1988 年筑东港沿海公路时建。上层公路，钢筋混凝土板梁，宽 7 米。下层简易机动车道。单孔净跨 3 米，块石台，混凝土底，净高 3.5 米。

境内主要民间桥梁见表 2-1-9。

境内主要民间桥梁一览　　表 2-1-9

桥名	跨越河流	所属镇乡（街道）村	结构形式			桥面全长（米）	孔数	单孔净跨（米）	宽度（米）	高度（米）	经过路名	备注
			桥面	桥台	桥墩							
东林桥	东大河	丹东河东	双曲拱	块石		10	1	7	3.8	5	大碶头—河东	1961 年建
马兰山桥	东大河	丹东上余	钢架	块石		9	1		3	4	上余—前岙	1964 年建
石埕桥	东大河	丹东下余	钢架	块石		8.5	1	8.5	2.5	4	下余—前岙	亦称前山桥 1964 年建

续上表

桥名	跨越河流	所属镇乡(街道)村	结构形式			桥面全长(米)	孔数	单孔净跨(米)	宽度(米)	高度(米)	经过路名	备注
			桥面	桥台	桥墩							
三眼碶桥	东大河	丹东赤坎	钢轨	块石		11	1	11	2.5	3.5	田间	1964年建
倒桥	东大河	丹东寨里	钢轨	条石	撑墩	12	3		1.5	4	赤坎—下余	1964年建
薄刀孔桥	西大河	丹西洋里	钢架	块石		10	1	8.8	2	5	村前	
西闸桥	西大河	丹西岳头山嘴	钢筋混凝土板梁	块石	块石	22.5	5		2.8	10	岳头咀—柴咀头	
新碶头桥	老西河	丹西新碶头	条石	条石	条石	10	4	1.8	2.3	4	村—公路	1990年改公路桥
横桥		丹西朱水溪	钢架			2		6	2.4	3	南庄—白石	
白象桥	象山河	丹西横塘欧	钢架	块石		12	1	6	2.4	4	横塘欧—白石	亦称獐鼠狼桥
矮桥头	欧家河	丹西横塘欧	钢筋混凝土板梁	块石	块石	12	2	4	3	3.5	横塘欧—白石	
小河头桥	菱河头	丹西小河头	钢筋混凝土	块石		6	1	5.7	1.75	3	村中	
树桥	地盘坑	丹西杨蓬岙	乱石拱	乱石		34	1	5	3.2	3.2	三岔路—杨蓬岙	
门前桥	九顷溪	丹西下前山	条石	条石	条石	8.5	3	2.5	1.2	2	下前山—九顷	
蒋家桥	横江	丹西三岔路	钢架	条石		6.5	1	6	2.4	3.5	三岔路—山头董	
牛桥	横江	丹西三岔路	钢架	块石		9	1	8.5	2.4	4	三岔路山头董	
和尚桥	横江	丹西山头董	钢架	块石		6	1	5.7	2.4	4	田横山—胡家溪	
何家桥	西河	丹西何家	钢架	决石		8	1	7.6	2.4	4	村中	
溢洪桥	赤坎水库	丹东寨里	钢筋混凝土	块石		7.2	2	3.6	1.8	3	赤坎水库	
陆家桥	上河岸	丹东陆家	钢架	块石		7	1	7	2.4		半河—大碶头	1964年建
柴咀头碶桥	横大河	丹东门前涂	钢筋混凝土	条石	条石	13	4		2.9	5	柴咀头—岳头咀	
永兴桥	镬底坑	爵溪白沙湾	条石	条石	条石	10	4		1.4	1.8	爵白古道	
直河桥	赵岙岭溪	爵溪街道	钢筋混凝土	块石	块石	9		4	4	2.4	爵溪—公屿	1983年建
大塔钢桥	中央港	东陈乡大塔	钢架	条石		10	1	10	2.3	3.8	大塔—西庄	1964年建
树桥	中央港	东陈乡山头	钢架	条石		7.5	1	7.5	2.4	3	东陈—山头	1964年建

续上表

桥名	跨越河流	所属镇乡(街道)村	结构形式			桥面全长(米)	孔数	单孔净跨(米)	宽度(米)	高度(米)	经过路名	备注
			桥面	桥台	桥墩							
庙下桥	大茅坑	东陈乡樟岙	乱石拱	乱石		6.5	1	5.7	3.5	3	樟岙—南堡黄	
乾溪桥	岭北溪	东陈乡樟岙	乱石拱	乱石		6	1	6	3.3	4	象石古道	
回龙桥	岭北溪	东陈乡樟岙	乱石拱	乱石		6	1	6	2.4	4	樟岙— 南堡	
五洞桥	外通河	东陈乡南盘	条石	条石	条石	10.5	5		3	2.5	南盘—沙石公路	
新碶钢桥	西江	东陈乡南盘	钢架	条石		9	1	9	2.4	3	田间	1966年建
中心桥	龙堂坑	东陈乡南盘	钢筋混凝土	块石		6	1	5.3	4	2	村中	1986年建
晒场桥	龙堂坑	东陈乡南盘	梁式	块石		6	1	5.3	2	2	村中	1960年建
里山桥	白蛇溪	东陈乡松岙	乱石拱	乱石		6	1	6	3.2	4.5	里山村中	
城堡岙桥	白蛇溪	东陈乡松岙	条石	块石	条石	12	3	3.7	1.6	1.5	沙岗—松岙	1864年(清同治三年)建
前溪桥	旋潭溪	东陈乡旋潭	乱石	乱石		6.3	1	6.3	4	4	村中	
深桥	利马溪	墙头镇洋北	乱石拱	乱石		6	1	5.8	2.2	4	村东	
利马溪桥	利马溪	墙头镇洋北	条石	条石	条石	6	2	2.65	1.7E	2.4	洋北—桃湾	
大岙桥	大岙溪	墙头镇大岙	乱石拱	乱石		7	1	5	3	3.2	村中	
蜈蚣桥	凫溪	墙头镇山根俞	条石	条石	条石	11	3	3.2	1.6	2	象西古道	1728年(清雍正六年)修
吴家桥	凫溪	墙头镇麻车岭	钢筋混凝土	块石		5	1	5	5	1.5	麻车岭—七里亭	1986年建
树桥头	凫溪	墙头镇黄溪	块石拱			6	1	5	2.5	2.3	黄溪—洋北	
东山桥	龙潭坑	墙头镇蔡家岙	条石	条石	条石	9	3	2.8	1.7	2	东山—沈家	
石慈桥	龙潭坑	墙头镇蔡家岙	钢筋混凝土	块石	块石	10	2	4.4	4.4	2	蔡家岙—大溪蒋	1984年重建
龙门桥	龙潭坑	墙头镇蔡家岙	条石	条石	条石	12.4	3		1.7	2	蔡家岙大溪蒋	1866年(清同治五年)建
沙家厂桥	仓岙水库	墙头镇沙家厂	钢筋混凝土	块石	块石	22.2	3	7	3.1	4	沙家厂— 毛洋	1990年重建
溢洪桥	仓岙水库	墙头镇	双曲拱	块石	块石	54	3	18	3.5	6	仓岙岭	1990年重建
步瀛桥	大溪	墙头镇黄溪	条石	条石	条石	1	3		2	2	黄溪古渡口	1912年(民国元年)建

续上表

桥名	跨越河流	所属镇乡(街道)村	结构形式			桥面全长(米)	孔数	单孔净跨(米)	宽度(米)	高度(米)	经过路名	备注
			桥面	桥台	桥墩							
独洞桥	大雷溪	墙头镇方家岙	乱石拱	乱石		6	1	6	3.2	4.5	墙头—茅洋	
水渠桥	大雷溪	墙头镇方家岙	块石拱	块石	块石	16.	2	7.8	2.55	3.5	村南	
东门桥	大雷溪	墙头镇	条石	条石	条石	15	4		1.7	3.3	象西古道	亦称登瀛桥
火朋下桥	火朋下	墙头镇	钢筋混凝土	块石		5.5	1	5	4.2	1.5	墙头—溪里方	
上新桥	前溪坑	南充	块石拱			8	1	5	5	3	村中	1984 年建
永丰桥	前溪坑	茅洋乡南充	乱石拱			8	1	6.5	3.8	4	村中	
下新桥	前溪坑	茅洋乡南充	石拱			6	1	5.2	4.8	2.5	屠家园—蔡家	1986 年建
蔡家桥	庄前坑	茅洋乡蔡家	钢筋混凝土	块石	块石	15	5	2.5	2.9	2	南充—蔡家	1987 年重建，2005 年改通村公路桥
王家桥	西坑	茅洋乡小白岩	条石	乱石	条石	12	3		1.6	1.7	溪口—小白岩	
黄泥岭北渠桥	东干渠	茅洋乡小白岩	钢筋混凝土	乱石		6		5.5	2.9	1.7	小白岩—断坑	2004 年重建
山灵庙渠桥	东干渠	茅洋乡断坑	钢筋混凝土	乱石		6	1	5.5	1.9	2	断坑— 山	2008 年重建
山下叶桥	管溪	茅洋乡山下叶	钢筋混凝土	块石	块石	12	2	4.8	2	2	公路—山下叶	1970 年建，2007 年重建
徐家桥	管溪	茅洋乡徐家	槽板	块石	块石	16	4	3.8	2.6	2	公路—徐家	1978 年建
聚星桥	芝桥洋	茅洋乡溪口	钢筋混凝土	块石	块石	14	3	3.4	4	2.5	溪口—李家弄	2005 年重建
茗香桥	李家弄坑	茅洋乡李家弄	乱石拱			6	1	5.6	3.3	2.2	茅石古道	
盒厂桥	栲坑	大徐镇夏雨岙	钢筋混凝土	块石		5.5	1	5	3.6	2.5	村中	
蹬插步桥	雅林溪	大徐镇安家溪	条石	块石	块石	16	5		0.5	0.5	安家溪—海口	1970 年建
脚线下桥	桐岭溪	大徐镇杉木洋	空心板	块石		6	1	5.3	1.6	2	村中	1986 年建

续上表

桥名	跨越河流	所属镇乡（街道）村	结构形式			桥面全长（米）	孔数	单孔净跨（米）	宽度（米）	高度（米）	经过路名	备注
			桥面	桥台	桥墩							
干岭下桥	桐岭溪	大徐镇杉木洋	空心板	块石		5.5	1	5	1.5	2	村中	1986年建
水嘴头桥	沙田坑	大徐镇沙田村	钢筋混凝土	块石	块石	8.5	3		2	1.8	珠山岙—铁丈岙	1981年建
珠山桥	枫溪	大徐镇下院	乱石拱	乱石		6	1	5	3.1	3.5	下院—青岭	1986年建
拱桥	枫溪	大徐镇西岙	乱石拱	乱石		8.5	1	5.8	3.3	3.5	下院—塔幢	
东岙桥	枫溪	大徐镇外厂	钢架	乱石		7.4	1	7.4	2.5	4.5	东岙—外厂	
青岭下桥	枫溪	大徐镇塔幢	槽板	乱石	乱石	9.8	2		2.6	3	村前	1978年建
下塔幢桥	枫溪	大徐镇塔幢	钢筋混凝土	块石	块石	11.E	4		1.9	1.7	村前	
小堰头桥	枫溪	大徐镇大徐	乱石拱	乱石		13	1	7.5	6	3.3	村前	
碶头桥	枫溪	大徐镇大徐	钢筋混凝土	块石	块石	10.3	2	3.5	3.2	1.7	村前	1978年建
万香桥	枫溪	大徐镇大徐	条石	条石	条石	10	3	2.9	2	1.6	大徐—十亩地	1978年建
大蹬步	枫溪	大徐镇大徐	钢筋混凝土	块石	块石	11.6	3	3.3	3.3	2	大徐—宁西路	1978年建
大桥头	白箬坑	涂茨镇涂茨	钢筋混凝土	块石		8	1	6	4.3	3	街中	1984年建
长其嘴桥	咸塘河	白岩山盐场	钢筋混凝土	块石	块石	10	3	2.7	5	3	场区	
龙眼山嘴桥	赵庄河	涂茨镇赵庄	钢筋混凝土	块石		5.5	1	5	2.4	3	汤岙—下章家	2005年重建
闸前桥	赵庄河	涂茨镇黄沙村	钢筋混凝土	块石		5	1	5	1.6	4	黄沙—公路	
校边桥	汤岙溪	涂茨镇汤岙	钢筋混凝土	块石		5	1	5	2.1	2	村中	
友谊桥	里庵溪	涂茨镇潘家坎	钢筋混凝土	乱石		5.5	1	5	3.5	1.3	汤岙—崔家岙	
同安桥	萧家溪	涂茨镇萧家	条石	条石	条石	6.8	3		2.5	1.5	萧家—崔家岙	洞桥头
山湾桥	萧家溪	涂茨镇萧家	槽板	块石	条石	8.5	2		1.6	1.5	萧家—涂茨	
树桥	萧家溪	涂茨镇柯墩	钢筋混凝土	块石		5.8	1	5.4	1.9	2.4	柯墩—崔家岙	

续上表

桥　名	跨越河流	所属镇乡(街道)村	结构形式			桥面全长(米)	孔数	单孔净跨(米)	宽度(米)	高度(米)	经过路名	备　注
			桥面	桥台	桥墩							
人民桥	珠溪	贤庠镇珠溪	条石	乱石	乱石	12	3		2.4	2.6	村中	1977年建
安乐桥	珠溪	贤庠镇珠溪	条石	条石	条石	8.5	3		1.5	1.7	村中	1922年(民国11年)建
瑞安桥	珠溪	贤庠镇珠溪	条石	条石	条石	7	2	3.2	1.7	2	村中	1849年(清道光二十九年)建
长生桥	山厂溪	贤庠镇珠溪	钢筋混凝土	块石	块石	12	3		2.4	2.5	村中	1981年重建
四甲桥	山厂溪	贤庠镇珠溪	空心板	块石	块石	12	3		1.5	2	村中	1986年建
新河桥	直河	贤庠镇珠溪	钢筋混凝土	头石	块石	10.8	3	3	3	2.5	珠溪—乌石山	1976年建
节制闸桥	直河	贤庠镇乌屿山村	钢筋混凝土板梁	块石	块石	10.8	3	2.5	4	2	珠溪—乌屿山	1976年建
小东塘桥	直河	贤庠镇乌屿山村	钢筋混凝土板梁	块石	块石	10	3	3	2.7	3	乌屿山—溪沿	1957年建
文明桥	溪沿溪	贤庠镇溪沿	条石	条石	条石	5.5	3	1.5	1.8	1.7	村中	1821-1850年(清道光间)建
大中桥	溪沿溪	贤庠镇溪沿	条石	条石	条石	6	3		1.8	1.6	村中	1921年(民国10年)建
鸣凤桥	溪沿溪	贤庠镇溪沿	条石	条石	条石	7	3		2.2	1.8	村中	1815年(清嘉庆二十年)建
镇南桥	带溪	贤庠镇下庄村	条石	乱石	条石	6.2	2	2.9	1.3	1.6	村中	1949年(民国38年)建
洞桥	带溪	贤庠镇下庄村	块石拱			5.2	1	5.	5.2	2	村中	
水湖塘桥	水湖塘	黄避岙乡黄避岙	钢筋混凝土板梁	乱石	块石	16	4	3	2.6	3	公路—高湖	
制坯桥	滩港	黄避岙乡横塘	钢筋混凝土板梁	块石	块石	15	3	4	2.4	3	砖瓦厂	
张家桥	龙屿溪	黄避岙乡龙屿	钢筋混凝土板梁	块石	块石	5.5	1	5	2.3	2.5	村中	
徐施桥	槐溪	贤庠镇着衣亭	钢筋混凝土板梁	条石	条石	12	3	3	2.5	2.3	三角埭—昧溪古道	
大桥	东塘河	贤庠镇樟家墩	条石	条石	条石	8	3		1.3	2	着衣亭—路下庄	

续上表

桥 名	跨越河流	所属镇乡(街道)村	结构形式			桥面全长(米)	孔数	单孔净跨(米)	宽度(米)	高度(米)	经过路名	备 注
			桥面	桥台	桥墩							
东港桥	东长河	贤庠镇岑嵬	条石	块石	条石	14	4		2.6	3	街中	1957 年建
庆丰小桥	车岭溪	西周镇车岭村		块石		7.2	1	5.6	2	2.8	村中	
横溪桥	车岭溪	西周镇车岭村	钢筋混凝土板梁	乱石	条石	17.6	3		4	3	象西古道	1976 年重建
龙头庙桥	沙地溪	西周镇山头村	钢筋混凝土	块石		7	1	5.2	3.8	4	山头—西周	1984 年建
石平桥	沙地溪	西周镇车岭村	条石	乱石	乱石	9	2	4	1.7	1	村	
上溪桥	文岙溪	西周镇文岙	条石	乱石	块石	9.2	3	2.8	1.7	1.2	村中	
半坑于桥	于家溪	西周镇半坑于	块石拱			10	1	5.8	3.3	4.5	半坑于—公路	
伊家坑桥	于家溪	西周镇伊家村	钢筋混凝土	块石	块石	12	4		1.5	0.6	村中	
伊家坑桥	于家溪	西周镇伊家村	钢筋混凝土	块石	块石	12	3		1.5	0.6	村中	
伊家小桥	于家溪	西周镇伊家村	钢筋混凝土	块石	块石	10	4		0.4	0.4	村中	
谢圣岙桥	于家溪	西周镇谢圣岙	钢筋混凝土	块石	块石	15	4	3.1	2.5	0.8	谢圣岙—湖边	1977 年建
上张桥	于家溪	西周镇上张	钢筋混凝土	块石	块石	13	4		1.6	1	上张—伊家	1972 年建
镇湖桥	淡港	西周镇湖边	钢筋混凝土	块石	块石	9	3	2.5	2	0.7	村边	
石滩塘桥	淡港	西周镇湖边	钢筋混凝土	块石	块石	11	4		2	2.2	湖边—岙岭下	
外岙桥	蔡家田溪	西周镇蔡家田	钢筋混凝土	乱石	乱石	5.5	1	5	1.9	2.6	蔡家田—伊家	1978 年建
三板桥	蔡家田溪	西周镇蔡家田	钢筋混凝土	块石		6.5	1	6	7	2.2	湖边—伊家	
独板桥	蔡家田溪	莲花乡蔡家田	钢筋混凝土	块石		5.5	1	5.1	1.8	1.9	上张—伊家	
倪家桥	戬谷溪(或缘溪)	西周镇倪家	乱石拱	乱石		5.5	1	5	2.6	2.7	象西古道	

续上表

桥　名	跨越河流	所属镇乡（街道）村	结构形式			桥面全长（米）	孔数	单孔净跨（米）	宽度（米）	高度（米）	经过路名	备　注
			桥面	桥台	桥墩							
戬谷桥	戬谷溪（或缘溪）	西周镇乡郑家	钢筋混凝土	乱石		5	1	4.8	5	3	儒横线	亦称花桥头
圆峰庙桥	戬谷溪（或缘溪）	西周镇隔溪张	乱石拱	乱石		6	1	5.5	3	3.5	隔溪张—儒雅洋	
祠堂桥	芭蕉溪	西周镇上芭蕉	乱石拱	块石		6	1	5.4	3.1	3.5	村中	
平桥	芭蕉溪	西周镇下芭蕉	钢筋混凝土	块石		6	1	5.5	4	1.7	村中	
洞桥	芭蕉溪	西周镇下芭蕉	乱石拱	乱石		6.8	1	6.8	2.8	3	村中	
大坟坛桥	芭蕉溪	西周镇扫底湾	钢筋混凝土	块石	块石	18.7	3		2.5	3.6	芭蕉—下沈	
平潭桥	芭蕉溪	西周镇平潭村	钢筋混凝土	乱石	乱石	18.3	4	3.9	3.2	6.5		村中
老鼠桥	黄溪	西周镇白岩后	乱石拱	乱石		5	1	5	2.6	3.6	白岩后—下沈	
新鼠桥	黄溪	西周镇白岩后	钢筋混凝土	乱石		6	1	6	4.6	3.5	白岩后—下沈	1985 年建
开口岩桥	黄溪	西周镇白岩后	钢筋混凝土	乱石		6	1	5.8	15.8	5.1	白岩后—下沈	
大娘桥	黄砻溪	西周镇杰岙	钢筋混凝土	乱石		7.7	1	5	5	3.3	白岩后—下沈	1984 年建
天丰桥	黄砻溪	西周镇杰岙	钢筋混凝土	乱石	块石	9	2	4.4	1.8	2.6	白岩后—下沈	1986 年建
小地龙桥	黄砻溪	西周镇赖岙	条石	块石	块石	19.4	6	3	1.6	0.7	白岩后—下沈	
富贵桥	石门岭溪	西周镇关山	条石	乱石	块石	6.5	2		2	2.5	象西古道	
东园桥	石门岭溪	西周镇关山	钢筋混凝土	乱石		7.5	1	7	2	2.5	村中	1977 年建
五份头桥	石门岭溪	西周镇关山	钢筋混凝土	乱石		7	1	6.3	2.2	2.5	村中	
白洋果桥	柴溪	西周镇柴溪	钢筋混凝土	乱石	块石	10	2	4.6	1.8	2.2	村中	1982 年建

续上表

桥 名	跨越河流	所属镇乡（街道）村	结构形式			桥面全长（米）	孔数	单孔净跨（米）	宽度（米）	高度（米）	经过路名	备 注
			桥面	桥台	桥墩							
横板桥	柴溪	西周镇柴溪	钢筋混凝土	块石	块石	11.3	2		2.7	2.7	村中	1983 年建
万春桥	柴溪	西周镇柴溪	条石	条石	条石	15	4		1.6	2.5	村前—公路	
双曲拱桥	龙溪	泗洲头镇张岙	双曲拱			12	1	11.3	3.4	4	横埕—张岙	
平安桥	张岙溪	泗洲头镇张岙	条石	块石	块石	8.5	3		1.7	2.3	金家岙—张岙	1981 年重修
太平桥	张岙溪	泗洲头镇张岙	条石	块石	块石	15	4		1.5	2	泗西古道	
山背桥	上了溪	泗洲头镇横埕	乱石拱	块石		6	1	5.4	2.8	2.7	至小尖岭	
洞桥	上了溪	泗洲头镇河柳溪		块石		7	1	6.2	1.9	2.3	至小尖岭	
复兴桥	上了溪	泗洲头镇河柳溪	钢筋混凝土	块石	块石	12	2	5.6	4.7	2.5	泗洲头—横埕	1986 年建
水渠桥	风老坑	泗洲头镇萧胡	乱石拱	块石	块石	11	2	5	2.2	4	肖胡—河柳溪	
洞桥	风老坑	泗洲头镇萧胡	乱石拱			6	1	6	3	3.5	塘岸—河柳溪	
将军桥	西溪	泗洲头镇田边村	条石	块石	块石	6.5	2	3	1.4	1.4	宁象古道	
中央桥	西溪	泗洲头镇西洋	钢架	块石		9	1	9	2.5	2	宁象古道	
镇龙桥	西溪	泗洲头镇西洋	条石	块石	条石	13	3		1.7	2.6	宁象古道	
永庆桥	兰沙溪	泗洲头镇井坑	条石	块石	条石	9.5	3		1.6	2.2	村中	1918 年(民国 7 年)建
金山桥	兰沙溪	泗洲头镇井坑	条石	块石	条石	10	3		2.1	3	中央岙—西洋	
永镇桥	南岙溪	泗洲头镇南岙	条石	条石	条石	10	3	2.8	3.3	3	马岙—泗洲头	1975 年重修
清风桥	东岙溪故道	泗洲头镇泗洲头	条石	块石	块石	15.5	3		2	2	镇中	

续上表

桥　名	跨越河流	所属镇乡（街道）村	结构形式			桥面全长（米）	孔数	单孔净跨（米）	宽度（米）	高度（米）	经过路名	备　注
			桥面	桥台	桥墩							
拱桥	庙洞坑	泗洲头镇林场	乱石拱	乱石		5	1	5	4	2.5	林场	
后山溪桥	东岙溪	泗洲头镇后山	钢筋混凝土	块石	块石	15	3	4.5	5.6	2.3	泗洲头—林场	
溪水桥	东岙溪	泗洲头镇上栈房	双曲拱	块石	块石	17	2	8	7	2.5	街中	
引仙桥	峙前溪	泗洲头镇峙前村	条石	块石	块石	9.5	3		1.6	2.2	峙前—马岙	1946年（民国35年）重修
永安桥	峙前溪	泗洲头镇峙前村	条石	块石	块石	9.1	3	2.7	1.5	1.7	峙前—马岙	1858年（清咸丰八年）建
万阳桥	马岙溪	泗洲头镇上马岙	条石	块石	块石	5.3	2		1.5	1.6	马岙—胡陈	1917年（民国6年）建
峻巽桥	马岙溪	泗洲头镇上马岙	钢筋混凝土	块石	块石	6.5	2	3	3.7	2	马岙—墩岙	1925年（民国14年）建
金雁桥	马岙溪	泗洲头镇上马岙	条石	条石	条石	8	3	2.4	1.6	2	村中	
长湾桥	东溪	新桥镇东溪村	条石	块石	块石	18	5		1.2	1.8	村边	2008年大修
中学桥	东溪	新桥镇东溪村	钢筋混凝土	块石	块石	21.9	4	4.8	2.6	2.2	村中	1995年大修
洋坑桥	洋坑	新桥镇洋坑	钢筋混凝土板梁	块石	块石	11	3		2.8	2.2	村中	1985年建
永丰桥	洋坑	新桥镇洋坑	条石	条石	条石	12	4		1.6	2	松岙—东溪	2005年重建
独眼桥	板岭渠	新桥镇东溪村	钢筋混凝土板梁	乱石	乱石	9	2	3.9	3.1	1.8	街中	2006年大修
朱家桥	玉带溪	新桥镇里岙底	乱石拱			6	1	5.5	3	4	海台—木头岭	2005年重建
南北桥	石柱溪	新桥镇里岙	乱石拱			6.5	1	6	2.5	4	南北—北山	2006年重建
外岙桥	石柱溪	新桥镇外岙	钢筋混凝土板梁	块石	块石	8.5	2	3.9	3.5	4.3	南北—外岙	1986年建
东史桥	石柱溪	新桥镇东史	条石	块石	块石	9.5	3		1.5	1.5	东史—外岙	
上潭桥	石柱溪	新桥镇新桥	钢筋混凝土板梁	块石	块石	11	2	5.3	2.1	2.5	关头—新桥	
大江坑桥	大江坎河	新桥镇新桥	条石	块石	块石	9	3	2.7	1.7	1.7	关头—小岭下	

续上表

桥　名	跨越河流	所属镇乡(街道)村	结构形式			桥面全长(米)	孔数	单孔净跨(米)	宽度(米)	高度(米)	经过路名	备　注
			桥面	桥台	桥墩							
长水渠桥	渠	新桥镇关头	钢筋混凝土	块石	块石	13.5	2		1.6	3.5	村中	
冯家渠桥	渠	新桥镇关头	钢筋混凝土	块石	块石	12.5	2		1.5	4	村中	
小碶门桥	三叉江	定塘镇下灶	条石	条石	条石	30	10	2	1.5	2.5		
大碶门桥	三叉江	定塘镇下灶	钢筋混凝土	块石	块石	12	4	2.5	5	5.5	下灶—台洞塘	1972年建
翻水站桥	三叉江	定塘镇下灶	钢筋混凝土	块石	块石	6.5	3	2.8	3.6	5.5	下灶—台洞塘	1972年建
三宜塘里碶桥	长庆塘江	定塘镇灵下舍	钢筋混凝土板梁	混凝土	混凝土	8.5	2	4	3.5	4	灵下舍—台洞塘	1972年建
三宜塘外碶桥	长庆塘江	定塘镇灵下舍	钢筋混凝土板梁	块石	块石	8.5	2	4	4	5	灵下舍—台洞塘	1972年建
长庆桥	官地溪	石浦镇官地村	钢架	块石	块石	8	1	8	2.2	2.5	昌国—金架山	1964年建
步瀛桥	官地溪	石浦镇金架山	钢筋混凝土板梁	条石	条石	8	2	3.5	2.5	2	昌国—周岙	
登云桥	官地溪	石浦镇金架山	条石	条石	条石	7.8	2	3.5	1.1	1	下家潭—金架山	
清潭桥	官地溪	定塘镇周岙	条石	乱石	块石	6.5	2	3	2	2	定山—金架桥	
海口桥	官地溪	定塘镇周岙	钢筋混凝土板梁		块石	8.5	2	3.8	4.6	2	定周线	1980年建
绿屿桥	绿屿河	定塘镇庙山	钢筋混凝土	条石	条石	6.5	2	3	7	4.5	定周线	1980年建
树桥	长塘河	定塘镇庙山	钢架	块石		12	1	12	2.5	5.5	定山—下营	1964年建
浮礁渡碶桥	长塘河	定塘镇后洋塘	条石	条石	条石	18.5	6	2	5.4	5.5	渡口—后—	1952年建
太平桥	上营溪	定塘镇上营	条石	块石	块石	9	3	2.7	2.5	1.8	定山—上营	1859年(清咸丰九年)建
环溪桥	上青埠溪	定塘镇方前	乱石拱	块石		6.5	1	6	3.1	3.5	定山—大青埠	
济生桥	上青埠溪	定塘镇方前	条石	乱石	块石	13	3		1.9	2.5	方前—地垅	1891年(清光绪十七年)建

续上表

桥名	跨越河流	所属镇乡(街道)村	结构形式			桥面全长(米)	孔数	单孔净跨(米)	宽度(米)	高度(米)	经过路名	备注
			桥面	桥台	桥墩							
花湾桥	黄埠溪	晓塘乡花湾	钢筋混凝土板梁	块石	块石	10	3	3	1.6	1.8	花湾—公路	
鹤洋桥	双叉江	晓塘乡鹤洋	钢筋混凝土板梁	块石	块石	14.3	3	2.8	3	4	鹤洋—三黄线	
门前江桥	九龙江	晓塘乡外塘	钢筋混凝土板梁	块石	块石	11	2	4.5	2	5	晓塘—月楼岙	
砖厂桥	九龙江	晓塘乡九龙江	钢架	块石		25	1	18.5	3	5	九龙江—砖厂	
友谊桥	蜘蛛山港	石浦镇平阳厂	片石拱	块石		25	1	4	1.6	5	平阳厂—金鸡山	1957 年建
境丰桥	大明山溪	石浦镇昌国	钢筋混凝土	块石	块石	5.6	2	2.5	3	2.4	西城	1984 年建
大桥	大明山溪	石浦镇昌国	钢筋混凝土	块石	块石	8	1	6	4.4	2	南城	1976 年重建
黄溪桥	黄溪	石浦镇潭地	条石	块石	条石	6.4	2	3	1.2	1.4	鸡鸣—田洋湖	
南洋桥	黄溪	石浦镇鸡鸣	钢筋混凝土板梁	块石	块石	6	2	2.2	3.2	1.5	鸡鸣—金架山	1983 年建
四排滩桥	盐场河	昌国盐场	钢筋混凝土板梁	块石	块石	10	3	2.5	4.1	3.5	盐场	
二排滩桥	盐场河	昌国盐场	钢筋混凝土板梁	块石	块石	10	3	2.5	4.1	3.5	盐场	
横江桥	盐场河	昌国盐场	块石拱	乱石	乱石	10	3	2.8	4	2.5	昌国—玉柱山	1973 年建
石关门桥	女溪	石浦镇三家村	条石	条石	条石	6.5	2	3.2	1.1	2	方前—五里桥	
永安桥	女溪	石浦镇塘头江	钢筋混凝土	块石		15	1	10	4.8	6	延昌—沙头	1980 年重建
溢洪桥	文昌阁水库	石浦镇竹家岐	钢筋混凝土	块石	块石	12	2	5.4	2.2	2.3	女溪—文昌阁	
太平桥	横山溪	石浦镇女溪	乱石拱	乱石		5	1	5	2.8	2.8	五里桥—文昌阁	
水库桥	北门水库	石浦镇北门	钢筋混凝土	块石		5.5	1	5.2	2.7	3	城区—文昌阁	
营房桥	护城河	石浦镇北门	钢筋混凝土	块石		5.5	1	5.4	3	2	城区	

续上表

桥　名	跨越河流	所属镇乡(街道)村	结构形式			桥面全长(米)	孔数	单孔净跨(米)	宽度(米)	高度(米)	经过路名	备　注
			桥面	桥台	桥墩							
老虎洞桥	小娘坑	石浦镇西门	钢筋混凝土	乱石		5.2	1	5.2	3	2	城区	
水库脚桥	百丈溪	鹤浦镇小百丈	钢筋混凝土	块石	块石	8.1	2	3.8	2.5	2.4	村中	
登瀛桥	东支河	鹤浦镇鱼山	条石	块石	块石	10	2	4	4	1.5	文山前—鱼山	
新街口桥	中镇河	鹤浦镇新街	块石拱	块石		10	1	5.4	3.9	3	街南	
区医院桥	中镇河	鹤浦镇城区	钢筋混凝土	块石		6	1	5	4	3.5	街南	
排洪桥	中镇河	鹤浦镇城区	钢筋混凝土	块石	块石	32	3		3	4.5		镇中
西淡碶桥	中镇河	鹤浦镇城区	钢筋混凝土	条石	条石	12	2	5.7	3.5	4.5	镇中	
大闸桥	中镇河	鹤浦镇城区	钢筋混凝土	条石	条石	16.5	5	3	3.5	4	镇中	
坝下桥	樊岙水库	鹤浦镇水库	钢筋混凝土	块石	块石	9	2	4	4	2.5	南北弄堂—樊岙	
永庆桥	县署前河	鹤浦镇伯爵岙	条石	块石	条石	6	2	2.7	1.6	1.3	伯爵岙—樊岙	1882年(清光绪八年)建
枫树脚塘桥	樊鹤港	鹤浦镇南五	条石	条石	条石	18	3	大4	1.6	5	石屋—南五	1950年建
桃三桥	中靖河	高塘岛乡桃三村	钢筋混凝土	乱石		36	1	6	2	3.5	上横厂—粮站	1963年建
龙口舌桥	龙草珠江	高塘岛乡龙珠村	钢筋混凝土	乱石	乱石	5.5	1	5	1.8	3.5	高塘—小乌岩	

第六节　隧　道

1977年,始凿茅洋乡东岙隧道,县水利部门自行勘测设计施工。1981年后,县政府注重开凿隧道,认为此举是发展陆上交通的宏图大计。各隧道大都由各级交通部门勘测设计,建筑工程部门承建。1990年末,已建隧道9座,计2485.7米;在建隧道6座,计1939.6米。2001年9月,通车隧道30座,计9364.7米,居全省各县之首。2010年末,列入养护计划及统计报表的公路隧道40座、计13151.15米;已建、在建尚未列入养护计划及统计报表的隧道7座,计6108米。

象西公路隧道

史家山隧道　位县城西史家山，系象西公路车辆入城要道，西北接省道象西线，东南连城区象山港路。长 922.4 米，宽 10.45 米，高 5 米，水泥混凝土衬砌，照明、防、排水设施，总投资 3800 万元。双车道，单向行，设计行车时速 60 公里。宁波市交通设计院设计，浙江良和交通工程建设有限公司、铁道部第 20 工程局分段承建，宁波市交通工程咨询监理有限公司监理。2000 年 2 月 28 日开工，2001 年 8 月 31 日竣工通车。同年 9 月 28 日，经市交通质监站验收质量鉴定，获优良工程。

彭姥岭隧道　位城西彭姥岭。按二级公路标准设计，东西向，长 654 米，宽 12 米，其中车行道宽 7 米，两侧人行道各宽 2.5 米，高 5.0 米。浆砌粗料石衬砌，照明装置。山势东陡西缓，东端设 15 跨立交桥，长 126.9 米，距洞口 460 米。西口接线工程 3.06 公里。隧道建成后缩短里程 1.2 公里。时为县交通邮电重点工程之一，省交通设计院勘测设计，温岭县交通工程公司、象山县交通工程公司分别承建。1987 年 10 月 15 日开工，县贴息贷款，拟通车后，收取车辆通行费还贷。因规模大，勘测设计不周，发现地质变化，措施不力，致大小断层坍方百余次，工程一度处于停滞状态，造成资金短缺。后经施工者冒矢石，排险情，加班加点，1992 年 11 月 11 日，终建成通车。投资 1040 万元(包括两端接线公路及东端立交桥)。原为双车道双向行，后随史家山隧道建成通车，改为单向行，乃县城西出口要道。2003 年 5 月 30 日始，全封闭维修加固，采用内壁复合式钢筋混凝土衬砌工艺，并增防水设施，9 月初完工。宽 11.5 米，高 4.5 米，设计行车时速 60 公里，耗资 596.48 万元(图 2-1-26)。浙江良和交通工程建设有限公司承建。

图 2-1-26　21 世纪初彭姥岭隧道

高架岭一号隧道　位墙头镇与西周镇交界之高家岭。东西向，长 1320 米，境内首座最长隧道，宽 10.45 米，高 5 米，水泥混凝土衬砌，照明装置，无防、排水设施。双车道，双向行，设计行车时速 40 公里。1998 年 7 月开工，1999 年 12 月竣工通车，总投资 2640 万元。浙江省工程勘测院勘测，宁波市交通设计院设计，铁道部工程局第一工程处、温岭县交通工程公司分东西段施工，宁波市交通工程咨询监理有限公司监理。2002 年 7 月 29 日下午 1 时许，隧道内发生 2 车相撞，6 死 5 伤特大交通事故。2008 年，实施渗漏水防治、瓷砖贴面、通风装置等维修、更新，耗资400万元。2009年5月，东洞口按拟建复线（二号）隧道线位，完成817米分流车道改造，耗资714余万元。2011年11月，改为单向上行（左幅）线（图2-1-27）。

图2-1-27 21世纪初高架岭隧道

茅石公路隧道

板岭隧道 位新桥镇井头村东。长212米，宽9.5米，高5米，南北向。水泥混凝土衬砌，无照明与防、排水设施。双车道、双向行，设计行车时速40公里。2002年开工，2003年8月贯通，12月竣工通车，总投资318万元。宁波市交通设计研究院设计，象山交通工程建设有限公司承建，象山交通工程咨询监理有限公司监理。

上盘岭隧道 位新桥镇上盘村南。南北向，长241米，宽9米，高5米。水泥混凝土衬砌，无照明与防、排水设施。双车道、双向行，设计行车时速40公里。1998年开工，1999年12月竣工。总投资250万元。市交通设计研究院设计，县交通工程建设有限公司承建，县交通工程咨询监理有限公司监理。

美石岭隧道 位定塘镇葫芦门村西。南北向，长131米，宽7米，高5米。水泥混凝土衬砌，无照明与防、排水设施。双车道、双向行，设计行车时速30公里。1998年开工，1999年12月竣工。总投资241万元。市交通设计研究院设计，县交通工程建设有限公司承建，县交通工程咨询监理有限公司监理。

下洋墩隧道 位石浦镇下洋墩村西。东西向，长81.8米，宽7米，高4.5米，浆砌粗料石衬砌，无照明与防、排水设施。双车道、双向行，设计行车时速30公里。1994年开工，1995年10月竣工，总投资82万元。象山交通工程管理所设计，县交通工程建设有限公司承建。

沿海南线公路隧道

北山隧道 位丹西街道北山下村西北（图2-1-28）。南北向、双车道，单向下行（右幅）线。长324米，宽11.95米，高5米。水泥混凝土衬砌，照明、防、排水设置。设计行车时速40公里。2000年开工，2003年竣工，总投资972万元。市交通设计研究院设计，市交通工程建设有限公司、县交通工程建设有限公司分北、南段承建，宁波交通工程咨询监理有限公司监理。

玉玑山隧道　位北山隧道东。双车道、单向上行(左幅)线。长360米,宽11.95米,高5米。水泥混凝土衬砌,照明、防、排水设置。设计行车时速40公里。2000年开工,2003年竣工,总投资1080万元。市交通设计研究院设计,宁波交通工程建设有限公司、浙江良和交通工程建设有限公司分北、南段承建,宁波交通工程咨询监理有限公司监理。

图2-1-28　21世纪初玉玑山、北山隧道

沙新公路隧道

松岙一号隧道　位东陈乡松岙岭(亦称田湾岭)。南北向,双车道,单向下行(右幅)线。长163米,宽11.95米,高5米。水泥混凝土衬砌,照明、防、排水设置。设计行车时速40公里。1984年4月,建沙石公路凿通,1985年12月竣工。总投资18.88万元。2001年,随沿海南线动建拓宽,2004年竣工,耗资489万元。市交通设计研究院设计,仙居县交通工程公司承建,宁波交通工程咨询监理有限公司监理。

松岙二号隧道　一号隧道东,双车道、单向上行(左幅)线。长400米,宽11.95米,高5米。水泥混凝土衬砌,照明、防、排水设置,设计行车时速40公里。2001年开工,2002年3月31日凿通,2004年竣工,总投资1140万元。市交通设计研究院设计,仙居县交通工程公司承建,宁波交通工程咨询监理有限公司监理。

旦门一号隧道　位东陈乡旦门村鸡窝岭。南北向、双车道,单向下行(右幅)线(图2-1-29)。长505米,宽11.95米,高5米。水泥混凝土衬砌,照明、防、排水设置。设计行车时速40公里。2001年开工,2004年竣工,总投资1515万元。市交通设计研究院设计,浙江良和交通工程建设有限公司承建,市交通工程咨询监理有限公司监理。

旦门二号隧道　一号隧道东,双车道、单向上行(左幅)线。长505米,宽11.95米,高5米。水泥混凝土衬砌,照明、防、排水设置。设计行车时速40公里。2001年开工,2004年竣工,总投资1575万元。市交通设计研究院设计,浙江良和交通建设有限公司承建,市交通工程咨询监理有限公司监理。

昌国隧道　位石浦镇昌国北门岭。南北向,双向双车道,长200.4米,宽8.5米,高4.5米,块石砌拱北口长5.5米,南口长15米,纵坡3%。20世纪70年代,昌国盐场建成,为方便

图 2-1-29　21 世纪初旦门隧道

盐工作业，昌国公社自筹资金 12 万元开凿隧道。1978 年 2 月动工，翌年 3 月竣工，初宽 6 米，高 4.5 米。1984 年 7 月，县投资 2 万元，扩建公路隧道，次年 10 月竣工。1998 年 3 月，因洞壁裸石风化剥落，与松岙隧道同时实施喷浆修复，为期半月，耗资 33 万元。2006 年改建，水泥混凝土衬砌，照明、防、排水设置，耗资 212.58 万元。市交通设计研究院设计，浙江良和交通工程建设有限公司承建，象山交通工程咨询监理有限公司监理。

半岭隧道　位石浦镇西门外半岭。长 342.65 米，宽 9 米，高 4.5 米，南北向，双向双车道。1986 年 7 月动工，1989 年 12 月竣工，投资 50 万元。2007 年改建，水泥混凝土衬砌，照明、防、排水等全新设施，耗资 684.55 万元。市交通设计研究院设计，浙江良和交通工程建设有限公司承建，象山交通工程咨询监理有限公司监理。

方青公路隧道

方前隧道　位定塘镇方前村南。东西向，长 370 米，宽 7.5 米，高 4.5 米。水泥混凝土衬砌，防、排水设施。双车道、双向行，设计行车时速 30 公里。2004 年开工，2005 年 12 月通车，总投资 740 万元。市交通设计研究院设计，浙江良和交通工程建设有限公司承建，象山交通工程咨询监理有限公司监理。

花岙岛公路隧道

花岙隧道　位高塘岛乡花岙岛。南北向，双向双车道，长 320 米，宽 7.5 米，高 4.5 米，水泥混凝土衬砌。2004 年开工，2005 年 12 月通车，市交通设计研究院设计，市建筑飞龙有限公司承建，总投资 510 万元。

延昌至东门岛公路隧道

铜瓦门隧道　位铜瓦门大桥东北端。东北、西南向，双向双车道，长 60 米，宽 7.5 米，高 4.5 米，水泥混凝土衬砌，防、排水设施，设计行车时速 30 公里。1999 年开工，2001 年 12 月通车，总投资 160 万元。市交通设计研究院设计，浙江良和交通建设有限公司承建。

向浦至沙塘湾公路隧道

沙塘湾隧道　位石浦镇向浦村与沙塘湾村交界。长 480 米，原宽 5.5 米，高 4.5 米，东北、西南向。水泥混凝土衬砌，无照明、防、排水设施，设计行车时速 30 公里。1991 年开工，

1994 年 12 月通车,三门县交通工程公司承建。2006 年改建,拓宽至 7.5 米,双车道、双向行,耗资 720 万元。宁波交通设计研究院设计,铁道部十四局施工,象山交通工程咨询监理有限公司监理。

茅石线(井头)至洋坑公路隧道

岙底隧道　位新桥镇里岙村与木头岙村间,西北、东南向。长 160 米,宽 7.5 米,高 4.5 米,水泥混凝土衬砌。双车道、双向行,无照明、防、排水设施,设计行车时速 30 公里,1997 年建。2004 年 12 月,洞壁拓宽、衬砌改建,耗资 720 万元。市交通设计研究院设计,浙江天元集团公司承建,象山交通工程咨询监理有限公司监理。

丹大公路隧道

爵溪隧道　位爵溪街道前岙村之前岙岭(亦称爵溪岭)。东北、西南向,双向双车道,长 685 米,宽 8.5 米,高 4.5 米。原爵溪镇政府自筹资金,委托县交通工程管理所、宁波市交通设计室勘测设计。三级公路标准,水泥混凝土衬砌 178.5 米,余未衬砌,照明、防、排水设施。1988 年 4 月动工,1989 年底竣工,1991 年 5 月通过验收,耗资 283 万元,县交通工程建设有限公司承建。1998 年,因拱顶多次零星坍方,实施混凝土衬砌加固,投资 255.8 万元。

石三公路隧道

吉港一号隧道　位鹤浦镇西南 3.5 公里处,蜊门港大桥东,南北向。鹤浦至高塘过桥前首座隧道,双向双车道,长 39.1 米,宽 8.5 米,高 4.7 米,水泥混凝土衬砌。1994 年 5 月动工,1995 年 12 月竣工,投资 32 万元。市交通设计研究院设计,县交通建设工程公司承建。

吉港二号隧道　乃过桥前第二座隧道。双向双车道,长 39.8 米,宽 8.5 米,高 4.7 米,投资 32 万元。开、竣工时间,设计及施工单位同一号隧道。

高塘隧道　位高塘岛乡蜊门港大桥西。东西向,双向双车道,长 205 米,宽 8.5 米,高 4.5 米,浆砌粗料石衬砌,无照明、排水设施,有漏水现象。1994 年 5 月动工,1995 年 12 月竣工通车,总投资 205 万元。市交通设计研究院设计,县交通工程建设公司承建。

前门山隧道　位石浦镇,三门口大桥北岸。南北向,双向双车道,长 180 米,宽 8.5 米,高 5 米,水泥混凝土衬砌,照明、防排水设置。2002 年 10 月开工,2003 年 12 月竣工,总耗资 450 万元。中铁勘测设计院设计,浙江良和交通工程建设有限公司承建,宁波市交通工程咨询监理有限公司监理。

马漕公路隧道

镜架山隧道　位定塘镇镜架岙村东。东西向,双向双车道,长 212 米,宽 8 米,高 4.5 米,浆砌粗料石衬砌。1996 年 5 月动工,1997 年 10 月竣工,投资 212 万元。县交通工程管理所设计,市公路局路桥工程处承建。2002 年春节前因拱顶突发零星坍方,交通中断,县公路段组织突击抢修,耗资 20 万元,节后恢复通车。

泗长公路隧道

龙潭坑隧道　位泗洲头镇南龙潭坑。双向双车道,长 47.2 米,宽 6.5 米,高 5 米,呈东北—西南向。1980 年 12 月修建泗马公路时开凿,次年 7 月竣工,时无衬砌,耗资 2 万元。2000 年 9 月,因拱顶常掉零星石块,县公路管理段实施封闭抢修,边墙粗料石浆砌,拱顶混凝土衬砌,10 月底完工,耗资 38 万元。

峙前岭隧道　位泗洲头镇峙前岭。南北向,双向双车道,长 173 米,宽 7 米,高 4.5 米,浆砌粗料石衬砌，无防、排水设施。1984 年 9 月开工，翌年 10 月竣工，投资 18.17 万元。

盛莲公路隧道

蚶岙岭隧道　位西周镇蚶岙村东。东西向，双向双车道，长 925 米，宽 9.8 米，高 4.5 米（图 2-1-30）。照明设施，粗料石浆砌约 215 米。1991 年 5 月 15 日开工，1992 年 11 月 11 日竣工，耗资 701 万元，获市优良工程。市交通设计研究院设计，县交通工程建设有限公司承建。

图 2-1-30　20 世纪末蚶岙岭隧道

巨爵公路隧道

赵岙隧道　位丹东街道赵岙村与爵溪街道牛丈岙村交界。东西向，双向双车道，长 448 米，宽 11.9 米，高 5 米。照明、防水设施，水泥混凝土衬砌。2003 年 1 月开工，2004 年 7 月竣工，投资 1424 万元。市交通设计研究院设计，宏润建设集团承建。

燕山隧道　位爵溪街道牛丈岙村东。东西向，双联体，双向四车道，中设隔离墙，长 140 米，宽各 10 米，高皆 5 米。照明、防、排水设施，水泥混凝土衬砌。2003 年 1 月开工，2004 年 7 月通车，投资 1120 万元。市交通设计研究院设计，宏润建设集团承建。

溪东公路隧道

屠家园隧道　亦称东岙隧道，位茅洋乡东岙村与屠家园村交界。南北向，双向双车道，长 141.8 米，宽 7.5 米，高 4.5 米，浆砌粗料石衬砌。2003 年 5 月开工，2004 年 12 月竣工通车，投资 213 万元。市交通设计研究院设计，浙江良和交通建设有限公司承建。

前中公路隧道

毛湾隧道　位涂茨镇毛湾岭。西北口为前山姚村，接汤鲁公路，东南口为毛湾村。双向双车道，长 226 米，宽 5 米，高 4.5 米。1988 年东港乡自筹资金开凿，投资 25 万元。2003 年改建，拱顶水泥混凝土衬砌，边墙粗料石浆砌，耗资 80 万元。市交通设计研究院设计，宏润建设集团承建。2009 年，西北洞口接长 8 米、钢筋混凝土衬砌，东南洞口外边坡整治、钢筋网混凝土喷浆，耗资 46 万元。

长沙隧道　位涂茨镇长沙村西。东西向，双向双车道，长 209 米，宽 5 米，高 4.5 米。1987 年东港乡自筹开凿，投资 25 万元，1990 年 6 月凿通。2003 年重修，耗资 50 万元，县交通工程管理所设计，浙江良和交通建设有限公司施工。2009 年，东洞口接长 8 米，钢筋混凝土衬砌,东、西洞口外边坡整治、钢筋网喷浆,耗资34万元。

大坦岭隧道　位涂茨镇大坦村岩岭头。东西向,双向双车道,长209米,宽6.5米,高4.6米。1987年东港乡自筹开凿,投资20万元。1989年凿通。2003年改建,拓宽至7米,拱顶水泥混凝土衬砌,边墙粗料石浆砌,耗资120万元。市交通设计研究院设计,浙江良和交通建设有限公司承建。2009年,东、西洞口外皆边坡整治、钢筋网喷浆,耗资48万元。

励司公路隧道

励家坪隧道　位励家坪村与司前村交界。南北向,双向双车道,长233米,宽7.5米,高4.5米。1998年开工,1999年11月竣工,投资133万元。2003年大修,水泥混凝土衬砌,耗资100万元。县交通工程管理所设计,县建筑聚实有限公司施工。

盐三公路隧道

黄石隧道　位晓塘乡黄脚村东北。东西向,双向双车道,长400米,宽8.5米,高4.5米。1993年2月开工,1995年11月竣工,投资204万元。2004年拓宽改建,水泥混凝土衬砌,防、排水设施。耗资504万元。市交通设计研究院设计,浙江良和交通建设有限公司承建,象山交通工程咨询监理有限公司监理。

南金公路隧道

石门岭隧道　位鹤浦镇樊岙村东北。西南向,双向双车道,长288米,宽4.6米(中间50米车辆交会处宽6米),高4.5米。浆砌粗料石衬砌,无照明、防、排水设施。1979年6月开工,1982年12月竣工。投资18.74万元。县交通工程管理所设计,县交通工程建设有限公司承建。

水糊涂隧道　位鹤浦镇牧童岙村南。双向双车道,长242米,宽5米,高4.5米,东北、西南向。1991年1月开工,1993年12月竣工,投资30万元。2003年改建,中间100米交会处宽6米,水泥混凝土衬砌,无照明、防、排水设施,耗资121万元。市交通设计研究院设计,浙江良和交通建设有限公司承建,县交通工程咨询监理有限公司监理。

斧高公路隧道

高坎头隧道　位鹤浦镇川洞与高坎头村交界。东北、西南向,双向双车道,长356米,宽7.5米,高4.5米。1987年1月始建,1989年8月竣工,投资177万元。2005年改建,拓宽至7.5米,水泥混凝土衬砌,耗资354万元。市交通设计研究院设计,浙江良和交通建设有限公司承建,县交通工程咨询监理有限公司监理。

新建、改建隧道(2010年底尚未列入养护计划及统计报表)

大金山一号隧道　位石浦镇文昌阁水库畔与凤上山村小岭头岙间,横穿大金山,东北、西南向,沿海南线一级公路经此。长1905米、宽11米、高5米(图2-1-31),为大金山分离式隧道及接线工程一期。双车道、单向下行(右幅)线,二号隧道尚未建成前,暂为双向行。水泥混凝土衬砌,照明、防排水设置,设计行车时速60公里。2008年11月20日开工,2010年12月25日竣工,总投资5035万元,迄今境内隧道长度之最。宁波交通设计研究院设计,浙江交通工程建设集团有限公司、顺吉集团有限公司分段承建,台州市公路水运工程监理咨询有限公司监理。

林善岙一号隧道　位丹东街道岙里村与大徐镇林善岙交界,城区巨鹰路至白岩山工业园区一级公路经此。为林善岙隧道及接线工程一期,西南、东北曲线走向,长1470米,宽11.5米,高5米。双车道、单向下行线,二号隧道尚未建成前,暂为双向行。水泥混凝土衬砌,照

图 2-1-31　21 世纪初大金山隧道

明、防排水设置。2008 年 3 月 10 日开工，2010 年 7 月 8 日竣工通车，总投资 4500 万元。宁波交通设计研究院设计，浙江衢州交通建设集团有限公司承建，江西上饶赣东公路工程咨询中心监理。

郭家山双隧道　位大徐镇外考坑村南与丹东街道梅溪村北间，横穿郭家山。南北向、分离式，一级公路标准设计，分别单向双车道，其中东洞长 420 米，西洞长 450 米，宽皆 11.5 米，高均 5 米。水泥混凝土衬砌，照明、防排水设置。2009 年 9 月 2 日开工，为盛宁线丹城至西泽一级公路改建工程项目，2011 年 11 月 4 日竣工，总投资 4006 万元。辽宁省交通勘测设计院设计，浙江良和交通工程建设有限公司承建，江苏华宁交通工程咨询监理有限公司监理。

高架岭二号隧道　位一号隧道北，东西向。长 1385 米，宽 10.5 米，高 5 米，双车道、单向下行(右幅)线。水泥混凝土衬砌，照明、防排水设置，内设车检道。为象西公路高架岭隧道复线工程，2009 年 7 月开工，2011 年 11 月竣工，总投资 5870 万元。宁波市交通设计研究院设计，顺吉建设集团承建，江苏华宁交通工程咨询监理有限公司监理。

小网巾隧道　位鹤浦镇东北，小网巾至和平湾公路经此，为国防交通工程项目。东西向，长 225 米，宽 9 米，高 4.5 米，双向双车道。水泥混凝土衬砌，防排水设置。2009 年 9 月开工，2011 年 3 月竣工，总投资 800 万元，其中驻地部队出资 400 万元。中国公路工程咨询集团有限公司设计，核工业华东建设工程集团公司承建，宁波神州交通工程监理有限公司监理。

茅石线至岙底村公路隧道　位定塘镇岙底村东。东北、西南向，原为村道简易公路隧道，长 253 米，宽 6.5 米、高 4.5 米，1989 年凿通。2007 年 3 月改建，拓宽至 7.5 米，水泥混凝土衬砌，防、排水设施，次年 11 月竣工，耗资 419 万元。宁波交通设计研究院设计，大兴安岭建筑工程总公司承建，县交通工程咨询监理有限公司监理。

第七节　车　　站

民国时，县城至西泽公路二度通行客车，随车售票未设站。1956 年，丹城至白墩码头公路修成，设汽车站于丹城东门外。1969 年，茅石公路建成，石浦设终点站。县站、石浦站为境内南北客货汽车始发中心。1971年,设车站16个,停靠站25个。1988年,车站24个,代办站6个,停靠站102个。货运站3个。20世纪90年代始,随着公路运输市场开放,车辆营运机制改革,陆上客货运企业如雨后春笋,长途直达、专线快客、区域小客等车辆应运而生,乘车更为便捷,沿途车站大都成摆设。1993年,城区客运中心建成,为优化资产、盘活资金,经县国资办批准,陆续拍卖闲置站房。2005年始,墙头、定塘、晓塘、珠溪、爵溪、新桥等乡镇先后重建新农村客站。2010年末,境内规模型车站9座。其中丹城、石浦、西周由县公路运输有限责任公司经营,爵溪由县丹峰汽车运输有限公司经营,余各镇、乡、村经营。

一、中心城区车站

县城(丹城)站　县级汽车站,原称象山站。1956年,丹城至白墩码头公路建成,临时设站于东门,站房、竹棚各2间。1958年,宁象公路建成,迁站南门,1972年,丹城至西周黄家塘(时称丹黄公路)通车,站迁丹城城西路34号,占地13132平方米,建筑面积6689平方米。1988年,职工55人,客车32辆,日始发客车68班次,年客运量98万人次。1990年客运量约200万人次,货运量2.1万吨。1993年1月迁至天安路168号,改称县汽车客运中心。为境内首座二级公路客运场站。占地14865平方米,建筑面积2664平方米,停车场1239平方米,发车位10个,日发车400余班次,年客运量211余万人次。2009年末,址迁象山港路118号,一级客运场站标准,占地57362平方米,建筑面积22469平方米,站前广场11340平方米,绿化面积11587平方米,为城西标志性建筑,称新客运中心(图2-1-32)。其中综合办公楼高9层,建筑面积10503平方米;车检楼高3层,建筑面积3294平方米,候车大厅高一层,建筑面积8672平方米。设停车位191个,发车位26个,接纳全县跨境长途班车及县境西南片石浦、西周等地9个镇乡的城乡班车统一进站发车,日均发车700余班次、发客量2万人次。配有通讯、视屏、空调、环保、节能、消防及无障碍等多功能设施,县公路运输有限责任公司经营。

图2-1-32　21世纪初县新客运中心

石浦站　原镇级客货辅导站,址设石浦火炉头路21号。茅石、沙石线终点站。1968年始建,1984年扩建,占地3028平方米,建筑面积3920平方米。职工58人,客车10辆,日始发客车24班次。年客运量12.67万人次。1991年,石浦镇拓宽火炉头路,临街站房退后3米拆建,车、客渐为拥堵。2001年11月,动建石浦汽车东站(图2-1-33),址位五爱村,占地

20000余平方米,建筑面积2200平方米,停车场及绿化13000平方米,站前广场4425平方米,二级客运场站标准,投资700余万元。2002年末竣工启用,县公路运输有限责任公司经营。2008年,员工84人,日发客车652班次,年客运量76.55万人次。

图2-1-33 21世纪初石浦汽车客运东站

象山南站 在丹城南门外南河路(今天安路),县汽车客运公司专用站。占地762.71平方米,建筑面积317.61平方米。职工56人,客车13辆,日始发宁波南站8班次,年客运量9万人次。1986年,县城建局设计,建站于建设路三象雕塑东南,投资16万元,其中市交通建设资金补助6万元,翌年竣工。1997年,汽车客运公司被县公路运输总公司兼并,站废。

二、主要公路车站

(一)象西公路车站

墙头站 在墙头镇,县城西8公里。1972年建,占地170平方米,建筑面积187平方米。日经过客车40班次,年客运量3.5万人次。1998年,因沿海国道主干线象山连接线一级公路建设,被拆。2005年,墙头镇政府择址重建,占地3740平方米,建筑面积4297平方米。主营丹城-墙头-下山线路,过夜车23辆,日发50班次,年客运量12万人次。

莲花站 在西周镇莲花村渡头街,县城西20公里。1978年建,占地886平方米,建筑面积140平方米。日发客车1班次,日经过客车30班次,年客运量3万人次。1994年撤销。

西周站 在西周镇城区,县城西27公里,南距泗洲头站17公里,泗西、象西线交点,占地971.6平方米,建筑面积408平方米。1975年始建,1986年扩建。过夜客车4辆,日始发客车9班次,日经过客车26班次,年客运量8万人次。2000年12月,择址西周镇康安路8号建新站,占地4300平方米,建筑面积728平方米,停车场2370平方米。2003年竣工启用,总投资250万元。县公路运输有限责任公司主营跨县长途车补员及境内短线客运。

下沈站 代办站,在西周镇下沈村,县城西30公里。1978年建,占地201.5平方米,建筑面积113平方米。日始发客车1班次,日经过客车24班次,年客运量1.5万人次。1993年7月撤销。

柴溪站 代办站,在西周镇柴溪村,县城西32公里。1978年建,占地867.5平方米,建筑面积92.95平方米。日发客车1班次,日经过客车24班次,年客运量0.8万人次。1993年

12 月撤销。

（二）盛宁公路车站

西泽站　在贤庠镇西泽汽车轮渡渡口，原宁西线终点站。原站建于西泽外埠头，占地 120 平方米，建筑面积 70 平方米。1988 年秋迁址汽车轮渡，站房 2 间，60 平方米。日始发客车 4 班次，日经过客车 4 班次，年客运量 2.5 万人次。1993 年撤销。

贤庠站　代办站，在贤庠镇贤庠村，岑晁至龙屿公路相交此。占地 127 平方米，建筑面积 53 平方米。日经过客车 12 班次，年客运量 2.5 万人次。1993 年撤销。

汤家店站　在大徐镇汤家店村，汤钱公路起点。1958 年，站设凉亭，后迁址岔口，占地 276.12 平方米，建筑面积 104.5 平方米。日经过客车 32 班次，年客运量 1.5 万人次。1994 年撤销。

三岔路站　在原南庄乡三岔路村，占地 166.5 平方米，建筑面积 85.68 平方米。日经过客车 22 班次，年客运量 0.4 万人次。1993 年 4 月撤销。

南堡站　在东陈乡南堡村。1969 年始建，1980 年扩建。占地 520.26 平方米，建筑面积 163.26 平方米。日经过客车 36 班次，年客运量 12 万人次。1993 年 8 月撤销。

溪口站　在茅洋乡溪口街，东岙公路起点。占地 90.2 平方米，建筑面积 129.8 平方米。日始发客车 2 班次，日经过客车 34 班次，年客运量 2.5 万人次。1998 年 7 月撤销。

蟹钳渡站 在茅洋乡花墙村西，建站房 2 间，60 平方米。茅石线通车，旅客骤减，改停靠站。1994 年 1 月撤销。

泗洲头站　在泗洲头镇城区，1958 年建，占地 418.35 平方米，建筑面积 128.6 平方米。过夜汽车 1 辆，日始发客车 3 班次，日经过客车 30 班次，年客运量 16 万人次。1994 年 10 月撤销后成临时车站。2010 年底，泗洲头镇计划投资 400 万元筹建农村客运中心，占地约 6000 平方米。

（三）茅石公路车站

海台站　在原东溪乡海台村东。1968 年建，占地 181.16 平方米，建筑面积 63.44 平方米。日经过客车 26 班次，年客运量 1 万人次。沙石、东旦两公路建成，客流骤减，遂撤站闲置，1995 年 12 月拍卖。

东溪站　代办站，在原东溪乡东溪村西。1971 年建，占地 96.6 平方米，建筑面积 62 平方米。日经过客车 40 班次，年客运量 2 万人次。1994 年 12 月撤销。

新桥站　在新桥镇新桥村，1968 年建，占地 145 平方米，建筑面积 102 平方米。日始发客车 l 班次，日经过客车 44 班次，年客运量 5 万人次。1994 年 9 月撤销。2010 年 9 月，新桥镇政府投资 400 万元，新建客运中心，占地 6666 余平方米，候车厅可同时容纳近 200 人，过夜车 20 辆，日发近百个班次，年客运量 30 余万人次。

田洋湖站　在原中楼乡田洋湖村南。1968 年建，占地 121 平方米，建筑面积 81 平方米。日经过客车 44 班次，年客运量 2.5 万人次。1993 年 3 月撤销。

定山站　在定塘镇隔岸。占地 2174.81 平方米，建筑面积 543 平方米。过夜客车 3 辆，日始发客车 4 班次，日经过客车 36 班次，年客运量 18 万人次。1969 年站设渡头街，1984 年迁入。2000 年 5 月撤销。2006 年 12 月重建，占地 3706 平方米，建筑面积 1151 平方米，四级场站标准。定塘镇定山村经济合作社经营，主丹城－定塘－石浦客运。过夜车 25 辆，日发

100班次,年客运量23万人次。

三眼碶站　代办站,在晓塘乡三眼碶村。1971年建,占地180平方米,建筑面积76平方米。日经过客车32班次,年客运量1万人次。1998年12月撤销。2007年10月,在美礁村新建晓塘客运站,占地2000平方米,建筑面积1149平方米,四级场站标准。晓塘乡政府经营,主丹城-晓塘客运。因站场偏离公路主干线,且配套管理不到位,2010年末,车辆未能统一进站发车。

马峙站　在石浦镇马峙村。1971年建,占地336.35平方米,建筑面积68平方米。日经过客车32班次,年客运量1万人次。1993年3月撤销。

(四)丹爵公路车站

大碶头站　在丹东街道大碶头村。1976年建,占地183.24平方米,建筑面积104平方米。日经过客车24班次,年客运量0.6万人次。1993年3月撤销。

爵溪站　在爵溪街道南门外。1976年建,占地396平方米,建筑面积227平方米。过夜客车2辆,日发客车12班次,年客运量17万人次。1984年5月增设货运站,翌年扩建货站房50平方米。1996年7月撤销。2004年,在街道北塘处新建四级客运站,占地14665平方米,5层楼房一幢,建筑面积13700平方米,其中站房8000平方米,商住房5700平方米。2006年竣工,耗资2500万元。2007年投入使用,员工12名。民营股份制企业,象山丹峰汽车运输有限公司经营,主丹城-爵溪-白沙湾客运,中巴车53辆,日客运量约4000人次。

(五)汤鲁公路车站

涂茨站 在涂茨镇涂茨村.1958年建,占地235.4平方米,建筑面积148.8平方米。过夜客车1辆,日发客车1班次,日经过客车10班次,年客运量2万人次。1993年4月撤销。

钱仓站　在涂茨镇钱仓村。1958年建,占地214.15平方米,建筑面积119.22平方米。过夜客车1辆,日始发客车1班次,日经过客车12班次,年客运量2.5万人次。1994年2月撤销。

珠溪站　在贤庠镇珠溪村北。1979年建,占地459.25平方米,建筑面积160平方米。过夜客车2辆,日始发客车3班次,日经过客车6班次,年客运量2.2万人次。1994年6月撤销。2008年9月重建,占地2000平方米,建筑面积1320平方米,四级场站标准。贤庠镇政府经营,主丹城-珠溪-蒲门客运。2010年末,车辆未能统一进站发车。

龙屿站　在黄避岙乡龙屿村,岑龙公路终点。1983年建,占地226平方米,建筑面积102平方米。日始发客车2班次,年客运量1.4万人次。1993年4月撤销。

三、其他车站

黄泥桥站　代办站,在西周镇黄泥桥,儒横、泗西公路相交。占地91平方米,建筑面积67.41平方米。日经过客车28班次,年客运量1.5万人次。1993年6月撤销。

墩岙塘站　在泗洲头镇墩岙塘,泗长公路所经。站房借用交通局屋2间,过夜客车1辆,日始发客车4班次,年客运量3万人次。1994年撤销。

育才路站　位丹东街道育才路与塔山路交汇处,建筑面积100平方米。属县公路运输有限责任公司,丹城至宁波东站停靠站,亦称东门临时站。1988年,为便利城东居民就近上下车,县长途汽车运输公司在建设东路与宾阳路交叉口设临时售票房。后几经变动,2003年初,站迁育才路与建设路交汇处原机关幼儿园旁,站房2间。2008年5月迁现址。日经过客车31班次、发客量430人次。

东门站　在丹城东谷湖西,原为交警部门设临时停车场,1995年建简易车站,占地2100平方米。2003年改由丹峰汽车运输有限公司经营,主丹城往返东乡客运,中巴车93辆,线路9条。其中至钱仓28辆、蒲门17辆、西泽14辆、龙屿8辆、高泥5辆、岑晁6辆、公屿7辆、白墩4辆、屿岙4辆。日发380~450班次,日均客运量2500人次。2011年1月,址迁塔山路、兴盛路交汇处,占地7333平方米,建筑面积1100平方米,改称城东临时车站。附设公交调度中心、票款结算中心,成为城区公交1、3、4、7、8、9、12、14路车与县内外客运中转之集散地,年客运量176万人次。

农村港湾式客运停靠站

2006年始,为配合新农村建设,全县公路港湾式客运停靠站建设在西周镇试点,是年建成60座,其中西周镇区域43座,泗洲头区域17座。或凉亭式,或遮棚型,可挡风避雨,沿线村民候车称便。2007年全县推广,年底新增506座。2008年再增150座。同年末,境内公路计港湾式客运停靠站714座。至2010年末,共建成745座,涉及全县18个镇乡(街道)、270个行政村。其中西周镇43座、丹东街道24座、丹西街道31座、爵溪街道27座、大徐镇35座、贤庠镇55座、涂茨镇33座、鹤浦镇68座、墙头镇21座、泗洲头镇36座、新桥镇60座、定塘镇57座、石浦镇39座、黄避岙乡39座、东陈乡55座、茅洋乡60座、晓塘乡38座、高塘岛乡24座。

第八节　四自公路收费站

1992年12月1日,省人民政府印发《关于加快交通基础设施建设的通知》,鼓励、支持各级政府通过自行贷款、自行建设、自行收费、自行还贷,改变地方交通落后面貌。县政府积极响应,多方筹资,先后建成象山连接线、沿海南线等"四自"公路,并据此设站收费(表2-1-10))。

象山连接线象山收费站　在彭姥岭隧道西,墙头镇合心村旁。原称38省道彭姥岭隧道收费站。1993年1月建成,址设隧道东洞口,管理房二间。2000年1月,经省人民政府批准,易名甬台温高速公路象山连接线象山收费站,址迁隧道西。6车道设置,双向收费,昼夜四班、三运转。2010年职工46人。

1997年获市"青年文明号",2001年市授"巾帼文明示范岗",2004年省授"巾帼文明示范岗",2005年,分获省"青年文明号"、省交通厅"三星级"收费站。

宁波市沿海南线象山段收费站　在市沿海南线象山段松岙隧道北。2004年8月12日获省政府批准,2006年9月25日设站收费。占地240平方米,临时棚屋16间。6车道设置,双向收费,昼夜四班、三运转。2010年职工45人。

境内四自公路收取车辆通行费一览(单位:万元)　表2-1-10

年份	站名		合计
	象山连接线象山收费站	宁波市沿海南线象山收费站	
2000	1050		
2001	1274		

续上表

年份	站名		合计
	象山连接线象山收费站	宁波市沿海南线象山收费站	
2002	1660		
2003	1990		
2004	2517		
2005	2500		
2006	2770	440	3210
2007	3029.58	1775.15	4804.73
2008	3494.09	1873.27	5367.36
2009	3631.68	2068.96	5700.64
2010	4106.98	2305.60	6412.58

【专　　记】

四自公路工程

即自行贷款、自行建设、自行收费、自行还贷的公路及其设施。

四自公路工程是公路建设改革深化之产物，1992年12月，浙江省政府经实地考察广东公路建设模式后，决定对交通投资主体进行改革，下发《关于加快交通基础设施建设的通知》，鼓励和支持各级地方政府以四自办法建设国家和省近期难以安排而中长期规划必须实施的交通基础设施。1996年9月1日，省政府颁《浙江省公路"四自"工程管理暂行办法》（浙政发〔1996〕160号），《办法》规定凡列入"四自"工程的项目须经省交通厅审核后报省政府审定……。工程可行性研究报告须委托有相应资质的设计单位或咨询机构编制，由省计经委或委托省交通厅组织评估。工程项目的初步设计，经各市（地）、县（市）政府（行署）上报后，由省计经委或委托省交通厅组织审查批复。根据交通部《公路工程施工招投标管理办法》和《浙江省建设项目招投标管理条例》等有关规定，四自公路工程须实行公开招投标，并将项目评标结果报上级部门审批。此外，四自工程项目须实行施工监理制，工程项目的开工报告按省政府关于基本建设新项目审批程序的有关规定办理，工程项目的重大变更设计须报原设计单位批准、部门审查同意后方可组织实施。

20世纪80年代至21世纪初，象山境内四自公路工程3项，即彭姥岭隧道、沿海国道主干线象山连接线（象西线象山段）、宁波市沿海南线象山段（亦称象山县沿海南线）。

彭姥岭隧道工程

1986年初，县府成立"象山县彭姥岭隧道工程筹建领导小组"。翌年，浙江省交通厅在象山县政府强烈要求下，以（浙交〔1987〕175号）文批准（时省政府尚未出台四自公路政策，工程创省内"收费还贷"建公路之先例）。工程由浙江省交通设计院、象山县交通局联合测设。1987年9月，实行公开招投标（象山县属首次），由温岭县岩下工程队（后称温岭交通工程公司）和象山县中楼爆破工程队中标。10月正式开工。翌年10月，温岭县岩下工程队退场,由象山县交通工程公司接替,县中楼爆破工程队并入县交通工程公司。施工期,因洞内地质变化复杂,石质极差,造成数次大坍方,工程进度举步维艰,1989 年 8 月无奈停工,以致资金短缺。1991 年 3 月复工,经技术人员想方设法改进施工工艺,施工者冒失石、排险情、加班加点,终于 1992 年 11 月建成通车,总投资 1040 万元(包括隧道两端接线公路及东端立交桥)。1993 年 1 月,设站收取车辆通行费,称 38 省道彭姥岭隧道收费站。2000 年 1 月,随沿海国道主干线象山连接线建成通车,经省政府批准,易名甬台温高速公路象山连接线象山收费站。

沿海国道主干线象山连接线(象山段)公路工程

1997 年,经省政府(浙政发〔1997〕127 号)批复,列为省内第六批四自工程。同年 11 月,市计经委以(甬计工〔1997〕553 号)文批复立项。1998 年 3 月,工程可行性研究报告通过省交通厅公路局组织的专家评审。是年 5 月,工程初步设计方案通过省计经委审查。6 月,完成施工图设计。同年,列入宁波市重点工程建设项目。

1997 年 7 月,象山县成立该工程建设领导小组。县长王仁洲任组长,13 个相关部门及镇乡负责人为成员。下设工程建设办公室,具体负责工程实施,县交通局副局长周林智为主任。1998 年 4 月,又成立工程建设指挥部,副县长金俊杰任指挥,县长助理张松才、县交通局长陈晓发任副指挥,对工程实施宏观调控和协调管理。同月,县府颁发《关于象山连接线(境内段)政策处理若干规定》。随后,沿线共征用土地约 87.5 公顷,拆迁房屋 35017 平方米,迁移邮电、电力、广电杆线 1367 根。是年 5 月,经公开招投标报市重点工程招标办及有关单位联合审查批复,交通部第一公路工程总公司、铁道部隧道工程局第一工程处、象山县交通工程建设公司等 10 家施工单位分段中标。同年 6 月 28 日,在墙头镇亭溪中学举行开工典礼。

由于工程投资额度大,境内交通流量相对少,对外引资筹资难。1998 年 4 月,成立象山县交通投资有限公司(属县交通局内设机构),负责筹措工程建设资金。至工程结束,累计向银行贷款 1.4 亿元,省、市、县政府拨、借款 3550 万元。

工程按一级公路标准设计。全长 31.546 公里,路基宽 24.5 米,机动车道宽 16 米,双向四车道,中设 1.5 米宽绿化隔离带,两侧非机动车道各宽 3.5 米。1999 年 12 月全线竣工,总投资 2.58 亿元。2000 年 1 月,经省政府批准,设站收取车辆通行费,称甬台温高速公路象山连接线象山收费站。

沿海南线公路工程

分期分段建成。首期工程自丹城南门出口田横山至沙岗段,长约 5 公里。1996 年 2 月 8 日,市计经委以(甬计工〔1996〕47 号)文批复立项。1997 年 1 月,市交通委以(甬交工〔1997〕2 号)文下发《关于盛宁线丹城至沙岗公路改建工程初扩设计的批复》。1999 年 12 月,象山县政府印发《关于宁波市沿海南线象山段一级公路工程政策处理若干规定的通知》。此后,沿线计征用土地约 27 公顷,拆迁房屋 5000 平方米、坟墓 300 余穴等。2000 年列入宁波市重点工程建设项目。是年 3 月,象山县政府成立宁波市沿海南线象山段工程建设领导小组,副县长胡剑辉任组长。下设工程建设指挥部,县交通局副局长张理振任指挥,下设三科一办,即征迁科、工程科、计财科、办公室。同年初,完成工程可行性研究报告、初步设计方案、施工图设计等报批工作。2000 年 4 月,通过公开招投标经县重点工程建设领导小组组织的专家组审查报市交通委审批,宁波交通集团公司、象山交通建设有限公司分段中标。2000 年 6 月 1 日,在东陈乡北山下村举行开工典礼。工程按一级公路标准设计,路基宽 24.5 米,水泥混凝土路面宽 2×8.5 米,双向四车道,中设 1.5 米宽绿化隔离带,两侧非机动车道各宽 3 米。2001 年 9 月完工。

二期工程自沙岗至台宁屿终点段,长约 31 公里。2000 年 5 月,市计经委以甬计工〔2000〕254 号文批复立项。同年 10 月,省交通厅以浙交复〔2000〕330 号文下发《关于宁波市沿海南线象山沙岗至台宁屿段改建工程初步设计的批复》。2001 年 4-8 月,完成工程可行性研究报告、初步设计、公开招投标、政策处理等前期准备工作。工程分别由宏润集团有限公司、浙江通途交通有限公司、浙江良和交通建设有限公司、象山交通建设有限公司中标承建。沿线共征用土地 36.7 公顷、拆迁房屋 12627 平方米、坟墓 160 余穴,迁移邮电等三杆 126 根。2001 年 8 月沙岗至石浦汽车东站段、石浦凤凰山至井水段同时开工。一级公路标准,整体式路基宽 20~22.5 米,沥青混凝土路面宽 2×7 米,双向四车道,中设 1.5 米宽绿化隔离带,两侧非机动车道各宽 2.25~3.5 米。2003 年 7—11 月先后完工。2002 年 6 月,井水至台宁屿段开工,路面暂单幅,2004 年底完工。至此,全线告竣,总投资约 3.558 亿元。2006 年 9 月,经省政府批准,于松岙隧道北设站收费,称宁波市沿海南线象山段收费站。

第二章　水上交通设施

县境位于浙江南北航区中,向为船舶避风、补给之所。昔水上交通设施简陋,舟楫往来多赖渡口、道头。今主要航道均设助航标志,港口、码头设施配套初具规模。

第一节　渡口、道头

陆路为水道所阻,无津梁难达彼岸,乃道之尽头,或路之开头,故称道头(或称埠头)。欲达彼岸,须舟楫、竹排济渡,称渡口(俗称渡头)。以乱块石筑堤驳坎,使船只与岸相接,便于旅客上下。

一、渡口

境内渡口多在沿海,分象山港、石浦港、大塘港、三门湾四大水系。宋宝庆《四明志》载:"有陈山渡、姜屿渡、湖头渡、白查渡,以陈山、姜屿为最古。"明嘉靖《象山县志》载,增淡港渡、黄溪渡,以姜屿、淡港 2 渡为主。清乾隆间增设西周渡,道光间增设西泽、滩江 2 渡,以黄溪渡为主。1875 年(光绪元年),南田开禁,县南渡口剧增。民国《象山县志》载,增高泥、下沙、长礁、猫头嘴、石浦、金鸡山、蒲湾、小湾、大树墩、下洋墩、励家坪、中岙、中泥、逸狗山、浮礁渡、竿头、马岙、涨缆、蟹钳渡等渡口。《南田县志》载:有韭菜湾、长山嘴、鹤浦、吉港、前龙头、后龙头、港口、烧盐湾、乌岩港、龙潭坑、蟹礁头、金交椅、珠门、下布袋、三门口、白玉湾等渡。铜钿礁、东门、南汇、檀头山、金漆门、蟹厂、拔头渡、乌屿山、山夹岙等渡,尚未入志。

解放后,围垦海涂、拦江筑坝,部分渡口已成通途,变动较大。尤自 20 世纪末始,随着陆岛交通工程、农村康庄工程建设等兴起,不少港湾水道之渡埠陆续撤渡建桥。2000 年渡口 34 处,2010 年末仅 13 处,即崇巉东渡、小网巾渡、韭菜湾渡、后龙头渡、滨海渡、渔山渡、花岙渡、晓湾渡、东门渡、铜钿礁渡、胡椒湾渡、英山渡、中泥渡。

现按象山港、石浦港、三门湾、大塘港、岳井洋、樊鹤江各水系古今渡口分述:

(一)象山港水系诸渡口

陈山渡　位于县城西北6.5公里陈山村,即西沪港东北角。为象山最古渡口,通奉化县东宿、袁村两地,宋宝庆《四明志》载:"自陈山发舟,折二百里,经奉化东宿登岸。旧皆民船私载,时遭风涛、海寇之患。1163年(宋隆兴元年),主簿赵彦逾造船二艘,朝夕互往。皆面阔一丈六尺(按宋度计,每尺30.72公分,合4.95米;按比例,船长30.72米),两船篙手共廿八。"行者"晏然如枕席之上"。此为官渡之始。《象山县渡船记》亦云。后因一船先坏,仅一船往来,行旅不便,私渡复出,事故难免发生,多有覆溺。1389年(明洪武二十二年),信国公汤和巡视海疆,设官渡于姜屿、湖头,革陈山渡。1693年(清康熙三十二年)复开陈山渡,通奉化翔鹤潭(因裘村南筑塘,船埠外移),水程40公里,登岸越道成岭,至鄞县横溪乘夜航船达宁波新河头。光绪间,宁海县薛岙有汽轮通航宁波、上海,夜泊高泥港,陈山为驳渡(吊渡)。1923年(民国12年)白墩码头建成,渡废。抗战胜利后,宁波象山恢复通航,陈山为驳渡。1956年6月,白墩码头竣工,废陈山渡。尚有义渡,往来陈山与山夹岙间,相距1公里。陈山道头,乱石砌筑,石板铺面,长400米左右,今废为军民塘基。

姜屿渡　在西周镇。宋宝庆《四明志》载:"旧名吴七娘渡,在县西北五十里津头,乃本县吴七娘之地,因此为名,至奉化东宿登岸,是象山古渡之一。"1389年(明洪武二十二年),信国公汤和视浙,由奉化渡此,征召奉化置船3艘,渡夫6名,遂为官渡。清雍正间废。

湖头渡　位于黄避岙乡牛头山碑牌庙前,俗称小山湖头。对岸为奉化县湖头渡。宋宝庆《四明志》载:"县北三十五里,旧为陈山子渡,自本邑田下潮涨登舟,平潮至鄞县东湖头登岸。"明嘉靖《宁波府志》载:"洪武二十一年,官设渡船二只,徭佥渡夫六名,皆出自奉化。"清乾隆《象山县志》载:"湖头渡,邑东北三十五里,旧为陈山子渡,海道四十里,于大嵩登陆。"道光间横塘建埠,渡废。

淡港渡　又称双埠,在西周镇莲花村渡头街,今莲花大桥下游百米处。1482年(明成化十八年)从姜屿渡分拨渡船1艘,渡工3名,为官渡,在潘埠建有县西公馆。通奉化翔鹤潭,海道15公里。清乾隆《象山县志》载:"不崇朝而一苇可航者,莫如淡港渡,邑西北四十里,一潮径达,海道仅三十里。"又有百姓渡(与淡港渡同埠,故其旁凉亭称双埠亭)过江百米为蟹钳头塘。1867年(清同治六年),里人于江中建条石平桥,名水底桥,潮涨以小舟渡人,潮退人畜都可通行。1957年冬,在淡港门口筑坝堵港,塘成而渡废,水底桥永没水中,过江只有百姓渡。1978年象西公路莲花大桥建成,渡废。1969年驻黄家塘海军交通船往来奉化石沿,免费搭客,1986年始有机动船营运,设埠淡港门碶闸。2001年10月,因客流稀少,渡船停航,渡废。

西周渡　在西周镇北。清乾隆间设渡,沿西周港建上、下渡头、外道头3处,通奉化翔鹤潭15公里。在下渡头建有凉亭。1918年(民国7年),里人张茂华募建观海楼,供旅客住宿。1959年堵港筑坝,废上、下渡头,外道头继续渡运。1966年,白墩运输社有小轮通航白墩与西周间,未几因旅客寥寥而停航。1969年,黄家塘(淡港门)驻军有交通船通航奉化石沿,免费渡客,又有汽车衔接,行旅方便,西周渡遂废。

黄溪渡　在县城西5公里,墙头镇黄溪村北。道头长537米,条块石砌筑,水程40公里至奉化翔鹤潭。黄溪渡始置年月不详,最早在明洪武以后。明嘉靖《象山县志》载:“渡在县西十里,原无官船,俱民间私渡,水程四十里至马头登岸(系80里之误,水程同陈山埠)”。明嘉靖《宁波府志》载:“近日马头浦淤浅,非漫潮不得抵岸。有候潮而烈风陡作坏舟者。邑令吴学周于港外高埠处凿山成路,行旅感之名吴公渡。”清雍正《县志》载:“康熙二十三年通渡至奉化十庙碶登岸,独埠口已成海涂,民甚苦之。三十五年,象协副将张进捐资重筑,令胡祚远捐俸成之。雍正二年七月,海啸,商旅漂没,邑令马受曾改埠于樯下潭(翔鹤潭)。发爵溪渔船,每船舵工一,水手四;风篷一,雨篷二,限以二十八人。督抚立石。”清道光《县志》载:“乾隆丙申,商人沈文肇、邑人俞延义及蓬莱寺僧大彻捐修樯下潭埠,于所登山麓斧岩去峭,贴石补仄,成若阶级者三。又于黄溪旧道头、新道头外筑桩架石,累石增砌。自此往来者舟与岸接。”民国《县志》载:“原按济渡者,人出制钱二十一,而船户贪婪,多载至四、五十人,前舱无篷,俱聚中舱,竟至人船并覆。乾隆六年,令张人崧渡中流,舟漏几溺,于是饬修渡船,增置前篷。”1814年(清嘉庆十九年),里人周光第等募建普照亭3间于埠头,并设路灯,募田30亩为修葺、灯油之费。1861年(清咸丰十一年)商人杨鼎祚暨城乡各铺户重修。1901年(清光绪二十七年),陈素涛妻出重资又修,清光绪三十二年商人蒋原芳续筑外道头30余丈。1921年(民国10年),陈南屏妻李氏于渡头建石桥3孔,名步瀛桥。清光绪间,宁海薛岙有汽轮通航沪甬,夜泊高泥港,黄溪埠有小船驳运客货。抗日战争期间,外海封锁,仍渡翔鹤潭赴甬。抗战胜利,又改驳渡。1956年重建白墩码头,渡废。今亭、桥、埠头尚存。

《修黄溪樯下潭两埠立石记》见丛录。

墙头渡　在西沪港正南,墙头镇北。海程40公里通奉化翔鹤潭,其渡始于何时无考。清乾隆《县志》海际图中标有墙头渡。清道光《县志》载:“墙头渡,县西北十五里,邑旧志均不及。刘公非《西谷记》:宋邑令林旦通西沙港以利涉,或即此。”清光绪间,宁海有汽轮通宁波,墙头亦为吊渡。民国初年,与黄溪、陈山、淡港、西周为官渡。有渡船2只,日一往返,抗战时止。解放初期,有航船通翔鹤潭,后白墩有轮至宁波,渡废。

长礁渡　在西周镇东北角长礁。对岸为黄避岙乡外高泥村礁门,相距1公里,长礁建有块石道头。清末,长礁渡通东塔箬帽涂山,为东西乡要津,故东塔岭道宽阔。后辟高泥岭,东塔渐冷落,渡改礁门。有“象渡40号”船摆渡,停开不常。20世纪90年代,客流稀少,停渡,废。

高泥渡　在高泥港北岸黄避岙乡高泥村长蛇山嘴。建有道头,对岸墙头镇猫头嘴,借用海军码头。相距1公里,有机动小船2艘。1845年(清道光二十五年),邑人翁仁树、何兰、夏绍棂捐设渡船2艘,并捐田亩为篙手工食之资。清姚燮《西沪棹歌》“径路猫头乱石低,两三小艇泊高泥”咏此。1999年6月,因渡客无几,渡船报废,渡废。

驿角岙渡　在西沪港北岸黄避岙乡驿上岙盘螺山嘴。建有混凝土道头,对岸墙头镇下山村蛤巴嘴,借海军码头靠泊,相距1公里。原有机动船2艘摆渡。2000年1月,客流稀少,难以为继,渡废。

马滩渡　在西沪港北岸黄避岙乡马滩村。无道头,西南岸蛤巴嘴借海军码头靠泊。相距1.6公里,有机动船摆渡。1998年渡废。

柴溪渡　在西周镇柴溪村北半公里。北渡象山港7.5公里为奉化县桐照村,西8公里至宁海县峡山村。清代建,1985年改建道头,翌年续延至184米,宽3.5米,高0.8米,耗资

11750元。可通小型机动车。有机动船每日上午往返桐照、峡山各一趟。1995年12月1日始,"浙象农渡28号"轮木质船运营。2005年渡船报废,渡停。

下沈渡　在西周镇下沈村西北4公里下沈港入海处。有机动船渡象山港11公里达桐照,每日上午一往返。渡始设于民国年间,埠原设里道头,渡亭3间。1968年围塘建闸外移。1989年11月建道头,长46米,宽2.8米,高1.5米,耗资1.4万元。1997年毁于台灾,渡废。

横里渡　在黄避岙乡横里村东,埠设县第二水泥厂码头,俗称大窟头。渡港5公里达奉化湖头渡。1854年(清咸丰四年),张绍翰、张桂蜓、吴学显等捐资设埠于村西,置田产作修葺费。清光绪后至抗日战争前,薛岙至宁波客轮弯埠横里,有吊渡。1970年横塘渡毁于台风,横里渡东移大窟头。有机动船渡运,日一往返。1998年撤渡。

滩港渡 在黄避岙乡横塘村北。又称横塘渡,水程5公里为奉化湖头渡。1847年(清道光二十七年),里人吴学章创建义渡,募田35亩,收息为常年费用。民国初,张玉声母独资在横塘村北半公里处建埠、置渡船,教育局管理。1959年围垦跃进塘,移埠于大窟头山嘴,改乡淡水养殖场经营。1970年,渡船毁于台风,废。滩港渡东北1公里即古之湖头渡。

西泽渡　在贤庠镇北3公里。渡象山港水程7.2公里,达鄞州区横山码头。清末,也有至大嵩港虾婆袋村。昔为私渡,始设年月无考。清乾隆《象山县志》载:"诸渡当禁者莫如私渡,今之西泽渡是也。"私渡当禁,未见于清康熙、清雍正《象山县志》,而见于清乾隆《象山县志》,设渡当在清雍、乾间。清同治二年报县立案。清光绪十年,里人萧进步独资修外道头20余丈。1920年(民国9年),里人姚玉甫等复修,并立灯桩于岸上。1928年(民国17年),西泽、横山间行驶机动船(往返宁波客轮则以小船吊渡)。1935年(民国24年),象西(丹城至西泽)公路接宁横公路时,渡轮行驶正常,象西路毁坏后时断时续。1947年(民国36年),东港乡(今贤庠、岑晁)农民创办义渡,翌年安定轮渡运,义渡停。后因轮渡价昂,义渡仍自备10吨航船营运。1961年县运输公司有客轮渡运,弯埠乌屿山。1966年,在外道头西200米处建码头,高低潮位均可停泊。1988年7月,在码头西500米处建汽车轮渡,兼运散客。该码头供仅六横渡轮及货船临时停靠。2008年7月,改建为县航管部门巡逻艇码头。

西泽汽车轮渡　详见第三编第三章第二节象山县汽车轮渡有限公司。

乌屿山渡　在贤庠镇乌屿山东。渡港12公里即鄞州横山码头,西距西泽码头6公里。建有简易岸壁式码头和道头各1座。清光绪末象山港通航沪甬客轮,乌屿山为吊渡。抗战胜利后,废盐厂渡(溪沿盐厂,乌屿山东1公里),移埠于乌屿山西道头,帆船渡运横山。1957年围垦小东塘,建闸于乌屿山东,埠亦移闸外。20世纪90年代渡废。

盐厂渡　在贤庠镇盐厂村北。民国初开渡,帆船渡运,通鄞州大嵩虾婆袋、横山。1931年(民国20年),里人姚启明与甬商合资,置德兴轮渡运盐厂、乌屿山、横山间。又有永安轮渡运西泽、横山、大嵩间。及日军侵占,2轮皆被日军轰沉于横山、大嵩港。抗战胜利后移埠于乌屿山西。

(二)石浦港水系诸渡口

铜钿礁渡　在石浦镇铜钿礁。其对岸为延昌前,渡宽700米。1983年重建道头,长30米,宽3.7米,高3.5米,条块石砌筑,混凝土抹面。1990年重修。2006年,延昌前渡埠由斜坡道改建为浮码头,且在引桥上建渡亭。2010年末,"象农渡68号"轮渡运,12吨、17.6千瓦,限载46人,日往返60航次。吴爱国经营。

南汇渡 在石浦镇东门岛南汇村。1980年重建道头,长30米,宽4米,高2.5米,块石砌筑,混凝土抹面。西渡石浦东门码头,全程1公里。1990年重修,2009年撤渡。

东门渡 在东门岛油库码头与石浦第一码头间。民国初,在石浦横塘岸达兴码头南侧建条石道头及候渡亭,俗称东门道头。解放后,亭址改建航运公司,亭迁东门岛,渡船改泊第一码头,渡运量为境内最大。1989年改埠船艇大队码头,油库码头未建时,埠设东门岛巉头及东门村前道头。1991年改建东门岛浮码头,西渡500米至石浦东门码头。2010年末,"象农渡2号"、"3号"渡运,船舶吨位、主机功率皆32吨、88.2千瓦,单艘限载80人,日往返30航次。经营者潘行福、吴建平等。

韭菜湾渡 在鹤浦镇下湾门东南口。距石浦6公里,距上布袋、小网巾2.7公里。至石浦东门码头,途中停靠下布袋道头、上布袋码头。1888年(清光绪十四年)董镇鸣等捐资建埠,民国间有渡船4艘往来石浦。向为摇渡,1963年始设机动船营运。1988年重建道头,长13米,宽11米,高5米。2004年重建候渡亭。2010年末,"象农渡12号"渡运,34吨、56千瓦,限载70人,日往返4航次。陈永祥等经营。

胡椒湾渡 又名湖礁湾渡,在石浦镇对面山岛东北角胡椒湾村。距对岸东门道头1.4公里,至石浦4公里。建有道头,向无常渡,1985年始有机动船"象交5号"定时航行,弯埠对面山村、东门道头,至石浦东门码头。2004年12月船废,渡停。2010年复渡,"象农渡8号"轮营运,20吨、35.5千瓦,限载48人,日往返5航次。陈海平经营。

晓湾渡 在石浦镇晓湾村。渡晓湾港(酒吸港)300米至打鼓屿,两岸建道头、候渡亭。1960年建打鼓屿东道头,长40米,宽2米,高0.4米,石板铺面。1989年重建晓湾道头,突堤阶梯形,长28米,宽2.2米,高1.5米,投资1万元。岛上无居民,乘客皆为农民和盐工。有手摇渡船2艘摆渡,后有机动船渡运至鹤浦,渡距2.5公里。2010年末,"象农渡58号"轮渡运,39吨、59千瓦,限载75人,日往返7航次。王忠通经营。

金鸡山渡 在石浦镇金鸡山南。渡港300米至打鼓屿,两岸均建道头、候渡亭。1960年建打鼓屿道头,长40米,宽2.2米,高0.6米。1972年建金鸡山道头,长40米,宽2米,高3米。东距晓湾埠1.2公里,西距下金鸡0.6公里。金鸡山村置船2艘摇渡,渡客均为农民和盐工。1999年,渡船报废,渡亦废。

杏八渡 在高塘岛乡杏八村西北群英闸。渡箬渔洋3.2公里至石浦镇上金鸡村,两岸无道头,抛有乱石,退潮时搭跳板上下。《南田县志》载:"龙潭坑在杏八村,航船一艘,每日往返石浦。龙潭坑渡在今杏八村西弓弦外碶"。1968年围垦群英塘而渡亦外迁至闸外。有机动船2艘渡运。上金鸡村对岸为打鼓屿西(东风塘)道头,长35米,宽2.5米,高0.7米,石板铺面。2004年7月,因客流少,撤渡。

后龙头渡 在林门港北口,鹤浦镇后龙头村。西渡至高塘岛孝贤湾乌龟山嘴,渡宽500米。清光绪末建,两岸有道头、候渡亭,历为鹤浦至高塘要津。民国间有航船1艘,每日候潮往返石浦。1977年重建后龙头道头,长55米,宽2米,高0.65米,石板铺面。乌龟山道头,1983年重建,顺岸式,长40米,宽3米,高1.5米。1992年重修,有机动船摆渡。2010年末,"象农渡4号"轮渡运,13吨、17.64千瓦,限载30人,日往返50航次。李连根等经营。

前龙头渡 在林门港中部。鹤浦镇前龙头村至高塘岛港口码头,渡宽500米。民国间设渡,置田10亩。1975年重建道头,长50米,宽4米,高2米。向为摇渡,1988年始有机动船渡运。1993年渡埠重修。2007年撤渡。

吉港渡　在林门港南口。鹤浦镇吉港村至高塘岛港口码头,相距2.1公里。民国初置田8亩,建有道头,向为摇渡,1982年始有机动船渡运,弯埠门扇后油库码头。1988年重建,长100米,宽2米,高1米。1998年撤渡。

港口渡　在林门港中部南岸乌岩港口(简称港口)。对岸前龙头、吉港2渡。《南田县志》载:"乌岩港口,在五都港口,……航船三艘,逐日挨班,候潮往返石浦。又台州天打□航船一艘,往来乌岩港口,十日一周。1930年(民国19年),由厉县长议定以工代赈建筑埠头。"1971年建码头,有客班通石浦、鹤浦、雷公山,弯埠晓湾。旅客吞吐量曾居象山第三。2007年撤渡。

蒲湾渡　石浦镇蒲湾村至鹤浦镇。渡程4公里,两岸建道头、渡亭。民国时即有渡船,不定期,故多由晓湾乘船。后客源渐断,渡废。

蟹礁头渡　高塘岛北。《南田县志》载:"蟹礁头埠在龙泉塘蟹礁头碶门……共航船5艘,内一艘给义渡田七亩,合航船3艘,每日挨班候潮往返石浦。又一艘给义渡田十亩,往返金鸡山。计公渡2艘,私渡3艘(义渡田统由龙泉塘拨充)。"1968年围堵群英塘,渡废。

三门口渡　又称泥礁渡。在石浦港西口,高塘岛渔潭村与石浦镇坦塘岛泥礁村之间,相距900米。向为摇渡,1976年始改机动船。南岸渔潭村外塘山嘴1986年建浮式码头。北岸泥礁塘,1989年重建道头,长200米,宽2.5米,高1.2米,混凝土抹面,有候渡亭。2004年南岸毁于台风,2005年修建为斜坡道头。2008年三门口大桥建成,渡废。

小网市渡　位于下湾门港西北口,鹤浦镇小网巾村长山嘴。北渡3.7公里至石浦镇东门码头,弯埠上布袋村。古名长山嘴渡,为南田开禁前主要交通道口。1822年(清道光二年),浙江按察使朱庄恪奉旨踏勘南田开禁一事,即由此登岛。1916年(民国5年)始设渡船1艘。原为摇渡,长山嘴与上布袋两岸皆有道头,1968年始置机动船。1988年重修长山嘴道头,混凝土石砌,长28米,宽4米,高5米,原候渡亭尚存。2010年末,"象农渡11号"轮渡运,26吨、88千瓦,限载70人,日往返6航次。郑阿土等经营。

滨海渡　在中界山。鹤浦镇滨海船厂码头至鹤浦客运码头,渡程500米,为滨海船厂自备渡,供职工上下班渡运。2001年4月13日始设,船舶1艘,15吨、18千瓦,限载45人,日往返26次。

渔山渡　在渔山列岛北渔山。渔山道头至石浦海军码头,渡程50公里。渔山道头1980年建,直立式,有机动船不定期往来。2010年,"象农渡13号"轮渡运,81吨、136千瓦,限载70人,日往返4航次。吴刚等经营。同年4月底,北渔山西南岸建成500吨级客运码头,长110米,宽6.5米,混凝土重力式结构,泊位2个,设计年客运量2.4万人,货运量1.8万吨。是年8月,象山环海旅游客运有限公司"渔光曲3号"客轮通航,往返3小时。

檀头山渡　在石浦镇檀头山岛。大王宫码头至石浦东门码头,相距1.5公里。1965年,檀头山公社置机动船营运。1980年象交渡11号航石浦至小沙。1989年象交渡14号航石浦至大王宫。2003年船废,交通部门核准之农渡停,民间渡照常。2008年10月,岛西岸大山嘴头动建顺岸式300吨级客运码头,长40米,宽8米。因风大浪急、候潮施工,2011年9月竣工。

(三)三门湾水系诸渡口

花岙渡　又名金交椅渡,在珠门港。高塘岛金交椅村至花岙岛螯桩山码头,渡宽1公里。《南田县志》载:“金交椅埠在龙泉西,南方塘南首……有航船 1 艘,往返宁海健跳,十日一周。又有渡船两艘往来七都花岙”。1975 年在金交椅重建道头,长 85 米,宽 4.5 米,高 1.1 米,混凝土抹面。同年,花岙盐场在鲞桩山建凸堤码头,在其北依堤建道头,长 60 米,宽 2.5 米,高 1.5 米。有机动船 2 艘摆渡。2006 年,两岸建成重力式汽渡码头,15 车 300 客位。2008 年末,“象农渡 5 号”轮渡运,20 吨、35 千瓦,限载 50 人,日往返 20 次。2009 年 6 月,“高花汽渡 1 号”轮通航,限载 80 人、10 辆轿车,往返 12 分钟,日 11 航次。农、汽渡皆由陈存德等经营。

珠门渡　在高塘岛西北宝珠村。民国初期有航船往返健跳,十日一周。后都趋三门口,渡遂废。

(四)大塘港水系诸渡口

由拗猛门、大塘港、普陀门港组成。昔皆为海港,石浦至蟹钳渡客班沿途停靠,以小舟吊渡。1973 年堵港蓄淡,遂为内江。

中泥渡　在拗猛门港。定塘镇中泥村山灶至宁海县隔洋塘,渡宽 250 米。1970 年建道头,长 50 米,宽 2 米,高 1 米。隔洋塘道头长 70 米,宽 3 米,高 1 米。两岸均有候渡亭。向为摇渡,1979 年始改机动船渡客及拖拉机。2004 年重修山灶道头。2010 年末,“象农渡 18 号”轮渡运,10 吨、8.8 千瓦,限载 20 人,日往返 5 航次。经营者程得五。

金牛港渡　亦称下灶渡或三叉港渡。定塘镇中泥村下灶至金牛港。北距中泥渡 1.5 公里,渡宽 200 米。原有手摇渡船 2 艘,无道头,下灶有候渡亭。2004 年,两岸新建斜坡道头。“象农渡 26 号”轮渡运,10 吨、20 客位。2008 年 12 月,因渡客稀少,撤渡。

浮礁渡　在定塘镇下渡头村。西渡大塘港至大塘浮礁渡村,渡宽 260 米。民国初置,由港内浮礁得名。两岸各建候渡亭。旧时为大塘乡与外交往主要渡埠,遇两岸集市或逢年过节,渡运尤为繁忙。1975 年,曾发生因客多超载,致船沉翻,死 6 人惨剧。1985 年重修礁横道头,长 10 米,宽 2 米,高 1.5 米,条石铺面。同年,重修下渡头道头,长 10 米,宽 10 米,高 1 米,顺岸形。有机动船 3 艘渡运。1997 年,浮礁渡大桥建成,渡废。

中岙渡　别称官市头渡,又名小花港渡。晓塘乡中岙村西至定塘镇小花港粮站,渡宽 250 米。1975 年建小花港道头,长 10 米,宽 2 米,高 1.2 米,混凝土抹面。次年建中岙道头,长 10 米,宽 1.5 米,高 0.6 米。两岸皆建候渡亭。有手摇渡船 1 艘。1999 年 10 月,更新钢质船。2005 年撤渡。

叶口山渡　又名龙尾巴渡。晓塘乡胡家屿村龙尾巴至定塘镇叶口山村,渡宽 300 米。1975 年,两岸重建道头、候渡亭。叶口山道头长 20 米,宽 1.4 米,高 1 米,石板铺面。龙尾巴道头长 10 米,宽 1.5 米,高 0.8 米,石板铺面,有手摇渡船 1 艘。2007 年撤渡。

大树墩渡　在普陀门港。晓塘乡大树墩村至白玉湾村东北井蒲公路,渡宽 300 米,南距竹屿渡 1500 米。清光绪间始设渡,民国间有渡船 4 艘。两岸道头简陋。堵港后有机动渡船 2 艘。1987 年建白玉湾道头,长 15 米,宽 0.5 米,高 1 米,顺岸式,公路边有候渡亭。2001 年建大树墩道头,顺岸斜坡。2003 年,白玉湾道头亦改建为斜坡。2008 年,因无客流,遂撤渡。

竹屿渡　晓塘乡竹屿村至双连屿村,渡宽 300 米,两岸皆公路。旧有候渡亭。1978 年建双连屿道头,长 15 米,宽 3 米,高 1 米。1986 年建竹屿道头,长 20 米,宽 6.6 米,高 0.6 米,混凝土抹面。手摇渡船,村人免费。2004 年 2 月,渡客渐断,渡船转卖,遂撤渡。

下洋墩渡　在石浦镇下洋墩。隔岸为坦塘岛,建有凉亭,渡宽300米。光绪间设渡,为乡人赴坦塘、高塘要津。堵港后,两岸均为公路,渡废。

定山渡　在定塘镇渡头街长塘河。宽50米。1919年(民国8年)建保安桥,渡废。

励家坪渡　古渡,在九龙江。晓塘乡励家坪渡头街,渡宽25米。1883年(清光绪九年),在江上建3孔条石拱桥,渡废。民国间,有航船2艘往来石浦间,以载运货物为主。1957年在木杓山建闸,海运终止。

(五)岳井洋水系诸渡口

白查渡　位于茅洋乡文山村东南。下游蛎江,上游管溪,处咸淡水交汇处,俗称蛎江埠,为蟹钳港之内港。宋宝庆《四明志》载,亦古渡之一。昔无桥梁,南乡人民赴府经此至姜屿渡为捷径。1490年(明弘治三年)江上建桥24洞,渡废。1699年(清康熙三十八年),桥为大潮冲圮,渡兴。1747年(清乾隆十二年)桥成渡废。清道光《象山县志》载:"嘉庆间复设渡达宁海之海由(今三门县城海游),每旬开二船,亦可雇船达大泥塘等处。"清道光间圮,1894年(清光绪二十年)桥成,1920年(民国9年)又圮。桥渡交替,至1923年(民国12年)蛎江桥(俗称洋桥头)建成止。

蟹钳渡　在茅洋乡花墙村西南,南渡蟹钳港700米为杨岙山(图2-2-1)。北岸道头,长480米,宽1.5米,建有候渡亭3楹;南岸筑道头及碶石码头,道头长50米,宽2米,高0.7米,条石铺面,建候渡亭2楹。南北两岸有机动船渡运;原县航运公司客轮通石浦,常客少亏损。1975年,马岙公社置"象交渡10号"轮通此。1986年转让金星乡(今石浦镇)晓湾村经营,不久停航渡废。今渡埠、候渡亭尚存。

图2-2-1　20世纪80年代蟹钳渡

崇巉东渡　在新桥镇崇巉岛东崇门头,渡崇门500米即五峙门。五峙门道头长10米,宽3米,高2米,已损坏。昔无常渡,由岛民自备小舟过渡,交通不便。1987年,始设常渡。2010年末,"象农渡23号"轮渡运,23吨、35千瓦,限载30人,日往返40航次。崇巉村经营。

崇巉西渡　在新桥镇崇巉岛西,道头长150米,宽2米,高0.8米,顺岸形,1980年建。渡马岙门1500米达原灵南乡(今泗洲头镇)碶门头、外埠头;渡600米至西洋塘。昔无常渡,

1986年始有机动船往来,每日上午一往返。后碶门头外围垦塘田,改埠西洋塘,两岸无道头。20世纪90年代撤渡。

墩岙塘渡　在泗洲头镇墩岙塘外埠头。有石砌道头,长175米,宽1.8米。建有候渡亭,为石蟹航线吊渡。1975年马岙公社置机动船通航蟹钳渡。1988年,其地被围成塘,渡废。移埠上游1.7公里下洞塘山嘴,即马岙渡。

马岙渡　在泗洲头镇下马岙村下洞塘。民国《象山县志》载:“合兴义渡,在县西马岙九如塘,清光绪间由里人黄和凤、沈长春、叶茂春、柳康宁等合助田二十亩,收息作常费”。“又有涨缆渡,小舟渡海二里通本县西乡之马岙”。合兴义渡,即今之马岙渡,渡马岙门1公里可达东溪乡江东村、平岩头村,即涨缆渡。因渡客稀少,时停时开。解放后,东溪乡山根、井头等村在马岙围塘耕种,曾设渡。后因茅石公路通车,皆赴蟹钳渡乘客轮为便,渡废。1988年墩岙塘渡废,改在此靠岸,以岩巉为埠,前沿水深11米,原石蟹(仅至马岙)航线客轮可直接靠岸。

英山渡　在定塘镇下英山西北。渡岳井洋2公里,达宁海县岳井乡李家渡。北距岳井渡(王家渡)3公里,南距台宁渡5公里。埠原设上英山西北道头塘,因堵港移今址。1987年建长堤形道头,长150米,宽2米,高1.5米,混凝土抹面,有机动船渡运。2008年10月,修建候渡亭,重浇路面,加长拓宽渡埠改汽渡。2010年末,“象农渡88号”轮车客渡船营运,99吨,103千瓦,日往返50航次,欧生春经营。

台宁渡　在定塘镇南端,台宁大坝西,渡白礁洋3.3公里达宁海县原伍山乡红卫塘,有公路衔接长街。1971年伍山乡始设摇渡达台宁屿南西边塘。堵港建闸后,于大闸前建道头,又建凸堤形码头。伍山乡机动船2艘,叶口山村机动船1艘渡运,日各往返8次。2001年1月,因客流稀少,渡船转卖,停渡。2005年,改通汽渡,48客位、15车位,宁海红大港埠有限公司经营。

(六)樊鹤江水系诸渡口

该江有渡2处,系拔渡,即拉绳小渡,无渡工。两岸设桩,以绳索系舟,在岸拉绳则舟至,舟中拉绳,舟达彼岸。

拔头渡　在鹤浦镇犁头巉村北。是东支河入口处,大、小百丈诸村通鹤浦要津。始于光绪初,设拉绳渡,1923年(民国12年)建新治桥,渡废。

蟹厂渡　在鹤浦镇蟹厂村南。东距拔头渡350米,是樊岙通往鹤浦要津。渡宽50米,光绪初设拉绳渡。1966年建公路桥,渡废。

二、道头

为农村港埠、渡口常见简易码头一种,分突堤、斜坡、顺岸、阶梯等形式。多乱块石砌筑,也有混凝土抹面。长短视涂滩、水位定。宽度1.5~2米左右。1989年,道头89座。以蟹钳渡、黄溪渡、台宁、柴溪、石浦等道头较著。20世纪90年代始,原道头或改建渡口,或废弃闲置。

黄溪道头　明代始建,乱块石、条石砌筑,长堤式,长537米,宽2~3.5米,建有候渡亭,设路灯(详见黄溪渡)。

蟹钳渡道头　清代始建,乱块石、条石砌筑,混凝土抹面。长堤式,长480米,宽1.5米。20世纪80年代停航撤渡,今道头尚存。

石浦老道头　清道光间建于水仙宫前，即后来海军卫生队前、海军码头南。台阶式，长40米左右，宽6米左右，全部条石砌筑。入口处有风水墙、拱门，榜书“海防保障”4字。昔为昌石营水师战船停泊处。解放后扩建海军码头、第一码头时拆除。

石浦新道头　清光绪间建，在今江浦路口。结构、规模与老道头同。70年代填建渔港马路时拆除。

台宁道头　在定塘镇台宁大闸前。1973年建，乱块石砌筑，混凝土抹面，长堤式，长230米，宽1.5米，高2米。前端有阶梯，立标。闸旁建黄沙道头，凸堤形，长6米，宽25米，乱块石浆砌，高潮时泊渡船。2001年初，停渡，道头尚存。

英山道头　在定塘镇下英山历成塘。1988年建，乱块石砌筑，混凝土抹面，长250米，宽2.5~3.2米，高1.5米。原设埠于上英山道头塘，堵港后南迁今址。有机动船渡运。

柴溪道头　在西周镇柴溪村北。1985年重建、加长，乱块石砌筑，长堤形，长184米，宽2米。2004年6月，渡停，道头尚存。

第二节　港　　口

境内港口首推石浦港。其位置优越，港宽水深，开发较早。象山港、白墩港次之，其余爵溪、鹤浦、乌岩港口、台宁等亦沿海良港。

一、石浦港(石浦镇前沿)

在县城南30公里，简称荔港。开发历史悠久。公元629年（唐贞观三年）宁海县健跳即有六市船通航东关。宋乾道《四明图经》载：“东门山在象山县南海中，去明州一千二百里，其山与台州宁海县接境，山高二百丈，周二十五里，两峰对峙，其状如门，奔水冲涌，不可轻涉，惟波平风息，乃可以渡。其上有庙，号为东门……行旅往来，无不致敬。其庙建置年月，无碑碣可考。皇朝建炎四年赐今额(祚圣庙)”。《象山县志》载：唐贞观、永徽间，会稽贾贩往来，“每经庙下，无不祈祷牲礼”“建庙必在唐以前”。石浦港在象山立县前，已为贾贩往来、桅樯云集之区。宋置东门寨，元设巡检司，明建卫所，清设同知署。1406年（明永乐四年），侍郎俞士吉出使日本，由石浦南关桥发舟。号称“浙洋中路重镇”“地为日本之贡道，时为番舶所羁留”。宋元以来为海防要地。清光绪间始建趸船码头，有永川(老码头)、永利码头(新码头、越东码头)，民国间建达兴码头。1952年重建达兴码头，改称石浦第一码头，500吨级。1965年建成1500吨级码头，称石浦第二码头。企事业单位沿港建专用趸船码头11座，壁岸式码头3座，栈桥式码头3座。1977年4月，为贯彻落实周恩来总理生前发出的“三年改变港口面貌”号召，交通部、省交通厅和地区交管局领导来象，视察石浦港。6月，中共象山县委研究决定，划番头粮站起，至隔峙山碶门北首止，长800米，宽500米，作新建港区用地。地区交管局拨款2万元开办。1985年建成新港区，1000吨级框架式固定码头，设计年货物通过能力20万吨。1990年石浦港完成货物吞吐量52万吨(其中进口32万吨)。1993年3月辟为国家二类口岸，正式对外开放。2005年，经国家海关总署批准并入宁波一类口岸，且保留象山县口岸。是年，出口日本、韩国活鱼和冰鲜鱼3800吨，销售额4000多万元人民币，创汇480多万美元。2010年，港区大小码头186座，其中渔业类68座，货运类31座，客运类28座，港航、海事等公务类9座，油品类24座，船舶修造类26座。年吞吐量132.5

万吨。

石浦镇前沿港口，北起塘头港，南至坟坦港，长5公里，原山岭阻隔，解放后，几经修建，开拓沿港水泥公路，连塘头港、延昌、石浦、番头成一片。渔港北路段（塘头港至东关），为水泥、煤、木材、盐、水产品等物资装卸区；渔港中路为客轮、舰艇、渔船停靠区；南段停靠油船、渔船及禽畜、粮食、煤等货物装卸区；番头新港区为大宗计划物资作业区。二类口岸升并一类后，划定新港、雷公山、金七门3作业区为开放水域。沿港建有船厂、船坞、水厂、电厂、油库、冷冻、渔机、医院、邮电、接待站、气象站等服务设施。

因地处舟山、大目、猫头、渔山、大陈等渔场中心，1974年，定为国家一级渔港。能靠泊万艘中小型渔船和数百艘500吨以上船舶。每逢渔汛期，渔船云集，日达6000余艘。沿海省市及台湾船舶常进港避风、补充给养、修理船舶、销售渔货。1987年，靠泊台湾船舶1821艘，接待台胞15555人次，为全国台胞接待总数40%。随着对台工作和对台贸易的发展，石浦港已成为浙江省对台工作基地和对台贸易口岸之一，1992年直接贸易额超过百万元。2007年成为全国首批实行对台小额贸易更开放的五个试点口岸之一。2008年底，开通两岸海运直航来，以水产品为主的对台小额贸易快速增长。次年5月，出运水产品已从原6种增至18种，且向干虾皮、干虾仁、剥皮鱼骨干等高附加值水产制品延伸。至2010年，依托港湾优势，已连续举办13届中国开渔节，吸引外商纷纷组团前来观光、考察、投资。同年9月，经农业部批准，石浦中心渔港获首批20个“全国文明渔港”之一。

石浦港北距上海186海里、宁波87海里、定海60海里。南距椒江57海里、温州134海里、基隆296海里、香港650海里、广州738海里、海口915海里。原有班轮通上海、沈家门、椒江、三门、宁海等及境内蟹钳渡、金七门、檀头山、乌岩港口、三门口、鹤浦等埠。沿港有轮渡多处，往来两岸，以东门渡最著。公路经沙岗，越何婆岭，达宁波南站，156公里；经县城、象山港至宁波东站，110公里。海运航线北达营口、大连、天津、青岛，南抵广西龙门、广东湛江、广州，西溯武汉、沙市。1993年县航运公司“繁象”轮冷藏运输船首航日本，1997年公司“金飞鱼”轮活鱼运输船又启航韩国。

下湾门东口外有石栏礁，曾有人言：若开辟大吨位航道，需先炸礁。1986年1月，中国港口开发技术咨询服务公司副总经理黄玉荣等8人经实地勘察、论证，石浦港能进万吨轮。1996年5月26日与6月1日，载重5907吨“东展”号油轮及5500载重吨“泰昌”号煤轮先后通过该航道。1999年10月，21000吨级“美鹭”号空载油轮亦予安全进出该航道。2008年12月，经国家级专家评审，下湾门水道通航能力可提升至3万吨，船长170米，且不必候潮进出。翌年12月2日，一艘由东红船业有限公司打造的28000吨级散货空船顺利驶出下湾门。

二、象山港

在县境北20公里。历史上曾以鄞县得名称鄞港，但因所辖面积多属象山县，故于清末改称象山港。向为通航、避风良港，港内狮子口以东，水道宽、水体深，可锚泊万吨级以下海轮。乌龟山屹立航道中央，成象山港、西沪港之重要导航标志。助航灯桩、灯浮、立标数十处，分立于鄞县大嵩港、大礁，奉化之南沙、狮子口，宁海之白石山、历试山、狗山、野猪山、铁沙、沙背，象山之鹊礁、万礁、乌龟山、乌沙等。系船浮筒数十只，可供千吨级海轮系泊。除军用外，沿岸原有乌屿山、西泽、石沿（奉化）、峡山、薛岙（宁海）等混凝土简易码头数十处。乌屿山、横里、淡港、下沈、柴溪曾有渡轮分别通航舟山之六横、鄞州之横山、奉化之石沿、湖头渡、桐照,宁海之峡山,及溪下王至薛岙等。1988 年 7 月,西泽至鄞州横山汽车轮渡通航,港区交通渐趋繁忙。2003 年 10 月,大唐国际发电股份有限公司乌沙山发电厂落户港南西周镇。翌年,建成 35000 吨、3000 吨码头各 1 座,设计年货物通过能力 600 万吨。2005 年,临象山港口之涂茨干门港落成船舶修造基地。浙江新乐造船有限公司、宁波中洋船舶工业有限公司相继落户投产,今有 30000 吨级舾装码头多座,年造船能力约计 50 万吨。2007 年 7 月,位贤庠镇北之宁波杭港富春管业有限公司 5000 吨级码头竣工,设计年货物通过能力 55 万吨。2008 年 7 月,原西泽老码头改建为象山港港航巡逻艇码头,靠泊能力 1000 吨级。2009 年 1 月,西泽轮渡西建成 5000 吨级货运码头,设计年货物通过能力 25 万吨以上。2010 年底,在乌沙山发电厂西,象山海螺水泥有限公司 5000 吨级码头投入使用,设计年货物通过能力 483 万吨。从此,象山港区彻底告别码头等级低下,场库设施简陋之历史。是年,港区境内片大小码头 33 座,完成货物吞吐量 780 万吨。

象山港战略地位重要,历为浙中沿海海防门户。明代抗倭,于钱仓、郭巨(北仑区)、大嵩(鄞县)筑所城,姜屿、蒲门设巡检司,遥为犄角。明末抗清将领张煌言曾屯兵港中凤凰山,建鹿颈城。1899~1901 年,意大利等西方列强军舰多次侵入港内测量。宣统元年,清政府派亲王载洵与海军提督萨镇冰视察象山港,并在高泥港征地欲建军港。1954 年 5 月,中央人民政府副主席、中国人民解放军总司令朱德视察象山港。2008 年 12 月底,象山港大桥及接线工程开工建设。2012 年末竣工通车,县城至宁波距离从 120 公里缩短为 47 公里,使地处交通末梢的象山县真正融入宁波半小时、杭州 2 小时、上海 3 小时之长三角经济圈。

三、白墩港

位于西沪港东北部,距县城 9 公里,东西向,长 5.5 公里,宽 30~600 米,深 0~4 米。1920 年(民国 9 年),建趸浮码头 1 座,抗战时被日军毁,1956 年重建,是县北主要物资进出港埠。300~400 吨级海轮可候潮进出,落潮时搁浅装卸,县第一运输公司曾设装卸运输队,吊机 3 台。原有客轮通西泽、六横、定海、宁波。1974 年上游陈山围塘,港内淤积加速,1978 年停航。1989 年,原码头东新建 500 吨级燃煤、300 吨级海沙淡化沙场码头各 1 座。

本港东距西泽 14 海里,定海 45 海里;南距石浦 54 海里。

第三节　码　　头

1900 年(清光绪二十六年),上海老公茂公司在石浦老道头北始建浮式码头,名永川,俗称老码头,解放后改建为海军码头。1905 年(清光绪三十一年),台州越东公司在石浦新道头北建永利码头,俗称新码头,由石浦永利局代理,抗战前毁于台风。1920 年(民国 9 年),县知事李洣在白墩建造浮式码头,抗战时遭日军破坏。1927 年,上海达兴轮船公司在石浦新、老码头之间建造浮式码头,称达兴码头,由陈源丰行代理。1929 年,南田县长毛皋坤募建鹤浦码头,1942 年,被日本华中矿业公司拖至石浦十三宫,作础石专用码头,翌年 7 月沉没。

解放后,境内客货运、渔业、企业等码头逐年增加。1988 年,各类码头 86 座。2010 年,达 219 座,其中 5 座因停航闲置。

石浦第一码头

1927 年(民国 16 年),上海达兴轮船公司在石浦横塘岸路北口建造浮式码头,称达兴码头。日军侵占期称华中码头。1952 年,华东区海运管理局宁波分局投资 2.36 万元(已折算),在原址重建 21.5×5.4 米钢筋混凝土栈桥,9×3.5 米钢引桥,25.4×6.6 米木趸船。码头前沿水深 8.5 米,泊 500 吨级海轮,改称石浦第一码头。1964 年修建。1965 年改为客运码头,停靠 10 余艘客班轮、6 艘渡轮。1983 年扩建为三联双引桥,总长 103 米,宽 8 米。1989 年因扩建渔港路被拆,客轮、渡轮皆移泊第二码头。

石浦第二码头

在石浦天妃宫粽子岩,1500 吨级双联浮式,长 76 米,宽 8 米,双引桥,码头前沿水深:低潮位 5.5 米,高潮位 7 米。1961 年始建支农简易码头 500 吨级,1965 年改建为 1500 吨级客货两用码头,有仓库 300 平方米、候船室 240 平方米,称石浦第二码头。1981 年扩建成钢筋混凝土双联码头。1985 年番头新港区建成,改为客运码头。1989 年,因扩建渔港路,第一码头被拆,其客轮、渡轮皆移泊于此,成为县内最大客流量码头。2001 年,一分为二,改县海事、港航公务码头。

石浦新港区码头

位于石浦镇西南 2 公里,番头坟坦港北。港区岸线长 243 米,为钢筋混凝土栈桥式码头,栈桥长 75 米,宽 7 米,平台长 62 米,宽 10.8 米,前沿最低潮位 6.5 米,泊船能力 1000 吨级。配套设施:堆场 4200 平方米,仓库 576 平方米,三层办公楼房 1 幢等。沙新公路至此,且连接茅石线、沿海南线。

码头由杭州市交通设计院设计,1982 年 5 月动工兴建,1985 年 6 月验收合格,建筑费用 188.84 万元。由象山县港务管理站接管经营,为县大宗物资进出码头,设计年货物通过能力 20 万吨。2002 年,外沿增建浮码头,36×6 米一个,36×8 米两个,32×8 米一个,改称石浦水上客运中心码头(图 2-2-2)。

图 2-2-2　21 世纪初石浦水上客运中心码头

鹤浦新码头

位于鹤浦镇西北万寿塘东北,为钢筋混凝土浮式双联码头(图 2-2-3)。趸船 36×8 米×2

图 2-2-3　21 世纪初石浦-鹤浦汽渡码头

艘,钢引桥 21×4 米,栈桥长 6.5 米,宽 6 米,框架式码头平台,双联码头设计,浆砌石堤长 113 米,宽 8.5 米,售票、候船室 6 间 200 平方米。码头前沿水深 6 米,泊船能力 300 吨级。客货两用,设计年货物通过能力 5 万吨,旅客通过能力 27 万人次。杭州市交通设计院设计,温州市港航工程队施工,1988 年 1 月建,耗资 65 万元,当年竣工投产。2005 年,经宁波市交通设计研究院靠泊评估,改为 500 吨级。

鹤浦老码头

位于鹤浦镇鹤浦大闸东北 400 米,钢筋混凝土栈桥式码头,突堤长 40 米,宽 5 米,栈桥框架长 14 米,宽 4 米,设有阶梯,供旅客随潮上下。前沿水深 5 米,可停靠 150 吨级海轮。1929 年（民国 18 年）始建,耗资 2400 元。1942 年,被日军强行拖往石浦,作硃石专运码头,次年沉没。1968 年,在原址外沿重建,由宁波地区航道队设计并施工,投资 2.64 万元。翌年投入运营。

原为客运码头,因年久失修,险象环生,1988 年 1 月在其西另建鹤浦新码头,遂改为货运码头,有 50 吨固定吊机 1 台。

港口码头(高塘岛乌岩港口)

在高塘岛东部,林门港中部西岸,西距高塘岛乡政府 3 公里。钢筋混凝土趸船,长 20 米,宽 6 米,钢引桥 1 座。前沿水深 3 米,系泊能力 200 吨级。1971 年建成,为高塘岛乡主要客货吞吐港埠,设计年旅客通过能力 30 万人次。1999 年改建 300 吨级浮码头,长 40 米,宽 9 米。2005 年始停航闲置,2010 年改为港口渔业码头。

三门口码头

在高塘岛西北部,三门口南岸,100 吨级浮式,客货两用。钢筋混凝土趸船 20×6 米,钢引桥,单撑墩,码头前沿水深 3 米。县交通局设计。1985 年 9 月动工,次年 7 月竣工,投资 13 万元。渡船外,尚供过往客轮停靠。1997 年毁于台灾。

白墩码头

在西沪港东北角,县城西北 9 公里。码头前沿水深 6 米,曾为县北主要吞吐港埠。

1920年（民国9年），县知事李洣提赈灾银及募捐始建，历4年竣工。抗战时毁于日军。1956年6月，舟山航运管理处投资3.55万元重建。为200吨级浮式码头。县第一运输公司曾专营物资装卸。后严重倾斜，濒临倒塌。1989年，县物流运输有限公司改建500吨级重力式货运码头，长、宽各23米，配2～5吨移动吊机3台。2011年6月始实施危码头改建。

象山港港航巡逻艇码头（原西泽老码头）

位于贤庠镇北3公里，与鄞县横山码头隔港（7.2公里）相望，向为县北通往宁波、鄞州、舟山要津。1966年，县交通局勘察设计，于外道头西200米处山嘴建突堤形岸壁式码头，100吨级，三面环水，有阶梯供旅客随潮上下，长26米，宽14.5米，码头前沿水深4.5米，投资2.63万元。县航运公司客轮渡运，弯埠乌屿山。1977年续建候船室3间。1988年7月西泽汽车轮渡建成后，改作货运码头。2007年11月，县港航处改建象山港巡逻艇专用码头(图2-2-4)，次年7月竣工。设计泊位500吨级，兼靠1000吨级，二级水建标准，高桩板梁式结构，码头平台长60米，宽12米。栈桥长、宽均14米，平台左设一系缆墩，其间有长11.26米、宽2.4米工作桥相连。码头用房250平方米，10吨吊机1座。

图2-2-4　21世纪初象山港港航巡逻艇码头

象山港汽车轮渡码头

轮渡码头分列象山港南北两岸，南岸西泽码头，北岸横山码头。两岸相距7.2公里，航程半小时。1985年12月11日经省计委批准，次年1月组织施工。1988年5、6月间，码头、接线公路、陆岸用房、渡轮分别竣工验收，总投资507万元，比预算节约18.7万元。7月25日投入使用，由县轮渡公司经营，先8车位渡轮2艘运营，两头推进双向进出单体船型。后陆续添置更新16车位渡轮计6艘。象山港汽车轮渡之通航，辟象山宁波间第二通道。缩短丹城至宁波路程48公里、石浦至宁波行程43公里。

西泽轮渡码头（图2-2-5），在贤庠镇西北3公里处，地名老虎口，至县城20公里，是象山港汽车轮渡之母渡。按12车渡，抗浪2级要求设计施工，为三联浮式码头。前沿最低水位3.8米，设钢引桥21.8×6.5米1座，桥台突堤20.6米，趸船50×12米1艘、26×7米2艘。水、电、油管道直通码头。生活区及停车场占地6600平方米,劈山填海成,其中混凝土铺面2292平方米;4层综合楼1幢,943.21平方米;候船室、仓库、门卫等建筑391.75平方米,山上建30立方米水塔1座,护坡960立方米,防浪墙384立方米。公路接线865米。

横山码头,位于鄞州区横山,至宁波东站48公里。因海涂淤重,从塘坝伸出至码头前沿142.2米,筑突堤15×8.5米,钢筋混凝土栈桥92.8×8米,钢引桥、趸船与西泽码头同,前沿最低水位3米。码头南200米海中有串巉山岛。建造时挖泥1万立方米以保证航道畅通。生活区和停车场占地2300平方米,其中混凝土铺面292.1平方米,2层综合楼1座,304.4平方米,配套建筑21.7平方米。在1公里外打井1眼和圆形水塔1座,有水管通往码头供应淡水。公路接线352米。

1999年,扩建、维修两码头。西泽按16车客渡设计,傍原码头西增建同吨位浮码头1座,候船室扩至338平方米。投资437万元。横山码头因长期超负荷运营,栈桥帽梁、面板开裂,底部钢筋腐蚀,特作抢修性加固维修,栈桥桥面拓宽至9米。耗资160万元。2008年底,新增1渡轮,营运船达7艘。西泽码头占地面积拓至10500余平方米,其中办公、生活等用房面积2080.32平方米,绿化、停车场占地8467.9平方米;横山码头扩至5260平方米,其中房屋占地面积710.38平方米,绿化、停车场占地4593.56平方米。

图2-2-5　21世纪初西泽轮渡码头

石浦3000吨级对台专用码头

位于石浦镇文坦港村南,石浦新港区东侧原旦门船厂与石浦水产公司间。为高桩式固定码头,长87米,宽13米。其左附建300吨级浮式码头1座,长36米,宽8米。码头前沿水深7米,栈桥长75米,宽7米,陆域占地3900平方米。1990年2月开工,翌年4月竣工,8月16日交工验收,其中300吨级浮码头获优良工程。总投资415万元,其中交通部投资公司贷款350万元,余县自筹。时由县港务管理所负责码头经营,1999年10月,企业转制,国有改民营,3000吨级码头改由象山荔港航务代理有限公司经营,300吨级改为渔业码头(图2-2-6)。

图 2-2-6 21 世纪初石浦 3000 吨级对台贸易码头

象山航标站码头

原在石浦镇隔峙山坟坦港口西，称石浦航标站码头，属交通部上海航道局镇海航标处（今称宁波航标处）。1986 年建钢筋混凝土浮式，栈桥 6 跨，长 42 米，宽 6 米，钢筋混凝土趸船长 40 米，宽 6 米。码头前沿水深 6.8 米，系泊能力 1000 吨级。1992 年因建石浦水产品交易市场，址迁海军修理所西侧重建，占地 6650 平方米，水域岸线 128 米。500 吨级浮码头 1 座，由 18×8 米、36×8 米趸船 2 艘组成，码头栈桥长 59.6 米，石砌引堤长 42 米，宽各 5 米。2004 年投入使用，翌年改称象山航标站码头。

西泽 5000 吨级码头

地处贤庠镇小蔚庄村北，位象山港大桥东、西泽汽车轮渡西，占地 10 万平方米。

有 5000 吨固定、3000 吨浮式码头各 1 座。西端固定码头长 138 米、宽 22 米，前沿最低水位 5 米；东首浮式码头长 50 米，宽 16 米，前沿最低水位 4.65 米。陆岸仓库、堆场、装卸、道路等设施一应俱全。浙江交通勘测设计有限公司按"平时用于民，战时用于军"设计，水上建筑物Ⅱ级标准，设计年货物通过能力 25 万吨以上。

2003 年 7 月宁波市发改委批准建设，2004 年 6 月，宁波交通工程建设集团有限公司中标承建，同年 11 月 5 日开工。后因工程有碍象山港大桥筹建而停工，经市发改委协调，码头向东移位。2007 年 6 月 8 日复工，2009 年 1 月 18 日竣工，总投资 7500 余万元。同年 5 月 21 日，通过市交工质量验收，获优良工程。市交通工程咨询监理有限公司、市交通工程质量监督站分别监理、监督。

码头建成不久，即为象山港大桥建设服务，效用显著，改变昔日象山北部沿海码头靠泊能力低下、场库配套设施简陋等劣势。

大唐乌沙山电厂码头

位于象山港南岸，西周镇乌沙山西。由卸煤和综合性能 2 码头组成，呈反"F"状布局，皆高桩板梁式结构，占用岸线 2000 米，设计年货物通过能力 600 万吨。综合码头为 3000 吨级，长138米，宽17米，前沿最低水位7.5米，2004年11月建成，耗资5138万元；卸煤码头35000吨级，长476米，宽30米，泊位2个，前沿最低水位14.5米，2005年6月竣工，耗资9987万元。浙江省交通规划设计研究院设计，中交第三航务工程局承建，厦门港湾咨询监理有限公司监理。

宁波杭钢富春通用码头

位于象山港南岸、贤庠镇北。高桩梁板式结构，码头长125米，宽25米，前沿水深8.15米，设计靠泊能力5000吨级，年货物通过能力55万吨。2006年5月10日开工，2007年2月15日竣工，总投资5704万元。浙江省交通勘测设计院设计，中交第二航务工程局承建，浙江公路水运监理有限公司监理。

渔山客运码头

位于北渔山岛西南岸（图2-2-7）。500吨级混凝土重力式结构，码头长110.52米，宽6.5米，泊位2个，前沿水深2.75米，水工建筑物Ⅲ级标准。陆岸管理用房240平方米，接线公路115米。设计年旅客通过能力2.4万人，货物通过能力1.8万吨。2008年10月30日开工，2010年4月29日竣工验收，总投资900万元。宁波市交通设计研究院设计，浙江海洋工程有限公司承建，浙江公路水运工程监理有限公司监理。

图2-2-7　21世纪初北渔山岛客运码头

宁波莛博爽石油化工码头

位于三门口海峡北岸罗汉塘。3000吨级平面撑杆式浮码头，平台长65米，宽13米，引桥长90.35米。码头前沿水深5米，占用岸线310米，设计年货物通过能力48.4万吨。2010年2月30日开工，同年7月20日竣工，总投资1000万元。中交上海港湾工程设计研究院设计，台州市椒江交通建设有限公司承建，宁波交通工程咨询监理有限公司监理。

象山海螺水泥通用码头

位于象山港南岸，西周镇大唐乌沙山电厂西。5000 吨级高桩梁板式结构，泊位 3 个，其中 2 个设有接卸输送机。码头长 408 米，宽 22 米，栈桥长 810.5 米，宽 14 米，前沿水深 11 米，设计年货物通过能力 483 万吨。2009 年 9 月 20 日开工，2010 年 10 月 30 日竣工，总投资 2.37 亿元。浙江省交通规划设计研究院设计，中交三航局承建，厦门港湾咨询监理有限公司监理。

鹤浦盘基汽渡码头

位于石浦港南岸，南田岛东北角。与石浦隔港相望，为石浦至鹤浦陆岛交通工程项目（图 2-2-8）。1000 吨级浮式结构，由三艘趸船组成，中间主趸船长 50 米、宽 12 米，两侧副趸船长 36 米、宽 8 米，泊位总长 135.8 米。与主趸船相连钢引桥长 24 米，宽 5.1 米；连接陆域与钢引桥之栈桥长 65.20 米，宽 8.0 米。码头前沿水深 3 米，工程设计为Ⅱ级水工建筑物标准。码头陆域占地 1300 平方米，建筑面积 700 平方米。2007 年 12 月 20 日开工，2010 年 10 月 20 日竣工，总投资 2145 万元。宁波市交通设计研究院设计，宁波市交通工程建设集团有限公司承建，宁波市交通工程咨询监理有限公司监理。

图 2-2-8　21 世纪初鹤浦盘基码头

天丰废油码头

位于石浦港西南、高塘岛东北岸。高桩梁板式结构，码头长 110 米，宽 8 米，前沿水深 5.85米，设计靠泊能力 2000 吨级，设计年货物通过能力 20 万吨。2009 年 5 月 10 日开工，2010 年 7 月 20 日竣工，总投资约 350 万元。浙江交通勘测设计院设计，宁波海洋工程有限公司承建，宁波交通工程咨询监理有限公司监理。

檀头山客运码头

位于檀头山村西大山嘴头。300 吨级，顺岸重力式结构，码头长 40 米，宽 8 米，前沿水深 2.5 米，接线公路 1500 米。2008 年 10 月 10 日动建，候潮施工，时停时建，2011 年 9 月竣工。总投资 492 万元。宁波市交通设计研究院设计，浙江海洋工程有限公司承建，浙江公路水运工程监理有限公司监理。

石浦港货运客运、危险品、渔业、船舶修造、公务船和象山港象山片区码头详见表 2-2-1~表 2-2-7。

石浦港货运码头一览

表 2-2-1

名　称	地点	建造年份	岸线长度（米）	结构类型	系泊能力（吨级）	平台长×宽(米)	备　注
石城山码头	爵溪	2002.9	150	重力式	500	150×10	
海陆装卸队码头	爵溪	1996	65	重力式	500	65×50	
正源电厂码头	爵溪	1997	44	高桩式	300	44×14	
东华煤场码头	爵溪	1986	64	重力式	500	64×51	
海滨装卸队码头	爵溪	1986	105	重力式	500	105×15	
大岙码头	爵溪	1986	105	重力式	500	31×8	
小门山沙场码头	东陈	1989	28	重力式	200	28×10	
大目涂沙场码头	东陈	2009	197	重力式	500	197×10	
新桥盐场码头	新桥	1976	100	重力式	500	100×30	
昌国盐场码头	石浦	1978	50	重力式	300	50×30	
香蒲村沙场码头	石浦	2006	117	重力式	500	117×24	
兰家村沙场码头	石浦	2006	28	重力式	300	28×19	
平岩村石砌码头	石浦	2006	38	重力式	300	38×20	
石浦镇政府码头	石浦	1986	58	高桩式	500	58×6	原水泥厂码头
石浦东港粮站码头	石浦	1981	14	高桩式	300	14×6.5	
荔港航务代理有限公司码头	石浦	1991	87	高桩式	3000	87×13	原港区 3000 吨级对台码头 1999 年转制
东边村沙场码头	石浦	1995	50	重力式	200	50×53	
宁波吉欣复合金属制品公司货物码头	石浦	1982	62	高桩式	1000	62×11	原热电厂码,2010 年转制
晓湾港口沙场码头	石浦	1996	20	重力式	300	20×19	
金星黄胖礁沙场码头	石浦	2003	40	重力式	200	18×40	
鹁鸪头石砌码头	晓塘	1972	4	重力式	200	4×10	
崇巉村沙石码头	新桥	1998	20	重力式	300	20×30	
洋岙山石砌码头	茅洋	2008	36	重力式	200	36×7	
下山头村石砌码头	泗洲头	2002	35	重力式	200	35×27	
三门口装卸码头	高塘	2009	20	重力式	100	20×6	
花岙盐场码头	高塘	1968	21	重力式	300	21×37	
鹤浦中转中心码头	鹤浦	2003	87	重力式	500	83×10	
鹤浦装卸码头	鹤浦	2002	53	重力式	200	59×30	
金宝达货运码头	鹤浦	2002	40	高桩式	500	15×15	
鹤浦老码头	鹤浦	1929	22	高桩式	300	22×6	
下布袋村石子场码头	对面山	1996	85	重力式	500	5×20,5×20	2 个泊位

石浦港客运码头一览

表 2-2-2

名称	地点	建造年份	岸线长度（米）	结构类型	系泊能力（吨级）	平台长×宽（米）	备注
松兰山旅游码头	丹城	2000	30	浮式	200	30×6	
东旦旅游码头	东陈	2004	12	重力式	200	12×15	
东旦旅游码头 2#	东陈	2004	15	重力式	200	15×12	
高龙柴岙埠头	石浦	1986	13	重力式	200	13×43	闲置
石浦渔村农渡码头	石浦	2006	25	浮式	200	25×6	至铜钱礁
渔供船码头	石浦	2010	36	浮式	200	36×8	
石浦-东门轮渡码头	石浦	1992	36	浮式	300	36×8	
水上客运中心码头	石浦	1985	142	浮式	1000	36×6，(36×8)×2 个，32×8	4 个泊位原港区 1000 吨级码头
石鹤汽渡码头	石浦	1994	114	浮式	1000	(28×6)×2 个，50×12	3 个泊位
金星汽渡码头	石浦	2001	15	重力式	300	15×100	2009 年停航
台宁汽渡码头	定塘	2005	16	重力式	200	16×173	
英山汽渡码头	定塘	2006	6	重力式	200	6×209	
崇巉汽渡码头	新桥	1992	17	重力式	200	17×4	
高塘汽渡码头	高塘	2001	72	浮式	300	42×16	2009 年停航
乌龟山渡埠	高塘	1982	4	重力式	100	4×20	
高花汽渡	高塘	2003	100	重力式	300	100×28	
花岙旅游码头	高塘	2002	100	重力式	200	65×12	
前龙头村渡埠	鹤浦	1982	7	重力式	100	7×29	
后龙头村渡埠	鹤浦	1982	2	重力式	100	2×20	
鹤浦新码头	鹤浦	1988	76	浮式	500	(36×8)×2 个	2 个泊位
盘基汽渡码头	鹤浦	2010	120	浮式	1000	50×12，(36×8)×2 个	
峙湾埠头	鹤浦	1982	5	重力式	100	5×30	
和平湾埠头	鹤浦	1982	4	重力式	200	4×30	
韭菜湾渡埠	鹤浦	1982	8	重力式	100	8×15	
东门轮渡码头	东门	1991	36	浮式	300	36×8	
渔山客运码头	渔山	2010	110.52	重力式	500	110.52×6.5	
檀头山客运码头	檀头山	2011	40	重力式	300	40×8	
高花汽渡	花岙岛	2003	100	斜坡式	300	100×28	

石浦港危险品码头一览

表 2-2-3

名　称	地点	建造年份	岸线长度（米）	结构类型	系泊能力（吨级）	平台 长×宽（米）	备　注
铜瓦门供油码头	石浦	1997	50	浮式	300	36×8	
石浦水封油库码头	石浦	1976	164	浮式	3000	(40×9)×2 个，(36×8)×2 个	4 个泊位
中油公司码头	石浦	1994	76	浮式	1000	36×8×2	2 个泊位
宁波莛博爽石油化工码头	石浦	2010	310	浮式	3000	65×13	
天丰废油码头	高塘	2010	110	高桩式	2000	110×8	
东星油品码头	高塘	2009	110	高桩式	2000	110×8	
兴渔油品码头	高塘	2006	55	重力式	300	40×8	
港口供油码头	高塘	1998	36	浮式	300	36×8	
高塘文献村供油码头	高塘	1973	32	浮式	300	32×8	
金高椅油品码头	高塘	2006	80	浮式	200	40×9	
鹤浦前龙头加油站码头	鹤浦	2002	32	浮式	500	32×8	
鹤浦供油站码头	鹤浦	2001	36	浮式	500	36×8	
甬石金鹤加油冲冰码头	鹤浦	2001	186	浮式	500	36×8，40×9	2 个泊位
韭菜湾供油冲冰码头	鹤浦	1994	60	浮式	300	36×8，20×6	2 个泊位
金浪供油码头	铜钱礁	2002	36	浮式	300	36×8	
铜钱礁供油码头	铜钱礁	1996	60	浮式	300	36×8	
中恒供油码头	铜钱礁	1999	28	浮式	200	20×7	
铜钱礁小山供油码头	铜钱礁	1997	28	浮式	200	28×7	
甬石南炼油码头	东门	1990	80	浮式	1000	36×8	
东门油库码头	东门	1979	76	浮式	500	(36×8)×2 个	2 个泊位
东门加油站码头	东门	1980	65	浮式	500	65×12	
兰浦科技环保供油码头	对面山	1998	6	重力式	200	5×35	
正东石油化工码头	石浦	2006	125	浮式	2000	(40×9)×2 个	2 个泊位
汰岙屿船舶油料码头	石浦	1996	28	重力式	200	28×9	

石浦港渔业码头一览

表 2-2-4

名　称	地点	建造年份	岸线长度（米）	结构类型	系泊能力（吨级）	平台 长×宽（米）	备　注
大目涂新城渔业码头	东陈	2008	151	重力式	500	151×435	护岸网场
大目涂新城渔业南侧码头	东陈	2008	28	重力式	200	28×10	
炮台山渔业码头	东陈	2002	40	重力式	200	40×30	
旦门渔业码头	东陈	2001	20	重力式	200	20×20	

续上表

名　　称	地点	建造年份	岸线长度（米）	结构类型	系泊能力（吨级）	平台长×宽（米）	备　　注
东陈渔业码头	东陈	2003	59	重力式	500	59×8	
铜瓦门村水产冷库码头	石浦	1989	32	浮式	300	32×8	
新工贸水产冷库码头	石浦	1999	64	浮式	500	64×9	
铜瓦门渔业码头	石浦	2003	36	浮式	300	36×8	
铜瓦门村石砌码头	石浦	1994	146	重力式	200	146×15	
石浦镇政府海钓旅游码头	石浦	2004	104	浮式	300	（32×8）×3 个	3 个泊位原镇政府渔业码头
象山金鹤房产开发有限公司码头	石浦	1962	11	高桩式	200	11×19	原木材公司码头 2005 年转制
宝嘉利水产码头	石浦	1996	36	浮式	300	36×8	
中心渔港码头	石浦	2004	116	浮式	300	（36×9）×3 个	
福泰龙渔业公司码头	石浦	1991	36	浮式	300	36×8	原华丰水产码头
石浦水产有限公司码头	石浦	1980	36	浮式	300	36×8	原第三冷冻厂码头
久宇水产有限公司码头	石浦	1975	72	浮式	500	24×6，36×8	2 个泊位原第一冷冻厂码头
象山县金日水产有限公司码头	石浦	1972	36	浮式	300	36×8	原第二冷冻厂码头
象山金浦水产有限公司码头	石浦	1973	36	浮式	300	36×8	原第四冷冻厂码头
渔丰街水产码头	石浦	1991	76	浮式	500	（36×8）×2 个	原台胞码头
船舶制造厂冲冰码头	石浦	1992	32	浮式	300	32×8	原五冷码头
好望角码头	石浦	1993	135	浮式	300	（36×8）×3 个	海鲜街码头 2007 年转制
中坤水产有限公司码头	石浦	1989	36	浮式	300	36×8	养殖公司码头
新港区渔业码头	石浦	1991	36	浮式	300	36×8	原 3000 吨级对台附属码头
伟业冷冻厂码头	石浦	1996	44	浮式	200	20×6	
水产码头	石浦	1984	36	浮式	500	36×8	老航标站码头
东方水产码头	石浦	2002	246	浮式	500	（36×8）×5 个，40×9	6 个泊位
象山西边村渔业码头（原水利供应码头）	石浦	2009	85	浮式	300	45×10、36×9	2 个泊位 2009 年扩建
象山石浦亿亨鲜活水产有限公司码头	石浦	2010	172	浮式	500	（40×9）×4 个	4 个泊位
新水产城码头	石浦	2008	650	浮式	500	（40×9）×15 个	5 个三联 500 吨级，15 个泊位
象山县石浦镇横屿渔船靠泊码头	石浦	2011	36	浮式	400	36×8	
金鸡村埠头	石浦	1992	7	重力式	200	7×54	
定塘渔业码头	定塘	2008	40	浮式	300	40×9	

续上表

名　称	地点	建造年份	岸线长度（米）	结构类型	系泊能力（吨级）	平台长×宽（米）	备　注
港口渔业码头	高塘	2002	36	浮式	300	36×8	
仰天堂水产冷冻厂码头	高塘	2002	40	浮式	300	40×9	
仰天堂渔村埠头	高塘	1992	9	重力式	200	9×37	
高塘仰天堂石子场码头	高塘	2003	36	浮式	300	36×8	
金高椅渔业埠头	高塘	1989	8	重力式	200	8×56	
金高椅码头	高塘	2010	86	浮式	200	(40×9)×2 个	
前龙头网场码头	鹤浦	2003	40	重力式	200	40×20	
鹤浦德渔制冰厂码头	鹤浦	2001	36	浮式	500	36×8	
申鹤冷冻厂码头	鹤浦	1996	36	浮式	300	36×8	
鹤浦渔业水产码头	鹤浦	1998	82	浮式	300	40×9，36×8	2 个泊位
鹤浦汽渡码头	鹤浦	1994	114	浮式	500	(28×6)×2 个，50×12	2009 年已停，转渔业码头
远东冲冰码头	鹤浦	1998	80	浮式	300	40×9	
海陆冻品码头	铜钱礁	1996	72	浮式	300	36×8	
铜钱礁制冰船	铜钱礁	1993	50	浮式	300	40×8	
金锋冷冻厂码头	东门	1990	72	浮式	300	(36×8)×2 个	2 个泊位
南浦冷冻厂码头	东门	1986	36	浮式	300	36×8	
南汇村渔业码头	东门	2009	40	浮式	300	40×9	
成兴制冰厂码头	东门	2009	40	浮式	300	40×9	
繁兴制冰厂码头	东门	2009	36	浮式	300	36×8	
圣龙水产冻品有限公司码头	东门	2005	36	浮式	300	36×8	
丰润制冰厂码头	东门	2009	36	浮式	300	36×8	
旭丰冷冻厂码头	东门	1987	40	浮式	300	40×9	制冰船
东门 2 号码头	东门	2009	40	浮式	300	40×9	
东门渔村码头	东门	1998	84	浮式	500	(40×9)×2 个	2 个泊位
东门大冷库码头	东门	1982	40	浮式	500	40×9	
东门 1 号码头	东门	2010	40	浮式	300	40×9	
东门冲冰码头	东门	1986	25	高桩式	300	25×7	
江发制冰厂码头	东门	1986	20	高桩式	300	20×7	
东门隆昌制冰厂码头	东门	1986	17	高桩式	300	17×4	
汇达制冰厂码头	对面山	1986	36	浮式	300	36×8	
渔丰制冰厂码头	对面山	2002	36	浮式	300	36×8，28×6	2 个泊位
兴龙制冰厂码头	对面山	2003	64	浮式	500	(36×8)×3 个	3 个泊位
大方制冰厂码头	对面山	1992	36	浮式	300	36×8	
宏福制冰厂码头	对面山	1986	36	浮式	300	36×8	
上布袋渔村埠头	对面山	2005	6	重力式	100	6×66	
港口渔业码头	高塘	1971	32	浮式	300	32×8	原港口客运码头

石浦港船舶修造码头一览 表2-2-5

名　　称	地点	建造年份	岸线长度（米）	结构类型	系泊能力（吨级）	平台 长×宽(米)
石浦东港船厂	石浦	1981	120		1000(船排)	
葛峙山船厂	石浦	1982	130		1000(船排)	
横峙船厂	石浦	1982	139		1000(船排)	
东和船业有限公司船厂工程	石浦	2008	636		50000 40000(船排)	
神洲船业有限公司码头	石浦	2008	649	高桩式	30000(舾装)	230×20
金川船业有限公司船厂工程	石浦	2008	200		30000 15000(船台)	
浙江博海船业有限公司船厂项目	石浦	2008	244		30000 5000(船台)	
宁波东升船舶修造有限公司项目	石浦	2008	478		10000×3 20000×2 30000(船台)	
石浦港区建业船业船台工程	高塘	2009	123		10000×2 (船台)	
启航船厂码头	高塘	1996	80	高桩式	1000(船排) 200(码头)	14×6
振鹤船业有限公司码头	鹤浦	2009	412	高桩式	30000(舾装)	155×15
大江船厂	鹤浦	2008	161		1000(船排)	
浦港船厂	鹤浦	2008	115		1000(船排)	
振宇船业有限公司码头	鹤浦	2008	517.5	高桩式	10000(舾装)	117×15
浙江东红船业有限公司船厂项目	鹤浦	2008	454		50000(舾装)	
宁波博大船业有限公司船厂项目	鹤浦	2008	450		40000(舾装)	
风帆船厂	鹤浦	1958	50		1000(船排)	
鹤浦船厂	鹤浦	1956	168		1000(船排)	
浦东船厂	鹤浦	1998.8	165		1000(船排)	
永兴船厂	鹤浦	2002.11	80		3000(船排)	22
兴渔船厂码头	鹤浦	1992	180		1000(船排)	
铜钱礁船厂	铜钱礁	1968	174		1000(船排)	
腾飞船舶修造厂	铜钱礁	1976	31		1000(船排)	
南汇船厂	东门	1978	80		1000(船排)	
东门船厂	东门	1968	110		1000(船排)	
象山滨海船厂	中界山	2001.3	200		10000(船坞)	

石浦港公务船码头一览 表 2-2-6

名　称	地点	建造时间	岸线长度（米）	结构类型	系泊能力（吨级）	平台 长×宽（米）	备　注
海关码头	石浦	1989	76	浮式	500	（36×8）×2 个	台胞接待站转给海关 2 个泊位
海军码头	石浦	1960	132	浮式	500	（40×9）×2 个，36×8	
边防艇码头	石浦	1976	28	浮式	200	28×6	
象山海事专用码头	石浦	1961	84	浮式	500	（40×9）×2 个	原石浦第二码头 2 个泊位
象山港航管理处码头	石浦	1961	80	浮式	500	40×9，36×8	原石浦第二码头 2 个泊位
石浦军分区码头	石浦	1973	110	浮式	500	30×6，36×8，32×7	
象山渔政专用码头	石浦	1975	76	浮式	300	（36×8）×2 个	
海军修理厂码头	石浦	1968	211	浮式	500	36×8	一个码头，1 个船坞
象山航标站码头	石浦	2005	128	浮式	500	18×8，36×8	

象山港象山片区码头一览 表 2-2-7

名　称	使用性质	地点	建造年份	岸线长度（米）	结构类型	系泊能力（吨级）	平台 长×宽（米）	备　注
柴溪渡埠	渔业	西周镇	1970	5	斜坡道	50	5×270	渡埠改造
象山海螺水泥通用码头	货运	西周镇	2010	408	高桩	5000	408×22	东边 1 个泊位公用
大唐乌沙山电厂码头	货运	西周镇	2005	476	高桩	35000	476×30	
大唐乌沙山电厂码头	货运	西周镇	2004	138	高桩	3000	138×17	综合大件码头
下山装卸码头	渔业	墙头镇	1989	25	重力式	200	25×13	改为渔业
黄溪沙场码头	货运	墙头镇	1998	50	重力式	300	50×6	大桥接线建成后是否可用待定
洋北沙场码头	货运	墙头镇	1998	69	重力式	300	69×102	
桃湾沙场码头	货运	墙头镇	1998	43	重力式	300	43×78	
白墩码头	货运	墙头镇	1924	23	重力式	500	23×23	实施危码头改造
白墩交通码头	货运	墙头镇	1952	50	板桩	500	50×6	原煤码头
陈山沙场码头	货运	墙头镇	1989	10	高桩	300	10×20	
山夹岙沙场码头	货运	墙头镇	1999	12	重力式	100	12×14	
鸭屿沙场码头	货运	墙头镇	1999	10	重力式	100	10×15	
象山港水泥厂码头	货运	黄避岙乡	2008	240	重力式	3000	98×18	
黄避岙砖瓦厂码头	货运	黄避岙乡	1976	48	重力式	200	32×27	
西泽五千吨级战备码头	货运	贤庠镇	2009	203	高桩	5000	138×22	
西泽三千吨级战备浮码头	战备码头	贤庠镇	2009		浮码头	3000	50×16	

续上表

名　　称	使用性质	地点	建造年份	岸线长度（米）	结构类型	系泊能力（吨级）	平台长×宽（米）	备　　注
西泽轮渡码头	客运码头	贤庠镇	1988	185	浮码头	500	（50×12）×2（36×7;42×8）	21.4万人次/24.5万车次
宏业海砂淡化码头	货运	贤庠镇	1986	108	重力式	300	90×50	
西泽观潮站		贤庠镇		5	重力式			
象山港巡逻艇码头	公务	贤庠镇	1966	73.7	高桩	500（1000）	60×12	
三洋公司码头（金水装卸码头）	货运	贤庠镇	2002	100	重力式	300	39×30	岸线空档100m
三洋公司码头	货运	贤庠镇	1998	47	重力式	200	47×25	原金水供销社码头
杭钢富春通用码头	货运	贤庠镇	2007	209.5	高桩	5000（10000）	125×25	临时岸线2年
浙江新乐船厂舾装码头	船舶修造	涂茨镇	2006	501+235	高桩	30000吨级舾装	155×15.5	
浦门冷冻厂	散货码头	涂茨镇	1968	30	重力式	300	30×30	
屿岙沙场码头	货运	涂茨镇	1996	25	重力式	300	25×15	
屿岙客运码头	客运码头	涂茨镇	1968	33	重力式	300	33×5	闲置
中洋船厂	船舶修造	涂茨镇	2008	505.5		3万吨级船台3座		审批规模:3万吨级舾装码头1座,3万吨级船台3座,5万吨级船坞1座
大坦码头	渔业	涂茨镇	1962		重力式			
长沙渔业码头	渔业	涂茨镇	1962		重力式			
长沙旅游码头	客运码头	涂茨镇	2002		重力式			闲置
白岩山盐场码头	货运	涂茨镇	1978		重力式			
横山轮渡	客运码头	咸祥镇	1988		浮码头		50×12 32×7 36×7	

第四节　航　　标

昔海员借天然目标以定船位、指示航向,如大佛头山、秤锤礁、半边山、锯门龙洞山、东屿山等,以大佛头山(图2-2-9)为最著。大佛头山在花岙岛,海拔308米,奇峰突起,上圆中细,高出诸山百余米,航海者百里外见之,即知为浙中航程。古代日本及南洋各国贡舶商船以此为向导。清姜炳璋诗"佛头峰上娟娟月,曾送开元番客船"即此。

图 2-2-9　20 世纪 80 年代天然航标大佛头山

鸦片战争后,帝国主义列强相继侵入中国,并在沿海及内江强行测量航道、设置航标。1900 年(清光绪二十六年),意大利兵舰侵入象山港,遍测沿岸。出于侵略需要,英法等亦操纵海关海务科,先后于清同治四年、十一年、光绪二十一年、三十三年在虎蹲山、七里屿、北渔山、鱼腥脑等地建造灯塔。民国时期,定(海)象部分船业主,集资修建东门、铜瓦门、鸡娘山、红生礁、烈表嘴、菜花山、磨盘山、三门山等灯塔。其时,灯塔无自动化装置,凭人力守护。若遇阴霾雾障,则鸣锣打钟以示警。北渔山灯塔离大陆较远,守塔 20 人,生活设施完善,附近有村落。东门灯塔近城镇,交通亦便。其余灯塔多在岛礁上,植被稀薄,水源短缺,交通极为不便,守塔工役大多鳏寡老人,栖息于塔旁小屋。倘患疾病,求医无门。民国初期,红生礁灯塔 2 名司灯,中有 1 人患急病,因连日风暴无法渡海,竟死于岛上。正如海关副税务司班恩德在《中国沿海灯塔志(1933 年)》中所描绘的:"海上之灯塔犹海上之逻卒也。处境岑寂,与世隔绝,一灯孤悬,四周幽暗,海风挟势以狂吼,怒潮排空而袭击,时有船只覆没之惨,常闻舟子呼援之声,气象险恶,诚足以警世骇俗也。然无论飓风浓雾,晦冥阴雨,航行船只,悉得借灯光之指导,而克险如夷,效用之伟,洵堪称颂"。

解放前夕,仅北渔山、东门、胡椒湾、铜瓦门、红生礁 5 处灯塔发光。解放初,除北渔山仍为国民党军队占领外,其余由浙江省航运管理局接收。1957 年,水产部门在爵溪燕礁、南韭山大青山建渔用灯桩 2 座。1959 年,象山航管站接收省航运管理局航标 8 座。次年,象山航管所设航道工程队后,陆续新建、改建航标 31 处。1983 年 1 月,上海航道局镇海航标处在石浦设航标站,接收海军航标 28 座。1985 年末,共管辖航标 72 座,其中象山海域 55 座。20 世纪 90 年代始逐年增设,2008 年 8 月达 97 座,其中象山海域 90 座。至年底,柴山、大青山东(南韭山外)、泥螺屿、檀头山西南嘴、偶岛(林门港外)、小青山(崇门外)6 处新建灯桩投入使用,合计 103 座。2009 年始,不少灯浮因水下障碍物先后打捞,遂撤。2010 年境内航标 88 座。

境内航标分灯塔、灯桩、灯浮、立标 4 类。

灯塔，较高大塔形建筑物，顶部装发光设备，灯光射程15~25海里。夜间导航，专人管理，保证常年发光正常，如北渔山灯塔。

灯桩，小型灯塔，结构有钢筒体、钢筋混凝土、砖石混凝土等，顶部装发光设备，视距15海里以内，设置航行较频，位置冲要的海岸、岛礁。无人看管。

灯浮标，一般设置航道两侧，及航道障碍物附近，标示航道安全界限，指示沉船、暗礁、浅滩、航道中危险区域、障碍物。由钢板制成，用铁锚固定于海中，一般作罐形，直径2.4米，高度3.5米，其上有铁架，顶端装发光灯，下有浮尾、平衡铁等，保持灯浮标在水中直立、平衡。

立标，无发光装置，顶部装目标，仅供白天使用。如三门口外之泥礁（亦称寡妇礁）设有立标。

航标标身结构，除灯浮系制造厂定型钢结构外，立标、灯桩大都采用钢架钢管结构。1961年开始，水中灯桩、立标改为钢筋混凝土、条石结构，岸标大都采用砖石结构。20世纪80年代末，灯器皆用干电池、蓄电池，并以太阳能、风力发电，发光航标均装半导体日光自动开关、自动换泡机。21世纪始，部分航标还配雷达、无线电装置，称雷达、无线电信号标。

三门山灯塔

在石浦港西南口。1862~1874年（清同治间）僧显德筹建灯塔，1880年（清光绪六年）建成，高10米，并于塔东山麓建保善庵，以便夜间管理，商渔称便。民国间重建。今塔庵俱圮，尚存《三亹保善庵天灯记》碑石（图2-2-10），与上海宝山碑（存高桥中学）同为全国较早记载航标碑石。1957年，浙江省航运管理局在东岛万金山建造白色灯桩1座。

图2-2-10　20世纪80年代《三亹保善庵天灯记》碑拓

北渔山灯塔

北渔山灯塔时称远东第一大灯塔。1883年（清光绪九年）、1890年（清光绪十六年），华轮"怀远"号，德轮"扬子"号相继在北渔山附近失事，死165人。灯塔设置，势不容缓。1895年（光绪二十一年），上海海关耗银5万关平两建成（仅塔身及灯器，不包括周围设施。1关平两合银37.8克）。塔在北渔山高岩之巅，海拔103.6米，位置东经122°5′40″，北纬28°53′15″。生铁铸成，塔白色圆形，高16.9米，直径4米。所置特等镜机，法国巴黎"巴比尔"公司特制。直径2.66米，高3.6米，重15吨，体积为世界镜机之最。镜置于水银浮槽上，以手触动即可旋转自如。灯器6蕊灯头，燃用煤油。1910年（清宣统二年），改置白炽纱灯罩，光强由9.4万烛力增至30.9万烛力。1927年（民国16年），改装"自燃式"纱罩，光强增至89万烛力。镜机2分钟旋转一周，每半分钟发放白色闪光2次，晴夜26海里内均可望见。守塔职工20余名，多本岛及石浦居民，有"海星号"、"流星号"、"景星号"等专轮运送给养，并往来于北渔山至佘山间巡检，按月轮流。第二次世界大战期间，灯塔为日军侵占，1944年毁于战事。1947年（民国36年），海关派技师史瑞昌等赴北渔山重建，采用美国375毫米电闪灯（爱迪生原电池）。灯器规模远非昔比。1955 年 2 月 8 日，蒋经国由“国防部长”俞大维等陪同，从大陈岛乘大昭舰巡视渔山。13 日，渔山列岛解放，岛上无居民，灯塔悉遭破坏。

1985 年，交通部批准原址重建灯塔，温州航标区在旧址附近建白色角铁灯桩 1 座，8 月 6 日建成，高 12 米，采用太阳能电池，600n 氙灯，375 毫米鼓形透镜，射程 15 海里。1986 年 7 月，北渔山灯塔重建，由上海航道局和温州航标区组织施工，翌年 7 月 1 日建成。同月 16 日举行落成典礼。新灯塔，塔身、座基，高度仍旧，为红白相间横带圆塔。灯器采英国 DRB 一 211884000C2 密封式光束射器，主灯光射程大于 25 海里。装有自动控制与完整警报系统，电机房、办公室及生活设施配套，国内首屈一指。

东门灯塔

位于东门岛门头岬角，东经 121°58′08″，北纬 29°11′38″。地势雄奇，海潮汹涌。1915 年（民国 4 年）里人任筱和、任筱孚昆仲买山建成，采用瑞典阿格公司乙炔灯，操作不当，灯器烧毁，改用汽灯。塔内贮藏煤油，失慎付之一炬。1919 年（民国 8 年），任氏昆仲与延昌纪传长等筹资重建三层圆形砖石砌白色灯塔，高 10 米许，仿照北渔山灯塔款式，汽灯照明，由海关接济煤油。重建时，玻璃柱子加宽至 100 毫米，东首一柱恰巧对航道中一暗礁，船员不见灯光，即知进入危险航区。

图 2-2-11　20 世纪 80 年代《象山东门岛灯塔记》碑拓

1927 年（民国 16 年），蔡元培、马叙伦避难象山游此，题“出其东门，界尔照明”8 字。今存碑石，额题《象山东门岛灯塔记》（图 2-2-11），系清榜眼喻长霖撰文并书。时灯塔及周围设施，有鱼池、假山，遍植花木，远山近海，渔舟唱晚，与昌国东沙滩同为象南胜地。

1941 年（民国 30 年）沦陷，此塔同遭日军破坏。抗战胜利后，因任氏（时筱和已故）无力经营，求将东门等 7 处灯塔献予海关。1947 年（民国 36 年）10 月，经海关派员勘察，以择址不当，另建灯桩于隔岸胡椒湾山嘴，委筱和之子任传法管理。东门灯塔则由浙江省水产局接济煤油，于 1948 年（民国 37 年）5 月 5 日放光。解放后，此处列为危险航区，灯塔与灯桩皆废。仅留塔身、塔碑及任氏昆仲墓，满目荒凉，仅供凭吊而已。1998 年，县文物管理委员会组织重修，塔依原样，旁建天门馆，以壮景观。今为东门岛渔家乐旅游胜地。

红生礁灯塔

在涂茨镇毛湾村外之东海中，即东经 122°00′42.3″，北纬 29°34′45″。1915 年（民国 4 年），里人集资建造，解放后改灯桩。1983 年前由驻地海军管理，后地方接管。1985 年灯桩损坏，由县港务工程队修复。1997 年，在其北重建，六角柱形，混凝土结构，黑色瓷砖贴面，灯高 30.9 米，射程 10.5 海里。

其他灯塔

民国初期，任筱和兄弟除筹建东门灯塔外，尚建有铜瓦门、鸡娘山、三门山灯塔。又于舟山、台州湾建烈表嘴、菜花山、磨盘山灯塔。

灯桩、灯浮标如图 2-2-12～图 2-2-15 所示。

图 2-2-12　20 世纪 80 年代石浦港黄胖礁灯桩

图 2-2-13　20 世纪 80 年代林门港北口灯浮标

图 2-2-14　21 世纪初三门湾碗盏礁灯桩

图 2-2-15　21 世纪初石浦汰网屿灯桩

牛鼻山、象山港、石浦港、三门口、檀头山西侧、林门港、三门湾、晓湾、白礁和下湾门口水道航标见表 2-2-8～表 2-2-17。

牛鼻山水道航标一览　　表 2-2-8

航标编号	名　称	位置北纬 东经	光色周期	灯高 (米)	射程 (海里)	构　造	备　注
2568	小东屿灯桩	29°37′44.9″ 122°01′15.5″	闪白 6 秒	34.8	7	白色六角柱形，瓷砖贴面	1983 年前海军某部管理，无记录资料。1987 年大修，1998 年改建
2569	牙牌礁灯桩	29°37′17.2″ 121°58′42.0″	闪红 4 秒	9.5	3	混凝土红色圆形，顶标红色罐形	1961 年建，1987 年改造，2008 年 9 月改建
2570	鸡娘礁灯桩	29°35′45.9″ 122°00′26.5″	闪(2)白 6 秒	17	4	混凝土白色圆锥形	1963 年建，1987 年重修，2006 年改建
2571	红生礁灯桩	29°34′45″ 122°00′42.3″	闪白 4 秒	30.9	10.5	混凝土黑色六角柱形，瓷砖贴面	1983 年前海军部队管理，1985 年重修，1997 年改建
2572	小野猪灯桩	29°34′34.3″ 122°01′07.4″	闪(3)白 6 秒	13.6	6	混凝土红色圆柱形，红瓷砖贴面	1983 年前由海军部队管理，1985 年 1998 年先后改建，雷达信标
2572.5	东小野猪灯桩	29°34′49.4″ 122°04′11.2″	闪红(2)5 秒	13.3	4	红白相间圆筒体钢结构	2005 年建造，2010 年改钢筋混凝土圆柱形
2573	西磨盘礁灯桩	29°34′33.6″ 122°07′44.5″	闪白 4 秒	21.7	16	白色圆形块石浆砌，瓷砖贴面	1983 年前海军部队管理，1984 年、1993 年、1998 年 3 次重修，雷达信标
2573.2	柴山灯桩	29°33′25.3″ 122°04′03″	闪白 2 秒	6	4	混凝土红白相间圆柱形	2008 年建

续上表

航标编号	名　称	位置北纬东经	光色周期	灯高（米）	射程（海里）	构　造	备　注
2573.5	东磨盘礁灯桩	29°33′19.0″ 122°13′00.2″	闪(2)白6秒	13.9	4	白色圆锥形，T型钢结构	2005年建造，2010年7月改钢筋混凝土圆柱形，无线电信标
2573.6	马鞍山灯桩	29°30′21.1″ 122°00′33.1″	闪白5秒	8	4	混凝土红白圆柱形	2007年建
2574	下泗礁灯桩	29°30′18.3″ 122°04′56.0″	闪(2)白6秒	38	10.5	混凝土白色圆锥形，瓷砖贴面	1983年前海军部队管理，1987年、1998年、2003年3次重修
2575	抛露礁灯浮（东方位标）	29°27′41.1″ 122°03′17.0″	甚快(3)白5秒	15	4	两黑色锥形，锥底相对	2011年6月安装无线电信号标
2576.1	燕子山灯桩	29°27′46.2″ 121°59′14.7″	闪(2)白6秒	16.3	4	绿白相间圆锥形，T型钢结构	2005年建造，2011年7月改钢筋混凝土圆柱形
2577.1	大青山东灯桩	29°27′12.90″ 122°15′15.70″	闪白4秒	21.1	7	混凝土红白圆柱形	2008年建造，2009年附设雷达信标
2578	外东嘴灯塔	29°25′59.1″ 122°13′11.4″	闪(2)白10秒	53.3	10.5	白色方形石砌，瓷砖贴面	1983年前海军部队管理，1984年1997年2次重修，2010年改钢筋混凝土圆柱形
2579	矮旗山灯桩	29°25′26.7″ 122°10′20.6″	闪(3)白10秒	51.7	10.5	混凝土白色圆锥形，瓷砖贴面	1983年前海军部队管理，1989年、1998年、2003年3次重修
2580	小漠山灯桩	29°24′50.4″ 121°59′13.6″	闪白4秒	36.4	7	混凝土白色圆柱形，瓷砖贴面	1959年建，1965年、1994年2次重修
2580.1	大漠卵子灯桩	29°24′49.1″ 122°01′12.9″	闪红5秒	8	4	黑白横带混凝土圆柱形	2007年建
2581	田螺头岛灯桩	29°21′05.7″ 122°01′36.6″	闪(3)白10秒	27	10.5	混凝土白色圆柱形，瓷砖贴面	1983年前海军部队管理，1986年改建，1999年重建
2582	连柱山（练杵山）灯桩	29°20′50.0″ 121°59′31.3″	闪红4秒	12.2	3	混凝土白色圆柱形，瓷砖贴面	1956年建造，1988年、2006年2次改建
2583	星礁灯桩	29°18′11.1″ 122°02′49.0″	闪(4)白6秒	12	10	混凝土红黑圆柱形，瓷砖贴面	1992年建，1998年重修
2583.5	一岳山灯桩	29°17′11.5″ 122°01′27.3″	闪红(2)5秒	18.1	4	红白相间圆柱形，钢结构	2005年建

续上表

航标编号	名　称	位置北纬东经	光色周期	灯高（米）	射程（海里）	构　造	备　　注
2584	半潮礁灯桩（孤立危险物标）	29°16′20.7″ 122°08′06.1″	闪（2）白5秒	15.6	10.5	混凝土黑色，中间红，瓷砖贴面，顶标两垂直黑色圆球	1983年海军部队管理，1986年改造，1994年改建，1997年台风袭击倒塌临时固定，1999年重建，雷达信标，2011年6月安装无线电信号标
2585	锁山（大蚕岛）灯桩	29°15′55.9″ 122°02′14.7″	闪白4秒	52.7	10.5	混凝土白色圆柱形，瓷砖贴面	1983年前海军部队管理，1986年改建，2003年重贴瓷砖，2009年改钢筋混凝土圆柱形
2586.5	铜板礁灯桩	29°13′08.9″ 121°59′49.0″	闪白2秒	10.5	4	白色柱形，钢结构	2005年建，2011年5月改钢筋混凝土圆柱形
2590	乌礁灯桩	29°11′23.6″ 122°04′50.7″	闪（3）白10秒	30.1	10.5	混凝土红白圆锥形，瓷砖贴面	1983年前海军部队管理，1988年、1995年、1998年、2008年4次重修，2011年装无线电信号标
9993.878	韭山沉1号灯浮（沉船标）	29°23′54.1″ 122°19′41.6″	闪白（2）5秒	3.5	4	黑红黑柱形，顶标两个黑球	2007年抛设，2009年沉船打捞后撤除
9993.878	草鞋沉1号灯浮（沉船标）	28°58′20.2″ 121°53′37.3″	闪白（2）5秒	3.5	4	黑红黑柱形，顶标两黑球	2006年抛设
9993.301	南沉2号灯浮（沉船标）	29°05′07.9″ 121°59′47.1″	闪白（2）5秒	3.5	6	黑红黑柱形，顶标两黑球	2004年抛设
9993.367	南沉3号灯浮（穿船标）	29°06′12.1″ 122°00′00.0″	闪白（2）5秒	3.5	6	黑红黑柱形，顶标两黑球	2005年抛设
9993.922	牛鼻沉1号灯浮（沉船标）	29°21′24.1″ 122°02′12.0″	闪白（2）5秒	3.5	4	黑红黑柱形，顶标两黑球	2006年抛设
2621.1	鬼礁山灯桩	29°05′6.7″ 121°59′08.7″	闪（3）白6秒	8	7	混凝土白色圆柱形	2007年建
	铜头沉1号灯浮（沉船标）	29°15′21.2″ 121°0′05.5″	黄蓝互闪3秒		4	蓝黄垂直条纹柱形，顶标黄色十字	2008年6月抛设，2009年8月沉船打捞后撤除
	铜头沉2号灯浮（沉船标）	29°15′10.5″ 121°01′04.1″	黄蓝互闪3秒		4	蓝黄垂直条纹柱形，顶标黄色十字	2008年6月抛设，2009年8月沉船打捞后撤除

象山港水道航标一览　　表 2-2-9

航标编号	名　称	位置北纬东经	光色周期	灯高（米）	射程（海里）	构　造	备　注
2545.1	串塊礁灯桩（东方位标）	29°39′29.7″ 121°47′22.5″	快(3)白 10 秒	8	6	黑黄横带混凝土圆柱形，瓷砖贴面，顶标两黑色锥形，锥底相对	1993 年建
2545.5	宁电 1 号灯浮（左侧标）	29°40′08.2″ 121°57′57.0″	闪红 4 秒		4	顶标红色罐形	2005 年抛设
2547.1	毛礁灯桩（左侧标）	29°37′05.9″ 121°49′27.9″	闪(2)红 6 秒	13	3	混凝土红色圆柱形，顶标红色罐形	1993 年建
2547.2	小礁灯桩	29°36′25.7″ 121°47′39.9″	闪白(2+1) 10 秒	16.2	6	混凝土白色圆柱形	2005 年建造
2552	下白墩码头灯桩	29°32′05.1″ 121°49′41.0″	闪白 4 秒	8.2	4	底部钢筋混凝土上装白色钢管	1978 年石浦航管所接管，2003 年灯桩外移码头，2007 年改建
2558.1	大对山（双德山）灯桩	29°32′02.8″ 121°39′35.1″	闪白 4 秒	15.5	6	混凝土白色圆柱形	2005 年建
	象临 C 灯桩（孤立危险物标）	29°37′38.0″ 121°48′24.3″	闪(2)白 5 秒	12.9	4	玻璃钢圆柱形，顶标两黑色上下圆球	2007 年建造，象山港大桥试桩平台临时标、雷达信标
2559.4	乌沙山取水口 1 号灯桩	29°30′40.9″ 121°39′14.7″	莫 C 黄 12 秒	11.8	4	黄色圆柱形钢结构栏身，顶标黄色 X 形	禁航标，2005 年建造
2559.5	乌沙山取水口 2 号灯桩	29°30′36.7″ 121°39′18.7″	莫 C 黄 15 秒	11.8	4	同上	同上
2559.6	乌沙山取水口 3 号灯桩	29°30′40.0″ 121°39′23.4″	莫 C 黄 12 秒	11.8	4	同上	同上
2559.7	乌沙山取水口 4 号灯桩	29°30′44.1″ 121°39′19.4″	莫 C 黄 15 秒	11.8	4	同上	同上
2562.11	宁电取水口 1 号灯桩	29°29′31.7″ 121°29′55.4″	莫 C 黄 12 秒	10.5	4	同上	专用标，2005 年建
2562.12	宁电取水口 2 号灯桩	29°29′32.5″ 121°29′50.2″	莫 C 黄 15 秒	10.5	4	同上	同上
2562.13	宁电取水口 3 号灯桩	29°29′28.2″ 121°29′51.7″	莫(c)黄 12 秒	10.5	4	同上	同上

续上表

航标编号	名称	位置北纬东经	光色周期	灯高（米）	射程（海里）	构造	备注
2562.3	铁狮涂南灯浮(南方位标)	29°30′09.2″ 121°30′18.0″	闪白(6+长闪)10秒	10	6	黄黑罐形,顶标两锥形,锥头朝下	2005年抛设
2562.5	宁电3号灯浮(左侧标)	29°30′15.2″ 121°32′15.0″	闪红(3)10秒		4	顶标红色罐形	2005年抛设
2564	狗山南嘴灯桩(右侧标)	29°29′16.0″ 121°35′06.7″	闪(3)绿10秒	8.5	6	混凝土圆柱形,顶标绿色锥形	1972年建,1982年、2003年两次改建
2565	铁沙暗礁灯浮(右侧标)	29°28′22.2″ 121°31′57.0″	闪(2)绿(6)		4	绿色柱形,顶标绿色锥形	2003年更新灯器
2565.1	野猪礁灯桩(右侧标)	29°28′43.9″ 121°33′31.0″	闪绿4秒	7.4	6	钢筋混凝土,绿色圆柱形	2003年由原立标改建
2567	砂背灯浮(右侧标)	29°26′06.1″ 121°31′28.0″	闪绿4秒		4	绿色柱形,顶标绿色锥形	2003年更换灯器
9993.746	鞋楦头灯桩	29°36′05.3″ 122°08′26.1″	闪白4秒	16.6	10.5	混凝土黑白相间圆柱形	2005年建造

石浦港水道航标一览 表2-2-10

航标编号	名称	位置北纬东经	光色周期	灯高（米）	射程（海里）	构造	备注
2586	萝卜山东灯桩	29°13′57.4″ 121°58′43.9″	闪白4秒	16.3	10.5	混凝土白色圆柱形,外贴瓷砖	1983年前由海军部队管理,1984年修理,1999年移址7米新建
2587	铜瓦门东灯桩	29°12′51.8″ 121°57′40.9″	闪白4秒	7.1	6	白色方形石砌	1983年前由海军部队管理,2008年8月改钢筋混凝土圆柱形
2588	铜瓦门西灯桩	29°12′54.7″ 121°57′28.6″	闪红4秒	6.3	3	白色方形石砌	1983年前由海军部队管理,2008年8月改钢筋混凝土圆柱形
2589	小铜钱东南嘴灯桩	29°13′09.1″ 121°57′10.0″	闪(2)绿6秒	8	6	混凝土绿色圆柱形,瓷砖贴面	1959年建,1991年改建,2003年重修
2594	下湾门北灯桩	29°09′49.6″ 121°58′29.7″	闪(2)白4秒	15	6	白色方形石砌	1983年前由海军部队管理,2008年改建
2595	金龙礁灯桩(下湾门南)	29°09′45.1″ 121°58′41.7″	闪红4秒	7.1	2.4	白色方形石砌	1983年前由海军部队管理,2008年8月改钢筋混凝土圆柱形

续上表

航标编号	名　称	位置北纬东经	光色周期	灯高（米）	射程（海里）	构　造	备　注
2595.1	栅栏礁灯桩	29°09′32.7″ 121°58′33.6″	闪(2)白6秒	8	7	混凝土红白横带圆柱形	2007年建，2009年8月改钢筋混凝土圆柱形
2596.6	泥螺屿灯桩	29°08′2.26″ 122°02′56.4″	闪(4)白6秒	8.5	7	混凝土黑白相间圆柱形	2008年建
2597	甲背虾灯桩	29°10′04.6″ 121°58′43.0″	闪白4秒	9.6	7	混凝土白色八角锥形	1983年前由海军部队管理，1985年、2004年2次改建
2598	汰网屿灯桩（大毛柱）	29°11′19.0″ 121°56′22.0″	闪白4秒	49	10	白色方形石砌	1983年前海军部队管理，2007年改建
2599	黄胖礁灯桩（左侧标）	29°10′57.5″ 121°55′41.3″	闪红4秒	7.3	3	混凝土红色八角型，顶标红色罐形	1963年建，1987年改建，2008年8月改钢筋混凝土圆柱形
2599.1	中界山东灯桩（右侧标）	29°10′8.5″ 121°54′14.4″	闪绿4秒同步	8.5	4	绿色柱形，筒体钢结构，顶标为绿色锥形	2007年建
2599.2	老鼠礁灯桩（左侧标）	29°10′6.2″ 121°54′27.05″	闪红4秒同步	25.5	4	钢筋混凝土红色柱形，顶标红色罐形	2007年建
	三门口临桥涵标1号		快闪		4		2006年设，2010年7月撤
	三门口临桥涵标2号		快闪		4		2006年设，2010年7月撤
	三门口临桥涵标3号		快闪		4		2006年设，2010年7月撤
	三门口临桥涵标4号		快闪		4		2006年设，2010年7月撤

三门口水道航标一览　　表2-2-11

航标编号	名　称	位置北纬东经	光色周期	灯高（米）	射程（海里）	构　造	备　注
2600	中界山灯桩	29°09′54.0″ 121°52′56.4″	闪(3)白6秒	17.5	4	混凝土白色圆柱形	2006年原打鼓峙灯桩迁此
2602	坭礁立标（右侧标）	29°09′26.1″ 121°48′35.0″		4		绿色圆柱形，标顶为绿色锥形，	1975年建造，2009年改灯桩

续上表

航标编号	名　称	位置北纬东经	光色周期	灯高（米）	射程（海里）	构　造	备　注
2605.5	牛卵礁灯桩	29°09′22.9″ 121°49′53.9″	闪白(2)6秒	10.5	4	白色柱形钢结构	2005年建，2009年改为灯桩
2606	饭甑山灯桩	29°09.0′0.2″ 121°49.0′59.1″	闪红4秒	12.3	3	混凝土白色八角形，瓷砖贴面	1957年建，1989年改建
2608	牒屿山灯桩	29°09′15.7″ 121°46′33.9″	闪(4)白6秒	29.5	7	混凝土白色圆柱形，瓷砖贴面	1956年建，1990年改建，2008年修理
2607	碗盏礁灯桩（孤立危险物标）	29°09′13.1″ 121°46′54.0″	闪(2)白5秒	8	6	混凝土黑红八角形，瓷砖贴面，顶标两黑色上下圆球	1959年建，1989年改建

檀头山西侧航标一览　　表2-2-12

航标编号	名　称	位置北纬东经	光色周期	灯高（米）	射程（海里）	构　造	备　注
2585.1	铜头嘴灯桩	29°14′3.8″ 122°00′44.1″	闪红3秒	8	4	混凝土红白相间圆柱形	2007年建
2591	小百亩田礁灯桩（左侧标）	29°11′29.9″ 122°00′32.9″	闪(2)红6秒	7	3	混凝土红色圆柱形，瓷砖贴面，顶标红色罐形	1972年建，1990年改建，1993年、2001年2次维修
2592	称柱礁灯桩	29°11′43.0″ 121°59′29.5″	闪(2)白6秒	32.6	10.5	混凝土白红圆柱形，瓷砖贴面	1983年前由海军部队管理，1984年修，2002年改建，2005年附设雷达信标
2593	水桶礁灯桩（孤立危险物标）	29°11′04.4″ 122°00′12.8″	闪(2)白5秒	8	6	混凝土黑红黑圆柱形，瓷砖贴面，顶标两上下黑球	1972年建，1990年改建，1993年、2008年2次维修
2596.5	檀头山西南嘴灯桩	29°09′18″ 122°00′33″	闪白3秒	6	4	混凝土白色圆柱形	2008年建

林门港水道航标一览　　表2-2-13

航标编号	名　称	位置北纬东经	光色周期	灯高（米）	射程（海里）	构　造	备　注
2601	蛸门港北口灯浮（西方位标）	29°08′58.1″ 121°52′24.0″	甚快(9)白10秒	3.5	4	黑黄黑，顶标两黑色锥形，锥顶相对	（林门灯浮）

续上表

航标编号	名　称	位置北纬东经	光色周期	灯高（米）	射程（海里）	构　造	备　注
2603	龙珠礁灯桩（龙礁嘴）	29°07′45.5″ 121°52′04.5″	闪白3秒	8.9	6	混凝土黑色圆柱形，钢砖贴面	1983年前由海军部队管理，1991年撞塌修建，2002年重修
2605	林门港东灯桩（蛔门山）	29°06′55.8″ 121°53′16.9″	闪(3)白6秒	4.4	6	白色方形石砌	1983年前由海军部队管理，2009年改钢筋混凝土圆柱形
2605.1	偶岛灯桩	29°05′22.6″ 121°52′17.64″	闪白4秒	6	4	混凝土红白相间圆柱形	2008年建

三门湾水道航标一览　　表2-2-14

航标编号	名　称	位置北纬东经	光色周期	灯高（米）	射程（海里）	构　造	备　注
9993.01	三门湾1号灯浮（禁航标）	29°08′40.2″ 121°49′27.0″	莫(P)黄12秒	3.5	4	黄色柱形，顶标黄色"X"形	2004年安装灯器，2010年7月撤
9993.011	三门湾2号灯浮（禁航标）	29°08′56.2″ 121°48′53.1″	莫(P)黄12秒	3.5	4	黄色柱形，顶标黄色"X"形	2004年安装灯器，2010年7月撤
9993.923	三门湾3号灯浮（禁航标）	29°09′03.1″ 121°49′23.0″	莫(P)黄12秒	3.5	4	黄色柱形，顶标黄色"X"形	2004年安装灯器，2010年7月撤
9993.924	三门湾4号灯浮（禁航标）	29°09′10.1″ 121°48′56.0″	莫(P)黄12秒	3.5	4	黄色柱形，顶标黄色"X"形	2004年安装灯器，2010年7月撤
9993.925	三门湾5号灯浮（左侧标）	29°09′14.3″ 121°49′49.2″	闪红(3)10秒	3.5	4	红色柱形，顶标红色罐形	2006年抛设，2010年7月撤
9993.926	三门湾6号灯浮（左侧标）	29°09′24.1″ 121°49′18.0″	闪红4秒	3.5		红色柱形，顶标红色罐形	2006年抛设，2010年7月撤
9993.927	三门湾7号灯浮（左侧标）	29°09′16.1″ 121°48′55.0″	闪红(2)6秒	3.5	4	红色柱形，顶标红色罐形	2006年抛设，2010年7月撤

晓湾水道航标一览　　表2-2-15

航标编号	名　称	位置北纬东经	光色周期	灯高（米）	射程（海里）	构　造	备　注
9993.325	晓湾1号灯浮	29°10′04.8″ 121°52′18.3″	莫(0)黄12秒		4	黄色柱形，顶标黄色"X"形	2008年抛设
9993.326	晓湾2号灯浮	29°10′08.0″ 121°52′07.8″	莫(0)黄12秒		4	黄色柱形，顶标黄色"X"形	2008年抛设

白礁水道航标一览 表 2-2-16

航标编号	名 称	位置北纬 东经	光色周期	灯高（米）	射程（海里）	构 造	备 注
2609	台宁屿灯桩	29°11′44″ 121°46′56″	闪(3)白10秒	5.2	4	白色方形块石上装木电箱	岸标，2001年地方标划转时已撤
2610.1	崇巉灯桩（孤立危险物标）	29°18′56.8″ 121°48′25.8″	闪(2)白5秒	4.5	4	红黑相间筒体钢结构，顶标为两黑色圆球	2007年建
2610. 05	大青山灯桩	29°16′41.7″ 121°47′34.9″	莫C红12秒	4.5	4	红色钢筋混凝土结构	2007年建
2610.06	小青山灯桩	29°16′35″ 121°47′27″	莫C绿12秒	6	4	混凝土绿白相间圆柱形	2008年建
2616	双礁灯桩（寡妇礁）（左侧标）	29°12′32.0″ 121°36′40.1″	闪(2)红6秒	4	3	混凝土红色方形，顶标红色罐形	1960年建，1992年修理，2003年改建
2617	大礁灯桩（头礁）（左侧标）	29°14′14.6″ 121°35′18.1″	闪红4秒	6.5	3	混凝土红色方形，顶标红色罐形	1960年建，1992年修理，2003年改建

下湾门口水道航标一览 表 2-2-17

航标编号	名 称	位置北纬 东经	光色周期	灯高（米）	射程（海里）	构 造	备 注
2596	捧浪礁灯浮（东方位标）	29°09′42.1″ 121°59′19.0″	快(3)白10秒	3.5	4	黑黄黑柱形，顶标为两黑色锥形，锥底相对	

第三章 象山港跨海大桥及接线工程

为同三国道主干线甬台温高速复线，其主体工程系宁波市继杭州湾跨海大桥后第二座特大型跨海大桥。从1994年8月象山县组建象山港大桥前期工作领导小组，到2004年4月宁波市成立象山港大桥建设领导小组，至2008年12月象山港大桥正式开工，大桥动建历经波折。大桥之建成，使象山港天堑变通途，不仅结束过港靠渡轮以及象山不通高速公路的历史，而且彻底扭转象山半岛之区域交通末端地位，使象山湾与杭州、三门、温州三大海湾紧密相连，真正融入长三角经济圈。成为象山人民百年期盼的圆梦之桥、希望之桥、崛起之桥。

第一节 前期筹建

1994 年 8 月 15 日，象山县政府印发象政发〔1994〕86 号文，建立象山港大桥前期工作领导小组，始着手大桥建设的规划、论证等前期筹备工作，常务副县长练兴常、副县长陈有华任正、副组长，县府办、县计委、县交通局、城建环保局、土地管理局、西周镇、墙头镇等部门和镇政府主要负责人为成员。领导小组下设办公室，成员单位县交通局副局长蒋炳芳兼主任。是年 8 月 30 日，象山县政府与驻象三七五三二部队及四八一九军工厂联合向中央军委、交通部请示，要求将象山港大桥列入"九五"国防交通建设计划，时大桥路线走向拟选西周黄家塘与奉化石沿间。同年 12 月 16 日，县政府根据《宁波市公路网总体规划》以及《象山县港口群和岸线布局规划》，委托交通部公路规划设计院（后改中交公路规划设计院）编制《象山丹城—宁波公路及象山港海湾大桥工程预可行性研究报告》。1995 年 10 月，交通部公路规划设计院正式提交《报告》。工程设计全长 58.8 公里，道路等级为平原微丘一级汽车专用线，总投资估算约 46.6 亿元。时因项目投资大，资金筹集难而搁置。

2003 年初，象山县委、县政府再次提出建设象山港大桥及接线工程。是年 3 月，中交公路规划设计院编制完成《宁波市高速公路网布局规划》中间成果报告，报告中提出象山港大桥基本走向方案。4 月 14 日，在宁波市人大十二届一次会议期，象山中心组向大会提交《要求加快象山港大桥建设》的议案。6 月 16 日，由象山县交通局向县政府提交的《同三国道主干线甬台温复线象山段高速公路走向方案》，在县委召开的书记办公会议上基本敲定。7 月 8 日，象山县交通局委托中交公路规划设计院承担宁波象山港大桥工程预可行性研究报告的编制工作。7 月中旬，根据象山港大桥外业调查的工作大纲，项目组开展为期 10 天的外业调查工作，并听取有关方对项目的指导性意见。尔后经过现场踏勘和调查，初步选定 3 个桥位方案，即小烈山（西周镇）、西泽（贤庠镇）和青莱（贤庠镇）。同月底，确定进行 8 个专题研究（表 2-3-1），并落实承责单位。

象山港大桥工程专题研究一览 表 2-3-1

专题名称	承责单位
遥感工程地质调查	中国公路工程咨询监理总公司
工程地质调查	中国公路工程咨询监理总公司
工程物理勘察	中国公路工程咨询监理总公司
工程场地地震安全性评价及地震危险性分析	浙江省工程地震研究所
通航净空尺度及技术要求论证	南京水利水电科学研究院东南大学
海床演变分析	南京水利水电科学研究院
表流迹线观察	国家海洋局第二海洋研究所
气象观察和风参数研究	宁波市气候中心

2003 年 7 月 28 日，在象山召开各专题工作大纲的审查会，向象山县委汇报象山港大桥方案设计工作及项目专题落实情况。会议基本同意项目路线走向，局部调整小烈山桥位移至后华山（黄避岙乡）。同年 9 月 17—18 日，在象山交通局举行通航净空尺度以及技术要求

论证、海床演变分析、表流迹线观测、气象观测和风参数研究专题的中间成果汇报会,并调整后华山、西泽及青莱桥位轴线。10月8日,在杭州举行工程地质勘查等专题中间成果汇报会。是年11月24日,象山县成立象山港大桥筹建工作领导小组。县委书记肖培生为组长,县委副书记、县长周江勇为常务副组长,县领导胡剑辉、励志武为副组长,13个有关部门及镇乡领导为成员。领导小组下设大桥筹建指挥部,成员单位县交通局长陈晓发兼任指挥。11月25—26日,项目组对工程设计方案、投资估算、交通经济以及交通量预测、经济评价进行研究、分析,完成大桥及接线工程预可行性研究报告的中间成果报告。

2004年4月22日,宁波市印发甬政办发〔2004〕78号文,成立由常务副市长邵占维为组长的象山港大桥及接线工程建设领导小组,并抽调专门人员组成办公室,与象山港大桥筹建指挥部合署办公,开展工程前期工作。是年5月27-28日,在宁波市举行象山港大桥及接线工程预可行性研究专家咨询审查会。7月4日,宁波市常务副市长邵占维在宁波主持召开象山港大桥及接线工程建设领导小组第一次会议,就工程方案、总体工作、项目业主及资金落实、项目建议书报批等问题进行研究确定。8月,市象山港大桥及接线工程建设领导小组办公室委托中交公路规划设计院承担大桥工程可行性研究报告的编制工作。同时,落实水下地形测量、水文分析计算、船舶撞击力和防撞方案研究、梯度风速观测和设计风速研究、环境影响评价、海域使用论证、工程地质勘测、工程场地地震安全评价以及地震危险性分析、水土保持研究、地质灾害研究、OD调查、沿线产业布局研究等专研单位。12月底,完成工程可行性研究和相关专题研究的外业调查、踏勘、钻探等工作。

2005年6月8日—12日,交通部在象山县组织召开象山港大桥工程可行性研究报告行业评审会。交通部专家及省、市、县(区)有关领导参加。专家组在听取设计单位汇报、进行象山港大桥南、北接线及海上现场踏勘等审查后,工程预可行性研究报告通过交通部专家组评审。

第二节　立项报批

2004年9月9日,宁波市发展计划委员会主任陈利幸在象山主持召开大桥工程前期工作协调会议。是月底,项目建议书由市发展计划委员会上报国家发改委。同年10月,组建象山港大桥及接线工程项目投资主体,由宁波市交通投资开发公司和象山东方投资有限公司按9∶1比例组成。

2005年2月28日至3月3日,中国国际工程咨询公司受国家发改委委托,在宁波主持召开大桥工程项目建议书现场咨询评估会议。象山县、鄞州区与宁波市有关部门的专家、领导参加,象山县委副书记、县长周江勇作汇报,交通部及省市负责人讲话,设计单位介绍项目情况。期间,由交通部规划设计院原院长庞俊达为组长的11位桥梁专家进行大桥南、北接线与海上现场踏勘。最后,项目建议书通过专家评估。总投资估计为48.88亿元,路线全长约48.6公里。其中,大桥长约7.3公里,北岸接线长约25.8公里,南岸接线长约15.5公里。是年6月24日,象山港大桥及接线工程投资签约仪式在象山举行。工程总投资估算50.5亿元,其中项目资本金20亿元,由投资主体宁波市交通投资开发公司和象山东方投资有限公司按原定比例组成。宁波市副市长何剑敏、象山县县长周江勇等参加。同年11月25日,宁波市政府召开象山港大桥及接线工程建设领导小组第二次会议，就工程进度、管理体制、工程建设目标、政策处理和资金平衡等问题提出原则意见。

2006 年 2 月 20 日，国家发展和改革委员会下发《关于宁波象山港大桥及接线工程项目建议书的批复》（发改交运〔2006〕292 号），同意建设宁波象山港大桥及接线工程。项目总投资暂定为 50.5 亿元，其中资本金 20 亿元。后因国家政策变动，超 50 亿元投资需经国务院批复，项目进入待批阶段。是年 3 月 6 日，象山县委常委会专题研究象山港大桥及接线工程项目，听取大桥工程县筹建指挥部关于前期工作及下步设想汇报，针对有关问题商讨对策。8 日，根据县委常委会意见（会议纪要〔2006〕4 号），成立象山港大桥及接线工程建设象山指挥部，设总指挥、常务副总指挥各 1 名，副总指挥 2 名，内设办公室、征迁科、规划工程科，主要负责工程建设象山方政策处理和服务协调等工作。同年 3 月 11 日，象山港大桥及接线工程预可行性研究报告通过宁波市发改委组织的预审。19 日，由象山县委书记周江勇为组长，县委副书记、县长李关定为常务副组长的象山港大桥及接线工程建设象山领导小组成立。是年 4 月 2 日，交通部组织有关专家对象山港大桥及接线工程环境影响报告书举行评审会。认为该项目总体符合国家高速公路网、浙江省高速公路网规划和宁波市城市总体规划，不存在重大环境制约因素，符合国家环境保护要求。是年 4 月 28 日—29 日，由国家海洋咨询中心主持召开的《象山港大桥及接线工程海洋环境影响报告书（送审稿）》、《象山港大桥及接线工程海域使用论证报告书（送审稿）》评审会在象山县举行。国家海洋局、中国海监总队、浙江海洋渔业局等十几家单位 42 人参加。经专家在小蔚庄、白墩、戴港等实地踏勘，两《报告书》分别通过专家评审。是年 6 月 8 日，象山港大桥及接线工程环境影响报告书通过国家环保总局组织的专家评审。专家组认为该报告书质量高、内容详实、结论可行，不存在重大环境制约因素，符合国家产业政策、符合环境保护要求。是年 6 月 15 日，交通部组织召开象山港大桥及接线工程可行性研究报告审查会，经 3 天研究讨论，通过审查意见。工程起自宁波云龙互通、止于象山县戴港，全长约 47 公里，其中跨海大桥长约 6.7 公里。北岸接线约 25 公里，南岸接线约 15 公里。建设工期 4 年。

2008 年 7 月 30 日，经国务院常务会议通过，批准象山港大桥及接线工程可行性研究报告。工程起自宁波绕城东段云龙互通，接宁波绕城公路东段。经鄞州区栎斜、管江、里蔡，于山岩岭以桥梁方式跨越象山港，再经象山的小蔚庄、大斜桥、黄避岙、白墩港、洋北、止于戴港，暂接省道象西线（远期接规划建设的沿海高速公路象山至台州段），全长约 47 公里，其中跨海大桥长约 6.75 公里。全线采用双向四车道高速公路标准，设计行车时速 100 公里，项目总投资约 70 亿元，计划建设工期四年。同年 8 月 16 日，国家发改委（发改交运〔2008〕2178 号）正式批复准建。

第三节　设计方案

2006 年 9 月 5-8 日，象山港大桥及接线工程在宁波举行设计招标会议，设计实行桥、路单独招标，分别由中交公路规划设计院和辽宁省交通勘测设计院中标。为确保设计质量，同时引入设计复核模式，由上海市政工程设计研究总院负责设计咨询。是年 12 月 12 日，中交公路规划设计院在沈阳市组织召开象山港大桥及接线工程勘测设计工作协调会暨初步设计方案审查会。中交公路规划设计院王仁贵副总工程师主持会议,参加者有宁波市交通局、宁波市高等级公路指挥部、宁波市象山港大桥开发有限公司、辽宁省交通勘测设计院、上海市政工程设计研究总院。与会单位领导、专家及特邀专家就设计单位汇报资料、文件,对大桥桥型、结构形式、施工工艺、接线工程路线、路面和路基、桥梁、隧道、互通立交等进行讨论、审查,以求最佳设计方案。

2007 年 2 月 4-6 日,宁波市发改委、交通局联合组织召开象山港大桥及接线工程初步设计预审会。会议在听取中交院等设计单位的设计汇报和交通部及省、市有关部门联合组成的专家组意见后,通过初步设计方案,拟提交交通部审查。工程起自宁波绕城高速公路互通立交,经鄞州区栎斜、管江、里蔡,于山岩岭以桥梁方式跨越象山港。经象山县小蔚庄、大斜桥、黄避岙、白墩港、洋北,止于戴港,暂接省道象西公路,拟接规划建设的浙江沿海高速公路象山至台州段。全长约 47 公里,其中跨海大桥长约 6.75 公里,采用双塔双索面钢箱梁斜拉桥桥型;北接线(鄞州段)长 25.09 公里,南接线(象山段)长 15.08 公里;共有隧道 10 座,计约 7.7 公里;特大桥 18 座,计约 11.7 公里;互通立交 6 处(包括云龙互通),服务区 1 处。工程按双向四车道高速公路标准设计,行车时速 100 公里,计划建设工期四年。

2008 年 8 月 20 日,大桥及接线工程初步设计方案上报交通运输部。是年 10 月 15 日,在宁波举行工程初步设计审查会议,交通运输部总工程师周海涛、原副总工程师王玉等 8 位全国著名桥梁专家参加审查;翌日,专家一行现场踏勘大桥选址及走线;17 日,工程初步设计方案通过交通运输部组织的专家审查。同年 12 月 4 日,获交通运输部交公路发〔2008〕407 号正式批复。根据批复意见,象山港公路大桥及接线工程起自云龙互通,接宁波绕城高速公路东段,止于戴港,接规划建设的浙江沿海高速公路。路线全长 46.929 公里,其中,象山港公路大桥长 6.761 公里,北岸接线长 25.098 公里,南岸接线长 15.07 公里。全线在云龙、栎斜、管江、里蔡、黄避岙、戴港设置 6 处互通式立交。象山港大桥北起鄞州咸祥镇里蔡村,于山岩岭跨象山港,至象山县小蔚庄。主桥采用双塔双索面五跨连续钢箱梁斜拉桥方案。5 个桥跨分别为 82 米、262 米、688 米、262 米、82 米。全线采用四车道高速公路标准,设计时速 100 公里,路基宽 26 米,桥宽 25.5 米,概算投资 68.867 亿元,工期 4 年。该工程具有抗风等级高、通航要求高、桥梁隧道比例高、环境保护要求高等特点。其中桥梁设计抗风能力为每秒 46.5 米,为目前国内最高;通航要求需满足 5 万吨级船舶自由进出,在国内桥梁中亦属少见。

2009 年 3 月 14 日,大桥施工图设计通过全国著名桥梁专家组成的专家审查。大桥由主航道桥与引桥构成,其中主桥采用五跨连续双塔双索面斜拉桥和钻石型混凝土索塔,主跨 688 米,为全省同类桥之最;南北引桥采用 46 米和 60 米跨径连续箱梁结构。同年 4 月 12 日,大桥南北接线工程施工图设计亦通过专家组审查。

第四节　政策措施与建设保障

政策措施　2006 年 4 月 21 日,宁波市国土资源局主持召开象山港大桥及接线工程土地预审交流会。市及鄞州区、象山县等相关部门负责人参加。是年 5 月 11 日,象山县完成象山港大桥及接线工程所涉及的 12.33 公顷标准农田易位申报工作,获宁波市农业局确认和省农业厅预审。此工作主要为保护标准农田,使其田亩不减,质量不降。同年6月2日,象山县举行象山港大桥及接线工程(象山段)项目土地利用总体规划局部修改调整听证会,象山港大桥象山指挥部、县国土资源局、墙头镇、黄避岙乡、贤庠镇、大徐镇及沿线有关村负责人参加。

2008年11月17日,象山县委、县政府组织召开象山港大桥及接线工程土地征迁工作动员大会,着力做好政策处理和建设保障工作。会上,县政府与有关镇乡、部门签订征迁工作责任状,墙头镇、黄避岙乡和鸭屿村、洋北村等代表作表态发言。

2009年1月20日,宁波市国土资源局在市高等级公路指挥部组织召开象山港大桥及接线工程项目建设用地报批工作会议,就用地报批程序和所需材料进行培训,要求3月5日前完成勘测界定,5月30日前各县、区指挥部将土地报批相关材料报至市国土资源局,6月10日送市政府汇总,6月20日由市国土资源局统一上报省国土资源厅。是年2月2日,象山港大桥象山指挥部召集墙头、黄避岙等沿线镇乡和县国土资源局、农林局、海洋与渔业局等部门相关人员召开大桥及接线工程(象山段)土地报批暨政策处理工作会议,就市大桥指挥部提出的主桥5月份动工,全线10月份开工要求,落实沿线土地征收、报批和房屋与地面附着设施拆迁任务。会上,县国土资源局有关人员作征迁工作业务指导。翌日,墙头镇雷厉风行,于雷港、塔岭、黄溪渡等被征地段实施红线放样。至20日,包括黄避岙乡沿线征地红线放样皆顺利完成,历时仅17天。3月4日,县大桥指挥部召集有关镇乡及县供电局、电信局等相关负责人,召开大桥接线工程(象山段)杆线迁移工作会议。并通过沿途踩点、踏勘,确定具体数量及迁移方案,落实责任,以确保工程建设无障碍施工。3月24日,象山县率先上报林地报批材料至市林业局,涉及境内段3镇乡10村庄,共16.5648公顷。4月28日,县大桥指挥部召集有关镇乡及县国土资源局、县海洋与渔业局、县法制办,对工程(象山段)征收集体土地、房屋拆迁和滩涂养殖等政策处理办法进行再次研究,形成基本实施方案,以加快征迁工作进度。5月26日,象山县土地征收报批材料报至市大桥指挥部和市国土资源局,涉及贤庠、大徐、墙头、黄避岙4镇乡20个村,计89.9584公顷。是月,沿线内900余座坟墓悉数迁移。10月23日,《今日象山》载:墙头镇塔岭村涉及大桥南岸接线工程之14户住房昨一早始集中开拆。其中村民张宝木老人因难舍去年刚建3层新楼房,原情绪甚为抵触,后经家人劝说,遂以大局为重,欣然签字同意拆迁。是年12月4日,象山港大桥及接线工程建设用地获国土资源部批复,南北接线计255.486公顷。同月24日,境内段被征土地全部移交施工单位。

2010年3月,大桥南岸接线工程杆线迁移告竣,沿途计60余处,约650根。同月,墙头、黄避岙2镇乡9村庄腾空房屋悉数被拆,共101户,其中民居94户,企业7家,总面积约22638.83万平方米。

建设保障　大桥工程要求日供水量4500方,日供电量5600千瓦时。为保障大桥和南岸接线工程顺利开工,象山县供水、供电部门通过实地勘测、论证优化,分别选择从涂茨镇十里亭至贤庠镇小蔚庄引水线经和贤庠镇经黄避岙乡至小蔚庄供电线路。专线供水、供电工程先后自2008年底与次年初全面开工。2009年5月14日,大桥专线供水、供电工程全线贯通。供水工程包括23.86公里供水管线及一泵站和一清水池建设;供电工程完成总长3.2千米的10KV单回路供电线路及新立钢塔9座。

第五节 工程招标

2009年1月13日，发布象山港大桥及接线工程施工与监理招投标预告，宁波市高等级公路指挥部为招标人。全线施工标段12个，其中北岸接线（鄞州区）4个（1~4标段），南岸接线（象山段）2个（11、12标段），跨海大桥6个（5~10标段，其中9、10为非现场施工标段）；监理标段7个，其中北岸接线2个，南岸接线1个，跨海大桥4个。2009年4月3日，市大桥工程指挥部有关负责人带领参加招标的20家施工单位和11家监理单位代表，先后对大桥南北两岸施工段进行招标前现场考察。工程招标启动后，市大桥工程指挥部严格按照省交通厅有关规定，对招标范围及主要内容，投标单位资格要求，投标时间予以明确，定于2009年4月27日同时进行资格候审和正式招标。是年5月8日，在浙江省招投标交易中心完成大桥主桥招投标工作。浙江交工集团、中交第二航务工程局、中铁大桥局、中交第二公路工程局分别为5~8合同段中标单位。9、10两标段为钢箱梁、钢套箱、钢锚箱铸造，由武汉钢铁股份有限公司武船重型工程有限公司中标。同年7月6日，在省招投标交易中心完成大桥南北接线工程土建施工第1~4、11、12合同段，施工监理J1、J2、J7合同段招标工作。其中土建施工第11、12合同段属象山境内的南岸接线，全长15.07公里，途经贤庠、黄避岙、墙头3镇乡11个村，包括白墩港、戴港两座特大桥和黄避岙、戴港互通式立交等工程，分别由浙江交工路桥建设有限公司、东盟营造工程有限公司中标，中标总价8.77亿元；施工监理（J7）由杭州公路工程监理咨询公司中标，中标价912万元。

第六节 跨海大桥

北起鄞州区咸祥镇里蔡村，于山岩岭横跨象山港至象山县贤庠镇小蔚庄村。全桥长6761米，由主航道桥与南北引桥构成，计100个连续跨（孔）、101个台墩。其中主航道桥长1376米，为五跨连续（82+262+688+262+82米）双塔双索面钢箱梁斜拉桥和钻石型混凝土索塔结构，其主跨688米，南北索塔高225.5米，属全省同类桥之最。北引桥长4063.5米，其中深水区60跨，每跨60米，浅水区及滩岸10跨，每跨46米。南引桥长1321.5米，其中深水区12跨，每跨60米，浅水区及滩岸13跨，每跨46米。桥面宽25.5米，双向四车道。大桥按100年使用寿命设计，荷载公路-Ⅰ级，行车时速100公里。2008年12月30日上午隆重开工，2012年7月11日21时顺利合龙。同年12月28日建成通车。

试验段工程

分南北引桥两部分。南引桥小蔚庄村段全长555米，内容包括89~101号台墩和下部96根钻孔混凝土灌注桩及306米栈桥。北引桥里蔡村山岩岭段全长92米，内容包括6~8号台墩和下部24根钻孔混凝土灌注桩及127米栈桥。工程自2008年12月31日开工，合同工期10个月，合同造价3519万元。2009年1月18日下午，完成北岸首根混凝土灌注桩施工。同月20日上午，完成南岸首根混凝土灌注桩施工。同年10月16日，南北两岸混凝土灌注桩全部完工。中交公路规划设计有限公司设计，浙江省交通工程建设集团有限公司施工，广东省虎门技术咨询有限公司监理。

钢栈桥

系大型临时性施工设施，为大桥下部结构施工作业场地及设备材料运输通道。全长计4535米，其中北岸8~70号墩合计长3828米，南岸77~89号墩计长706米。净宽6米，两侧设防护栏，设计荷载履带吊-80吨。其整体由主栈桥和施工平台组成，主栈桥跨径除起止端各8.5米外，余均15米，每5跨(孔)设置一排加强墩，每墩横桥向设直径80厘米钢管桩3根，桩顶用双拼45号工字钢连接作横梁，横梁上铺设贝雷钢作纵梁，间距30厘米，纵梁上铺设8毫米钢板为桥面板；每墩位横桥向搭设1座钻孔平台，为大桥下部结构施工作业场地，亦称施工平台。栈桥墩采用50吨履带吊配合振动锤插打，墩基覆盖层较浅者打至海底基岩面，称支承桩；墩基覆盖层较厚者打入海底土层30米，称摩擦桩。2009年3月开工，同年7月完工，合同造价17382万元。中交公路规划设计有限公司设计，浙江交通工程建设集团有限公司，中交第二航务工程局有限公司分别承建，广东虎门技术咨询有限公司监理。

大桥基础

采用钢管插打桩、钻孔混凝土灌注桩、扩大基础三种形式。1号、101号(南北两端)墩采用扩大基础，重力式桥台。2~13、24~31、71~100号墩为钻孔混凝土灌注桩基础，其中2~10、89~100号墩每基础打入4根直径1.5米钻孔灌注桩，11~13、24~31号墩每基础打入8根直径2米钻孔灌注桩，71、72、75、76号墩每基础打入20根直径2.5~2.8米变截面钻孔灌注桩，73、74号为大桥主塔墩，每基础打入41根直径2.7~3米变截面钻孔灌注桩，77~88号墩每基础打入8根直径2米钻孔灌注桩。14~23、32~70号墩为钢管插打桩基础，其中14~23、32~52号墩每基础插打12根直径1.6米钢管桩，53~70号墩每基础插打16根直径1.6米钢管桩。墩桩长度一般25~78米，主塔墩桩最长120米，各墩桩插打嵌岩深度均为桩体直径之2.5倍。2009年1月18日，完成首根灌注桩基施工。2009年6月18日上午，首根长90米、直径1.6米、重75吨钢管桩开工插打，使用国际最先进多功能“海力801号”打桩船，经约90分钟、3706次桩锤敲击顺利沉桩。2010年1月8日下午，打下最后一根钢管桩，大桥660根钢管插打桩施工全面告竣。2011年4月2日，钻孔混凝土灌注桩施工全面完成，计430根。中交公路规划设计有限公司设计，浙江交通工程建设集团有限公司、中交第二船务工程有限公司分别施工，广东虎门技术咨询有限公司监理。

航道桥

亦称主桥，为五跨连续双塔双索面钢箱梁斜拉桥和钻石型混凝土索塔结构，长1376米，主跨688米，列全省同类桥之首。索塔高225.5米，采用液压自爬模施工法浇注，分50层、每层4.5米。斜拉索采用高强度1670兆帕钢丝，共176根，最长376米，最大成桥索力400吨。航道高潮位净空高53米，通航能力5万吨级。主桥墩承台外设永久性钢套箱与柔性防撞结构，钢套箱长66米、宽38米、高9米，重达1450吨，通过工厂化制作拼装成形，航运至现场，由两台大型浮吊整体吊装就位。2009年6月23日打下首根钢管桩。2010年9月8日，始主索塔施工。2012年7月11日主桥合龙。中交公路规划设计有限公司设计，中交第二公路工程局有限公司承建，中国船级社实业有限公司监理。

混凝土箱梁

预制箱梁　大桥南北引桥共144片。每片长60米，高3.5米，其横断面略呈倒梯形状，顶板宽12.13米、厚28厘米，底板宽5米、厚25厘米，中跨段每片重1456吨，边跨段重1461

吨。大桥南面西泽5000吨级战备码头陆岸作预制场地。陆上采用擦滑式横移台车及轮轨式纵移台车运至出海码头。海上动用高约20层楼、亚洲最大、世界第二、船长93米、型宽40米、最大起重3500吨、升高53米之海上运架梁起重船“天一”号运输、架设。后再通过湿接缝施工及体系转换等形成连续梁。2010年4月动工,2012年6月完工,合同造价3140万元。中交公路规划设计有限公司设计,中铁大桥局有限公司承建,广东虎门技术咨询有限公司监理。

现浇箱梁　南北引桥共46片,总长(双幅)2116米。其中南引桥20片、计920米,北引桥26片、计1196米。每片长46米,高2.7米,顶板宽12.13米,底板宽5.34米。采用移动模架、满堂支架法施工。2010年2月2日开浇,2011年11月28日完工,合同造价1340万元。中交公路规划设计有限公司设计,浙江交通工程建设集团有限公司承建,广东虎门技术咨询有限公司监理。

钢箱梁

设在主桥99个梁段,分A、B、C等11种类型,标准梁段长15米、宽34米、高3.5米,最重达247吨。2012年1月26日,首段钢箱梁吊装成功。同年7月11日21时,第99段钢箱梁吊装告竣,大桥顺利合龙。合同造价31825万元。中交公路规划设计有限公司设计,武汉钢铁股份有限公司武船重型工程有限公司异地制造,中交第二公路工程局有限公司现场吊装施工,中国船级社实业有限公司监理。

主桥工艺

钻孔平台设计　主墩钻孔平台设计长88米、宽45米。传统的类似方案设计保守,材料用量大,项目部为此进行方案优化。优化后的平台采用41根钢护筒作主平台基础,38根直径1.4米钢管桩作辅助平台基础,平联采用型钢,平台上部结构采用贝雷片,面板采用10毫米厚钢板,此钻孔平台方案在保证安全的前提下,不但节约材料用量,而且注重简易实用,方便搭建,大幅度缩短施工工期。自2009年7月14日始插打首根钢护筒,且同步进行平联,搭建等安装工作,至9月15日顺利开钻首根桩基,实现两个月内完成护筒下沉、平台搭建,如期开钻的目标。

永久性钢护筒插打施工　象山港大桥6个墩设有162根钢护筒,直径2.8~3米,长54米,壁厚25毫米,单根重100吨。下沉后中心偏差不大于10厘米,倾斜度不大于1/200。项目部采用国内先进的大型打桩船插打钢护筒,并采取增设加强箍、内支撑,增加运输支垫措施等,有效避免工艺变形,确保插打质量。

桩基施工　主桥主墩设计的82根直径3米桩基长达120米,入岩平均深度20米,强度达70~140兆帕,且地质情况复杂,钻孔施工很困难。为保证成孔质量,项目部选用350型大型回旋钻机进行施工,根据不同地质条件,先后采用刮刀钻头、滚刀牙轮、孕镶牙轮钻等数种钻进工艺,采取气举反循环钻进成孔,提高钻进效率。钢筋笼采用钢胎架长线法加工制作,即制作时在钢胎架上一次性做成整个桩基的钢筋笼,然后再拆分成若干个标准节以便运输。主墩桩基施工历时4个月全部结束。

钢套箱施工　桩基施工完成后,进行钢套箱吊装及承台施工工序。主墩钢套箱为双壁钢箱式结构,长66米、宽38米、高9米,重达1500吨。钢套箱采用工厂化分段制造,拼装成整体,工厂化涂装防护,整体吊装装船运输至现场,采用大型吊机整体吊装就位,具有单件重量大、运输距离长、吊装方案复杂等特点，是本项目重点、难点工序之一。

承台施工　承台施工之前先实施封底混凝土施工。为确保承台封底混凝土的质量，根据潮水涨落情况，在钢套箱内封底按分层分块施工，第一层封底混凝土定为1.6米厚，采用水下浇筑的方式，第二层1米采用干浇施工。封底成功后，开始承台混凝土施工。

主墩承台高10米，单个承台混凝土方量16000方，属典型大体积混凝土施工。承台混凝土分四次浇注，单次浇注最大量6000方。项目部委托专业单位进行承台混凝土内部温度监控。通过布设6层冷却水管，控制混凝土内部温度，通过加入冰块、冷却骨料等措施，降低混凝土入模温度；使用两艘拌合船同时进行浇注，确保浇注质量、浇注安全；为保证混凝土外观质量，承台模板加贴模板布。

塔索施工　73和74号主塔采用钻石型混凝土索塔，高度225.5米。索塔塔柱包括下塔柱、下横梁、中塔柱、上塔柱、塔顶装饰段。锚固形式为钢锚箱，模板采用液压自爬模体系，整个塔柱共分50层浇注，其中下塔柱分9次浇注，下横梁分2次施工，中、上塔柱分39次浇注，标准节段高度为4.5米。

钢箱梁吊装　索塔区钢箱梁先分A、B、BⅠ3个梁段采用浮吊吊装，长度分别为9.5米、6.75米、15米，最大起吊重量约247吨，最大起吊高度64米。吊装完成后，再利用浮吊将桥面吊机整体吊至箱梁2号块顶面，然后采用桥面吊机吊装长度为15米的标准段钢箱梁，最大起吊重量约233吨。

斜拉索施工　斜拉索通过水运至现场，采用梁上放索方案，按先塔端、后梁端进行挂索，斜拉索张拉及索力调整统一在塔端对称进行，采用桥梁构件几何控制法进行施工控制。斜拉索施工完成后，按设计要求安装阻尼器。

第七节　南岸接线工程

一、公路

起自贤庠镇小蔚庄，经谢家、大斜桥、黄避岙、白墩港、桃湾、洋北，至墙头镇戴港。全长15.06公里，整体式路基宽26米，双向四车道，中设2米宽分隔带。主车道宽2×7.5米，辅车道宽2×4.5米。路面厚70厘米，其中水泥稳定碎石基层厚52厘米，沥青混凝土面层厚18厘米。高速公路标准，设计荷载公路-Ⅰ级，行车时速100公里。桥梁13座，其中特大桥2座、大桥7座、中桥3座、小桥1座；双洞隧道3座，其中连拱式2座，分离式1座；互通式立交2处，服务区1处。2009年9月10日开工，2012年底贯通，合同造价10.2亿元。辽宁省交通勘测设计院设计，浙江交工路桥建设有限公司、东盟营造工程有限公司分别承建，杭州公路工程监理咨询公司监理。

二、桥梁

白墩港特大桥　北起黄避岙乡鸭屿村，南至墙头镇白墩码头，跨白墩港（图2-3-1）。桥长1723米，微弯型，左右跨孔不一。左幅55孔，其中跨径皆30米为44孔、21.5米4孔、24米3孔、55米2孔、100米与35米各1孔；右幅54孔，其中跨径皆30米为46孔、24.5米4孔、55米2孔、100米与35米各1孔。最大孔径净宽72米、净高10米，通航能力500吨级。柱式墩、肋板台、扩大基础，预应力混凝土预制箱梁和挂篮悬臂法现浇箱梁构成连续体系。桥面宽25.5

米，双向四车道，中设隔离带。设计荷载公路-Ⅰ级，行车时速100公里。2010年1月15日开工，2012年11月30日竣工，合同造价1.16亿元。辽宁省交通勘测设计院设计，东盟营造工程有限公司承建，杭州公路工程监理咨询公司监理。

图2-3-1　21世纪初白墩港特大桥

戴港特大桥　位于墙头镇，北起洋北村南，南至戴港村北，跨沿海滩涂。桥长左右不一，左幅长2779米，计94孔，其中跨径皆30米为84孔、27米7孔、26米1孔、22米2孔；右幅长2869米，计97孔，其中跨径皆30米为87孔、27米7孔、24米2孔、22米1孔。柱式墩、桩基础、肋板式桥台，预应力混凝土预制及现浇箱梁构成连续体系。桥面宽25.5米，双向四车道，中设隔离带。设计荷载公路-Ⅰ级，行车时速100公里。2009年11月22日动建钢栈桥，长2124米、宽3米，作建桥之临时辅助设施，翌年4月28日合拢，为大桥顺利建造奠定基础。2012年9月10日大桥竣工，合同造价13207万元，东盟营造工程有限公司承建。

红园山大桥　位于黄避岙乡谢家村东北，呈南北走向，跨红园山山谷。桥长180米、6孔、每孔跨径30米，桥宽25.5米，双向四车道，中设隔离带。柱式墩、桩基础、肋板式桥台，预应力混凝土预制箱梁连续结构体系。设计荷载公路-Ⅰ级，行车时速100公里。2010年10月19日开工，2011年12月30日竣工，合同造价656万元，浙江交工路桥建设有限公司承建。

黄避岙分离式立交大桥　位于黄避岙乡黄避岙村东，呈东北、西南走向，跨县道汤鲁公路。桥长左右两幅皆360米、12孔，每孔跨径30米。桥宽各12.75米，单向双车道。柱式墩、桩基础、肋板式桥台，预应力混凝土预制和现浇箱梁连续结构体系。设计荷载公路-Ⅰ级，行车时速100公里。2010年4月24日开工，2011年12月20日竣工，合同造价1560万元，浙江交工路桥建设有限公司承建。

青山亭分离式立交大桥　位于黄避岙乡孟岙村与大林村间，呈南北走向，分别跨乡道三(角埭)高(泥港区)公路、村道梅龙线至孟岙公路。左幅长620米、23孔，其中跨径30米、16孔，20米、7孔；右幅长610米、23孔，其中跨径30米、15孔，20米、8孔。桥宽各12.75米，单向双车道，柱式墩、桩基础、肋板式桥台，预应力混凝土预制和现浇箱梁连续结构体系。设计荷载公路-Ⅰ级,行车时速100公里。2010年1月24日开工,2011年10月20日竣工,合同造价2958万元,浙江交工路桥建设有限公司承建。

石峰山1号大桥　位于墙头镇白墩村西北侧,呈东北、西南走向,沿县道亭船公路跨沿海滩涂。桥长左右不一,左幅长215米、7孔,除1孔跨径35米外,余皆30米;右幅长290米、10孔,其中跨径35米1孔、30米7孔、22.5米2孔。桥面宽25.5米,双向四车道,中设隔离带。柱式墩、桩基础、重力式桥台,预应力混凝土预制箱梁连续结构体系。设计荷载公路-Ⅰ级,行车时速100公里。2010年6月24日开工,2012年7月20日竣工,东盟营造工程有限公司承建,合同造价1038万元。

石峰山2号大桥　位于墙头镇白墩村南侧,呈东北、西南走向,跨沿海滩涂。左幅长300米、10孔,每孔跨径均30米;右幅长360米、12孔,跨径每孔皆30米。桥面宽25.5米,双向四车道,中设隔离带。柱式墩、桩基础、重力式桥台,预应力混凝土预制箱梁连续结构体系。设计荷载公路-Ⅰ级,行车时速100公里。2010年5月12日开工,2012年7月10日竣工,东盟营造工程有限公司承建,合同造价1251万元。

郑岙大桥　位于墙头镇白墩村南侧,东北、西南向,跨沿海滩涂。桥长450米、15孔,每孔跨径30米。桥面宽25.5米,双向四车道,中设隔离带。柱式墩、桩基础、肋板式桥台,预应力混凝土预制箱梁连续结构体系。设计荷载公路-Ⅰ级,行车时速100公里。2010年4月5日开工,2011年12月10日竣工,东盟营造工程有限公司承建,合同造价1783万元。

桃湾大桥　位于墙头镇桃湾村北,东北、西南向,跨沿海滩涂。桥长450米、15孔、每孔跨径30米。桥面宽25.5米,双向四车道,中设隔离带。柱式墩、桩基础、肋板式桥台,预应力混凝土预制箱梁连续结构体系。设计荷载公路-Ⅰ级,行车时速100公里。2010年8月24日开工,2012年3月30日竣工。东盟营造工程有限公司承建,合同造价2333万元。

前山中桥　位于黄避岙乡谢家村东,南北向,跨前山山谷。桥长48米、3孔、每孔跨径16米。桥面宽25.5米,双向四车道,中设隔离带。柱式墩、桩基础、肋板式桥台,预应力混凝土空心板梁连续结构体系。设计荷载公路-Ⅰ级,行车时速100公里。2010年4月25日开工,2011年8月10日竣工。合同造价225万元,浙江交工路桥建设有限公司承建。

互通孟岙亭1号分离式立交中桥　位于黄避岙互通区北侧,南北向,跨匝道。桥长48米、3孔,每孔跨径16米。桥面左右两幅,宽各12.75米,单向双车道。柱式墩、桩基础、重力式桥台,预应力混凝土空心板梁连续结构体系。设计荷载公路-Ⅰ级,行车时速100公里。2011年8月20日开工,2012年1月20日竣工。合同造价165万元,浙江交工路桥建设有限公司承建。

互通孟岙亭2号分离式立交中桥　位于黄避岙互通区南侧,南北向,跨匝道。桥长48米、3孔,每孔跨径16米。桥面左右两幅,宽各12.75米,单向双车道。柱式墩、桩基础、肋板式桥台,预应力混凝土空心板梁连续结构体系。设计荷载公路-Ⅰ级,行车时速100公里。2011年4月25日开工,2012年1月30日竣工。合同造价240万元,浙江交工路桥建设有限公司承建。

三、隧道

大斜桥隧道　位于黄避岙乡,北口为谢家村南,南口为大斜桥村北,穿越凤凰山。双洞连拱式,左右两洞皆长332米、净宽9米、净高5米,单向双车道。水泥混凝土衬砌、瓷砖贴面,全照明、防、排水设施,水泥混凝土路面加铺10厘米沥青混凝土。2010年4月1日开工,2012年4月30日竣工,浙江交工路桥建设有限公司承建,合同造价3201万元。

黄避岙隧道　位于黄避岙乡,北口为大斜桥村南,南口为黄避岙村东,穿越小潭山。双洞连拱式、微弯型,左洞长460.5米,右洞长460米,皆净宽9米、净高5米,单向双车道(图2-3-2)。水泥混凝土衬砌、瓷砖贴面,全照明、防、排水设施,水泥混凝土路面加铺10厘米沥青混凝土。2010年4月1日开工,2012年4月30日竣工,浙江交工路桥建设有限公司承建,合同造价4666万元。

图2-3-2　21世纪初黄避岙隧道

安基山隧道　位于黄避岙乡,北口为大林村南,南口为鸭屿村北,穿越安基山。双洞分离式、微弯型,左洞长1324米,右洞长1313米,皆净宽9米、净高5米,单向双车道(图2-3-3)。水泥混凝土衬砌、瓷砖贴面,全照明、防、排水设施,水泥混凝土路面加铺10厘米沥青混凝土。2009年12月1日开工,2012年4月30日竣工,浙江交工路桥建设有限公司承建,合同造价8747万元。

图2-3-3　21世纪初安基山隧道

四、互通式立交

黄避岙互通式立交　位于黄避岙村南侧,系象山港大桥及接线工程进入象山境内首个出口。匝道5条,总长3426余米,设计行车时速40公里。其中进出收费站匝道长约645米,路基宽 18～23.5 米，双向六车道，即进站双车道，出站四车道，进站口设超载检测区。余匝道长 573～700 米不等，约计 2781 米。路基宽皆 8.5 米，单向单车道。立交分别经匝道通过贤黄公路至贤庠镇，通过梅龙公路与盛宁公路连接至大徐镇，通过环岛公路至黄避岙乡。2010 年 3 月 10 日开工，2012 年 8 月 30 日竣工，浙江交工路桥建设有限公司承建，合同造价 5375 万元。

戴港互通式立交　位于墙头镇戴港村东北侧。为复合型立交，设匝道 18 条，总长 5436 余米，其中多孔匝道桥 9 座，长度分别为 360、310、300、269、150、100、90、70、65 米，人行通道桥 9 座，单孔跨径皆 8 米，大小排水涵洞 10 道。标准路基宽分别为单向单车道 8.5 米，单向双车道 10.5 米，双向双车道 15.5 米，双向三车道 19 米，设计行车时速 40 公里。收费站车道数进四出八，进口处设超载检测区。立交通过戴港—城区快速通道东至丹城，通过象西公路西抵宁海。2009 年 9 月 10 日开工，2012 年 9 月 30 日竣工，东盟营造工程有限公司承建，合同造价 11166 万元。

五、服务区

洋北服务区　位于墙头镇洋北村北侧。分东西二区，地势西低东高，依主线走向略呈狭长形。西区临海，南北长 490 米，东西宽约 100 米，最宽处 120 米，占地面积 40436 平方米；东区傍山，南北长 500 米，东西宽约 140 米，最宽处 170 米，占地 55963 平方米。二区出入匝道共 4 条，总长 1433 余米，单向单车道，路基宽 8.5 米，设计行车时速 40 公里。2010 年 3 月 10 日开工，2012 年 5 月 1 日竣工，东盟营造工程有限公司承建，合同造价 669.5 万元。二区内建筑面积各 800 余平方米，2012 年 3 月 5 日动建，年末告竣，浙江省长城建设有限公司承建。

第八节　竣工通车

2012 年 12 月 20 日，象山港大桥及接线工程通过交工验收，全线具备通车试运行条件。是月 26 日，大桥及接线工程通车新闻发布会在宁波召开，香港文汇报、大公报、商报和新华社、新华网、经济时报等 40 余家著名媒体参加，市交通委副主任、象山港大桥及接线工程建设指挥部副指挥陈世申，象山县委常委、宣传部长罗来兴就大桥建设、通车等有关问题向媒体作详细解答。27 日，县委、县政府在象山县召开大桥通车新闻通气会，新华社、中央人民广播电台、中国日报、经济日报、解放日报、香港文汇报、香港大公报等中央及香港主流媒体齐聚会场，县委书记李关定畅谈大桥通车后给象山带来的桥海经济效应和发展前景。28 日上午 10 时 18 分，浙江省委常委、宁波市委书记王辉忠在象山港大桥南主塔桥面宣布大桥及接线工程建成通车，101 辆通过摇号产生的象山市民代表组成的车队鱼贯驶往宁波方向。现场没有鲜花、彩旗、红地毯、主席台，仪式简朴、节俭、务实，整个过程仅数分钟，众人感叹：这是史上最简短的通车典礼。29 日零时，随着各收费通道开启，大桥及接线工程正式投入通车试运营，私家车、货车等皆可上路通行。

第三编　交通运输

以运输工具、陆上与海上运输及其企业分述。

第一章　运输工具

陆上运输素赖肩挑、背负、坐轿、骑马。民国时始有人力车、汽车。海上运输，历史悠久。清光绪末期始有汽轮营运，货运仍以帆船为主。解放后，公路运输有汽车，农村则有拖拉机等机动车短途运输；海上运输船舶机械化，专业海运企业以钢质轮为主。20 世纪 80 年代始，海陆交通蓬勃发展，运输工具逐年更新。

第一节　肩舆骡马

肩舆　分高轿、小官轿、花轿、小轿、坐篮轿等。

高轿，藤制，形似太师椅，有踏脚、靠枕、扶手，座下可放小箱。两杠穿过扶手下，杠端各插一竹片，供搁置肩背，2 人抬。上置篷架，晴天罩蓝布轿帷，雨天上覆篾篷。坐者高高在上，故称高轿。民国时期，有营业性高轿 60 乘。

小官轿，分竹制、木制。有轿厢，顶微拱，厢壁篾篸，左右开小窗，前置布帘。顶部前后有穿洞穿杠，用铁箍固定，2 人抬，民间备用。

花轿，做工精细，形式华丽，五岳朝天，顶部置大小不一铜镜 5 面，四角悬彩须。相传宋高宗准浙江女子新婚时享用一次。分 4 人抬，8 人抬两种。丹城、石浦等城镇各有贳器店，皆备此轿出租。

小轿，供贫家子女出嫁乘坐，伴姑亦坐，2 人抬。轿式似亭，前设轿帘，左、右、后有玻璃小窗，亦称亭子轿。

坐篮轿，竹制，无厢无顶，平底，长方形，四周有围栏，高约 30 厘米。四角兜底用绳索络住，系轿杠上，2 人抬。坐时加竹靠背、棉被，呈半仰卧状态，扛上覆盖篾席或草席以遮阳，亦用轿帷。一般供老年人、妇幼探亲、看病坐用，亦可用作杠箱抬礼物嫁妆。

以上轿子，现唯坐篮轿尚可见，余皆绝迹。

骡马　明清时代用以驿传。民国时期，民间自养代步，有骡 10 匹，马 35 匹。解放初已少见。

第二节 车 辆

人力车 分黄包车、手拉车。黄包车载人，民国时期仅有丹城至白墩、陈山线15辆，鹤浦至樊岙线7辆，石浦唯汪伪南田县长胡常瑛自置1辆。手拉车，解放前仅有丹城至陈山、白墩线15辆，塌车2辆。1941年春，泗洲头至西周线手拉车50辆营业。解放后，石浦搬运站置手拉车搬运，20世纪50年代农业合作化后，提倡运输车子化，手拉车渐普及农村。1962年农民自备手拉车2800辆，参加副业运输。1978年丹城、石浦二搬运公司手拉车130辆，后为自制电瓶车取代。1980年全县手拉车7616辆，后渐被拖拉机替代。

脚踏三轮车 载货、载人2种。载货俗称黄鱼车，解放后，有城镇企事业单位自备，亦有店家专为附近客户送货。载客俗称黄包车，1988年初，县汽车站职工郑爱宝始置载客三轮车1辆，营城区客运。翌年，增至98辆，其中丹城80辆，石浦18辆。1990年丹城地区统一上牌532辆。1992年全县1228辆。2010年1309辆上牌营运，其中丹城532辆，石浦679辆，爵溪65辆，西周33辆。

自行车 俗称脚踏车。1936年(民国25年)初，象山有自行车13辆，除石浦明星电气公司1辆，余均在丹城。同年8月，丹城始设张霖记、崔炳记自行车行，出租兼修理。翌年4月，增设徐隆记车行，合计出租10辆。解放初，县农机厂于丹城南街门市部经营出租10余辆。其后，单位、个人购买者日多。至1985年，自行车62800辆，平均8人拥有1辆。1988年增至12万辆，平均4.5人1辆。20世纪90年代始，电动自行车(电瓶车)逐渐流行。2008年，全县上牌自行车37666辆、电瓶车54520辆。2010年自行车不再上牌，上路电瓶车近18万辆。

摩托车 1964年，省机要局拨给县邮电局幸福牌摩托1辆，以投递机要信件。1965年县公安局置苏联产摩托1辆。1985年，摩托车126辆。1988年增至621辆，轻便20辆，其中机关企事业单位172辆。2010年全县4万余辆。

机动三轮车 三卡、简易机动三轮车。1964年，丹城搬运站自制三轮平板车2辆，载重各1吨。同年，省交通厅拨给三卡2辆。1985年末，交通运输部门共有机动车12辆，12吨。1983年下半年，临海人来象营丹城至大碶头简易机动三轮车客运。1985年发展到250辆(含机关企事业单位12辆)。1988年907辆，天目山牌居多(其中机关企事业单位37辆)。1998年，丹城、石浦有“正三轮”摩托车292辆营客运，其中石浦地区260辆。1999—2000年，先后二次按3∶1缩改为79辆微型小货车，俗称“货的”。2004—2006年，又按2∶1将“货的”渐改为区域小客车。2008年末，丹城地区尚有客运电动三轮车(俗称“蓝皮车”)914辆，自备残疾车33辆；石浦地区二车分别为1000辆、78辆。21世纪始，随着农业机械化水平提高，机动三轮车逐渐成为普通村民的新农具，2010年全县共有9000余辆，其中以蔬菜基地著称的定塘、晓塘、新桥三镇乡约5000辆。丹城城郊客运电瓶三轮车近1000辆。

拖拉机 轮式、手扶2种。1958年购入14马力拖拉机1台。1972年大型14台，手扶58台。1985年轮式187台，手扶2903台，其中营运1955台。1988年末，营运轮式200台，手扶5012台。1992年轮式、手扶5800辆。2006年3500辆。2008年轮式2953辆、手扶13辆。2010年轮式3060辆、手扶42辆。

汽车　载客、载货2类。1935年(民国24年),宁波宁穿汽车公司雪佛兰汽车(环座)2辆,行驶丹城至西泽公路。1947年(民国36年),象山永安汽车公司福特牌汽车(环座)1辆,行驶丹城至西泽公路。1956年6月,宁波运输处舟山中心站福特牌客(环座)、货车各1辆,行驶丹城至白墩公路。1958年宁象公路通车,象山客货车辆渐增。时燃料多用木炭,称"木炭车"。由苏、法、美、日等国生产的道奇、福特、丰田、尼生汽车,载重3吨。20世纪60年代起,国产解放、跃进牌汽车逐步代替老旧汽车。1963年1月起,木炭车皆改汽油车。1964年,省交通厅拨款购三卡2辆配予丹城搬运站,较早实现机动化。70年代后,黄河、东风牌等汽车增加,运输能力日益提高。1985年汽车569辆,其中大客车67辆(交通运输部门专业运输车56辆;机关企事业单位自备车7辆,联户私营4辆),小客车88辆(交通运输部门专业运输车3辆,机关企事业单位自备车85辆),大货车332辆(其中交通运输部门专业运输车28辆,机关企事业单位自备车248辆,联户私营56辆),小型货车56辆及特种车26辆。1988年末,汽车1338辆,其中大客车79辆,3562座(交通运输部门专业运输车68辆,2946座;机关企事业单位自备车7辆,联户私营4辆);小客车294辆(交通运输部门3辆,机关企事业单位247辆,联户私营44辆),大型货车654辆,2396吨(交通运输部门专业运输车33辆,227.5吨,机关企事业单位自备车547辆,联户私营74辆);特种车3辆及专用车34辆;小型货车243辆,607.5吨(机关企事业单位自备车236辆,联户私营7辆)。20世纪90年代始,交通运输市场进一步开放。1998年,全县拥有载客汽车(包括非经营性)1290辆、11340座。其中45座以上17辆、833座,30~45座31辆、1232座,15~30座161辆、3381座,5~15座253辆、1757座,5座以下828辆、4137座。载货汽车1222辆、4230吨。其中20吨以上大货车5辆、1020吨,9~20吨58辆、669吨,5~8吨388辆、1967吨,3~4吨281辆、813吨,2吨以下490辆、679吨。21世纪始,公路运输行业逐渐由粗放型向集约型转变,纷纷实行企业化管理模式。2010年末,全县营运客车1055辆、16620座。其中班车607辆、12532座,出租车177辆、885座,旅游客车11辆、472座,城区公交车138辆、2084座,区域小客122辆、647座;营运货车2612辆、8145吨。1991—2010年境内营运汽车见表3-1-1。

1991—2010年境内营运汽车一览　　表3-1-1

年　份	经营性客、货汽车合计(辆)	营运载客汽车		营运载货汽车	
		辆	座位	辆	吨位
1991	1348	117	3833	1231	4195
1992	1592	107	3661	1485	5060
1993	1721	124	3932	1597	5075
1994	1171	160	4235	1011	3492
1995	1270	162	4096	1108	3967
1996	1597	298	5475	1299	4879
1997	1584	274	5180	1310	5017
1998	1527	305	5486	1222	4230
1999	1707	278	5499	1429	4430
2000	1331	313	6048	1018	3361

续上表

年份	经营性客、货汽车合计(辆)	营运载客汽车		营运载货汽车	
		辆	座位	辆	吨位
2001	1530	468	7018	1062	2828
2002	1960	925	15123	1035	2607
2003	1918	960	15235	958	2418
2004	2139	1006	16321	1133	3290
2005	2190	1024	16536	1166	3391
2006	2697	1038	16503	1659	4775
2007	3001	1039	16514	1962	5326
2008	3119	1050	16757	2069	5337
2009	3237	1028	16026	2209	5793
2010	3667	1055	16620	2612	8145

第三节 船 舶

宋开庆《四明续志》载:开庆间(1259年)全县船796艘,其中宽一丈(约3.3米)以上128艘,余皆一丈以下。

清代至民国,象山港、石浦港航运事业发达,然运输船只大都非本县商船,客货运输以弯埠居多,境内货运用帆船。解放前,轮船客货兼运。解放后分客轮、货轮营运。

木帆船 舢舨,以橹推进木质小船,尖头阔尾,中宽,首尾稍窄,微翘,无甲板,载1.5吨。大者亦装有竹桅布帆、小舵,亦有安装小马力机器的,适内港短途运输。

河船,以橹推进木质小船,方头方尾,平底,无甲板,可拉纤。大者可装5吨,小者可装2吨,适内河驳运粮草等。小者罱运河泥,南庄地区多见。解放后,钢筋网水泥船兴起,以其价廉易修取代木质船,分3舱,前后两舱为气舱,以增浮力,首尾微翘,可站人操作。1975年县水泥制品厔船厂始生产。后因陆运有拖拉机、汽车,可省去驳运,河船遂逐年减少乃至罕见。

绿眉毛,俗称木帆船,以橹或风帆推进木质船。船头两侧饰鱼眼,昔业主新造时,往往眼内藏金银、钱币,以取吉利。船头处称陡门,如船之鼻,涂以红色。自船眼周围至船头,涂以草绿色,如船之眉,故称绿眉毛。小者载重10吨,大者60吨。一般3道桅,桅梢设相风鸟(鱼形,鱼尾为红布,俗称桅花),随风旋转,以测风向,利调戗。悬横条梯形斜帆(俗称篷)。船尾设舵。有鳖壳(梅楼)可供起居,甲板在船舷下半米左右,下分多舱装货,水密隔舱,货多时可装于舱盖上。船头置水舱。20吨左右船舶需配船员6~7人。以人力转动绞车起锚(称上头)。扯篷(帆)时,挨班(专司爬桅)领呼号子,抑扬顿挫,雄壮激越。多航行于沪、浙、闽沿海。中小型船只县境沿海乡镇就地可造。大型船舶,专聘把作师傅雇工匠赴温州、福建(木材产地)打造。解放后,石浦、旦门、东门、鹤浦等地船业社皆能打造大型木帆船。1940年(民国29年)188艘,1949年(民国38年)70艘,1965年77艘,2066吨。1976年始,专业运输船和副业运输船全部机动化。

机动船　分木壳、水泥壳、钢壳。“文化大革命”前，专业运输机动船皆以“浙象机××”号命名，副业运输船以“浙象副机××”号命名，“文革”期间分别改名“红峰”、“创新”。“文革”后复原名。

木质船，习称木质机动船为机帆船，机帆两用，无风以机器推进，有风张帆以节能。1966年所改装机动船无桅无帆。船壳形状与绿眉毛同，无眼、眉，统漆墨绿色。驾驶室置梅楼上。载货量80吨以上，挨车(起锚机)起锚，县内船厂、船业社均打造。20世纪90年代始渐被钢质船替代。

钢丝网水泥壳船，1977年因木材缺口大，成本高，县海运公司购宁波水泥货轮2艘，315总吨，272千瓦。1982年，县航运公司委托东门船厂制造钢丝网水泥质客班轮1艘，称“象机4”轮，215客位，44.2千瓦。水泥船维修成本低，船体光滑，航速快、节能，安全性能差，宜内港行驶、有装卸码头港口，不宜搁浅装卸，以防断裂。20世纪末已罕见。

钢质船　1975年后，象山船厂生产450吨沿海货轮3艘，300吨沿海货轮2艘，500吨海港驳4艘，200立方米开底泥驳6艘，80吨沿海油轮1艘，20立方米对开驳6艘，8车位渡轮2艘。1988年末，县专业运输企业钢质货轮9艘，2891总吨，功率3267千瓦。客轮1艘，150客位，功率99千瓦。21世纪始，境内千吨以上钢壳船渐增，石浦、鹤浦、涂茨3镇船舶修造基地均能打造万吨钢质巨轮。

清光绪间，沪、甬、椒、温有客货轮弯埠石浦，但多台、甬籍客轮。1930年(民国19年)，始有本籍客轮，货物运输仍用木帆船。1959年，石浦机械厂(后改名象山船厂)为县运输公司打造拖轮1艘，88.3千瓦，客轮2艘，195客位。1965年，县第二运输社打造木质机动货船1艘，88吨，66.2千瓦，名“201”轮。自此，专业运输企业亦改装机动船。翌年机动船9艘，456总吨。1976年31艘，3142总吨，小客轮3艘，计425座。1980年，县海运公司首购钢质“穗商307”冷藏船，改称“浙象冷1”轮。翌年，增至2艘，794吨。其年航运公司购冷藏船1艘，1803吨。1988年，专业运输企业货轮17艘，3514总吨，4655千瓦(其中钢壳轮9艘，2891总吨，3897千瓦)，客轮5艘，计909客位，320千瓦(其中钢壳轮1艘，150客位)。社会货轮216艘，12336.5总吨，11280千瓦。客轮11艘，计1310客位，631.4千瓦(其中钢壳轮4艘，计600客位)。2010年，境内货轮111艘，687726总吨，164932千瓦。客轮19艘，1819客位、108车位，6516千瓦。1989—2010年境内船舶见表3-1-2。2010年末境内客轮及万吨以上货船见表3-1-3和表3-1-4。

1989—2010年境内船舶一览　　表3-1-2

年份	客、货船合计(艘)	客船(艘)	载客量(客位)	功率(千瓦)	货船(艘)	载货量(吨位)	功率(千瓦)
1989	250	17	1851	2033	233	16730	15725
1990	177	18	2067	3385	159	15015	12173
1991	234	18	2527	2612	216	18881	12746
1992	241	17	2677	2033	224	21577	14198
1993	245	20	3282	2411	225	34866	23079
1994	172	23	3456	2738	149	38083	22086
1995	176	24	3522	3051	152	36937	21697

续上表

年份	客、货船合计(艘)	客船(艘)	载客量(客位)	功率(千瓦)	货船(艘)	载货量(吨位)	功率(千瓦)
1996	133	23	3745	3385	110	32358	18287
1997	105	23	3459	4166	82	25732	16189
1998	103	18	2073	3865	85	37580	21502
1999	101	11	2053	2073	90	40031	22044
2000	110	9	1591	803	101	70985	37096
2001	143	15	1432	3946	128	78832	39485
2002	126	15	1408	3946	121	114301	61624
2003	119	15	1431	3818	104	152287	76406
2004	116	17	1597	4238	99	215277	93189
2005	132	16	1517	3998	116	338976	124284
2006	126	18	1642	4648	108	349301	118994
2007	117	18	1642	4648	99	333354	108885
2008	123	17	1624	4276	106	410131	118758
2009	123	16	1574	4490	107	543892	142475
2010	130	19	1819	6516	111	687726	164932

2010 年末境内客轮一览

表 3-1-3

船名	船舶所有人	船舶经营人	船舶运力					主机功力	型宽	型深	吃水	航速	总长	类型	建造年份	航线
			载重吨	车位	客位	总吨	净吨									
象汽渡 5	象山县汽车轮渡有限公司	象山县汽车轮渡有限公司	185	16	98	352	183	272	11	2.9	1.64	10	44.5	车客渡船	1995	西泽—横山
象汽渡 6	象山县汽车轮渡有限公司	象山县汽车轮渡有限公司	185	16	98	360	187	272	11	2.9	1.64	12	44.5	车客渡船	1996	西泽—横山
象汽渡 7	象山县汽车轮渡有限公司	象山县汽车轮渡有限公司	184	14	98	352	183	294	11	2.9	1.64	12	44.5	车客渡船	1998	西泽—横山
象汽渡 8	象山县汽车轮渡有限公司	象山县汽车轮渡有限公司	185	14	98	360	187	294	11	2.9	1.64	12	44.5	车客渡船	1999	西泽—横山
象汽渡 9	象山县汽车轮渡有限公司	象山县汽车轮渡有限公司	148	16	99	495	247	440	11.2	3.1	1.8	12	47.8	车客渡船	2001	西泽—横山
象汽渡 10	象山县汽车轮渡有限公司	象山县汽车轮渡有限公司	135	16	98	498	259	440	12	3.1	1.86	12	47.8	车客渡船	2006	西泽—横山

续上表

船名	船舶所有人	船舶经营人	船舶运力					主机功力	型宽	型深	吃水	航速	总长	类型	建造年份	航线
			载重吨	车位	客位	总吨	净吨									
象汽渡11	象山县汽车轮渡有限公司	象山县汽车轮渡有限公司	186	16	96	818	425	700	13.8	3.4	1.98	12	54.75	车客渡船	1993	西泽—横山
环海5	象山环海旅游客运有限公司	象山环海旅游客运有限公司			22	76	38	110	6.3	2.1	1.2	9	26.93	客船	1986	石浦—高塘
环海7	象山环海旅游客运有限公司	象山环海旅游客运有限公司			52	50	25	210	3.8	1.7	0.87	10	23.18	高速客船	2003	石浦—高塘
环海8	象山环海旅游客运有限公司	象山环海旅游客运有限公司			52	50	25	210	3.8	1.7	0.87	10	23.18	高速客船	2003	石浦—高塘
象机1	象山环海旅游客运有限公司	象山环海旅游客运有限公司			160	196	103	136	6.3	2.5	1.61	9	32.9	客船	1996	石浦—健跳
象机4	象山环海旅游客运有限公司	象山环海旅游客运有限公司			220	76	38	88	6.3	2.1	1.22	9	27.2	客船	1983	石浦—高塘
浙象6	陈岳松等二人	象山环海旅游客运有限公司			60	51	25	271	4.6	1.8	0.782	12	23.52	高速客船	2001	石浦—鹤浦
金海豹1	象山海洋游览度假有限公司	象山环海旅游客运有限公司			27	24	12	210	3.02	1.38	0.554	7	17	客船	2006	松兰山—旦门山
渔光曲1	象山县海洋休闲旅游客运有限公司	象山环海旅游客运有限公司			39	71	35	474	5.6	2.6		12	19.86	高速客船	2009	石浦环岛旅游
渔光曲2	象山县海洋休闲旅游客运有限公司	象山环海旅游客运有限公司			90	119	59	610	6.5	2.7	1.025	12	26.26	高速客船	2009	石浦环岛旅游
渔光曲3	象山县海洋休闲旅游客运有限公司	象山环海旅游客运有限公司			98	99	49	814	4.8	2.1	0.89	12	32.5	高速客船	2009	石浦—渔山
环海19	象山环海旅游客运有限公司	象山环海旅游客运有限公司			56	37	18	400	4.2	1.8		12	17.04	高速客船	2010	石浦—鹤浦
浙象2	顾云庭等8人	象山环海旅游客运有限公司			60	51	25	271	4.6	1.8	0.782	12	23.52	高速客船	2001	石浦—鹤浦

2010年末境内万吨以上货船一览　　表3-1-4

船名	船种	船长（米）	型宽（米）	型深（米）	箱位（个）	载重（吨）	建造年份	制造厂家	船东
大唐1	集装箱船	136.7	19.8	10.25	554	12105	2006	浙江乐清市长虹船厂	宁波大唐海运有限公司
大唐28	散货船	139	20	10.5		12739	2009	浙江博海船业有限公司	宁波大唐海运有限公司
大唐77	散货船	149.48	21	11.2		15794	2009	宁波振鹤船业有限公司	宁波大唐海运有限公司
金川66	散货船	149.93	21.6	11.65		17325	2008	临海市弘州船业有限公司	宁波永正海运有限公司
恒润达18	散货船	149.18	21	11.7		16896	2010	浙江振宇船业有限公司	宁波恒达船务有限公司
浙象818	散货船	134.42	19	9.5		10769	2007	浙江海丰造船有限公司	象山明福航运有限公司
兴宁1	散货船	135.6	19.2	9.9		11753	2008	浙江博大船业有限公司	象山兴宁航运有限公司
兴宁12	集装箱船	140.3	20	10.5	712	11697	2005	宁海县胜利船舶有限公司	象山兴宁航运有限公司
兴宁15	散货船	139	20	10.5		12539	2010	宁波东升船舶修造有限公司	象山兴宁航运有限公司
兴宁20	散货船	135.6	19.2	9.9		11753	2008	浙江博大船业有限公司	象山兴宁航运有限公司
兴宁21	散货船	139	20	10.5		12549	2010	宁波北仑康达船舶修造厂	象山兴宁航运有限公司
兴宁77	散货船	140.19	20	10.5		13515	2009	宁波大江船业有限公司	象山兴宁航运有限公司
兴宁78	集装箱船	140.3	20	10.5	713	11260	2006	浙江博大船业有限公司	象山兴宁航运有限公司
兴宁96	集装箱船	140	19.8	9.82	692	10674	2005	临海江海造船有限公司	象山兴宁航运有限公司
兴宁27	散货船	149.9	21.6	11.65		17178	2010	宁波大江船业有限公司	象山兴宁航运有限公司
神鱼6	散货船	158.1	23.8	13		22652	2009	浙江神州船业有限公司	宁波神鱼海运有限公司
神鱼9	散货船	172.8	23.8	13		26551	2009	浙江九州船业有限公司	宁波神鱼海运有限公司

续上表

船　名	船种	船长（米）	型宽（米）	型深（米）	箱位（个）	载重（吨）	建造年份	制造厂家	船　东
神鱼 12	散货船	140.19	20	10.5		13496	2010	宁波博大船业有限公司	宁波神鱼海运有限公司
神鱼 16	集装箱船	126.3	18.6	10.1	415	11009	2004	宁海县胜利船舶修造厂	宁波神鱼海运有限公司
神鱼 17	散货船	135.8	20	10.5		12602	2005	浙江振宇船业有限公司	宁波神鱼海运有限公司
曙星 1	散货船	149.48	21	11.2		15794	2009	宁波振鹤船业有限公司	宁波曙星海运有限公司
东红航 1	散货船	137.2	20.4	10.8		13417	2010	宁波东红船业有限公司	宁波东红航运发展有限公司
金富星 58	散货船	134.42	19	9.5		10825	2006	台州宏冠造船有限公司	宁波东红航运发展有限公司
金富星 59	散货船	132.6	19	9.2		10363	2005	宁波北仑蓝天造船有限公司	宁波银星海运有限公司
金富星 66	散货船	159.8	24.2	14.2		23800	2010	浙江振兴船舶修造有限公司	宁波银星海运有限公司
永星 2	集装箱船	140.3	20	10.5	713	10078	2005	浙江振宇船业有限公司	宁波永正海运有限公司
永星 3	散货船	158.1	23.8	13		22667	2009	浙江东升船舶修造有限公司	宁波永正海运有限公司
永星 7	散货船	158.85	23.8	13		22134	2008	浙江海丰造船有限公司	宁波永正海运有限公司
永星 11	散货船	159.6	23.8	13		22095	2009	浙江博海船业有限公司	宁波永正海运有限公司
永星 13	散货船	158.1	23.8	13		22692	2009	宁波东升船舶修造有限公司	宁波永正海运有限公司
永星 19	散货船	146.64	21	11.35		15734	2009	江苏华泰船业有限公司	宁波永正海运有限公司
永星 32	散货船	139	20	10.5		12739	2010	浙江博海船业有限公司	宁波永正海运有限公司
永星 61	集装箱船	145.5	20.2	10.8	544	14304	2006	温岭合兴船舶修造厂	宁波永正海运有限公司
永星 67	散货船	147.02	21	11.25		16104	2008	临海江海造船有限公司	宁波永正海运有限公司

第四节　装卸搬运工具

装卸搬运,水陆衔接,短途搬运,大都在城镇或乡村港埠。民国时期,码头工人工具主要有扁担、扛棒、绳索,驳运有小舢舨。丹城、陈山向车行租赁人力车(俗称手拉车)。

解放后,石浦搬运站以人力车搬运。20 世纪 60 年代后期,专业搬运企业自制吊机、输送机、卷扬机、抓斗、机动板车、电瓶车等,装卸搬运半机械化。1969 年,茅石公路开通,石浦渔港路建成,汽车、拖拉机运输代替人力车。水上驳运亦由机动船取代小舢舨。

专业搬运企业装卸搬运工具　人力车,1949 年 30 辆。1970 年 129 辆。1985 年 73 辆。1988 年 10 辆。后逐年减少至绝迹。

简易机动车,1964 年 2 辆,2 吨。1970 年 7 辆,7 吨。1980 年 13 辆,14 吨。1985 年 12 辆,12 吨。20 世纪 90 年代始渐被专用汽车替代(汽车列入陆上运输章节)。

铲车,1988 年 2 台。

装卸机械,1985 年 18 台。

20 世纪 90 年代始,铲车、装卸机械骤增,大都属工程施工机械设备,不作专业运输装卸搬运工具统计。

第二章　运　　输

昔货物运输,海道用木帆船,陆路靠人力。民国时期始用汽车、人力车。解放后,兴筑公路,1985 年实现乡乡通公路,陆道货运,以拖拉机与货车为主,手拉车已少见。海上运输,机动船取代木帆船。20 世纪 80 年代末,境内钢质货轮频繁航行国内沿海与长江中下游间,90 年代,开启日本、韩国等国际近洋航线。

第一节　陆 上 运 输

陆上交通,昔以东溪岭为界,形成南北两片,分以丹城、石浦为中心。解放后,公路四通八达,南北界限消失。旧时石浦至丹城路线,步行费时一日,今则 20 分钟车程。

一、客运

肩舆运输　清及民国时期盛行。民国时,丹城有轿行翁杏记、陈王记,石浦陈阿来,昌国郭和尚等,西周等集镇亦有,出租高轿,收取轿费二成。轿运主丹城至石浦、东乡、西乡等线。县内高轿 60 乘,专业轿夫 70 人,外地人居多。象山多岭,抬轿艰辛,谚称"冷饭吊腰部,抬轿落石浦。"

人力车运输　1933 年(民国 22 年),县人周子文创云飞轻车股份有限公司,始黄包车载客,行驶丹城与陈山间。同年,南田有人力车 7 辆,行驶鹤浦与樊岙间。次年增至 22 辆。解放前夕绝迹。

脚踏三轮车运输　1988年初,县汽车站职工郑爱宝置三轮车1辆,营城区客运,仅一月,转让于良宝。同年,雅林溪张来顺置车经营。次年,石浦亦出现。1988年末三轮车98辆。后因各地中心城区逐年拓展,街道不断递增、延伸,致交通线路渐为复杂,虽公交、出租等车先后投入客运,但仍存诸多不便,三轮车遂营运不衰。1990年,丹城统一上牌532辆。1992年全县共计1228辆。2008—2010年,丹城、石浦、西周、爵溪4地共1309辆。期间,从业人员为求私利多非法改装电动助力,频发行车事故,时扰客运秩序,有关部门常予联合纠查,情况随之转好。

简易机动车运输　1983年下半年,临海人某来象经营大碶头至丹城机动三轮车客运,行旅称便,获利甚丰。翌年10月,转让丹城陈阿仁。1983年8月,东陈乡鲍斯勤等置飞燕牌机动车。次年8月,县车辆监理站曾办机动三轮车驾驶员培训班(学员35名)。1985年客运机动车250辆,1987年发展至680辆,县政府指示暂缓发展,翌年末,续增至870辆。高塘岛乡公路3.6公里(未通汽车),简易机动车67辆。1999年始,几经改造更新,或成微型小货车,或为区域小客车。2002年始,丹东、丹西街道有失地村民(农田被征用)为谋生计,自置电瓶三轮车参与城郊客运,后众皆仿效,车辆剧增,客运市场一时混乱。2006年成立丹东、丹西电瓶三轮车管理办公室,予以专项整顿,限定城区象山港路以南营运。2008—2010年,两街道营运电瓶三轮车分别为582与332辆。

汽车运输

原由县汽车站独家经营,客货兼顾。改革开放后,民营股份制陆运业蓬勃发展,至2010年,境内规模型客运企业9家,大小客车1000余辆。

长途客运

有跨省、市、县之分。

1935年(民国24年)2月,丹城至西泽公路建成,由宁波宁穿汽车公司承租客运。1947年(民国36年)9月,象西公路修复,改由永安汽车公司(丹城葛骅等)经营。

1956年6月8日,丹城至白墩公路通车,宁波运输处舟山中心站营客货运输,客(环座)货车各1辆,设站于东门外。1958年11月7日,宁象公路通车,属台州公路运输公司经营,通客车宁海城关及宁波。宁象分治,公路客运均由县汽车站经营。客车由宁波调度室调度,定班不定车循环运行。遇春节、征兵、县内大型会议运输等,均宁波派车运送。1970年12月22日,一次派车23辆,运送835人至宁波。1980年,客运量229.2万人次。1988年,象山总站日发车69班次,其中县内55班次,奉化1班次,宁波8班次,宁海4班次,杭州1班次。石浦日发车20班次,其中县内10班次,三门2班次,宁波7班次,宁海1班次。1991年11月,县长途汽车运输公司首辟象山至上海客班线,二日一往返。1993年3月,县长运公司易名公路运输总公司,4月26日开通南京班线。1994年,增石浦至上海班线。1998年1月、11月,先后辟石浦至(安徽)庐江、象山至武汉、石浦至福州班线。2000年6月,总公司转换体制,国有改民营,称县公路运输有限责任公司。同年新增石浦至山东临沂班线。2005年4月,县亚西亚客运有限公司辟象山至湖北赤壁班线。先假宁波宇达交通集团公司场站发车,后进县客运中心。同年8月,县公路运输有限责任公司开通象山至广州班线。2010年9月,亚西亚客运有限公司开通象山至江西万年班线。是年末,境内跨省长途班线14条,日21班次,其中本地日发车13.5班次(日发0.5班次,即隔日发1班),外地日发7.5班次。

1984年初,成立县公共汽车公司,后改汽车客运公司,主营象山、宁波一线,并在宁波南站设售票处。1986年末,始发售至杭州、上海火车票。其年初至1988年6月,曾开丹城至石浦班车。1989年,日发宁波8班次,贤庠、西泽、龙屿各5班次。

1984年5月,县第二运输公司停驶昌国线,改驶宁波,并发售沪、杭火车票,在宁波南站设售票处。8月增开石浦至丹城班车,在丹城南门设售票处。1989年,石浦日发宁波4班次,丹城9班次。是年4月,舟山市汽车运输公司开辟石浦经宁波、定海至沈家门客运线,隔天一班。同年,县长运公司辟象山丹城至路桥班线。翌年,增石浦至路桥、象山至沈家门、金华班线。1997年又辟温州、瑞安、苍南、椒江、湖州等班线。1992年,县第二运输公司辟石浦至杭州班线。1997年至1998年开通衢州、温岭、嵊州班线。2003年,县公路运输有限责任公司分别开通丹城、石浦至杭州快客班线。2010年末,境内跨市班线22条,日50个班次,其中本地日发车23.5班次,余外地发车。

1984年,石浦桂智机等合办荔江汽车客运出租公司,后改名石浦汽车出租运输社,有客车2辆,行驶宁波、石浦间。1989年夏,置东风大客车1辆,亦营石甬线。后皆停驶。

1984年10月,樊岙乡政府置大客车1辆,成立南田客运公司,在鹤樊公路未验收前,先行驶石甬线。1985年2月,泗西公路新民水库前翻车,停运。1984年12月,石浦顾文取等合办福光旅游客运站,置四明山牌客车1辆,营甬石线客运。1986年1月改营石浦至蒲白墩线客运。4月汽车报废停运。1986年2月,茅洋乡贸易货栈客运队成立,大客车1辆,经营溪口至宁波客运。未几转西沪港旅游社经营,不久歇业。

1987年初,宁波市汽车出租公司在石浦设服务站,大客车1辆,经营石浦至宁波客运。翌年,宁波市福达旅游社黄海牌汽车1辆,经营甬石客运。1992年4月,县长运公司开通石浦至宁波(南站)班线,日发一班,1997年4月改鹤浦发车。1993年2月辟爵溪至宁波(东站)班线。同年6月辟石浦至余姚班线。11月辟慈溪班线。1996年5月,定山至宁波(南)开通班线。1998年5月,辟石浦至宁海力洋班线,因客流少,2007年5月停驶。1999年8月辟石浦至北仑班线。2000年12月,县公路运输责任有限公司营象山至宁波快客服务,专车5辆。2004年8月,辟黄避岙至宁波(东)、丹城至慈溪胜山班线。2010年末,跨县班线22条,日278个班次,其中本地日发车174班次。2010年跨省市客运班线见表3-2-1。

2010年跨省市客运班线一览　　表3-2-1

起讫点	里程(公里)	日发班次	开通年份
石浦—上海	385	2	1994
象山—上海	355	5	1991
象山—南京	664	0.5	1993
象山—广州	1680	0.5	2005
石浦—福州	798	0.5	1998
石浦—庐江	794	0.5	1998
石浦—临沂	1076	0.5	2000
象山—武汉	1219	0.5	1998
石浦—砀山	1126	0.5	2010

续上表

起 讫 点	里程(公里)	日 发 班 次	开 通 年 份
象山—赤壁	1200	0.5	2008
象山—信阳	1202	0.5	2004
象山—商丘	1100	0.5	2005
象山—灵璧	878	0.5	2006
象山—万年	750	1	2010
象山—杭州	267	3	1995
石浦—杭州	297	2	1992
石浦—湖州	395	1	2000
石浦—千岛湖	464	0.5	2001
石浦—柯桥	287	1	2000
石浦—沈家门	152	1	1989
石浦—丽水	337	0.5	1998
石浦—嵊州	215	1	1998
石浦—义乌	308	0.5	1997
象山—金华	342	1	1998
石浦—衢州	485	0.5	1997
石浦—天台	165	1	2005
石浦—杜桥	222	1	2005
石浦—路桥	217	1	1991
象山—路桥	187	1	1989
石浦—椒江	232	1	1999
石浦—温岭	242	1	1998
石浦—三门	110	1	1989
石浦—温州	355	1	1991
石浦—瑞安	390	0.5	1992
石浦—苍南	433	1	1993
石浦—白象	333	1	2006
象山—嘉兴	295	1	2009

境内客运

以城乡、公交、出租车划分。

城乡客运　1981 年 8 月,县第二运输公司、县汽车修配厂各置大客车 2 辆,分营石浦至昌国、丹城至龙屿、西泽、岑晁、爵溪、门前涂各线,率先参与城乡客运,打破县汽车站独家经营局面。1989 年,境内城乡营运客车 139 辆,其中个体联户小客车 71 辆。有小四轮(俗称“天目山”)733 辆,1995 年始改造更新为农用客车,1997 年,农客车 644 辆,其中丹城至石浦线路 51 辆,爵溪线 79 辆,西周线 44 辆,新桥线 42 辆,钱仓线 38 辆,西泽线 19 辆等。原俱个体经营,后西周线主张联合,提倡公司化经营,各线有所响应。至2002年,农客车694辆,线路56条。其中公司化经营线路8条,车147辆,联合体经营线路48条,车547辆。同年末,遵照国家经贸委、公安部、交通部和浙江省人民政府关于禁止农用车载客的规定,农客车更新中巴车,首批营运499辆,纳入公司企业化管理,经营者有县公路运输有限责任公司、亚细亚运业发展有限公司、丹峰运输公司、鸿翔客运公司、华通客运公司、旅游客运公司、丹石客运有限公司等。2010年末,境内城乡客运班线69条,日发车数千班次。历年公路客运量见表3-2-2。

历年公路客运量一览

表3-2-2

年 份	客运量(万人)	旅客周转量(万人公里)	年 份	客运量(万人)	旅客周转量(万人公里)
1956	1.25	12.50	1984	499.27	10152.9
1957	5.94	63.42	1985	431.40	13057.48
1958	7.21	69.78	1986	449.20	15011.89
1959	29.71	786.15	1987	385.38	15250.94
1960	31.46	832.40	1988	295.72	14466.83
1961	27.96	740.00	1989	296.36	14520.33
1962	34.95	924.88	1990	647	18304.3
1963	34.14	767.15	1991	992.53	23829.82
1964	33.63	699.31	1992	1502.5	38041.7
1965	34.80	708.00	1993	1023	34560
1966	37.64	741.24	1994	1150	47924
1967	48.84	949.08	1995	1265	53675
1968	51.49	1072.61	1996	1254	49683
1969	63.35	1485.21	1997	1292	50676
1970	71.17	1878.09	1998	1304	53838
1971	60.03	1458.64	1999	1330	55784
1972	87.58	2178.33	2000	1459	56336
1973	108.25	2458.87	2001	1488	59750
1974	119.92	2772.99	2002	1520	63340
1975	122.53	2876.13	2003	1600	54110
1976	119.51	2866.33	2004	1750	77950
1977	124.63	2863.93	2005	1820	81850
1978	154.76	3572.81	2006	1850	83250
1979	191.86	4098.73	2007	1945	94905
1980	229.23	4893.74	2008	1990	97150
1981	292.84	5765.07	2009	2190	98550
1982	432.28	7111.76	2010	2220	98710
1983	481.53	8161.15			

公交客运 1992年,石浦镇办企业石浦运输站更名石浦镇公交运输公司,首辟石浦城区

公交客运。时公交车4辆,线路1条,自台胞医院至塘头港,单程3.8公里,日客运量1300人次。翌年始,先后开通昌国至石浦凤凰桥、水上客运中心至石浦汽车东站、石浦水产城至水门头、横屿至石浦台通、金星至石浦汽车东站、鸡鸣至石浦一冷,总里程65.45公里,营运车61辆,日客运量2.2万人次。2008年公交线8条,车63辆。2010年,随公交国有化改造,收购个体挂靠农用中巴车25辆,线路调整为7条,车71辆。总里程69公里。2010年末石浦镇公交线路见表3-2-3。

2010年末石浦镇公交线路一览 表3-2-3

线　名	起讫(往返)站	途　经　站
1路	凤凰桥—昌国	台胞医院、石浦菜场、石浦广场、海关码头、延昌道头
2路	水上客运中心—汽车东站	新港小学、天香楼、金山商厦、东门码头、石浦广场、海关码头、延昌、海丰广场、塘头港、象山二中、汽车东站
3路	水产城—水门头	飞日水产、下塘村、南方水产、海鲜城、新港菜场、石浦派出所、台贸市场、凤凰新城、工商银行、石浦菜场、石浦广场
6路	金星—汽车东站	树桥头、晓湾、星塘、低岐、朝天门、上湾、蒋家湾、工业园区、凤凰桥、台贸市场、凤凰新城、半岭、汽车东站
8路	新鹤—汽车东站	昌国
9路	一冷—鸡鸣	石浦广场、海关码头、延昌、塘头港、汽车东站、昌国、马盘、横路桥
10路	水产城—东门	水上客运中心、皇城大酒店、天香楼、东门码头、石浦广场、海关码头、延昌道头、荔港大酒店、铜瓦门、东门渔村

1995年7月8日,县公路运输总公司辟丹城城区公交线2条。1路首起东谷湖东门车站,止于城西变电所,途经建设路、环城西路、黄家塔、南仓、潘家桥,往返9公里,营运车5辆。翌年8月,线路延伸,经路下林、白石至珠水溪,往返14公里,增车2辆。1998年4月,又经殡仪馆延伸至九倾,往返19公里。同年10月,东谷湖至环城西路(西门立交桥)配车3辆,专营东西往返,行程9.5公里。2007年更新"1路"车6辆。2路自大白象至大碶头,途经小白象、天安路客运中心、广电大厦、樟树下,车5辆,往返10公里。

1996年6月1日,辟城区3路线。沿天安路客运中心、靖南东路、东谷湖路、东风路、东街、西街、环城西路、靖南西路,返客运中心,双向循环。单程7.2公里,车8辆。翌年4月增车2辆。2004年5月增至12辆。2006年更新车10辆。

1999年10月,辟城区4路线。沿新丰路、丹峰路、东谷湖路、建设东路、育才路、丹峰路、西谷湖路、建设西路,返新丰路,双向循环,单程7.8公里,车14辆。2008年底,车辆悉数更新。

2002年1月,辟城郊5路线。起自大白象,止于胡家溪,途经小白象、靖南路、新丰路、县工业园区,往返10公里,车2辆。翌年1月增车1辆,2005年5月增至4辆。2007年10月又增1辆。

2002年12月,更新大白象至岳头7辆农客车,辟城郊6路线。沿小白象、天安路、南庄、洋心、仇家山、滨海大道、西港、大目涂至岳头,往返20公里。2004年9月营运车10辆。

2003年5月,辟城区7路线。自东谷湖路至丹峰西路,途经靖南东路、文韵路、丹峰东路、高教园区、象山港路。往返16公里,车4辆。翌年8月增至6辆。

2004年4月，更新东谷湖至岙里4辆农客车，辟城郊8路线。途经靖南东路、姚家山、龙泽名园、梅溪、后山、袁家、往返9.4公里。

原丹城公交经营者为县公路运输总公司属下公交分公司。其方式为个体营运者置车，核定线路、租赁承包。1至5站，票价1元，6站以上1.5元。2002年1月，公交分公司析出，成立国有独资企业，称县公共交通有限公司，隶县交通局，原个体车辆仍挂靠。凡城区票价均1元，城郊按站数、里程分1元、1.5元、2元。2005年末，公交线8条，总里程57.2公里，营运车66辆，日行程约14500公里，日客运量约3.8万人次。2008年末，丹城有公交车67辆，日客运量4万人次。

2009年末，新客运中心启用，取消“1路”车东谷湖至西门立交桥往返线，增辟“9路”线，往返东谷湖与新客运中心，途径建设路、城西路、丹峰西路、园中路、象山港西路、西谷路。2010年2月8日始，首通两路夜间往返车，一为东谷湖经建设路、城西路、丹峰西路、园中路、象山港西路、西谷路，至新客运中心；二为巨鹰路经靖南路、西谷路，至新客运中心。同年，县财政投入约3400万元，收购丹城、石浦经营期满农用中巴100辆（其中石浦25辆），新购中巴50辆、大客10辆，实施公交国有化改造。12月28日，丹城地区公交新线路开通暨新车投放仪式在人民广场举行，线路从原9条增至21条，总里程180余公里，车118辆。2011年4月1日，开通城东临时车站至大徐镇相思岭村16路公交线，全程11.5公里，营运车2辆。同年5月1日始，“3路”双向循环公交线自东站往靖南路方向改称“301”，往老街方向改称“302”；“4路”双向循环线自东站往人民医院方向（原称4A路）改称“401”，往育才路方向（原称4B路）改称“402”。2010年末丹城公交线路见表3-2-4。

2010年末丹城公交线路一览　　表3-2-4

	线名	起讫站	途经站
日常线路（14条）	1路	临时东门车站—马岗（往返）	塔山路、东谷路、建设路、城西路、丹峰西路、园中路、象山港路、西谷路、新客运中心、丹南路、九顷
	2路	大白象—爵溪老车站(往返)	天安路、滨海学校、南庄、大碶头、下余
	3路	临时东门车站—临时东门车站（双向循环）	塔山路、东谷路、靖南路、蓬莱路、象山港路、西谷路、新客运中心、丹南路、园中路、丹峰西路、城西路、东街、西街、东风路、东谷路、塔山路
	4路	临时东门车站—临时东门车站（双向循环）	塔山路、东谷路、人民医院、汇兴路、丹峰路、西谷路、新客运中心、丹南路、园中路、象山港路、西谷路、靖南路、城西路、建设路、东谷路、塔山路
	5路	大白象—胡家溪（往返）	天安路、靖南路、新丰路、象山港路、西谷路、新客运中心、丹南路、蓬莱路、丹霞路、新丰路
	6路	西庄村—小白象（往返）	岳头、大目涂、洋心、南庄、滨海学校、天安路
	7路	临时东门车站—新客运中心（往返）	兴盛路、丹峰路、巨鹰路、高教园区、万象路、象山港路
	8路	临时东门车站—岙里村（往返）	兴盛路、靖南路、巨鹰路、塔山路、龙泽名园
	9路	临时东门车站—新客运中心（往返）	塔山路、东谷路、建设路、城西路、丹峰西路、园中路、象山港路、西谷路、新客运中心、（返）丹南路、园中路、象山港路、城西路、（后原路返）

续上表

	线名	起讫站	途经站
日常线路(14条)	10路	爵溪老车站—新客运中心(往返)	镇前街、东塘路、燕山隧道、赵岙、象山港路
	11路	新客运中心—松兰山(往返)	丹南路、蓬莱路、象山港路、天安路、滨海大道、黄金海岸大酒店
	12路	临时东门车站—爵溪老车站(往返)	兴盛路、靖南路、林善岙隧道、白岩山工业园区、北塘工业区、发电厂、镇前街
	13路	新客运中心—新象三中(往返)	丹南路、莱薰路、小白象、天安路、滨海学校、南庄、樟树下
	14路	临时东门车站—欢乐家园(往返)	塔山路、兴盛路、靖南路、万象路、山水人家、巨鹰路
专线(3条)	15路	新客运中心—东陈工业园区(往返)	丹南路、新丰路、胡家溪、北山下、东陈、西庄、沙岗、海墩
		爵溪—白沙湾(往返)	暂未设停靠站
		爵溪—牛丈岙(往返)	暂未设停靠站
夜间线(4条)	2路	大白象—爵溪老车站(往返)	天安路、滨海学校、南庄、大碶头、下余
	5路	巨鹰路—新客运中心(往返)	靖南路、蓬莱路、象山港路、西谷路、新客运中心、(返)丹南路、蓬莱路、靖南路
	7路	临时东门车站—新客运中心(往返)	建设路、环城西路、靖南西路、西谷路、新客运中心、(返)丹南路、蓬莱路、象山港路、西谷路、(后原路返)
	10路	新客运中心—爵溪老车站(往返)	象山港路、上海银行、小白象、靖南路、巨鹰路、赵岙、燕山隧道、东塘路、镇前街

出租车客运　1985年末,县城建局创办汽车出租公司,经营小型汽车出租业务,为出租车行业雏形,1986年停办。1987年5月,丹城南庄村陈绍华、陈先术父子率先经营丹城至爵溪出租车个体客运。同年,丹城至钱仓、贤庠、石浦、墙头、西周、泗洲头皆有小客车营运,年末达23辆。1989年发展至42辆,其中丹城至石浦线16辆、爵溪线11辆、西周线13辆、泗洲头、定山线各1辆。1991年初,出租市场车满为患,未经审批擅自投入营运小客车达73辆。1993年,采取企业申请,政府审批措施,首批投放客运出租车11辆。其中县亚西亚公司7辆,石浦宏达出租公司3辆,个体1辆。1994年6月,在宁波云海宾馆通过公开拍卖投放21辆。其中县公路运输总公司5辆、亚西亚公司5辆、个体11辆。年底始,又陆续拍卖3次,共投放出租车43辆。1996年,县公路运输管理所根据县政府意见,分三期对丹城、石浦200余辆"天津大发"、"昌河"等出租车经营权公开拍卖。同年6月,全县有"面的"小客车170辆。1998年5月,有"奥拓"小车假名自备车上牌非法参与载客营运,仅两月,达143辆,致出租客运市场混乱。后政府悉数全额回收,势态稳定。同年,石浦有"正三轮"载客摩托车260辆。1999年始按比例、分批次,几经改造,至2006年,全部更新为区域小客车。

2008年末，象山出租车客运企业6家，其中公司化经营3家，即县公路运输有限责任公司中兴出租车公司、县亚西亚运业发展有限公司亚西亚汽车出租分公司、石浦宏达汽车出租有限公司；个体经营3家。是年，出租车97辆，其中"亚西亚"47辆、"中兴"44辆、"宏达"3辆、个体3辆。区域小客车146辆，其中轿车型119辆，内含丹城47辆，石浦42辆，海岛（鹤浦、高塘）30辆；"面的"型27辆，内含大徐9辆，新桥8辆，定塘10辆。2010年10月，城区新增出租车80辆，其中"亚西亚"30辆，"中兴"27辆，"丹峰"23辆，丹峰汽车运输有限公司自此兼营出租车客运。是年，全县出租车177辆，其中"亚西亚"77辆，"中兴"71辆，"丹峰"23辆，"宏达"3辆，个体3辆。区域小客车122辆，其中轿车型105辆，内含丹城23辆，石浦42辆，海岛30辆，定塘10辆；"面的"型17辆，内含大徐9辆，新桥8辆。

车船联运　丹城、东乡一带赴甬旅客，以渡象山港为捷便，往往船未靠岸，旅客群集舱口，争先登岸购票，潜伏事故隐患。1971年初，宁波汽车分公司与县航运公司鉴于此，实行丹城至宁波东站车船联运，旅客称便。同年8月6日，增横码至丹城、西泽至宁波车船联运，上车对号入座。1988年起，象山汽车站预约甬沪船票，日限售10张。后随国家经济体制改革、企业经营机制转换，车船联运制自行消退。

二、货运

人力货运　民国以前，陆上货运全靠肩挑、背负，长途运输，翻山越岭，苦不堪言。明时有民谣《陆运苦》一首（见丛录），备述其状。民国时期，丹城、石浦等地，有脚夫职业工会（民国29年223人）、"长行局"专营货运。沦陷前夕，抢运食盐、棉布、百货、药品等内运物资，儒蕉、淡港、西周、泗洲头、溪口、墙头等乡农民，以挑、抬方式，自蟹钳渡运至淡港、西周、墙头等埠转运。解放后少见。

人力车运输　1933年（民国22年），邑人周子文在丹城、陈山设云飞轻车股份有限公司，有人力车15辆。1938年（民国27年）12月，奉化人黄德懋在丹城南街设复兴车行，人力车10辆，皆营丹城至陈山间货运。1940年（民国29年），因公路奉令破坏，改行丹城至黄溪渡。同年，黄德懋在泗洲头、西周设利民车行，置车30辆，出修路费800元，申请专利营业泗西线10年照准。1941年（民国30年），宁波金则恒、西周谢岳祺、沈开麟等设宁波丰余公行及申甬商货陆道转运公司。同年，中央贸易委员会东南运输处组织人力车50辆，抢运物资，至石浦沦陷。

解放后，石浦搬运站率先用人力车运货。1962年，县交管站核发人力车牌照2800辆。1965年，丹城、石浦2搬运站人力车128辆运货。20世纪70年代始，机动车辆陆续增加，90年代人力车终被淘汰。

汽车货运　民国时期，汽车主客运、兼货运。1956年夏，县汽车站货车1辆，营运丹城至白墩码头间。宁象公路修通，汽车站兼营货运。1972年迁站西门，建货物仓库，开办丹城至宁波、石浦零担货运班车。20世纪60~70年代，境内公路货运多以短驳为主，衔接水运。每年霜降前后，番薯外调沪甬，多在白墩码头中转。茅石公路修通后，分石浦、白墩两地外运，常双班抢运，每年0.5~0.8万吨，尚外调农副产品、水产、活猪、禽蛋等。80年代初，番薯、活猪停运，改运柑桔，调入水泥、化肥、氨水、农药、建材、日用工业品等。1967年8月，硑矿向上海购入却贝尔5吨货车1辆，为县最早企业自备车。1969年茅石公路修通，石浦搬运站购入交通牌货车1辆。翌年，县汽车站货车4辆，16.5吨，集体企业货车3辆，7吨。此后，企事业单位亦自备货车。丹城、石浦搬运站,由码头装卸及短途机动车运输发展至汽车运输。1984年改名运输公司。次年,丹城郑阿才、励德生,涂茨郭金玉等分别购买钱塘江牌汽车各1辆营运,成个体运输专业户。1988年12月,县长途汽车运输公司开辟象山至上海零担货运,设办事处于上海宜山路,因货源组织不足,次年停办。1988年末,专业运输企业车33辆,227.5吨。个体联户81辆,200吨。1996年末,专运企业车51辆、401吨。内含集装箱车6辆、115吨,挂车2辆,10吨。个体联户300辆、1128吨。乡村农用货车157辆、222吨。2010年末,境内各类营运货车2641辆、7949吨。其中普通货车1709辆、4339吨,集装箱车12辆、373吨,厢式货车762辆、1845吨,冷藏保温、罐车等专用货车113辆、1254吨。

企事业单位自备货车,主运输本单位原材料、半成品等。为参加社会运输,结算运费时,事先必须经运输管理部门认可。1985年此类货车308辆,1046吨,1988年增至785辆,2314吨。1996年496辆、2212吨,其中挂车2辆、10吨。2008年534辆、1249吨,其中专用车39辆、503吨,挂车1辆、23吨。2010年587辆、1724吨,其中普货车527辆、1207吨,专用车58辆、462吨,挂车2辆、55吨。

货物联托运　1984年末,成立首家集体所有制县物资联运公司,营货物公路、铁路联运。在宁波、石浦、西周设联运中转站。陆运至宁波,转火车运全国各地。1987年运转量3024吨,1988年3500吨,1989年3993吨。1992年末,企业增至18家,有仓库3858平方米,堆场9170平方米,从业者160人,辟象山至沪、甬直达班线,专用零担车7辆,年货运量17000吨。后个体经营者渐增,多属数间门面、若干员工之小型业户,或自备专车,或协作单位派车,以运送小件物品为主,亦称快递公司。2008年55家,所在企业已由丹城、石浦中心城区向周边乡镇扩展,从业者260人,专用货车68辆,年货运量5万吨。新辟象山至广州、福建、义乌、路桥等货运班线。2010年末企业78家,从业者400余人,专用货车64辆,年货运量5.6万吨。历代公路货运量见表3-2-5。

历年公路货运量一览　　表3-2-5

年　份	货运量(万吨)	货物周转量(万吨公里)	年　份	货运量(万吨)	货物周转量(万吨公里)
1949	0.18	1.06	1962	2.19	39.28
1950	0.19	0.93	1963	3.10	31.63
1951	0.22	0.95	1964	1.88	32.63
1952	0.24	1.04	1965	2.49	53.32
1953	0.47	1.94	1966	2.88	69.82
1954	0.50	1.96	1967	3.09	80.20
1955	0.60	2.24	1968	5.63	83.73
1956	0.76	2.94	1969	6.28	125.50
1957	1.45	9.30	1970	7.03	150.09
1958	1.54	9.11	1971	6.56	107.76
1959	1.65	21.95	1972	12.80	201.06
1960	2.13	32.80	1973	17.68	288.12
1961	2.22	33.06	1974	25.05	372.76

续上表

年 份	货运量(万吨)	货物周转量(万吨公里)	年 份	货运量(万吨)	货物周转量(万吨公里)
1975	27.46	400.44	1993	411	16115
1976	31.57	384.32	1994	493	18747
1977	34.97	501.96	1995	542	21200
1978	39.13	613.39	1996	346	26850
1979	41.38	611.51	1997	352	27120
1980	42.27	639.67	1998	365	28120
1981	35.94	628.28	1999	425	32090
1982	33.38	790.15	2000	434	32421
1983	42.18	1128.47	2001	433	32798
1984	56.52	1475.86	2002	455	34740
1985	50.27	1978.68	2003	470	36830
1986	66.79	2280.04	2004	505	37400
1987	122.20	3210.36	2005	535	39654
1988	102.54	3818.62	2006	585	42824
1989	192.4	9978.8	2007	645	48390
1990	241.9	10878.2	2008	680	49800
1991	297.38	25916.88	2009	860	98270
1992	320.3	13501.1	2010	890	157870

第二节 海上运输

始自唐初。明洪武间,南田诸岛皆为封禁之地,居民内迁。清初,“沿海居民,皆起遣内地,离海三十里而居。近海要口,皆树木栅,禁民出入。”海运停滞,“海道隔越,陆道艰辛;海寇时扰,商旅罕通”。至1875年(清光绪元年),南田开禁,海运始有转机。

一、客运

象山港至宁波、上海航线

昔郡县交通,主渡象山港。宋宝庆《四明志》载:“其北港(象山港)东达于洋,西距鲒埼。由陈山一潮而至方门,再潮而至乌埼,三潮而至郡城下”。“陈山海岸发船,两潮至奉化县袁村登岸”。宋隆兴间,官造大船2艘,两岸对开。明代,袭村之南筑塘,改埠翔鹤潭(樯下潭)。由翔鹤潭登岸20里,越道成岭,又20里至鄞县横溪,乘河船达宁波新河头。至解放初仍通航。1904年(清光绪三十年)农历四月,设宁象商轮局,置宁象轮,航行甬象间。次年三月,设宁海商轮公司,置“宁海”(73吨)、“安宁”(100吨)2轮,航行宁波、薛岙间。三日一班,夜泊高泥港,乘客自陈山、黄溪、墙头、长礁等埠驳运,弯埠西周、西泽、定海、镇海。1923年(民国12年),建白墩码头,夜泊小轮。时海氛不靖,殷实改乘海轮赴甬,贫者(农忙季节割稻客等)仍乘航船渡港。清末,奉化、象山联合组织象山港护航船4艘,分两组护航。经费由乘客各出制钱15文,名“响勇钱”。海轮遭劫,时有所闻。

《重修浙江通志稿》载:“升华”轮航行宁海薛岙至上海,停泊舟山、白墩,四日一班。1926年(民国15年)至抗战初,宁象商轮公司之“宁象”轮(周大烈等修造,359吨、494客位),象宁商轮局之“象宁”轮(原名“新宁”海轮),甬象商轮局之“朝阳”轮及“利宝”轮,航行宁波、镇海、定海、象山、宁海间,各三日一班。其中较长者“宁象”、“象宁”、“朝阳”3轮。宁波《时事公报》载,1929年(民国18年)客运量,自象至甬9200人次,自甬至象10430人次。1931年(民国20年),东港商轮股份有限公司置“东港”轮,通航上海、岱山、沈家门及象山、宁海间。“开元”轮通航上海、岱山、象山、宁海间。1935年(民国24年),宁横、象西、奉海公路建成,旅客咸取陆道当日抵甬,客轮经营时有亏损,仍勉强行驶。甬商同益公司之“新永和”轮、醒生轮船公司之“富春”轮,经营西泽、乌屿山至横山间渡运,衔接汽车运输。珠溪姚启明与甬商合资置德兴号小轮,亦营此航线。另有“永安”轮行驶乌屿山、西泽、大嵩间。“德兴”、“永安”2轮均为日机炸沉。1938年(民国27年),原航行甬定象宁之间的“岱山”轮改悬德国旗,同年5月改名“海林”轮。翌年,宁波防守司令部将停泊甬江的19艘海轮沉堵镇海口,中有“宁象”、“象宁”2轮。1940年(民国29年)前后,宁波封港,旅客渡港经翔鹤潭赴甬成热线。1945年(民国34年)6月,敌伪“复兴”小轮行驶白墩、翔鹤潭间。抗战胜利,“新宁象”轮通航宁波与陈山间各埠,二天一班;“东安”、“宁象”、“华象”(400客位)、“万象”、“胜利”(600客位)、“新海盛”、“江盛”、“新上海”等轮,先后行驶宁波、象山、宁海各埠,三日一班。西泽、乌屿山至横山间行驶“万利”、“安定”轮,日一往返。“新宁象”、“华象”、“胜利”3轮航行较正常。

解放初期,甬象航线中断。复由陈山埠渡港经翔鹤潭至宁波,每日2班。舟山解放后,有“岱山”轮通航甬、定、象。省航运公司宁波分公司所属“504”客轮通航宁波、陈山间,弯埠镇海、定海、六横、西泽,隔天一班。1956年改埠白墩码头。1958年“504”客轮废,由“603”客轮行驶。1978年因象西公路通车,旅客多乘汽车赴宁波,且陈山围垦军民塘,白墩港淤浅日甚,旋停航。

西泽至六横、上海航线。象山与舟山,一衣带水,交往频繁,1978年白墩至宁波航线终断。1981年4月,贤庠公社海下大队置“浙象西渡23”号轮,营西泽至六横涨起港客运,弯埠乌屿山,年客运量2.5万人次。1996年因客流稀少停航。同年5月,县汽车轮渡公司辟西泽至上海金山高速客运,“海马3号”轮营运,235客位。1998年因亏损停航。

石浦至沪甬椒瓯航线

1898年(清光绪二十四年)宁波济安商轮局“济安”轮,行驶定海、宁波、普陀山、石浦间。1903年(清光绪二十九年),宁波永川轮船公司“永川”(400吨)、“湖广”(400吨)、“海宁”等轮,行驶甬瓯间,弯埠石浦。1907年(清光绪三十三年),宁波宝华轮局之“宝华”轮,航行甬瓯间,弯埠石浦。1910年(清宣统二年),永川公司“定海”轮弯埠石浦。日本《支那省别全志》载:1917年(民国6年),永川公司“湖广”、“平安”2轮,亚细亚公司的“可贵”轮,越东公司“永利”轮行驶沪椒间;航行沪椒瓯间则宝华轮局“宝华”轮、宁波外海商轮局“海门”轮、永宁公司“永宁”轮,均弯埠石浦。专驶甬石间宁波普庆商轮局“普兴”轮。轮船吨位300~400吨。

1917年(民国6年),宁波三北轮埠公司“慈北”轮,航行三北龙山、甬椒间。1919年(民国8年),航沪椒间“永安”轮、“金飞鲸”夹板轮不定期行驶沪闽间,皆弯埠石浦。1922年(民国11年)5月6日,宝华轮船公司“新宝华”轮,营运上海、宁波、穿山、定海、普陀、石浦、海门、坎门航线。“金宝康”夹板轮，不定期驶长江沿岸各埠，及上海至香港各埠，远至越南、泰国、新加坡。同年，沪商达兴商轮公司“三江”轮，行驶沪闽间，皆弯埠石浦。1930年(民国19年)，南田同源轮局“同源”轮行驶宁波、石浦、南田、金清等埠。民国《象山县志》载：“近年商轮畅行，上达宁郡者五艘，直达沪上者五艘”。至1935年(民国24年)前后，弯埠石浦定期班轮13艘，石浦蔚为县内主要港埠。附其年6月3日《象山石浦民报》刊登外海商轮班期。

象山(石浦)开往上海、台州、宁波班期见表3-2-6和表3-2-7。

象山(石浦)开往上海、台州班期一览　　表3-2-6

船　名	开船日期	起讫港埠	开船日期	起讫港埠
舟山	星期六	石开申	星期二	石开台
达兴	星期一	石开申	星期五	石开台
穿山	星期日	石开申	星期四	石开台
茂利	星期一	石开申	星期五	石开台
大华	星期二	石开申	星期五	石开台
台州	星期三	石开申	星期六	石开台
宝华	星期六	石开申、甬	星期二	石开台
平阳	星期三	石开申、甬	星期六	石开台

象山(石浦)开往宁波、台州班期一览　　表3-2-7

船　名	开船日期	起讫港埠	开船日期	起讫港埠
永川	每逢二七	石开甬	每逢五十	石开台
永安	每逢三八	石开甬	每逢一六	石开台
新海门	每逢三八	石开甬	每逢一六	石开台
黄岩	每逢一六	石开甬	每逢四九	石开台
南海	每逢四九	石开甬	每逢二七	石开台

注：七日一周，风雨不更，二、六两月，兼弯普陀。

又有临浦小轮，单日开往泗洲头，双日开往海游。鸿安汽轮专驶泗洲头，皆一日一往返。

此外，还有“新宁台”、“老宁台”轮，行驶沪、石、椒、瓯间。

抗日战争时期，宁波沦陷，上海运往内地货物，多中转石浦港，行驶沪石线商轮如高登、谋福、哈纳等不下30艘，每航次捎带旅客百余人。1941年(民国30年)4月，石浦沦陷，汪伪“华中轮船”公司“旭茂”、“华林”、“华伦”、“浙东”等轮相继行驶沪石、甬石间。抗战胜利，“宁余镇”、“浙海”、“万利”、“永敏”、“荣成”等轮先后行驶甬椒间，弯埠石浦。海门(今椒江区)远东航务办事处“江苏”、“利群”等轮，行驶沪椒间，弯埠石浦。1947年(民国36年)，行驶石浦与蟹钳渡、海游间之“华犹”轮，改航海游、石浦、沈家门间。

1951年7月，宁波益众运输公司“益众1”号轮(1953年改名“浙社”轮)武装通航石浦。继有“万利”轮行驶甬定石，1952年8月28日被劫持至上大陈。此后，有“象山”、“浙江605”、“浙江603”、“浙江607”、“浙江702”等轮先后投入营运。至1978年因旅客稀少停航。后海门航运分公司“502”、“402”轮行驶椒石间。1986年12月10日，县航运公司“大金山”客轮(150客位)通航石浦至沈家门，弯埠六横岛。后“大目山”客轮(270客位)、“大明山”客轮(150客位)相继通航石浦至椒江。2000年因企业转制解体停航。

石沪航线,解放后未复航,1975 年 7 月 1 日,省航运局新造“浙江 404”、“浙江 408”两轮,航行沪椒间。省交通局通知弯埠石浦,县革命委员会及石浦镇部分领导、群众忧客轮弯埠,势致农渔产品价格上升,以“石浦泊位、候船室、仓库、通讯设备不够,要求省交通局帮助解决,并要求增加人员编制”等,被婉拒。1982 年末,因经济形势发展,亟需恢复沪石交通,多次要求省交通厅解决弯埠,时沪椒线 2 轮满座超载,势难兼顾。1988 年,县政府拨款 182 万元,县航运公司自筹 100 万元,购得海军 670 吨“北调 999”轮,改装 282 铺位沿海客货轮,易名“石浦 2 号”轮。1989 年 10 月 20 日首航上海,泊十六铺码头,三日一班。中断 40 年石沪航线始恢复。1997 年 1 月 18 日,因客流量增加,改航“象山”轮,387 铺位。12 月 12 日,弯埠舟山六横。1998 年 12 月,因沪杭甬高速公路开通,陆道更为便捷,致客流骤减,遂停航。

石浦港、三门湾近海航线

环石浦港诸岛及三门湾各埠,交通皆以石浦为中心。公元 629 年(唐贞观三年),宁海县健跳(今属三门县)有六市船(逢每月 6 个集市日航行)往返东关(今石浦延昌)。1796—1820 年(清嘉庆间),蛎江埠有六市船通航海游。1822 年(清道光二年),浙江按察使朱庄恪奉诏赴南田勘议开禁,由石浦至下湾门西北小网巾(昔名长山嘴)登岸,距石浦 3.5 公里。1908 年(清光绪三十四年),海游轮船局始置“海游”轮(350 吨)航行石浦、蟹钳渡、健跳、海游间。南田立县后,鹤浦(又称鸭嘴头)蔚兴为主埠,埠在岛北,距石浦 7.4 公里。《南田县志》载:“鹤浦为南田第一埠……,与石浦一衣带水。商民往返,皆借于此,踪迹最密。……筹设航船,以通出入。董事叶占先、金乔松、赵桂芳、王桂卿等禀准立案开驶。嗣因往来石浦船只过多,生计日绌,不无需索之便。叶占先等爰集众议,定舵手郑阿木等十六航船,在该埠轮流行驶,载送客货;并订定搭客每人收船价铜币二枚,猪每只四角,竹木柴炭、米谷百货等照人价,以昭平允”。清光绪末年,石浦有小轮通航蟹钳渡、海游,每日往返,均弯埠鹤浦。

石浦至海游、健跳和石浦至蟹钳渡两航线,清末以后,2 轮基本交替行驶,一日航海游、健跳,一日航蟹钳渡。1919 年(民国 8 年)有“景顺”、“临浦”、“永浦”等轮。1925 年(民国 14 年),石浦郑国瀛等置“广浦”轮行驶。1935 年(民国 24 年)“鸿安”轮,1941 年(民国 30 年)“升昌”轮(石浦至白峤),1945 年(民国 34 年)“凯利”、“永安”、“永利”轮,1946 年(民国 35 年)“海康”、“浙惠 6 号”轮,1947 年(民国 36 年)“华犹”、“宁镇”、“益利”等轮。惟常因物价飞涨停航。

民国时期,县内港埠有航船行驶石浦,计晓湾 3 艘,九龙江 1 艘,大泥塘 1 艘,东溪 2 艘,鹤浦 16 艘、烧盐湾 1 艘,乌岩港口 3 艘,杏八 1 艘,蟹礁头 3 艘。三门县天打巉、健跳各有航船旬日一次,航行高塘岛乌岩港口及金交椅。海游、健跳亦有六市船往返石浦南关桥。通航石浦各小轮,亦皆弯埠鹤浦。小网巾渡运亦为鹤浦所取代。其他如下湾门东口之韭菜湾,民国时航船 4 艘往返石浦。檀头山至石浦有航船,金七门等地则渔船搭客无专船。

1950 年 10 月,石浦、海游间通航“福宝”轮,翌年初增“象南”轮。1952 年,2 船协商,另辟石浦至蟹钳渡航线,2 船隔天换班,旋“海星”轮营石浦至蟹钳渡一线。3 船亏损欲停业,职工为生产自救计,维持原线营运至 1956 年。是年,省航运局舟山分公司接管“象南”、“海星”、“福宝”3 轮,更名“中浙 10”、“中浙 11”、“中浙 12”轮。1959 年,组建地方国营象山县运输公司,专营县内外沿海客运。石浦为县内吞吐口岸,航线北至蟹钳渡,南至乌岩港口、鹤浦等,西至宁海白峤、三门健跳、海游等埠。嗣后客货渐增,船舶更多,隶属虽有变更,惟各航线多以石浦为起讫点,曾有航线 14 条:

石浦白峤航线 1957年辟,1966年停,1983年4月复航,由象山县航运公司“浙象机2”轮营运。隔日一班,弯埠胡陈港,夜泊越溪。20世纪90年代初停航。

石浦海游航线 三门县航运公司“浙三机3”轮、“浙三机8”轮营运。每日对开,候潮行驶。弯埠鹤浦、三门口、巡检司。20世纪90年代初停航。

石浦健跳航线 原县航运公司“浙象机3”轮营运,二天一班。弯埠鹤浦、三门口。1984年三门县航运公司“浙三机4”轮参运。21世纪初,象山环海旅游客运有限公司“象机1”客轮营运,每日一班,160客位。2010年客运量2.8万人次。

石浦至港口(高塘岛乡)航线 县航运公司“浙象机4”轮营运,每日二往返。1987年7月,“象交渡8”客轮船原航金七门、石浦间,因亏损改航此线,每日一往返。2轮均夜泊港口。2002年11月,通航车客渡,高(塘)金(石浦金星)客渡运服务有限公司经营。2008年三门口大桥通车,停航。2010年,“浙象4”、“环海5”、“环海7”、“环海8”客轮照常营运。

石浦蟹钳渡航线 1952年,“象南”、“海星”、“福宝”3轮均曾营运,以“海星”轮为主。1956年,“中浙11”轮营运,1959年属象山运输公司,1962年划归县航运公司经营。弯埠鹤浦、晓湾、下洋墩、中岙渡、浮礁渡、中泥渡、墩岙塘、马岙。1986年以客少亏损停运,改由金星乡晓湾村“象交渡10”轮(原航金鸡山至花岙盐场)营运。不久停航。

石浦鹤浦航线 解放后,航班多时每日13航次,另弯埠12航次,年客运量50万人次。1962年起县航运公司“象机3”轮专线营运。1975年3月,鹤浦大百丈村管会置“象交渡4”轮。不久,镇民陈永芳等合资置“象交渡3”轮参运。1996年1月,汽车轮渡通航。2007年营运船6艘,498客位。2008年营运船10艘,969客位,年客运量105.8万人次。2009年初,三门口大桥通车,汽渡客货流剧减致亏,遂停航。2010年,“浙象2”、“浙象6”、“环海19”客轮照常营运。2011年5月,石浦至鹤浦盘基码头新汽渡航线续航,150客位、10车位渡轮1艘,名“舟海晶6”轮,航程8分钟。

小网巾石浦航线 1968年,小网巾村置机动船营运。1984年,村民郑定龙等合资置船,名“象交渡6”轮亦营此线。弯埠上布袋村,日往返5次,年客运量5万人次。2008年末,“象农渡11”轮渡运,限载70人,日往返6次。

韭菜湾石浦航线 1963年改机动船,1986年初改水泥机动船。同年11月,韭菜湾村民沈亨水等合资另置机动船,名“象交渡7”轮营运,日二往返。弯埠小网巾、上布袋。年客运量4.5万人次。2001年8月始,“浙象农渡12”钢质轮营运,限载70人,日往返4次。

金七门石浦航线 1983年,樊岙乡马小坦村民王阿平等置机动船1艘,20吨,44.2千瓦,限载客50人,名“象交渡3”轮营运。日一往返,弯埠港口、鹤浦,夜泊金七门,年客运量约2万人次。后因旅客多乘渔船致亏损停航,原船更名“象交渡8”轮,改航石浦、港口线,2008年亦停航。

檀头山石浦航线 分小沙、大王宫两线。1965年,檀头山公社置机动船营运,1980年名“象交渡11”轮,日一往返,夜泊小沙。1989年县拨款10万元,置“象交渡14”轮,行驶大王宫至石浦,日一往返,夜泊大王宫。1997年初客班线停航,“浙象农渡6”木质轮接替营运。2003年船废停航。

胡椒湾石浦航线 胡椒湾在东门岛对面山岛,向无固定航船。1985年,村民刘宝根置“象交渡5”轮营运。日五往返,弯埠东门道头、对面山村,夜泊胡椒湾。年客运量5.5万人次。2004年停航。

三门口石浦航线　昔皆客轮弯埠。1985年,陈贤贵等合资置"象交渡9"轮营运,日一往返,弯埠鹤浦。年客运量7万人次,夜泊三门口。2008年,三门口大桥建成停航。

石浦南韭山航线　1966年夏,由省航运公司宁波分公司经营,四天一班(甬石班轮兼弯)未几停航。

蟹钳渡墩岙塘航线　1975年3月辟。马岙公社置机动船(县交通局补助5千元),名"象交渡10"轮营运,29.4千瓦,限载40人。1985年泗马公路通车停航。

石浦、象山港1988年船期见表3-2-8和表3-2-9,2010年境内沿海客船航线见表3-2-10,1957—2010年海上客运量见表3-2-11。

石浦港1988年船期一览　　表3-2-8

航线	船名	海里	开船时间	弯埠	备注
石浦—沈家门	"大金山"	60	8:30	六横台门	二天一班
石浦—椒江市	"浙江402"	57	8:00	鹤浦、三门口	二天一班
石浦—海游	"浙三机3" "浙三机8"	40	候潮	鹤浦、三门口、蛇盘、 湃岙、巡检司	每天一班
石浦—健跳	"浙三机4" "浙象机2"	26	9:00	鹤浦、三门口	每天一班
石浦—越溪	"浙象机2"			鹤浦、三门口、胡陈港	二天一班
石浦—港口	"浙象机4"	8	11:00　15:30	鹤浦	夜泊港口
石浦—鹤浦	"浙象机3" "象交渡4" "象交渡3"	5	6:00　10:00 12:30 9:00　13:30　17:00		夜泊石浦 夜泊鹤浦 夜泊鹤浦
石浦—蟹钳渡	"象交渡10"	25	7:30	鹤浦、三门口、红卫塘、 岳井、马岙	夜泊石浦
石浦—三门口	"象交渡9"	9	下午	鹤浦	夜泊三门口
石浦—小沙	"象交渡11"	6	下午		夜泊小沙
石浦—大王宫	"象交渡14"	6	下午		夜泊大王宫
石浦—胡椒湾	"象交渡5"	2	日往返5次	东门、对面山	夜泊胡椒湾
石浦—韭菜湾	"象交渡7"	3.5	10:00　14:00	小网巾、上布袋	夜泊韭菜湾
石浦—小网巾	"象交渡6"	2	日往返3次	上布袋	夜泊小网巾
石浦—金漆门	"象交渡8"	11	下午	八排门、杨柳坑	夜泊金漆门

象山港1988年船期一览　　表3-2-9

航线	船名	海里	开船时间	弯埠	备注
横里—湖头渡	"象农渡38"	3	11:30　15:30		夜泊大曲头
下沈—桐照	"象农渡31"	6	上午一班		夜泊下沈
柴溪—桐照	"象农渡32"	6	7:30		夜泊柴溪
柴溪—峡山	"象农渡32"		9:30		夜泊柴溪
淡港—石沿	"象农渡30"	8	7:30　12:30		夜泊淡港
西泽—六横	"象交渡13"		上午一班	乌屿山	夜泊西泽
西泽—横山	汽车渡轮	4	日往返10次		夜泊西泽、横山

2010年境内沿海客船航线一览 表3-2-10

航 线	班 次	客船数(艘)	客位数(个)
石浦—鹤浦—高塘	不定	7	720
西泽—横山	20分钟一班	7	685客/108车
石浦—健跳	每天1班	1	160
石浦—渔山	不定	1	98
松兰山—旦门山	不定	1	27
石浦环岛游	不定	2	129

1957—2010年海上客运量一览 表3-2-11

年 份	客运量(万人)	旅客周转量(万人公里)	年 份	客运量(万人)	旅客周转量(万人公里)
1957	4.12	41.33	1984	51.34	451.20
1958	8.24	124.00	1985	70.22	638.78
1959	10.36	386.75	1986	85.65	812.34
1960	11.25	362.12	1987	92.40	1080.60
1961	18.59	527.18	1988	81.66	1058.37
1962	28.50	567.04	1989	76.00	1300.11
1963	24.32	449.47	1990	67.97	2215.28
1964	22.15	400.10	1991	81.61	2735.04
1965	21.13	380.88	1992	94.82	2853.87
1966	20.02	402.78	1993	80	2744
1967	29.16	473.00	1994	73	2457
1968	31.96	519.00	1995	73	2272
1969	29.18	452.00	1996	67	1962
1970	24.88	251.00	1997	61	1637
1971	20.90	200.00	1998	59	1072
1972	23.67	211.41	1999	60	651
1973	28.49	258.61	2000	63.7	649.4
1974	29.74	290.60	2001	54.4	481.7
1975	29.82	287.10	2002	64.6	471.4
1976	35.03	344.90	2003	69.5	517.4
1977	36.10	358.10	2004	74	556
1978	37.57	335.10	2005	75.5	558.2
1979	42.76	421.51	2006	76	557
1980	50.17	472.07	2007	78.5	560.2
1981	46.95	423.96	2008	83	596
1982	43.67	383.96	2009	78	555
1983	46.85	410.55	2010	75	532

二、渡运

昔往来州县,陆道艰难,以渡象山港为捷便。宋元以陈山渡为主,明以姜屿、淡港二渡为主,清以黄溪渡为主。清光绪初年,南田开禁,民国初年立县,与石浦往来频繁,渡埠剧增。解放前,除西泽、乌屿山、盐厂通渡鄞县有机动船外,余皆摇渡。解放后,渡船逐步改装机器。1985 年,除大塘港之叶口山、中岙、金牛港、竹屿及晓湾港之金鸡山等渡外,余皆实现机动化。时渡船 50 艘,750.7 千瓦,额定载客 2062 座。是年 11 月 1 日,县遵省令,划境内渡口为交通渡、农渡、小客班 3 类,计交通渡 21 处,农渡 17 处,小客班航线 7 条。农渡由当地乡村政府负责,各级农业部门协助管理。交通渡、小客班属县交通局,县航管所设专人管理,经济、行政属经营单位及当地政府。1988 年 1 月 26 日,重划渡口类型,分交通渡 11 处,农渡 33 处。翌年,计渡轮 4 艘,572 吨,706.7 千瓦,550 客位,16 辆车渡;机动渡船 32 艘,6 吨,31 千瓦,924 客位;手摇渡船 10 艘,10.7 吨,105 客位。1998 年 4 月,依据《浙江省渡口安全管理办法》,制定《象山县渡口安全管理制度》(见丛录),规定渡口分交通渡、乡镇渡、自备渡。西泽轮渡、石鹤汽渡为交通渡,乡村或集镇渡口为乡镇渡,乡村及无住人岛屿之生产性用渡称自备渡。2005 年 12 月 27 日,新颁《浙江省渡口安全管理办法》规定,渡口分交通渡、农渡、乡镇渡和专用渡。

交通渡　一般在城镇港埠,渡运量较大,属社会公共交通渡口。原有东门、鹤浦、胡椒湾、小网巾、韭菜湾、金七门、三门口、蟹钳渡、檀头山、乌屿山、西泽等渡,今为西泽—横山渡、石浦—鹤浦渡、高塘—花岙渡、石浦—渔山渡等。

农渡　一般在农村小港埠,相距较短,无弯埠,属当地乡村政府管理,有铜钿礁、南汇、吉港、港口、前龙头、后龙头、金交椅、杏八、晓湾、金鸡山、泥礁、竹屿、大树墩、中泥、叶口山、英山、中岙、浮礁渡、台宁、金牛港、杨岙山、崇巉东、崇巉西、马岙、墩岙塘、淡港门、下沈、柴溪、长礁、高泥、驿角岙、马滩、横里、乌屿山驳渡。其中竹屿、大树墩、叶口山、中岙、浮礁、金牛港、中泥诸渡为大塘港水系内河渡。

乡镇渡　指乡村或集镇渡埠。1998 年后,原农渡皆属乡镇渡。

专用渡　指企事业单位或旅游风景点专设渡埠,如滨海自备渡。

淡港门渡　1969 年,驻黄家塘海军有交通船,往来于淡港门与奉化石沿间(石沿有班车通宁波东站),免费搭乘。至 1986 年,文岙村民夏志佳、夏志海合资置木质机动船经营渡运。同年,夏志佳与莲花欧文勇合资扩建渡船,名"象农渡 30"轮,每日往返 2 次。年渡运量 2 万人次。后渡移下山,称下山渡,仍通石沿。2000 年 4 月 7 日,"浙象农渡 24"新钢质轮投入营运。2001 年 10 月 18 日,因客流渐少,渡船转让它用,停渡。

柴溪渡　向由柴溪村经营,1978 年改装木质机动船,名"象农渡 32"轮,每日上午往返奉化桐照、宁海峡山各一趟。年渡运量 4 万人次。1995 年 12 月 1 日,新造木质船"浙象农渡 28"轮渡运。2005 年渡船报废,停渡。

下沈渡　向由下沈村经营,1980 年改为木质机动船,名"象农渡 31"轮,每日上午往返桐照 1 次。渡口离村较远(4 公里),路况差,客少,且下沈村西 5 公里柴溪渡,亦通桐照,其埠离车站仅半里,机动车可直抵埠头,致渡运清淡,年渡运量 6000 人次,议欲停航。1997 年,渡埠毁于台灾,未修复,渡废。

横里渡　1970 年,横里村置木质机动船渡运奉化湖头渡,日往返一趟。1980 年,张才国等承包经营,因两岸均通汽车、渡运日兴,遂改日往返 2 趟,年渡运量 5 万人次。后因西泽轮渡建成通航,客流骤减,仍勉强维持。1998 年停渡。

西泽渡　1961 年,县运输公司“105”轮营运,20 吨,29.4 千瓦。1962 年改由县航运公司“象机 1”轮营运(44.2 千瓦,200 客位),每日往返 2 次,弯埠乌屿山,常年通航,节假日增开班次,遇 9 级以上大风停驶。常年渡运量 15 万人次。1966 年在外道头西建码头后,渡客渐增,1987 年超 20 万人次。低潮时横山码头客轮不能靠岸,须小船驳渡,旅客拥挤,争先恐后,多事故隐患。1988 年 7 月,在码头西 500 米处建汽车轮渡,停渡,码头供六横班轮及货船停靠。2007 年 11 月,县港航管理处改建巡逻艇码头,次年 7 月主体工程竣工。

西泽汽车轮渡　由县汽车轮渡公司经营(详见第二编第二章第四节码头、第三编第三章第二节水运企业),每日 20 航次,每次航程半小时。1989 年渡运汽车 31784 辆,随车旅客 19.45万人次,零星散客 19.64 万人次。2010 年渡车 65.58 万辆,随车客 69.36 万人,散客 28.64万人次。

乌屿山渡　解放后,乌屿山大队经营驳运弯埠客轮旅客。1962 年 8 月,县航运公司“象机 1”轮航行乌屿山、西泽、横山间,海墩村“象交渡 13”轮渡运西泽、六横,弯埠于此。1975 年,有“象港客 1”轮渡运西泽、横山,每日往返 2 次,年渡运量 4 万人次。系县航运公司职工子弟合资经营,后因陆续返石浦就业,转让给村民经营。1988 年 7 月停渡。

高泥渡　向由墙头镇下山村经营,1972 年由高泥大队经营,1984 年始由陈照银等置木质机动船 2 艘营运(“象农渡 33”、“34”轮)。年渡运量 2 万人次。1999 年 6 月,因客流少,渡船报废,停渡。

骍角岙渡　向由骍角岙大队经营摇渡。1977 年始由陈志兴等始置木质机动船渡,后由陈利绍、陈根祥等 2 艘机动船渡运(“象农渡 35”、“36”轮)。年渡运量 4 万人次。不久运业清淡,两船并为一船运营,更名“象农渡 19”轮。2000 年 1 月,因渡客少,渡船陈旧,停渡。

马滩渡　由马滩村邱亚明置木质机动船经营,名“象农渡 37”轮,因邱聋哑,有碍安全,1989 年改由其弟邱晓明经营,渡运清淡,常至骍角岙兜客。年渡运量 2 万人次。1998 年停渡。

蟹钳渡　清光绪间始有小轮通航石浦。南北两岸,向为摇渡,由杨岙山村民经营。1962 年始设机动船,名“象农渡 28”轮,茅石公路通车不久停渡。1975 年,马岙公社置机动船通航蟹钳渡,名“象交渡 10”轮,年渡运量 8 万人次。1985 年,泗洲头至马岙公路通车停渡。

崇巉东渡　昔无常渡。1981 年,县交通局补助 5 千元,由崇巉村置木质机动船渡运,名“象农渡 29”轮,朱树青承包渡运,夜间呼渡可航,村人减价,年渡运量 1 万人次。2000 年 1 月 16 日,新造钢质船投入渡运,名“浙象农渡 23”轮,限载 30 人。现日往返 40 航次,崇巉村经营。

崇巉西渡　向无常渡。1986 年,岛民王其郎置机动船渡运,每日上午往返西洋塘一次。渡运清淡,未几撤渡。

英山渡　1980 年始设摇渡。1986 年,英山村欧生春、李云田合置木质机动船渡运,在岳井洋李家渡为石蟹航线客班吊渡。年渡运量 5.5 万人次。2000 年 7 月 31 日,新造“浙象农渡 20”钢质轮投入渡运。2005 年 6 月 22 日调至石浦镇晓湾渡,由“象农渡 88 号”新钢质轮替代。2008 年 10 月,拓宽加长英山渡埠,新建候渡亭,改车客渡。2010 年,日 50 航次。

台宁渡　1971 年,宁海县伍山乡始有摇渡通西边塘,大闸建后,改泊台宁埠。1984 年,伍山洪岳法等置木质机动船渡运,名“伍山红卫塘渡轮 1”,(可载拖拉机 1 台。)1985 年叶口山村陈成定等置木质机动船渡运,名“象农渡 25”轮。同年末,伍山范永平等亦置木质机动船参运,名“伍山红卫塘渡轮 2”。三船轮流摆渡,日往返 8 次,日渡运量 400～500 人次。1989 年 11 月,仅“象农渡 25”轮渡运。2000 年 12 月,因客流少,停航。次年 1 月,渡船转让鹤浦滨海船厂。2005 年改汽渡,名“红大 2 号”轮,48 客位、15 车位,宁海红大港埠有限公司经营。

花岙渡　又名金高椅渡。原由高塘岛乡佘字村叶国福等置木质机动船渡运,名“象农渡 5”轮。大塘里村罗斌方等置木质机动船,名“象农渡 6”轮。年渡运量 10 万人次。1968 年,盐场有小轮航行石浦、金鸡山,因盐场季节性强,多次停航换轮,停开不时。1986 年 1 月,“象客渡 2”轮开航,盐场小轮停驶。1990 年 3 月,经县水上交通安全管理办公室批准,花岙至金星为专用渡航线,由原“象客渡 8”轮经改造后渡运,名“浙象花盐渡 1”轮。1998 年更名“自备渡 4”轮。1999 年渡船报废。同年,渡运往返于金高椅村与花岙岛峚桩山码头间,故又称金高椅渡。2000 年 7 月 4 日,新钢质船“浙象农渡 5”轮投入运营。限载 50 人,日往返 20 次。2003 年底,动建高(塘)花(岙)汽渡码头,2006 年竣工。2009 年 6 月,投资 160 万元的 10(轿)车位、80 客位“高花渡 1”渡轮通航,往返 12 分钟,日 11 航次。

铜钿礁渡　原由铜钿礁渔村置木质机动船渡运,名“象农渡 1”轮,吴福亮经营。年渡运量 16 万人次,多本岛居民。1988 年 9 月更新钢质船,船名照旧,后转让。2007 年 1 月 30 日始,“浙象农渡 68”轮渡运,限载 46 人,日往返 60 次,吴爱国经营。

南汇渡　向为摇渡,1988 年,村民丁阿利置木质机动船渡运,名“象农渡 41”轮,兼弯铜瓦门,年渡运量 3 万人次。1997 年更新钢质船,易名“浙象农渡 10”轮续航。2009 年撤渡。

东门渡　1965 年,县工交局补助 1 万元,东门乡政府置木质机动船渡运。1986 年,潘行福等合资置木质机动船营运,名“象交渡 1”轮。姚善清等亦置木质机动船营运,名“象交渡 2”轮。每半月轮番渡运,年渡运量 130 万人次,渡运量境内为最。2001 年 8 月,“浙象农渡 2”、“3 号”两新钢质轮相继投入营运。单船限载 80 人,日往返 30 次,潘行福、吴建平等经营。

晓湾渡　1982 年,晓湾村民林步宗等合资置木质机动船渡运鹤浦,次年改由金小年等经营,1985 年改换新船,名“象农渡 9”轮。每日往返 2 次,年渡运量 3 万人次。树桥头三村有手摇渡船 2 艘,名“象农渡 10、11”轮,渡运打鼓屿,多农盐作业者,免费。1994 年 7 月 4 日,“浙象农渡 2”新钢质轮投入营运。2007 年 12 月,“浙象农渡 20 号”经改造,易名“浙象农渡 58”轮续航,原船报废。

韭菜湾渡向为摇渡,1963 年始设木质机动船营运,1986 年初改水泥船。同年 11 月,另置机动船营运,名“象交渡 7”轮。2001 年 8 月 9 日始,“浙象农渡 12”新钢质轮渡运,限载 70

人,日往返4次。2010年,陈永祥等经营。

胡椒湾渡　又名湖礁湾渡。1985年始有“象交5”木质机动轮定时航行,弯埠对面山村、东门道头,至石浦东门码头。1993年元旦,新钢质船渡运,名“浙象农渡8”轮。2004年末船报废,停渡。2008年复渡,新船旧名,限载48人,日往返5次,陈海平经营。

檀头山渡　1965年,檀头山公社置木质机动船渡运。1980年“象交渡11”轮营运,日一往返,夜泊小沙。1989年,县拨款10万元,置“象交渡14”轮,行驶大王宫至石浦,日一往返,夜泊大王宫。1997年1月7日客班线停航。木质船“象客机7”轮更名“浙象农渡6”轮渡运。2003年船废,农渡亦停,民间渡照常。

金鸡山渡　金鸡山二村有手摇渡船2艘,名“象农渡12、13”轮,渡运打鼓屿,免费。1999年停渡。图3-2-1为金鸡山渡。

图3-2-1　金鸡山渡

杏八渡　1980年,杏八村民朱岳清等合资置机动船渡运下金鸡村,名“象农渡7”轮。叶冬根置机动船参运,名“象农渡8”轮。两船按旬轮番营运,每日往返2次。年渡运量1.5万人次,多花岙盐场返乡盐工。后因金高椅渡投入营运,客流渐少,2004年7月停渡。

后龙头渡　1980年,孝贤湾村、后龙头村陈阿法、郭秀昌等6人合置木质机动船渡运,名“象农渡4”轮。两村按天换人不换船轮番营运,年渡运量5.5万人次。1997年,石南高工程竣工通车,客流萎缩,航线变更,渡运后龙头与乌龟山间。2001年12月,由“浙象农渡24”钢质轮易名“浙象农渡4”轮渡运,限载30人,日往返50次。2010年,经营者李连根等。

前龙头渡　前龙头村经营手摇渡船,1988年,任青富等置木质机动船渡运,名“象农渡3”轮营运,年渡运量2.5万人次。1998年始,往返港口渡。次年元旦,新造钢质船投入营运,名“浙象农渡12”轮。2007年12月停渡。

吉港渡　1982年,吉港村李会荣等置机动船营运,名“象农渡2”轮,弯埠门扇后油库码头。年渡运量3.5万人次。1998年2月停渡。

港口渡　县航运公司“象机4”轮,金七门村“象交渡8”轮,日往返石浦3航次。1988年,兴港村李德先置木质机动船营运,名“象农渡42”轮,营运雷公山,弯埠金鸡山,渡运清淡,改航鹤浦,日渡运量100人次。1998年始往返前龙头渡。次年元旦,“浙象农渡12”新钢质轮投入渡运。2007年末停渡。

三门口渡　民国期间设渡,渡工郑明弟操渡50余年,1976年其子家文、家富,改装机动船,名“象农渡14”轮,年渡运量5万人次。1985年,陈贤贵等6人合资置机动船,名“象交渡9”轮,航行石浦,年客运量6万人次。2000年9月1日,新钢质船“浙象农渡14”轮渡运。2008年11月,三门口大桥建成通车,停渡。

中泥渡　1979年,中楼乡政府置机动船,名“象农渡18”轮,周德利承运。既载客,亦载拖拉机,年渡运量4万人次。2000年10月1日始,“浙象农渡18”新钢质轮投入渡运,限载

20人，日往返5次。2010年，程得五经营。

金牛港渡 金牛港村置手摇渡船，名"象农渡26"轮，王家道、吕有全承运。1987年下灶村何小会置手摇船，名"象农渡27"轮。客少，经协议按日轮番渡运，年渡运量3万人次。2000年10月1日，新钢质轮渡运，名"浙象农渡26"。2008年末，渡运清淡，停渡。

浮礁渡 三船渡运。1972年，大塘公社始置机动船渡运，名"象农渡22"轮，朱志春、陈帮仁承运。礁横村麻行松等4人合置机动船，名"象农渡23"轮。后洋塘村置机动船，名"象农渡24"轮，金丕忠等承运。年渡运量40万人次。1997年5月，浮礁渡大桥竣工通车，停渡。

中岙渡 又名小花港渡。小花港村置手摇渡船营运，年渡运量4万人次。该船每年轮流承包经营，初，渡工未经考核发证。后补办。1990年10月，新造木质机动轮渡运，名"浙象农渡21"。1999年10月，更新钢质船，原木质船报废。2005年停渡。

叶口山渡 叶口山村置手摇渡船1艘，名"象农渡19"轮，亦逐年轮流承包经营，渡工未经考核发证。年渡运量4万人次。2001年11月6日，更新钢质轮渡运，亦命"浙象农渡19"轮。后渡运清淡，2007年停渡。

大树墩渡 大塘港堵港后，大树墩村置机动船2艘，名"象农渡16"轮、"象农渡17"轮。渡工周阿兴、李绍春等6人，分2组按日轮流渡运。村人渡费减半。年渡运量7万人次。1992年11月30日始，新置木质船"浙象农渡16"轮渡运。原船报废。2000年8—9月，两钢质船相继投入营运，名"浙象农渡16"轮、"浙象农渡17"轮，后因客流渐少，2005年8月"浙象农渡17"轮转让鹤浦滨海船厂自备渡营运，仅1船勉强渡运。2008年末，终因渡运清淡、难以为继，停渡。

竹屿渡 竹屿村与双连屿村合置手摇渡船1艘，名"象农渡15"轮。竹屿村赵昌水等4人逐日轮流渡运。村人免费，年渡运量6万人次。2000年1月31日，新钢质轮始渡运，名"浙象农渡15"。2004年2月船卖，停渡。

滨海渡 2001年4月，鹤浦滨海船厂以原"象农渡25"轮易名"老鼠山"轮，辟自备渡供职工渡运。2004年，因原船报废，置"浙象农渡17"轮，经改造续渡。限载45人，日往返26次。

渔山渡 1980年始有机动船不定期往来石浦、北渔山间，2010年"象农渡13"轮渡运，日往返4航次。是年8月，"渔光曲3"轮渡运，年客运量2.4万余人。

三、货运

清末至民国时期，出运食米、薯丝、竹、木、柴、炭、渔货、牲畜、家禽等，大部由木帆船运输。进口多棉布、百货、南北果品、杂货等，部分客轮兼运。民国《象山县志》载：除本籍商船349艘、大捕船318艘运输货物外，尚有客籍木帆船承运约2500艘次，其中石浦港占半数。纪协顺官行拥"协元"、"协亨"、"协利"、"协贞"帆船4艘，计400余吨。

1937年（民国26年），上海、杭州相继沦陷，内地与上海交通阻梗，宁波港成了上海物资运往内地的主要通道，因此沪甬线仍有华商船只往来，均改变船名，并改悬德、意、葡等国国旗。1940年，宁波封港，石浦港成上海商货运往内地主要中转港口，设海关于石浦，一时报关行、运输行林立，出现畸形繁荣。轮船到埠，为避日机轰炸，日避往晓湾、普陀门等地,夜返石浦装卸客、货。自沪运石货物由小轮驳转蟹钳渡、泗洲头,以人力扛至西周、墙头、黄溪等埠(后期有人力车),经奉化翔鹤潭、鄞县横溪转宁波。时航行沪石客、货轮不下30艘。原航行沪椒间“达兴”轮改称葡商正德公司“山泰”轮,“穿山”轮改称德商远东公司“哈纳”轮,“永川”改“高登”,“平阳”改“唐赛”,“海福”、“美利”、“宜光”、“利宝”、“谋福”、“永茂”、“江定”、“宝利”、“美达”、“海康”、“海宜”、“安定”、“克立司汀”、“曼利”、“新安利”、“永生”、“大利”、“永华”、“马贝利亚”、“江苏”、“江南”、“大利马”等轮纷来沓至,吨位500~1000吨级。经常航行者仅“高登”、“谋福”、“哈纳”等轮。大宗进口货物有布匹、百货、西药、五金、南北货,出口货物有木炭、鱼鲞、苎麻、茶叶等。

解放初,外海遭国民党军队封锁,县内农产品经陈山、黄溪、西周等埠转翔鹤潭至甬。时丹城有象商汽船行、志达顺记、公平成记、商联、公益合记、合顺、三益、永连、瑞成、顾义记等运输行及运输代理行经营货运。石浦有新建、公兴、森大、源利运输行,涂茨交通运输行,泗洲头协大运输行,岑晁东港运输行、墙头甬利运输行,西周甬大运输行等,从业52人,除象商备有机动船,公平备木帆船,余皆长行(指代理运输)。

1954年,船户组建运输合作互助组。翌年,石浦、鹤浦等地成立第一、第二运输合作社,址石浦。西周、民主(今涂茨)、陈山等地成立第三运输合作社,址陈山。1958年7月,三运输社合并成立“县高级运输合作社”,后吸收单干船“象民”轮入社。是年10月,高级运输社一度并入国营捕捞公司(属县水产部门),11月析出,成立国营象山县运输公司。1959年1月,石浦航管站、搬运站、驳船组并入。1961年11月,原运输一社、三社分别转集体所有制。石浦搬运站划出,单立国营石浦搬运站。1962年7月1日,国营运输公司转集体所有制企业,分航运公司、第二运输社两单位,航运公司主沿海客运,兼货运。石浦搬运站转集体所有制。1964年10月1日,航运公司转地方国营。1965年,石浦镇海陆运输队改为象山第四运输社。1976年,4运输社合并成立县海运公司,址石浦横塘岸,设办事处于白墩,所有制不变。1980年,海运公司、航运公司相继购置冷藏船3艘,计2597吨,航线延伸北至营口、大连,南抵海南、广州,西溯武汉、沙市。1993年,县航运公司首辟国际航线,冷藏、鲜活农渔产品先后出口日本、韩国。

专业运输　20世纪60年代主航宁波,70年代机动船增加,主航上海,宁波航线副业机动船替代。80年代运输船舶钢质化、大型化,以航行沿海各大港口及长江中下游各港埠为主,上海航线亦多由副业船承运。运输主要计划物资(如煤炭)多专业运输企业承运。进口货物多从上海运象山,回程货物少,则载运黄沙、块石去沪。不久,沿海黄砂资源告罄,则外调食盐,即所谓70年代“黑进黄出”,80年代“黑进白出”(黑者煤炭,黄者砂石,白者食盐)。主要物资煤炭,60年代月调入5000~7000吨,至70年代,化肥厂、电厂投产,用煤量增加,月调入量增至7000~10000吨。南运闽广货物麦芽、冷冻食品、工业原料、轻工产品。回货较缺,则采购闽广黄砂运沪。改革开放后,国家体制由计划经济向市场经济转变,90年代始,民营企业陆续进入海运市场。2010年,全县规模型水上货运企业13家,注册资金1.67亿元,总资产值12.6亿元,货船111艘,总运力68.8万吨,年货运量2028万吨。主营国内沿海及长江中下游煤炭、矿石、钢材等干散货和集装箱、成品油运输,其中宁波银星海运有限公司投入东南亚国家及台湾地区工业品、油品运输船舶达4艘,并为全省唯一获台湾航线货运许可企业。

活猪运输　1955年,活猪定船定线调运上海、宁波,石浦、白墩为集运地。食品公司押运员随船当值,多时租定3船,一次可运600头。每年11月下旬至春节前后旺季,约出运6~8万头。1973年,西周建成食品冷冻厂,外运终止。

冰鲜运输　即水产供销公司租船,运输企业在海上收购渔货,加冰块鲜运至沪甬冷库,或运石浦销售,俗称“做冰鲜”。20世纪50年代冰鲜船多20~25吨木帆船,1962年起,以专业运输单位为主,航管部门安排冰鲜运输,一般分配给专业运输单位1000吨左右,一社200吨,二社300吨,三社200吨,四社100吨,航运公司200吨。1967年最盛,出租船只2000吨左右。1972年,随渔业资源枯竭,冰鲜运输衰退。冰鲜与黄沙运输收益较丰,为60年代末期发展船舶机械化积累资金。

鲜番薯运输　县内山区、海岛盛产番薯,农民刨丝晒干为主粮,刨丝遇阴雨,易霉烂。1959年霉烂175万公斤,1960年50万公斤。浙江省委书记江华视察象山,指示粮食、交通部门,组织番薯外调,得到上海市有关部门和航管部门的支持,年外调5万吨左右(其中宁海县25%),大部分运上海(3.5万吨),小部分(1.5吨)运宁波、慈溪等地。逢番薯调运季节,省航运局及其驻沪办事处、宁波航运分公司均列入月度运输计划,直接调度。象山航管所负责集运、装船。温州、海门、舟山分公司及上海海运局亦派出500~3000吨级海轮来象山支援。县政府设番薯调运领导小组,副县长或工交办公室主任兼组长。1980年,山区、海岛多改种柑桔等作物,推广番薯加工淀粉、粉丝技术,外调停止。

冷藏鲜活运输　1980年12月,海运公司购“穗商307”轮,350吨,改名“浙象冷1”轮。次年4月,购“沪冷1”轮,444吨,改名“浙象冷2”轮。同年,县航运公司购入“沪冷3”轮,1803吨,改名“浙象冷101”轮。1982年“浙象冷101”轮创利90万元。次年“浙象冷101”轮转让舟山航运单位。1988年,海运公司购入烟台“烟渔冷1”轮,450吨,改名“浙象冷3”轮。是年末,冷藏船3艘,总载重1224吨。本地货源较少,多装运上海、南京、青岛等地肉类去广州。1988年下半年始主外运象山鲜虾饲料。1993年10月,县航运公司1400吨级“繁象”冷藏轮投入国际航线,首航日本。1997年10月,“金飞鱼”活鱼运输轮成功首航韩国。2008年全县出口活鱼1663吨,出口创汇878万美元,约占宁波市80%。

1981—1989年海运公司冷藏运输见表3-2-12,1949—2010年海上货运量见表3-2-13,1973—1988年海运货物出运流量流向见表3-2-14,1973—1988年海上出运物资种类见表3-2-15。

1981—1989年海运公司冷藏运输一览　表3-2-12

年　份	运输量		创利(万元)	年　份	运输量		创利(万元)
	吨	万吨公里			吨	万吨公里	
1981	8629	1801.53	23.50	1986	9960	1263.76	27.90
1982	8880	1906.00	49.40	1987	10510	1520.88	43.45
1983	13050	2332.40	45.10	1988	8920	1403.21	40.55
1984	7654	1345.83	14.34	1989	13142	1978.50	25.37
1985	9800	1540.61	15.90				

1949—2010 年海上货运量一览 表 3-2-13

年 份	货运量(万吨)	货物周转量(万吨公里)	年 份	货运量(万吨)	货物周转量(万吨公里)
1949	2.98	217.39	1980	25.23	7526.93
1950	3.11	272.01	1981	24.49	9182.75
1951	3.31	312.70	1982	27.01	11057.90
1952	3.54	489.40	1983	25.50	9824.67
1953	3.70	498.03	1984	35.11	10638.20
1954	3.72	503.71	1985	35.27	12852.59
1955	3.93	523.39	1986	36.20	13552.84
1956	4.32	599.31	1987	57.20	21084.29
1957	5.19	757.63	1988	68.64	23881.76
1958	5.46	775.45	1989	33.9	18466.4
1959	6.00	930.66	1990	37.96	19366.01
1960	9.23	1456.81	1991	45.9	18589.42
1961	7.55	1161.88	1992	58.02	25082.69
1962	5.66	921.75	1993	83	40995
1963	5.85	1128.63	1994	101	49270
1964	7.58	1092.50	1995	86	41715
1965	11.76	1792.56	1996	82	46926
1966	8.26	1759.56	1997	75	42252
1967	11.31	2254.08	1998	81	54204
1968	5.07	1303.39	1999	137	114320
1969	5.72	1572.04	2000	165.4	162047.7
1970	7.03	1753.39	2001	265.9	285963.4
1971	21.00	4489.00	2002	430.6	490146.2
1972	24.11	5522.96	2003	642.8	499616.1
1973	20.17	5059.67	2004	799	969990
1974	17.40	3940.33	2005	1241.7	1499878
1975	13.74	3524.16	2006	1795	1977196
1976	15.27	3917.80	2007	1564.8	1931661
1977	17.82	4200.40	2008	1623	1943611
1978	25.48	6441.00	2009	1719	1874239
1979	28.09	7670.22	2010	2028	2306753

1973—1988 年海运货物出运流量流向一览(单位:万吨) 表 3-2-14

年份	流量及流向									
	合计	县内	市内	宁波	舟山	椒江	温州	杭州	上海	外省
1973	14.41	3.05	3.06		0.41	0.03	0.12	0.02	7.61	0.11
1974	14.48	3.64	0.05	2.12	0.38	0.02	0.18		7.98	0.11
1975	11.72	2.84	0.05	1.52	0.11		0.03		6.98	0.19
1976	12.25	3.02	0.13	1.64	0.11	0.14	0.01		7.16	0.04
1977	13.13	2.30	1.05	2.50	0.74	0.10	0.02		6.24	0.18
1978	15.25	2.64	1.61	2.79	1.04	0.09	0.10		6.83	0.15
1979	15.77	2.39	0.28	3.86	1.47	0.06	0.11		7.35	0.25
1980	13.75	2.12	0.73	1.71	1.03	0.04	0.13		7.73	0.26
1981	12.86	1.21	0.65	1.93	0.88	0.18	0.08		7.74	0.19
1982	15.16	0.95	0.88	3.23	0.98	0.02	0.09		8.98	0.03
1983	15.23	1.78	0.69	3.33	0.64	0.06	0.36		8.27	0.10
1984	2.12	1.88	2.54	3.48	5.28	0.12	0.19		8.31	0.32
1985	18.73	1.61	0.68	4.35	2.18	0.20	0.22		8.41	1.08
1986	18.23	1.43	0.49	4.03	2.00	0.06	0.45	0.17	8.81	0.79
1987	20.55	0.78	0.14	5.55	6.24	0.03	0.07	0.10	6.15	1.49
1988	21.51	1.20	0.48	4.45	5.12	0.11	0.37		7.19	2.59

注:1988 年物资流向数量较大者,宁波港盐 3.1 万吨,建筑材料 0.9 万吨;舟山港建筑材料 4.6 万吨;温州港盐 0.25 万吨;上海港盐 0.66 万吨,建筑材料 5.78 万吨。后因计划经济向市场经济过渡,未作专项统计。

1973—1988 年海上出运物资种类一览(单位:万吨) 表 3-2-15

年份	合计	(一)农业物资	其中粮食	棉花	(二)轻工业物资	其中盐	日用工业品	(三)重工业物资	其中煤	石油	钢铁	矿建材料	水泥	木材	化肥农药	金属矿石	非金属矿石	(四)其他物资
1973	14.41	5.63	5.24	0.05	0.63	0.37	0.23	6.92	0.02		0.01	6.05	0.04	0.01	0.19	0.41		1.23
1974	14.48	7.21	6.41	0.02	0.72	0.40	0.12	5.79	0.02		0.04	5.31	0.07		0.01	0.31	0.01	0.76
1975	11.72	5.12	4.39	0.07	0.60	0.34	0.20	5.27	0.01	0.01	0.03	4.80	0.01		0.03	0.35		0.74
1976	12.25	4.94	3.78	0.43	0.55	0.34	0.17	6.34	0.05	0.01	0.09	5.79	0.04		0.04	0.24	0.04	0.41
1977	13.13	3.81	3.12	0.07	0.75	0.38	0.33	7.69	0.28		0.20	6.43	0.04		0.16	0.07	0.50	0.88
1978	15.25	3.08	2.54	0.07	1.84	1.46	0.32	9.34	0.27		0.11	8.12	0.05		0.14	0.07	0.58	0.99
1979	15.77	2.27	1.71	0.07	1.84	1.20	0.38	10.87	0.66		0.23	8.55	0.31		0.18	0.04	0.90	0.79
1980	13.75	1.60	1.27	0.09	1.29	0.82	0.16	10.01	0.11	0.01	0.33	7.92	0.13		0.42		1.09	0.85
1981	12.86	2.05	1.79	0.08	1.77	1.54	0.10	8.45	0.05		0.37	6.70	0.21	0.03	0.22	0.04	0.84	0.60
1982	15.16	1.42	1.14	0.13	3.35	3.10	0.11	9.85	0.03		0.36	8.14	0.26	0.05	0.22	0.01	0.78	0.54
1983	15.23	2.57	2.10	0.11	3.43	3.09	0.15	8.78	0.04	0.04	0.30	7.37	0.04	0.01	0.23	0.03	0.69	0.45
1984	22.12	1.80	1.49	0.17	3.21	2.71	0.44	16.74	0.06	0.03	0.30	14.50	0.05	0.05	0.32	0.02	1.41	0.38
1985	18.73	1.91	1.26	0.16	3.32	2.80	0.17	12.80	0.09		0.47	10.30	0.02	0.07	0.29	0.05	1.54	0.70

续上表

年份	合计	(一)农业物资	其中粮食	棉花	(二)轻工业物资	其中盐	日用工业品	(三)重工业物资	其中煤	石油	钢铁	矿建材料	水泥	木材	化肥农药	金属矿石	非金属矿石	(四)其他物资
1986	18.23	1.89	0.80	0.11	4.04	3.55	0.08	11.56	0.10	0.01	0.36	9.28			0.30		1.51	0.74
1987	20.55	2.05	0.53		4.19	3.69	0.14	14.10	0.01	0.02	0.32	12.09		0.01	0.22	0.20	1.39	0.21
1988	21.51	1.93	0.44		5.88	5.49	0.06	13.31		0.02	0.25	12.04	0.01	0.01	0.28		0.70	0.39

注:计划经济向市场经济转换后,未作专项统计。

第三节　内河运输

境内河流不长,通舟河道不多。

南庄平原南大河,东通东大河,西连西大河。南大河自丹城南门外至海塘新碶头,航程10公里,途中大碶头朝宗碶设坝,小船可过。东大河自丹城东门外至海塘贤昌碶,长9公里,中为百丈岸会源碶所阻。解放前无专业运输户,南门外钱绍椿(万森木行兼营)、周雨遂等船行有小型河船出租,计15艘,所运货物为砖瓦、粪便、稻谷等。1954年外运粮食,象山搬运工会置河船6艘,每船可载4吨左右,自南门背纤运至大碶头过驳,由时林海乡政府组织农船,运至新碶头出海,又运南庄、林海两乡粮站、供销社货物。丹爵公路通车后停运。

南田岛中镇大河,自樊岙顺安桥(外埠头)至鹤浦大闸,长5公里。1963年,樊岙村民杨根夫备木船1艘,载重3吨,运输南田供销社等货物。1975年,樊岙大队置机动船1艘,5吨,8.8千瓦营运,可载客50人。1978年置客船1艘,7吨,17.7千瓦,可载客80人。日往返3次,日均载客量400人次。1984年,鹤樊公路建成,客运为“天目山”机动车所取代。

高塘岛中心江,自高塘乡政府至港口码头一段,长4公里。1981年6月乡民管锵宝夫妻置机动船1艘,可载客60人,每日往返4次,日均载客量250人次。1983年,乡民张国来置船参加营运。1984年5月,因公路修通停运。

第四节　装卸搬运

清末至民国初期,石浦、丹城等地,均有专业装卸搬运人员,一根扁担两条绳索,出卖劳动力,小舢舨则驳运货船与道头间,收入甚微,俗称“街路人”。1938年(民国27年),石浦肩运业、驳船业、码头业,相继成立“人和社”、“云庆会”等组织。1941年(民国30年),成立石浦镇搬运业职业工会和码头业职业工会,沦陷时止。1945年(民国34年)9月15日,经县政府批准,重组码头、驳船、脚夫等职业工会。分工:货轮靠岸,码头业工人装卸;货船泊港,驳船业驳运上岸;码头、道头与货栈、商号间由脚夫业搬运。从业人员225人,各业把头把持各埠,划地为界,虽分段作业,纠纷时起。1946年(民国35年)延昌乡成立驳船业职业工会,会员22人。1947年(民国36年),石浦镇码头业工会,加入海员工会,称中国海员工会宁波分会石浦装卸组。1949年(民国38年)3月,溪口乡成立蛎江埠、文山埠短班脚夫业职业工会,会员15人。

1950年,丹城镇手车搬运业工会成立,会员112人,拥有合股车103辆。与陈山埠装卸队合并,分设运输队、落河班。同年,石浦码头业、驳船业、脚夫业工会合并,成立石浦镇搬运工会,会员126人。翌年,因业务清淡,动员部分工人转业,丹城手车搬运工会人员减至40人,石浦搬运工会减至48人。1957年经县工交局批准,在丹城、石浦成立搬运站,管理搬运业务,工会成群众性组织。次年,因大办钢铁,两站人员随之增加。1959年,石浦搬运站并入运输公司,转地方国营。1962年搬运站恢复集体所有制。1976年,丹城搬运站易名县第一搬运公司,设装卸、汽车2队,分丹城、白墩作业点。石浦搬运站易名县第二搬运公司,设石浦、延昌、新港区作业点,分汽车货运、客运、船运等队。沿海乡镇大都有装卸搬运队(组)和个体搬运等,当地乡镇政府管理。20世纪90年代末,经济体制改革,企业转换机制,专业装卸搬运业务逐渐消退,由各货运企业兼营。1988年乡镇搬运站(队)见表3-2-16。

1988年乡镇搬运站(队)一览

表3-2-16

名　　称	从业人员	汽车(吨/辆)	拖拉机(台)	叉车(台)	吊车(台)	人力车(辆)	装卸搬运量(吨)
石浦镇运输站	52	5/1	2		3	10	8000
石浦蓝家搬运队	30	1/1	2			30	5500
石浦镇横峙搬运队	26	3/1	9				
鹤浦搬运站	21	1/1				6	35000
丹城搬运站	23					10	25000
定塘搬运站			—			20	5000
茅洋杨岙山搬运队	60						4000
石浦镇沿港搬运队	32		4	2			11000

【专　　记】

节假日客运

指春节、“五一”(劳动节)、“十一”(国庆节)等法定长假期及象山开渔节期境内道路旅客运输。

春节、“五一”、“十一”客运

春节乃国人传统节日,回家过年掀起特殊客流高峰,形成具有“中国特色”客运市场。改革开放后,随着国家计划经济向市场经济转轨,户籍制度开始松动,人口逐渐大规模流动起来。尤其在春节前后,民工流、学生流、探亲流集聚重合,形成客流洪峰。然而,长期来由于象山地处交通末梢,旅客多呈单向流(旅客乘外地车赴象多于乘县内车赴外)。

根据国家交通部、省交通厅等有关部门规定,象山县政府历年均制定春运工作方案,成立春运工作领导小组,分管副县长任组长,交通、公安等相关部门负责人为成员,统一领导全县春运工作,以确保春运工作安全、稳定、有序。县交通局负责运输组织、运力调配和运输企业安全监督;加强运输市场管理,查处非法营运等行为;督促做好公路养护、路政巡查等道路保障工作;及时报告公路通行信息和客运交通信息;制定春运工作应急预案,保证旅客走得安全、舒适、便捷。

“五一”、“十一”客流高峰源于1995年5月国家施行双休日制度。随着节日长假期的确立，工薪阶层外出旅游渐增。两节期，县政府虽未成立相应领导机构，但有关制度、措施、办法等视同春运，一切皆由县交通局组织实施。21世纪初，两节期县内客运量年均约50万人次。2005—2010年节假期境内公路客运量见表3-2-17。

2005—2010年节假期境内公路客运量一览　　表3-2-17

年份	春节		五一节		国庆节	
	客运量（万人次）	旅客周转量（万人公里）	客运量（万人次）	旅客周转量（万人公里）	客运量（万人次）	旅客周转量（万人公里）
2005	261.1	10722.5	49	2108.6	65.3	2581.6
2006	253.2	11863.56	47.3	2088.4	63.8	2368.9
2007	186.21	10592.56	46.7	2081.7	50.3	164.3
2008	191.2	10786.3	36.7	1874.3	41.3	2106.1
2009	188.12	10692.4	40.6	1951.6	45.1	2337.5
2010	151.4	8685	37.5	1893.2	41.14	2239.4

开渔节客运

开渔节始于1997年，时间段一般9月中旬。随着知名度不断提高，境内客流量渐增。节前，县政府均制定开渔节总体方案，《方案》要求县交通局确保道路运输之安全、有序、畅通。县交通局亦制定相应工作方案，着重就客运管理、道路保障等进行细化落实。

多年来，由于赴象宾客皆自备车辆，且上级部门亦未有关要求，故开渔节期客运量未作专项统计。2010年9月16日《今日象山》载，“开渔节”（第13届）开通文艺晚会客运专线。为保障市民出行的安全、便捷和有序，减轻皇城沙滩主会场车辆通行和停放压力，县开渔节组委会准备约50辆客车，市民可凭晚会门票免费往返搭乘。县交通局（运输）行业管理科现任负责人称，21世纪来，开渔节期境内最大客流量估算超百万人次。

第三章　运输企业

解放后，交通运输企业皆属国家全民、集体所有制。改革开放后，实行经济体制改革，民营企业蓬勃发展。

第一节　陆运企业

1988年，全县专业陆运企业4家，其中客货兼营2家，客运、货运各1家。2010年末，规模型客运企业9家，货运企业22家。

一、客运企业

象山县公路运输有限责任公司　民营股份制企业，位于城区象山港路118号，称新客运中心,一级场站标准,占地57362平方米,建筑面积22469平方米,为境内最大客流集散地。

原属宁波运输处舟山中心站,全民所有制,址设丹城东门外,1958年迁南门,此后隶属和名称多次变更。1965年改称浙江省汽车运输公司象山站,同年5月成立辅导站,1972年迁西门外。1979年成立浙江省汽车运输公司象山车队。1985年5月,县站所属货运站升格车队级。同年12月,县站升格科级车站。1988年初改称宁波市长途汽车运输公司象山分公司。同年7月,管理体制下放到县,改名象山县汽车长途运输公司。其年末,站场占地13132平方米,建筑面积6689平方米。设乡镇车站21个,代办站6个,停靠站102个。

1989年4月,推行经济承包责任制,核定线路,实行2车6人组合承包,首月创收41万元,同比增80%。1993年1月址迁天安路168号,称汽车客运中心,二级场站标准,占地14865平方米,建筑面积2664平方米,其中候车厅900平方米。同年3月,更名象山县公路运输总公司,下设丹城长途客运公司、石浦长途客运公司、公共交通公司、集装箱运输公司、零担联运公司、综合服务公司和汽车修理厂,经济皆独立核算。1995年12月,设中兴出租车分公司。

1997年始,深化企业经济体制改革,兼并县汽车客运公司。1998年接收县汽车修理总厂转制人员48名。1999年11月,收购县第二运输公司整体资产,接纳职工47人,客车24辆,石浦城区"面的"6辆。2000年6月,企业转制,国有改民营,公司转股份制企业,称公路运输有限责任公司。同年7月成立快客分公司,主营象山至宁波客运。后辟象山至杭州线路。9月,拍卖名下石浦交通大厦和冷冻厂资产。2001年1月拍卖丹峰西路汽修厂。2月,出让滨海汽车大修厂。4月,转让石浦火炉头路原车站街面房,后拍卖剩余资产。2001年6月,集装箱运输公司分离,为独立法人单位。次年1月公交公司析出,改国有独资企业。同年5月,获省内首批道路三级客运企业。2002年12月,新建石浦汽车东站投入营运。2003年5月,西周镇康定路8号新车站竣工启用。2004年6月,收购县金马旅游有限公司,设金马旅游客运分公司。2005年8月,与广州穗美怡汽车运输公司合作,开通象山至广州班车。2009年12月31日,址迁象山港西路新汽车客运中心。2010年末,员工414人,其中公司总部47人、客运中心141人、丹城分公司30人、石浦分公司88人、快客公司27人、西周站15人、中兴出租车分公司12人、出租车服务中心12人、汽修厂13人、金马旅游客运分公司3人,余为离岗退养等人员。客车251辆,其中丹城分公司62辆、石浦分公司71辆、快客分公司24辆、中兴出租车分公司94辆。客运班线63条,其中跨省9条、跨市22条、跨县24条、县内8条。日发车1101班次,其中客运中心618.5班次、石浦分公司285班次、西周站197.5班次(不含农用车)。年客运量213余万人次,旅客周转量3583余万人公里。

县第二运输公司　集体所有制,在石浦渔港中路21号交通大楼内。1950年由码头工会、驳船工会、搬运工会组成石浦镇搬运工会。1957年改称石浦镇搬运站。1958年转地方国营,继与航运等合并,称地方国营象山县运输公司。1962年恢复原名称、体制。1976年改称县第二搬运公司。1981年始经营石浦至昌国汽车客运,1984年增辟石浦至丹城、宁波客运。同年改县第二运输公司。1988年,职工183人,其中保修工24人,司机26人,主营客、货运输和装卸、搬运业务。客运在石浦、丹城、宁波南站设售票处。装卸分延昌、新港区2作业点和3机修组。固定资产93.63万元。客车12辆,548座;货车7辆,挂车1辆,计48吨;平板车12辆,12吨;装卸机械12台,铲车2台。1988年客运量26.06万人次、2742.66万人公里,货运量0.48万吨、103.61万吨公里,年利润4.12万元。1989年建成交通大厦,底楼机修车间、售票处、候车室,二楼餐厅,三至六楼招待所,二楼有栈桥通交通大楼。后拥有石浦至上海、衢州、杭州、嵊州、温岭、路桥等客班车,日分别半至1班次。且代管石浦城区"面的"38辆,"货的"30辆。1999年10月,企业转制,被县公路运输总公司兼并。

象山县汽车客运公司 集体所有制企业,原址丹城镇东门,宾阳路2号。主营丹城至宁波、石浦、西泽、岑晁等线客运。1981年县财政拨款,创办城乡公共汽车运输,由县汽车修配厂兼办。1984年初,单独成立县公共汽车公司。同年6月易名县汽车客运公司。1987年在南河路三象塑雕东南建站,称南站,售票房、行李房、长、短途候车室悉备,占地762.71平方米,建筑面积317.61平方米。并在丹城新丰路筹建公司办公楼、停车场,占地2600平方米,办公楼2830平方米及车库等,在宁波南站设售票处。1988年末,职工56人,其中司机16人,机修工21人。固定资产原值44.59万元,净值27.46万元。客车13辆,646座;货车(急救车)1辆,1.5吨。客运量41.14万人次、3683.94万人公里。1997年初,内设客车队、机修车间、汽修仓库、出租车分公司、售票组5部门,职工66人。拥有大客车17辆,其中营上海线2辆、宁波南站9辆、杭州1辆,余石浦、西泽等线。桑塔纳出租车17辆。固定资产原值增至222万元,流动资产207万元,办公房、停车场等在建工程计161万元。同年6月,企业转制,并入县公路运输总公司。

象山亚西亚运业发展有限公司 民营企业,原址丹西街道建设路盐业公司内,后迁丹西街道顺达路85号。主营区域出租车,城乡中巴车及长途客运。

1993年3月,县盐业公司职工郑宏武停薪留职,与其弟郑宏斌筹资300余万元创建,为境内首家汽车出租公司,时出租车7辆。1999年,县政府整顿出租车客运市场,因县第二运输公司转制解体,原挂靠的38辆个体"面的"转靠名下。石浦设亚西亚运业发展分公司,址设金山路50号,后迁渔港北路210号。2000年,石浦镇44辆"正三轮"摩托车按3∶1改造的"货的"(不久改区域小客)挂靠名下,后鹤浦、高塘、丹城等地区域小客陆续投入名下,最多时达137辆。2002年设亚西亚汽车出租分公司,不久,出租车增至47辆。2002年9月,按县交通部门农客车改中巴车方案,首批更新丹城至中泥、公屿二线中巴车14辆。同年底,更新丹城至定山、大塘、晓塘三线中巴车34辆,设定山联合车队;更新石浦至定山、大塘、新桥、中泥等线中巴车53辆。2003年,更新鹤浦、高塘两岛中巴车50辆,设鹤高分公司;更新丹城至茅洋、茅洋至南充中巴车8辆,石浦经泗洲头至大麦塘、西周经泗洲头至丹城中巴车各1辆。是年,属下城乡客运中巴车158辆,与宁波宇达交通集团公司联姻,成立象山亚西亚客运有限公司,兼营长途客运。

2008年末,总资产值4500万元,年利润300余万元,2010年1月,撤顺达路客运场站,车辆统一进入象山港西路新客运中心。

象山石浦镇公交运输公司 原镇办企业,前称石浦运输站,1992年更现名。址设石浦凤栖路,占地3280平方米,主营城区公交客运。时公交车4辆,营运线路1条,自台胞医院至塘头港,单程3.8公里,日客运量1300人次。

次年始,先后辟昌国至石浦凤凰桥,水上客运中心至石浦汽车东站、石浦水产城至水门头、横峙至石浦台通、金星至石浦汽车东站、鸡鸣至石浦一冷,总行程65.45公里,营运车61辆,日客运量2.2万人次。

2006年末,员工102人,其中管理人员13人,司机64人,售票员25人。2008年末,公交线路8条,营运车63辆,日均客运量2.41万人次。总资产值296.51万元,年利润36.43万元。2010年9月,石浦城区公交化改造,转为国有。收购各线路挂靠车25辆、亚西亚运业发展有限公司经营期满区域小客24辆,且兼营班车客运,增挂石浦公共汽车客运有限公司牌名,线路调整为7条,公交车71辆。

象山县公共交通有限公司　国有企业,址设丹西街道新丰路60号。原隶县公路运输总公司,称公交分公司。2001年析出,翌年1月重组,更现名,注册资金50万元,隶县交通局。时公交线4条,营运车39辆,员工145名,其中管理人员9名。

至2005年4月,耗资130万,沿天安路、建设路建公交候车站(牌、亭)49座;翌年,老街、靖南路建20座。2006年1月,耗资40万,各公交车设监控器,1(东谷湖至西门)、3、4、7、8五路车置自动投币机,废专人售票制。同年末,有公交线8条,里程57.2公里,营运车66辆,员工250人。2008年末,员工190人,营运车67辆,日均客运量4万人次。总资产值881万元,年利润3.5万元。2010年,实施公交国有化改革,收购丹城地区经营期满的挂靠农用中巴75辆,新购中巴50辆、大客10辆。年末,线路增至21条,其中日常班线14条、专线3条、夜间4条,总里程约180公里,营运车118辆。至2011年初,城区建成公交站(牌、亭)计220余座。同年4月新辟城区至大徐镇想思岭村公交线,全程11.5公里。

象山鸿翔客运有限公司　民营股份制企业,址设泗洲头镇泗洲头村。原称农客车队,1994年建,主营丹城至泗洲头、大麦塘城乡客运,营运车65辆。2000年改现名。2002年车辆更新,65辆农客车核减为40辆中巴车,其中丹城经白石、沙岗至泗洲头,全程25公里,车28辆;丹城经泗洲头至大麦塘,全程53公里,车6辆;偏僻地区学生接送车6辆。日客运量2500人次。2010年末,员工82人,客车39辆,其中中客5辆、95座,中巴34辆、646座。主营丹城至泗洲头、大麦塘、南充、樟岙客班线,年客运量72万人次。

象山华通客运有限公司　民营股份制企业,址设西周镇汽车客运站内。前身为象西线四支农客车队,2002年,整合称现名。原88辆农客车更新为51辆中巴车,员工168人,主营丹城至西周片城乡客运,营运线路120公里,日客运量12300人次。2004年,辟丹城至四八一九军工厂班车线、偏僻山区学生接送线。2010年末,员工120人,中巴车50辆、902座,主营境内象西线及西周至泗洲头客班线,年客运量300余万人次。

象山丹峰汽车运输有限公司　民营股份制企业。1995年3月成立,址设丹西街道蓬莱路98号,占地2万余平方米,建筑面积1万余平方米,停车场6000平方米,二级客运场站、一类汽修资质。主营县内客、货运、车辆维修、销售。内设客、货、出租三车队、汽修厂、东门场站及经营、调度、机务等科室,其中客运车队下设丹爵、钱仓、下山、新桥、西泽、珠溪、龙屿、海台、白墩、洋北分队。经营县内13条城乡线路,总资产上亿元。

2002年8月,筹资6000余万元,配合县政府改造农客车287辆,营县内客运。2005年11月,改造新桥镇区域出租车8辆。

2006年末,客运中巴车181辆,便捷巴士12辆,区域出租车8辆,货车24辆。县内客运线14条,跨11个乡镇,员工580名,其中管理人员68名,司售人员450名,维修工50名,销售员12名。年客运量700万人次、货运量600吨,年产值6000万元。2008年末,员工430人,中巴车181辆、2957座,区域小客9辆、45座,面的8辆、56座,年客运量781万人次。年利润350万元。2010年10月,新增出租车23辆。2011年1月兼营城东临时车站。

象山县旅游汽车客运有限公司　国营企业。1999年成立,隶县旅游局,注册资金30万元,中巴车4辆,主营县内旅游客运。2006年员工7名,其中管理人员3名,司机4名,客运量75000人次,运营额28.8万元。2010年,员工10人,中巴车4辆、68座,主营丹城至松兰山景点线路。年客运量12.3万人次,经营额亏5万元。

象山县亚西亚客运有限公司　2003年4月,县亚西亚运业发展有限公司联合宁波宇达交通集团公司,成立象山亚西亚客运有限公司,授二级客运资质。翌年9月,辟丹城至慈溪胜山班线,日发1班。11月通丹城至奉化班线,日发2班。2005年4月,辟象山至湖北赤壁班线,假宇达交通集团公司场站发车,运营车2辆。2006年11月,县丹石客运有限公司挂靠,营丹城至石浦线客运,车26辆。2010年9月,开通象山至江西省万年县班线,55客位豪华大巴2辆,日发1班。同年末,员工262人,客车38辆,其中大客7辆、343座,中客31辆、719座,年客运量68万人次。总资产值1300余万元,年利润33万元。

象山县中兴出租车公司　民营股份制企业。1995年成立,隶公路运输有限责任公司,主营客运出租,二级核算单位。址设丹西街道新丰路58号,占地1700平方米,建筑面积400平方米,停车场1300平方米。原称公交出租公司,有桑塔纳型轿车10辆,总投资310万元。2000年6月改现名。2003年参股宁波公运集团,授道路运营一级资质。获市出租车先进管理企业。2004年9月,首创县中兴爱心车队,多次慰问福利院老人,义务接送考生等。2006年末,营运车56辆,其中蓝的44辆、黄的3辆、东乡片区域车(面的)9辆。员工112名,其中管理人员10名,年运营额120万元。2010年末,出租车71辆、355座,区域小客23辆、136座,年载客量180万人次,运营额1300万元。

象山亚西亚汽车出租分公司　2002年成立,隶象山亚西亚运业发展有限公司,主营客运出租。(详见第三编交通运输第三章第二节陆运企业中象山亚西亚运业发展有限公司)数年来,历经车辆更新改造,至2006年末,共有出租车及区域小客137辆。其中丹城35辆,石浦62辆,鹤浦、高塘30辆,定山10辆。2008年末,员工205人,车188辆,其中出租车47辆、235座,区域小客131辆、655座,“面的”10辆、70座。年客运量488万人次。总资产值3000万元,年利润270万元。2010年末,出租车77辆、385座,区域小客57辆、285座。

象山县石浦宏达汽车出租有限公司　1993年8月,石浦镇人力车管理站成立“石浦宏达出租车公司”。址设石浦镇金山路50号,主营客运出租,车3辆,集体所有制。1999年5月转私营,更现名。2003年4月,址迁石浦镇五爱村(石浦汽车东站对面)。2008年末,员工9人,出租车3辆,年客运量2.4万人次,总资产值50万元,年利润15万元。2010年亏损万余元。

象山县丹石客运有限公司　民营股份制企业。1999年5月,个体车主自愿入股组建,原址丹西街道城西路50号,员工65人,车26辆,主营丹城至石浦客运。2006年11月,挂靠县亚西亚客运有限公司,址迁顺达路85号,日均客运量2560人次,单车行程300公里。同年末,总资产4296963.84元,负债3789305.58元。多年来,因与县公路运输有限责任公司同一班线,为抢客源,无序竞争,矛盾不断,致经济效益和社会信誉受损。2009年7月,经县公路运输管理所牵头,双方协商,成立丹石线联合车队。

二、货运企业

象山县第一运输公司　集体所有制,1950年7月16日创建,址设丹城镇东街120号。

前身为丹城镇手车搬运工会，主营丹城至陈山埠手车运输。1954年置3~4吨河船6艘，营丹城至大碶头粮食转口运输。次年改名丹城镇搬运站。1962年10月改称象山县丹城搬运站。1964年省拨三卡2辆运输货物。1976年8月更名县第一搬运公司，1984年6月改县第一运输公司。1988年末，职工82人，其中司机20人，保修工20人。丹城东门占地1400平方米，建筑面积1767平方米。白墩作业区占地1200平方米，建筑面积700平方米。固定资产原值68.9万元，净值16.4万元。1992年，丹城东街120号拆建为四层楼房1幢，占地300平方米，建筑面积1200平方米，耗资110万元。次年1月，办公司、搞三产，经营百货、时装、副食品、酒肆、茶坊等，为县内首家集体股份制企业，称县和凤贸易有限责任公司。1996年末，因亏损歇业。

1993年，择址丹城西谷湖路86号，置地2066平方米（后部分转让），筹建三层办公楼1幢及汽车修理厂房等，建筑面积2566平方米，总投资1100万元。1995年7月迁入，时货车17辆、104吨，挂车7辆、33吨，装卸机械6台，货运量3.18万吨、货物周转量717.5万吨公里。1996年，增建二层办公楼1幢及仓库、食堂等附属房计640平方米，简易修理厂房900平方米，耗资160余万元。是年10月，西谷湖轿车修理厂挂牌营业。1997年初，开办锦通丝织商标厂，因亏损，年底关闭。1998年，职工103人，退休35人，遗属14人。是年底，企业转制，资产及债权、债务转让职工钱英晔等4人。次年公司解体。

县中达货物运输有限公司　个体企业，2001年4月建，址设石浦镇新港路146号，占地1050平方米，建筑面积48平方米，主营象山至天津、青岛、沈阳等地水产品运输，厢式货车7辆，注册资金10万元。2006年末，车30辆，员工40人，年货运量2800吨，产值20万元。2008年末，员工30人，大小货车27辆、147总吨，年货运量6万吨，货物周转量330万吨公里。总资产300万元，年产值300万元，利润20万元，税金20万元。2010年货车22辆、126吨，其中厢式货车21辆、124吨。

象山石浦渔港集装箱运输有限公司　民营股份制企业，2006年4月建，注册资金800万元。址设石浦兴港路153号，占地2000平方米，建筑面积180平方米，停车场3000平方米，主营水产品冷藏保温运输。2006年末，员工21名，其中管理人员4名，司机17名；货车16辆，其中集装箱车5辆，厢式车9辆，半挂2辆，总载重480吨，货运量20万吨。2008年末，员工30人，其中司机26名；货车24辆，年产值144万元，利润、税金各10万元。2010年货车13辆、400吨，其中集装箱车12辆、373吨，厢式车1辆、27吨，货运量15万吨。

县八方危险品运输有限公司　民营股份制企业。1998年11月成立，址设丹东街道步峰路1号，时称县八方液化石油气联合公司。设危险品运输车队，运营车10辆，司机10名，押运员10名，管理人员若干名。2006年11月，资产重组，改现名。同年末，危险品运输车28辆，其中液化气槽车2辆，油罐车6辆，烟花爆竹专用车3辆，其他普通危险品运输车17辆。从业人员64名，其中管理人员8名，司机、押运员56名。2008年末，总资产225万元，货车23辆，年产值140万元，利润60万元，纳税10万元。2010年专用车26辆、86吨，其中液化气槽车1辆、24吨，油罐车6辆、30吨，烟花爆竹专用车2辆、3吨，其他危险品运输车17辆、29吨。

县安信民用爆破服务有限公司　国有参股企业。隶县生产资料公司，2003年1月建，址设丹西街道城西路56号，主营民用爆破器材运输。时专用车2辆，驾驶员、押运员各2名。

墙头、大徐分设仓库。2007年1月,申领危险品道路运输许可证,成立民爆物品运输车队。设车队长、安监主任、调度员、车管员,各司其责。改厢式防爆专用车10辆,公安部监制。内设卫星定位、行驶记录、烟雾报警装置。辟室内、外停车场约600平方米。驾驶员、押运员各15名。一级配送服务。2010年末,危险品专用车8辆、16吨,年产值60万元,利润20万元,纳税4万元。

2010年末全县规模型货运企业见表3-3-1。

2010年末全县规模型货运企业一览　　表3-3-1

企业名称	成立年份	地址	法人代表	注册资金(万元)	员工(人)	车辆(辆)	总运力(吨)
象山神威货物快运有限公司	1988	象山县丹西街道蓬莱路7号	叶秀道	15	25	17	84.39
象山万里运输公司	1993	象山县丹东街道汇兴路65号	郑岳云	100	22	16	49.795
象山县飞达运输有限公司	1993	象山县丹西街道新丰路客管站内	朱善贵	20	28	20	165.85
象山腾龙汽车运输有限公司	1999	象山县丹西街道蓬莱路64—1号	陈先术	50	10	5	26.99
象山创威货物运输有限公司	2002	象山县丹东街道城东公寓7幢11梯502室车棚屋	沈美颂	10	5	3	5.59
象山中博汽车运输有限公司	2004	象山县丹西街道顺达路53号	杨国平	10	10	6	33.75
象山海隆旺运输公司	2001	象山县爵溪街道振瀛路11号	周光明	10	6	3	11.26
象山神鹰运输有限公司	2003	象山县爵溪街道巨鹰大道	陈伟成	10	25	20	102.55
象山兴旺运输有限公司	2003	象山县爵溪街道振瀛路	周崇明	10	7	4	13.98
象山石浦小宝汽车运输有限公司	1995	象山县石浦镇兴港路153号	叶来宝	50	7	2	14.335
象山石浦小宇运输有限公司	1999	象山县石浦镇大华路6号	潘伟民	10	15	7	49.8
象山浦兴汽车运输有限公司	1999	象山县石浦镇水产城大门口西首	王培余	10	14	5	25.825
象山石浦大华汽车运输有限公司	2000	象山县石浦镇海宁路169号	王西华	10	12	4	44.585
象山县中达货物运输有限公司	2001	象山县石浦镇新港路146号	林仁真	10	30	22	126
宁波象山石浦渔港集装箱运输有限公司	2006	象山县石浦镇兴港路153号10	叶来宝	800	30	13	400

续上表

企业名称	成立年份	地址	法人代表	注册资金(万元)	员工(人)	车辆(辆)	总运力(吨)
宁波象山宏顺运输有限公司	2007	象山县大徐镇陈山村	黄金荣	10	11	6	79.1
象山申博货物运输有限公司	2008	象山县丹西街道丹南路丹南停车场	张彩娥	10	4	0	0
象山八方危险品运输有限公司	1998	象山丹城步峰路1号	马志善	50	64	26	86
象山县安信民爆服务有限公司	2007	象山丹城城西路56号	鲍东伟	30	26	8	16
宁波万泰物流有限公司	2010	象山县丹西街道丹南路269号401室	王正权	500	30	20	106
象山乐开运输有限公司	2010	象山县丹西街道莱熏路65号	石云贵	10	3	1	6
象山远达物流有限公司	2009	象山县西周镇淡港门	张建军	100	18	9	22

第二节 水运企业

1988年，全县交通专业水运企业3家，即县汽车轮渡有限公司、县航运公司、县海运总公司。2008年末，县内规模型水运企业15家，其中主境内客货运4家，主国内沿海及长江中下游货运11家。2010年末，县内规模型水运企业24家，其中主境内沿海客运4家，内含实体型企业2家，代理服务2家；主国内沿海及长江中下游货运20家，内含实体型13家，代理服务7家。

象山县汽车轮渡有限公司

国有企业，位于贤庠镇西泽渡口，1986年12月成立，主象山港西泽至鄞州横山车客渡，时称象山县汽车轮渡公司。

1988年，西泽、横山各建500吨级浮码头1座，8车渡、50客位、160总吨位之两轮对驶。相距7.2公里，航程半小时。1995年始，逐渐更新为16车渡、98客位渡轮。1996年5月18日，辟西泽至上海高速客轮航线，宁波海运总公司“海马3”轮营运，1998年1月因亏损停航。1999年，西泽增建同吨位西码头。2006年，渡轮6艘，其中16车98客位4艘，14车98客位2艘。2008年末，新置16车96客位渡轮1艘。次年2月投入营运。

西泽渡口原占地6600平方米，四层综合楼1幢，附属房数间，建筑面积388.48平方米，停车场2292平方米。1996年1月，新建200吨油库1座，6月，新建职工宿舍861.40平方米。1998年1月，扩建服务用房428.53平方米，12月，增建候船厅350平方米。2007年，占地7563.15平方米，建筑面积3487.80平方米。2008年末，占地拓至10500平方米，其中绿化、停车场8467.9平方米。横山渡口原占地2400平方米，二层综合楼等建筑面积324.4平方米,停车场500平方米。1998年1月扩建附属房、停车场,征地1763平方米。2008年,占地5260平方米,绿化、停车场4500余平方米,建筑面积804.77平方米。

1989年,公司职工59人,固定资产原值500余万元。年车运量3万余辆次、客运量40万人次,营运收入100余万元,利润11万余元。至2000年2月总资产2588.3万元,负债2315.2万元,净资产值273.1万元。同年7月,企业转换所有制,地方全民归国有独资,改称象山县汽车轮渡有限公司。2006年末,职工150人,总资产值2925万元,年车运量55.6万辆次,客运量83万人次,营运收入2718万元,利润133万元。2010年末,职工152人,渡轮7艘,年车运量68.58万辆次,客运量98万人次,营业额3623万元,创利302万元。

2010年末县汽车轮渡有限公司渡轮见表3-3-2。

2010年末县汽车轮渡有限公司渡轮一览　　表3-3-2

船　名	载重吨	车位	客位	总吨	净吨	主机功率（千瓦）	总长（米）	型宽（米）	型深（米）	吃水（米）	航速（节）	建造年份
象汽渡5	185	16	98	352	183	272	44.5	11	2.9	1.64	10	1995
象汽渡6	185	16	98	360	187	272	44.5	11	2.9	1.64	12	1996
象汽渡7	184	14	98	352	183	294	44.5	11	2.9	1.64	12	1998
象汽渡8	185	14	98	360	187	294	44.5	11	2.9	1.64	12	1999
象汽渡9	148	16	99	495	247	440	47.8	11.2	3.1	1.8	12	2001
象汽渡10	135	16	98	498	259	440	47.8	12	3.1	1.86	12	2006
象汽渡11	186	16	96	818	425	700	54.75	13.8	3.4	1.98	12	1993

象山县航运公司

全民所有制,址在石浦镇渔港中路33号。1959年,县高级运输合作社、石浦搬运站等合并,成立地方国营象山县运输公司,经营海上客、货运输。1962年转集体所有制,称航运公司,以客运为主,恢复运输社、搬运站,经营货运。1964年,复转地方国营,营海上客、货运,兼营机电、船舶修造。1989年末,职工163人,其中船长16人,大副12人,二副2人,轮机长17人,大管轮12人,二管轮1人,报务员4人,电机员1人。固定资产原值333万元。客轮6艘,客位1071个,1142.9千瓦。货船2艘,载重940吨,396.9千瓦。客运量34.86万人、旅客周转量798.61万人公里。货运量2.92万吨、货物周转量2423.59万吨公里。营业收入172.98万元,利润14.97万元。

客运航线石浦至上海、椒江、沈家门、越溪、健跳、鹤浦、高塘岛。跨县主要客轮(图3-3-1)有“大金山”、“大目山”、“大明山”等,分别有150、270、150客位。象山港西泽汽车轮渡未通时,经营西泽至鄞州区横山及象山乌屿山渡运。货运航线遍及沿海大小港口及长江中下游各埠。在延昌设船舶保养场,有500吨级船坞1座,能维修船舶,机械设备配套齐全。

图3-3-1　20世纪80年代“象机3”客轮

“石浦4”客班轮(水泥船)日往返石浦、鹤浦、乌岩港口数次,运行安全,正点,创建文明客轮,多次被评为省、市、县级先进集体,公司亦多次被评为市、县文明单位,1988 年被评为部级优质运输先进集体。1989 年 10 月 21 日辟石—沪航线,298 客位之“石浦 2”客轮首航上海,泊沪十六铺码头。1992 年客运周转量 236.3 万人公里,货运周转量 4151.6 万吨公里,产值 594 万元,利税 42 万元。1993 年 9 月 14 日,经交通部批准,1400 吨级“繁象”冷藏轮投入国际航线,次月 12 日启航日本,为县首艘涉外货轮。1997 年 1 月 18 日,因“石浦 2”轮不胜石—沪客运量,由“象山”轮替代,387 客位。同年 10 月,出口活鱼之“金飞鱼”轮又成功首航韩国。1998 年 12 月,因沪杭、杭甬高速公路相继开通,石沪客班轮停航。1999 年末,总资产 1768.3 万元,负债 1746.5 万元,净资产值 21.8 万元,在册职工 181 人,退休 34 人,遗属 23 人。次年,体制改革、职工分流,企业申请破产,县人民法院立案审理后解体。1989 年底船运公司船舶见表 3-3-3。

1989 年底航运公司船舶一览

表 3-3-3

船　名	类别	船质	总长（米）	宽（米）	主动机率（千瓦）	电台设置	载重量（吨）	载客量（座）	制造时地	
									年份	地点
“浙象机 1”	客	木	24.87	5.25	88.2	—	—	100	1977	象山东门
“浙象机 2”	客	木	22	4.4	44.1	—	—	140	1971	象山东门
“浙象机 3”	客	木	25.35	4.8	88.2	—	—	180	1973	福建宁德
“浙象机 4”	客	水泥	26.94	5.4g	88.2	—	—	219	1982	象山东门
“大金山”	客	钢	29.75	5.8	99.2	高频	—	150	1969	福建马尾
“石浦 2”	客	钢	59.8	8.5	735	有	—	282 卧	1989	浙江船厂
“浙象机 10”	货	钢	46.08	8.0	198.45	有	470	—	1987	镇海船厂
“浙象机 12”	货	钢	45.96	8.0	198.45	有	470	—	1986	象山船厂

象山县海运总公司

原称海运公司,集体所有制,1976 年由县第一、二、三、四运输合作社组合而成。原址在石浦镇渔港中路 33 号,1987 年迁交通大楼。在白墩、上海、宁波设有工作组,主营沿海及长江中下游货运,兼营船舶修理。1989 年末职工 340 人,其中船长 18 人,大副 29 人,二副 10 人,轮机长 21 人,大管轮 31 人,二管轮 5 人,电机员 4 人。固定资产原值 678 万元,净值 491 万元。食品冷藏船 3 艘,1617 千瓦,1224 总吨,钢、木质货轮 9 艘,2594.5 千瓦,3710 总吨,其中 5 艘钢质货轮配有先进助航仪器及通讯设备。1989 年货运量 7.6 万吨、货物周转量 7719.84 万吨公里,营业收入 701 万元,利润 18 万元。在延昌建船舶保养场及 300 吨级船坞 2 座,承接外修业务。附设交通综合贸易公司,为客户代购代销水产品、干鲜果品、农副产品、工业建筑材料等。1992 年,更名海运总公司,下设腾龙船务公司(总公司与镇海发电厂联营)、交通贸易公司(交通招标所扩建)、海运船舶修造厂(船舶保养场扩建)、海兴实业公司(新办贸易经营企业)、华景船务公司(总公司与航运联营油船)、通讯导航公司(经销、维修导航设备)、海运冷冻厂(原交通塑料厂转产易名),为县内最大运输企业。同年 7 月,2200 吨级“腾飞”货轮投入营运,为县内首艘最大钢质轮。是年,公司货运量 10.4 万吨,货运周转量 13471.8 万吨公里,产值 937 万元,利税 31 万元。1993 年,置 1000 吨级“华翔”油轮,投入国内航线营运,创县内先例。同年,2400 吨级“腾兴”货轮亦启航。1994 年 3 月,4165 吨级“华茂”货轮始营运。1995 年始,500 吨级“浙路油”渣油轮,往返中日韩航线。1997 年,新增 700 吨级

“浙路油2”号渣油轮。翌年8月,由31名职工合股出资,从中院公司购入4300吨级货轮,名“腾兴2”轮加盟船队。期间,“浙象冷1、2、3”三货轮(图3-3-2)经交通部批准先后驶向国际近洋航线。1999年,公司已成为宁波市少有的多种类船舶,多经济体制成分、多经济责任制,且能走出国门,投入国际近洋航线之水运企业。同年,在编职工305人,退休175人,遗属153人。总资产1195.6万元,负债1417万元,资不抵债。2000年企业转制,次年解体。1989年底海运总公司船舶见表3-3-4。

1989年底海运公司船舶一览 表3-3-4

船 名	类别	船质	总长(米)	宽(米)	主动机率(千瓦)	电台设置	载重量(吨)	制造时地	
								年份	地点
“浙象冷1”	货轮	钢	54.17	8.22	441	有	350	1973	广东
“浙象冷2”	货轮	钢	47.65	8.6	735	有	444	1959	日本
“浙象冷3”	货轮	钢	59.26	9.6	441	有	430	1961	上海
“浙象121”	货轮	钢	46.35	8	198.45	有	450	1989	象山
“浙象122”	货轮	钢	35	7.74	183.75	有	330	1984	象山
“浙象123”	货轮	钢	49.8	8.2	294	有	400	1976	广东
“浙象124”	货轮	钢	64.64	13.2	624.75×2	有	1500	1969	日本
“浙象125”	货轮	钢	45.28	8	198.45	有	450	1987	象山
“浙象机102”	货轮	木	31.1	6.54	135.975		160	1965	自造
“浙象机103”	货轮	木	26.13	6.35	135.975		150	1967	自造
“浙象机105”	货轮	木	23.65	6.73	99.2		140	1977	自造
“浙象机111”	货轮	木	29.5	6.24	99.2		130	1981	自造

高金客渡运服务有限公司

民营股份制企业,在高塘岛乡群英塘杏八村。2001年筹建,次年5月投入营运,经营石浦金星至高塘岛车客渡。两岸建有300吨级锯齿式、浮式码头各1座,办公楼、候船室、停车场等占地面积4000余平方米,12车位渡轮2艘,总投资500余万元。2006年职工15人,客运量8.2万人次,总资产458.3万元,营业额173万元,利润26.5万元。2008年9月,三门口大桥建成通车,未几停航歇业。

宁波恒达船务有限公司

民营企业。2003年11月成立,固定资产原值150万元。址设石浦镇兴港路94号,员工42名,其中管理人员8名,船员16名,余勤杂工。主营石浦至鹤浦车客渡,渡轮2艘、20车位88客位,兼营国内货运代理,船1艘,5021吨级。2008年,客运量23万人次,客运周转量127万人公里;货运量32万吨,货物周转量178万吨公里。同年末,员工45名,其中船员24名。营运收入526万元,利润46万元。2009年1月8日,因三门口大桥通车,

图3-3-2 20世纪80年代“浙象冷1”轮

渡运亏损,首次停航,后经县交通局协调,一周后复航至3月中旬终停航。2010年,货轮1艘、16896吨,代理货运量40.4万吨。

象山环海旅游客运有限公司

民营股份制企业。2001年6月成立,址设鹤浦镇南田路64号,注册资金58万元。从业人员82名,其中管理人员7名,船员75名,主营石浦至健跳、鹤浦、高塘等水上客运,时船舶7艘,计598客位。2008年,客货兼营,船17艘,其中客轮10艘,908客位,年客运量83万人次、旅客周转量577万人公里;货船7艘,3442载重吨,年货运量25万吨、货物周转量1327万吨公里。营运收入1190万元,利润78万元。同年末,总资产463万元。2010年末,员工38人,客轮12艘,其中自有6艘,余为代理,年客运量73万人次。

宁波大唐海运有限公司

民营企业,2004年9月成立,注册资金450万元。址设定塘镇宁波站村。董事会总经理负责制,内设综合部、财务部、机务部、海务部。员工125名,其中管理人员9名,船员116名,主营沿海与长江中下游货运。2006年末,固定资产原值1521万元,船舶7艘,其中万吨级2艘,总载重34702吨。2008年末,员工178人,其中船员122人。船舶10艘,总运力53193吨,其中集装箱及多用途船2艘、18876吨、962箱位,总资产4736万元,年货运量210万吨,货物周转量277088万吨公里,年利润2857万元,纳税541万元。2010年货轮7艘,其中集装箱船、万吨轮各2艘,总运力54728载重吨,货运量190万吨,营运额7538.9万元,纳税278.5万元。

宁波银星海运有限公司

民营企业,2001年2月成立,注册资金288万元,址设定塘镇宁波站村。员工128名,其中管理人员12名,船员116名,主营沿海与长江中下游货运。2006年末,固定资产原值1663万元,船舶6艘,总运力35023载重吨。2008年7月,经交通部批准,获国际航线运输沥青、石油等货物经营许可证,为21世纪来县内首家兼营国际航线的海运企业。同年末,员工101人,其中船员86人。船舶5艘,总运力41926载重吨,其中集装箱及多用途船3艘,20738载重吨、1345箱位。总资产38089万元,年货运量199万吨,货物周转量294292万吨公里,利润555万元,纳税346万元。2010年,投入东南亚、台湾等地区工业品、油品运输的货轮4艘,为全省唯一获台湾航线货运许可企业。同年,总资产48000万元,员工124名,船舶6艘,其中集装箱船、万吨轮各3艘,总运力65726载重吨,年货运量140.4万吨,货物周转量171476万吨公里,收入5786万元,纳税199.5万元。

宁波永正海运有限公司

民营企业,2004年10月成立,注册资金1080万元,址设丹东街道汇兴路1号永正海运大楼。时员工115名,其中管理人员9名,船员106名,主营沿海及长江中下游货运,与江苏一电厂有长达10年货运联营合同,年运输煤炭60万吨。

2006年末,固定资产原值1189.45万元,船舶5艘,41638载重吨。

2008年末,员工206人,其中船员177人,船舶9艘,总运力118546吨。其中集装箱及多用途船3艘,35693吨、1970箱位。总资产10680万元,年货运量360万吨,货物周转量508106万吨公里,年利润3018万元,纳税756万元。运输规模居县内民营海运企业之首,跻身宁波市海上运输骨干航运企业行列,获"省级水路运输诚信企业"称号。

2010年末,总资产35952万元,货轮12艘,其中集装箱船2艘、万吨轮10艘,总运力185837吨。年货运量553万吨,货物周转量619336万吨公里,收入15687万元,纳税569万元。

象山东和航运发展有限公司

民营企业,2001年12月成立,注册资金100万元,址设石浦镇金山路276号。主营沿海及长江中下游货运,员工100名,其中管理人员8名,船员92名。2006年末,固定资产值4800万元,船舶5艘。

2008年末,员工56人,其中船员46人。船舶3艘,总运力16922吨。其中集装箱及多用途船2艘,12212吨、802箱位。总资产4500万元。年货运量146.1万吨,货物周转量92636万吨公里,年利润302万元,纳税47.4万元。2010年,船舶1艘、4710吨,货运量12.2万吨,货物周转量14381万吨公里,收入160万元,纳税44万元。

象山明福航运有限公司

民营企业,2001年12月成立,注册资金1580万元,址设鹤浦镇南田路金塊弄5号。员工92名,其中管理人员10名,船员82名,主营沿海及长江中下游货运。2006年末,固定资产值9980万元,船舶7艘,其中万吨级1艘。2008年末,员工92人,其中船员82人。船舶6艘,总运力34421吨,其中集装箱及多用途船2艘,9687吨、540箱位。总资产3453万元。年货运量100万吨,货物周转量123327万吨公里。年利润477万元,纳税210万元。2010年末,总资产10300万元,员工95人,货轮4艘,其中集装箱船2艘、万吨轮1艘,总运力29121吨,年货运量107.4万吨,货物周转量126621万吨公里,收入3801万元,纳税103万元。

象山海运有限公司

民营企业,2001年11月成立,系县海运总公司转制,注册资金200万元,址设石浦镇金山路272号。员工56名,其中管理人员11名,船员45名,主营沿海及长江中下游货运。2006年末,固定资产值328.7万元,船舶3艘。2008年末,员工94人,其中船员80人。船舶5艘,总运力12672吨,总资产4320万元。年货运量29万吨,货物周转量37145万吨公里。年利润21万元,纳税69万元。2010年末,总资产8957万元,员工93人,普通货轮4艘,总运力12372吨,年货运量33.1万吨、货物周转量43355万吨公里,收入1964万元,纳税65万元。

象山兴业航运有限公司

民营企业,2000年6月,县航运公司破产后重组,注册资金350万元,址设石浦镇横塘岸路28号。员工29名,其中管理人员7名,船员22名,主营沿海与长江中下游集装箱内支线运输。2005年10月,辟国内温州—台州—宁波—上海航线。2006年末,固定资产值1936.07万元,货轮2艘。2008年末,员工48人,其中船员41人。多用途及集装箱船3艘,总运力7700吨、414箱位。总资产1766万元,年货运量86.48万吨,货物周转量26966.4万吨公里,利润372.8万元,纳税62.8万元。2010年末,总资产1890万元,员工53人,普通货轮3艘,总运力9068吨,年货运量118.2万吨、货物周转量31805万吨公里,收入2098万元,纳税53.95万元。

象山兴宁航运有限公司

民营企业,2002年5月成立,注册资金60万元,址设定塘镇宁波站村,主营沿海与长江中下游货运。2006年末,员工288名,其中管理人员10名,船员278名,船舶28艘,其中万吨级2艘,总载重85990吨。2008年末,员工238人,其中船员218人。船舶16艘,总运力79646吨。其中集装箱及多用途船3艘,33631吨、2118箱位,总资产15404万元。年货运量353.7万吨,货物周转量468802万吨公里,年利润6073万元,纳税602万元。2010年末,总资产67964万元,员工286人,货轮12艘,其中集装箱船3艘、万吨轮8艘,总运力105852吨,货运量445.3万吨、货物周转量576293万吨公里,收入12689.9万元,纳税336万元。

象山荣宁船务公司

村级集体企业,1994年5月成立,注册资金60万元,址设定塘镇宁波站村,主营沿海与长江中下游货运。2003年8月,创象山海运业万吨轮史,辟天津至广州航线。同年末,跻身宁波市海运先进行列。2006年末,员工329名,其中管理人员9名,船员320名,船舶46艘,61137载重吨。2008年末,员工162人,其中船员148人。船舶35艘,总运力17189吨。总资产260万元。年货运量57万吨,货物周转量23948万吨公里。年利润165万元,纳税58万元。2010年末,总资产2090万元,员工250人,普通货轮39艘,总运力23252吨,年货运量58.17万吨、货物周转量27285万吨公里,收入1775万元,纳税48.8万元。

宁波神鱼海运有限公司

民营合资企业,2008年8月,宁波神鱼轻工机械有限公司创办,注册资金1500万元,主营国内沿海及长江中下游货运,址设爵溪街道新瀛路3号。多用途船舶1艘,运力11009吨,415箱位。员工26人,其中船员17人。成立初,即与大连海惠物流集团建立长期货运关系,月均产值200余万元,年末,总资产值5180万元。2009年6月新造2.3万吨级"神鱼6"货轮,投资1.05亿元。2010年末,总资产93500万元,船舶5艘,皆万吨轮,其中集装箱船1艘,总运力86310吨。年货运量178万吨、货物周转量188580万吨公里,收入8984万元,纳税305万元。2011年3月,投资9000万元新造2.78万吨级"神鱼7"轮下水试航,至此万吨级货轮增至6艘,总运力11.38万吨。

宁波金川海运有限公司

民营企业,2008年9月成立,注册资金2180万元,址设定塘镇宁波站村,主营国内沿海及长江中下游普通货运。2008年末,散货船1艘,运力8560载重吨。员工21人,其中船员15人。总资产2453万元,年货运量8.24万吨,利润44万元,纳税22万元。2010年末,总资产19689万元,员工45人,普通货轮2艘,总运力25885吨,年货运量63.57万吨、货物周转量76583万吨公里,收入22387万元,纳税772万元。

宁波曙星海运有限公司

民营企业,2009年12月成立,注册资金500万元。址设定塘镇宁波站村,主营国内沿海及长江中下游货运。员工21人,其中船员15人,散货船1艘,15794载重吨,年货运量60.80万吨。2010年末,总资产23507万元,员工38人,普通货轮2艘,总运力31588吨,年货运量69.5万吨、货物周转量95832万吨公里,收入1030万元,纳税61.31万元。

宁波东红航运发展有限公司

民营企业,2010年11月22日成立,注册资金1110万元,址设鹤浦船舶工业区,主营国内沿海及长江中下游货运。2010年末,总资产5003万元,员工28名,其中管理人员7名,船员21名,普通货轮1艘,运力13417吨,年货运量2.68万吨,货物周转量3210万吨公里,利润 34 万元,纳税 1.7 万元。

附:浙江海运宁波站村

址位象山县定塘镇,全村 400 余户,1400 余人,祖辈打渔、务农。改革开放前,木质船 10 艘,载重不足 400 吨。

1990 年始,有村民自愿参股,先购旧轮,后置新船,陆续闯进海运市场。因势单力薄、各行其是、举步维艰。1994 年,村委会因势利导,联合村民船只,组建荣宁船务公司,为省内首家村级海运企业。不久,为充实货源,拓展市场,与国内著名物流企业——天津福隆公司建立股份合作关系。2000 年,新增油品运输业务,成立象山荣宁船务公司油运分公司,船队首驶长江三峡。

2001—2002 年,村民胡余富、吴永业等各建兴宁航运、银星船务两公司。一年间,运力达 5.5 万吨。数年后,兴宁航运仅集装箱船达 5 艘,载重 2.8 万吨,1372 箱位,占本公司总运力 75%。

2003 年 4 月,荣宁公司"荣宁 68"轮投入营运,载重 8500 吨,322 个标准集装箱位,当月创收 54 万元。8 月,1.6 万吨级"荣宁 82"轮下水,营天津至广州航线,创象山海运万吨轮史。同年末,公司总运力达 6.8 万吨,跻身宁波市海运先进行列。

2004 年 9 月,新建大唐海运有限公司,船舶 15 艘,运力 8 万余吨。10 月,永正海运有限公司成立,11009 载重吨"永星 16"轮主营长江中下游货运。2006 年末,七成以上村民成船东,船舶增至 82 艘,航线 20 条,遍及国内沿海与长江中下游,并驶往日本、韩国等港口。全村总运力 27 余万吨,占全县总运力 85%,总资产 1.8 亿元,年利润 3000 万元,为全县民营水运业之骄子,享有"浙江海运第一村"美誉。2007 年,全村人均年收入 5 万元,获浙江省"全面小康建设示范村"称号。2008 年,全村 5 家船运企业有船百余艘,船舶资产超过 20 亿元。2010 年末,全村共有 7 家海运企业,总运力 43.1 万吨。

第三节　水陆运输代理服务企业

1983 年,象山县成立水公铁物资联运中转站,为境内首家水陆联运服务企业。此后,随着经济发展,联运代理企业逐渐兴起。至 2010 年全县共有 87 家,其中水运代理服务企业 9 家,陆运代理服务企业(即联托运企业)78 家。

象山县物资联运公司

集体所有制,原址在丹城建设路 9 号。1983 年成立县水公铁物资联运中转站,镇办企业。次年 11 月 20 日,成立县物资联运公司,县水公铁物资联运中转站并入,以铁路中转货物为主。先后在宁波铁路北站、石浦、西周、爵溪等地设中转站。1988 年末职工 36 人,在新丰路新建办公楼、仓库、堆场,占地 2100 平方米,建筑面积 900 平方米。1987 年中转物资 3024 吨,1988 年 3500 吨,1989 年 3993 吨,皆经宁波铁路北站中转。1991 年扩建仓库、堆场等 650 平方米,耗资 7 万元。1992 年 4 月更名象山县联运公司。1999 年 6 月转换机制,改股份合作企业,称县新丰联运股份有限公司。2002 年因经营不善歇业。

象山县水陆联运代理站

集体所有制。1988 年 10 月 24 日成立,址设石浦镇渔港中路 34 号。主营代理沿海及长江中下游各港埠货物运输，组织货源，承接托运，组织社会闲散船只，合理调度。1989 年，职工 8 人，代理运输量 12000 吨。1990 年 11 月，因航管体制改革，港航分离，其经营业务与分设的港务管理所重复，遂撤销。人员交通系统内部消化。

石浦水上客运中心

国有企业，2002 年 1 月 11 日成立，址设石浦镇兴港路 94 号，主营石浦—鹤浦—高塘—健跳 3 航线客运代理服务。县交通局投资，固定资产原值 31 万元。2006 年划归县国资办，委派县航管所管理。

中心占地 8524 平方米，其中停车场 3302 平方米。建筑面积 356 平方米，其中候船厅 224 平方米。绿化面积 1380 平方米，其中 150 米绿色通道一条。浮式客运码头 4 座，1996 年建。职工 14 人，代理船舶 9 艘，其中 56 座快客 6 艘，200 座慢客 3 艘，年均客运量 40 万人次。2004 年评为二星级水路客运企业，2006 年获三星级。多年被评为县“安康杯”安全生产先进单位。至 2008 年，客运总代理量 270 余万人次，货运总代理量 16 余万吨，总资产值 521 万元，总负债 254 万元。同年末，三门口大桥建成通车，撤高塘(港口)、三门口航班。

象山海洁船务有限公司

民营企业，2006 年成立，址设石浦镇海宁路 25 号，主营国内货运代理。2008 年末，员工 14 人，其中船员 8 人。船舶 2 艘，运力 1007 吨，货运量 7 万吨，货物周转量 803 万吨公里，总资产 310 万元。2010 年货运量 15.1 万吨、货物周转量 653 万吨公里，收入 106 万元，纳税 77 万元。

象山县港埠船务有限公司

民营企业，2010 年 9 月 8 日成立，注册资金 60 万元，址设丹城康乐路 4 号，主营浙江沿海货运代理。2010 年末，总资产 60 万元，员工 36 名，其中管理人员 7 名，船员 29 名，普通货轮 4 艘，总运力 1816 吨，年货运量 6.45 万吨，货物周转量 318119 万吨公里，收入 50 万元，利润 1 万元，纳税 1.7 万元。

2010 年末境内水运陆运服务企业见表 3-3-5 和表 3-3-6。

2010 年末境内水运服务(代理)企业一览 表 3-3-5

企业名称	成立年份	经济性质	员工(人)	总资产(万元)	客运代理量(万人次)	货运代理量(万吨)
石浦水上客运中心	2002	国有	17	380	39	
象山县港埠船务有限公司	2010	民营	6	60		0.25
象山海洁船务有限公司	2006	民营	6	703		17
象山县鹤浦客运站	2002	集体	10	59	32	
宁波恒达船务有限公司	2003	民营	9	28335		55.84
象山凯通港务代理有限公司	2008	民营	2	80.9		60
象山荔港航运代理有限公司	2005	民营	6	82.32		12.56
宁波峰润船舶物资有限公司	2010	民营	6	206		10
象山天瑞船务有限公司	2010	民营	7	46.0915		2

2010年末境内陆运服务(代理)企业一览 表3-3-6

企业名称	成立年份	地址	注册资金(万元)	员工(人)	车辆(辆)	总运力(吨)
象山佳达联运有限公司	2003	丹东街道东谷湖路214弄1号	10	4		
象山甬达联运有限公司	2003	象山县丹西街道来薰路334号	10	6	3	8.925
象山平安联托运有限公司	2004	象山县丹西街道丹河路397、399号	30	3	1	1.49
宁波经济技术开发区中通物流有限公司象山分公司	2004	象山县远大五金机电交易市场C区121—125号	10	5	5	27.71
象山丹城申通快递服务部	2004	象山县丹西街道建设路26—7号	30	7	6	8
象山县日兴联运有限公司	2004	象山县丹西街道来薰路灯光球场内	10	5	0	1.995
象山华宁货运代理有限公司	2008	象山县西周镇下沈港东路33号	3	3	0	2
象山石浦迅达物资中转站	2004	象山县石浦镇南屏路178号	10	3	1	4.9
象山创伟货物联运有限公司	2004	象山县鹤浦镇蓬莱路33号	10	3	1	1.49
象山丹城伟泰货运代理服务部	2008	象山县丹西街道百花路6—8号	30	3	0	1
象山金丰联托运有限公司	2004	象山县丹西街道西谷湖路60号—1	10	3	1	11.93
象山敏达联运有限公司	2004	象山县丹西街道西谷湖路86号	10	3	1	1.99
象山天天快递有限公司	2004	象山县丹东街道兴盛路129号	10	5	2	2.23
象山丹城日日快递服务部	2008	象山县丹西街道丹阳小区来薰路33号	10	5	0	5
象山创兴货物联运有限公司	2004	象山县丹东街道体育场路95号	10	3	2	8.9
象山云海货物托运有限公司	2004	象山县丹西街道顺达路115号东首后面	10	3	0	6
象山敏强货物联托运站	2006	象山县丹西街道丹峰西路361—363号	30	5	0	9
象山路路通快运有限公司丹城分公司	2006	象山县丹西街道西谷湖路51—6号	30	5	0	8
象山路路通快运有限公司	2004	象山县石浦镇金山路民生机械厂集资房第15间店面	3	5	5	5.68
象山通达联托运有限公司	2004	象山县丹西街道新丰路58号	10	3	2	3.565
宁波海联物流有限公司象山分公司	2004	象山县丹西街道货运中心内	15	5	2	3.96

续上表

企业名称	成立年份	地址	注册资金（万元）	员工（人）	车辆（辆）	总运力（吨）
象山佳远快运有限公司	2004	象山县丹西街道蓬莱路与象山港路交叉处	10	3	2	3.81
象山天地物流有限公司	2004	象山县丹西街道丹阳新村199幢来薰路36号	10	3	3	5.68
象山万通联托运有限公司	2004	象山县石浦镇玉泉路西侧3号楼	10	3	7	12.93
象山万顺联托运有限公司	2005	象山县丹西街道来薰路54号	10	3	1	1.98
宁波经济技术开发区中通物流有限公司西周分公司	2005	象山县西周镇昌明路67号	30	5	2	3.53
象山丹城象港物资联运服务部	2002	象山县丹东街道东风路61—3号	10	6	1	2.99
象山汇通联托运有限公司	2006	象山县丹西街道丹河路313—7—8号	10	5	1	7
象山丹城韵达快递服务部	2005	象山县丹西街道蓬莱路99号	5	3	2	2.64
象山常平联运有限公司	2005	象山县丹西街道来薰路16号丹阳小区东门口	10	3	2	6.9
杭州神州运输有限公司象山分公司	2005	象山县丹东街道塔山花园B4综合楼5—6号	50	3	0	3
象山石浦腾飞货运代理有限公司	2006	象山县石浦镇延昌大华路3—1(109号)	10	5	0	2
象山县石浦日日快递服务部	2006	象山县石浦镇兴港路42号	3	5	4	8.465
象山丹城顺通货运代理服务部	2006	象山县丹西街道丹阳小区来薰路49号	10	4	0	1
象山丹城飞达货运代理服务部	2006	象山县丹西街道建设路26—3—4号(原建设路5号)	10	4	0	0.5
象山意斯特国际贸易服务有限公司	2006	象山县丹西街道丹南路359、361号	10	4	1	1.98
象山康达货运代理有限公司	2006	象山县丹西街道园中路136号	5	4	1	1.93
象山丹城老朱货运代理站	2006	象山县丹西街道锦河苑楼下	3	4	0	1.8
象山县石浦老朱货运代理服务站	2006	象山县石浦镇静河路南侧	3万	4	0	1.2

续上表

企业名称	成立年份	地址	注册资金（万元）	员工（人）	车辆（辆）	总运力（吨）
象山县石浦顺通货运代理服务部	2006	象山县石浦镇海宁路126号	10	3	0	0.8
象山丹城申通快递服务部石浦办事处	2006	象山县石浦镇海宁路100号	30	7	0	0.7
象山石浦华通货运有限公司	2006	象山县石浦镇玉泉路71号	5	3	1	0.745
象山弛程货运代理服务部	2006	象山县丹西街道丹河路488号	3	3	0	0
象山凯通港务代理有限公司	2006	象山县石浦镇玉泉路198号	68	4	1	0.99
象山丹城永宁货运代理服务部	2007	象山县丹西街道丹峰西路308号	5	3	0	1
象山县石浦远捷货运代理服务部	2007	象山县石浦镇金山路427号	5	3	0	0.8
象山县西周海马货运代理服务部	2008	象山县西周镇下沈木材检查站	10	3	0	3
象山丹城中通航空速递服务部	2007	象山县丹西街道丹河路商业街1幢27号	10	3	0	2
象山鹤浦大方铁板承运部	2007	象山县鹤浦镇滨海路3号	10	3	0	1.9
象山波亚货物运输代理有限公司	2007	象山县丹西街道丹南路丹南停车场朝南街面第3—4号	3	4	0	3
象山万通联托运有限公司丹城分公司	2007	象山县丹西街道西谷湖路2—18、2—19号	10	3	0	4
象山丹城安直货运代理服务部	2007	象山县丹西街道西谷湖路60—5号、60—6号103室	5	4	1	4.85
象山丹城步步通货运代理服务部	2007	象山县丹西街道丹阳小区莱薰路5—1号	10	4	0	3
宁波钢凌货物运输代理有限公司	2009	石浦镇兴港路155号	8	4	0	2
象山万地货运代理有限公司	2009	丹西街道丹南停车场	10	3	1	4
象山高塘岛快递服务部	2009	高塘岛乡江北路83号	6	3	0	0.6
象山东谷联运有限公司	2009	丹东街道东谷湖路102号	8	4	1	5
象山龙箭货运部	2009	丹西街道丹河路355-4-5号	10	6	1	4
象山县久久物流有限公司	2009	大徐镇汤家店三岔路口	5	3	0	1
象山石浦天顺物流有限公司	2009	石浦镇汝溪村公路旁	3	3	0	1

续上表

企业名称	成立年份	地址	注册资金（万元）	员工（人）	车辆（辆）	总运力（吨）
象山路路通快运有限公司鹤浦分公司	2009	鹤浦镇南田路145号		3	0	1
象山爵溪三瀛快捷联运部	2009	爵溪街道望海路13号		3	0	0.8
象山县石浦石杭货运经营部	2009	石浦镇玉泉路西侧3号楼		3	0	1
象山速通快递有限公司	2009	丹西街道丹河路457-459号		6	1	1.5
象山县石浦海银虾皮托运部	2009	石浦镇横峙村新港西路3号楼		3	0	1
象山天达快递有限公司	2010	象山县丹西街道莱薰路314-316号	10	8	1	0.5
象山丹城琦锦货运代理服务部	2010	象山县丹西街道黄家塔村居民服务中心街面西北侧第18-19号	10	3	1	0.9
象山县石浦泽泰货物装卸服务部	2010	象山县石浦兴港路57号	10	3	0	1
宁波江北三江华宇物流有限公司象山服务部	2010	象山县丹西街道莱薰路47-48号	10	7	2	2.1
象山风驰货运代理服务部	2010	象山县丹西街道园中路135.137.139号	10	3	2	3
象山黄金货运代理服务部	2010	象山县丹西街道丹河路401-403号	10	5	2	3
象山西周胜期物流有限公司	2010	象山县西周镇象西工业园区	10	8	0	1.9
象山县西周力邦货运服务部	2010	象山县西周镇富源路34号	10	3	0	1
象山通洲物流有限公司	2010	象山县鹤浦镇达闸东路15号	10	3	0	0.8
象山丹城广胜货运代理服务部	2010	象山县丹东街道塔山花园B6综合楼3-4号	10	4	1	2
象山顺鑫联运有限公司	2010	象山县丹西街道百花路75-77号	10	3	0	1.8
象山中诚快递有限公司	2010	象山县丹西街道西谷路2-16.17号	10	3	2	3
象山爵溪捷达货运代理服务部	2010	象山县爵溪街道望海路15-3号	10	3	0	2

第四编 交通管理

第一章 管理机构

民国之前,交通无专门管理机构。明代设“象山河泊所”,清设象山、湖头、泗洲头海关口址,仅收商渔税银。1927年(民国16年),县公署改称县政府,置建设科,兼管交通。中华人民共和国成立初,交通行政管理仍归建设科。1956年始设交通建设科。宁海象山合并后,于1959年改交通局。分治后,交通、工业、手工业几经撤并,1972年恢复交通局。

第一节 行政机构

建设科

1927年(民国16年)6月7日,县政府置建设科。1929年(民国18年)5月,改称第三科。1935年(民国24年)7月,改第五科。1937年(民国26年)秋,撤科改股,隶秘书处。1938年(民国27年)1月,设第二科,掌财政、建设。翌年1月,称财建科。10月,财政、建设分科。1943年(民国32年)4月,教育、建设合并,称三科(表4-1-1、表4-1-2)。1945年(民国34年)11月,恢复原编制,设第四科。

民国时期象山县建设科负责人一览　　表4-1-1

姓名	籍贯	职务、职称	到任时期	离任时间	备注
王亚平	浙江临海	科长	1928.8	1930.6	
朱人楚	江苏宜兴	科长	1930.6		
黄新	浙江宁海	科长	1934.2	1934.6	
姚一新	浙江丽水	科长	1934.6	1937.12	
胡启祚	浙江奉化	技工	1938.1		
励维良	浙江象山	技工		1938.12	
翁克昌	浙江杭州	科长	1939.1	1939.11	
俞积楚	浙江象山	科长	1939.12	1942.11	
孔凡定	浙江萧山	科长	1945.11	1946.2	
钱诗良	浙江象山	科长	1946.3	1946.7	

续上表

姓　名	籍　贯	职务、职称	到任时期	离任时间	备　注
颜邦垣		科长	1946.8	1947.9	
沈改		科长	1947.9		未到任
黄征葆	上海市	科长	1947.10		

民国时期南田县建设科长一览　　表 4-1-2

姓　名	籍　贯	职　务	到任时期	离任时间
潘熙霞	浙江仙居	科长	1928.5	1931.6
丁日华	安徽怀宁	科长	1931.6	1931.1
施正缙	浙江杭县	科长	1932.1	

海关及船舶事务所

1927 年(民国 16 年)石浦始设海关,委员杜莱。省建设厅始分 8 区,设管理船舶事务所,以整理航运,统计船舶数量。每区又设若干分所。石浦为分所,所长王鹗,属第六区事务所。1930 年(民国 19 年)2 月,8 区事务所合为 4 区,石浦称第六分所(所驻温州),属第四区。1937 年(民国 26 年)裁撤,事务改由县政府办理。1938 年(民国 27 年)7 月,省船舶总队部设象山分站,即省战事水运联合营业处,主任高鹏,址设石浦二湾头,同年 10 月撤销。1939 年(民国 28 年),省驿运管理处在象山设驿运站,处理原船舶管理站事务,站长周文均,址设昌国,继迁石浦。1940 年(民国 29 年)9 月,浙海关在石浦复设分卡,主任倪鉴祖。同月,成立象山县船舶进出检查所,县长盛世馨兼主任,外海水警第二大队长任副主任。1943 年(民国 32 年)7 月,日伪设"宁波区船舶管理事务所",石浦设办事处,管理、登记入港船舶。1945 年(民国 34 年),撤驿运站。翌年 1 月,省外海护航委员会设办事处于石浦,主任王运康。

交通局

1949 年 10 月 21 日,县人民政府设建设科,管理农林、工业、交通等行政工作。1953 年,农林科析出。1956 年 5 月 16 日,建设科改称工业科,职掌不变。同年 12 月 17 日,成立交通建设科。1957 年 5 月 25 日,与工业、手工业科合并设局,称工业手工业局。翌年 6 月,改称工业手工业交通管理局。同年 10 月,宁海、象山两县合并,撤局建部,分设轻工业、重工业、交通邮电 3 部,址迁宁海沥洋。1959 年 4 月撤部建局,工交、邮电分设,成立工业交通局。8 月,建交通局,局长柏光禧,址迁宁海城关。1961 年 10 月,宁海、象山分治,设工业交通管理局,局址迁回丹城。1962 年 6 月,又与手工业管理局合并,复称工业手工业交通管理局,局址由县政府迁南街温家弄口。时无交通股,仅专人分管。

1968 年 11 月成立县革命委员会生产指挥组,下设工交办公室,原工业手工业交通管理局形同虚设。翌年 3 月,改称县革委会生产指挥组工交局,始恢复职能。1970 年 7 月,建革命领导小组。1972 年,工交分立,称交通局革命领导小组,迁址东门外(今新华路 3 号),始设人事秘书、生产运输、计划财会、工程建设 4 组。1977 年复称交通局(表 4-1-1)。行政属县政府管理,业务隶宁波市交通委员会、县经济委员会双重领导。统管水陆交通设施建设、交通运输、交通安全等,掌管交通行政及县属交通企事业。1980 年 1 月,建立象山县交通局党组,书记杜竹轩。1984年2月成立中共象山县交通局委员会,股级、所级干部由局任免,管辖县交通监理所、航管所。公路段则行使行政领导。1985年5月设石浦交通分局。1986年设立交通工程管理所,副局长蒋炳芳兼所长。同年5月,局改设人事秘书、综合、运输管理3股。翌年7月,设工会工作委员会,主任张忠标。10月,恢复县公路运输管理所,交通监理划归县公安局。1988年1月综合股析计划财会、企业管理2股。同年5月1日迁丹城镇新华路52号,占地481平方米,建筑面积1200平方米。1989年7月,复设工程建设股。年末,局长1人、副局长3人、正局级巡视员1人。设人事秘书、运输管理、企业管理、计划财会、交通建设5股,县交通工程管理所靠挂,行政编制15人、事业编制14人、离退休干部职工7人。

图 4-1-1 20世纪80年代县交通局

1990年3月,人事秘书股分设政工、秘书2股。1992年12月,石浦交通分局撤销。1994年1月,设共青团县交通局委员会,书记林德盛。1996年3月,设局纪律检查委员会,书记沈宝华。1997年4月,内设机构改为"一室三科",即办公室与运输、计财、工程科。2005年5月增设港口(管理)科,具体负责辖内港口管理、岸线规划开发、安全监督、危货申报等,并新增行政编制3人。同年9月设县交通局妇女工作委员会。2006年6月,撤销计财科,职能归划办公室,新设行政许可科。10月,交通行政审批入驻县便民服务中心统一办理。2008年10月,因办公用房拥挤,经县政府常务会议决定,同意收购南邻塔山路43号——象山花苑房地产开发有限公司5层办公楼一幢及临街附属房数间,占地1616平方米,建筑面积1586平方米。2009年7月,撤港口科,职能划归港航管理局(原航管所)。2010年末,行政编制18人,事业编制24人,离退休干部职工23人。

局主要职责范围:

(一)贯彻执行上级关于交通运输的政策法规,并结合本县交通实际,依法制订实施细则和办法,并组织贯彻执行、监督检查。

(二)负责全县交通基础设施建设的规划编制和组织实施,监督管理交通工程建设的勘测设计、招标定额、质量进度和竣工验收工作。

(三)负责全县交通运输企业管理和运输市场的宏观调控,规范运输经营行为,维持运输市场秩序。

(四)负责全县渡口行业管理工作,检查督促各有关乡镇政府做好渡船更新改造、渡埠维修保养和渡运行业安全管理工作,指导全县交通业的行业安全生产。

(五)督促指导交通管理部门依法治路、治航,维护路航产权,控制公路留地,并搞好养护工作,确保公路、航道的完好和畅通。

(六)负责督促收费单位完成"四自"公路通行费的征收任务。

(七)负责编制全县交通运输事业发展规划和年度计划,组织各种运输力量投入运营,确保重点物资、救灾物资、军事运输、春节运输和年度客货运输指标的完成。

(八)负责指导国有独资企业转换经营机制、安全生产、基础管理、技术改造,监督企业实现资产的保值与增值,对企业法人进行考核和奖惩。

(九)委托县港航局依照国家相关法律法规对部分职能进行依法行政。

(十)承办县人民政府及上级业务主管部门交办的其他事项。

石浦交通分局

1985 年 5 月,设县交通局石浦分局于渔港中路、新浦路口之交通大楼。编制 5 名。后增至 8 名,实际在职 7 人。分局局长先后由原县航运公司经理江海洪调任和县交通局副局长王国璋兼任。负责管理协调石浦地区交通企业,附设县水上交通安全管理办公室。1992 年 12 月 23 日撤销。县水安办职责委托县航管所实施。

2010 年末象山交通系统示意如图 4-1-2 所示,历任县交通局负责人见表 4-1-3。

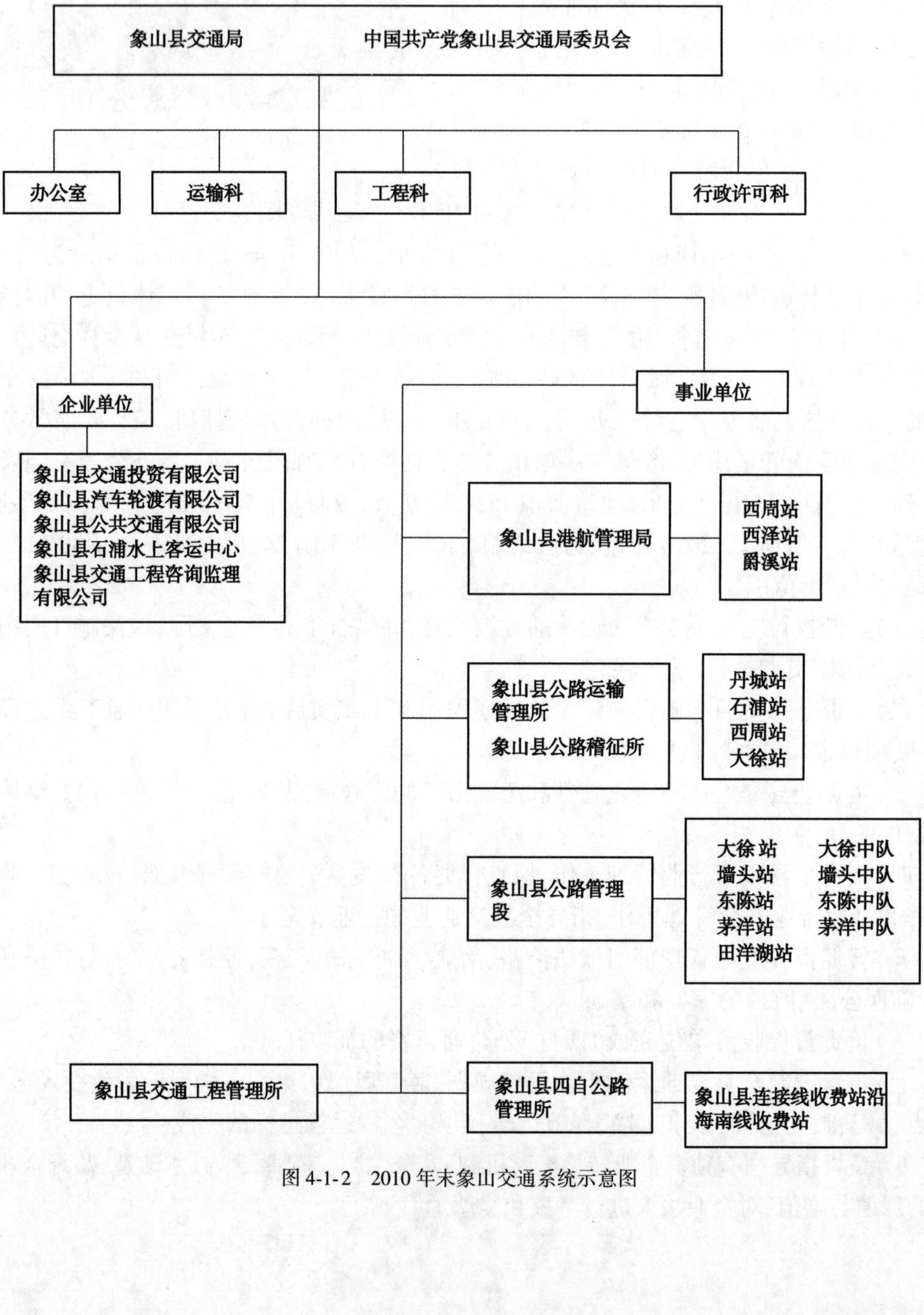

图 4-1-2　2010 年末象山交通系统示意图

历任县交通局负责人一览 表4-1-3

机构名称	起讫时期	负责人姓名	籍贯	职务	任期
建设科	1949.10—1956.5	窦源科		科长	1951.9—1952.8
		沈兴土	浙江象山	科长	1952.8—1953.4
		翟汝佐	河北宁河	科长	1953.7—1956.3
		姜星湖	山东即墨	科长	1956.3—1956.12
		陈明武	浙江象山	副科长	1956.3—1956.8
工业科	1956.5—1956.12	王庆祥	山东莱芜	科长	1956.5—1956.8
		赵斌	山东黄县	科长	1956.9—1957.5
交通建设科	1956.12—1957.5	柏光禧	山东济阳	科长	1956.12—1957.5
		胡贤平		副科长	1956.12—1957.5
工业手工业局	1957.5	柏光禧	山东济阳	副局长	1958.5
工业手工业交通管理局	1958.6—1958.10	宋俊山	山东沂南	局长	1958.6—1958.10
		柏光禧	山东济阳	副局长	1958.6—1958.10
交通邮电部	1958.10—1959.4	陈恒旺	江苏阜宁	部长	1958.10—1959.4
工业交通局	1959.4—1959.8	杨毅	浙江宁海	局长	1959.4—1959.8
		操有才	浙江余杭	副局长	1959.4—1959.8
		孙广道	安徽临泉	副局长	
		陈文华		副局长	
交通局	1959.8—1961.10	柏光禧	山东济阳	局长	1959.8—1961.10
		操有才	浙江余杭	副局长	1959.08—1959.9
工业交通管理局	1961.10—1962.6	宋俊山	山东沂南	局长	1961.10—1962.6
		孙广道	安徽临泉	副局长	
		周绪洪	浙江象山	副局长	1961.12—1962.6
工业、手工业、交通管理局	1962.6—1970.5	高林山	河北盐山	局长	1962.6—1963.2
		牟洪绪	山东潍坊	副局长	1962.6—1962.9
		周绪洪	浙江象山	副局长	1962.6—1963.8
		于华杰	江苏泗阳	局长	1963.2—1970.5
		高林山	河北盐山	副局长	1963.2—1970.5
县革委会生产指挥组工交局	1969.3—1970.7	杜竹轩	山东莒县	局长	1970.5—1970.7
县革委会生产指挥组工交局革命领导小组	1970.7—1972.11	杜竹轩	山东莒县	组长	1970.7—1972.11
		陈生林	浙江杭州	副组长	1970.7—1972.11
		余增法	浙江象山	副组长	1971.4—1972.11
交通局革命领导小组	1972.11—1977.8	杜竹轩	山东莒县	组长	1972.11—1977.8
		董佃成	山东莒南	副组长	1972.11—1975.11
		王山元	江苏武进	副组长	1976.10—1977.8
		马筱根	浙江象山	副组长	1976.10—1977.8

续上表

机构名称	起讫时期	负责人姓名	籍贯	职务	任期
交通局	1977.8—2010.12	杜竹轩	山东莒县	局长	1977.8—1981.2
		王山元	江苏武进	副局长	1977.8—1980.1
		马筱根	浙江象山	副局长	1977.8—1978.7
		章华本	浙江象山	副局长	1977.8—未到任
		姚虞康	浙江象山	副局长	1981.1—1984.2
		丁祥祺	浙江象山	局长	1981.3—1987.1
		张财金	浙江象山	副局长	1984.2—1985.11
		蒋炳芳	浙江宁海	副局长	1984.2—1995.7
		江海洪	江苏海门	副局长	1985.11—1990.3
		王国璋	浙江象山	副局长	1986.9—1998.9
		陈官浩	浙江象山	局长	1987.1—1992.11
		丁祥祺	浙江象山	正局级巡视员	1987.1—1989.2
		方德清	浙江象山	副局级巡视员	1990.1—1992.4
		张忠标	浙江象山	副局长	1990.8—1992.10
		叶宝华	浙江象山	副局长	1992.10—1996.9
		江海洪	江苏海门	局长	1992.11—1995.10
		郑必会	浙江象山	副局长	1994.9—2000.8
		周林智	浙江象山	副局长	1995.7—2004.11
		陈晓发	浙江象山	局长	1995.10—2004.1
		江海洪	江苏海门	正局级巡视员	1997.12—2002.11
		杜建民	山东莒县	副局长	1998.9—2014.2
		王国璋	浙江象山	副局级调研员	1998.9—2004.11
		张忠标	浙江象山	副局级调研员	1998.9—2003.9
		张理振	浙江宁海	副局长	2000.11—2006.12
		林旺增	浙江象山	副局长	2004.3—2009.12
		柯建国	浙江象山	局长	2004.1—2011.8
		林建辉	浙江象山	副局长	2004.11—2006.7
		葛建达	浙江象山	副局级调研员	2006.6—
		樊普定	浙江象山	副局长	2006.7—2011.8
		龚根宝	浙江象山	副局长	2007.7—
		邓夫琪	浙江象山	副局长	2007.12—
		黄建国	浙江象山	副局长	2009.6—
		林旺增	浙江象山	正局级调研员	2009.12—
		蒋宪曙	浙江象山	副局级调研员	2009.12~

第二节　非常设机构

非常设机构,无人员编制,管理工作由交通部门兼理。

县交通运输指挥部

1958年10月成立,副县长倪岐任指挥,工交部部长李森、副部长刘子宝任副指挥,石浦航管站站长李友根任办公室主任。宁海象山合并后,1959年1月,成立象山县运输指挥部,副县长陈星任指挥,交通邮电部部长陈恒旺任副指挥,交通局副局长操有才任办公室主任。

县革委会统一运输指挥部

1971年8月成立县统一运输指挥部,县革委会副主任宋申鲁任总指挥,县生产指挥组副组长周联娥,县人武部作战训练科副科长金立三任副指挥。下设办公室,人员由工交局、航管站、航运公司、汽车站组成。丹城、石浦各设统一运输指挥组,由镇革委会、航运企业、搬运企业、汽车站、人民银行派员组成。职责统一货源、统一运价、统一调度,维护运输秩序,整顿运输市场,使运输纳入国家计划轨道。统运机构,名义上高于行政局的职能机构,日常工作相当交通局一科室。因无编制,四五年后,无形解体。

县交通安全委员会

1973年2月成立,县革委会副主任谢忠年任主任,县生产指挥组副组长张云祯、交通局局长杜竹轩任副主任,兼办公室主任。

1986年5月,县安全生产委员会设交通安全办公室,交通局副局长江海洪兼办公室主任。同年10月,区、乡、镇成立交通安全工作领导小组。翌年10月,陆上交通安全划归公安部门。县安全生产委员会增设水上安全管理和渡口安全管理(两块牌子、一套班子)办公室于石浦交通分局,分局长王国璋任办公室主任,交通局运管股长楼昌国、航管所长叶升达为副主任。1992年,随石浦交通分局撤销,县水上安全管理办公室、渡口安全管理办公室职能委托县航管所实施。1996年4月划归县交通局,由运输科负责。2001年8月,水上安监体制改革,县水上安全办职能划归海事部门。2005年5月始,县交通局增设港口科,负责县渡口安全办职能。2009年7月港航局成立,重履渡口安全办职能。

春节运输工作领导小组

每年春节前后40天(节前15天,节后25天)或50天(1996、1997二年为节前20天、节后30天)定为春节运输期,按惯例县政府均成立春运工作领导小组。分管交通副县长任组长,县政府办、交通局等负责人任副组长,公安、安监、海事、物价、海洋与渔业、劳动保障、民政、城管、旅游、供电等部门负责人为成员。领导小组办公室设县交通局,副局长、运输科长任正、副主任,实行昼夜值班。其主要职责:遵照"安全、及时、有序、畅通、优质"总体要求,加强组织领导,及早安排运力,强化安全督查,提高服务质量,全面指导和协调春运工作。与此同时,有关部门皆建立相应机构,制订应急预案,落实具体责任、措施,确保春运工作顺利开展。

县交通重点工程建设领导小组、工程建设指挥部

重点工程建设领导小组一般由县长或副县长任组长,县政府办公室、有关镇乡负责人及交通局长任副组长,相关部门负责人为成员。其主要职责:加强工程建设管理与指导,全面

协调各方配合工程建设，确保工程顺利开展和圆满完成。

工程建设指挥部为重点工程建设领导小组下属机构，指挥一般由领导小组副组长或工程技术人员担任，副指挥为领导小组成员人选。下设办公室，主任由副指挥兼。其主要职责：加强工程施工管理，确保工程质量、进度、安全。机构系临时设置，随工程竣工、人员解散，遂撤销。

县船舶防台避风指挥部

每逢台风期，由县政府办牵头组织。成员由县农经委、交通航管、水产渔政及有关镇乡组成，下设办公室于航管所内。船舶防台避风具体组织实施由船舶主管镇乡和部门负责；交通航管、水产渔政部门密切配合，加强规范、指导。并要求统一思想、及早安排、认真应对、落实专人负责制。

县新农村公路建设办公室

2003 年 8 月 21 日，成立象山县新农村公路建设领导小组，下设办公室在县交通局，副局长张理振兼主任。其职责：制订全县农村公路建设政策、法规；协调农村公路建设有关事项；负责村道建设管理规划及其目标考核；督查完善工程廉政保障体系。2007 年 12 月，办公室主任由县交通局副局长邓夫琪兼任。

第三节　事业单位

县港航管理局

建国初，省航务局宁波办事处在石浦福建街设站，称石浦航务站，1952 年迁址第一码头。次年宁波办事处与交通部华东区海运管理局宁波分局合并，成立上海区港务管理局宁波分局。石浦航务站改称港务管理站。同年 12 月改隶省航运管理局宁波管理处，称石浦航管站。1954 年 4 月—1958 年 10 月改隶舟山管理所。1959 年并入县运输公司，成公司附属机构。1962 年改称象山航管所、隶宁波航管处。1963 年 1 月，航管所兼办联运业务。1965 年 5 月，象山、宁海航管所合并，称象宁航管所，址设石浦第二码头，宁海设中心工作组。1966 年 1 月撤象宁航管所，象山、宁海各建航管站。1969 年 5 月，站成立革命领导小组。1970 年 12 月，撤宁波航管处，业务归地区交通邮电局。1971 年起，县航管站归县革命委员会领导。10 月，各县撤航管站，成立交通管理站，统一管理水陆交通，属事业性质，唯象山航管站维持原状，其人员、职能相对稳定。1985 年“站”复称“所”。

县内各港埠设工作组。1954 年 10 月，设西周航管工作组，同时，设象山工作组于陈山埠，1956 年白墩码头建成，迁址白墩，改称白墩航管工作组。1959 年设象山航标组。1969 年，西周堵港围塘，公路修建，航管事务剧减，撤西周工作组。1971 年设爵溪航管工作组。1984—1986 年间，增设西泽、东港（今涂茨）、大塘、鹤浦 4 个航管工作组及黄避岙签证点。1985 年 9 月，西泽、白墩改航管站。

县航管所原址石浦镇渔港中路南端石浦第二码头。干部 23 人、职工 4 人。设港监、运管、行政 3 股，航务工程、航查 2 队。业务隶市航管处管辖，人事由县交通局调配。三层办公楼 1 幢，建筑面积 864 平方米；宿舍 1 幢，建筑面积 1700 平方米。航标船 1 艘，120 总吨，183.8千瓦，职工 10 名。辖西泽、白墩航管站，爵溪、东港、鹤浦、大塘工作组及第二水泥厂签证点。

白墩航管站设亭溪乡白墩村北。人员2人。占地280平方米,建筑面积142.5平方米。

西泽航管站设贤庠镇西泽渡外道头。人员2人。三层楼房1幢,占地250平方米,建筑面积237平方米。其他各航管组多附设乡镇政府内,或租赁民房办公。

1989年7月,港航体制改革,政、企分离,另设港务管理所,隶企业。1991年5月,大塘、鹤浦航管组改设航管站。1994年5月,增挂航道管理所牌名,港航监督、船舶检验亦"站"改"所"。2001年8月,水上安监体制改革,港监职责、航标管理随24人分别划归海事部门及石浦航标站。同年,址迁石浦火炉头路3号,分挂象山县航运管理所、象山县航道管理所、浙江省船舶检验局象山检验所3块牌名,内设运政、航政、船检、综合4股,下设西泽、鹤浦、白墩3站。2002年1月迁兴港路94号,假石浦水上客运中心办公。同年8月,附设港航稽查大队,所长兼任队长。2003年5月,撤白墩航管站,设爵溪站。翌年12月,址迁石浦金山路与曙光路交汇处,占地3849平方米,四层办公楼一幢,建筑面积2436.99平方米,二层附属楼一幢,建筑面积509.39平方米,在编人员27名,公务车1辆,巡逻艇1艘,摄像机1台,数码相机3架。2005年12月,撤鹤浦航管站,设西周站。2006年6月,新履港口管理职能。7月,辖内行政许可事项,纳入县便民服务中心石浦分中心办理。12月,更名县港航管理处、县航道管理处。担负境内水路运政、港政、航道、航运建设项目管理及船舶检验与发证等职责。2007年1月,宁波船检体制改革,象山船检范围从原200总吨以下,扩至1000总吨内,为全市三个签证点之一。2009年7月,改称县港航管理局,隶县交通局,内设办公室、规划建设科、执法稽查科、行政许可科、船舶检验科,另设县渡口办(原设县交通局),人员核定编制37名,实际在编33名。辖县汽车轮渡有限责任公司、石浦水上客运中心。是年8月,根据象政[2009]102号文精神,为推进全县港口资源开发,成立县港务开发有限公司,为港航建设融投资主体,属国有独资企业。2010年1月局址迁丹城天安路926号。

县港航稽查大队

2002年成立,航管所所长兼任大队长,成员由所内相关部门和各站人员组成。2003年,出动运政艇9次、执法车68次,累计参加检查721人次、255天次,检查船舶272艘次、处罚39起、罚款51611元,补征各类规费54330元,交验到港船舶运输证单1017艘次。并新查航道管理行政处罚案件3起,罚款3960元,补办岸线审批手续4起。开创境内航道、岸线行政执法历史。2009年,与新设执法稽查科合署办公,二块牌子、一套班子,管理人员10人。主要职责:(1)负责全县水路交通行政执法工作,开展港政、运政、航政巡查和现场监管,纠正和查处违法违章行为。(2)根据辖区实际情况,组织开展各类港航整治工作。(3)负责全县港航企业行业管理,定期开展企业资质检查和年度核查工作。(4)负责全县港航行业安全生产管理工作,开展安全生产检查,保障行业安全局面。

2010年,纠正鹤浦、高塘两镇乡渔业码头及西周海螺水泥通用码头未批先建现象,制止高塘孝贤湾渔业码头和中油重工石子场码头非法建造行为。并立案侦查擅建港口码头、船舶无证、超载营运等违法行为9件,结案6件,罚款5.6万元。

县交通监理所

解放初,境内无交通监理机构,1962年宁波地区交通管理所派员2人,在宁海城关设宁海管理站,分管宁象二县交通安全。车辆转户、牌照核发均由地区交管所直接办理。1972年

11 月,成立象山县交通管理站,配员 4 名,址设丹城镇东门口。1978 年 12 月,交管站改称象山县车辆监理站,配员 9 人。1982 年末迁址建设东路。

所内设车辆监理股、运输管理股、行政计财股。领南庄、大徐、西周、定山、石浦 5 区及丹城镇 6 个交通监理站。业务受宁波市公管处领导,行政由县交通局管理。

其职责为:(1)主管辖区内交通监理工作;(2)监督检查交通法规贯彻执行情况;(3)完成上级交通监理机关和当地领导机关交办的工作;(4)负责交通安全宣传教育;(5)办理机动车、驾驶员年度检审;(6)组织安全检查,进行路查,维护交通,指挥交通;(7)勘查、鉴定、处理交通事故;(8)组织、指导驾驶员培训,举办驾驶员学习班;(9)向上级报告工作及重大事故,报送统计报表;(10)监督检查机动车制造、保修质量,检查、签署机动车改造、改装意见;(11)核发教练车证,货物超长、宽、高、重通行证;(12)批准扣留驾驶证件半年以下(不包括半年)处分;(13)组织交通安全竞赛,总结、交流、推广交通安全经验,分析交通安全形势,提出措施意见,监督路政管理;(14)组织、指导、检查安全联合检查组,安全自检组工作;(15)征收养路费及其他规费。

1985 年 2 月,车辆监理与运输管理合并,称象山县交通监理所。区镇交通运输管理站改称交通监理站,配员 39 人。1987 年 10 月 23 日,交通监理划归县公安局,改称象山县公安局交通警察大队。区镇交通监理站,恢复原交通运输管理站名称,隶县公路运输管理所。

县公路运输管理所、公路稽征所

1962 年 2 月,成立丹城镇交通运输管理站,10 月,工交手工业管理局设丹城、石浦交管站,与手工业联社办事处合署办公,办事处主任兼站长。分管全县南北两片陆上运输、港口装卸。丹城站先后由李岩义、章崇华任站长,址设南街,“文革”期间,迁东门口,负责人陈明亮。石浦交管站站长陈祥法兼,址设万福街。1970 年撤,属交通局直接管理。1972 年 11 月,县交通管理站兼理。1980 年 12 月,石浦镇成立交管站(镇办)。1982 年 6 月,设南庄、大徐、西周、石浦、定山交通运输管理站。同年底,增设丹城镇交管站。1984 年 6 月,设县公路运输管理所,下辖各区镇交通运输管理站。

1985 年 2 月,撤公路运输管理所,业务与车辆监理合并,改称县交通监理所,下设监理、运管、计财、行政 4 股,附设养路费征收所。原各区镇交通运输管理站,后改称交通管理站。

1987 年 10 月,交通监理部分划归公安部门管理,称县公安局交警队。恢复公路运输管理所,附设公路稽征所,二块牌子、一套班子。业务受市公路运输管理处领导,行政属县交通局领导。所设稽征、运输管理、汽车维修行业管理、综合 4 股,辖设南庄、大徐、西周、定山、石浦区、丹城镇 6 站。公路运输管理所人员 39 人。址设丹城镇建设东路,占地 250 平方米,建筑面积 845 平方米。配汽车 3 辆,摩托车 2 辆。1991 年 7 月,择址塔山路 63 号动建新大楼,主楼 5 层,附楼三层。占地 2780 平方米,建筑面积 1431 平方米。次年 9 月迁入,在编人员 43 名。1992 年 8 月,南庄站并入丹城站。是年 11 月,县法院设常驻公路运输管理所执行室,直接受理公路运输行业内管理部门与当事人(企业)引发的争议案件。(1997 年 11 月撤销)。1996 年 3 月,新设车辆购置费征收管理办公室,人员 4 名。同年 5 月,定山站并入石浦站,丹城、石浦、西周、大徐 4 站统一更名公路运输管理稽征站。是年,丹城、石浦二地新设城镇客运车辆管理站,主城区客运市场管理,定员 15 名,交通系统内抽调,性质企业,1997 年转为大集体事业编制。1999 年 1 月,成立驻县客运中心管理站。2000 年 6—7 月,相继成立晓塘乡、新桥镇客运车辆管理服务站，行政隶乡镇政府，业务运管所负责。2002年4月，设公路运输管理稽征稽查大队，各站附设稽查中队。2003年，首招协管员8名，充实稽查力量。2004年4月，综合股改称行政财务股，增设安全驾培股。次年配电脑52台，完成办公自动化软件安装，全省系统内行文网上流转。2006年10月，行政析出财务股成立办公室。年末，在编55人，公务用车22辆。2008年末，内设办公室、财务、运管、安全驾培、维修、法规、稽征6股与稽查大队。辖丹城、石浦、西周、大徐4站。在编管理人员58人、临聘协管员45人、离退休15人。主要职责为：(1)贯彻执行国家关于道路运输管理的政策、法规、规章。(2)负责全县营运性客、货车辆的开业、停业审批工作。(3)负责全县营运性车辆的年度审验工作。(4)负责全县车辆维修企业的资质认定、年度审验，发挥监督职能，依法取缔不法经营户。(5)依据有关法律法规对违反道路运输管理规定的行为进行教育、处罚。(6)负责全县道路运输行业单证的申报、保管、分发工作。(7)负责运输票据的发放、管理工作。(8)负责全县汽车、摩托车、拖拉机、农用车养路费、客货运附加费、运输管理费的征收工作。(9)负责全县道路运输行业的安全监督工作，检查、监督各运输企业、站(场)经营者的安全生产规章落实情况。(10)负责审核驾驶员培训企业的经营许可，全县道路运输从业人员的资格培训管理工作。(11)上级交通主管部门委派的其他工作。

2009年1月1日始，国家实行成品油税费改革，统一取消公路养路费、客货运附加费、运输管理费，不再行使第8项职责。同年2月，运管股析客运、货运、公交出租车管理3股。

县公路运输管理稽征所稽查大队

原称象山县公路运输管理稽征所稽查分队，定员5人。系1993年3月，宁波市公路运输管理稽查处稽查大队成立相应而设，属所内股、站职级。为专职查处公路运输管理稽征业内违法违规行为的执法队伍。2001年7月，更名象山县公路运输管理稽征所路检大队，职级未变，成员8人。2002年4月改现名，下设直属一、二、三中队和丹城、石浦、西周、大徐4基层中队，成员12人。同时，统一开通省内运管稽征投诉电话“96520”，以规范行政执法行为。2007年底，3直属中队调整为2中队和1处罚室。2010年末，队伍增至17人。

各镇乡公路运输管理稽征站

隶属县公路运输管理所，负责辖区内运输管理、规费稽征。原称公路运输管理站，1996年改现名。

丹城公路运输管理稽征站

原址丹城东门口，1988年迁新丰路60号。5层楼一幢，占地670平方米，建筑面积1360平方米。与南庄站合署办公，一套班子、两块牌子，人员7名，吉普车1辆，三轮摩托车3辆。1992年8月，撤并南庄站。1996年5月改今名。1997年更新皮卡车1辆。2002年，附设运管稽征稽查中队。2003年2月，址迁象山港路、新丰路交汇处，假县货运中心办公，辖丹东、丹西、爵溪、墙头、东陈、茅洋3街道和3镇乡。2004年增稽查车1辆。2006年末，在编人员5名。2008年，人员8名，其中在编3人，编外协管员5人。2009年2月迁址丹西街道胡家溪村东、北山隧道北，占地12127平方米，三层楼一幢，建筑面积1392平方米。

石浦公路运输管理稽征站

原址石浦镇火炉头路，二层楼房1幢，占地732平方米，建筑面积270平方米，设分站于五爱。1996年5月撤并定山站，设鹤高分站，改现名。辖石浦、新桥、定塘、晓塘、鹤浦、高塘

6镇乡,配三轮摩托2辆、皮卡车1辆。2002年附设运管稽征稽查中队。2004年增稽查车、皮卡车各1辆,在编人员5名,编外协管员10名。2006年初新建站房,址设石浦镇凤栖路西,占地4716平方米,三层楼一幢,建筑面积1611平方米。2008年2月迁入。2010年末,人员18名,其中在编7人,余编外协管员。

西周公路运输管理稽征站

原址西周镇北蛇山桥,二层楼房1幢,占地285平方米,建筑面积165平方米。1996年改现名,辖西周、泗洲头2镇,在编人员3名,编外协管员3名,配皮卡车1辆,三轮摩托2辆。2002年附设运管稽征稽查中队。2004年增稽查车1辆。2007年9月,筹建新站房,址设西周镇嵩溪北路2号,占地2460平方米,三层楼一幢,建筑面积879平方米,2009年2月迁入。2010年末,在编3人,编外协管员5人。

大徐公路运输管理稽征站

原址大徐镇汤家店,二层楼房1幢,占地658平方米,建筑面积400平方米。在编人员3名,编外协管员2名,三轮摩托1辆。1996年改现名,置皮卡车1辆,辖大徐、涂茨、贤庠、黄避岙4镇乡。2002年附设运管稽征稽查中队。2004年增稽查车1辆。2007年9月,筹建新站房,址设大徐镇东昭路78号,占地1920平方米,三层楼一幢,建筑面积615平方米,2009年1月迁入。2010年末,在编2人,编外协管员4人。

县交通工程管理所

宁象分治,建交通工程队,由李岩义任队长,不久解散。1986年1月成立县交通工程管理所,全民所有制事业单位。设养护、工程2队,编制23人,其中养护7人,工程16人。附设宁波市交通设计室第九分室。1988年4月、6月,两队划出,分别成立县乡公路养护队、县交通工程公司。1989年7月,交通局设工程建设股,与交通工程管理所一套班子、二块牌子。2010年,核定事业编制28人。

县公路管理段

事业单位,业务受宁波市公路管理局管辖,行政隶县交通局。担负境内公路日常养护、改造及路政管理工作。

1956年称丹城道班,址设丹城南门,隶县建设科。1958年底,划归宁波运输段,称象山站养护班。1962年改称象山工区。1964年隶宁波地区公路养护总段。1971年成立象山县公路段,隶县交通局,址迁丹城西门(今城西立交桥南侧)。1976年,址迁丹西街道城西路57号,占地3931平方米,建筑面积2297平方米。1979年,复隶宁波地区公路总段。1987年,内设行政、政工、生技3股及民警(路政)值勤室。后增设机料股。1991年,行政管辖权力下放,省交通厅发130号文,改称象山县公路管理段,重隶县交通局。1996年,内设机构调整,改设办公室、工程、养护、财务3股及公路养护(工程)公司、路政大队等。翌年4月,公路养护体制改革,专业、县乡公路养护合一,正式兼并县乡公路养护队(所)。2005年增设路政股。次年改称路政许可股。2009年7月,址迁丹东街道丹河路,占地4880平方米,5层楼房1幢,建筑面积3344平方米。2010年末,在编职工97人,编外路政协管员14人。管辖公路1187.373公里。

拥有主要机械设备及附属场所:压路机8台、装载机3辆、摊铺机1台、挖掘机1台、打拔桩车1辆、清扫车2辆、综合养护车5辆、应急抢险车1辆、洒水车4辆、沥青拌和设备4台

(套)、拖拉机7辆、绿篱机43台、剪草机31台、清缝机6台、平板夯、振动夯各2台、高压水泵16台(套)、公务用车7辆、路政用车10辆、养护用车28辆等及新桥镇外韩村油灶基地。

县乡公路养护队(所)

1982年初成立,全民事业单位,地址在丹城镇新华路3号,隶县交通局。人员8人,队长1人。1986年划归县交通工程管理所。1988年析出,辖道班26个,人员62人,亦工亦农,道班房12间,350平方米,职工宿舍1幢,572平方米。配路政车1辆,方向盘拖拉机1台,压路机1台,轧石机2台。1989年养护公路184.85公里,其中县道115.74公里,乡道69.11公里。1997年4月,公路养护体制改革,并入县公路管理段。

县港务管理所

1982年11月成立县港务管理站,与航管站合署办公,航管站站长兼站长。1985年4月迁址新港区。8月设客运站于石浦第二码头。1989年7月,港、航分离,改现名。设客运站、西泽、白墩港务站、货运作业区、港务派出所,人员54人,属全民所有制企业。管理全县港口建设工作;组织港口生产,健全港口工作。

客运站职责为:执行"水运客规";贯彻落实有关客运工作方针、政策、规章制度及各项指标;组织客流调查,提供客运计划资料;掌握班期,安排泊位,组织售票,解答询问;办理行李包裹运输;组织检票、验票,确保旅客上下安全,船舶正点靠泊开航。1991年6月,设东港、高塘、鹤浦水上运输服务代办处,与3地航管站合署办公。1995年6月,兼并县第二运输公司装卸队。次年10月设县港务汽渡有限公司,主营石(浦)鹤(浦)航线。2000年初,职工101人。同年10月,企业转制,国有改民营,易名象山县港务有限责任公司,主营石鹤汽渡、装卸搬运及沿海客货运代理。2003年资产转让,更名宁波恒达船务有限公司。

县航运联社

1962年10月23日成立,址设航运公司内。县航管所所长兼主任。指导所属航运企业生产、审计财务,组织员工教育。辖石浦一社、二社、白墩社、鹤浦社、石浦水陆运输社。木帆船71艘,1693吨,机动船7艘,153吨,从业人员432人。因无编制,形同虚设,1967年末解体。

县四自公路管理所

县属事业单位,隶县交通局.1993年1月成立,时称38省道彭姥岭隧道管理所,址设象西公路彭姥岭隧道东,管理房2间,职工20名。2000年,象西公路宁海至象山段沿海国道主干线象山连接线建成。省政府发文,彭姥岭隧道收费站易名甬台温高速公路象山连接线象山收费站,址迁墙头镇合心村旁,占地12777.23平方米,建筑面积2528平方米。同年4月,经县编制委员会批准,彭姥岭隧道管理所改名四自公路管理所。

2006年9月25日,宁波市沿海南线公路丹城至石浦段始收车辆通行费,设站松岙隧道北,称沿海南线象山收费站,棚屋16间。同年,实行一所两站制,人员扩至101人,其中事业编制36人,临聘65人。2010年末,职工110人,其中事业编制31人,临聘79人。主要职责:设卡收取四自(自行贷款、自行建设、自行收费、自行还贷)公路车辆通行费,兼管高家岭、大金山、林善岙等15座公路隧道及象西、丹爵等一级公路部分照明设施。

县车辆综合性能检测站

县属事业单位,址设丹东街道东郊新凉亭,占地1467平方米,建筑面积2355平方米。

其中办公楼 1200 平方米,检测车间 935 平方米,调试车间 120 平方米,附属房 100 平方米。1995 年 12 月筹建,次年 1 月投入使用。主营各类机动车辆上牌、年检、技术状况评定及综合性能检测等。

内设车辆受理办证大厅,拥有车辆安全检测线、综合性能检测线各 1 条,各类检测仪器设备 13 台(套)。年最大检测能力 20000 辆次,年实际检测量 10000 辆次。属境内车辆检测唯一 A 级资质。

原隶县交通局,职工 16 人,其中技师 2 人,汽修高级工 3 人。2001 年始,曾多次获市交通局、公管处颁"诚信服务、规范维修"优秀示范单位。2003 年 11 月划归县公安局。为县机动车维修行业协会首届副会长单位、第二届常务理事单位。2010 年,职工 29 人,其中技师 6 人,高级工 1 人,中级工 1 人。

第四节 党群组织

中国共产党象山县交通局委员会

1958 年 10 月宁海、象山合治,建立工业交通党组,书记陈恒旺。1961 年 10 月,因宁象分治而终止。1965 年 3 月,人民银行、财政税务局、工业手工业管理局、商业局、粮食局 5 单位合设财贸工交党组,书记张洪涛。1980 年 1 月,建立象山县交通局党组,书记杜竹轩。1984 年 2 月改称党委。2010 年末,县交通局党委辖基层党委 1 个,党总支 1 个,党支部 15 个,党员总数 251 人。(表 4-1-4、表 4-1-5)

中国共产党象山县交通局委员会(党组)一览 表 4-1-4

机构名称	起讫时期	负责人	籍贯	职务	任期
交通局党组	1980.1—1984.2	杜竹轩	山东莒县	党组书记	1980.1—1981.2
		丁祥祺	浙江象山	党组书记	1981.3—1984.2
		姚虞康	浙江象山	党组成员	1981.3—1984.2
		赵斌	山东莒县	党组成员	1981.3—1984.2
交通局党委	1984.3—	丁祥祺	浙江象山	党委书记	1984.3—1987.1
		张才金	浙江象山	党委委员	1984.3—1985.11
		张忠标	浙江象山	党委委员	1984.3—1992.11
		江海洪	江苏海门	党委副书记	1985.11—1990.3
		陈官浩	浙江象山	党委书记	1987.1—1992.10
		蒋炳芳	浙江宁海	党委委员	1989.3—1995.7
		王国璋	浙江象山	党委委员	1990.8—1998.9
		江海洪	江苏海门	党委书记	1992.11—1995.10
		叶宝华	浙江象山	党委副书记	1991.3—1992.11
		郑必会	浙江象山	党委副书记	1994.9—2000.8
		周林智	浙江象山	党委委员	1995.7—2004.11
		陈晓发	浙江象山	党委书记	1995.10—2004.1

续上表

机构名称	起讫时期	负责人	籍贯	职务	任期
交通局党委	1984.3—	沈宝华	浙江象山	党委委员	1996.9—1997.12
		杜建民	山东莒县	党委委员	1997.12—
		蒋宪曙	浙江象山	党委委员	1997.7—2009.12
		葛建达	浙江象山	党委委员	1997.12—2006.6
		张理振	浙江宁海	党委副书记	2000.11—2007.11
		柯建国	浙江象山	党委书记	2004.1—2011.8
		林旺增	浙江象山	党委委员	2004.3—2009.12
		林建辉	浙江象山	党委委员	2004.11—2006.6
		樊普定	浙江象山	党委委员	2006.7—2011.8
		龚根宝	浙江象山	党委委员	2003.6—
		邓夫琪	浙江象山	党委副书记	2007.12—
		黄建国	浙江象山	党委副书记	2009.6—
		徐　勇	浙江象山	党委委员	2010.9—
		吴志杰	浙江象山	党委委员	2010.9—
		蒋连红(女)	浙江象山	党委委员	2010.12—
		张赛君	浙江象山	党委委员	2010.12—

2010年中共象山县交通局党委直辖党组织一览 表4-1-5

党组织名称	书记	党员数
局机关党支部	林旺增	24
局机关离退休党支部	丁祥琪	15
县公路运输管理所党支部	樊普定	38
县公路管理段党总支	龚根宝	54
段养护公司党支部		13
段公路工程公司党支部		10
段路警大队党支部		17
段退休职工党支部		14
县公路运输有限责任公司党委	吴增国	72
公司科室党支部		11
公司客运党支部		18
公司丹城客运党支部		18
公司石浦客运党支部		17
公司西门修理厂党支部		5
县公交公司党支部	蒋小平	3
县汽车轮渡公司党支部	蔡明华	35
县四自公路管理所党支部	郑飞	13
合计		251

象山县交通局纪律检查委员会

1996年3月成立,书记沈宝华(表4-1-6)。1997年12月始,书记葛建达。2006年7月始书记蒋宪曙。2010年12月始书记蒋连红。

中共象山县交通局纪律检查委员会一览 表4-1-6

负责人	籍贯	职务	任期
沈宝华	浙江象山	书记	1996.3—1997.11
林德盛	浙江象山	委员	1996.3—2006.6
夏良青	浙江象山	委员	1996.3—2003.10
陈必献	浙江象山	委员	1996.3—2006.6
葛建达	浙江象山	书记	1997.12—2006.6
吴仁品	浙江象山	委员	2003.11—2006.6
蒋宪曙	浙江象山	书记	2006.7—2009.12
徐勇	浙江象山	委员	2006.7—
朱光	浙江象山	委员	2006.7—
韩晖	浙江象山	委员	2006.7—
谢克勤(女)	浙江慈溪	委员	2006.7—
蒋连红(女)	浙江象山	书记	2010.12—

象山县交通局工会工作委员会

1986年7月成立,由张忠标、袁一峰、姚文军3人组成,张忠标任主任。

1991年4月,由叶宝华、姚文军、郑继元3人组成,叶宝华任主任。

1996年8月,由沈宝华、姚文军、郑继元3人组成,沈宝华任主任。

1997年12月,由江海洪、郑继元、周东江3人组成,江海洪任主任。

2002年4月,由葛建达、郑继元、杨兴凯3人组成,葛建达任主任。

2007年12月,由林旺增、俞胜才、费继军、朱光、邵继江、郑飞、虞道在、蔡明华、胡家宏9人组成,林旺增任主任,俞胜才任副主任。

共青团象山县交通局委员会

1994年1月成立,首届委员会由林德盛、孙小雄、陈晓群(女)、韩晖、郑洲、黄树、马伟峰7人组成,林德盛任书记,孙小雄任副书记。

1995年1月,孙小雄任书记。

1995年10月,韩晖任副书记,楼武军任委员。

1995年12月,郑泳舰任副书记。

1997年1月二届委员会成立,郑泳舰任书记,郑洲、薛三军任副书记,黄树、陈志友、楼武军、叶峰、肖忠辉、周海珍为委员。

2003年3月,徐勇任书记。

2006年10月,王慰任副书记。

2009年9月三届委员会成立,王慰任书记,王柳娜(女)任副书记,陈海燕(女)、陈羽坤(女)、周华、郑露(女)、顾增利、舒海波、鲍云法为委员。

象山县交通局妇女工作委员会

2005 年 9 月成立,首届委员会由谢雅姿、俞蓉、曹新杭、叶素、翁丹红、唐燕、欧亚红 7 人组成。谢雅姿任主任。

2008 年 3 月二届委员会成立,由常维维、俞蓉、曹新杭、叶素、翁丹红、唐燕、欧红亚 7 人组成。常维维任主任。

第五节　行业协会

县机动车维修行业协会

2002 年 6 月 28 日成立,会员 179 家,其中企业 151 家,个体业户 28 家。占全行业比例约 90%。时聘县人大副主任俞明振任顾问,县政府办副主任郑科仁、县交通局长陈晓发、副局长杜建民、县公管稽征所长蒋宪曙为名誉会长。推选吴仁品为会长,副会长 8 名,常务理事 57 名,理事 69 名,秘书长、副秘书长各 1 名。址设县公路运输管理所内,常驻工作人员 2 人。协会遵照"提高技能、规范维修、诚信服务"行业宗旨,组织会员开展活动。

2002 年 10 月,会同行业主管部门,倡议 28 家二类资质以上汽修厂,开展岗位练兵活动,逐一考评,摸清家底。同年 11 月至翌年 6 月,假市公路技校师资,县技工学校教室,培训 78 名高级汽修工。至 2006 年末,举办各类培训班 39 期,受训 1887 人次,其中汽修工培训班 398 人次,法规、其他高新技术岗位等培训班 1489 人次。

2003 年 8 月,会同县总工会、县交通局联合举办全县汽修工技能操作赛。同年 9 月,宁波市举办汽修工技能赛,24 个团体,72 名选手参赛,协会 6 名选手分获团体第一、第四名,个人第一、二、四名。2004 年 8 月,市职业技能鉴定指导中心,市行业协会联办汽修工技能赛,协会 10 名选手获团体第一,盛宏麟获个人第一。2006 年 9 月,市公路运输管理处、市行业协会、市轿辰集团联办"轿辰金丰杯"技能赛,协会选手陈敏、宋广军俩获团体冠军。同年底,宁波市检查机动车二级维修质量,县协会 23 家二类资质以上汽修厂合格率 100%,其中优秀率 65.2%,高出市平均值 19.7 个百分点。2003、2009、2010 年,协会分获县"先进社会团体"。

2005 年 3 月始,10 家汽修厂,66 名高级汽修工,上街设摊 3 天,开展"3.15"消费者权益月活动,义务修车 200 余辆。翌年 3 月、9 月,组织同一活动,出动汽修专家,技工 216 人次,义务检修私家车 819 辆,技术咨询 392 人次。至 2010 年,已惠及 5000 余辆私家车。

2007 年 2 月,召开一届二次理事大会,裁减罢免理事 5 名、常务理事 11 名,28 户个体会员退出。2009 年 2 月换届,聘请县交通局长柯建国任顾问,副局长兼县公路运输管理所长樊普定、宁波华翔集团董事长周辞美、县公路运输有限责任公司董事长吴增国为名誉会长。推选县公路运输管理所工会主席费继军为会长,副会长 8 名,常务理事 38 名,理事 60 名,秘书长、副秘书长各 1 名。2010 年末,企业会员 167 家,其中二类以上维修企业 29 家,三类及专项修理业 138 家,占全行业比例 90.76%。

县道路运输行业协会

2003 年 7 月 1 日成立,县交通局主管,址设县公路运输管理所内。专职工作人员 2 名,兼职1名。会员企业110家,会员业户1000余家,约占全行业比例90%。设协会理事48名,常务理事25名,会长盛安中,名誉会长樊普定,顾问黄建国、李国本、孙雄。其宗旨:遵守宪法、法律、法规和国家政策;维护道路运输市场稳定;促进行业技术革新;保护经营业户合法权益;提高从业人员素质;发挥政府与行业间桥梁、纽带作用。主要业务:(一)开展行业调研,协助主管部门制订行业发展规划,经济政策准标及管理措施。(二)加强信息咨询,提供涉外运输、技术引进等服务。(三)组织行业培训,促进科技创新,提高会员素质。(四)增进国内外行业交流,组织学习、考察活动。(五)指导行业开展诚信协作、公平竞争、优质服务活动,协助有关部门各类检查。(六)编印《象山道协信息》会刊。

多年来,协助行业主管部门优化境内运力结构,定期更新改造经营期满客运车辆,开展文明客运班线(车队、车辆)、星级客运场站、十佳客运驾驶员创建评选等活动。2008年,牵头创办宁波市首家县级出租汽车服务中心,就近为出租车提供车体清洗消毒、座椅更换装饰、计价器检测维修(原需赴甬检测)等服务。2009—2010年,协助主管部门和会员单位做好燃油补贴审报、发放,车辆更新投放、年检年审及运价调整等工作。

县船舶行业协会

1999年7月成立,为全省首家船舶行业协会,由县内各船舶修造、船用产品配套等企业组成。办公用房先后假石浦镇火炉头路1号、石浦镇海鲜街8号,县城新华路39号。今址新华路80号,县经济发展局主管。

有会员单位55家,其中船舶修造企业33家、船用产品配套企业21家、船舶设计企业1家。设理事21人,常务理事11人,会长、副会长、秘书长各1人。其宗旨:遵守国家宪法、法律、法规和政策,崇尚职业道德;促进科技创新,提高行业社会、经济效益;发挥行业与政府间桥梁、纽带作用。主要业务:传达国家有关方针、政策、法令、法律,协助主管部门制订行业规范及实施细则;根据行业内生产发展需要,举办各种培训班,提高从业人员科技知识;组织行业市场调研,提供船舶评估、船价咨询等服务,协助有关部门对船舶建造、改装、修理、买卖等进行价格协调;提供船舶工程设计、质量监理、技术咨询等服务;利用行业优势,发挥团体力量,加快新产品、新技术、新工艺开发与应用,提高行业知名度。先后被评为"宁波市优秀中小企业服务平台"和"宁波市优秀行业协会"。2009年11月,召开协会成立十周年庆祝大会之际,选举第三届理事会,浙江东红船业有限公司董事长李红壶连任协会会长,县经发局局长应伟刚被聘名誉会长。2010年11月,联合武汉理工大学交通学院,成立船舶与海洋工程研究院,积极引导全县船舶企业调整产业结构、攻克技术难关、转化科技成果、制定行业标准、培养技术人才。

第二章 运输管理

民国时期,无专门管理机构。运输行业划地为牢,互不统属。与业主纠纷,则由当地政府调解。解放后,设航管所、公路运输管理所,才纳入正常管理轨道。

第一节　运输管理沿革

解放初期,运输市场混乱,私营运输行乘机操纵,运价任意波动,船民生活困难。1951年,石浦航务站成立,登记、发证辖区船舶,从组织军粮、军柴运输入手,统一货源(后发展为统一计划)、统一调度、统一运价,组织船户集中调派,为国家计划经济时期"三统"管理之始。1953年初,实行甲乙两级统一运价,以装卸基价与航行基价为计算依据。是年,全省实行托运计划管理。翌年颁发《托运计划实施细则》,规定"分级平衡、分区负责"、"先公(营)后私(营)"、"先(计划)内后(计划)外",计划由航管站统一受理,经省、地平衡下达。1955年7月修订木帆船运价。9月,地区颁发《冰鲜船租运价方案》。由航管站统一印制票证,结算运费。水上运输"三统"管理渐趋完善。

1962年,丹城、石浦交通运输管理站成立,修订搬运装卸价格,统一票证,核发人力车牌照,整顿审批副业运输,陆上运输(短途人力车)亦纳入"三统"管理。公路客货运输,由汽车站独家经营,运输计划、车辆调度、客货运价均由站安排执行。

1971年,县成立统一运输指挥部,强化"三统"管理,商品流通中发生费用结算等运输活动,皆纳入"三统"管理,限制社会闲散劳力挤城镇搬运、企事业单位车船运输;限制农副业车船参加社会运输,统一调度,控制运价。1978年改革开放后,国家计划经济向市场经济过渡,1982年8月,经改革试点,1984年改"三统"为"三自",即企业自行受理货源,自行调度车船,自行结算运费。自此,境内运输市场逐渐繁荣。

第二节　运输市场管理

1980年12月,国家经委、交通部联合发出《关于改进汽车跨省运输管理工作的通知》。省经委、交通厅做出相应规定,由县交通局办理跨省运输签证,超越毗邻省份由省公路运输局审批签证。

1982年,宁波地区交通局于象山海运公司试行调度权下放,即交通运输部门的航运企业船舶,在始发港自行调度、制单、结算运费。翌年,县航运公司自行调度。1984年规定,航管部门管好国家指令性运输物资、交通枢纽、重点港埠运输物资、跨省干线物资。其余均下放航运企业,扩大航运企业经营运输自主权,打破营运地区界限,实行竞争。中共中央《当前农村经济政策的若干问题》下达,允许城乡个人或联户,购置机动车船、拖拉机参与运输,打破"三统"管理。交通运输部门主要承担重点物资、大宗物资和港站物资的集散。不属交通运输部门的运输企业,承担本行业的运输任务,运力有余时,经县以上交通主管部门批准,也可以承运其他物资。城乡集体、个体户承运当地农副业产品和农村生产、生活资料,经县以上交通管理部门批准,也可纳入统一运输网。

运输市场开放后,货源组织相应发生变化,允许运输企业自行承运,允许货主择优托运,单位和个人不得滥用职权,垄断货源,对重点物资,各家受理后,报航管部门统一汇总,按照谁受理、谁优先承运原则,分二级平衡,作为指令性计划下达。各承运单位必须执行平衡计划,保证完成。各航运企业承运其他一般物资,不列入平衡计划。

1990年11月,市交通委员会发布《宁波市道路运输营运证管理办法(试行)》,分营运证、临时营运证两种。获取营运证须符以下3条件:1.持有交通主管部门和工商行政机关核发的经营道路运输项目《经营许可证》和营业执照的客货运车辆;2.交通主管部门根据市场投放额度批准同意,且由运管部门具体办理购置手续的客货运车辆;3.持有运管部门所发线路核准证的客运车辆。营运证每三年换发一次。临时营运证,指经批准参加临时或季节性货物运输车辆,及经批准购置,但尚在办理开业税务等手续的营业性车辆。其有效期3个月,且每年仅一次。1995年9月1日起,执行交通部修订的《水路货物运输规则》和《水路货物运输管理规则》,明确水路货物运输中,承运人与托运人、收货人,港口经营人与作业委托人之间的权利、义务和责任界限,以维护水路货物运输合同和港口作业合同当事人的合法权益。1998年2月1日起,实施市人大颁《宁波市出租汽车客运管理条例》,市政府1994年4月12日发《宁波市出租汽车客运管理办法》同时废止。2004年2月1日起,执行市政府第115号令《宁波市出租汽车客运条例实施细则》,2001年6月1日起施行的《细则》同时废止。运输市场管理渐入法制化、规范化轨道。2004年7月1日起,实施国务院第406号令《中华人民共和国道路运输条例》,以维护道路运输市场秩序,保障道路运输安全,保护道路运输各有关方合法权益,促进道路运输业健康发展。嗣后,相继实施交通部颁2005年8月1日起施行的(2005)7号令《机动车维修管理规定》、9号令《道路危险货物运输管理规定》,2006年4月1日起施行的(2006)2号令《机动车驾驶员培训管理规定》,2007年3月1日起施行的(2006)9号令《道路运输从业人员管理规定》,交通运输部2008年7月23日修正的(2008)9号令《道路货物运输及站场管理规定》,2009年4月20日修正的(2009)4号令《道路旅客运输及客运站管理规定》。2010年7月1日起,根据交通运输部颁《道路运输车辆燃料消耗量检测和监督管理办法》,营运车辆采取准入制。凡未被列入《燃料消耗量达标车型表》或与《表》列装备和指标不一致的车辆,不予配发《道路运输证》。

船舶调度　20世纪80年代,交通枢纽、重点港埠,由当地航运企业调配本企业船舶,其他船舶均由航管部门调配;其他港埠航管站、组,仅调度承运计划内物资及外港船舶,其余均由船舶单位自行调度。

运费结算　运输船舶谁调配,谁结算。县航运公司、海运公司向航管所领取统一票证代开,其他船舶统由航管部门开票,改变过去航管部门独家开票、结算的做法。

第三节　运输价格管理

民国时期,汽车客货运输价格由运输单位自拟,报省主管局核准。轮船运价由商轮公司自定(表4-2-1、表4-2-2)。解放后,为加强运输市场管理,实行统一运价政策,运价制定、调整,按照"集中领导,分级管理"原则办理。海上货运由省航运管理局编制方案,报省有关部门批准。小客班轮运价由县交通局编制方案,经县物价局审核,报市有关部门批准。港口装卸、短途陆运价格的制定和调整,由县交通局测算,县物价局审核,报县政府备案。

1987年9月,国务院发布《中华人民共和国价格管理条例》,明确规定国家现行的3种价格形式,即国家定价、国家指导价和市场调节价,并规定企业在价格管理方面享有的权利,主要是赋予企业对一部分价格的定价权。

民国初期客轮票价一览(单位:元) 表4-2-1

航线	一等	二等	三等	统舱	参照船名
石浦—上海	4.80	2.40	1.20		宝华、平安
石浦—海门	2.10	1.40	0.70	0.60	宝华、平安、普庆、永利
石浦—宁波			1.00		湖广
石浦—穿山			0.80		宝华、平安
石浦—舟山			0.70		宝华、平安
石浦—海游				0.30	海游
石浦—健跳				0.30	海游
西沪港—宁波				0.50	宁海、宁象
西沪港—舟山				0.30	宁海、宁象
石浦—岳井				0.16	海游
石浦—泗洲头				0.22	海游
石浦—蛇盘				0.22	海游
石浦—大塘				0.11	海游

注:参照《支那省别全志·浙江省卷》。

解放前夕客轮票价一览 表4-2-2

航线	时期	统舱	格子铺	大菜间	房舱	船名
石浦—宁波	1948.3	20万元		24万元		荣成
白墩—宁波	1947.11	7.5万元				
白墩—宁波	1948.3	15.8万元				
白墩—宁波	1948.4	25万元	30万元	40万元	50万元	华象
白墩—宁波	1949.1	98元				
白墩—宁波	1949.2	336元				
白墩—宁波	1949.4	1.65万元				

注:时币制紊乱,物价跳涨,本表仅作参考。

一、水运价格

民国时期,轮船运价由经营单位自拟,各轮竞争激烈,竞相降低运价或赠送毛巾等招徕顾客。解放后,实行统一运价政策。1983年5月始,允运价灵活变动,适当上下浮动,改单一运价形式为多种形式。

进入21世纪,为适应社会主义市场经济体制要求,充分发挥价格杠杆对水运市场资源的配置作用,促进水运业发展。经国务院批准,2001年3月6日,国家计委、交通部联合下发《关于全面放开水运价格有关问题的通知》,规定自5月1日始,除军费开支和财政直接支出的军事、抢险救灾运输价格继续实行政府定价外,放开水运客货运输价格,实行市场调节价。具体价格由水运企业根据经营成本和市场供求情况自行确定,报当地价格、交通主管部门备案。价格、交通主管部门则加强跟踪、监督,对价格明显不合理引起社会各方面反映强烈的,依据《价格法》等规定进行干预。

货运价格　1953年1月1日起,省航运管理局宁波管理处实行统一运价。货物分甲乙两级,按不同程度另计加泡率,乙级品运价较甲级品低10%,其他笨重、长大件,视情况面议,危险物品另加危品费10%。装卸基价:每吨每航次,甲级品1.84元(已折今币制,以下同),乙级品1.666元;航行基价,每吨海里甲级品0.05元,乙级品0.045元,计算方法:[装卸基价+(航行基价×海里程)]×装载吨位=全程运费。

冰鲜船出租运价,每吨每月9元,后改8元。船员工资伙食另计,油耗由租入方开支。

1955年7月5日,宁波专署交管局批准《沿海木帆船统一运价修正方案》,适用于宁波舟山两航区及三门地区。原航行基价、装卸基价、货物等级及加泡计费不变,延搁费由原来每吨每天0.39元,增至0.53元;调空费在空驶海里程超过实载海里程时计收,每吨海里0.013元;放空费每吨海里0.045元;自然危险区特种险与甲种险合并每航次每吨0.53元,取消乙种险;凡需隔离装载的危险物品,由原来规定加50%,改为按甲级品运价加20%。

1956年6月,省人民委员会印发《浙江省轮船运输货物运价汇编》,运价分25级。1962年石浦运输鲜番薯,执行省颁机动船运价。但因计算错误,发生"运程越远,运价越高,运程越近,运价越低"的不合理现象,后采取对部分航线运价打折扣等办法予以补救。

1965年10月1日,省物价委员会通知,调整沿海货物运价,按照递远递减的原则,适当调整长短途航线间的运价比例,实行大小轮船同价。12月1日,木帆船承运化肥、农药等农业物资,运价八折优待。调整后运价过低,船员不愿承运,造成部分农业物资积压。1979年8月23日取消优惠运价。

1966年7月2日,宁波航管处通知,以沿海木帆船运价偏高,对沙石砖瓦及盐等物资九折计费,对宁波中转台州之煤炭,运价八五折优惠。至1978年10月1日取消上述优待价。1967年5月1日起,沿海货物运价由25级制改为8级制。1981年10月10日,为解决沿海小轮运输企业亏损问题,省交通厅印发《浙江省沿海机动船货物运价规则》,于同年12月1日起试行(表4-2-3)。主要内容是:沿海货运起码计费海里程为10海里;浙江沿海机动船货物运价,按船舶核定载重吨,分500吨级以上和500吨级(含)以下两种,按船舶载重吨分级计收,并按货物种类分8级;每一运单,一次交运同一货物计费重量满5吨为整批,5吨以下为零担,零担货物按整批运价加收20%;凡一件货物重量超过1吨,或长度超过7米者,为笨重、长大件货物,按笨重、长大件货物运费加收标准计算;凡载重150吨以下船舶运输货物,进出本省自然危险区域时,每吨货物每航次计收险区费0.53元。象山沿海自然危险区为渔山列岛,檀头山、柴嘴头、南韭山、白沙湾、长沙;上海港各点至浙江沿海货物,运价按浙江运价计算。跨省物资运价,分段计算。

1981年沿海整批货物运价一览　　表4-2-3

航　线	航程(海里)	货物等级及其运价(元/吨)							
		1	2	3	4	5	6	7	8
石浦—海游	40	4.20	4.60	4.90	5.30	7.30	8.60	12.20	17.00
白墩—定海	45	4.60	4.90	5.10	5.70	7.80	9.30	13.00	18.10
石浦—椒江市 沈家门	57 60	5.00	5.50	5.90	6.40	8.70	10.40	14.00	20.30

续上表

航　线	航程(海里)	货物等级及其运价(元/吨)							
		1	2	3	4	5	6	7	8
白墩—宁波	79	6.10	6.80	7.00	7.70	10.70	12.60	17.80	24.60
石浦—宁波	87	6.70	7.30	7.60	8.30	11.50	13.80	19.20	26.90
石浦—温州	134	8.40	9.30	9.60	10.50	14.60	17.40	24.50	33.90
石浦—上海 白墩	186 184	9.70	10.60	11.10	12.20	16.90	20.80	31.70	44.10

注:属500吨级(含)以下机动船

1983年5月,地区交通局批转航管处《宁波地区航运工作改革的试行意见》,运价可灵活变动,改单一运价形式为多种形式,凡鲜活商品、零星货物、危险品物资,或货主有特殊要求的货物运输,以及议价柴油价格变化时,其运价可向上浮动;运力紧张,又系单边运输航线,经承托双方协议,允许收取调(回)空费或补贴费。

20世纪80年代末以来,燃料价格不断上升,国家计划内燃料指标相应减少,致企业运输成本逐年增加。

1990年3月,省物价局、交通厅根据国家物价局、交通部《关于下达提高水运货运价格实施方案的通知》精神,调整省内水运货运价格。沿海停泊基价,每吨调为5.00元。航行基价,运距在200海里内,每吨海里0.05元;400海里内,每吨海里0.046元;400海里以上每吨海里0.041元。500载重吨以下货船基价按上述费率提高20%。但为支援农业,对化肥、粮食、食用盐运价暂缓调整。1991年7月始,执行宁波市物价局、市交通委员会《关于调整粮食、化肥、食用盐水运运价油差补贴标准的通知》,对500吨级以下沿海机动船的水运价格,在省未作统一调整前,其油价差价补贴标准从每吨公里0.017元调至0.02元(即吨海里为0.03704元)。1992年8月,省物价局、交通厅颁《关于调整浙江省水路货物运价的通知》,沿海停泊基价由每吨5.00元,调整为6.50元。航行基价,运距200海里内,每吨海里由0.05元调为0.065元;400海里内,每吨海里由0.046元调为0.061元;400海里以上,每吨海里由0.041元调为0.056元。对粮食、化肥运价继续优惠,按新运价85%计收。1993年7月,省物价局、交通厅颁《关于调整煤炭水路运价等级和水路货物运价实行国家指导价的通知》,自8月1日起,煤炭运价等级由4级调整为5级,水路货物运价在实行国家指导价基础上,可由企业确定上下浮动20%。

客运价格　1950年5月舟山解放后,宁波—定海—白墩、宁波—石浦等航线,相继恢复,甬白航线每人海里0.0267元,价格较其他航线偏低。1956年10月,省航运局制订调整运价基本原则,其客运基价确有困难的水域,可按航线制订基价,但各线交叉区段基价,必须统一。省航宁波分公司实施基价降低10%,沿海不分水域同价。以甬定线为例,航程34海里,原每一客票1.50元,基价为每人海里0.0441元,降至0.04元。宁波白墩航线调高15.8%,甬石航线降低14.9%。起码计费里程为10海里,11海里以上每5海里为1小段,1~50海里,每人海里0.04元;51~100海里0.037元;101~150海里0.036元;151~200海里0.035元;旅客保险费,驳船费另加。一直沿用此价格,未作调整。1982年,将客票奇零尾数改为5分,继改1角,因物价上涨,多次调整运费。宁波市物价局通知,1984

年7月10日起，实行新运价，规定统一基价：运距在10海里以内每人海里0.08元；11~50海里，每人海里0.06元；每票起码计费里程5海里；保险费、渡费另加；客票尾数，角以下四舍五入。不久，市物价局、交通局批复，同意提高沿海小客班运价20%。即里程在10海里以内，由原每人海里0.08元，提高至0.096元；11~50海里的，由原0.06元，提高至0.072元；每张客票起码计费里程5海里；1987年6月1日起执行。1988年8月20日，再次调整票价：1~10海里，每人海里0.12元；11~20海里，每人海里0.11元；21~50海里，每人海里0.10元。是年11月5日，县交通局调整渡运价格时，附加渡口建设基金，作改善渡口设施专款，按渡运情况，每票加收少者1分，多者5分，由水上安全管理办公室负责征收、管理（表4-2-4、表4-2-5）。

渡费、渡口建设基金一览（单位：元）　　表4-2-4

渡口名称	原价	1988年11月		1989年1月		备注
		渡价	含建设基金	渡价	含建设基金	
东门渡	0.10	0.15	0.01	0.15	0.01	
胡椒湾	0.40	0.50	0.03	0.60	0.05	
小网巾	0.40	0.50	0.03	0.60	0.05	
韭菜湾	0.50	0.70	0.03	0.80	0.05	
铜钿礁	0.08	0.12	0.01	0.12	0.01	
吉港渡	0.30	0.40	0.02	0.40	0.02	
前龙头	0.20	0.25	0.01	0.25	0.01	
后龙头	0.20	0.20	0.01	0.20	0.01	
金交椅	0.20	0.30	0.01	0.30	0.01	
杏八渡	0.40	0.60	0.02	0.70	0.02	
晓湾渡	0.50	0.70	0.02	0.70	0.02	
三门口	0.30	0.40	0.01	0.40	0.01	
大树墩	0.05	0.10	0.005	0.10	0.01	
竹屿渡	0.05	0.10	—	0.10	—	义渡、本村人免收
中泥渡	0.05	0.10	0.005	0.10	0.01	
逸狗山	0.10	0.15	0.01	0.15	0.01	
英山渡	0.30	0.50	0.02	0.50	0.02	
中岙渡	0.10	0.15	—	0.15	0.01	
浮礁渡	0.05	0.10	0.02	0.10	0.02	
台宁渡	0.50	0.70	0.03	0.70	0.03	
金牛江	0.10	0.15	—	0.15	0.01	
蟹钳渡	0.15	0.20	0.01	0.20	0.01	
崇嵣渡	0.20	0.30	—	0.30	0.01	
淡港渡	1.00	1.20	0.02	1.30	0.05	
下沈渡	0.90	1.20	0.03	1.30	0.05	

续上表

渡口名称	原价	1988年11月		1989年1月		备注
		渡价	含建设基金	渡价	含建设基金	
柴溪渡	0.70	0.90	0.02	1.00	0.05	至蛱山
柴溪渡	0.80	1.00	0.02	1.10	0.05	至桐照
驿角岙	0.30	0.40	0.01	0.40	0.01	
马滩渡	0.30	0.40	0.01	0.40	0.01	
里高泥	0.30	0.40	0.01	0.40	0.01	
横里渡	1.00	1.20	0.02	1.20	0.02	
南汇渡	0.40	0.50	0.02	0.50	0.02	石浦一铜瓦门
南汇渡	0.20	0.20		0.20	0.01	石浦一南汇;南汇一铜瓦门
乌屿山	0.80	0.90	0.02	1.00	0.05	

小客班运价、渡口建设基金一览(单位:元)　　表4-2-5

航线	原价	1988年11月		1989年1月		备注
		运价	含建设基金	运价	含建设基金	
鹤浦一石浦	0.50	0.70	0.04	0.80	0.05	
金漆门一石浦	1.00	1.30	0.04	1.50	0.05	
三门口一石浦	1.00	1.30	0.04	1.40	0.05	
蟹钳渡一石浦	1.70	2.70	0.04	3.00	0.05	
檀头山一石浦	1.00	1.00	0.04	1.10	0.05	
西泽一六横	2.10	2.30	0.03	2.60	0.05	
港口一鹤浦	0.60	0.70	0.02	0.80	0.05	
鹤浦一雷公山	0.80	1.00	0.02	1.00	0.02	

1988年6月10日,调整椒石线票价,由原来每人海里0.06元,调整至0.10元,另加保险费3%,客座等级差和卧铺等票价,以下舱座位为基价,中舱比下舱高20%,上舱比中舱高20%,前上舱又比上舱加60%;卧铺按同座位票加80%,卧具每租用一次收0.30元(表4-2-6)。

象山港汽车轮渡收费标准一览　　表4-2-6

种类	标准	计费单位	1988年价格(元)	1989年价格(元)	备注
客车	5座以下	每辆	10.00	15.00	
	6~15座	每辆	14.00		
	16座以上按吨计算	每吨	8.00		每10座换算为1吨,不足5座按半吨,超过5座按1吨计算
	6~9座	每辆		18.00	
	10~20座	每辆		20.00	
	21座以上按吨计算	每吨		10.00	

续上表

种　类	标　准	计费单位	1988 年价格(元)	1989 年价格(元)	备　注
货车	2 吨以下	每辆	15.00	22.00	
	2.1～3 吨	每辆	20.00	26.00	
	3 吨以下	每吨	6.00	8.00	不足半吨按半吨,超过半吨按 1 吨计算
其他	二轮机动车	每辆	2.50	3.50	
	三轮机动车	每辆	7.00	9.00	
	小型拖拉机	每辆	14.00	18.00	
	中型拖拉机	每辆	22.00	26.00	
	大型拖拉机	每辆		35.00	
	自行车	每辆	0.70	1.30	
旅客过渡费		每人	0.70	1.30	
其他标准	1.超长货物收费标准:超出车尾部分,每米换算 1 吨,不足半米按半米收费。 2.渡运危险品,按车渡费 50%加收。凡需单独过渡的,按渡轮一个航次的装载核定量的 80%收费。				

国务院 1989 年《关于做好提高铁路水运航空客运票价工作的通知》,决定自 1989 年 9 月 5 日起,调整水上客运运价。因象山 1987、1988 年,已两次调整沿海小客轮票价(表 4-2-7),此次仅跨县航线及檀头山航线客运票特殊提价,其他航线不变。

1989 年沿海客轮票价一览(单位:元)　　表 4-2-7

航　线	散　席	五　等	四　等	三　等$_B$	三　等$_A$	备　注
石浦一上海	18.40	22.00	30.80	43.00	58.00	"石浦 2"轮
石浦一椒江	8.00		14.50	19.80	26.20	"浙 402"大金山轮
石浦一沈家门	8.20	下舱 4.30 元,上舱 5.20 元,四等 8.00 元,今由"象机 1"轮行驶				
石浦一六横台门	6.10	舱 2.90 元,上舱 3.50 元,四等 5.40 元,今由"象机 1"轮行驶				
西泽一六横涨起	3.20	原价 2.30 元				
石浦一大王宫	1.70	原价 1.60 元				
石浦一小沙	1.30	1989 年 5 月由 0.70 元,调至 1.00 元				
石浦一海游	6.10	1985 年由 1.30 元调至 2.90 元,1987 年调至 4.10 元,由"浙三机"轮行驶				

1991 年 1 月 5 日,县物价局、交通局规定:是年 1 月 15 日起,石浦至檀头山客船票每人由 1.30 元调整为 1.50 元。同年 6 月 29 日,宁波市物价局、市交通委员会核定石浦至椒江航线增靠鹤浦码头,同意鹤浦至椒江段(53 海里)散席票价为 7.80 元,四等卧铺为 14.10 元,上述票价均包括旅客保险费和卧具费。石浦至鹤浦段(4 海里)每票仍为 0.80 元。石浦至椒江全程 57 海里,亦仍按省定标准执行,即散席每票 8.00 元,四等卧铺 14.50 元。1992 年初,由于取消计划燃油供应,沿海客运企业燃油成本大幅上升,经营发生困难。9 月 28 日,县交通局、物价局据此联合颁《关于调整全县渡口客运票价的批复》,同意沿海各航线客运渡船收费

标准,按照小客轮票价(表 4-2-8)。

1992 年全县渡口客运票价调整一览(单位:元)　　表 4-2-8

航　线	航距(海里)	现有票价				调整票价			
		合计	原价	建设基金	码头费	合计	现价	建设基金	码头费
东门—石浦	0.4	0.20	0.14	0.01	0.05	0.30	0.19	0.01	0.10
湖礁湾—石浦	3	0.60	0.55	0.05		0.80	0.65	0.05	0.10
小网市—石浦	2	0.70	0.55	0.05	0.10	0.90	0.75	0.05	0.10
韭菜湾—石浦	3.5	0.80	0.75	0.05		1.10	0.95	0.05	0.10
渔山—石浦	26	4.30	4.30			6.90	6.75	0.05	0.10
高塘港口—石浦	7	1.30	1.15	0.05	0.10	按照县航运公司票价收取			
三门湾—石浦	10	1.80	1.65	0.05	0.10	按照县航运公司票价收取			
石浦—红卫塘	15	2.10	1.95	0.05	0.10	4.10			0.10
小沙—石浦	6	1.50	1.45	0.05		2.10	1.95	0.05	0.10
西泽—六横	20	3.20	3.15	0.05		5.40		0.05	
大皇宫—石浦	7	1.70	1.85	0.05		2.30	2.15	0.05	0.10
鹤浦—石浦	4	1.00				按照县航运公司票价收取			
铜钿礁—石浦	0.4	0.12	0.11	0.01		0.15	0.14	0.01	
吉港—港口	1.3	0.40	0.38	0.02		0.50	0.48	0.02	
前龙头—港口	0.3	0.25	0.24	0.01		0.30	0.28	0.02	
后龙头—乌龟山	0.3	0.25	0.24	0.01		0.30	0.29	0.01	
金高椅—大塘里	1	0.30	0.29	0.01		0.40	0.38	0.02	
杏八—金鸡山	2.5	0.60	0.58	0.02		0.75	0.73	0.02	
晓湾—鹤浦	2	0.80	0.68	0.02	0.10	1.00	0.87	0.03	0.10
晓湾—打鼓屿	0.3		义渡			0.15	0.14	0.01	
树桥头—打鼓峙			义渡			0.15	0.14	0.01	
金鸡山—东风塘	0.3		义渡			0.15	0.14	0.01	
泥礁—三门口	2.5	0.40	0.39	0.01		0.50	0.48	0.02	
竹屿—东风塘	0.3	0.10	0.09	0.01		0.15	0.14	0.01	
大树墩—西边塘	0.3	0.10	0.09	0.01		0.15	0.14	0.01	
中泥—隔洋塘	0.3	0.10	0.09	0.01		0.15	0.14	0.01	
逸口山—东升	0.3	0.15	0.14	0.01		0.20	0.19	0.01	
英山—李家渡	2	0.50	0.48	0.02		0.60	0.58	0.02	
小花港—中岙	0.3	0.15	0.14	0.01		0.20	0.19	0.01	
礁横—浮礁渡	0.3	0.10	0.08	0.02		0.15	0.13	0.02	
台宁—红卫塘	3	0.70	0.67	0.03		1.50		0.03	

续上表

航　线	航距(海里)	现有票价				调整票价			
		合计	原价	建设基金	码头费	合计	现价	建设基金	码头费
金牛港—下灶	0.3	0.15	0.14	0.01		0.20	0.18	0.02	
杨岙山—蟹钳渡		0.20	0.19	0.01		0.25	0.24	0.01	
崇巉—对面山	0.4	0.30	0.29	0.01		0.40	0.39	0.01	
淡港—石沿	7	1.30	1.25	0.05		2.00	1.65	0.05	
下灶—金牛港	0.3	0.15	0.14	0.01		0.20	0.18	0.01	
下山—石沿	7					2.00		0.05	
柴溪—铜礁	6					1.80		0.05	
新上岙—下山	1	0.40	0.39	0.01		0.50	0.48	0.02	
里高泥—下山	1	0.40	0.39	0.01		0.50	0.48	0.02	
横里—湖头渡	4.5	1.20	1.18	0.02		1.50	0.48	0.02	
南汇—石浦	1	0.20	0.19	0.01		0.35	0.23	0.02	0.10
港口—鹤浦	3	1.10	0.95	0.05	0.10	按照县航运公司票价收取			

1992年12月1日始，宁波市物价局、市交通委员会调整全市沿海客运票价和象山港汽车轮渡收费标准（表4-2-9、表4-2-10）。

1992年12月调整后境内沿海客轮票价一览　　表4-2-9

航　线	航距（海里）	调整后票价（元）
石浦—鹤浦	4	1.50
石浦—高塘	7	2.00
鹤浦—高塘	3	1.50
石浦—三门口	10	2.80
鹤浦—三门口	5	1.70
石浦—健跳	26	6.90
鹤浦—健跳	22	5.90
三门口—健跳	16	4.30
石浦—海门	57	下舱　13.80 上舱　16.50 四卧　24.20 三卧B　33.40
石浦—沈家门	60	下舱　14.10 上舱　18.90
胡陈港—健跳	12	3.30

1992 年 12 月象山港汽车轮渡收费一览　　表 4-2-10

车种、车型及吨位	单　位	单价(元)	备　注
5 座以下客车吉普车轿车	每辆	20	
6~9 座客车	每辆	22	
10~20 座客车	每辆	24	
21 座以上客车按作为换算吨	每吨	12	每 10 座换算为 1 吨,不足半吨按半吨,超过半吨不足 1 吨按 1 吨计算
二轮机动车	每辆	4	
2 吨以下货车	每辆	26	
2.1~3 吨货车	每辆	31	含 3 吨
3 吨以上货车	每吨	10	不足半吨按半吨,超过半吨不足 1 吨按 1 吨计算
三轮机动车	每辆	12	
小型拖拉机	每辆	22	
中型拖拉机	每辆	30	
大型拖拉机	每辆	42	
自行车	每辆	2	
旅客过渡费	每人	2	

1993 年 7 月 8 日,宁波市物价局、交通委根据省物价局、交通厅《关于调整省管水上旅客运输票价的通知》,调整宁波市沿海客轮主要航线票价。其中营运石浦至上海(186 海里)航线的“石浦 2”客轮,调整后二等舱 77 元、三等舱 57 元、四等舱 41 元、五等舱 30 元、散席 23 元。是年 7 月 23 日,县物价局批复石浦港务客运站,核定接送旅客站台票每张为 0.50 元,预售隔日船票每张手续费 1.00 元。1994 年 3 月,省物价局、交通厅颁《关于甬申线客运票价实行上浮的批复》,其中“石浦 2”客轮运价继续按上浮 20%执行。是年同月,县物价局、交通局联合批复县水上交通安全管理办公室,再次调整全县渡口客运票价,以东门岛至石浦渡为例,从原每票 0.3 元调为 0.4 元,其中渡口建设基金 0.01 元,码头费 0.10 元。5 月 16 日起,渡口建设基金、码头费按月实行定额征收。同年 8 月,宁波市物价局、交通委批复,再次调整象山港汽车轮渡收费标准,即 5 座以下轿车,从每辆 20 元调为 25 元,余皆相应提高。

1997 年 1 月 23 日,宁波市物价局、交通委下发《关于适当调整水路客运票价的通知》,境内沿海客轮、象山港渡轮又相应提价(表 4-2-11、表 4-2-12)。

1997 年境内沿海客轮票价调整后一览　　表 4-2-11

航　线	海　里	调整后票价(元/票)
石浦—鹤浦	4	2.70
石浦—高塘	7	3.40
鹤浦—高塘	3	2.70
石浦—三门口	10	4.60

续上表

航　线	海　里	调整后票价(元/票)
鹤浦—三门口	5	2.90
石浦—健跳	26	10.50
鹤浦—健跳	22	9.10
三门口—健跳	16	6.80
石浦—海门	57	上舱　24.30 四等卧　35.20
石浦—沈家门	60	上舱　25.00 三等卧　49.40
胡陈港—健跳	12	5.30

注:上述票价中已包括旅客意外强制保险费和出口旅客港务费 0.50 元/人,卧铺票价已包括卧具费。

1997 年象山港汽车轮渡收费标准调整后一览　　表 4-2-12

车种、车型及吨位	单　位	单价(元)	备　注
5 座以下客车吉普车轿车	每辆	28	
6~9 座客车	每辆	30	
10~20 座客车	每辆	33	
21 座以上客车按吨计算	每吨	18	每 10 座换算为 1 吨,不足半吨按半吨,超过半吨不足 1 吨按 1 吨计算
2 吨以下货车	每辆	38	
2.1~3 吨货车	每辆	44	含 3 吨
3 吨以上货车	每吨	15	不足半吨按半吨,超过半吨不足 1 吨按 1 吨计算
小型拖拉机	每辆	30	
中型拖拉机	每辆	40	
大型拖拉机	每辆	55	
二轮机动车	每辆	7	
三轮机动车	每辆	17	
自行车	每辆	2.40	
旅客过渡费	每人	2.40	

1997 年 12 月,市物价局、交通委批复,翌年 1 月 1 日起,主营象山西泽经舟山金塘至上海金山的“海马 3”客轮,其票价为中舱 62 元,上舱 74 元。1999 年末,县物价局、交通局批复,翌年 1 月 1 日始,石浦至沈家门航线基准价每票 30 元,并允许上下浮动 20%。2001—2006 年,经市、县二级价格、交通主管部门同意,境内沿海客轮各航线又先后相应提价(表 4-2-13~表 4-2-16)。

2001年象山港汽车轮渡收费一览 表4-2-13

车种、车型及吨位	单位	收费标准(元)		备注
		白天	晚间	
5座以下客车吉普车轿车	每辆	39	46	
6~9座客车	每辆	41	48	
10~20座客车	每辆	46	54	
21座以上客车按吨计算	每吨	24	29	每10座换算为1吨,不足半吨按半吨,超过半吨不足1吨按1吨计算
2吨以下货车	每辆	53	61	
2.1~3吨货车	每辆	61	69	含3吨
3吨以上货车	每吨	21	23	不足半吨按半吨,超过半吨不足1吨按1吨计算
小型拖拉机	每辆	40	45	
中型拖拉机	每辆	50	58	
大型拖拉机	每辆	70	80	
二轮机动车	每辆	10	12	
三轮机动车	每辆	33	27	
自行车	每辆	4	4	
旅客过渡费	每人	4	4	

注:1.轮渡的发班时间在每天18时后(不包括18时),按夜间轮渡收费标准收取;

2.加长、加宽车辆轮渡收费按宁波市物价局、交通委员会《关于对加长、加宽车辆过渡收费标准的批复》(甬价经[1999]581号、甬交运邮[1999]528号)规定执行;

3.营运班车按旅客实际人数计算,收费标准为每人次4.00元。

2002年高塘岛杏八至石浦金星车客渡收费一览 表4-2-14

车种、车型及吨位	单位	收费标准(元)	备注
5座以下客车吉普车轿车	每辆	24	
6~9座客车	每辆	25	
10~20座客车	每辆	28	
21座以上客车按吨计算	每吨	15	每10座换算为1吨,不足半吨按半吨,超过半吨不足1吨按1吨计算
2吨以下货车	每辆	32	
2.1~3吨货车	每辆	37	含3吨
3吨以上货车	每吨	13	不足半吨按半吨,超过半吨不足1吨按1吨计算
小型拖拉机	每辆	24	
中型拖拉机	每辆	30	
大型拖拉机	每辆	42	

续上表

车种、车型及吨位	单　位	收费标准(元)	备　注
二轮机动车	每辆	6	包括摩托车
三轮机动车	每辆	13	包括摩托车
自行车	每辆	2.00	
旅客过渡费	每人	1.50	

注:加长、加宽车辆收费按宁波市物价局、交通委员会《关于加长、加宽车辆过渡收费标准的批复》(甬价经[1999]581号、甬交运[1999]528号)规定执行。

2006 年石浦至鹤浦汽车轮渡收费一览　　表 4-2-15

车种、车型及吨位	单　位	收费标准(元)	备　注
5 座以下客车吉普车轿车	每辆	40	含 5 人
6~9 座客车	每辆	45	含 9 人
10~20 座客车	每辆	52	含 20 人
21 座以上客车按吨计算	每吨	26	
2 吨以下货车	每辆	55	含 2 吨
2.1~3 吨货车	每辆	68	含 3 吨
3 吨以上货车	每吨	20	
小型拖拉机	每辆	40	
中型拖拉机	每辆	52	
大型拖拉机	每辆	75	
二轮机动车	每辆	14	含 2 人
三轮机动车	每辆	21	含 3 人
自行车	每辆	6	含 1 人
电动自行车	每辆	7	含 1 人
手拉车	每辆	14	含 1 人
旅客过渡费	每人	5	

2006 年高塘-金星汽车轮渡收费一览　　表 4-2-16

车种、车型及吨位	单　位	收费标准(元)	备　注
5 座以下客车吉普车轿车	每辆	35	含 5 人
6~9 座客车	每辆	40	含 9 人
10~20 座客车	每辆	45	含 20 人
21 座以上客车按吨计算	每吨	20	
2 吨以下货车	每辆	45	含 2 吨
2.1~3 吨货车	每辆	50	含 3 吨
3 吨以上货车	每吨	18	
小型拖拉机	每辆	35	
中型拖拉机	每辆	45	

续上表

车种、车型及吨位	单　位	收费标准(元)	备　　注
大型拖拉机	每辆	65	
二轮机动车	每辆	4	不含人
三轮机动车	每辆	8	不含人
自行车	每辆	2	不含人
电动自行车	每辆	3	不含人
旅客过渡费	每人	3	

二、陆运价格

陆上运价包括汽车客运价、货运价、拖拉机运价、其他机动车和非机动车运价、汽车货(客)运站收费和装卸搬运收费等。公路运价按历史发展,先后实行国家定价、国家指导价、市场调节价3种形式。原以国家定价为准,改革开放后逐步向国家指导价、市场调节价转变。进入21世纪,出于发展市场经济、关注民生利益双重考虑,城市公交实行政府定价,公路客运基本执行政府指导价,公路货运价格由市场调节。

汽车客运价

1935年(民国24年),宁穿长途汽车股份有限公司经营丹城至西泽客运,基本运价最高每人公里0.03元,最低0.025元。1939年(民国26年)0.032元。永安公司经营时运价不详。

1956—1980年,象山汽车客运悉由浙江省汽车运输公司宁波分公司象山站经营。1956年,汽油车、代客车均为每人公里0.0256元,木炭车0.0216元,革命残废军人购票按九五折算。1966年7月1日汽油车票调整为每人公里0.024元。

1986年2月,高靠背每座定价每人公里0.033元,山区客运成本高,仍有亏损。1987年8月,根据公路类别及客车类型,调整票价。提价原则:路况好的公路尽量少调;路况差的山区公路适当多调;贫困山区适当照顾。公路分三类,车型分两类。一类公路:丹城至井栏、茅洋至黄公岙、马岭至石浦、丹城至井坑、丹城至西泽。二类公路:沙岗至石浦、黄公岙至马峙、井坑至西溪岭顶、汤家店至钱仓、泗洲头至大麦塘、新长岭至下山、儒雅洋至横山。三类公路:泗洲头叉口至西周、丹城至爵溪、虎啸铺至大溪蒋、钱仓至章家墩、九龙江至黄埠岭脚、井水至蒲白墩、定塘至周岙、田洋湖至中泥、下高塘至高湾、东溪至旦门、溪口至东岙、双汪岭至下湾、毛洋至黄避岙、岑晁至龙屿、前山姚至崔家岙。一类公路提价20%,低靠背0.029元,高靠背0.036元。二类公路提价30%,低靠背0.031元,高靠背0.038元。三类公路提价50%,低靠背0.036元,高靠背0.04元。提价仅限于县境内山区、支线短途班车。全县总提价幅度为29.1%。跨县的长途汽车票价,执行原规定。

1988年4月,小客车运价从1985年的每人公里0.053元提高至0.07元(含公路建设基金0.003元),同年9月再次提高至0.083元(含公路建设基金0.01元)。

1989年春节运输开始,再次提高票价:一类公路低靠背每人公里0.032元,高靠背

0.039元。二类公路低靠背 0.034 元,高靠背 0.041 元,三类公路低靠背 0.039 元,高靠背 0.044 元。

1990 年 1 月起,又一次提价为:跨县干线长途客车每人公里基本价低靠背 0.03 元,高靠背 0.04 元。一类公路低靠背 0.0372 元,高靠背 0.0472 元。二类公路低靠背 0.0408 元,高靠背 0.0508 元。三类公路低靠背 0.048 元,高靠背 0.058 元。基本价中包括 2%的旅客意外伤害保险费。油价补差、经营补贴基金、客运站建设基金各 0.002 元(称附加费),惟省公路建设基金 0.01 元另计。定线不停时的 10~24 座中型客车每人公里 0.10 元(含公路建设基金)。

票价计算方式:(基本运价+附加费+公路建设基金)×里程=客票票面合计金额。

跨县长途客车运价,以丹城至宁波南站高靠背为例:票价 7.20 元。计基本票价 0.04 元,附加费 0.006 元,公路建设基金 0.01 元,总计每人公里 0.056 元,全程 128 公里,合 7.168元,尾数四舍五入。又以丹城至石浦(茅石路)高靠背座为例:票价 4.10 元,全程共 63 公里,其中一类公路 44 公里,每人公里 0.0472 元,二类公路 19 公里,每人公里 0.0508 元,计 3.04 元,加附加费每人公里 0.016 元计 1.01 元,总计 4.10 元。凡乘坐营业性大小客车途经沙石线公路的旅客,均征收路面集资费。全程或半程以上(半程以王家站为界)每人次征收 0.50 元;半程以下(含)每人次征收 0.30 元。1990 年 3 月,县交通局、物价局联合发文,10 日始相应提高简易三轮机动车收费标准,每人公里从原 0.073 元,调整为 0.10元。

1991 年 7 月起,丹城 1 路、2 路公交车票价:1~2 站 0.1 元,3~4 站 0.2 元,依此类推;石浦公交线塘头港至台胞医院全程 4.05 公里,分 6 站,每站 0.1 元。1993 年 1 月 8 日起,石浦公交票价适当调整:1 站 0.2 元,2~3 站 0.3 元,4 站 0.4 元,5 站 0.6 元,全程 0.8 元。1994 年 4 月再次调整为每站 0.2 元,塘头港至台胞医院全程 1 元;第一冷冻厂至水产品交易市场全程 1.2 元。1995 年始,丹城城区公交 1~4 站 1 元,5 站以上 1.5 元,城郊按站数、里程分 1 元、1.5 元、2 元;石浦公交 1~2 站 0.5 元,2~4 站 1.00 元,5 站以上 1.50 元。1999 年 11 月 18 日始,因石浦公交延伸线路,经县物价局批准,再次调整票价:1~2 站 0.5 元,3~4 站 1.00 元,依此类推,全程 11 站票价 3.00 元。2010 年实施公交国有化改造,县政府全面收购丹城、石浦两地个体挂靠“中巴”公交车,车辆营运实行政府财政补贴。丹城地区公交线路从 9 条增至 21 条,除东陈工业园区专线外,票价全线 1 元,线路最长达 15.5 公里。

1992 年 8 月始,取消计划燃油供应,实行平议差价补贴,每人公里贴 4 厘,运输单位以此冲抵运输成本。1993 年 1 月始,全市征收汽车客站建设基金,凡 10 座以上面包车、中巴车、大客车,营县(市、区)境内的每票加收 0.01 元;跨县(市、区)40 公里以下加收 0.02 元,40 公里及以上加收 0.03 元;省内跨市(地)加收 0.06 元;跨省加收 0.08 元。后于 1998 年取消。

1993 年 4 月,调整汽车客运燃油差价补贴,每人公里从 0.004 元调至 0.112 元。是年 11 月,随着各类豪华型大客车投入营运,省物价局、交通厅联合下发《关于制订公路空调卧铺客车和北方牌空调客车运价的通知》,规定空调卧铺客车每人公里基价 0.144 元,北方牌空调大客车每人公里基价 0.09 元。

历年春节前后40天内,客运票价皆上浮。1992年春运期上浮15%,1995年春运期上浮25%。并规定当天晚上6时至明晨6时接送旅客者可按上浮后票价加收30%。春运结束上浮率取消。

1995年8月23日,县物价局、交通局联合颁《关于整顿人力三轮车客运票价的通知》,规定自9月1日始,其1公里内(含)起步价,每车次2元,超过1公里,不足1.5公里(含),每车次3元,超过1.5公里,不足2公里(含),每车次4元,超过2公里,不足2.5公里(含),每车次5元。超过2.5公里以上者,按每半公里加1元类推,临时包车者,运价双方面议。

1999年2月14日,县物价局、交通局联合发《关于调整旅客车票票价的通知》,3月1日起,24座以上客车(高靠背)基本运价:县内0.087元/人公里,县外0.072元/人公里,且加收0.025元/人公里的省客运附加费,全程计价尾数四舍五入以0.5元为单位;县客运中心站务费(每票)另加0.50元,石浦二运公司站务费另加0.30元,使用计算机售票的每票另加0.20元。简三轮、简四轮、农四轮客车票价亦作相应调整(表4-2-17)。

1999年县境内简三轮、简四轮、农四轮客车票价一览(单位:元)　　表4-2-17

公里数	客票金额	公里数	客票金额
1~5公里	1.00	31~34公里	5.00
6~10公里	2.00	35~38公里	5.50
11~14公里	2.50	39~42公里	6.00
15~18公里	3.00	43~46公里	6.50
19~22公里	3.50	47~50公里	7.00
23~26公里	4.00	51~54公里	7.50
27~30公里	4.50		

注:1.凡经过彭姥岭隧道的隧道费每票加收0.60元。
2.上述票价已包含2%的旅客意外伤害保险费。
3.省公路客运附加费0.025元已含上述票价内。

2000年1月1日起,经市物价局批准调整县内农用面包车旅客票价:3公里(含)以下每票1.00元,3~5公里(含)每票1.50元,5~7公里(含)每票2.00元,7公里以上每4公里每票加收0.50元。

2004年2月,鉴于境内客运市场车辆更新、税费提高、油料上涨等成本增加,县物价局、交通局重新核定境内中巴车票价,即3公里(含)以下每票1.00元,3~5公里(含)每票1.50元,5~7公里(含)每票2.00元,7~40公里(含)每增加3公里加收0.50元,40公里以上每增加5公里加收0.50元。7月,核定区域小客车运价,丹城、石浦起步价4公里内8.00元,4公里外每车公里计价1.80元。其他街道、镇乡起步价4公里内5.00元,4公里后每车公里计价1.00元。

2005年9月15日始,执行省物价局、交通厅颁《浙江省道路班车客运价格管理暂行办法》和《关于调整跨省、市道路班车基准运价的通知》(表4-2-18)。

2005年浙江省跨省、市道路班车客运基准运价一览 表4-2-18

车型	客车类别	客车等级	参考车价	运价(元/人公里)
座席	30座以上(大型车)	普通级	20万(含)以下	0.10
		中一级	20~40万(含)	0.13
		中二级	40~60万(含)	0.16
		高一级	60~120万(含)	0.20
		高二级	120~180万(含)	0.24
		高三级	180万以上	0.28
	30座(含)以下(中小型)	普通级	20万(含)以下(无冷暖空调)	0.12
		中一级	20万(含)以下(有冷暖空调)	0.14
		中二级	20~40万(含)	0.18
		高一级	40~60万(含)	0.20
		高二级	60万以上	0.22
卧铺		普通级	20万以下(含)	0.16
		中级	20~60万(含)	0.18
		高一级	60~120万(含)	0.20
		高二级	120~180万(含)	0.24
		高三级	180万以上	0.28

注:1.班车运价实行客车等级和实际购车参考价格双控标准,两者不一致时按购车参考价格对应的班车运价执行。考虑到车价的经常性变动,以及同类车型的设备配置不同,客车等级的参考价格由省交通主管部门会同省价格主管部门不定期公布。

2.上述班车运价已含旅客身体伤害赔偿责任保障金。

2007年12月,因燃油价格上涨,省物价局、交通厅批复省道路运输协会,自2008年1月1日起,跨省、市客运票价加收0.015元/人公里的燃油附加费,并同意今后凡燃油每升累计涨价达到0.50元及其倍数且持续2个月,可加收燃油附加费0.005元/人公里及其相应倍数。反之则相应降低或取消燃油附加费。

2010年7月20日起,根据县物价局《关于调整我县县境内客运班车票价的批复》,凡定线不定时客班车票价,5公里以下与7~11公里(含)每票加收0.5元,16~40公里(含)加收1元,40公里以上加收1.5元。同年10月1日起,依据县物价局《关于调整象山县客运出租汽车运价的通知》,出租车起步价从原8元/4公里调为7元/2公里,运价从原每车公里1.8元调为每车0.5公里1元(表4-2-19)。

2010年象山县跨境客运票价一览(单位:元) 表4-2-19

班线(起讫点)	车辆等级类型	运价费率	里程(公里)	基本运费	通行费	站务费	基准客票价	浮动幅度	浮动后票价	燃油附加费	实际执行票价
石浦—上海	大型高二级	0.265	385	102.03	25.00	1.00	128.03	20%	148.43	1.93	150
象山—上海	大型高二级	0.265	355	94.08	25.00	1.50	120.58		139.39	1.78	141
象山—南京	大型高一级	0.225	664	149.40	25.70	1.50	176.60		206.48	3.32	210

续上表

班线（起讫点）	车辆等级类型	运价费率	里程（公里）	基本运费	通行费	站务费	基准客票价	浮动幅度	浮动后票价	燃油附加费	实际执行票价
象山—广州	卧铺高二级	0.265	1680	445.20	102.10	1.50	548.80		637.84	8.40	430
石浦—福州	卧铺高一级	0.225	798	179.55	40.20	1.00	220.75		256.66	3.99	261
石浦—庐江	大型高一级	0.225	794	178.65	33.10	1.00	212.75		248.48	3.97	248
石浦—临沂	大型高一级	0.225	1076	242.10	51.70	1.00	293.80		343.22	5.38	349
象山—武汉	卧铺高一级	0.225	1219	274.28	58.50	1.00	334.08		388.63	6.10	395
石浦—砀山	大型高一级	0.225	1126	253.40	51.00	1.00	305.00		356.00		300
象山—赤壁	卧铺高一级	0.225	1200	270.00	62.00	1.50	334.00		388.00		380
象山—信阳	大型高一级	0.225	1202	270.00	52.40	1.50	324.00		378.00		320
象山—商丘	大型高一级	0.225	1100	247.50	54.80	1.50	304.00		354.00		300
象山—灵璧	大型高一级	0.225	878	197.60	45.00	1.50	244.00		284.00		240
象山—万年	大型高一级	0.225	750			1.00					242
象山—杭州	大型高一级	0.225	267	60.08	13.10	1.50	74.68		86.69	1.34	88
象山—杭州	大型高二级	0.265	267	70.76	17.38	1.50	89.64		103.79	1.34	93
石浦—杭州	大型高一级	0.225	297	66.83	13.10	1.00	80.93		94.29	1.49	96
石浦—杭州	大型高二级	0.265	297	78.71	15.70	1.00	95.41		111.15	1.49	98
石浦—湖州	中型中二级	0.205	395	80.98	15.40	1.00	97.38		113.58	1.98	116
石浦—千岛湖	中型中二级	0.205	464	95.12	15.80	1.00	111.92		130.94	2.32	133
石浦—柯桥	中型中二级	0.205	287	58.84	10.83	1.00	70.67		82.43	1.44	84
石浦—沈家门	中型中二级	0.205	152	31.16	30.30	1.00	62.46		68.69	0.76	69
石浦—丽水	大型高一级	0.225	337	75.83	7.80	1.00	84.63		99.99	1.69	102
石浦—嵊州	中型中二级	0.205	215	44.08	4.60	1.00	49.68		58.49	1.08	60
石浦—义乌	大型高一级	0.225	308	69.30	11.40	1.00	81.70		95.56	1.54	97
象山—金华	中型中二级	0.205	342	70.11	14.20	1.50	85.81		99.83	1.71	102
石浦—衢州	中型中二级	0.205	485	99.43	17.10	1.00	117.53		137.41	2.43	140
石浦—天台	中型中二级	0.205	165	33.83	5.80	1.00	40.63		47.39	0.83	48
石浦—杜桥	中型中二级	0.205	222	45.51	4.10	1.00	50.61		59.71	1.11	61
石浦—路桥	大型高一级	2.225	217	48.83	7.60	1.00	57.43		67.19	1.09	68
象山—路桥	大型高一级	0.225	187	42.08	7.60	1.50	51.18		59.59	0.94	61
石浦—椒江	中型中二级	0.205	232	47.56	7.60	1.00	56.16		65.67	1.16	67
石浦—温岭	大型高一级	0.225	242	54.45	7.90	1.00	63.35		74.24	1.21	75
石浦—三门	中型中二级	0.205	110	22.55	0.80	1.00	24.35		28.86	0.55	29

续上表

班线（起讫点）	车辆等级类型	运价费率	里程（公里）	基本运费	通行费	站务费	基准客票价	浮动幅度	浮动后票价	燃油附加费	实际执行票价
石浦—温州	大型高一级	0.225	355	79.88	13.10	1.00	93.98		109.95	1.78	112
石浦—瑞安	中型中二级	0.205	390	79.95	15.42	1.00	95.37		112.36	1.95	114
石浦—苍南	大型高一级	0.265	433	114.75	18.60	1.00	134.35		157.29	2.17	150
石浦—白象	大型高一级	0.225	333	74.90	12.6	1.00	89.00		104.00		104
石浦—杜桥	大型高一级	0.225	222	50.00	5.50	1.00	57.00		67.00		67
象山—嘉兴	大型高一级	0.225	295	66.38	16.70	1.50	83.08		97.85	1.48	99
石浦—椒江	大型高一级	0.225	232	52.20	7.60	1.00	61		71		71
丹城快客甬南	中型中二级	0.205	119	24.40	6.67	1.50	32.57		37.44	0.60	38
丹城—奉化	中型中二级	0.205	88	18.04	3.80	1.50	23.5		27		26
西周—甬南	中型中二级	0.205	96	19.68	3.25	1.00	23.93		27.87	0.48	28
下湾—甬南	中型中二级	0.205	113	23.17	3.57		28.17		31.37	0.57	32
石浦—甬南	大型高一级	0.225	149	33.53	5.24	1.00	39.77		46.47	0.75	45
鹤浦—甬南	大型高一级	0.225	153	34.43	10.24		44.67		51.55	0.77	51
石浦—镇海	中型中二级	0.205	122	25.01	5.80	1.00	31.81		36.81	0.61	37
石浦—北仑	中型中二级	0.205	138	28.29	5.66	1.00	34.95		40.61	0.69	41
石浦—余姚	中型中二级	0.205	216	44.28	4.55	1.00	49.83		58.69	1.08	60
石浦—慈溪	大型高一级	0.225	179	40.28	7.30	1.00	48.58		56.63	0.90	57
石浦—宁海	中型中二级	0.205	90	18.45	0.83	1.00	20.28		23.97	0.45	24.5
丹城—宁海	中型中二级	0.205	64	13.12	2.10	1.50	16.72		19.34	0.32	19
丹城—长街	中型中二级	0.205	55	11.28		1.50	12.78		15.03	0.28	15.5
石浦—甬东	大型高一级	0.225	100	22.50	5.00	1.00	28.50		33	0.50	33
丹城—甬东	中型中二级	0.205	70	14.35	5.00	1.50	20.85		23.72	0.35	24
爵溪—甬东	中型中二级	0.205	84	17.22	5.00		22.22		25.66	0.42	26
钱昌—甬东	中型中二级	0.205	74	15.17	5.00		20.17		23.20	0.37	23
丹城—梅林	中型中级	0.24	55	13.74			13.74		16.49	0.28	17
石浦—甬南	中型中级	0.24	149	36.30	−0.50		36.30		43.56	0.75	43
定山—甬南	中型中级	0.24	157	38.22	−0.50		38.22		45.86	0.79	45
晓塘—甬南	中型中级	0.24	167	40.62	−0.50		40.62		48.74	0.84	45
大塘—甬南	中型中级	0.24	161	39.18	−0.50		39.18		47.02	0.81	45
丹城—甬南	中型中级	0.24	119	29.10	−0.50		29.10		34.92	0.60	34.5
丹城—甬东	中型中级	0.24	70	17.34	5.00		22.34		25.81	0.35	22
黄避岙—甬东	中型中级	0.24	63	15.66	5.00		20.66		23.79	0.32	22
蒲门—甬东	中型中级	0.24	66	16.38	5.00		21.38		24.66	0.33	22

公路客运相关杂费和行包运价，按交通部1988年颁发的《汽车旅客运输规则》有关条款执行：补票费0.20元，行包运价每公斤公里0.00054元。行包装卸费每件一装一卸各收0.20元，行包变更或取消，手续费每票每次0.20元，行包保管费：到达日起二日内免费保管，第三天每件每天0.20元，第六天起每件每天0.30元。1999年5月20日，县交通局、县物价局联合发文：旅客托运行包，25公斤（含）以下按其票价额1/4计收；25~50公斤（含）按其票价额一半计收；50~75公斤（含）按其票价额3/4计收；75~100公斤（含）按其票价额计收。

汽车货运价

1957年货运价，丹城至白墩码头每吨公里0.21元。丹城至溪口0.23元，零担货物另加10%。1966年11月起，整车为0.17元，零担为0.185元。1984年12月起，执行省物价局、交通厅联合颁发的《浙江省公路汽车货运价实施细则》，以新运价为最高限价，在执行中可在20%幅度内自行调整下降，新运价按货物分类，长途、短途、整车，零担等项计费（表4-2-20，表4-2-21，表4-2-22）。

1984年12月浙江省汽车货物长途运输费率一览（单位：整车、元/每吨公里，零担、元/每公斤每公里）

表4-2-20

货物装载类型	中型（3~39吨）货车及其费率								
	普通货车			特种货车					
				长料、笨重货物			危险货物		贵重及特种鲜活货
	一等货物	二等货物	三等货物	长度6至10米　重量4至8吨	长度10至14米　重量8至20吨	长度14米以上　重量20吨以上	二级危险货物	一级危险货物	
整车	0.16	0.17	0.18	0.20	0.22	0.24	0.22	0.24	0.22
零担	0.00024			0.0003					

货物装载类型	小型（1~2.5吨）货车及其费率						大型车运输普通货物费率	特种车费率		
	普通货车			特种货车						
				危险货车		贵重及特种鲜活货				
	一等货车	二等货车	三等货车	二级危险品	一级危险品		40吨以上大型牵引平板车	普通冷藏车、专用车	槽罐车	制冷冷藏车
整车	0.26	0.28	0.30	0.32	0.34	0.32	0.16	0.20	0.24	0.26

注：1.计时包车，按浙江省汽车货运运价实施细则第十九条规定费率收费。

2.大型车装运长料、笨重、危险、贵重货物，仍按普通货车装载特种货物费率计算。

3.特种车运输其他普通货物，按普通货物分等运价计算。

1984 年 12 月浙江省汽车货物短途运输(25 公里以下)费率一览(单位:元/吨公里)

表 4-2-21

车辆类型及货物等级				运距及其费率							
				2~4公里	5~7公里	8~10公里	11~13公里	14~16公里	17~19公里	20~22公里	23~25公里
中型(3至39吨)普通货车	普通货车	一等货物		0.44	0.35	0.305	0.285	0.265	0.25	0.24	0.23
		二等货物		0.45	0.36	0.315	0.295	0.275	0.26	0.25	0.24
		三等货物		0.46	0.37	0.325	0.305	0.285	0.27	0.26	0.25
	特种货物	长大笨重货物	长度 6~10 米	0.48	0.39	0.345	0.325	0.305	0.29	0.28	0.27
			重量 4~8 吨								
			长度 10~14 米	0.50	0.41	0.365	0.345	0.325	0.31	0.30	0.29
			重量 8~20 吨								
			长度 14 米以上	0.52	0.43	0.385	0.365	0.345	0.33	0.32	0.31
			重量 20 吨以上								
		危险货物	二级危险品	0.50	0.41	0.365	0.345	0.325	0.31	0.30	0.29
			一级危险品	0.52	0.43	0.385	0.365	0.345	0.33	0.32	0.31
		贵重及特种鲜活货		0.50	0.41	0.365	0.345	0.325	0.31	0.30	0.29
小型(1至2.5吨)普通货车	普通货车	一等货物		0.53	0.46	0.41	0.38	0.36	0.34	0.33	0.32
		二等货物		0.55	0.48	0.43	0.40	0.38	0.36	0.35	0.34
		三等货物		0.57	0.50	0.45	0.42	0.40	0.38	0.37	0.36
	特种货物	二级危险品		0.59	0.52	0.47	0.44	0.42	0.40	0.39	0.38
		一级危险品		0.61	0.54	0.49	0.46	0.44	0.42	0.41	0.40
		贵重及特种鲜活货		0.59	0.52	0.47	0.44	0.42	0.40	0.39	0.38
特种车	冷藏车、专用车			0.48	0.40	0.35	0.32	0.30	0.28	0.27	0.26
	槽罐车			0.52	0.44	0.39	0.36	0.34	0.32	0.31	0.30

1984 年 12 月浙江省汽车货物运输 26~40 公里补差费率一览(单位:元/每吨公里)

表 4-2-22

车型		运距及其费率							
		26 公里	27 公里	28 公里	29 公里	30 公里	31 公里	32 公里	33 公里
普通货车	中型车	0.0655	0.061	0.0565	0.052	0.0475	0.043	0.0385	0.034
	小型车	0.056	0.052	0.048	0.044	0.04	0.036	0.032	
车型		运距及其费率							
		34 公里	35 公里	36 公里	37 公里	38 公里	39 公里	40 公里	41 公里以上
普通货车	中型车	0.0295	0.025	0.0205	0.016	0.0115	0.0075	0.0037	全程按长途运价计算
	小型车	0.024	0.02	0.016	0.012	0.008	0.004		

注:计算公式:(长途运价+补差)×吨公里=应收运费。

1988年9月20日起,执行省交通厅、物价局联合颁发《浙江省汽车货运站收费规则实施细则》,名目繁多。举其主要的有仓储理货费每50公斤0.20元,中转换装费每50公斤0.40元,车辆站务费按车吨位每吨0.30元,组货劳务费(按全程运费计)零担6%,整车3%,退票、变更手续费整车每票2元,零担每票0.50元,货签、标志费每只0.02元,还有货物逾期保管费、货物延滞费、车辆延滞费等。

1989年货物运输价格较混乱,一些社会车辆和运输单位擅自提高收费标准。市物价局、交通委员会联合发布《关于整顿公路货物运输价格的通知》。作为货运价格最高检查标准,原收费低于检查标准的不得提高(表4-2-23,表4-2-24)。

1989年县长途汽车运输公司运价检查标准一览(单位:元/每吨公里)　　表4-2-23

货物类型	运距及其费率					
	1~5公里	6~10公里	11~15公里	16~20公里	21~25公里	26公里以上
一类	0.49	0.44	0.39	0.34	0.29	0.25
二类	0.50	0.45	0.40	0.35	0.30	0.26
三类	0.51	0.46	0.41	0.36	0.31	0.27

其他运输单位及社会营运车辆运价检查标准一览(单位:元)　　表4-2-24

一类	0.54	0.49	0.44	0.39	0.34	0.27
二类	0.55	0.50	0.45	0.40	0.35	0.28
三类	0.56	0.51	0.46	0.41	0.36	0.29

注:1.在运输25公里以上的长途货物时,采用"两段相加计算法,即25公里以内部分按25公里段费率计算,超过部分按长途费率计算,两段相加,为全程运费的检查依据"。

2.零担货物,特种货物,特种车辆运价,按上述标准另加20%。

3.包车运输按车吨位每吨每天35元,不足半天按半天计,行驶里程为140公里,超过140公里按实计算。

4."油价补差"仍按每吨公里0.03元计费。

5.上述检查运价不包含省定公路建设基金和其他规费收费权限部门批准的各种代收付费用。

1992年8月7日,省物价局、交通厅颁《关于公路客货运输实行燃油平议差价补贴的通知》。8月15日起,货运燃油差价在现行运价基础上,每吨公里补贴0.03元。9月1日始,又相应调整提高长、短途货运费率,计时包车运价为每吨公里0.32元(表4-2-25,表4-2-26)。同年12月,省物价局、交通厅联合颁《浙江省汽车运价规则实施细则》,翌年1月15日起,普通货物整车(3吨及以上)运价:一等货物0.26元/吨公里,二等货物0.29元/吨公里,三等货物0.31元/吨公里。普通货物零担(3吨以下)运价:省际、省内0.46元/吨公里,城乡或市区0.58元/吨公里。特种货物运价中,长大笨重类:一级0.34元/吨公里,二级0.37元/吨公里,三级0.40元/吨公里。危险品类:一级0.40元/吨公里,二级0.37元/吨公里,贵重、鲜活类0.37元/吨公里。零担类:省际、省内0.60元/吨公里,城乡或市区0.78元/吨公里,快件可在省际、省内零担运价基础上递增20%。1993年4月10日起,货运燃油差价补贴又从0.03元提高至0.07元。

1992 年 9 月汽车货物运输长途(40 公里及以上)费率一览(单位:元) 表 4-2-25

车型	货物装载及其费率																		
	整车													零担					
	普通货物			特种货物						大型车运输普通货物	特种车			一般零担				快件零担	
				长料、笨重货物			危险货物							省际省内		县乡		省内	
	一等货物	二等货物	三等货物	长度六至十米 重量四至八吨	长度十至十四米 重量八至二十吨	长度十四米以上 重量二十吨以上	二级危险货物	一级危险货物	贵重及特种鲜活货	四十吨以上大型牵引平板车	普通冷藏车、专用车	槽罐车	制冷冷藏车	普通货物	特种货物	普通货物	特种货物	普通货物	特种货物
中型货车(3 吨及以上)	0.29	0.32	0.34	0.37	0.40	0.43	0.40	0.43	0.40	0.29	0.40	0.43	0.47	0.41	0.53	0.52	0.68	0.49	0.63
小型货车(2.5 吨以下)	0.47	0.51	0.56				0.66	0.71	0.66										

注:1.快件零担指有快件零担班车挂牌营运、二十四小时内起运的。

2.国际集装箱汽车运输基本运价,按公路汽车货物基本运价 0.30 元/吨公里和 20 尺箱平均总重量计算,一般货物 20 尺箱为 6.00 元/箱公里,40 尺箱为 9.00 元/箱公里,其他货类按规定的比例计算。

3.40 公里及以上运距的国内集装箱汽车运价,暂按表中规定的汽车普通零担货物或特种零担货物运价计算。

4.运距在 40 公里及以上的大型平板车、特种车按本费率计算。

5.本表为 40 公里及以上的每吨公里费率,计算方式:运费=长途每吨公里费率×公里×计费吨。

1992 年 9 月汽车货物运输短途(40 公里内)费率一览(单位:元/计费吨) 表 4-2-26

里程(公里)	货物装载及其费率														
	中型货车(3 吨及以上)									小型货车(2.5 吨以下)					
	普通货物									普通货物			特种货物		
				长料、笨重货物			危险货物						危险货物		
	一等货物	二等货物	三等货物	长 6~10 米 重 4~8 吨	长 10~14 米 重 8~20 吨	长 14 米以上 重 20 吨以上	二级危险货物	一级危险货物	贵重及特种鲜活货	一等货物	二等货物	三等货物	二级危险货物	一级危险货物	贵重及特种鲜活货
1	1.09	1.20	1.30	1.41	1.52	1.63	1.52	1.63	1.52	1.83	1.96	2.08	2.58	2.77	2.58
2	2.18	2.40	2.60	2.82	3.04	3.26	3.04	3.26	3.04	3.66	3.92	4.16	5.16	5.54	5.16
3	3.27	3.60	3.90	4.23	4.56	4.89	4.56	4.89	4.56	5.49	5.88	6.24	7.74	8.31	7.74
4	4.36	4.80	5.20	5.64	6.08	6.52	6.08	6.52	6.08	7.32	7.84	8.32	10.32	11.08	10.32
5	5.45	6.00	6.50	7.05	7.60	8.15	7.60	8.15	7.60	9.15	9.80	10.40	12.90	13.85	12.90

续上表

里程(公里)	货物装载及其费率														
	中型货车(3吨及以上)									小型货车(2.5吨以下)					
	普通货物									普通货物			特种货物		
				长料、笨重货物			危险货物		贵重及特种鲜活货				危险货物		贵重及特种鲜活货
	一等货物	二等货物	三等货物	长6~10米重4~8吨	长10~14米重8~20吨	长14米以上重20吨以上	二级危险货物	一级危险货物		一等货物	二等货物	三等货物	二级危险货物	一级危险货物	
6	5.74	6.32	6.84	7.42	8.00	8.58	8.00	8.58	8.00	9.62	10.26	10.96	13.56	14.56	13.56
7	6.03	6.64	7.18	7.79	8.40	9.01	8.40	9.01	8.40	10.09	10.77	11.52	14.22	15.27	14.22
8	6.32	6.96	7.52	8.16	8.80	9.44	8.80	9.44	8.80	10.56	11.28	12.08	14.88	15.98	14.88
9	6.61	7.28	7.86	8.53	9.20	9.87	9.20	9.87	9.20	11.03	11.79	12.64	15.54	16.69	15.54
10	6.90	7.60	8.20	8.90	9.60	10.30	9.60	10.30	9.60	11.50	12.30	13.20	16.20	17.40	16.20
11	7.19	7.92	8.54	9.27	10.00	10.73	10.00	10.73	10.00	11.97	12.81	13.76	16.86	18.11	16.86
12	7.48	8.24	8.88	9.64	10.40	11.16	10.40	11.16	10.40	12.44	13.32	14.32	17.52	18.82	17.52
13	7.77	8.56	9.22	10.01	10.80	11.59	10.80	11.59	10.80	12.91	13.83	14.88	18.18	19.53	18.18
14	8.06	8.88	9.56	10.38	11.20	12.02	11.20	12.02	11.20	13.38	14.34	15.44	18.84	20.24	18.84
15	8.35	9.20	9.90	10.75	11.60	12.45	11.60	12.45	11.60	13.85	14.85	16.00	19.50	20.95	19.50
16	8.64	9.52	10.24	11.12	12.00	12.88	12.00	12.88	12.00	14.32	15.36	16.56	20.16	21.66	20.18
17	8.93	9.84	10.58	11.49	12.40	13.31	12.40	13.31	12.40	14.79	15.87	17.12	20.82	22.37	20.82
18	9.22	10.16	10.92	11.86	12.80	13.74	12.80	13.74	12.80	15.26	16.38	17.68	21.48	23.08	21.48
19	9.51	10.48	11.26	12.23	13.20	14.17	13.20	14.17	13.20	15.73	16.89	18.24	22.14	23.79	22.14
20	9.80	10.80	11.60	12.60	13.60	14.60	13.60	14.60	13.60	16.20	17.40	18.80	22.80	24.50	22.80
21	9.89	10.90	11.70	12.71	13.72	14.73	13.72	14.73	13.72	16.33	17.55	18.98	22.98	24.695	22.93
22	9.98	11.00	11.80	12.82	13.84	14.86	13.84	14.86	13.84	16.46	17.70	19.16	23.16	24.89	23.16
23	10.07	11.10	11.90	12.93	13.96	14.99	13.96	14.99	13.96	16.59	17.85	19.34	23.34	25.085	23.34
24	10.16	11.20	12.00	13.04	14.08	15.12	14.08	15.12	14.08	16.72	18.00	19.52	23.52	25.28	23.52
25	10.25	11.30	12.10	13.15	14.20	15.25	14.20	15.25	14.20	16.85	18.15	19.70	23.70	25.475	23.70
26	10.34	11.40	12.20	13.26	14.32	15.38	14.32	15.38	14.32	16.98	18.30	19.88	23.88	25.67	23.83
27	10.43	11.50	12.30	13.37	14.44	15.51	14.44	15.51	14.44	17.11	18.45	20.06	24.06	25.865	24.06
28	10.52	11.60	12.40	13.48	14.56	15.64	14.56	15.64	14.56	17.24	18.60	20.24	24.24	26.06	24.24
29	10.61	11.70	12.50	13.59	14.68	15.77	14.68	15.77	14.68	17.37	18.75	20.42	24.42	26.255	24.42
30	10.70	11.80	12.60	13.70	14.80	15.90	14.80	15.90	14.80	17.50	18.90	20.60	24.60	26.45	24.60
31	10.79	11.90	12.70	13.81	14.92	16.03	14.92	16.03	14.92	17.63	19.05	20.78	24.78	26.645	24.78
32	10.88	12.00	12.80	13.92	15.04	16.16	15.04	16.16	15.04	17.76	19.20	20.96	24.96	26.84	24.96
33	10.97	12.10	12.90	14.03	15.16	16.29	15.16	16.29	15.16	17.89	19.35	21.14	25.14	27.035	25.14
34	11.06	12.20	13.00	14.14	15.28	16.42	15.28	16.42	15.28	18.02	19.50	21.32	25.32	27.23	25.32

续上表

里程（公里）	货物装载及其费率														
	中型货车（3 吨及以上）									小型货车（2.5 吨以下）					
	普通货物									普通货物			特种货物		
				长料、笨重货物			危险货物						危险货物		
	一等货物	二等货物	三等货物	长 6~10 米重 4~8 吨	长 10~14 米重 8~20 吨	长 14 米以上重 20 吨以上	二级危险货物	一级危险货物	贵重及特种鲜活货	一等货物	二等货物	三等货物	二级危险货物	一级危险货物	贵重及特种鲜活货
35	11.15	12.30	13.10	14.25	15.40	16.55	15.40	16.55	15.40	18.15	19.65	21.50	25.50	27.425	25.50
36	11.24	12.40	13.20	14.36	15.52	16.68	15.52	16.68	15.52	18.28	19.80	21.68	25.68	27.62	25.68
37	11.33	12.50	13.30	14.47	15.64	16.81	15.64	16.81	15.64	18.41	19.95	21.86	25.86	27.815	25.86
38	11.42	12.60	13.40	14.58	15.76	19.94	15.76	16.94	15.76	18.54	20.10	22.04	26.04	28.01	26.04
39	11.51	12.70	13.50	14.69	15.88	17.07	15.88	17.07	15.88	18.67	20.25	22.22	26.22	28.205	26.22

注：1.本表为短途 1~39 公里全程每吨运价率。计算公式：运费=全程每吨运价率×计费吨。

2.40 公里以下运距的国内集装箱汽车运价，按普通二等货物的中型汽车短途运价加成 30%计算。

3.运距在 40 公里内的大型平板车运输普通货物按中型汽车同类货物短途运价计算。

4.运距在 40 公里内的特种车按中型货车的普通二等货物短途运价加成 20%计算。

1997 年 9 月 24 日，省物价局、交通厅联合发布《关于道路商品汽车发送收费的通知》：发送商品（货物）的专用汽车，其运价按省物价局、交通厅浙价费（1992）57 号颁《浙江省汽车运价规则实施细则》第十五条中规定的特种车辆运价中的专用车运价标准执行；普通车辆按《实施细则》普通货车运送特种贵重货物的运价执行。途中发生的通行费代收代付。嗣后，鉴于道路货运市场全面放开，市场运力逐渐大于运量，其价格随之由承运人和托运人依据市场经营成本和供求关系等，经双方协商而定，俗称协议价。

拖拉机运价

根据 1984 年《浙江省公路汽车货运运价实施细则》规定：拖拉机运输的计程、计量、计价比照汽车运价办理，为求计价方便，采取不分货物等级，只分长途、短途费率计算。轮式拖拉机长途每吨公里 0.16 元，短途 0.26 元；手扶拖拉机长途 0.24 元，短途 0.32 元，长短途逆差不补，也不采用分段相加计算。20 世纪 90 年代，拖拉机长途运输已少见，短途一般采取包车形式计价。

其他机动车客货运价格

县交通局 1986 年 7 月发布《象山县简易三轮机动车客货运输管理办法和费率标准的规定》，计费标准：（1）货运：货物不分等级，不分长途、短途，按核定装载量 350 公斤型，每车公里为 0.40 元；500 公斤型，每车公里为 0.50 元。（2）客运：不分核定装载量大小、路程长短，均按每人公里 0.07 元收费，不含公路建设基金 0.003。但也有个别短途（一般在 10 公里以内）按小客车每人公里 0.10 元收费。（3）整日包车：不分车型，按 8 小时计算，每日 24 元，超过 8 小时，按每小时 3 元递增，不足半天（4 小时）按半天计算，不足 1 天按 1 天计算。1990 年 3 月，县交通局、物价局联合发文，参与货运的简易三轮机动车“天目山”，其费率为每百公斤每公里 0.1 元。后其他机动车客货运价格与拖拉机货运价基本放开，以国家指导价和市场价作参考,由委托方和承运方协商议定,称协议价。

搬运装卸费及人力车、轿舆收费

1947年(民国36年)5月31日,县政府召开工资评议会评定:轿费10公里以上,每5公里米5升;10公里以下,每5公里米6升。人力车5公里米3升。轮驳每人2000元(旧币)。码头工资大件1000元,小件500元,同年8月12日,石浦警察所召开工资评议会,劳资双方代表10余人,县政府社会科长列席,评定挑挽业工资,第一站2000元,第二站2400元,第三站2800元,第四站3400元。码头小工及驳船业依照挑挽业所定工资九折收费。

1954年5月,丹城片收费按货物分三类及不同路况计价。

内河驳运,丹城南门至大碶头一等货物每吨0.10元,二等货物0.09元,三等货物0.08元;陈山埠驳船一等货物0.133元,二等货物0.11元,三等货物0.10元;陈山埠装卸费一等货物0.095元,二、三等货物0.08元;人力车货物收费按道路状况计价。1957年调整搬运装卸及人力车运输收费,略有降低。

1962年8月,县颁发《象山县搬运装卸费率暂行标准》,每吨华里平均运费手车路0.36元,公路0.24元。1963年8月,实行《象山县港口和短途运输费率计算标准》,每吨华里平均价格:手车路0.28元,公路0.20元;人力车运价(吨):公路32华里以下0.19元,32华里以上0.21元,手车路0.28元;货物装卸费分5个等级:一等每吨1.16元,二等1.00元,三等0.84元,四等0.76元,五等0.68元。

1983年5月,执行县计委、交通局联合颁发《县搬运装卸和短途运输费率计算标准》,增加机动车短途运输费率、夜班补贴、冷仓作业加成、人力车山岭高坡里程补贴、杂项作业收费标准、货物换算重量等项目。货物分三等:其装卸费率以汽车装卸二等货25米中心价100%,每吨0.50元,一等为130%,三等90%,装卸路程在150米内,每25米为一档次,加固定金额差:一等加0.12元,二等加0.10元,三等加0.09元;内河船舶装卸费为汽车的106%,沿海船舶为汽车的125%。

1986年7月,县物价局、交通局颁发《县搬运装卸费率计算标准及管理办法》,比1983年提高,汽车装卸二等货25米每吨中心价为0.70元,装卸路程分档固定金额差:一等加0.12元,二等加0.14元,三等加0.16元。

1988年7月,再次提高装卸搬运费率,比1986年提高35%(表4-2-27,表4-2-28,表4-2-29)。

1988年汽车装卸费收一览(单位:元)　　表4-2-27

货物等级	25米以内	26~50米	51~75米	76~100米	101~125米	126~150米
一	0.81	0.97	1.13	1.30	1.46	1.62
二	0.95	1.13	1.32	1.51	1.70	1.89
三	1.08	1.30	1.51	1.73	1.94	2.16

1988年人力车运价一览　　表4-2-28

装卸基价	吨公里运价	计费起码重量	计费起码里程
1.76元/吨	0.76元	250公斤	0.5公里

注:表列吨公里运价系指柏油路、水泥路,砂石公路运价为0.86元,非公路运价为0.92元。

1988年人力车山岭高坡里程补贴一览(单位:公里) 表4-2-29

地 名	补贴里程	地 名	补贴里程
车岭	1.1	上盘岭	3.8
何婆岭	2.65	南向岭	4.3
蚶岙岭	5.6	东溪岭	2.0
彭姥岭	2.5	西溪岭	7.0
爵溪岭	4.0		

1993年7月,县物价局、交通局颁《关于调整搬运装卸收费标准的通知》,对易碎、散装、长大笨重、有毒危险等货物加成收费。普通货物不分等级,同一价格。杂项收费除整车过磅、堆高、装卸计时外,不作统一规定(表4-2-30,表4-2-31,表4-2-32)。

1993年装(卸)收费标准一览 表4-2-30

货物等级	汽车(机动车)		沿海船舶		车(船)零担	
	25公尺以内费率	以后每25公尺加收	25公尺以内费率	以后每25公尺加收	25公尺以内费率	以后每25公尺加收
一、二、三级	2.20元	0.50元	2.00元	0.50元	3.60元	0.50元

1993年人力车运价一览 表4-2-31

装卸基价	吨公里运价	起码计费重量	起码计费里程
3.60元	2.40元	250公斤	0.50公里

1993年杂项收费标准一览 表4-2-32

整车过磅	堆 高	技术工工时费	劳动工时费
0.2元/吨·次	0.80元/吨	2.5元/小时	2.00元/小时

注:堆高高度在2米以下免收,超过部分按每超1米加收。

第四节 规费征收

一、航政规费

1983年,改革航政规费收取办法,发放"统缴证"、"缴讫证"。水上专业、副业运输企业按船籍港,按月统缴,发给"统缴证",企事业单位自备船和个体运输船,按船吨位,定期定额计征,发给"缴讫证"。

1984年,省航运管理局制定《港航事业经费收支管理改革方案》、《港航事业经费内部管理暂行规定》,由原来的"统收统支",改为"收入金额上缴,定收定支,切块包干,超越分成,节支留用"。1985年总收入57.76万元,其中航政费33.19万元,货物港务费10.87万元,其他收费13.70万元;事业经费等总支出19.00万元。2000年初取消航政费,是年总收入296万元,其中水路运输管理费162万元,货物港务费17万元,船舶港务、检验费36万元,其他收费17万元;支出321万元。2002年取消船舶港务费。2008年总收入1340万元,其中货物港务费291万元,水路运输管理费917万元,船舶检验费131万元,其他1万元。支出1021

万元,其中事业经费支出434万元,工程支出587万元。2009年初,取消水路运输管理费及水运客货运附加费。2010年总收入436.03万元,其中货物港务费385.73万元,船舶检验费50.3万元;总支出884.42万元。

航政费　亦称航道养护费,1971年省财政金融局、交通邮电局联合发出《关于调整航道养护费及航政规费收费率的通知》,从1972年1月1日起,将沿海木帆船航政规费从原按运输营业额3%,提高到4%。1983年,根据省交通厅航运管理局《关于加强和改善内河航道养护费、沿海航政规费计征管理的通知》精神,征收厂矿企事业单位自备船和副业运输机动船航政费,按核定吨位,每月每吨2元,非机动船每月每吨1.50元。1992年,执行甬交财443号文和甬价费207号文精神,80吨以下船、每月每吨2.8元,80~200吨船、每月每吨4.4元,201~500吨船、每月每吨5.6元,501~3000吨船、每月每吨4.8元,3001~6000吨船、每月每吨4元,6001~10000吨、每月每吨3.2元,万吨以上每月每吨2.4元。1994年1月1日始,执行宁波市物价局、交通委颁《关于对县(市、区)属专业航运企业的沿海货运船舶实行定额计征航政费和运输管理费的通知》,沿海小客轮、渡船仍按实际营运收入的5.5%计征航政费和运输管理费,县属航运企业的沿海货运船舶每月(季)仍按核定载重吨定额计征。2000年1月1日起,根据浙财综[1999]135号文与浙价费[1999]486号文精神,停止征收沿海航政费。

货物港务费　1980年,根据省政府《批转省交通局"关于征收航运货物港务费的报告"》,从1980年1月1日起向货主单位征收航运货物港务费。甲类货物(1~3级),每吨0.10元;乙类货物(4~9级),每吨0.20元。1983年,宁波市航管处规定,征收厂矿企事业单位自备船及副业运输船港务费,按船吨位及航区,每月每吨航区内1.00元,跨航区0.70元。1994年8月18日,省物价局、交通厅颁《浙江省港口费收规则》,规定货物港务费每吨0.35元。1995年始,执行省物价局、交通厅《关于核定按月征收货物港务费定额标准的批复》,2005年8月1日起,执行省物价局、财政厅《关于调整货物港务费征收标准的通知》,按重量计收,每吨0.50元。

船舶港务费　系港航监督机构专项事业经费,用以购置、维修水上交通安全监督管理的工具设备及港务监督人员经费,解放初期按总吨收取木帆船每吨0.05元,机动船0.10元,1964年停。1988年10月1日,遵省颁《浙江省船舶港务费征收办法》,征收船舶港务费,每船进港一次或出港一次,各征收船舶港务费每净吨0.20元。1994年,每净吨0.25元。由省交通厅统收统支。2002年停收。

码头停泊费　1964年4月27日,据省颁《浙江省海港收费规则》规定,在港航管理机关码头停泊的船舶,除正常运行的客货运班轮及正在装卸货物船舶外,均征收船方码头停泊费,按船舶净吨位每日每吨为0.05元。1992年5月26日,宁波市物价局、交通委下发《关于同意对石浦新港区码头开征企业码头停泊费及船舶系解缆费的批复》,凡装卸货物船舶,其码头停泊费按每次每载重吨0.5元计算。船舶系解缆费按交通部(1990年)有关规定执行。

船舶检验费　分初检、定期、年度3种,按吨位、功率等项目分级收费。费率原按《全国地方船舶检验计费规定(1983)》施行,后于1993年、1998年二次调整,今仍按1998年国家船舶检验局制订《船舶检验计费标准》执行。

港口基础设施费　1990年7月18日,省政府颁《关于征收港口基础设施费的通知》,是年 8 月 1 日始,石浦港开征港口基础设施费,用于港口基础设施更新改造。装载煤、焦炭、粮、食盐、化肥船舶,进出港口每吨各 0.5 元计征,钢材、木材、矿石每吨各 1.5 元,石油、对外贸易每吨各 2 元。1999 年 9 月 1 日起,执行省物价局、财政厅、交通厅联合颁《浙江省水路交通建设费征收暂行管理办法》,与水路货运附加费、内河航道建设费(象山无)合并,开征水路交通建设费,用于港口的重点工程建设和还贷。沿海运距 200 公里以上的:石油(含原油、液化气)3.5 元/吨,木材、钢材、金属(非金属)矿石 3 元/吨,水泥 2.5 元/吨,其他 2 元/吨;运距 200 公里以下,不分货物种类每吨皆 1.5 元。2003 年取消。

水路运输管理费　1991 年 12 月 1 日始,据省交通厅、财政厅、物价局联合颁发《浙江省水路运输管理费征收和使用实施办法》开征,由省统收、统支,用于航运管理费用等开支。其标准按船舶营运收入的 1.5%计征,难以正确反映营运收入的,按船舶核定载重吨(客位或千瓦)定期定额计征。1994 年 1 月 1 日起,除沿海小客轮、渡船外均实行按月(季)定额计征。2009 年 1 月 1 日始,国家实施费改税政策,水路运输管理费和水运客货运附加费同时取消。

其他收费　象山县港务所收取:船舶代理费,按运费额 1.5%向船舶单位收取。仓储费每天每吨 0.30 元,堆场费每天每吨 0.10 元,均向货物单位收取。联运代理服务费:库场交接每吨 0.55 元,港站交接每吨 0.45 元,货物代理服务费每吨:库场交接 0.45 元,港站交接 0.35 元。2000 年 10 月,港务所转制后由各水运代理服务企业自行收取。

象山港务所客运站收取:旅客客票行李代理费,按营业额,计收 6%,小件行李寄存费每 20 公斤或 0.1 立方米收 0.10 元,退票费按张计,五等、散席舱 0.20 元,3、4 等舱 1.00 元,1、2 等舱 3.00 元,订票费每张 0.10 元,补票费每张 0.20 元,客票补剪费 0.20 元,码头票(送客至码头)每张 0.05 元,手拉车管理费(进码头载运货物)每辆次 0.80 元。2000 年 10 月,港务所转制后由各水上客运企业视情收取。

历年航规费征收见表 4-2-33。

历年港航规费征收一览(单位:万元)　　表 4-2-33

年　份	航政费	货物港务费	船舶港务费	水路运输管理费	船舶检验港务费	水路交通建设费	其他收费	总　计
1955	1.85		0.67				3.14	5.66
1956	2.06		0.81				3.17	6.04
1957	1.71		0.39				2.94	5.04
1958	1.72	0.09	0.58				2.82	5.21
1959	3.53	0.98	0.82				4.63	9.96
1960								
1961	2.82	0.05	1.17				3.72	7.76
1962	1.99		1.31				2.71	6.01
1963	2.46		1.62				2.52	6.60
1964	2.49		0.68				2.55	5.72
1965	4.13						3.83	7.96
1966	3.18						1.84	5.02

续上表

年　份	航政费	货物港务费	船舶港务费	水路运输管理费	船舶检验港务费	水路交通建设费	其他收费	总　计
1967	3.90						0.25	4.15
1968	4.35						0.26	4.61
1969	4.41						0.57	4.98
1970	6.01						1.00	7.01
1971	5.13						0.32	5.45
1972	8.99						1.81	10.80
1973	8.99						1.50	10.49
1974	8.50						1.44	9.94
1975	8.91						2.28	11.19
1976	9.86						2.85	12.71
1977	9.35						2.84	12.19
1978	8.97						3.06	12.03
1979	11.02						3.47	14.49
1980	10.63	5.49					3.54	19.66
1981	12.99	6.07					3.88	22.94
1982	22.45	5.99					4.26	32.70
1983	19.94	6.03					5.65	31.62
1984	23.64	8.77					7.83	40.24
1985	33.19	10.87					13.70	57.76
1986	34.38	10.96					12.79	58.13
1987	40.49	10.89					7.69	59.07
1988	43.65	10.99	0.85				6.70	62.19
1989	59.22	11.39			7.11		10.32	88.04
1990	59.4	11.69			8.41		5.41	84.91
1991	72.04	16.48			9.86		7.25	105.63
1992	81.64	20.48		15.18	11.01		5.62	133.93
1993	134	26		30	10		11	211
1994	169	29		62	17		7	284
1995	167	29		62	16		7	281
1996	192	16		71	16		14	309
1997	185	15		74	20	41	6	341
1998	186	13		71	22		4	296
1999	260	15		96	21	44	3	439
2000		17		162	36	64	17	296

续上表

年　份	航政费	货物港务费	船舶港务费	水路运输管理费	船舶检验港务费	水路交通建设费	其他收费	总　计
2001		23		245	29	69	3	369
2002		27.56		303.36	17.89	30.87	0.9	380.58
2003		32.69		407.21	22.68		0.79	463.37
2004		32.77		499.26	26.29		0.62	558.94
2005		32.68		773.47	95.97		0.92	903.04
2006		920.95		149.5	37.64		0.72	1108.81
2007		307.49		879.22	75.44		0.97	1263.12
2008		291		917	131		1	1340
2009		363.03			83.2			446.23
2010		385.73			50.3			436.03

二、公路规费

公路规费征收项目，主要指车辆的公路养路费、运输管理费及附加费等。其费率随公路交通基础设施建设的历年投入，相应提高。

2009 年 1 月 1 日开始，国家实施费改税政策，公路养路费、公路运输管理费、公路客货运附加费同时取消。

养路费

养路费向行驶公路上车辆征收，用于保养维修公路，改善路面、桥梁、渡口等设施，以提高车辆通过能力和运输效率，保障交通安全。

民国时期，象西公路招商承租。抗战前宁穿汽车公司承租，抗战后象山永安汽车公司承租，承租期内，由承租方负责养护公路。

解放后，由地区交通管理所征收养路费。1973 年，除地区直属单位宁波运输段象山站仍上缴地区交管局外，其余由县交通管理站征收，按月全额解缴地区交管所。1986 年养路费由县养路费征收所征收。汽车养路费在征收和使用上，由省、市主管部门实行“统收、统支、统管”和“专款专用”的原则。其使用范围包括养路工程费、养路事业费及养路其他费用。养路费的分配使用，首先保证干线公路的需要，然后适当安排一般公路的必要支出。拖拉机养路费，根据交通部通知精神，自 1986 年 1 月 1 日起，由县交通局管理，全额留成使用，直接用于县乡公路的养护和改善工程的开支。

征收费率。1980 年 1 月，省颁《浙江省公路养路费征用和使用实施办法》规定：党政机关、学校、人民团体由行政、教育经费开支自用小卧车、吉普车，军事部门自用车，外国使馆自用车，行驶市区范围内的公共汽车、电车，公路养护部门专用于养路修路车，车辆监理部门专用车，设有专门固定装置的专用清洁车、洒水车、吸粪车、消防车、工程抢修车、殡葬车、人力车、机器脚踏车，两、三轮摩托车，提运途中车辆及农村生产队从事农、副业生产自货自运车，不征养路费。凡领有行车牌证的各类客货车辆、拖拉机、机械车及拖挂车等，均须计征养路费。计征标准：省地县属交通部门专业公路运输企业，其他部门专业出租车、三轮客车,按月征营运收入总额 14%;非交通部门的汽车和企事业单位车辆,均按核定载重量计费,主车每吨月 80 元,挂车每吨月 40 元;企事业单位以及不属国家行政、教育经费开支的机关、学校自用小卧车,小吉普车,按每月 40 元计征;拖拉机按发动机每 20 马力折合 1 吨计征,手扶拖拉机,每月每台 20 元计征;党政机关、学校、人民团体属国家行政、教育经费开支的自用客货汽车及拖拉机,国营农场自用的拖拉机、农村人民公社所属企业、农场自用车辆,按同类型其他单位车辆费率减半计征;各种重型汽车,载重不足 10 吨的,每吨月 80 元计征,超过 10 吨的,超过部分每吨月 40 元计征;大型平板车,载重 20 吨以下,每吨月 40 元计征,20 吨以上的,超过部分每吨月 20 元计征;凡不载货的特等车,一律按自重吨月 40 元计征。

1981 年,县始征收手扶拖拉机养路费。1984 年 1 月 1 日起,改革养路费征收办法,使用统缴证,分缴讫证、统缴证、免征证、手扶拖拉机缴讫证。对轻便后三轮(发动机 3 马力以下的)每月每辆以 20 元计征。

1984 年 6 月,省交通厅、财政厅转发交通部、财政部《关于对农村个人或联户机动车辆征收公路养路费的通知》,费率仍旧。既从事营业性运输,又参加完成农忙季节机耕和非营业性运输,采取包干收费,累进减免公路养护费的规定。即:按季统缴的免征半个月;半年统缴的免征 1 个半月;全年统缴的免征 4 个月。"天目山"、"飞燕"牌轻便手把式后三轮机动车,比照手扶拖拉机计征。

1985 年,省根据计经委、财政厅、交通厅、物价局的意见,调整征收公路养路费旧规定:企事业单位、个体户车辆及交通运输企业的非营运车辆,其养路费按核定载重吨位,每月每吨 105 元计征,拖挂车减半;交通部门专业运输企业的营运车辆和其他部门的专业出租汽车,养路费按营业收入总额 15%计征;营运手扶拖拉机每月每台 30 元,轮式拖拉机每月每吨 42 元计征。

1988 年 7 月,省令开征公路养护附加费(表 4-2-34),全额上缴省高速公路筹建领导小组办公室。

1988 年养路附加费征收标准一览(单位:元)　　表 4-2-34

项　目		计费单位	养路费	附加费	合　计	说　明
小卧车、吉普车		每辆每月	53	12	65	5 座以下
客货汽车		每吨每月	105	25	130	包括简易机动车
挂车		每吨每月	53	12	65	
重型汽车 10 吨及以下部分		每吨每月	105	25	130	
重型汽车 10 吨及以上部分		每吨每月	53	12	65	
大型平板车 20 吨及以下部分		每吨每月	53	12	65	
大型平板车 20 吨以上部分		每吨每月	26	6	32	
方向盘拖拉机企事业单位		每吨每月	105	25	130	
方向盘拖拉机农民个人和联户		每吨每月	42	10	52	每 20 马力折合 1 吨
简易后三轮机动车	500 公斤及以下	每辆每月	30	6	36	
	500 公斤以上至 1 吨	每辆每月	53	12	65	
后三轮摩托车		每吨每月	105	25	130	
手扶拖拉机		每辆每月	30	6	36	

根据省人民政府1986年《关于建立客运汽车站和公路设施专用基金的批复》、1988年《关于征收公路建设专用基金的批复》,开征公路建设专用基金。征收范围:凡经营客运、货运的所有机动车辆的单位和个人,均应向旅客和货主负责代征此项基金。客运原已按客票里程每人公里征收人民币0.003元,1988年增至0.01元。在发售客票时向旅客代收。货运按票里程每吨公里征收人民币0.01元。在承运、签发货票的同时向托运单位、货主代收。县公路稽征所负责汇集后,全额解缴省公路运输管理局。使用范围:全省客运公路建设专用基金中的70%和全部货运公路建设专用基金,由省统一掌握,专项用于建设高等级公路;客运公路建设基金的30%,仍由省交通厅统一安排使用,主要用于公路客运站、场及公路设施的改造和建设。

1990年11月,执行省政府《关于开征摩托车养路费和调整部分车辆养路费征收标准的通知》。

50毫升以下轻便摩托车,每辆年征费50元;二轮摩托,每辆年100元,侧三轮摩托,每辆年150元。

按核定载重吨位计征养路费的车辆,其征收标准:每吨每月从105元调至120元;5座及5座以下非营运客车,按一个载重吨位计征,征收实际低于按吨计征费额的,补足到按吨计征费额;营业性客车,按营运总收入15%计征;拖拉机按拖挂车的核定载重计征,其费额每吨每月50元。

1991年4月12日起,执行象价[1991]22号文《关于首批取消行政、事业性收费项目的通知》,停收单位自备车运管费(营业额约1%)、汽车客货运输经营许可证工本费(1元/张)、营运证工本费(0.5元/证)、临时营运证工本费(0.2元/证)、汽车维修许可证工本费(3元/证)、线路核准证工本费(3元/证)。

1993年1月,执行省政府1992年颁《关于加快交通基础设施建设的通知》,调整养路费征收标准;汽车每吨每月从120元调至135元;手扶拖拉机每吨每月从50元调至60元;公路客货运输附加费,每人、每吨公里各加0.01元。

1993年8月1日起,遵照省政府《关于第一批取消省级机关十个涉农负担项目的批复》,停收手扶和方向盘拖拉机养路附加费。

1994年4月,执行《浙江省公路养路费征收管理办法》。重新明确养路费征、免车辆及征收标准。

计征车辆:(一)凡领有各种牌证的客货汽车、特种车、专用车、牵引车、简易汽车(含农用运输车)、挂车拖带的平板车、轮式拖拉机、摩托车(包括二轮、侧三轮)和其他机动车。(二)军队、公安、武警系统内企业及参加地方营业运输、承包民用工程及包租给地方单位和个人的车辆。(三)外资企业、中外合资企业、中外合作企业的车辆。(四)驻华国际组织和外国办事机构的车辆。(五)外国个人在华使用的车辆。(六)临时入境的各种外籍机动车辆。(七)不属免征范围的其他车辆。

免征车辆:(一)按国家和省规定的定编标准配备的县级以上(含县级)党政机关、人民团体和学校使用,并由国家预算内经费直接开支的五人座以下(含五人座)的小客车、摩托车。(二)外国使(领)馆自用的车辆。(三)只在由城建部门修建和养护管理的市区道路固定线路上行驶的公共汽车、电车(不包括出租车)。(四)经省公路稽征局核定设有固定装置及专门标志的城市环卫部门的清洁车、洒水车，卫生部门主管的医院急救站、防疫站的救护车、采血车、防疫车（不包括企事业单位自备车），环保部门的环境监测车，公安、检察、法院、司法行政部门的警车、囚车，设有固定消防装置的消防车（含森林消防车），防汛部门的防汛指挥车，铁路、交通、邮电部门的战备专用微波通讯车，殡仪馆的殡葬车。（五）由国家预算内国防费开支的军事装备性车辆。（六）公路和城市道路养护管理部门养路专用的车辆，养路费征收部门专用车辆。（七）矿山、油田、林场内完全不行驶公路的采矿自卸车、油田设有固定装置的专用生产车、林场的积材车。

分类计征车辆：（一）营业性客车按营运总收入15%计征。（二）货车、非营业性客车按核定吨位按月计征。（三）拖拉机按核定吨位按年计征。（四）二轮轻便、二轮、侧三轮摩托车按辆按年计征。

征费车辆吨位核定标准：（一）货车按核定装载吨位计征。（二）客车、客货两用车比照同类货车底盘标记装载吨位计征，无装载吨位的，按最高载客数每十座折合一吨计征。（三）客货两用车无法比照的，按载货吨位和载客座位合并计征。（四）拖拉机按拖带挂车核定装载吨位计征。（五）汽车拖带挂车按其核载吨位七折计征。（六）重型和超重型半挂车，载重二十吨及以下的全额计征，二十吨以上部分折半计征。（七）铰接客车按同类主车核载吨位加倍计征。（八）不能载客、货的特种车按其自重吨位折半计征。按吨计征车，从一吨起计征，一吨以上部分不足半吨，按半吨计征。

1998年7月，省人大首颁《浙江省公路养路费征收管理条例》，共五章、三十五条，同年10月1日起施行。1994年发布的《浙江省公路养路费征收管理办法》同时废止。

2000年，财政部、国家计委、交通部、国家税务总局联合发《交通和车辆税费改革实施方案》、《关于开征车辆购置税取代车辆购置附加费等有关问题的通知》，国务院颁《中华人民共和国车辆购置税暂行条例》。2001年1月1日始，取消车辆购置附加费，新征车辆购置税。

2001年8月，调整境内区域出租车养路费，每辆每月230元；公路客货运输附加费每辆每月160元；运输管理费每辆每月60元。

2004年1月，根据省交通厅、财政厅、物价局《关于调整公路养路费征收标准的通知》，货车、非营业性客车公路养路费，从每月每吨165元调至200元。同年12月始，根据省交通厅、财政厅《关于对农村客运班车养路费等公路规费实行优惠的通知》，县（市）区域内乡镇之间，乡镇至行政村和行政村之间运行的班车（即农村短途客运班车），以及专门用于接送小学生上下学的农村客运班车，养路费、公路客运附加费全免；县（市）区域内由县城始发至乡镇、行政村的亏损或保本经营的班车（包括已实行公交化改造的城乡短途客运班车）养路费、公路客运附加费减半征收。

市客运附加费，即公路客运油价补差（简称“油价补差”）、山区支线农村过夜班车经营补贴（简称“经营补贴”）、客运场站建设资金（简称“客站基金”），总称“三项资金”或“市客运附加费”。根据宁波市人民政府办公室（1988）32号文批复，及市交通委员会、物价局联合通知，凡在本市经营的所有客运班车、定线不定时发售客票的出租汽车，外地客运单位在本市始发客运的车辆单位和个人均向旅客收取市客运附加费，标准为每人公里各人民币0.002元，合计0.006元。自1988年8月25日起执行。“油价补差”由客运单位经营者留存，用于企业的客车更新改造。“经营补贴”补偿给经营山区、支线的农村过夜班车单位,根据运输量和经营线路的情况,多跑多补,少跑少补,不跑不补。“客站基金”用于汽车客运场站的建设,由县交通局统一安排使用。规定用于客车更新改造不得少于10%,用于农村过夜司乘人员生活补贴不得大于30%。

1997年4月1日起,执行省交通厅、财政厅、物价局联合颁《关于调整公路客货运输附加费征收标准的通知》,客、货运输附加费从原每人(吨)公里0.02元各增至0.025元。1998年11月20日起,执行市政府《关于取消部分涉企收费、基金等项目和降低部分项目收费标准的通知》,不再收取客站基金。

运输管理费

1964年,陆上短途运输、装卸搬运,按营业额5%收费,除丹城、石浦交管站直接办理业务外,墙头、西周、新桥、关头、泗洲头、涂茨、岑晁、定塘、鹤浦等地设点开票、收费,代征税收。后运管费收费率多次降低。

1990年运输管理费根据县财政、物价、交通3局联合通知规定收取:专业运输企业按营业额的1%收取。汽车维修业按营业额0.5%收取。其他经营客、货运输单位和个人收费,货车每月每吨10元;挂车7元;大小客车每月每座1.40元。

1995年7月1日起,执行市物价局、交通委联合发《关于调整运输管理费定额征收标准的通知》,24座及以上大客车每月每座2.50元,23座及以下中巴车每月每座5.00元;旅游车:24座及以上每月每座2.50元,10~23座每月每座4.00元;出租车:6~9座每月每座5.00元,4~5座每月每座12.00元;货运车:15吨及以下每月每吨13.00元,15吨以上每月每吨8.00元,挂车每月每吨8.00元,机动三轮车每月每辆14.00元;简易四轮车:客运每月每座4.00元,货运每月每吨13.00元,拖拉机:轮拖每月每吨3.00元,手扶每月每吨3.00;人力三轮车、手拉车每月每吨3.00元。

1998年1月1日起,根据国家计委、财政部《关于第一批降低22项收费标准的通知》,专业运输企业运管费收取标准从营业额1%降至0.8%,取消汽车维修行业按营业额0.5%收取的运管费。

1999年2月5日起,执行省政府《关于取消部分地方自行设立涉企行政事业性收费、基金等项目的通知》,取消1994年始收取的“旅客公路路面集资费”项目。

2002年10月,根据省物价局、财政厅有关通知,调整部分客货车公路运输管理费征收标准(表4-2-35)。

2002年10月客货运输车辆运输管理费调整标准一览(单位:元)　　表4-2-35

车类	座(吨)位	计费单位	原标准	调整后标准
高速客车		每月每座	2.5	5
快客客车		每月每座	2.5	4
普通大客车	24座及以上	每月每座	2.5	3
定线中巴车	23座及以下	每月每座	5	不变
旅游车	24座及以上	每月每座	2.5	3
	10~23座		4	不变

续上表

车　类	座(吨)位	计 费 单 位	原　标　准	调整后标准
出租车	6~9座	每月每座	5	6
	4~5座		12	不变
租赁车		每月每座	8	10
货运车	15吨(含)以下 15吨以上部分折半征收	每月每吨	10.5	12
机动三轮车		每月每吨	14	不变
简易四轮车		每月每座	载客4	不变
		每月每吨	载货13	
拖拉机	轮式、手扶式	每月每吨	3	不变

2004年2月,根据省物价局、财政厅《关于取消和调整部分涉及农民负担的行政事业性收费项目及标准的通知》,取消从事营业性运输的农用三轮车、拖拉机的公路运输管理费。同年4月,根据市物价局、财政局、交通局意见,调整部分客货运输附加费和管理费定额征收标准(表4-2-36,表4-2-37)。

2004年公路客货运附加费定额征收标准一览　　表4-2-36

车类	类　别	调整前标准	调整后标准	备　注
货车	15吨及以下	65元/月·吨	55元/月·吨	包括所有集装箱专用车和农用货车
	15吨以上部分	32.5元/月·吨	28元/月·吨	
	挂车	32.5元/月·吨	28元/月·吨	
旅游出租	轿车	70元/月·座	不变	
	19座以下(不含轿车)	40元/月·座	不变	
	20座以上	40元/月·座	不变	
	定线不定时面包车(便捷巴士)	70元/月·座	60元/月·座	
大客	200公里(含)以内	80元/月·座	70元/月·座	
	201~300公里	105元/月·座	95元/月·座	
	300公里以上	130元/月·座	120元/月·座	
农用车	农用四轮客车、底盘质量0.5吨	150元/月·辆	不变	
	农用四轮客车、底盘质量0.6吨以上	300元/月·辆	不变	
	三卡	50元/月·辆	不变	
厢式货车		85元/月·辆	70元/月·辆	
租赁车		40元/月·辆	不变	
拖拉机		160元/年·吨	不变	农用拖拉机,半年一次性缴费按90元,每季一次按50元
特种车		32.5元/月·吨	28元/月·吨	

2004年客货运输车运输管理费定额征收标准一览 表4-2-37

车类	座(吨)位	调整前标准	调整后标准
高速快客		5元/月·座	12元/月·座
快客客车		4元/月·座	11元/月·座
普通大客	24座以上	3元/月·座	10元/月·座
定线中巴车(便捷巴士)	23座及以上	5元/月·座	15元/月·座
旅游车	24座及以上	3元/月·座	不变
	10~23座	4元/月·座	不变
出租车	6~9座	6元/月·座	不变
	4~5座	12元/月·座	不变
租赁车		10元/月·座	不变
货车	15吨(含)以下	12元/月·吨	20元/月·吨
	15吨以上部分	7元/月·吨	10元/月·吨
	挂车、特种车	7元/月·吨	11元/月·吨
机动三轮车		14元/月·辆	不变
简易四轮车	客车	4元/月·座	不变
	货车	13元/月·吨	不变
拖拉机	轮拖、手拖	3元/月·吨	不变

2005年7月,执行省交通厅、财政厅、物价局颁《关于停止收取出租汽车运输管理费和城区营运出租汽车客运附加费的通知》。

1973—2008年公路规费征收见表4-2-38。

1973—2008年公路规费征收一览(单位:万元) 表4-2-38

年份	合计	汽车养路费	摩托车养路费	手拖养路费	运管费	客货运附加费
1973	8.76	7.51		免	1.25	
1974	12.31	9.77		免	2.54	
1975	14.92	12.27		免	2.65	
1976	17.93	15.40		免	2.53	
1977	21.55	18.50		免	3.05	
1978	30.86	27.10		免	3.76	
1979	37.28	33.45		免	3.83	
1980	44.98	41.00		免	3.98	
1981	47.41	41.92		2.11	3.38	
1982	56.01	46.05		4.74	5.22	
1983	68.66	51.75		7.76	9.15	
1984	119.46	85.37		22.39	11.70	
1985	174	119.56		37.59	16.85	
1986	269.69	184.49		55.46	29.74	

续上表

年份	合计	汽车养路费	摩托车养路费	手拖养路费	运管费	客货运附加费
1987	352.16	260.25		60.47	31.44	
1988	550.76	410.58		70.79	69.39	
1989	873.3	492.7		86.9	106.95	186.75
1990	864.81	399.23		67.18	102.24	296.16
1991	989.3	542	1.11	99.35		346.84
1992	1282.88	693.3		99.4	100	390.18
1993	2019	920	10	145	140	804
1994	2188	1111	20	142	81	834
1995	2209	1373	27	104	81	624
1996	2540	1495	12	145	83	805
1997	2233	1253	46	144	73	717
1998	2106	1195	38	110	68	695
1999	2318	1206	14	105	254	739
2000	2485	1271	18	118	311	767
2001	2583	1320	82	143	309	729
2002	2848.27	1517.23	73.49	132.33	388.76	736.46
2003	2940.45	1756.93	126.13	134.55	307.98	614.86
2004	4281.7	2937.37	149.22	142.75	276.74	775.62
2005	4502.6	3206.36	170.1	137.5	270.26	718.38
2006	5681.85	4187.64	252.4	137.09	345.77	758.95
2007	7187.44	5581.27	245.1	167.59	354.05	839.43
2008	8434.95	6790.07	196.24	212.76	358.82	877.06

车辆购置附加费

1985年4月2日,国务院(国发[1985]50号)发布《车辆购置附加费征收办法》,始征车辆购置附加费,以作公路建设专用的一项资金来源。同年4月6日,交通部、财政部、中国工商银行(85)交财字760号颁发《车辆购置附加费征收办法实施细则》。从1985年5月1日起,凡购买或自行组装使用的车辆,在购买时或投入使用前,必须缴纳附加费,取得缴费凭证(或免征凭证)后,公安局车管部门方可办理车辆牌照。车辆购置附加费在全国范围内征收,每辆车只征一次,征收管理工作由交通部门负责(国外进口的车辆,其车辆购置附加费由海关代征)。1985年8月22日,象山车辆购置附加费征收工作始由县公路运输(稽征)管理所负责,凡是年5月1日后领取车辆牌照,未缴车辆购置附加费的单位或个人,须办理补缴手续。车辆购置单位或个人也可在车辆上牌地交通部门办理车辆购置附加费缴费手续。

车辆购置附加费实行专户管理,采取"专户存储、逐级划转、存不计息、汇不收费"的办法。各省(自治区、直辖市)、地区(市)、县(市)交通部门均要在所在地工商银行开设"交通部车辆购置附加费专户"。此专户只能存入和划转,不能动支。

2000年10月22日,国务院第294号令颁《中华人民共和国车辆购置税暂行条例》。从2001年1月1日起开征车辆购置税取代车辆购置附加费。凡购买、进口、自产、受赠、获奖和以其他方式取得并自用车辆的单位或个人,必须向国家税务部门缴纳车辆购置税。车辆购置税实行从价定率的办法计算应纳税额。应纳税额的计算公式为:应纳税额=计税价格×税率(10%)。税率的调整由国务院决定并公布。车辆购置税实行一次性征收制度,购置已征车辆购置税的车辆,不再征收车辆购置税。嗣后,为使车辆购置"费"改"税"工作平稳过渡,经国家税务总局与交通部商定,下发(国税发[2000]211号)《关于做好代征车辆购置税工作有关问题的通知》,在车辆费稽征机构未移交前,车辆税暂由各省、自治区、直辖市、计划单列市交通部门所属车购费稽征机构负责代征。至2003年12月底正式移交国税部门。

1985—2003年车购费(税)征收见表4-2-39。

1985—2003年车购费(税)征收一览(单位:元) 表4-2-39

年份	征收额	年份	征收额
1985	18742.73	1995	2025373.42
1986	159882.49	1996	983304.00
1987	298502.62	1997	1573883.83
1988	137880.13	1998	1052780.32
1989	93490.21	1999	2061993.33
1990	126533.05	2000	2050000.00
1991	86971.54	2001	1656507.30
1992	148353.35	2002	2352688.00
1993	1102969.74	2003	2661431.00
1994	1890965.21		

第三章 港航管理

清初,商渔船舶,出洋水手,严稽籍贯,核实年貌,由地方官取船户族里保结,同伴互结。许殷实良民制造海船,发给执照。凡桅樯支数,船舶长度,船员人数,均按限制额登记于执照。风蓬两面大书某地某人某字号船只,船舷两旁亦然,或于桅杆上漆编号及船户姓名,以备口岸检查。浙江商船执照白质绿书。1802年(清嘉庆七年),外贸商船,准其酌带弓矢、刀枪、火炮,以防不虞,于执照内注明,返回时依数验点,近洋商舶渔船,不得越禁私携,次第编排,治以保甲之法,严禁硝、硫磺、钢铁出口;食米计人定量,油、麻备足船用,不得多携。

清末至民国时期象山港设护航队。民国时期,石浦有外海水警队,管辖海上交通。解放初,始专设航管站于石浦。

第一节　港航监督

港航监督,包括货运监督、客运监督、危险品运输监督、船舶技术状况监督、船员技术培训、海图作业考核、信号管理、海事处理、违章处理、船舶年检、规费征收及航道管理等。

船舶管理县航管所执行交通部所颁发的《关于加强船舶安全监督的决定》(1985年)、《船舶登记章程》(1960年)、《船舶检验工作条例》(1972年)、《国家船舶检验工作条例》(1972年)和国家船舶检验局公布《船舶吨位丈量规范》(1978年)。丈量检验船舶分下列3类进行:(1)初次,凡新造船舶或未经丈量检验发证的船舶,均须丈量检验;(2)定期,根据船舶质量和航行安全管理的要求,定期丈量检验;(3)特别丈量检验,船舶改型、吨位增减、买卖过户、改换港籍、航区等,均属特别丈量检验。

检验内容:船壳及各部位质料之优劣,有无损伤、腐烂;联接方法与装配等施工质量;船体水密(即不漏水)状况;船用工具及动力的配备状况;安全设备是否完好及效用如何,以确定是否适航。凡不适航的船舶,一律不予签证,并禁止其航行。

丈量船舶:丈量船舶吨位,采用实载测试和计算测试办法进行;核定船舶总吨位和净吨位或载客位;核定干舷并检验载重线标志位置是否正确。

船舶经丈量检验合格后,按船舶实际情况,核定航行区域和营运种类,发给船舶证书和航行签证簿。

船员管理:主要是考核与培训。执行交通部《轮船船员考试办法》(1979年)、省交通局《浙江省轮船船员考试发证补充规定》(1980年),凡机动船的机驾人员,均须经航管部门考核,成绩合格者发给证书,方可上岗。船上电工等专业人员,须持有主管部门发给证书,方可上岗。

申请考试种类及职称,分驾驶、轮机、报务3类。驾驶:船长、驾驶员,其职称分船长、大副、二副、三副等。并按航行区域及船舶等级划分。轮机:轮机长、轮机员,其职称分轮机长、大管轮、二管轮、三管轮等。报务:象山仅设报务员。

1989年持证船员统计见表4-3-1。

1989年持证船员统计一览　　表4-3-1

<table>
<tr><td rowspan="2">驾驶
合计</td><td colspan="2">200总吨以上</td><td colspan="2">200总吨以下</td><td colspan="3">29.4千瓦以下</td><td rowspan="2">报务员</td></tr>
<tr><td>长(正)</td><td>员(副)</td><td>长(正)</td><td>员(副)</td><td>正驾驶</td><td>副驾驶</td><td>驾机员</td></tr>
<tr><td>1115</td><td>25</td><td>27</td><td>153</td><td>157</td><td>707</td><td>2</td><td>37</td><td>7</td></tr>
</table>

<table>
<tr><td rowspan="2">轮机
合计</td><td colspan="2">220.8千瓦以上</td><td colspan="2">220.8千瓦以下</td><td colspan="2">29.4千瓦以下</td></tr>
<tr><td>长(正)</td><td>员(副)</td><td>长(正)</td><td>员(副)</td><td>正司机</td><td>副司机</td></tr>
<tr><td>928</td><td>16</td><td>18</td><td>181</td><td>179</td><td>534</td><td></td></tr>
</table>

考试内容分理论与实践两类。驾驶:主要考试船舶操纵、驾驶员职务规则,罗经、雷达、电子导航仪器的正确使用,航海水文气象、海图作业、避让规则、造船大意、海运法规、货物装卸、消防救护、救生等。轮机:主要考试动力装置、制冷设备、电器和控制设备、机舱管理、船舶电工、度量仪表、轮机员职务规则、基础理论、绘图、造船大意、消防救护等。参加考试的船员,均应会游泳和具有一定的水上资历。

考试发证机关:象山属宁波航区,归宁波市航管处管理。29.4 千瓦以下,由县航管所负责考试,市航管处核发《浙江省小机船船员证书》;未满 200 总吨,220.8 千瓦以下,由宁波市航管处负责考试,并核发《中华人民共和国小轮船船员证书》;未满 500 总吨,441 千瓦以下,由宁波市航管处负责考试,省航运局核发《中华人民共和国轮船船员证书》。1983 年后,29.4 千瓦以下的机驾船员考试,不受资历限制,凡身体健康者,均可参加;36 岁以上的老船员,笔试有困难者,允许口试。

进出口管理　石浦航管站执行交通部《船舶进出口签证管理办法》。凡运输船舶,每一航次,均须办理进出口签证手续。客船、渡船定期签证。签证时必须符合下列 6 条规定:(1)备有有效的船舶证书。(2)配备足够负责航行值班的持证船员。(3)船舶处于适航状态。(4)装载物资要符合装载要求。如甲板高度不能超过重量的十分之一,宽度不能超过载重线。(5)救生、消防、信号都要符合要求。(6)没有违反港口有关规章法令等情况。

1956 年 7 月 5 日,交通部颁发《关于消灭内河海损事故,保证航行安全的具体措施》。1958 年 8 月 13 日又颁《关于加强船舶安全监督的决定》。1959 年 9 月 7 日交通部、农垦部、水产部、农业部、公安部联合发出《关于加强运输船、渡口船、渔船安全管理的规定》。县交通管理部门都广泛宣传,认真贯彻执行。

根据交通部《十不开航、五不拖带、十四项注意》精神,地区航管处发出《致全区船舶驾机员的公开信》,要求做到"十不开航"。即(1)船舶未经出口签证或船舶证书过期不开航;(2)超载超员不开航;(3)通讯设备发生故障,主要助航仪器未经校验及未掌握误差不开航;(4)锅炉、主、副机电器设备,各种管系航前未经检查,不能保证正常运转的不开航;(5)货物装卸违反规定,影响船舶稳定性、货物质量影响航行安全的不开航;(6)救生、消防设备不符合规定的不开航;(7)燃润料、淡水等储备不足,主要属具不全不开航;(8)遇有大风超过本船抗风等级,或遇大雾不能保证安全航行时不开航;(9)船员配备不齐,主要船员无合格证书的不开航;(10)航区情况掌握不透的不开航。

渡口管理　象山县人民委员会 1962 年初根据省令作出《关于渡口规则的规定》和《关于加强渡口安全管理的布告》。1975 年,省革命委员会按性质划分渡口,规定农渡归农业局管理,交通渡归交通局管理。1985 年,县人民政府批转县交通局《关于明确县内渡口性质和实行归口管理的报告》,建立交通安全管理责任制,全县渡口安全状况有一定好转。1988 年 1 月 26 日,县政府根据 1987 年省政府《浙江省渡口安全管理规定》精神,调查研究,广泛征求意见,于 1988 年 1 月 26 日,发出《关于进一步加强水上交通安全管理的通知》,在县安全生产委员会下,设水上交通安全管理办公室于石浦交通分局,处理水上安全方面的日常工作,包括专业运输单位的安全管理。按渡口性质划分,全县共有交通渡 11 处,农渡 33 处。根据"谁经营,谁管理,谁负责"的原则,属专业航运企业经营的交通渡,由交通部门负责管理;凡属乡、镇(包括个体、联户)经营的交通渡和农渡,由所在地乡、镇政府负责管理,涉及几个乡、镇的农村渡口,由一个便于领导的乡、镇政府为主管理。全县成立 11 个渡口安全领导小组,并设乡、镇船舶监督员 10 名(包括航管所已用的乡管员)。

渡口实行"五固定、三落实",设渡口守则牌。"五固定":定渡工、定渡船、定渡埠、定乘额、定责任。"三落实":领导落实、组织落实、制度落实。在各渡埠设置钢筋混凝土质渡口守则牌。守则十条:(1)必须在渡口两岸和每一渡船显著地位上,标明载客定额和装货定额,严禁超载;(2)乘客上下,应待船只停稳后依次上下,不得争先恐后。乘客上船后要听从渡工指挥,不得互相打趣随便移动位置,防止发生事故;(3)扶老携幼,照顾病、弱,人人有责;(4)乘客不得携带易燃品及爆炸物等危险品上船;(5)严禁抢渡、强渡;(6)遇洪水暴发、大风或其他恶劣天气,航行有危险时,必须停止渡运;(7)破漏失修或驾船工具缺损的船只,不准开航;(8)牛、马等大牲畜过渡时,除畜主外,不得搭乘其他客人;(9)严禁残、病和醉酒的船工驾船;(10)上述规定,乘客和船工都有责任互相监督,共同遵守,确保安全。

1996 年 4 月,县政府以(象政复[1996]4 号文)批转县交通局,同意在县水上交通安全管理办公室增挂"象山县人民政府渡口安全管理办公室"牌,两块牌子、一套班子。1998 年 4 月,县渡口办根据省人民政府第 88 号令《浙江省渡口安全管理办法》,制定《象山县渡口安全管理制度》。县交通局负责全县渡口安全管理工作,设县渡口安全管理办公室于交通局内,人员由局运输科和县航管所有关人员组成,主要职责为:宣传贯彻有关渡口安全管理的法律、法规、规章及上级有关会议、指示精神;召集全县渡口安全工作会议;负责县与镇乡政府签订责任书,督促落实情况;协调处理渡口安全问题,统一编制渡口更新改造规划。

2005 年,县交通局专设港口管理科,负责全县渡口行业管理工作,检查督促各有关乡镇政府做好渡船更新改造、渡埠维修保养和渡运行业安全管理工作。

违章处理　1980 年宁波地区航管处发布《水上交通违章处理暂行办法》,凡有下列违章之一者,分别给予教育纠正,违章记录,通报批评,吊扣船舶证件和船员证书,罚款等处理。(1)船舶无证航行或证件逾期,船员配备不齐或无证驾驶机动船的;(2)船舶无船名、船号、声号、灯号、旗号和必要的安全设备,在夜间航行,停舶中不按规定悬挂灯号的;(3)船舶装载超重、超高、超宽,客船顶棚坐人,货船任意搭客和私运货物谋私利的;(4)不按规定办理船舶进出口签证或装运危险物品的;(5)违反"三统"管理,私雇船舶,私揽货源,抬高运价,扰乱水上运输秩序的;(6)非机动船抢越轮船头,挂拖客、货船。各类船舶不按避碰规则避让,尚未造成事故的;(7)船舶不按指定地点停泊,无足够船员值班护船,尤其是任意停泊渡口、客轮码头、通航桥孔,弯曲狭窄航道任意停泊、危及他船安全的;(8)船舶发生海损事故隐瞒不报,发现遇难船舶不尽力救助,捞获船舶、货物不送交港航管理机关和肇事后驾船逃跑的;(9)在船上赌博、偷拿运输物资,向船舶抛丢石头污物,或向航道倾倒垃圾废渣、石块,不听制止的;(10)强行乘坐和拦截客、货船舶的。

各级航管机关处理违章时,需撤销机动船舶航行证件、吊销船员证书、或罚款在 200 元以上的,须报市航管处批准。受处理不服者,可在处理决定作出后 5 天内,向处理机关的上级主管机关提出复审。违反中华人民共和国刑法条款规定的,航管机关应提请司法机关追究刑事责任。因军事行动、政府机关命令、救助人命、船舶、物资和不可抗拒的原因造成违章,不作违章行为处理。

海事处理　船舶触礁、触岸、搁浅、碰撞或浪损;失火或爆炸;遭遇自然灾害;影响适航性的机件或重要属具损坏和丢失;造成水上和水下建筑物设备的损害;沉没或失踪;水上救助等造成损失,均为海损事故。不论何籍运输船舶,发生事故后,应在 24 小时内,尽快向附近航管部门报告,以便及时进行调查处理。解放后,政府重视航道设施建设,及水上运输生产安全,但海损事故仍不断发生。重大事故大都因超载、大风、触礁、碰撞造成。2001 年 8 月,水上安全监督体制改革,交通港监职能包括海事处理,划归海事部门。水上交通事故分类:

(甲)200 总吨以下 147.2 千瓦以下

重大事故,死亡 3 人以上;本船全损或无修复价值;直接经济损失 1 万元以上。

大事故,死亡 1~2 人;直接经济损失 2000~10000 元。

一般事故,人员有重伤;直接经济损失 200~2000 元。

小事故,人员有轻伤;直接经济损失 200 元以下。

(乙)200~1000 总吨,或 147.2~736 千瓦

重大事故:死亡 3 人以上;本船沉没、全损或无修复价值;直接经济损失 10 万元以上。

大事故,死亡 1~2 人;直接经济损失 1~10 万元。

一般事故,人员有重伤;直接经济损失 500~10000 元。

小事故,人员有轻伤;直接经济损失 500 元以下。

1977—2010 年运输船舶海损事故见表 4-3-2。

1977—2010 年运输船舶海损事故一览 表 4-3-2

年　份	肇事次数(次)	死亡人数(个)	受伤人数(个)	沉船艘数(艘)	直接经济损失(元)
1977	6	0	0	0	37229
1978	8			1	167159
1979	8			2	174799
1980	7	3		1	98584
1981	9				26103
1982	6			2	215333
1983	16	9		2	169180
1984	68	8		6	306451
1985	97	7		9	441413
1986	70	7	6	13	605848
1987	58	17		9	1067848
1988	39	2		8	455085
1989	30	1	0	4	331150
1990	34	1	0	8	1069195
1991	29	2	0	8	399503
1992	22.5	2	0	7	311408
1993	24	1	0	5	1760000
1994	16	1	0	4	1322803
1995	3.5	1	0	1	456392
1996	3	4	0	2	491991
1997	3	0	0	1	60793
1998	6	0	0	1	648553
1999	3.5	0	0	0	140000
2000	1	10	0	0	51000
2001	0	0	0	0	0

续上表

年　份	肇事次数(次)	死亡人数(个)	受伤人数(个)	沉船艘数(艘)	直接经济损失(元)
2002	0	0	0	0	0
2003	1.5	0	0	0	1950000
2004	0	0	0	0	0
2005	5	0	0	0	3790000
2006	7	0	0	0	2813000
2007	2	0	0	0	600000
2008	3	1	0	0	280000
2009	2	0	2	0	0
2010	7	0	0	0	0

注:2010 年失踪 11 人。

第二节　港口航道管理

解放后港口、航道管理,由县航管所统一负责。1982 年 11 月,港口管理和建设工作,由县港务管理站实施。2000 年末,复归航管所。象山航道皆海道,大多天然良好。白墩港由于上游围垦而淤浅,无力疏浚。石浦港(石浦镇前沿)定期疏浚。其余航道均无淤积现象,毋须疏浚。故象山航道养护,首要是航标养护,次为清理航障。

港口管理

内港航道常有设置渔具及种植水生植物或养殖贝类,侵占航道,危及船舶航行安全。石浦港、蟹钳港尤甚。县政府于 1985 年 11 月 13 日,批转县交通局《关于划定石浦港内航道宽度的报告》,限期处理石浦港内严重阻碍航行之张网或其他水产作业,防止发生交通事故。规定黄胖礁至中界山北段航道宽 500 米;中界山东西两边航道,宽各 300 米;中界山南端至三门口航道,宽 500 米(航道宽度以航道实际深水线为中心)。在航道宽度内不准张网或其他捕捞作业。延昌铜钿礁至黄胖礁一带航门港湾及航段,禁止一切张网作业。1993、1995、1998、2001、2006、2008、2010 年,由县政府牵头,县交通局、县海洋渔业局、石浦镇政府等共同策划组织,先后对石浦港进行 7 次疏浚,范围从延昌木材公司码头至葛峙山中油公司码头及鹤浦客运码头至汽渡码头,总岸线长度 5000 余米(表 4-3-3)。凡公共部位由政府投资,码头部位各业主分摊。

1993 年始石浦港区疏浚情况一览　　表 4-3-3

年　份	岸线长度(米)	清除淤泥(立方米)	投资金额(万元)
1993	2000	92500	52
1995	2000	129978	103.78
1998	2000	126445	97.48
2001	2000	228000	169.40
2006	3688	393320	305.40
2008	3905	552440	572.7
2010	5080	690037	534.7

航标养护

1960年前,县航道养护统由省航运管理局直接管理。海军航标由海军管理。象山航标组成立后,海军航标陆续移交。20世纪80年代末,自象山港至三门湾,乱礁洋至猫头洋,计航标69座,分别由海军、象山航标组、石浦航标站、海门航标站、象山水产局管理。象山航标组、石浦航标站各备航标船,按月巡检1遍。2001年,水上安监体制改革后,航标管养划归石浦航标站。2005年改称象山航标站。2008年末,境内海域各类航标103座。2009年5月,象山航标站组织航标技术人员对辖区航标进行全面检修。同年始,部分沉船灯浮标、临时桥涵标,因完成使命相继而撤。2010年境内航标88座。

象山航标组　1959年4月,象山航管站派员接管省航运管理局的航标8座。1960年4月,成立象山县航道养护队,后改称象山航标组,隶县航管所,以管理航标为主,兼管维修码头。1960年专职9人,航标船1艘。初为15吨木帆船,1961年新造30吨木帆船,次年改机动船,29.4千瓦。1983年7月以海军退役之钢质测量艇作航标船,135吨,184千瓦,管辖航标31座。2001年8月,水上安监体制改革,撤象山航标组,9月,航标管理统一划归石浦航标站,隶镇海航标处。

象山航标站　原称石浦航标站(图4-3-1),隶交通部上海航道局镇海航标处。1983年1月,接管海军37626部队航标站航标28座。1988年有职工18人,址设石浦新港区坟坦港口西南岸,占地2077平方米,建筑面积276平方米。1986年新建浮式码头1座。钢质航标船1艘,95吨,176.6千瓦。1992年,因有碍石浦水产品交易市场建设,拟拆迁。2004年,经上海海事局批复,迁址石浦海军修理所西侧,占地6650平方米,建筑面积500平方米。水域岸线128米,500吨级浮式码头1座。2005年5月,更名象山航标站。2007年4月,因镇海航标处改称宁波航标处,隶属随变。

温州航标区海门航标站　设椒江市。

海军航标站　设舟山市。

渔标属象山县水产局管理,无航标工,该局曾要求将航标移交象山航标组,因经费渠道各异,未果。今渔标管理仍属县海洋与渔业局。

航障清理

象山无打捞行业。民国时期,石浦有熟识水性者常为近岸沉船打捞货物或小船,俗称"水乌龟"。打捞方法为:(一)由"水乌龟"潜入水中以绳索捆绑船只,低潮时用两船联结沉船,水涨船高,浮至平水,拖往浅滩;(二)若低潮时船身半露,则以空油桶充塞船舱,涨潮时,利用浮力拖至浅滩。解放后,遇沉船吨位较大者,一时无法打捞,则先设置灯浮标,以防不测。如无打捞价值,则予炸毁,确保航道畅通。打捞或炸毁作业,均请省航镇海打捞队施工,或请海军协助。2001年始,沉船打捞等航障清理由县海事部门负责。

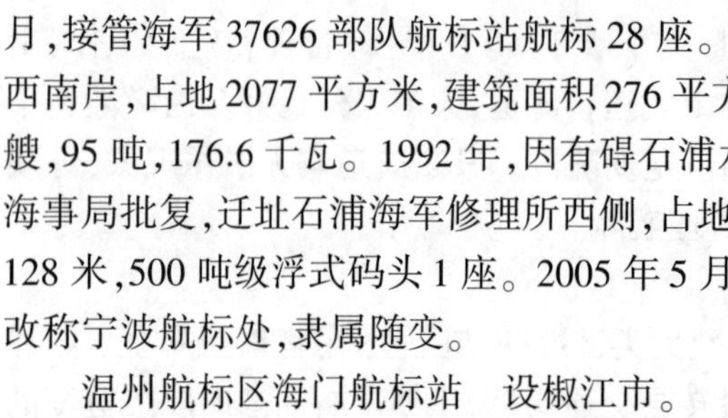

图4-3-1　20世纪80年代石浦航标站

航养经费

原象山航管所所收航道养护费,悉上缴

省航运管理局，按比例拨还。按象山航标组情况，经费一般标准在 4 元/标天左右（包括管理人员，船只、航标电器、电池等费用）。航标管养权析出后，由航标站负责。

1988 年前县航管所港口航道养护经费见表 4-3-4。

1988 年前县航管所港口航道养护经费一览（单位：元）　　表 4-3-4

年份	航标养护	航标小中修	码头养护	码头大中修
1955	408.85	—	1004.50	—
1956	245.62	—	20578.59	—
1957	296.28	—	1095.02	—
1958	535.69	—	3311.57	—
1959	1109.80	—	1179.94	—
1969	5285.85	6985.77	9650.71	27943.08
1970	11021.48	1371.55	7899.91	—
1971	10588.08	4454.41	4954.75	17817.66
1972	12384.06	6446.81	41929.57	25787.25
1973	11730.74	4445.64	13995.87	17782.57
1974	12848.14	18245.87	12507.78	72983.47
1975	16802.76	24064.47	27787.13	96257.88
1976	22220.24	10924.51	12835.01	43698.05
1977	16588.19	6741.56	16896.29	26966.25
1978	23340.95	4801.15	12549.47	19204.62
1979	28370.61	6152.30	12435.46	24609.21
1980	54253.50	15684.10	5461.07	62736.42
1981	47594.18	18252.22	8918.81	73008.88
1982	56438.50	48115.92	20433.00	192463.69
1983	41932.49	12819.63	16228.68	51278.50
1984	46184.35	31532.23	10202.37	126128.91
1985	53760.96	16600.00	10689.10	66400.00
1986	61054.58	19000.00	10741.43	76000.00
1987	76084.47	23086.74	12783.49	92346.95
1988	75280.00	43248.39	26221.87	172993.56

注：1960—1968 年各项费用开支，由于账册上交，机构撤并，无处查阅。

第四章　车辆监理

亦称交通监理。1987 年 10 月始，车辆、驾驶员、交通事故等管理划归县公安局交警大队。

第一节 车辆管理

1981年,境内车辆增至1196辆,交通监理部门采取措施,以加强车辆管理。

车辆检审验　分初次检验、临时检验、定期检验三种。申请报领机动车牌照的单位或个人,其车辆经检验合格后,方予发给,称初检;车辆严重损坏后修复,主要部件变更、改型,复驶,申请载货载人,及公安、交通管理机关认为有必要办理,称临时检验;已领牌证的机动车,每年集中进行一次年度检验,不合检验标准的不予签证,并暂扣车牌和行驶证,不准行驶,称定期检验。凡检验合格之车辆,须技术性能良好,设备齐全,车容整洁,牌号清晰,联结机构牢固可靠。

1972年,车辆、驾驶员检审验工作由地区交通管理所下放给县交管站。县工交局为此专门成立总检审验工作领导小组,进行机动车辆单位编组。第一组冷库;第二组石浦搬运站、石浦人民医院;第三组丹城搬运站、象山人民医院;第四组公路段、砩矿、生产资料公司、物资局、象山电厂、粮食局;第五组工交局、邮政局、电信局、新华书店、广播站、县革委会人民保卫组、办事组;第六组丹城镇农机电器厂、南庄公社农机厂、林海公社拖拉机站、仓岙水库、贤庠综合厂。

1972年起车辆检验工作一年一度,均由县交管站指定时间地点,一般自8月15—12月15日,车辆单位按指定时间前往指定地点接受检验。翌年,根据省交通局文件收取检审验车辆手续费,驾驶员审验每人0.20元;机动车每辆2元,挂车每辆1元;手扶拖拉机、连挂车每辆1元。1985年,根据省交通厅《关于改革机动车及驾驶员检审验工作的通知》,略有改变。从3月份开始,车辆年度检验实行按牌号尾数轮流检查。牌号尾数“3”的车辆在3月份受检,牌号尾数为“4”的车辆4月受检,依次类推。牌号尾数是“1”或“2”者,分别安排在11、12月。检验合格方得办理年度检验签证手续,行驶有效期1年。对因故当月未能参加检验或经三次检验不合格者,一律停办手续,缴回牌证,限期整修,按期参加年检。

牌证核发　车辆号牌和行驶证是机动车取得行驶权的标记和凭证。原皆由地区交管所核发。1972年,手扶拖拉机牌证改由县交管站核发。1985年,二轮、三轮摩托车牌证亦归县交通监理所办理。

拖拉机管理　根据1984年12月省人民政府颁发的《关于农村拖拉机的管理和经营运输业有关问题的暂行规定》及1985年省交通厅签发的《全省监理所长例会纪要》,县交通监理站将农村集体、个人和国营农业企事业单位的手扶拖拉机(包括12马和12马力以下的变型农用运输车)交由农机监理部门管理。大中型四轮拖拉机(包括20马力和20马力以上的变型运输车)和虽在农村,但不属农业系统及在城镇的手扶拖拉机,仍由交通监理部门管理。由农机监理部门管理的手扶拖拉机在公路上行驶,其驾驶证、行驶证,均须加盖当地交通监理部门的印章,由交通监理部门管理。

摩托车管理　根据交通部和省交通厅指示,1982年10月1日起,轻便摩托车必须经当地交通监理部门检验合格、核发号牌、行驶证后,方准行驶;驾驶员应经考试(交通规则、场内驾驶合格),发给驾驶证,方准驾驶,并实行第三者责任保险。

第二节　驾培管理

根据1985年省交通厅颁发《关于改革机动车及驾驶员检审验工作的通知》,规定一般每年9、10月集中审验。汽车驾驶员培训考核由市交通监理处管辖。轻骑驾驶员培训、考核由县交通管理所管理。1987年后改由公安部门管辖。2001年4月,省人大颁《浙江省道路运输管理条例》,同年7月,省交通厅据此制订《浙江省汽车驾驶员培训管理暂行规定》,各级交通行政主管部门成为机动车驾驶员培训行业主管部门。公安部门仍负责对驾驶员考核发证工作。

考核　分报考考试和年度审验两种。凡初次申请驾驶执照者,须审查政治、年龄、身体健康状况,符合条件者,准予领取学习驾驶证;学习期满,经培训考试合格者,转入实习驾驶;实习期满,经监理部门考核合格,发给机动车驾驶证,方可驾驶车辆。初次考核,分理论与实验两部分。理论考行车、机械常识;实验考分路考、桩考、城区马路考等。初次考核不合格者、或欲增驾其他车种者、审验执照有问题者、已领执照而久未驾车者,均须办理复验。每年一次年度审验,采取自我总结、民主评定、领导审批等办法,评为年度安全行车先进驾驶员的,发给"光荣免审"签证;对表现一般的驾驶员则普遍组织学习交通法规;对少数发生多次或严重违章事故的驾驶员,则举办安全学习班,分期分批进行学习,经技术、交通规则考试及格,方予签证;驾驶作风恶劣、道德败坏,经常违章、屡教不改、事故发生逃跑者,吊销其驾驶证。1999年末,公安部颁《机动车驾驶员违章记分办法》,自2000年3月1日起,对违章驾驶员实行记分制,视每次违章程度,分别记1、2、3、6、12分。2004年5月1日起,根据国务院新颁布的《中华人民共和国道路交通安全法实施条例》,实行道路交通安全违法行为累积记分制,一年内累计达12分的,扣其驾照,重新参加道路交通安全法培训、考核,合格者,发还驾照,清除记分。

培训　原驾驶员大部分来自部队复员军人。1974年,县交通管理站,举办首次汽车驾驶员训练班,输送各单位驾驶员20余名。后面向社会,经学员本人申请,监理部门审查批准,培训6个月,考核合格者,发给驾驶证。1988年,各类驾驶员9659名,其中汽车驾驶员1323名,拖拉机驾驶员6020名,其他机动车驾驶员2316名。1993年,国务院204号文规定:交通部门负责对驾校和驾驶员培训工作进行宏观方面的行业管理,包括制定管理规章、技术标准、教学大纲,负责规划布局和实施监督检查。公安部门负责对驾驶员的考核发证工作。不久,交通部相继制订《汽车驾驶员培训学校管理办法》、《汽车驾驶员培训学校(班)开业条件》、《机动车驾驶培训证书式样》等规章,为各级交通部门接管驾驶员培训工作作好准备。1996年12月23日,交通部第11号令颁布《中华人民共和国机动车驾驶员培训管理规定》,即日起,对从事机动车驾驶员培训的单位实行许可证制度,并规定各级交通行政主管部门是机动车驾驶员培训行业管理的主管部门。然浙江省仍属公安部门管理。直至2001年4月,省人大颁《浙江省道路运输管理条例》,同年7月省交通厅印发《浙江省汽车驾驶员培训管理暂行规定》后,交通部门才真正成驾驶员培训行业主管部门。随后交通部于2006年1月以第2号令颁发《机动车驾驶员培训管理规定》,对驾培行业的经营许可、教练员管理、经营管理、监督检查、法律责任等进行规范。2008年,全县各类驾驶员86868名,其中汽车驾驶员

79235名,拖拉机驾驶员3868名,其他机动车驾驶员3765名。2009年7月,机动车驾驶员理论培训改由象山电大教训点办班。2010年,全县新增汽车驾驶员12836名。

第三节 现场监督、事故处理

1972年,县交通管理站成立以来。与公安部门密切配合,采取监督管理措施。1987年,交通监理职责划归公安交警大队。

安全教育 组织“安全日”片组活动。学习《刑法》有关章节,《治安处罚条例》、《城市和公路交通管理规则》、《机动车驾驶员守则》及《交通安全报》、《中国交通报》、《浙江交通报》等,交流交通安全经验,开展交通事故研究分析。结合年度审验,重点进行职业道德、职业责任、职业纪律教育。县交通监理所在公路两旁墙上,漆写醒目大标语,宣传交通安全。在事故多发地段立标志牌。

1978年4月14日,国家经委、交通部、公安部等10个单位,决定每年5月为“安全月”。1980年,交通部把国家经委规定的每年9月“质量月”改为“安全质量月”。每年春节进行春运安全大检查,县政府、县经委、县交通安全委员会、公安局、交通局等单位,组成领导小组,抽调人员、车辆,上路、上车、上船、上车船单位、上渡口,宣传交通安全,纠正违章,清除路障航障。1984年“安全月”活动中,建立各级安全领导小组、办公室8个,派出各级安全检查组8个,64人。召开会议18次,参加1000余人。举办学习班1期,参加40人。编印宣传资料5种,大小标语150张,展出案例版面图片6场面。有线广播2次,事故分析会8次,参加100人。深入线路356人天。查验车1340辆,船79艘,纠正违章563起,罚款210元,补缴养路费506元,清除路障160处。查出事故隐患12件,解决8件。评出先进集体2个,先进个人32名。同年春节安全大检查,组织各单位车11辆,抽调有关单位人员38人,宣传交通安全和检查车辆。嗣后,安全教育和预防一直列入交通局领导议事日程,成各单位常态性工作。

健全法规 1972年3月25日,公安部、交通部联合颁发试行《城市和公路交通管理规定》,后地区交通局颁发《机动车驾驶员守则(试行)》。1973年省交通邮政局颁发《机动车驾驶员操作禁令》(十条)以及《驾驶员行车违章处理的规定》(简称规定,后同)。1991年9月22日,国务院颁《道路交通事故处理办法》中第四条规定:公安部是国务院处理交通事故的主管机关。县以上地方各级公安机关是同级人民政府处理本行政区域内交通事故的主管机关。2009年8月7日,浙江省实施包括酒后驾车的5条常态交通违法行为严管措施。据此,县交警上路严查。凡酒后驾车者,扣证3个月,酒醉驾车者,扣证6个月并处15日拘留,罚款2000元,同时,分别记录在案,输入“重点监控对象”数据库,严加监管。2010年4月1日起,施行公安部交管局发布《机动车驾驶证申领和使用规定》,对酒后驾车者,从一次扣6分改12分,即一次酒驾扣证后,须参加交通安全培训考试,否则,视为无证驾驶。此外,还对高速公路上倒车、逆行、调头,使用假车牌证等,从一次扣6分调整至12分。《规定》实施仅2月,全县“回炉”考证者达218名。

行车管理 道路交通标志,是通过图形符号、文字,表达道路交通信息,以管理交通的一种安全设施。解放后,标志多次修改。1986年国家标准局批准的标志分:警告标志,等边三角形,顶角朝上,黄底、黑边、黑图案;禁令标志,圆形和顶角向下的等边三角形,白底、红圈、红杠、黑图案；指示标志，圆形、长方形和正方形3种，均为蓝底、白图案；指路标志，长方形、正方形2种，蓝底、白图案。警告标志和指路标志由县交通局和公路段设置，禁令标志和道路交通线由县公安局交通警察大队设置。1999年10月始，公路标志标线管理工作，统一划归县交通部门路政大队负责。

行车线路，丹城镇每逢集市或节假日，机动车、非机动车、行人混杂，易引起交通阻塞，腊月更甚。1982年2月20日县公安局、工商行政管理局、交通局、丹城镇人民政府联合发布《关于丹城镇交通管理的通告》，规定行车路段、路线、车种、时间及停靠地点及自行车、手扶拖拉机停放等。1987年，县公安部门在建设路闹市段采取分离措施，设兰、白二色水泥墩、钢管栏杆，分离行驶机动车、非机动车。此后，建南河等路时，均分隔以绿化带。丹城南街（由北向南）、东街（由东门口向西折南街、县前街）、新华路（由建设桥向北），均最早实行单行道行车，道口设标志牌。丹城镇建设路、东街、南街，石浦渔港中路、北路、火炉头路，规定行车种类及准驶时间。上列措施，合理地使用道路，提高行车速度，减少事故。

定点停放　1981年始，设停车场于丹城南门广场，后广场改为公园，移往南河路。称交警队停车场。丹城西门口，建设东路东口，石浦塘头港、第二码头、火炉头路均设停车场。后随城区拓宽改造先后消退。21世纪始，车辆剧增（尤其是私家小型汽车），加之停车场建设规划滞后，停车难渐成社会问题。2010年8月1日起，丹城公园周边城区核心路段试行泊车收费，以约束乱停、乱放，缓解停车难。同时，县规划部门编制《县中心城区公共停车场规划》，拟辟世纪花园、豪门、剧院等4处停车场，计460余停车位。次年陆续投入使用。

竞赛评比　县长途汽车运输公司每年进行总结评比，评定年度安全驾驶员，树立安全驾驶标兵，悬挂安全公里（年资）牌，授予奖状、奖旗和物质奖励。1989年评出安全行车百万公里驾驶员沈吉忠。1989年全县有标兵驾驶员5人，安全驾驶员320人，安全行车百万公里驾驶员1人。安全先进集体3个（县供电局、宁波食品设备厂，4819工厂运输科）。

事故处理　1987年10月以前由县交通监理所处理，交通监理事务移交公安部门以后，由公安局交通警察大队处理。交通事故分类：

特大事故，死亡3人以上；重伤11人以上；死亡1人，同时重伤8人以上；死亡2人，同时重伤5人以上；直接经济损失1万元以上。

重大事故，死亡1~2人；轻伤3人以上；直接经济损失5000元至1万元；未伤亡，但危及副部长级以上领导、外宾、知名人士安全，政治影响很坏的事故。

一般事故，重伤1~2人；轻伤3人以上；直接经济损失200元至5000元（非机动车50元以上）。

轻微事故，轻伤1~2人；直接经济损失200元以下（非机动50元以下）。

事故处理程序：重大事故，须追究刑事责任的，由交通监理部门填写勘察结果，提出处理意见，移交司法机关办理。大事故、一般事故、小事故由交通监理部门处理。经济赔偿，由监理部门核定。伤及人身，根据责任，由车辆单位或个人酌予赔偿，车辆单位根据驾驶员的责任，给予应得处分。对于行车事故造成人身伤亡，根据死者责任大小，家庭经济状况，视实际情况酌定；预付伤者医药费，伤愈后结算；其他赔偿一次性付清。

境内行驶之任何车辆，发生事故，均由县交通监理部门（后称公安交警大队）处理。

1973—2010年公路交通事故见表4-4-1。

1973—2010年公路交通事故一览　表4-4-1

年　份	肇事次数(次)	死亡人数(个)	受伤人数(个)	直接经济损失(万元)
1973	93	5		1.36
1974	80	6		0.54
1975	100	6		0.40
1976	118	7		不详
1977	95	8		不详
1978	145	7		不详
1979	128	13		不详
1980	189	9		不详
1981	166	18		不详
1982	205	20		不详
1983	152	31		1.37
1984	162	19		2.22
1985	113	28		6.50
1986	325	20		7.60
1987	458	31		20.50
1988	694	40		18.51
1989	443	33	127	16.67
1990	112	33	86	16.72
1991	147	27	184	8.98
1992	112	36	125	41
1993	75	41	76	28
1994	84	49	111	56.8
1995	134	59	100	96.6
1996	103	32	92	99.7
1997	116	54	110	110.4
1998	105	45	91	111.7
1999	530	42	271	359.5
2000	511	42	281	340.1
2001	551	41	279	347.9
2002	396	48	292	265.3
2003	261	45	273	214.2
2004	418	52	461	192.5
2005	325	51	367	157.1
2006	305	50	375	139.44
2007	292	47	320	108.49
2008	228	46	258	105.98
2009	204	43	256	103.86
2010	203	40	227	103.1

第五章　公路管理

第一节　公路养护

1935年(民国24年),建成县城至西泽公路,商办宁穿汽车公司营运,养护。抗战胜利后,公路修复,由商办象山永安汽车公司养护。

1956年7月,建成丹城至白墩码头公路,县建设科始设丹城道班,定员7人,按年公里200元左右核拨经费。1959年归宁波运输段管辖,专业养护。1965年,船倒山至白墩码头5.65公里,划归农工班养护。1982年分专业养护(公路段)与农工养护(县乡养护队)。1997年归并专业养护。

一、专业养护

1958年底,宁海至象山公路竣工,次年沿途设道班4处(含丹城道班),归宁波运输段管辖,称象山站养护班。1962年成立象山工区,人员30人,养护里程69.3公里。1964年归宁波地区养路总段管辖。1969年始置三轮机动车1辆、运送路料。次年增置汽车1辆,定员81人,养护里程134.8公里。1971年成立象山县公路段,分设道班13个。隶县交通局。1979年县公路段复归宁波地区公路总段管辖,定员133人,养护里程208.7公里。1984年,公路段下设道班17个,定员130人,实有道工79人,专业养护里程209.8公里,年公里成本1664元,有汽车8辆,小翻斗车12辆,小四轮机动车(图4-5-1)11辆,碎石机9台,挂车1辆。

因车流量的增长和吃"大锅饭"之风,碎石路面路况不佳,养护日益困难。1984年4月,象山公路段,率先对路况差、经费年年超支的柴溪道班,试行"四定一包"经济责任制,即定里程,定人员,定质量基数和指标,定奖罚办法,包干年公里计划成本。试行后初见成效。同年9月,对丹城、西周、海台等路况较差道班试行分组承包和个人承包经济责任制,数月后,路况好转,经费由超转减。至1986年底,全段道班9个,道工41名,实行个人承包经济责任制,承包道班占全段52.9%,承包道班工人数占全段的51.9%,承包养护里程103.4公里,占全段养护总里程的49.3%,其中省道占58.77,路况普遍稳定。1987年,全段17个道班,79名养路工,皆试行公路养护个人承包经济责任制,为全省首创。同年8月,在吉林长春召开的全国公路工作会议上作经验介绍。1988年起实行公里工资含量包干办法,好路率进一步提高。

1991年,公路养护管理权力下放,隶县交通局。1993年道班改称公路养护站。1996年11月,县公路管理段深化公路养护体制改革,成立公路养护中心,亦称养护公司。推行企业管理,彻底打破事业性工资,报酬与岗位职责、养护技能、工作业绩挂钩。翌年县乡养护并入,是年4月始,全段17个养护站因时制宜先后撤并为田洋湖、丹城、连接线、东陈、茅洋5大站,相继置综合养护车、压路机、装载机、摊铺机、洒水车、绿篱机、平板夯等,推行跨区域管养,机械化作业。1997、1998、1999年,象山公路段养护路况及段部综合管理获全市"好路

图 4-5-1　20 世纪 80 年代“小四轮”在公路养护作业

杯”竞赛三连冠。2000 年初，择部分砂石路、水泥路、沥青路，率先在亭白线和新丰路南出口试行内部养护招投标，至年底，11.28 公里路况皆稳定，成本降低近万元。后全面推广。

21 世纪始，高级、次高级路面不断延伸，公路大交通格局逐渐形成，传统的养护观念、方法已难适应“畅、洁、绿、美”公路要求。迫切需要养护工学习新知识，掌握新工艺。广大养护工纷纷争读大专班，力求由单一的生产操作型向复合的技术管理型转变。2002 年，采用沥青稀浆分层法治理路面松散“病害”获得成功。2003 年，沥青冷再生工艺解破冬季不宜修补油路坑槽难题。新机械的递增，加强了抗自然灾害的能力。2000 年 8 月 10 日晚，8 号台风登陆爵溪，多条公路冲毁，路树折断、路牌倾斜；9 月 14 日，台风“桑美”侵袭县境，公路多处塌方；2002 年 7 月 4 日，受 5 号台风影响，石浦五新公路半岭隧道北洞口塌方；2005 年 8 月 6 日凌晨，遭强台风“麦莎”袭击，象西线高家岭隧道东洞口突发数千立方米泥石流；县公路管理段皆及时排除险情，确保公路安全畅通。2005 年，被县委、县政府授予“抗台救灾先进集体”。2007 年 6 月 5 日，经县政府批准，县公路养护中心内设环岛、路盛 2 公路养护有限公司，一套班子、两块牌子，属国有独资企业，隶县公路管理段，人员性质老人老办法（事业），新人新办法（企业）。2008 年，拥有技师资格的高技能专业养护工 40 名，属宁波市各县之首。

省道养护经费向由省交通厅按年公里养护成本核拨。1999 年底象西线境内段四自公路建设，该路经费遂核减。次年始，境内省道核定拨款里程 98 公里，年公里经费 4.5 万元左右，不足部分市公路局补。

2010 年 5 月，县政府出台《象山县县道公路养护与管理实施办法》、《象山县乡村公路养护与管理实施办法》（见丛录）。县道养护包括日常养护和大中修工程，其日常养护经费为年公里 45000 元，其中市补 23000 元，县拨 22000 元；大中修工程资金除市专项补助外，不足部分亦由县财政安排。乡村公路实行管养体制改革，规定各镇乡（街道）建立公路养护管理机构，负责辖区内乡村公路养护工作，县公路部门履行业务指导和行业督查。乡道年公里养护经费:市补年公里4500元、县补4000元,镇乡(街道)自筹不低于1000元,欠发达镇乡市增补年公里2000元;村道年公里养护经费:市补1500元,县补2500元,镇乡(街道)拨500元,不足部分由收益村筹资投劳方法解决,欠发达乡村市增补年公里1000元。从而,全面开创境内农村公路专业养护历史。

二、县公路管理段专业养护机构

公路养护中心

1996年成立,址设县公路管理段内(城西路57号),2007年分设路盛、环岛两公路养护有限公司,二块牌子、一套班子。隶县公路管理段,事业编制,企业管理。职工48名,其中管理人员7名,养护工41名。辖大徐、东陈、茅洋、田洋湖、墙头5养护站及一沥青拌和站,2010年末,专业养护公路424.737公里,其中省道135.46公里,县道266.102公里,乡道23.175公里;代管乡道、村道、专用道公路762.634公里。职工63名,其中养护工53名,拥有各种养护机械200余台(套)。

大徐养护站

原称丹城道班,址设南门车站,1956年建。1972年迁西门外,平房建筑面积122.5平方米。1993年改称公路养护站。2000年撤并雅林溪、樟家墩养护站,设丹城大站。2001年址迁建设路89号,假丹城粮油厂闲置楼房150平方米。2006年在编职工11人,养护用车6辆,专用机具30余台(套)。2008年末,改现名,址迁大徐镇大徐村东昭路西,三层楼房一幢,建筑面积676平方米,与大徐路政中队合署。养护盛宁、汤鲁、丹大、亭船、巨爵5条公路,总里程84.625公里,其中水泥路49.238公里,沥青路35.387公里。2010年底,接养林善岙隧道及接线公路,养护里程增至89.59公里,其中水泥路54.198公里,沥青路35.387公里。职工12人,养护车7辆,专用机具30余台(套)。

东陈养护站

2003年,撤并沙岗、王家养护站更名。向无站房,2006年,假东陈乡西庄村民房180平方米。在编职工8人,养护用车3辆,专用机具20余台(套)。2008年,养护沿海南线、沙新、大下等公路,总里程58.094公里,其中水泥路25.84公里,沥青路32.25公里。不久,接养东门岛、三门口大桥北等公路,2010年,总里程61.194公里,其中水泥路28.94公里,沥青路32.25公里。职工13人,养护车9辆,专用机具30台(套)。同年,择址原沙岗油灶基地新建三层站房,与东陈路政中队合署,建筑面积1300平方米。

田洋湖养护站

原址田洋湖街公路旁,平房若干间,建筑面积250平方米,1969年建,时称道班。职工3人,配小四轮车1辆,养护茅石公路8公里。1993年改现名,址迁田洋湖村,占地800平方米,三层楼房一幢,建筑面积450平方米。1997年,撤并蒋家湾、定山、新桥养护站,设大站。2002年6月址迁定山养护站,占地1600平方米,三层楼房一幢,建筑面积350平方米。2006年在编职工5人,养护用车4辆,专用机具20余台(套)。2008年,养护茅石、大下、马漕、三井、沿海南线等公路,总里程112.085公里,其中水泥路16.605公里,沥青路94.48公里,块石路1公里。同年,评为市公路系统规范化养护站。2010年,养路135.532公里,其中水泥路29.984公里,沥青路105.548公里。职工9人,养护车7辆,专用机具25台(套)。

茅洋养护站

1959年始建,址设东陈乡南堡村,称南堡道班。1978年址迁茅洋乡茅洋村,平房建筑面积186平方米。职工7人,配小四轮车1辆,养护公路16.7公里,其中宁西线13.7公里,茅石线3公里。2004年扩建楼房,与茅洋路政中队合署,建筑面积450平方米。2005年,撤并泗洲头、何婆岭养护站,在编职工8人,养护用车3辆,专用机具10余台(套)。2008年,养护盛宁、茅石、泗西、泗长、东旦等公路,总里程80.62公里,其中水泥路7.22公里,沥青路71.9公里,块石路1.5公里。2010年末,职工7人,养护车5辆,专用机具12台(套)。同年,获市公路系统规范化养护站。

墙头养护站

1972年始建,址设墙头镇墙头村,平房建筑面积156平方米,职工4人,配小翻斗车1辆,养护象西线12公里。1999年,址迁墙头镇合心村,位彭姥岭隧道西,三层楼一幢,与墙头路政中队合署,建筑面积750平方米。2001年,撤并莲花、西周养护站,称连接线养护站。2003年,管养的象西线象山段分别获"省公路绿色通道建设示范路段"及交通部公路文明行业浙江省检查考核组好评。2006年在编职工9人,养护用车7辆,专用机具40余台(套)。2008年,改现名,养护象西、孙下、盛莲、西杭、蚶下、莲下、泗西、亭船8条公路,总里程66.262公里,其中水泥路44.812公里,沥青路21.45公里。2010年,职工12人,新增养护车2辆。是年,获市公路系统规范化养护站。

沥青拌和站

原址东陈乡沙岗村西,前称沙岗轧石场。1993年改建沥青拌和站,亦称油灶基地,占地13332平方米。原沥青拌和设备能耗大、产量低,历经数次改造,其产量从每小时可拌路料数吨相继提高至30吨。2000年进行防尘改造,2002年改人力手推车上料为机械输送带(图4-5-2)。

2008年8月,址迁新桥镇外韩村,占地约2万平方米,沥青拌和设备主楼高15米,具有自动化程度高、计量准确、环境污染少、出料质量稳定等特点,每小时产量100吨,为县内之最。

1957—2010年省、县道专业养护情况见表4-5-1。

图4-5-2 21世纪初沥青拌和站

1957—2010 年省、县道专业养护情况一览　　表 4-5-1

年　份	职工人数	养护里程	好路率（%）	年公里养护成本（元）	年　份	职工人数	养护里程	好路率（%）	年公里养护成本（元）
1957	7	10	—	212.20	1984	130	209.8	49.27	1521.57
1958	8	44	—	—	1985	128	209.8	54.59	2159.62
1959	8	59.3	—	208.38	1986	144	209.8	56.04	2844.69
1960	13	59.3	—	256.44	1987	145	209.8	64.06	3200.19
1961	13	44	94.38	275.28	1988	152	209.8	63.00	3990.00
1962	26	69.3	96.62	349.06	1989	145	209.8	72.60	4946
1963	29	71.4	99	—	1990	161	209.93	67.2	7718
1964	31	71.4	73.8	—	1991	160	208.42	66.67	8252
1965	31	65.7	70	480.57	1992	161	209.20	68.5	9321
1966	31	55.3	—	538.46	1993	157	209.50	70.1	9260
1967	31	68.4	—	488.83	1994	158	232.20	69.9	10810
1968	32	87.5	—	537.06	1995	159	232.40	67.3	13511
1969	77	134.8	31.53	369.57	1996	160	232.40	61	13941
1970	78	134.8	54.36	545.72	1997	160	232.30	52.1	15282
1971	78	134.8	61.14	503.98	1998	163	232.38	57.6	16180
1972	88	159.2	72.5	540.91	1999	157	244.23	61.5	15559
1973	90	162.3	66.1	547.50	2000	155	314	61.5	13376
1974	89	162.3	73	645.00	2001	145	367.5	64.3	12653
1975	95	162.3	65.31	671.39	2002	135	373.979	69	13049
1976	88	174.8	57	607.47	2003	129	367.479	69.5	14716
1977	99	188.9	62	691.10	2004	119	369.479	70	17852
1978	133	208.7	62.8	883.07	2005	115	374.329	70	24706
1979	135	208.7	30.8	1095.20	2006	108	315.26	70	29601
1980	140	209.8	44.1	1231.68	2007	106	365.26	72.1	26365
1981	142	209.8	—	1359.60	2008	100	358.06	73	35720
1982	132	209.8	40.71	1399.70	2009	99	377.831	良	43406
1983	128	209.8	45.08	1423.72	2010	132	401.562	良	57924

注：1996 年始好路率执行新标准，2009 年始好路率不打分，仅评“优、良、中、次、差”。

三、县乡养护

1982 年初，执行《浙江省关于县、社公路养护试行办法》，公路实行分级管理和养护。省道干线公路，县通往重要集镇，日交通量在 200 车次以上的运输繁忙线路，由县公路段专业养护。一般县道和乡道由县交通局管理，组织社队养护，设县乡公路养护队。其养护人员由公路所在地公社推荐，关系在社队，劳动在公路，按 2～3 公里配备 1 人之原则，通过合同形式，落实责任，分段养护包干。

1982年1月,县乡公路80.63公里,配管理人员3名,道班13个,道工42人,道班房98平方米,手扶拖拉机2台,2吨自卸车1辆。1983年制订《象山县乡村公路养护质量检查评定暂行办法》。翌年起,推行结算和奖罚办法,以好路率为标准,每月底检查路况,考核评分。1985年,养护里程110.33公里,其中县道53.8公里,乡道56.53公里。道班18个,道工49人,添双排座汽车1辆,管理人员增至5人。1988年管理人员7名,汽车驾驶员2名,道班26个,道工53人,压路机1台,吉普车1辆。养护里程179.75公里,其中县道110.74公里,乡道69.01公里。绿化里程33.43公里,其中县道13.2公里,乡道19.23公里。是年县道好路率43.04%,乡道42.24%。

养护经费,省交通厅包干到县,1981年前,年每公里补助360元。1982年起,年公里补助:县道710元,乡道440元。1985年分别增至750元、485元,1988年分别增至830.50元、533.50元。其不足部分在"征收手扶拖拉机养护经费"中提取。

1997年,县乡养护划归专业,其管理人员编入县公路管理段,道工解聘。地处偏僻的170余公里乡道移交各镇乡管养,划拨总经费17万元。

1989年底县乡公路养护道班见表4-5-2,1982—1989年县乡养护年公里实际成本见表4-5-3。

1989年底县乡公路养护道班一览 表4-5-2

道班名称	人数	养护里程(公里)	道班房	给养路段
东港道班	7	9.5	无	前山姚一崔家岙,钱仓一青湾、樟新线东港段、屿岙支线
贤庠道班	1	1.53	无	贤庠一岑嵬
珠溪道班	3	13	无	樟新线贤庠、珠溪段
龙屿道班	2	3	无	黄避岙一龙屿
大林道班	1	5.5	无	毛洋一黄避岙
高泥道班	4	9	无	孟岙一外高泥
亭溪道班	3	6.4	无	七里亭一白墩码头
墙头道班	1	4.3	无	新长岭一下山
爵溪道班	1	6.2	无	爵溪一白沙湾
林海道班	1	3.2	无	后洋一门前涂
儒雅洋道班	4	8.2	无	儒雅洋一横山
茅洋道班	1	3.2	无	溪口一东岙
泗洲头道班	3	8.65	2间	泗马公路泗洲头段
大徐道班	2	5.1	无	大徐至公屿段
新桥道班	2	6.6	无	下高塘一大圻头
中楼道班	2	5.5	无	田洋湖一中泥
定塘道班	1	6	无	定山一周岙
大塘道班	2	7.4	无	井蒲线大塘段
金星道班	3	7	无	井蒲线金星段
白玉湾道班	1	4	无	井蒲线晓塘段
九龙江道班	4	9.5	5间	做布厂一九龙江
石浦道班	1	4.8	无	塘头港一宋王城海滨浴场,乌龟山一延昌

续上表

道班名称	人　数	养护里程(公里)	道班房	给　养　路　段
鹤浦道班	2	4.44	无	鹤樊线鹤浦段,蟹厂一大百丈
樊岙道班	3	7.4	无	鹤樊线樊岙段
高塘道班	1	3.6	无	港口一高塘
沙石线道班	3	20.3	无	沙岗一昌国南门
灵南道班	1	9.85	无	泗马公路灵南段

1982—1989 年县乡养护年公里实际成本一览(单位:元)　　表 4-5-3

年　份	养护里程(公里)	平均年公里成本	好　路　率	
			县　道	乡　道
1982	80.63	447.47		
1983	92.53	445.81		
1984	110.33	442.10		
1985	110.33	600.49		
1986	163.67	835.36		
1987	163.67	1538.96		
1988	179.75	1255.56	43.04	42.74
1989	184.85	1185.50	47.21	44.66

注:本表平均年公里成本,系指小修保养成本,不包括行政经费,大、中修工程、水毁等开支。

车流量调查

测定车流量大小,以反映道路交通状况,为公路建设与发展提供决策依据。1978 年县公路段始间歇性观察调查,选择具有代表性调查点,分车型观察、统计。省道每月 5 日、20 日凌晨 5 时至次日凌晨 5 时(冬季推迟一小时),年观察 24 次。县乡道每季度居中月(2、5、8、11)5 日,年观察 4 天。1986 年起,观察县乡养护公路,每年 11 月 5 日。1998 年末,省道象西线、盛宁线各 2 个车流量调查点,分设墙头、西周与樟家墩、茅洋;茅石线 3 个调查点,设茅洋、田洋湖、蒋家湾。皆人工观察记录。1999 年,3 省道公路留地范围内建房置仪器,各设 1 自动交调观测站,始进行连续性调查。象西线在墙头镇舫前村,盛宁线设大徐镇汤家店,茅石线在定塘镇葫芦门村西。2007 年末,凡 5 公里以上,省、县、乡道皆须交调。县道交通量观察线路 13 条,16 个观察点;乡道 11 条,每条 1 点。2010 年,县道增至 26 个观察点。

除常规性调查外,受上级部门指定或委托尚需组织特殊性调查。2004 年 9 月 16 日,受中交公路规划设计院委托,县公路管理段组织 80 余人,在当天 24 小时内,对象山港大桥拟建工程进行机动车 OD 调查和交通量观察,为大桥建设规模、等级提供准确数据。象山设 3 个调查点,即象西线牌头、盛宁线西泽与东陈。鄞州、宁海各设 1 点。同年 11 月 3 日上午 8 时,全省性 12 小时内 OD 调查和 24 小时内交通量调查同时进行,境内设西周、大徐 2 点,搜集过往汽车之起讫点及路段交通量和车辆乘载状况等公路交通信息。

1989—2010 年境内省道日均汽车交通量见表 4-5-4。

1989—2010年境内省道日均汽车交通量一览(单位:辆) 表4-5-4

年 份	盛宁线	茅石线	象西线
1989	652	861	1159
1990	673	847	1207
1991	762	752	1060
1992	1050	1044	1530
1993	845	1149	1774
1994	866	1078	2108
1995	1044	1063	2250
1996	1541	1102	2357
1997	2746	2191	2168
1998	2147	2831	2094
1999	2185	1906	2223
2000	2555	1785	2484
2001	2613	1130	2539
2002	2592	1199	2163
2003	3441	1347	3520
2004	4343	1938	3556
2005	7149	3351	7958
2006	9724	4033	8692
2007	11024	3706	12100
2008	14529	3202	11702
2009	11250	3998	11289
2010	9194	3801	13745

公路绿化

原由公路养护部门和建设单位提供树苗,组织当地农民和机关干部,工人等义务种植。因栽种时应付了事,成活率不高,加之屡遭摧折,以致年年种树不见树。1973年,县公路段与公路沿线社队订立"绿化合同",其内容:一、国家提供树苗,由社队种植管理。二、行道树成材收益,国家得七成,社队三成。三、每年在道班指导下修剪之树枝归社队。四、树权归国有,砍伐5株以上由宁波地区公路总段审批,5株以下由县交通局审批。五、每年除虫费用,如涂刷石灰水等由公路养护部门负责。后仅执行三七分成一项,未见社队植树,合同收效甚微。

象山县工区曾有苗圃2亩,分别在丹城汪家河、狮子山和定山隔岸3地,后因城区拓展、道班房建设等废。20世纪80年代,专业养护之绿化里程38公里,县乡养护绿化里程32.43公里,年均成活率为32.96%。县公路段管养专业公路中仅有标准绿化带6公里,总计成树19744株,树种主要为麻栎、白杨、水杉、喜树、柏树、榆树等乔木。

90年代始,注重公路绿色通道建设,沿线绿化追求景观型、多样性,乔、灌、花、草种类齐全,公路绿化成为日常道路养护重要课题。2000年末,县公路管理段始租墙头镇盛王张村山坡地12.4亩,试辟徐家井公路苗木基地,且邀专家、派学员,分批培训、学习园林栽培知识。2001年,育苗数万棵。同年,县政府出台公路绿化三年计划。要求主干线公路两侧建成5~10米宽、支线3~5米宽绿化带。规定沿线绿化用地的政策处理、土地平整由各镇乡负责,苗木种植和日常管养由县公路部门负责。且对干线两侧视野所及的石料场、山坡地、公墓区等进行绿化,鼓励单位和个人在主干线公路两侧200米内兴办花卉苗圃,对经营者农林特产税、资金贷款、基础设施改造等提供优惠政策。为此,县公路管理段加强沿线绿化建设,开展公路园林化管理。2002年,苗圃扩至27亩,育苗7万余棵,出苗近万棵。2004年,增至40亩,育苗12万余棵,出苗量倍增,有力保障主干线公路绿化缺损补株。

2003年,境内象西线获"浙江省绿色通道建设示范路"。

2007年末,境内公路绿化总里程720.273公里,其中主干线365.26公里,总面积100余万平方米(象西线约46万平方米,沿海南线近40万平方米,盛宁线16万平方米)。2008年4月,沿海南线沙岗段亦因绿化喜人获宁波市文明样板路。2009年8月,全省公路系统领导、专家50余人专程来象参观、考察,象西线境内段绿化博得由衷赞叹。

第二节　路政管理

路政管理向属县公路段,县公安及交通监理部门协助管理。1987年,县公路段设民警值勤室、民警2名,实施路政管理。1990年,改称公路路政管理队。1996年,全市理顺路政管理体制,成立象山县公路路政管理大队。下设大徐、东陈、直属(连接线)三中队。2006年10月,增设路政许可股和茅洋中队,新招编外协管员6名。2010年末,在编路政员17名,编外协管员13名。

旧时,公路常被村民占用,诸如堆晒杂物、挖填边沟、开基种植、盗伐路树等。1961年7月,县人民委员会批转县交通局《关于要求制止挖掘公路路基,确保行车安全的报告》。1982年10月6日,县人大颁《象山县公路管理暂行办法》,规定公路和公路两旁所划定的留地及其附属设施的保护和破坏行为处罚措施(见丛录:重要文告)。但任意侵占和损坏公路设施,乱砍滥伐路树等行为不止,造成路况下降,事故频繁。1983年1月15日,县政府根据国务院《关于加强路政管理,保障公路安全畅通的通告》,发布《关于加强路政管理的通告》。1986年10月10日,县交通安全委员会发布《关于重申公路用地和留地范围的紧急通知》,规定县城建、农业部门及各乡镇建设规划,不得把公路留地范围列入建设规划内。1994年1月15日,县政府发布《象山县公路两侧建筑红线管理办法》。1999年2月25日,县政府颁《沿海国道主干线象山连接线两侧建设若干规定》。

20世纪80年代始,路政管理工作引起高度重视,1987年10月,国务院发布《中华人民共和国公路管理条例》。1988年6月,交通部发布《公路管理条例实施细则》。1996年11月,省人民政府颁《浙江省公路路政管理办法》,对全省路政管理机构、职责等进行规范。1998年1月1日起施行的《中华人民共和国公路法》明确规定:县级以上地方人民政府交通主管部门可以决定,由公路管理机构依照本法规定行使公路行政管理职责。2002年交通部2号令发布《超限运输车辆行驶公路管理规定》。2003年交通部2号令发布《路政管理规定》。2005年4月1日施行《浙江省公路路政管理条例》。规定县级以上交通行政主管部门所属公路管理机构负责具体实施本行政区域内的公路路政管理工作。

法律法规宣传

凡公路法律法规出台，县公路路政均组织宣传，以扩大教育面，力求家喻户晓。1990—2010年，广播电台路政宣传百余次，发送《公路法》、《公路管理条例》等路政宣传资料万余份，制作永久性宣传牌20余块、超限治理大型图片展100幅，路政车沿路宣传200余次，路政员上街下村路政咨询50余次，刷写墙体标语100余幅，悬挂醒目横幅200余条，编辑宣传橱窗20余期，报刊录用路政管理新闻稿200余篇。共耗宣教经费60余万元。

注重与协作单位、管理对象联系、沟通。多年来特邀有关镇乡、部门人员参加路政协调会，共商路政管理对策；受邀县电视台"阳光热线"栏目，现场解答群众关注的路政热点、疑点、难点问题。推行行风监督员特聘制、路政交警联合执法制、大件超限运输护送制、路政审批一窗式服务制、重大项目审批上门告知制、路政首问责任制、路政讲解劝导制等，坚持宣传教育为先，违章处罚在后原则。

违章案件查处

日常路政管理须坚持三分之二以上时间上路巡查，发现问题，即予查纠。1991年11月22日，南庄樟树下村村民袁某无视公路法律、法规，擅占丹爵公路路基建房17平方米，路政人员现场制止受阻。县公路管理段遂首次申请法院判决，令其自行拆除。袁某仍拒不执行，次年4月29日被依法强制执行。1994年9月27日，县法院、路政、交警、国土部门及沿线镇乡组成联合执法队，专项整治境内象西线、盛宁线公路两侧违章建筑，共拆除违章砖房、围墙、棚屋705平方米，及横跨公路之大型龙门架2座，计47起。1999年8月23日，公路路政会同县法院、定塘镇政府依法强行拆除傅某利用马漕公路浮礁渡大桥引桥孔违章搭建"红梦歌舞厅"150平方米。至2006年，查处违章案7265件；拆除违章建筑900余起（包括自愿履行和强制执行）；清理路障83369平方米，计12768起；整治马路市场30余个。审批各类行政许可1214件，其中建房45617平方米，计759件；占用、挖掘公路169件；增设道口及公路接线接坡148处；埋设电缆管线65件；跨越架设管线5件；设置非公路标牌46块；超限运输20件；开山采石2起。行政处理案4576件，依法收取路产赔（补）偿款6642159.26元。行政处罚案575件，罚款1134435元。路政案发现率98%，查处率、结案率95%。2010年查处违章案843件。

超限运输治理

超限运输导致路基沉陷、路面破损，不但缩短公路使用期限，加大养护成本，而且影响道路通行能力，危及交通安全。2000年2月13日，交通部2号令发布《超限运输车辆行驶公路管理规定》。明确下列情形属超限运输：一、车货总高度从地面算起4米以上（集装箱车货总高度从地面算起4.2米以上）。二、车货总长18米以上。三、车货总宽度2.5米以上。四、单车、半挂列车，全挂列车车货总质量4000千克以上，集装箱半挂列车车货总质量46000千克以上。五、车辆轴载质量在下列规定值以上：单轴（每侧单轮胎）载质量6000千克；单轴（每侧双轮胎）载质量10000千克；双联轴（每侧单轮胎）载质量10000千克；双联轴（每侧各一单轮胎、双轮胎）载质量14000千克；双联轴（每侧双轮胎）载质量18000千克；三联轴（每侧单轮胎）载质量12000千克；三联轴（每侧双轮胎）载质量22000千克。《规定》称，超限运输车辆未经公路管理机构批准,不得在公路上行驶;确需行驶的,承运人必须向公路管理机构申请,按照批准要求上路行驶。在公路上擅自超限运输的,公路管理机构应当责令承运人停止违法行为,并可处以30000元以下罚款;对公路造成损害的,还应按公路赔(补)偿标准给予赔(补)偿。

2004年,国家交通部、公安部、发改委等七部委联合下发《关于在全国开展车辆超限超载治理工作实施方案的通知》,自6月20日起,全国开展统一行动,先治“标”、后治“本”,为期分别1与3年。六轴及六轴以上车辆,其货车总重超过55吨,二轴、三轴、四轴、五轴车辆分别超过20吨、30吨、40吨和50吨,属超限超载。若首次超限超载且能主动卸载的车辆,不予罚款,亦不收取公路赔(补)偿款,但要违章登记。第2次超限超载,则要卸载和处罚。据此,县公路段路政大队设治超检测点于连接线路政中队。且置称重仪,辟停车场,安排人员早、晚上路检查。仅10天,除闻风逃逸者,当场查获超限超载货车14辆,卸货122吨。至2007年5月20日,共投入执法者4142人次(其中公安交警协助8人次),例行检查疑似违章车2033辆次,查获超限超载车579辆次,当场卸载475辆次、货5152.12吨。收取公路赔(补)偿款71526元,罚款1080800元。后因境内乌沙山发电厂、各大船厂多运送大件物资、设备,重型超限车频繁上路,故加大治超力度。2007年6月—2008年末,查处超限超载车674辆,除所载物为不可解体外,卸载492辆、5314.78吨。2010年查处超限车420辆,卸载399辆,境内车辆超限率控制为3.54%。

安全设施管理

1999年10月始,根据《浙江省公路交通安全设施设置与管理暂行办法》,公路标志标线管理职责由县公安部门划归交通,县公路管理段路政大队负责具体实施。2002年省交通厅颁《浙江省公路沿线非公路标牌管理办法》,2003年下发《浙江省进一步加强收费公路交通标志标线管理通知》,2004年下发《浙江省公路交通标志标线管理考核标准的通知(修订稿)》。据此,县公路管理段统一规划,分步实施,逐一完善公路交通安全设施管理。如建立标志标线等安全设施资料数据库,实施GPS卫星定位,加强跟踪检查,发现损坏,及时修复、更新。2005年11月,根据省交通部门《关于清理和完善公路交通限速标志的通知》,调整、增设境内象西线、盛宁线、茅石线、汤鲁线、沿海南线限速标志91套。至2007年5月,设置各类标志牌2996套,修复524套;漆划标线57752平方米,其中热熔型11430平方米,常温型46322平方米;漆划导流线110平方米;设置路面减速栏86.5平方米,减速道钉720枚、示警桩819根、黄闪灯24盏、导向路标95只、反光轮廓标1250只。耗资450余万元。且在境内沿海、沿江、沿河、沿湖、沿水库及山岭高落差危险路段全面增设钢质护栏或石砌护墙。2008年末,在泗长、泗西、石三、茅石等9条公路临水、临崖路段增设钢护栏,计37.638公里,耗资600万元。在象西、茅石、盛宁等29条公路增设警告标志34套、禁令标志70套、指路标志6套、黄闪灯8盏、广角镜14套、示警桩34根、反光道钉32枚、减速带260米。耗资15万元。

2009年10月,斥资1800万元全面实施农村公路“安保工程”,涉及15个镇乡(街道)计115公里,凡临水、临崖、急弯路皆设钢护栏、警示牌,并对地质灾害、破损路面等进行专项整治。

2010年,全县公路新增警告、禁令、指路、指示、诱导等标志198套(块),更新472块,安装道口标柱20根,减速带401米,投资122余万元;漆划各类标线20万平方米,耗资80万元。

县公路路政管理机构

县路政管理大队

前称公路路政管理队，1996年更现名，隶县公路管理段。路政用车10辆（含各中队），电脑、打印机、复印机、传真机、摄影机、照相机等若干。原辖直属（连接线）、大徐、东陈3中队。2006年10月，增设茅洋中队和路政许可股。原大队长1名，2007年增设副大队长2名。属下在编路政员17名，编外协管员13名。其中大队部在编路政2人，编外协管2人。主要职责：一、许可挖掘、占用、利用公路的申请事项，制止和查处破坏和损坏或者非法占用公路行为。二、许可超限运输申请事项，制止与查处违法超限运输行为。三、管理公路附属设施的设置和维护。四、管理公路两侧建筑控制区。五、管理公路施工秩序。六、参与公路工程涉及路政管理事项的设计审查，竣工验收。七、实施公路路政巡查。八、法律、法规规定的其他职责。2009年5月，随县公路管理段新大楼落成，址迁丹东街道丹河路。

大徐路政管理中队

1996年成立，在县公路管理段内，与路政大队合署办公。在编路政员3名，编外协管员3名，公路巡查车1辆。管辖境内东北片公路247.62公里。内含省道盛宁公路，计16.83公里，县乡公路22条，计147.419公里，通村公路68条，计83.371公里。

2008年底，址迁大徐镇大徐村东昭路西，占地3200平方米，三层楼一幢，建筑面积676平方米，与大徐养护站合署办公。

东陈路政管理中队

1996年成立，设县公路管理段内，与路政大队合署办公。在编路政员3名，编外协管员2名，巡查车1辆。管辖县境南片公路295.235公里，内含省道盛宁公路，计12.4公里，县乡公路12条，计88.874公里，专用公路1条，计1.787公里，通村公路104条，计192.174公里。

2007年始，租用东陈乡海墩村168号民房办公，2010年，择址原沙岗油灶基地新建三层办公楼，建筑面积1300平方米，与东陈养护站合署办公。

茅洋路政管理中队

2006年10月成立，与茅洋养护站合署，办公房面积250.3平方米。有路政受理大厅、办公室、接待室、档案室、值班室、餐厅等房14间，配有电脑、打印机2台，传真机、复印机、验钞机各1台，照相机1架、巡查车1辆，属宁波市规范化路政中队。在编路政员3名，编外协管员2名。管辖县境西南片公路247.747公里，内含省道盛宁、茅石公路2条，计69.22公里，县乡公路15条，计101.671公里，专用公路1条，计2.64公里，通村公路73条，计74.216公里。

墙头路政管理中队

1996年成立，址设彭姥岭隧道西，与墙头养护站合署办公，原称连接线路政中队，2008年改现名。有办公用房12间，停车场2000平方米，配有便携式治超称重仪2台、电脑2台、复印机、打印机、传真机、验钞机各1台、照相机1架、巡查车1辆，属市规范化路政中队。在编路政员2名，编外协管员3名。管辖县境西北片公路153.815公里，内含省道象西公路33.33公里，县乡公路11条，计68.94公里，专用公路4条，计9.47公里，通村公路38条，计42.145公里。

路政许可股

2006年10月成立，与路政大队合署办公。在编路政员4名，编外协管员1名。负责境内公路行政许可审批，路政管理、处罚案件兼大队后勤工作。

第六章　工程建设管理

解放初,百废待兴,境内交通工程建设亦然,无专职管理部门。1961 年 10 月,宁、象分治,成立象山工业交通管理局,无交通股,仅设交通工程队,未几解散。1972 年,工交分立,称县交通局革命领导小组,下设工程建设组,管理始入轨道。1986 年 1 月,县交通局下设交通工程管理所,有工程技术管理人员 16 名。附设宁波市交通设计室第九分室,主县内公路、桥梁、隧道与水上工程测量、设计,后更名宁波市交通设计研究院象山设计处。1989 年 7 月,县交通局复设工程股,与交通工程管理所一套班子,二块牌子。1997 年 4 月,工程建设股改称工程科,管理力度大增。2002 年,县交通局附设宁波市交通工程咨询监理有限公司象山分公司。翌年,成立象山县交通工程咨询监理有限公司。2005 年,设交通工程质量监理小组。2009 年,根据《中华人民共和国公路法》《中华人民共和国招标投标法》《中华人民共和国合同法》及省、市交通工程建设管理有关规定,制定《象山县交通建设项目管理制度》。自此,全县交通工程建设管理体系渐趋完善。

第一节　建设规划

解放前,象山无交通专业整体建设规划。解放后,起步亦较慢。1983 年,县交通局始编制《象山县县乡公路网规划(1985—2000 年)》,1984 年 10 月完成初稿,后经多次修正,于 1987 年由市交通局以[1987]153 号文报省交通厅正式备案。1989 年,象山县海岛交通尚处极其落后状况,为开发海岛经济,在市交通委、航管处帮助下,县交通局着手编制《象山县海岛交通建设规划(1989—2000 年)》,1990 年 10 月正式定稿。同年 11 月,县交通局编制的《象山县交通建设"八五"计划(1991—1995 年)》报市交通委。在此基础上,1992 年,县交通局又根据县政府 1990 年编制的《象山县象山港区域资源综合开发利用规划(1991—2000 年)》和 1991 年编制的《象山县国民经济和社会发展十年规划和"八五"计划纲要(草案)》及市政府 1992 年编制的《宁波市国民经济和社会发展十年规划和"八五"计划纲要(草案)》中,在发展交通运输方面指出"要积极发展石浦港"等有关方针政策和具体要求,首次较为详细、全面的编制《象山县交通基础设施建设规划(1991—2000 年)》,内分"八五"计划和"九五"规划二期。

"八五"期计划交通重点工程有 11 项,即石南高工程:蜊门港大桥、鹤浦至港口公路、鹤石汽车轮渡,象西线彭姥岭隧道工程,象西线蚶岙岭隧道工程,象山县汽车客运中心,丹爵线水泥混凝土路面工程,丹城至西泽水泥混凝土路面工程,高泥港区第一期工程,浮礁渡大桥,石浦车站。油路工程,象山汽车货运中心。

"九五"期规划交通重点工程有 12 项,即大徐海口至高泥港区水泥混凝土路面,泗洲头通山桥至西周油路工程,石浦新港区二期工程,高泥港区二期工程,油路工程,西泽汽车轮渡扩建工程,东岙至墙头公路,上盘岭隧道工程,南乡岭隧道工程,三门口汽车轮渡,西周车站,爵溪车站。

象山县交通基础设施“八五”计划和“九五”规划投资匡算见表4-6-1。

象山县交通基础设施“八五”计划和“九五”规划投资匡算一览(单位:万元)　表4-6-1

项目名称	单位	规模	总投资	其中:交委补助	“八五”计划															“九五”规划		
					期内规模	期内投资	其中:交委补	91年		92年		93年		94年		95年		期内规模	期内投资	其中:交委补
								年内投资	交委补助	年内投资	交委补助	年内投资	交委补助	年内投资	交委补助	年内投资	交委补助			
新建公路	公里	115	1974	696	71.2	884	281	127	19	292	104	211	66	65	27	189	65	43.8	1090	415
新建隧道	米/座	4705/11	3777	1750	2585/6	1907	955	663	400	790	470	310	35			144	50	2120/5	1870	795
公路桥梁	米/座	493/4	1160	670	283/2	1070	610	70	50	350	200	650	360					50/1	90	60
水泥路面	公里	45.5	2240	1115	32.7	1460	635	560	135	500	250	400	250					12.8	780	480
油路	公里	141.9	2785	1410	58.601	831	525	45	35	131	90	173	95	312	195	170	110	83.3	1955	885
汽车轮渡	艘	3	2080	1150	4	700	400			500	300	200	100					2	1380	750
码头	座	9	3411	1640		791	340	93	50	248	80	50	10	200	100	200	100	5	2620	1300
港航设施			583	380		133	42			90	19	10		33	23				450	340
场站设施			1000	500		730	430	302	200	60	35	220	125	150	70				270	70
总计			19011	9313		8506	4218	1858	889	2961	1584	2224	1041	760	415	703	325		10505	5095

注:十年规划总投资19011万元(“八五”8506万元,“九五”10505万元)。其中政府自筹9698万元(“八五”4288万元,“九五”5410万元)。要求市交委补助9313万元(“八五”4218万元,“九五”5095万元)。

2000年末,县交通局在编制《象山县“十五”公路建设计划及2015年远景规划》时,提出“十五”公路发展目标:完成宁波市沿海南线象山段、丹城至爵溪、丹城至西泽3条一级公路建设,使全县一级公路里程达到103.5公里,形成以丹城为中心的公路快速交通主骨架。新建县乡公路90.3公里,使全县公路总里程达到600公里以上,公路密度达每百平方公里54.9公里。改建公路192公里,使全县路网高级、次高级路面率达72.4%。重视通村公路建设和通村简易公路等级化,使通村公路等级率达80%以上。

同时,坚持遵循以市场为导向的原则、因地制宜原则、依靠科技进步的原则,积极组织“十五”计划实施(表4-6-2)。

象山县“十五”期公路建设计划一览　表4-6-2

序号	项目名称	建设性质	主要建设规模	建设等级	建设起止年限	投资(万元)	
						总投资	“十五”期
一	重点项目					80322	60000
1	象山连接线二期工程	新建	史家山隧道及附属工程	一级	2000-2001	5000	1000
2	东门陆岛交通工程	新建	铜瓦门大桥及接线5.5公里	三级	1998-2001	3322	1000
3	沿海南线象山段	新建	一级公路50.358公里	一级	2000-2003	40000	26000
4	丹城-爵溪一级公路	新建	一级公路10公里	一级	2002-2004	10000	10000
5	石浦港环岛陆岛三门口大桥工程	新建	大桥一座及接线公路	二级	2002-2005	7000	7000

续上表

序号	项目名称	建设性质	主要建设规模	建设等级	建设起止年限	投资(万元)	
						总投资	"十五"期
6	丹城至西泽一级公路	改建	20公里	一级	2004-2005	15000	15000
二	公路改建项目		改建192.3公里			14130	14130
1	定塘-台宁,台宁桥	改建	油路8.6公里,100米/一座	三级	2001-2002	900	900
2	鹤浦至樊岙	改建	油路6.0公里	三级	2001-2002	450	450
3	泗洲头至大麦塘	改建	油路18.5公里	三级	2001-2003	1200	1200
4	定塘至昌国马盘	改建	油路12公里	三级	2001-2003	800	800
5	盛宁线岭脚至西溪岭	改建	油路3.4公里	三级	2001	200	200
6	三眼溪至后岭	改建	油路3公里	三级	2001	200	200
7	钱仓至珠溪公路改建	改建	油路13公里	三级	2001-2003	1000	1000
8	泗洲头-西周	改建	油路16.1公里	三级	2001-2005	1200	1200
9	茅石线茅洋-东溪	改建	油路14公里	三级	2002-2003	1100	1100
10	贤庠-黄避岙	改建	油路3.3公里	三级	2002	250	250
11	樟家墩-珠溪	改建	油路6公里	三级	2002	400	400
12	爵溪至白沙湾公路改建	改建	油路6.2公里	三级	2002	450	450
13	相见岭至高泥公路改建	改建	油路13.2公里	三级	2002-2003	900	900
14	莲花-儒下洋	改建	油路9公里	三级	2003	600	600
15	虎啸铺至白墩公路改建	改建	油路5.7公里	三级	2003	400	400
16	鲁夹岙-龙屿	改建	油路3.2公里	三级	2004	200	200
17	高塘-三门口	改建	油路3.5公里	三级	2004	250	250
18	龙屿-西泽	改建	油路6.6公里	三级	2004	450	450
19	狮子山-大圻头	改建	油路14公里	三级	2004-2005	1000	1000
20	大徐-公屿	改建	油路12.1公里	三级	2004-2005	1000	1000
21	亭溪-白墩	改建	油路6.4公里	三级	2005	500	500
22	后岭-石浦番头	改建	油路8.5公里	三级	2005	680	680
三	新建公路项目						
1	已列项县乡公路						
	方前-青脚	新建	3.0公里,隧道340米	四级	1998-2001	380	100
	儒下洋-栲树岭	新建	4.2公里	四级	2000-2001	340	70
	晓塘-司前	新建	3.85公里,隧道220米	四级	1998-2001	273	60
	黄脚-番头	新建	3.15公里,隧道420米	四级	1997-2001	285	80
	定山-中泥	新建	6.35公里	四级	1999-2001	287	80
	板岭-江东	新建	3.64公里	四级	1999-2001	190	60
	珠溪-青莱	新建	4.7公里	四级	2002	141	60
2	花岙岛内公路	新建	5公里,隧道310米	四级	1998-2002	360	180

续上表

序号	项 目 名 称	建设性质	主要建设规模	建设等级	建设起止年限	投资(万元)	
						总投资	“十五”期
3	赖岙-杰岙	新建	1.6 公里	四级	2001	70	50
4	岑晁-塘岙	新建	3.5 公里	四级	2002	150	150
5	定塘-大湾山	新建	3.3 公里	四级	2002	184	130
6	狮子山-隔洋塘	新建	1.5 公里	四级	2002	80	80
7	高塘-金高椅	新建	2 公里	四级	2002	80	80
8	马岙-宁海胡陈	新建	3 公里	四级	2003	150	150
9	公屿-爵溪	新建	6 公里	二级	2002-2003	600	600
10	鲁夹岙-高泥	新建	公路 2 公里,隧道 270 米	四级	2002-2004	300	300
11	鹤浦-小网巾	新建	6 公里	四级	2002-2005	800	800
12	鹤浦-前龙头	新建	6 公里	四级	2004-2005	300	300
13	东岙-方家岙	新建	6.5 公里	四级	2004-2005	300	300
14	下院村等村庄支线公路	新建	15 公里	四级	2001-2005	600	600
四	场站建设		丹城,石浦等 10 座			6000	6000
五	桥梁及隧道修复		彭姥岭隧道灯 6 座			1500	1500
合计							85860

2003 年 8 月,象山县新农村公路建设领导小组成立,设办公室于交通局,副局长张理振兼主任,始全面开展农村公路建设。

“十五”期,在国家加快交通基础设施建设有关政策指引下,象山县政府通过积极争取上级资金补助、增加银行贷款额度等措施,加大交通建设投入力度。五年间累计完成交通投资约 138934 万元,开创象山县历史上投资最大五年(表 4-6-3)。

“十五”期象山县公路建设投资情况一览(单位:万元) 表 4-6-3

“十五”合计	2001 年	2002 年	2003 年	2004 年	2005 年
138934	27040	28220	24578	29096	30000

2004 年 6 月,县交通局出台《象山县“十一五”交通发展规划》,建设重点为:网络工程的启动和推进。重点建设浙江沿海高速公路宁波至丹城段及其配套的一级公路连接线(表 4-6-4)。干线公路“一纵二环”建设。“一纵”,即建成丹城至西泽一级公路,完善沿海南线石浦至台宁段一级公路,形成西泽—石浦—台宁一级公路纵线;“二环”,即象山港环线和石浦环岛工程,基本建成黄避岙—贤庠—珠溪—涂茨—丹城一级公路和环石浦港陆岛工程的下湾门大桥、东门大桥及接线工程。加强农村公路建设。2006 年前,基本实现“双百”工程,即通村公路质量合格率和路面硬化率均达到百分之百。2007—2010 年完成农村公路网络化建设,达到“三百”工程,即质量合格率、路面硬化率、公路通村率皆达百分之百。加快港口开发建设步伐:一是推进石浦港、象山港通航能力改造,重点是下湾门炸礁工程、象山港航道疏通、石浦港锚地的开发和配套工程;二是配合沿港工业、沿港开发区的建设,建设一批现代化的港口、港区。

象山县"十一五"期主要公路建设规划一览(单位:万元)　表 4-6-4

序号	项目名称	建设性质	建设规模(公里)	建设等级	建设起止年限	投资匡算	"十一五"投资
1	象山连接线高架岭隧道	新建	1.5	一级	2004-2006	5000	5000
2	三门口大桥及接线	新建	6	二级	2002-2006	16000	3000
3	丹城至西泽	改建	18	一级	2006-2008	21600	21600
4	黄避岙-贤庠-珠溪-涂茨-丹城	新改建	34	一级	2007-2011	51000	35000
5	东陈-泗洲头	改建	15	一级	2008-2011	18000	15000
6	大圻头-下高塘-下七里	改建	12	一级	2009-2012	14400	10000
7	环石浦港陆岛工程下湾门大桥、东门大桥及接线工程	新建	15	二级	2007-2012	30000	15000
8	其他县乡公路(含通村)新建	新建	200	二、三、四级	2006-2010	20000	20000
9	其他县乡公路(含通村)改建	改建	100	二、三、四级	2006-2010	8000	8000
10	场站建设	新建	8座		2006-2010	8000	8000
	合计(除高速公路外)					192000	136600
11	浙江沿海高速公路宁波至丹城段	新建	49	高速	2005-2010	445000	42000
12	浙江沿海高速公路丹城至宁海段	新建	23	高速	2008-2013	200000	120000
13	高速公路石浦连接线	新建	17	高速	2008-2013	150000	90000
	合计					987000	766600

2005 年,县交通局完成《象山县新农村公路建设规划》编制,确定 2007—2010 年分步实施农村公路网络化和运行一体化建设。

凡交通《规划》编制后,均需报县政府及上级交通主管部门审批,获批后方进入项目实施前期准备阶段,其基本工作程序:项目计划→方案设计→项目建议书批复→可行性研究批复→初步设计批复→施工图批复→工程招投标→施工许可。

第二节　工程设计与监理

解放前,境内无交通工程专业设计机构。修桥铺路造凉亭等一般均由当地能工巧匠土法设计,规模小、等级低、设施简。解放后,县内水陆交通工程建设逐年增多,但凡大中型工程项目设计、监理均委托上级交通部门及相关单位,县交通部门技术人员负责一般工程项目。

设计

1986 年初,县交通局成立交通工程管理所并挂靠市交通设计室,附设宁波市交通设计室(象山)第九分室,始建专业设计队伍,以承担县内普通公路、桥梁、涵洞、隧道及水上工程的测量、设计任务。不久,随市交通设计室机构升格,改称宁波市交通设计研究院象山设计处。2000 年 12 月,因与市交通设计研究院脱钩遂撤。

1990年6月底始,遵照市交通委《宁波市交通基本建设分级管理暂行规定》,凡县内大中型交通基本建设项目和养护经费安排的改造项目,其项目建议书、可行性研究报告和设计(计划)任务书、初步设计等由县交通局组织或委托编报。2006—2007年,宁波市交通局先后下发《关于我市公路、水运工程建设分级管理的意见》(甬交建[2006]151号)、《关于印发宁波市公路工程建设分级管理实施办法(试行)的通知》(甬交建[2006]383号)、《关于宁波市水运工程建设分级管理实施办法(试行)的通知》(甬交建[2007]240号),规定:建设项目总投资500万元以下的县、乡公路工程建设项目的施工图设计由各县(市)、区交通局审批;水运工程、省道公路和超出总投资500万元的县、乡公路工程及公路大中修工程由市级以上部门审批,各县(市)、区交通局负责资料收集、上报。21世纪始,随着国内交通基础设施建设的逐渐规范化,县内大中型交通建设工程设计均委托上级交通设计研究院或省内外交通设计单位。

监理

县内水、陆工程监理向由宁波市交通工程咨询监理有限公司负责。2002年,县交通局挂靠宁波市交通工程监理咨询有限公司,附设宁波市交通工程咨询监理有限公司象山分公司,承担境内县、乡、村道及中小型桥、隧等公路工程监理业务。2003年9月析出,成立象山县交通工程咨询监理有限公司,工程科长赖旭春兼经理,职工33人,其中高级技术职称5人,初、中级职称21人,持有交通部颁监理证书者11人。2008年3月,经省交通厅(浙交[2008]54号)核准,授公司丙级资质,从事省内三类公路、桥梁、隧道等工程监理业务。

2004年底,石浦设水运工程总监办,隶宁波市交通工程咨询监理有限公司,主要承担县内港口、航道、码头等水运工程咨询监理业务,具有甲级资质。

第三节 质量监管

解放后,境内交通工程质量管理尚无专职机构,凡公路工程建设质量均由上级部门委派的技术人员把关。1972年,县交通局始设工程建设组,质量管理列入议事日程。1986年初,县交通局成立交通工程管理所,工程质量管理人员渐增。1989年,县交通局设工程建设股,与交通工程管理所一套班子、二块牌子,工程质量监督管理工作步入轨道。1992年,市交通委颁《宁波市公路工程质量监理实施办法(试行)》,对公路工程质量之监理组织、监理职责和权限、监理内容和方法等作出规定,要求各县(市)、区交通局认真贯彻执行。其主要内容:市设公路工程质量监理站(简称公路质监站),为全市公路建设项目实行质量监理的管理机构;各县(市)区新建或改建工程项目均须设工程质量监理组或专职质量监理员,代表交通建设业主单位对工程质量进行监督和管理。

1997年,县交通局工程建设股改称工程科,工程质量管理工作渐趋规范,诸如严格实行公开招投标制度,择优挑选施工队伍;健全质量管理保障体系,落实项目法人责任制;加强监督检查力度,实行质量管理机构及其人员考核制;推广新工艺、新技术、新材料,开展交通科技创新等。自此,获评优良工程项目不断。

2005年,县交通局工程科内设工程质量监督小组,负责全县交通工程质量监督和四级公路(农村公路)工程质量鉴定。

第四节　工程指挥机构

工程指挥机构属非常设机构，一般随工程竣工验收及交付使用后自行撤销（解散）。

解放后，凡境内重大交通工程建设均建立统一领导、统一指挥机构，或称工程建设筹备委员会，或称工程建设领导小组，下设工程建设指挥部。工程建设领导小组一般由县领导任组长，县政府办、有关镇乡、县交通局负责人任副组长，相关部门负责人为成员。其主要职责：加强工程建设管理与指导，全面协调各方配合工程建设，确保工程顺利开展和圆满完成。工程建设指挥部为工程建设领导小组下属机构，直接负责工程建设，指挥一般由县交通局长或副局长担任，相关部门负责人为副指挥，下设办公室。其主要职责：加强工程施工管理，确保工程质量、进度、安全。

1958 年 2 月，宁海、象山二县成立宁象公路修建筹备委员会，由象山县副县长倪岐任主任委员，交通科长柏光禧为副主任委员。设指挥部于泗洲头，倪岐兼指挥，柏光禧、吴伯云（省派主办工程师）为副指挥。同年 10 月，宁象并县，指挥部迁宁海沥洋（当时县治），由副县长陈星任指挥，吴伯云负责施工。

2003 年 11 月，成立象山港大桥筹建工作领导小组及指挥部。县委书记肖培生任组长，县长周江勇任常务副组长，副县长胡剑辉、励志武为副组长，成员由县委办、县府办、县交通局、县发展计划局、县财税局、县规划局、县外经贸局、县国土资源局、县水利局、县海洋与渔业局、黄避岙乡、墙头镇、贤庠镇主要负责人组成。领导小组下设指挥部，县交通局局长陈晓发兼任指挥。

象山县历年交通工程指挥机构见表 4-6-5。

象山县历年交通工程指挥机构一览　　表 4-6-5

名　称	成立年月	组长（指挥）		副组长（副指挥）		成员单位
		姓名	职务	姓名	职务	
宁象公路修建筹备委员会及指挥部	1958.2	倪岐	副县长	柏光禧	科长	
象西线丹黄公路工程指挥部	1969.12	陈行才	县革委会主任	徐松才	副镇长	生产指挥组，丹城镇，亭溪公社，墙头公社，莲花公社
丹爵公路工程建设指挥部	1974.10	胡伯其	局干部	王自力	乡级干部	丹城镇，南庄、林海、爵溪公社
莲花至宁海桥头胡公路指挥部	1974.12	谢忠年	县级干部	周明海	县级干部	交通局，生产指挥组
沙石公路筹建领导小组	1981.9	高明峰	副县长	姚虞康	副局长	县政府办，交通局，东陈，旦门，新桥，石浦
石浦新港区 1000 吨级码头工程指挥部	1982.8	马小根	副局长	杨武良	副科长	县政府办，交通局
彭姥岭隧道工程筹建领导小组	1986.1	沈功显	县级干部	蒋炳芳	副局长	县政府办，交通局

续上表

名　　称	成立年月	组长(指挥)		副组长(副指挥)		成员单位
		姓名	职务	姓名	职务	
象山港汽车轮渡工程领导小组	1986.1	高明峰	副县长	丁祥祺、张汉庭	局长、计委局级巡视员	县政府办,交通局
石浦五新公路建设领导小组	1986.4	马志良	副镇长	肖云喜	副科长	交通局,石浦镇
西线公路改造(泗洲头—西周段和柴溪—莲花段)领导小组	1986.5	刘翔发	县级干部	沈功显	县级干部	县政府办,交通局
鹤浦(新)码头工程建设领导小组	1986.12	召纪道	镇　长	周林智	副镇长	交通局,鹤浦镇
县交通邮电重点工程领导小组	1988.5	蔡明德	副县长	陈官浩	局　长	县政府办,交通局
丹爵公路路面改造工程领导小组	1989	蔡明德	副县长	陈官浩	局　长	县政府办,丹城镇,南庄,爵溪
3000吨级对台码头指挥部	1990	方德清	副局长	朱建新	副科长	县政府办,交通局
彭姥岭隧道指挥部	1990.7	陈有华	副县长	竺世才、蒋炳芳	计委副主任、副局长	县政府办,交通局,计委
蚶岙岭隧道工程领导小组	1991.4	陈有华	副县长	陈官浩	局　长	县政府办,交通局
县石南高陆岛交通工程建设领导小组	1991.11	邱永年	县　长	包国民	副县长	县政府办,交通局
东门岛码头工程指挥部	1992.5	江海洪	局　长	王国璋	副局长	县政府办,交通局
周鸡公路工程领导小组	1993.8	蒋炳芳	副局长	徐大聪	镇　长	交通局,昌国,定塘
象山县丹泽线公路改造工程领导小组	1993.4	陈有华	副县长	江海洪、周林智	局长 公路段长	县计委,交通局,丹城镇,大徐镇,贤庠镇等
象山港大桥前期工作领导小组	1994.8	练兴常	常务副县长	陈有华	副县长	县政府办,交通局,计委,环保,土管,西周镇,墙头镇等
东门岛陆岛交通工程领导小组	1997.6	奚际斌	县级干部	杨继光	石浦镇长	交通局,石浦镇政府等
沿海国道主干线象山连接线工程建设领导小组	1997.7	王仁洲	县　长	奚际斌	副县长	交通局,计委,城建,公安,土管,财税,水利,供电,广电,林业,丹城镇,墙头镇,下沈乡
沿海国道主干线象山连接线工程指挥部	1998.4	金俊杰	副县长	张松才	县长助理	交通局、计委、城建等
史家山隧道工程指挥部	2000.2	周林智	副局长	张优利	副所长	交通局

续上表

名　　称	成立年月	组长(指挥)		副组长(副指挥)		成员单位
		姓名	职务	姓名	职务	
沿海南线(象山段)工程领导小组	2000.3	胡剑辉	副县长	张松才	县长助理	交通局,计委,城乡委,公安,财税,土管,水利,林业,环保,广电,丹城,石浦,定塘,昌国镇乡等
县交通项目建设领导小组及指挥部	2002.4	励志武	副县长	郑科仁	县政府办副主任	县政府办,交通,财税,审计,国土,农林,水利,环保,规划,广电,供电,电信等局
象山港一级公路(巨爵线)建设指挥部	2002.4	周林智	副局长	罗文龙	爵溪镇干部	县政府办,交通局,爵溪镇等
环石浦港陆岛工程三门口大桥建设指挥部	2002.4	谢晓华	副局长	赖旭春	副科长	县政府办,石浦,鹤浦,高塘,交通局
西泽5000吨级战备码头领导小组	2003.2	励志武	副县长	郑科仁	县政府办副主任	县政府办,交通局,贤庠镇等
象山港大桥筹建工作领导小组	2003.11	肖培生	县委书记	周江勇	县长	县委办、县政府办、县交通局等
象山港大桥筹建指挥部	2003.11	陈晓发	局长	朱建新	总工程师	县委办、县政府办,交通局等
象山港大桥及接线工程建设象山领导小组	2006.3	周江勇	县委书记	李关定	县长	县委办、县政府办,交通局等
林善岙隧道及接线工程指挥部	2006.5	袁定奎	局级干部	方高波	科级干部	县委办、县政府办,交通局等
象山县陆岛交通工程建设指挥部	2007.3	朱建新	总工	肖方刚	副所长	交通局
大金山隧道工程建设指挥部	2007.5	谢晓华	副局长	赖旭春	所长	交通局、规划局
盛宁线丹城至西泽段改建工程指挥部	2008.5	邓夫琪	副局长	练　煜	副科长	交通局
象山港大桥及接线工程建设象山指挥部	2008.9	金红旗	副县长	袁廷春	县政府办副主任	县政府办,交通局
象西线高架岭隧道复线工程建设指挥部	2009.3	邓夫琪	副局长	吴志杰	科长	交通局

注:上述机构成立后,凡组长、总指挥等人员历次调整未予列入。

第五节　施 工 企 业

1961 年,宁象分治,成立象山县工业交通管理局,设交通工程队,不久解散。1986 年,县交通局成立交通工程管理所,下设工程队,始有交通专业施工队伍。1988 年析出,成立县交通工程公司。1992 年,县路桥工程建设公司成立,挂靠县公路管理段。1998 年,县交通工程公司、县路桥工程建设公司合并,称象山县交通工程建设公司。2002 年更名浙江良和交通建设有限公司。今县内交通专业施工企业不多,凡境内大中型工程项目皆面向全国公开招投标。

浙江良和交通建设有限公司

民营股份制企业。总部设在宁波市庄市中观西路 777 号,分部设象山县塔山路 249 号,法人代表王良明。公司集公路、市政、房建、爆破、绿化等工程施工于一体,拥有各类施工机械、检测设备 500 余台套,专业技术人员 300 余名,其中中、高职称者 100 余人,年均从业员工 3000 余人,具有公路(路基、路面、隧道)、市政一级,桥梁、港口、航道三级,房建、爆破三级等施工资质。

多年来,公司曾参与或独立承建沿海国道主干线象山连接线一级公路及史家山隧道、象山县城区滨海大道、象山港西路二期、宁波市沿海南线象山段一级公路、象山珠蒲线三级公路、乐清市虹芙公路隧道、洞头县长坑隧道、宁波市江北区育才路延伸段等。工程合同履约率百分之百,优良率百分之八十以上。先后获浙江省"市政金奖示范工程"、宁波市"甬江建设杯优质工程奖"、省工商企业 AAA 级"守合同、重信用"单位、象山县建筑业重点骨干企业等荣誉。

前身为象山县路桥工程建设公司,1992 年 12 月成立,挂靠县公路管理段。次年,与宁波市公路局下属市路桥工程公司(今称宁波市交通工程建设集团有限公司)牵手,设宁波市路桥工程公司象山分公司。1998 年 2 月,与象山县交通局下属县交通工程公司合并,改称象山县交通工程建设公司,集体性质,公路施工二级资质。2000 年 6 月,企业转制改民营,称象山县交通建设有限公司。2002 年 7 月,更名浙江良和交通建设有限公司,注册资金 3110 万元,为宁波市四家二级公路施工企业之一。2010 年,擢升公路施工总承包一级资质,注册资金增至 1.23 亿元。同年 9 月,经商务部批准,成象山县第十家对外经营获权企业。是年,产值逾 10 亿元,创利税 2000 余万元。

宏润建设集团股份有限公司

民营股份制企业。总部设上海市徐汇区龙漕路 200 弄 28 号宏润大厦,分部设象山县城区象山港路 859 号,法人代表郑宏舫。公司集市政道路、房建、公路等工程施工于一体,下设 25 家分公司、11 家控股子公司,注册资金 4.5 亿元,具有市政房建、道路施工一级,公路工程施工总承包、桥梁工程专业承包二级,城市轨道交通工程专业承包等资质。拥有大中型机械设备 1462 台套,各类专业技术人员 479 人,其中高级职称 62 人,中级职称 417 人,从业员工 2 万余人。

1970 年 3 月,郑宏舫负责象山县定山区中楼公社综合社,系公司前身。1973 年,组织中楼建筑工程队进入上海市场。1994 年 12 月,改组为股份制企业,成立浙江宏润建设集团股份有限公司。2006 年 8 月,成深圳证券交易所挂牌上市公司,向社会公开发行股票。多年来立足上海,参与承建沪青平公路、南北高架、延安路高架、鲁班路立交、徐浦大桥、浦东世纪大道、浦东国际机场、轨道交通、世博会、虹桥综合交通枢纽等工程,并于 2000 年承接孟加拉国西南公路工程,总造价 2700 万美元。先后 8 次获中国建筑工程鲁班奖、2 次获国家优质工程银质奖、20 次获中国市政工程金杯奖、50 次获上海市白玉兰杯奖、10 次获浙江省钱江杯奖,被授"全国先进建筑施工企业""全国优秀市政工程施工企业""全国工程建设质量管理优秀企业""全国质量效益型先进企业""全国工程建设质量管理小组活动优秀企业""全国用户满意企业""全国实施卓越绩效模式先进企业""上海市重大工程立功竞赛优秀公司""浙江省进沪施工先进单位"等荣誉称号。

浙江润业建设有限公司

民营股份制企业。2006 年 11 月成立,前身为宁波市象山县民望市政建设有限公司,今址象山县丹东街道丹阳路 558 号财富商务中心 2 号 1702 室,注册资金 5111 万元。公司具有公路、桥梁、隧道、市政公用、房屋建筑、机电设备安装、建筑装修装饰、钢结构等施工总承包或专业承包二级资质;园林绿化、矿山、爆破与拆除等工程施工总承包或专业承包三级资质。拥有各类大中型机械设备 300 余台套,工程技术人员 370 余人,其中高级职称 15 人,中级职称 126 人,初级职称 230 余人,从业员工 1500 余人。先后承建的交通工程有:象山县西周蒙顶山资源性公路,西周上周、镇北两桥梁,沿海南线至西边塘公路,象山县产业区 C 区二期 B 段(支四路)道路,奉化市班鸡线至康岭公路,宁海县清潭水果山庄公路等。被授"浙江省公路水运施工企业信用评价 A 级企业"。

浙江科特建设工程有限公司象山分公司

民营股份制企业。2010 年 5 月成立,址设石浦镇凤凰新城,注册资金 2683 万元。职工 25 人,其中专业技术人员 11 人,从业员工百余人。拥有港口与航道工程施工总承包三级、房屋工程施工总承包二级资质,为县内唯一水运工程施工企业。先后承建石浦渔港休闲码头、县海洋渔业局南韭山码头、金高椅渔业码头,改建和维修高塘东升码头、石鹤汽渡码头等。

【专　记】

交通体制改革

20 世纪 90 年代始,随着国家计划经济向市场经济逐步转变,象山县交通局根据上级有关文件精神,先后开展相应的交通体制、机制等方面改革。

企业转制改革

依照省、市有关部门和象山县委、县政府出台的一系列改革政策,辖内 4 家国有、10 家集体交通运输企业先后因企制宜采取兼并、解散、破产、国有独资、民营股份制等改制形式,明晰产权、转换机制,打破计划经济体制下形成的僵化的劳动关系,以适应社会主义市场经济发展要求。

集体企业改革

1993 年,面对社会主义市场经济激烈竞争,县交通塑料制品厂陷入困境,企业生存难以为继。县交通局根据国经贸企[1993]161号文精神,经研究,决定由县海运公司兼并。是年11月,经双方同意,县交通塑料制品厂全部资产、债权、债务及52名职工并入海运总公司,不久更名为其属下县海运冷冻厂。

1997年3月,为适应公路运输市场发展需要,扩大企业规模,增强竞争能力,县交通局根据县委[1996]36号文和1997年初全县国有集体工业企业改革和发展第二次会议精神,向县政府提交《关于县公路运输总公司与县汽车客运公司合并的请示》。6月25日,县政府(象政复[1997]10号)批复,同意合并后企业仍称县公路运输总公司。同日,县交通局成立合并工作领导小组,随后派出工作组开展指导、协调工作。7月1日,《合并协议》正式签订。县汽车客运公司全部资产、债务、债权转让县公路运输总公司。66名职工统一转为全民所有制企业劳动合同制职工。

1998年,汽车修理市场疲软,加之企业体制机制弊端,县汽车修理总厂已负债过重,举步维艰。是年7月,汽车修理总厂提交《关于企业转制方案的报告》,经县交通局向县人民政府请示、批复后实施转制,其整体资产及其属下宁波航海电器厂等由县公路运输总公司收购,并选择留用其中48名职工。县汽车修理总厂随之解体。

1998年底,县物资联运公司因连年经营业务萎缩,经济效益下降,要求将企业改为股份合作制。翌年4月,县交通局根据省、市有关股份合作制试行办法及县委、县政府关于加快企业转制的有关文件予以批复,同意转为民营股份合作制企业。是年6月成立象山县新丰联运有限公司,原企业资产、债权、债务经全面清算后,13名原职工悉数成新企业股东。2002年因经营不善歇业解体。

1999年1月,经县交通局批复,县第一运输公司采取"分步实施"转制方案。第一阶段"出售部分资产,分流安置职工",103名职工与公司解除用工合同。35名退休职工移交社保部门,14名遗属发放一次性补助。4月,实施第二阶段"企业重组",经资产、债权、债务整体转让,由职工钱英晔等4人重组民营企业,称象山县物流有限公司。2010年歇业。

1999年7月,县第二运输公司成立转制领导小组,在县交通局企业转制工作组指导下,拟定转制初步方案。9月,先后在企业内发布《关于产生股份合作制企业发起人的通告》和《关于实施企业内部转让的通告》,均无人报名响应。10月,请示县交通局,要求将企业整体资产及债权、债务在系统内转让,后经局企业转制工作组牵头协调,被县公路运输总公司兼并,并享受免缴房地产、车辆、水电过户所涉各项税费以及负资产部分以日后适当减免所得税予以解决等县政府优惠政策。

2000年3月,县交通局企业转制工作小组随县转制工作组进驻县海运总公司,指导实施企业转制工作。5月底,完成调查摸底、宣传发动等前期工作。尔后,分阶段实施先筹集资金分离安置职工,后整体转让企业的转制方案。期间,经县交通局与国资办、体改办及县长办公会议多次协调,采取调动交通系统内国有资金、减免该公司所欠有关费税、拍卖部分资产等措施,分别做好299名职工分流安置,177名退休人员移交社保、158名遗属一次性补助等工作。2001年11月,经全面清产核资,企业剩余资产及债权、债务整体转让王周森等6名职工重组民营企业,改称县海运有限公司。

2000年2月,经县交通局(象交字[2000]6号)批复,象山交通汽车驾驶员培训中心并入县车辆综合性能检测站,一套班子、二块牌子,为二级核算部门。2001年底,经县车辆综合性能检测站请示,县交通局批复,同意县交通局驾驶员培训中心转制方案以产权制度和用工制度改革为主。职工安置费一次性发放到位,终止与企业劳动合同关系,并根据岗位需要经双向选择与新企业重签用工合同。"培训中心"债权、债务和剩余资产由"检测站"承接。保留"象山交通驾驶员培训中心"名称,并重新登记注册,性质为国有。继续实行一套班子、二块牌子经营管理模式。2003 年 11 月,经县人民政府(象政发[2003]99 号)批复,县车辆综合性能检测站成建制由交通部门移交公安部门管辖,县交通汽车驾驶员培训中心随同划归县公安局。

1998 年 2 月,为壮大企业规模,增强市场竞争力,县交通局(象交字[1998]12 号)决定,象山县交通工程公司与县路桥工程建设公司合并,成立象山县交通工程建设公司。2000 年 4 月,县交通局(象交字[2000]59 号)批复,同意县交通工程建设公司改为民营股份有限公司。原企业经清产核资,发放职工安置、补助费用等,与 38 名职工解除劳动关系。6 月,由原企业经理王良明等 21 人入股组建新企业,名象山县交通建设有限公司,内设董事会、监事会、工会委员会等,时县交通局经县国资办批准以原企业剩余国有资产认购参股(后退出,年月不详)。2002 年 7 月,更名浙江良和交通建设有限公司。

国有企业改革

1997-1999 年,象山县公路运输总公司先后兼并县汽车客运公司,收购县汽车修理总厂和县第二运输公司,下属 14 个二级部门,内设四科二室,主公路客货运输、站场经营管理、汽车修理、汽配供应等。2000 年 3 月,县委工作组进驻该公司着手企业转制工作,后经县企业改革领导小组办公室(象企政[2000]13 号)批复,同意县公路运输总公司采取"明晰产权、转换职工身份、组建有限责任公司"改制方案。时公司在册职工 497 人,退休职工 236 人,职工遗属 13 人。经象山县天象审计师事务所评估,县国资办确认,企业总资产 3564 万元,负债 2393.3 万元。根据"筹集资金、分流安置职工在先"原则,一次性发放各项费用,原企业尚剩净资产 49.9 万元。是年 6 月,原企业与 497 名职工终止劳动关系。新公司根据岗位需要,经双向选择与聘用职工重新签订劳动合同。同月,经县人民政府批准,内设董事会、监事会、工会委员会和职工持股会的县公路运输有限责任公司正式成立,为民营股份制企业,总股本金 464.9 万元,其中企业职工出资 415 万元,县交通局经县国资办批准,以原企业剩余国有资产 49.9 万元参股(后退出)。

2000 年 3 月始,县航运公司实施转制。时企业在册职工 181 人,退休人员 34 人,职工遗属 23 人。经象山县天象联合会计师事务所评估,截至上年 12 月底,公司总资产 1768.3 万元,负债 1746.5 万元,净值 21.8 万元。至 2000 年 5 月,净资产达负 300 万元。是年 6 月,在上级转制工作组指导下,经公司七届二次代表大会讨论通过,并报县企业转制办公室审批,采用"置换资产、分流职工"改制方案,即企业资产、债务等整体转让职工方绍桂等 17 人重组民营有限责任公司,变现后用于职工分流安置等费用。同年 12 月,县航运公司申请破产,经县人民法院立案审理,宣告解体,新民营企业随之成立,称象山县兴业航运有限公司。

2000 年 3 月,县汽车轮渡公司始转制,时在册职工 100 人,退休 5 人,遗属 2 人,总资产 2588.3 万元,负债 2315.2 万元,净资产值 273.1 万元。是年 6 月,根据象山县企业改革领导小组办公室(象企政[2000]17 号)批文,同意县汽车轮渡公司采取"明晰产权,转换职工身份,组建国有独资企业"的改制方案。新建公司董事会成员由国资管理部门授权县交通局委派,职工代表董事依法选举产生。原企业职工身份界定时间为 2000 年 6 月 30 日,其安置费等按象政[1996]10 号、13 号,县委办[1998]46 号文规定执行。新公司根据岗位需要,经双向选择与聘用职工重新签订劳动合同。是年7月8日,新组建的象山县汽车轮渡有限公司成功召开首届职工(工会)代表大会,意味转制工作结束。

2000年6月,经县企业改革领导小组办公室(象企政[2000]30号)批复,县港务管理所采取“明晰产权,转换职工身份,组建(民营股份制)有限责任公司”的改制方案。企业因资产置换变现,用于职工分流安置等尚欠资30余万元,以零资产转让,由原职工顾建平等94人参股重组新企业,名象山县港务有限公司。2003年因企业陷入困境,转让职工陈瑞武经营,更名恒达船务有限公司。

行政审批制度改革

原辖内运政、路政、港航行政审批事项均由县交通局委托隶属单位办理。2004年7月、2005年4月,先后出台《中华人民共和国道路运输条例》《浙江省公路路政管理条例》,依据《条例》规定,县公路运输管理所、县公路管理段遂相继直接办理行政审批事项。2008年11月,新颁《浙江省水路运输管理条例》,县航运管理所(后称港航管理局)亦依法直接办理。

2005年,象山县人民政府(象政发[2005]107号)公布全县行政审批项目,其中交通行政审批26项,内含县级审批类14项,县级初审类9项,非行政许可类3项。2006年5月,为贯彻落实《行政许可法》,象山县在全省率先开展内设机构行政许可职能归并工作。据此,县交通局新设行政许可科,下属有关单位皆设相应职能机构。按照规范、便捷、优质、高效之要求,分别派员入驻县便民服务中心和石浦分中心,实行“窗口式”办公、“一条龙”服务,并作出承诺,缩短期限,统一办理县内交通行政审批事项。

2007年,省交通厅按照“统一名称、统一数量”的要求,对全省交通行政许可事项进行全面规范,并以浙交[2007]9号《关于公布浙江省交通系统行政许可项目的通知》予以明确。为此,2008年象山县政府在象政发[2008]31号《关于公布象山县行政许可县级审批和县级初审项目的通知》中,重新核定交通行政许可项目共43项,其中县级许可25项,县级初审9项,非行政许可9项,审批办理总法定期限为895个工作日,首次承诺时限缩短为342个工作日,比法定期限提速61.79%(表4-6-6)。

2008年象山县交通行政审批项目一览 表4-6-6

项目分类	项目名称	法定审批期限	承诺时限	承办单位
县级许可项目(25项)	港口经营许可	30个工作日	10个工作日	港航管理局
	在港口内进行采掘、爆破等活动许可	20个工作日	5个工作日	港航管理局
	在港口建设危险货物作业场所、实施卫生除害、处理的专用场所许可	20个工作日	5个工作日	港航管理局
	危险货物港口作业许可	30个工作日	10个工作日	港航管理局
	危险货物港口作业资质认定	30个工作日	10个工作日	港航管理局
	交通建设工程施工许可	20个工作日	10个工作日	交通局
	公路用地林木更新、砍伐许可	20个工作日	7个工作日	公路管理段
	建筑控制区内埋设管线等设施许可	20个工作日	7个工作日	公路管理段
	铁轮车、履带车和其他可能损害公路路面的机具行驶公路许可	20个工作日	7个工作日	公路管理段

续上表

项目分类	项目名称	法定审批期限	承诺时限	承办单位
县级许可项目（25项）	增设公路平面交叉道路口许可	20个工作日	7个工作日	公路管理段
	超限运输车辆行驶公路许可	20个工作日	7个工作日	公路管理段
	占用、挖掘公路或使公路改线作业许可	20个工作日	7个工作日	公路管理段
	跨越、穿越公路作业许可	20个工作日	7个工作日	公路管理段
	公路用地范围内架设、埋设管线等许可	20个工作日	7个工作日	公路管理段
	公路用地范围内设置非公路标志许可	20个工作日	7个工作日	公路管理段
	道路运输站（场）经营许可（货运场站经营许可含货物集散服务、货运配载服务、货运代理服务和仓储理货服务）	20个工作日	12个工作日	公路运输管理所
	客运经营许可（含客运企业经营许可、班线、包车）	20个工作日	15个工作日	公路运输管理所
	货运经营许可	20个工作日	即办	公路运输管理所
	出租汽车经营资格证、车辆营运证等核发	30个工作日	10个工作日	公路运输管理所
	机动车驾驶员培训经营许可	20个工作日	10个工作日	公路运输管理所
	机动车维修经营许可	20个工作日	15个工作日	公路运输管理所
	公路建设项目竣工验收许可	3个月	10个工作日	交通局
	机动车维修质量检验经营许可	15个工作日	10个工作日	公路运输管理所
	客运经营许可（县境内）	20个工作日	15个工作日	公路运输管理所
	机动车维修人员从业资格考试	20个工作日	15个工作日	公路运输管理所
县级初审项目(9项目)	公路设施项目竣工验收许可	90个工作日	15个工作日	交通局
	船舶营业运输证核发	20个工作日	5个工作日	港航管理局
	港口工程竣工验收许可	20个工作日	10个工作日	港航管理局
	临、跨（拦）航道建筑物许可	20个工作日	10个工作日	港航管理局
	建设项目使用港口岸线许可（非深水港）	20个工作日	10个工作日	港航管理局
	水路运输经营许可	20个工作日	15个工作日	港航管理局
	修筑堤坝、压缩或者拓宽河床等许可	20个工作日	7个工作日	公路管理段
	货运驾驶员从业资格考试	20个工作日	5个工作日	公路运输管理所
	客运驾驶员从业资格考试	20个工作日	5个工作日	公路运输管理所
非行政许可项目(9项)	船舶运输单证交验	即办	即办	港航管理局
	危险货物港口作业申报	即办	即办	港航管理局
	道路运输证的发放	即办	即办	公路运输管理所
	班车客运标志牌的配发	即办	即办	公路运输管理所
	客货运车辆的审验	即办	即办	公路运输管理所
	道路客运班线经营许可证明的换发	即办	即办	公路运输管理所
	道路运输证件遗失、污损补证	即办	即办	公路运输管理所
	出租汽车驾驶员客运资格证	20个工作日	15个工作日	公路运输管理所
	机动车驾驶教练证核发	20个工作日	15个工作日	公路运输管理所

交通融投资体制改革

象山县交通基础设施领域融投资改革,大致可分二个阶段。

第一阶段为解放后至1990年,即计划经济时代和改革开放初期。这一阶段交通建设资金来源主要依赖新中国成立以来长期形成的政府财政性资金投入和遵循“勤俭办一切事业”的精神,出台“民工建勤”“民办公助”等政策所推动的全社会参与。20世纪80年代初,县始征养路费,其征收费用逐渐成为交通基础设施建设融资的主要资金来源。1985年通过车辆购置附加费的地方留成,以及其他财政性资金来源的支撑,一定程度上保证了交通基础设施建设的稳步发展。但由于这一阶段交通投资仅靠政府依据财政收入状况拨款,且主体较为单一,致交通基础设施建设呈现“低投入、低产出”运作状态。

第二阶段为1990年至21世纪初期,源于国家对交通基础设施建设的政策推动。自“八五”期始,各地利用国家有关“贷款修路”的政策,纷纷修建高速公路及其他高等级公路。“九五”期,伴随金融体制改革,各地交通部门先后设立专门融投资平台。由此,1998年4月象山县交通局经县人民政府(象政复[1998]4号)文批复,成立象山县交通投资有限公司。按照县政府的投资导向,承担授权范围内交通基础设施建设项目的筹资、投资、建设、运营等任务,走上市场化运作轨道。从此,进一步拓宽交通融投资渠道,使全县交通基础设施建设步伐不断加快,相继建成沿海国道主干线象山连接线象山段一级公路、宁波市沿海南线象山段丹城至台宁屿一级公路、三门口跨海大桥等重点工程,并初步形成交通融投资良性发展新机制。

第五编 交通工业与科技培训

本编主要记述象山船舶、车辆修造之历史与现状和新中国成立以来交通行业在科技创新中所获主要成果及有关专业培训。

第一章 船舶修造

1164年(宋隆兴二年),主簿赵彦逾在陈山督造渡船2艘,行驶奉化。船宽4.95米,按比例船长30.72米,每船配备篙手14名,造船工艺已达一定水平。明代禁海运,造船行业衰落。迨民国时期,县内无一造船工厂,皆由造船师傅召集工匠现场修造,或赴盛产木材之闽瓯打造,由业主派船工驶回。中华人民共和国成立后,随渔业生产和交通运输的兴盛,全县造船工业不断发展。至2008年,已形成鹤浦万寿塘、涂茨干门港、石浦打鼓峙三大船舶修造基地,注册船厂35家,年产值42.2亿元,上缴税收8163万元,跃居象山支柱产业之一。造船类型有散货船、集装箱船、化学品船、油轮等,年载重总吨位约80万吨,单船最大载重23000吨。客户除泰国、马来西亚、新加坡等东南亚国家外,尚涵盖俄罗斯、乌克兰、意大利、土耳其、德国等众多国家及地区。2010年3月29日,浙江东红船业有限公司打造的52000吨级远洋散货轮"旗祥7",在鹤浦镇万寿塘船舶基地隆重开工,刷新象山造船最大吨位记录,引领象山造船业迈入50000吨级时代。

第一节 船舶修造企业

1975年,全县船舶修造厂(场)6家,较著者有象山县船厂、县东门船厂等,承接业务渐从传统木质船转为现代钢质轮。1988年增至11家。2010年末,境内船舶修造企业33家,其中打造万吨轮以上规模型企业12家。

象山县船厂　全民所有制,前身是石浦机械厂,开办于1958年,生产100吨级木质渔轮、货轮、拖驳及船用机械。1975年始建造钢质海轮,改名船厂。1983年由塘头港南迁番头,邻近新港区,占地44355平方米,建筑面积11305平方米。临海岸线300米,有相应的起重设备,千吨级船舶上排进坞,不受海潮影响,设船体、船装、铸锻、金工4个车间。船体车间拥有各种板块剪切机械、弯曲成形压力机,还有各种自动切割机、焊接机,金属切削、铸造、锻造、热处理、钣金等设备齐全。全厂职工250人,其中工程技术人员12人,各类经济职称人员 11 人,工人平均技术等级 5.5 级。技术科配有计算机辅助设计和计算,具有一定的设计能力和制造能力。该船厂还承担沿海省市及台轮入港避风船只的维修。固定资产 300 万元,1988 年工业总产值 250 万元,全员劳动生产率 1.04 万元。

20 世纪 70—80 年代,为海军、地方民用生产钢质船:450 吨沿海货轮 3 艘,其中县海运公司 2 艘,县航运公司 1 艘;300 吨沿海货轮 2 艘,其中县海运公司、嵊泗海运公司各 1 艘;8 车位汽车渡轮 2 艘,象山港汽车轮渡公司订购;500 吨海港驳 4 艘,为北仑港生产;200 立方米开底泥驳 6 艘,为东海舰队制造;80 吨沿海油轮 1 艘,为县石油公司制造;20 立方米对开驳 6 艘,为省农垦厅制造;3000 吨码头趸船 3 艘。又与华北电力设计院联合开发新一代绞车——JWSZ 型双卷筒直槽式无极绳调度绞车,牵引 6.3~40 吨 7 个系列产品,用于火力发电厂、矿山、铁路等长距离调度车辆之用,产品已进入京、津、唐、沪等大型火力发电厂,获国家专利局发明专利,水电部科技进步二等奖。该厂与京、沪、杭等地 10 余所设计科研单位、大专院校建立技术协作关系。1992 年产值 600 万元,利税 11 万元。1999 年 6 月,因企业转制解体。

象山县东门船厂 集体所有制,前身东门船业工会,1950 年组建,不久改称劳动协会。1953 年又改称东门修船社。初制造 200 吨级以下船舶及外出修理,后在东门岛巉头劈山填海,建船坞作固定工场。1977 年转二轻集体工业,称象山县东门船厂,占地 31626 平方米,建筑面积 2104 平方米。设船体、机械金工、锻工、锯板等车间。设备齐备,临海岸线 200 米,设船坞 3 座,不受潮位影响,可同时上排 200 吨级船 6 艘。1988 年固定职工 65 人,固定资产 18.29 万元,年产值 131.87 万元,全员劳动生产率 2.02 万元。

曾为海军及民用造船 17 艘,最大 285 吨,生产码头钢引桥 10 座。1982 年为县航运公司制造钢筋水泥客轮(215 客位,44.16 千瓦)1 艘,运营良好。该厂所生产的船用舵机、驾机合一操作器,简便灵活,颇得使用者好评。1993 年 10 月,企业转制,改修乙类 35 米以下钢质渔轮,年大修量 100 艘,1500 载重吨。

县水泥制品趸船厂 集体所有制,属第二轻工业局。1966 年 3 月创办,称水泥制品厂,址石浦镇五爱村,生产房屋预制构件及水泥船。1975 年始造水泥趸船,改名水泥制品趸船厂,占地 1.2 万平方米,建筑面积 3223 平方米,固定资产 55 万元,船坞 1 座(42 米×11 米×3 米),5 吨、2 吨门式起重机各 1 台,拌和机 2 台,2000 吨试压机 1 台,车、铣、刨、钻、机床 7 台,电、气焊设备 5 台,配套设备齐全。职工 91 人,其中工程、经济技术职称人员 8 人,具一定的设计、制造能力。1989 年工业产值 95 万元,能产 20 米×6 米×2 米至 39 米×8 米×2.6 米各类规格趸船,年产能力趸船 6 艘,销浙江沿海各港埠。20 世纪 90 年代始,随水泥船渐被淘汰,不久歇业。

东红集团有限公司 民营企业,原称浙江东红船业有限公司。址设鹤浦镇万寿塘船舶修造基地(图 5-1-1),占地 44.7 万平方米,办公楼及各类作业车间面积 10 余万平方米,使用沿海岸线 625 米,前沿水深 10 米。2004 年 7 月成立,法人代表李红鉴,注册资金 1.1 亿元。员工 1500 余人,其中高级工程师 12 人,工程师 20 人,初、中级工程技术人员 100 余人,熟练工 1200 余人。主要设备有塔式起重机 15 台,16~50 吨汽车吊 8 台,150~200 吨龙门吊 14 台,100 吨平板车 2 辆。机床器械配套齐全。有船台 50000 吨级 4 座、30000 吨级 3 座、20000 吨级 4 座。有舾装码头 50000 吨级 1 座、20000 吨级 2 座。2009 年在建 60000 吨级船坞一座。能造散货船、集装箱船、化学品船、油轮、渔轮等，年造船能力40余万吨。

2005年10月，打造的13000吨级“永星6”散货轮，为县产首艘万吨轮。同年，通过ISO9001:2000质量管理体系认证，后又分获中国船级社CCS认证、俄罗斯船级社RS认证、法国船级社BV认证，并经省船检ZC认可，获中国渔业部一类一级钢质渔轮制造业认证。2007年，评为宁波市“成长之星”工业企业，并列为象山县“潜力型工业企业”。2008年5月7日，该公司打造的“梅山岗53”散货轮顺利下水，载重量23000吨，船长159.88米，型宽24.4米，结构吃水10米，续航力6000海里，航速13.2节，首创象山造最大吨位船舶，工期1年零2个月。同年，共交付新船12艘、计17万载重吨，产值50783万元，利润3274万元，缴税1887万元，获县“实力型工业企业”。至2009年，已连续3年获“宁波市金融资信等级AAA企业”、宁波市“诚信企业”、“市船舶工业十强企业”、市船舶协会副会长单位、市渔船协会常务副会长单位、象山船舶协会会长单位，并被列为象山县强势培育企业。2010年3月，为宁波市华丰船务有限公司建造的52000吨级散货船“旗祥7”轮，再创“象山制造”最大吨位记录，成全县船舶产业转型升级，迈入5万吨级时代引领者。9月，改称东红集团有限公司，成象山县继华翔、天安、日升后第四家无行政区域的企业。是年，圆井式舾装码头和框架式轨道延伸码头的研发和应用项目，获宁波市企业管理现代化创新成果三等奖。同年，产值55151万元，其中新产品值9402万元，利润2899万元，纳税138万元。

图5-1-1　21世纪初鹤浦镇万寿塘船舶修造基地

浙江振宇船业有限公司　址设鹤浦镇万寿塘船舶修造基地，占地40万平方米，办公楼、车间、宿舍等建筑面积8万平方米，沿海使用岸线517.5米。2004年7月成立，隶中国振宇控股集团有限公司，为浙江省民营重点骨干企业、省造船十强企业。注册资金1.008亿元，法人代表胡振宇，员工1600余人，其中工程技术人员100余人，内含高级职称50余人。

拥有10000吨级船台4座、20000、50000吨级船台各1座，配50吨、60吨、106吨龙门吊多台。曾打造12500吨散货船、7300吨多用途散货船、12600吨成品油船、17000吨化学品船、648.688TEV集装箱船，年造船能力12万吨以上。2006年，分获ISO9001:2000质量管理体系认证、中国船级社CCS认证、德国船级社GL认证。2008年4月4日，打造的“金富星

9”化学品轮下水,船长101.9米、型宽16米,结构吃水8米、载重量4999吨,为县乃至宁波市内首艘重级沥青油船。是年,连续2年评为县“潜力型工业企业”。2010年5月,打造的首条“西方货船”轮成功交付德国船东,并顺利入级国际顶尖的德国劳氏船级社,该6800DWT多用途散货船系8艘订单中首造,品质要求较高,为国内同吨位船造价之4倍。同年产值42670万元,创利685万元,纳税43万元。

宁波博大船业有限公司　民营企业。址设鹤浦镇万寿塘船舶修造基地,占地56830平方米,办公楼、车间、仓库等面积4000余平方米,沿海使用岸线450米。2004年2月成立,注册资金5000万元,法人代表沈小根。员工860余人,其中管理人员28名,高级工程师10名,工程师18名,熟练工600余名。

拥有10000吨级船台3座、20000吨级船台1座、30000吨级船台1座、材料放样台2座。配置电脑数控切割机、铣边机、弯管机、压床、剪床、龙门吊、汽车吊等机械设备80余台(套),能打造30000吨级以下散货船、多用途货船等,年产量300000吨,曾先后打造10000吨级多用途货船3艘、12000吨级多用途货船2艘。2008年初,打造的22500吨级“海中洲6”散货轮,突破县内造船业20000吨级记录。是年兼并浙江宏德船业有限公司,并连续两年评为县“潜力型工业企业”。2010年产值32391万元,其中新产品值6924万元,利润171万元,税金85万元。

宁波振鹤船业有限公司　民营企业。址设鹤浦镇万寿塘船舶修造基地,占地49598平方米,厂房面积7404平方米,使用沿海岸线426米。1999年3月成立,注册资金2008万元,法人代表严华林。正式员工百余名,其中高级工程师5人,工程师20人,专业技术人员70余人。

拥有30000吨船台2座,20000吨、5000吨船台各1座,30000吨舾装码头1座等,主造成品油轮、化学品船、散货船、集装箱船,年造船能力13万吨。2008年分获中国CCS船级社、法国BV船级社认证。2009年获ISO9001:2000质量管理体系认证。2010年产值24112万元,利润680万元。

宁波大江船业有限公司　民营企业。址设鹤浦镇万寿塘船舶修造基地,占地面积34000平方米,沿海岸线175米。2005年建成投产,总投资1亿余元,注册资金1300万元,法人代表陈旭明,员工215人,主营35000吨以下散货船、集装箱船、油船及各类工程船修造。

拥有20000吨船台3座,40000、50000吨船坞各1座,放样台、拼装台各2座。配压力机、肋骨成型机各1台,80吨、85吨龙门吊各1台,25吨汽车吊2台,4吨塔吊3座,5吨叉车3辆等。年可打造20000吨船20艘,曾先后打造3500吨、5000吨、13500吨、13800吨、18000吨散货船,9700吨油船,2300吨、3500吨绞吸挖泥船,1000吨驳船及多艘吊机船。2007年获中国船级社ISO9001:2000质量认证。2008年产值1亿元。2010年产值1512万元,利润5万元。

宁波东和船舶修造有限公司　民营企业。址设石浦镇打鼓峙船舶修造基地,占地20万平方米,有办公楼、船体分段建造车间、数控切割车间、预处理车间、机械加工车间等,使用沿海岸线700米。2004年建,总投资3亿多元,注册资金1080万元,法人代表施朝元,主营船舶建造、修理、船用机电产品制造、船用物资供应、航运,海洋废油回收等业务,内设设计、生产、质检等36科室,皆高科技设备。员工800余名,其中高级职称技术人员16名,中级职称技术人员36名。

拥有5000、10000、20000吨船台各1座,50000、60000吨船坞各1座,10000、50000吨级舾装码头各1座。配有大型龙门吊、汽车吊等起重设备。年造船能力36万吨,2009年产值10603万元、利润1924万元,缴税50万元。2010年产值71万元,亏损288万元。

公司还拥有集装箱船5艘、散货船1艘、海洋废油专业回收船4艘,总载重32000吨,总马力18600千瓦、总资产15396万元。

宁波东升船舶修造有限公司　民营企业。址设石浦镇打鼓峙船舶修造基地,前身为象山前进船业有限公司,1988年建,2003年7月更现名。占地12万平方米,办公楼、车间、职工宿舍等建筑面积4万平方米,沿海使用岸线600米,总投资2.02亿元。法人代表叶良平,注册资金3000万元。员工600余人,其中专业技术职称200余人,内含高级工程师10人,工程师27人。

拥有20000吨船台1座、30000吨船台2座、50000吨船台1座、25000吨舾装码头1座。配100~200吨龙门吊4台、25吨汽车吊4台及数控切割、大型压床、三芯滚床、肋骨成型机、程控弯骨机、外板造型机、铣边机、剪床等加工设备60余台(套),可同时打造20000吨、30000吨船舶2艘,年造船能力6艘,计18万吨。2006年获中国船级社CCS认证。2009年8月,为香港某航运公司打造的两艘5380吨无限航区船舶开工,总造价2500万美元。2010年产值16249万元,利润26万元,纳税16万元。

浙江神州船业有限公司　民营企业。址设石浦镇打鼓峙船舶修造基地,2005年建。占地246000平方米,办公楼、车间、宿舍等建筑面积67200平方米,沿海使用岸线650米,总投资7.6亿元。法人代表叶兴和,注册资金1亿元,主营造船、海运、贸易等,属集团型企业。员工620余人,其中专业技术职称37人,内含工程师以上人员10名。

拥有10000、20000吨级船台各1座,30000吨级舾装码头1座,50000吨级(2个泊位)码头1座,配50吨龙门吊3台、100吨龙门吊1台,铣边机、万能滚板机、液压弯管机、剪板机、单柱式压板机、数控火焰切割机、数控等离子切割机等数十台(套)。2006年获中国船级社ISO9001:2000质量认证。已为国内外客户打造的船舶有:378TEU集装箱船6艘、10000吨级散货船5艘、12000吨级散货船3艘、22500吨级散货船1艘、土耳其1000吨级散货船1艘、马来西亚700TEV集装箱2艘、新加坡378TEV集装箱船2艘、泰国7000吨级DWT化学品船2艘。2009年6月26日,为宁波神鱼海运有限公司打造的23000吨级"神鱼6"货轮顺利下水。2010年产值12580万元,其中新产品值5500万元,利润182万元,纳税2万元。

浙江金川船业有限公司　民营企业。前身为乐清市金川船舶制造有限公司,2004年创建,法人代表胡金川。同年7月,为求发展,址迁象山石浦打鼓峙船舶修造基地,占地12.2万平方米,其中生产场地11.8万平方米、办公及生活场所4000平方米,沿海使用岸线468米,总投资2.02亿元。2005年7月更现名,注册资金1.18亿元,从业人员750余人,其中各类专业技术人员100余名,内含高级工程师4名、工程师15名。

拥有50000吨级船台1座、20000吨级船台2座、10000吨级船台1座、25000吨级舾装码头1座,配龙门吊180吨1台、160吨2台、100吨2台,数控切割机2台,800吨弯板机2台,300吨压机1台,刨边机2台,肋骨成形机1台,Φ114型、Φ325型弯管机各1台,50吨汽车吊2台。年造船能力20万吨。2006年获中国船级社ISO9001:2000质量认证。2008年,产值 8605 万元,亏损 176 万元。2010 年产值 11068 万元,利润 132 万元,纳税 39 万元。

浙江博海船业有限公司　民营企业。址设石浦镇打鼓峙船舶修造基地(图 5-1-2),占地 10 万平方米,建筑面积 2.5 万平方米,沿海使用岸线 250 米。2006 年成立,注册资金 4000 万元,法人代表胡敏江,员工 200 余人,其中高级工程师 5 名,工程师 8 名,助工及技术人员 10 名,1~3 级专业焊工 190 名。

拥有 50000 吨船台 1 座、30000 吨船台 2 座、2000 吨船排 1 座、30000 吨舾装码头 1 座等。2008 年投产来,先后打造散货船:23000 吨级 1 艘、16000 吨级 2 艘、13000 吨级 2 艘、5000 吨级 4 艘,5200 吨级集装箱船级 2 艘,2940KW 拖轮 2 艘,甲板驳船 5 艘。当年获 ISO9001:2000 质量管理体系认证。2010 年,产值 12485 万元,利润 163 万元,纳税 118 万元。

图 5-1-2　21 世纪初石浦镇打鼓峙船舶修造基地

浙江新乐造船有限公司(图 5-1-3)　民营企业,址设涂茨镇干门港船舶修造基地。2005 年始建,分期投资,占地 37.5 万平方米,其中生产厂房、加工车间建筑面积近 5 万平方米,还建有可容纳 1500 人的员工生活小区,沿海使用岸线 1300 余米。一期总投资 8 亿元,注册资金 5080 万元,法人代表刘春法。从业者 1000 余人,其中专业技术人员数十名。

拥有 30000、50000 吨级船坞各 1 座、15000、20000 吨级船台各 1 座、30000 吨级舾装码头 2 座,配 200 吨船坞龙门吊 2 台、100 吨船台龙门吊 2 台、分段车间行车数十台,另有 100 吨平板车 1 辆、1000 吨液压机 1 台、数控机 3 台、多头焊机 20 余台等。采用计算机放样、数控切割下料、自动埋弧焊接及二氧化碳保护焊等先进工艺与技术,年造船能力 20 万吨。

曾先后打造 7000 吨级散货船、7000 吨级Ⅱ类化学品船多艘。2006 年获中国船级社 ISO9001:2000 质量认证。2008 年 5 月,打造的 16500 吨级"阿丽娅"Ⅱ类化学品轮,属全省首艘具有自主知识产权船舶,冠名"新乐型"。是年筹建 90000 吨级船坞 1 座,被评为县"潜力型工业企业"。2009 年 11 月,长 157 米、型宽 24.8 米,型深 13.7 米、吃水 9.8 米、续航力 6000 海里的 25000 吨级全自动化"无人机舱"散货轮打造下水,系与意大利罗密欧集团签订的 30 艘 7000 吨级和 6 艘 25000 吨级散货船合同之首造,名"奥里科诺"轮。同年造船 6 艘,计 7 万吨。2010 年产值 69279 万元,其中新产品值 18724 万元,利润 2085 万元,纳税 143 万元。

图 5-1-3　21 世纪初浙江新乐造船有限公司

宁波中洋船舶工业有限公司　民营股份制企业，址设涂茨镇干门港船舶修造基地，占地约 30 万平方米，生产用房 12 万平方米，沿海使用岸线 505 米。2006 年动建，2008 年投产，总投资 7.9 亿元，注册资金 6000 万元，法人代表吴其永。

拥有 30000 吨船台 3 座，50000、90000 吨船坞各 1 座，长 310 米、宽 16 米舾装码头 1 座，配 200 吨龙门吊 1 台，100 吨厢式吊机 2 台，10～50 吨龙门吊 13 台，50 吨单臂吊 5 台，汽车吊 8 台，叉车 4 辆，100 吨平板车 1 辆，置数控切割机、剪板机、激光经纬仪等先进设备，年造船能力 30 万吨。2008 年产值 1.1 亿元。2009 年 5 月，打造的 27000 吨"银环 19"，创象山造最大吨位散货轮。12 月，同吨位"银环 111"散货轮又成功下水。至 2010 年，投入技改经费 2.2 亿元，完成近 200 万平方米项目储备用地征用及政策处理工作。同年产值 15000 万元，其中新产品值 3000 万元，利润 22 万元，纳税 21 万元。

2010 年末象山县船舶修造企业见表 5-1-1。

2010 年末象山县船舶修造企业一览　　表 5-1-1

企业名称	成立年份	地　址
宁波东和船舶修造有限公司	2004	石浦镇打鼓峙
浙江神州船业有限公司	2005	石浦镇打鼓峙
浙江金川船业有限公司	2005	石浦镇打鼓峙
浙江博海船业有限公司	2006	石浦镇打鼓峙
宁波东升船舶修造有限公司	2006	石浦镇打鼓峙
宁波博大船业有限公司	2004	鹤浦镇万寿塘船舶基地
浙江东红船业有限公司	2004	鹤浦镇万寿塘船舶基地
浙江振宇船业有限公司	2004	鹤浦镇万寿塘船舶基地
宁波中洋船舶工业有限公司	2006	产业区 A 区干门港船舶基地
浙江新乐造船有限公司	2005	产业区 A 区干门港船舶基地
宁波大江船业有限公司	2005	鹤浦镇万寿塘船舶基地

续上表

企业名称	成立年份	地　址
宁波振鹤船业有限公司	2007	鹤浦镇万寿塘船舶基地
海申机电总厂(军工厂)	1967	西周海军4805象山修船厂
象山滨海船舶修造有限公司	1992	鹤浦镇中界山南面
象山县浦港船厂	2005	鹤浦镇反修塘船舶基地
宁波博海船业有限公司	1997	石浦镇兴港路94号
象山县石浦葛峙山船舶修造厂	2003	石浦镇西边村
象山石浦铜钱礁船舶修造厂	2000	石浦铜钱礁村
象山县腾飞船舶修造厂	1994	石浦铜钱礁村
象山东门船厂	1976	石浦东门村
象山兴浦船舶修造厂	1998	石浦对面村
象山县石浦东港船厂	1996	石浦东港村
象山南汇船舶修造厂	1997	石浦南汇渔村
象山县浦南船舶修造厂	1994	石浦横峙村
象山县风帆船厂	2001	鹤浦镇大闸东路4号
象山鹤浦兴渔船舶修造厂	1992	鹤浦镇小网巾村
象山永兴船舶修造有限公司	1998	鹤浦镇鸡盘村
象山县鹤浦船厂	1962	鹤浦镇大闸东路1号
象山浦东船厂	1997	鹤浦镇浦港东路
象山启航船舶修造有限公司	1995	高塘岛乡孝贤湾村
宁波建业船舶修造厂	2007	高塘岛乡渔潭村渡头港
浙江申港造船有限公司	2008	西周镇海军4805象山修船厂
宁波绿岛船艇有限公司	2008	墙头镇西沪港路87号

第二节　船舶配件企业

原各船厂除修造船舶外，同时生产部分船用工具，如象山船厂，历来生产起锚机、螺旋桨。宁波航海电器设备厂，生产成套船用电气控制设备。石浦航海机械厂、石浦船舶修造厂、东门航海器具厂、石浦船用设备厂、鹤浦交通机械配件厂等单位，均制造船钟、雾钟、气笛、船用驾机合一操作器等。象山船舶制造业异军突起后，船舶配套企业虽已发展至数十家，然主要配件仍依赖外商供货。

宁波航海电器设备厂　集体所有制。1984年7月建，原名象山航海电器厂，1986年改宁波航海电器设备厂，厂址在丹城镇新华路7号，为生产成套船用电气控制设备专业厂，注册资金36万元。1988年末职工21人，产值26.64万元。因经营不善，产品积压亏损，濒临倒闭。1989年初并入县汽车修配厂为航电车间，单独核算，对外仍称宁波航海电器设备厂。1998年随县汽车修理总厂转制倒闭。

宁波环宇耐火材料有限公司　合资企业。址设丹西街道岳头嘴，占地11万平方米，建筑面积3.5万平方米，员工135人，主要生产耐火、保温、保冷、隔音材料四大系列产品，被广泛应用于舰船、汽车制造，石化炼油、热电核电等领域。

前身为南庄公社农机修理厂，1970年创办，集体所有制。时厂址在县城南郊杨家桥，分新老二厂区，占地5.35万平方米，建筑面积7500平方米。1977年开始生产硅酸铝耐火材料(陶瓷棉纤维)，1978年第一代硅酸铝耐火纤维及其制品通过技术鉴定，并获国家船检局认证，替代进口产品，为国内同行首创，同年更名象山县耐火材料厂。1979年与中国船舶总公司华东物资配套供应处联营，生产硅酸铝耐火纤维船用防火隔热材料，其每立方米60公斤超轻容量，用于造船工业，有效减轻船体自重，具有防火、绝缘、隔音、抗冲击、抗机械震动、防潮、耐化学腐蚀等良好性能，且在摄氏1200度烈火中不熔、不变形，导热系数极小。经国家船检局检测，质量达国际标准，符合国内外钢质轮使用要求。1982年获国家船检局颁《工厂认可证书》，并为定点供应商。同年研发的第二代船用防潮型硅酸铝系列产品，获浙江省优秀科技成果二等奖，其A-60级甲板、船壁产品获国家船检局、德国汉堡海事协会认证。1986年投资1200万元，址迁岳头嘴，建立硅酸铝纤维系列产品生产线，年产能力2500吨。1987年，研发的第三代不燃增水型硅酸铝纤维(干法)系列产品投放市场，被江南、上海、沪东、大连、广州等各大造船厂广泛应用。1992年与香港永添实业公司联姻，改称宁波环宇耐火材料有限公司，同年产值1012万元，利税103万元。至1993年，产品先后获中国CCS、英国劳氏LR、德国GL、挪威DNY、美国ABS、法国BV、欧共体EC等著名船级社认证。1996年，“象山”牌硅酸铝系列产品获“宁波市名牌产品”。2004年研发的以玄武岩为主要原料的新一代耐高温岩棉制品，其耐火温度多次达到船用A-60级耐火分割试验要求，并克服原陶瓷棉制品之过细纤维对吸入人体造成的危害，达到国际水平，2007年获国家专利产品证书。

宁波市无机轻体板材厂　集体所有制，厂址在新桥乡。前身为新桥建筑社。1979年起生产防火隔板敷料，为县科委实验工厂，占地1.12万平方米，建筑面积6450平方米，固定资产110万元，职工160人。生产金桥牌防火甲板敷料、甲板芯材，由珍珠岩型板材和抗无机型高温胶合剂及乳胶型罩面层构成，防火、隔热性能好，化学性能稳定，耐油、耐水、耐酸碱腐蚀，受热时无污染，得到国家船检局认可，由船舶工业总公司定点生产，获中国船舶工业总公司耐火研究成果二等奖、省科委重大科研成果二等奖、1985年国家科学技术进步三等奖。20世纪90年代初停办。

浙江广天船舶配件有限公司　位高塘岛乡渔潭村黄湾塘工业区，三门口大桥西。民营企业，2007年8月成立，法人代表卢祥康，注册资金3000万元，占地近10万平方米，厂房建筑面积99484平方米，员工200名。

拥有大型镗铣床、重型卧式车床等设备，主营船舶配件轴舵系、舾装件、舱口盖、船体分段、有色金属材料加工、钢结构件制造等，产品90%出口日本，年产值5000万元。先后通过ISO9000质量管理体系认证，中国船级社CCS、日本船级社NK、法国船级社BV等认证。2009年6月，从世界第二大焚烧炉专业供应商日本某公司引进制造焚烧炉新技术，开发新型船用焚烧炉业务。

2010年末象山县主要船舶配件企业见表5-1-2。

2010年末象山县主要船舶配件企业一览 表5-1-2

企业名称	地址	成立年份	主营产品
宁波麦斯特船舶有限公司	象山县工业园区沿区路68号	2008	船用变压器、配电设备制造
浙江广天船舶配件有限公司	象山县高塘岛乡渔潭村黄湾塘	2007	船舶配件、有色金属材料加工
宁波环宇耐火材料有限公司	象山县丹西街道岳嘴头	1992	硅酸铝纤维制造、岩棉制品
象山焊接衬垫厂	象山县丹西街道珠水溪219号	1976	耐火陶瓷焊接垫制造加工
象山县船舶舾装厂	象山县高塘岛乡工业区	1982	船舶舾装件加工
象山县石浦船用配件铸造厂	象山县石浦镇东港粮站台	2006	船用配件翻砂加工
象山石浦渔业机械设备有限公司	象山县石浦镇渔港南路29号	1995	渔业机械五金化工加工批发
宁波象山天时和电子有限公司	象山县石浦镇渔港南路43-2号	2006	电子、导航通信设备船用配件
浙江象山航海船舶电气设备厂	象山县石浦镇凤栖路189号	1996	船舶配电、制冷设备制造
象山石浦海达电子仪器厂	象山县石浦镇金星下洋墩	1993	船用电子配件制造
象山石浦昌盛船舶配件铸造厂	象山县石浦镇昌国北门外	1992	船舶机械及配件制造
象山远航船舶机械有限公司	象山县石浦镇工业园区	2005	船舶机械制造
宁波方舟船舶有限公司	象山县石浦镇渔港中路185号	2006	船舶修造、设计检测、咨询
象山同心潍柴销售有限公司	象山县石浦镇兴港路94号	2005	柴油机及配件等
宁波金宝达设备有限公司	象山县鹤浦镇浦江西路2号	2006	船用环保类、船用阀门类产品
象山鹤浦郑氏船舶辅机厂	象山县鹤浦镇大闸西路1号	2003	船用液压舵机锚机及配电装置
象山鹤浦伟松船舶机械厂	象山县鹤浦镇竹厂内	1999	船用机械加工
象山县锦财水泵制造厂	象山县高塘岛乡工业区	2002	水泵、机械配件加工
宁波四海船舶设备有限公司	象山县墙头镇西沪港路86号	2004	船舶舾装件
宁波瑞德森船用泵制造公司	宁波市兴宁路280弄25号星辰明珠907 象山县黄避岙谢家村	2009	船用泵制造及销售
宁波万博焊接材料有限公司	象山县墙头镇西沪港路86号	2007	陶瓷焊接衬垫制造、加工
象山春洋盘船舶舾装设备厂	象山县墙头镇亭溪山根俞	2004	船配机械制造、加工
宁波文明船舶设备有限公司	象山县鹤浦镇	2010	船用设备制造
象山县石浦船用机械厂	象山县石浦镇兴港工业区	1988	农林牧渔机械配件制造
象山县金宇船舶机械配件有限公司	象山县石浦镇曙光路东侧	2008	船用机械、设备制造、加工
象山县石浦海顺船用辅助机制造厂	象山县石浦镇凤栖工业区	2006	船用设备加工

续上表

企业名称	地址	成立年份	主营产品
象山县石浦显兵管道加工厂	浙江神州船业有限公司内	2009	管道加工、安装服务
象山县石浦华实船用配件铸造厂	象山县石浦镇大庆路180号	2009	船用配件翻砂加工
象山船舶机械电器厂	象山县石浦镇兰家村	1995	机械电器制造加工
象山县石浦星语船舶消防设备厂	象山县石浦镇五星公路山洞口	2009	消防设备加工、检修、安装、销售;救生设备检修
宁波东升船用设备有限公司	象山县石浦镇兴港路94号	2009	船用设备、船用电器制造、维修
象山县恒安救生筏检修站	象山县石浦镇天门路44号	2004	救生筏修理、救生设备出售
宁波洋普船舶动力设备有限公司	象山县石浦镇海鲜街7号楼北端	2008	船舶柴油机制造
浙江阳光神洲气体有限公司	象山县石浦镇打鼓屿造船基地	2005	储存气体和压缩气体
宁波三安制阀有限公司	象山县工业园区丹霞路80号	2005	气瓶消防天然气等阀门系列
宁波振华电器有限公司	象山县西周镇嵩溪路	1992	窗帘轨道系列、救生产品制造

第二章　车辆修造

解放前,象山仅有少数自行车行,修理自行车、人力车。1968年,县搬运站自制5辆机动板车,8.8千瓦,每辆装载1.5吨,其中前驱动3辆,后驱动2辆。20世纪80年代始,随车辆剧增,汽车修造业兴起。1988年,全县汽车修理业40家,汽车零部件制造业仅10家。2010年,车辆修理类200余家,其中二类以上资质汽修厂27家;汽车及零部件制造业近百家,其中规模型企业38家。

第一节　车辆及零部件制造

20世纪70年代,象山县机械厂,会同县第一汽车配件厂、县农机具厂、浙江农业大学农机系联合研制船型拖拉机。1975年工农12型拖拉机通过省级鉴定,投入批量生产,获省机械局荣誉奖。1980年改进研制东方红12型拖拉机,参加联合国工业发展组织举办的农机工业交流会,获省科技成果二等奖。1983年县通用机械厂(县农机具厂)生产东方红15型拖拉机,获省科技进步三等奖。1993年,象山焊接衬垫厂研制JN型陶质焊接衬垫,产品填补省内空白。浙江三浪工业股份有限公司1996年研制的汽车底盘集中润滑系统、机械集中润滑系统、车轫件刹车间隙自动调整臂及倒车自动记录仪等车轫智能化系列产品和2006年研制的高压油脂工程机械润滑系统,分获广大客车制造企业好评与国家专利局颁"国内实用型专利产品"。2008年10月,在为期3天的"2008宁波国际产业文化节暨汽车零部件(用品)进出口交易会"上,象山县华翔、长城玉士、合力、同家、三浪等18家汽车零部件龙头企业亮相。

华翔集团自主研制的胡桃木汽车内饰件填补国内产品空白,达到世界领先水平;“合力”开发的刹车间隙自动调整臂获国家专利,已替代进口产品,成为国家各大汽车厂长期定点配套产品,并畅销国外市场;“三浪”生产的底盘集中润滑系统荣获国家重点新产品称号,顺利成为行业标准制定者,引领市场。展品品种丰富、技术先进,受到来自美国、泰国、乌克兰、印度等众多境外商客青睐。

象山县缸垫厂　集体所有制企业。址设丹城镇城西路29号,原名县铁工厂,1951年创办,生产铁制小农、渔具。1968年转产汽车配件——汽缸垫,主要产品有“解放”、“跃进”、“浙江HZ-140”铜质石棉缸垫。1972年改名县第二汽车配件厂,专业生产国内外各类汽车发动机气垫盖衬垫,进排气歧管衬垫及密封垫,各类摩托车缸垫。其产品系列广泛,辐射“东风”、“解放”、“跃进”、“重型”、“轻型”、“微型”、“轿车”系列各种汽油、柴油发动机,品种达50个以上。1975年成功研制第二代产品——橡胶玻璃丝布气缸垫。1979年10月成功研制第三代产品——平钢片增强石棉板加强型气缸垫。其材质、结构、工艺、技术性能之独特,列居全国同类产品之首,具有国内先进水平,尤其在防粘缸性能方面还超过英国柯普斯产品。1980年3月,象牌EQ140气缸垫跻身“二汽”装机配套市场。1982年被“二汽”誉为“信得过配套产品”。翌年获省优质产品奖和省优秀科技成果三等奖。1985年始,连续近10年又被东风汽车工业联营公司评为“质量信得过配套产品”。1992年,YC6105QA气缸垫评为宁波市优质产品。1995年LZ6105QB气缸垫通过市级技术鉴定,质量国内领先,被国家科委评为“95年度国家级产品”。

1983年定名象山县缸垫厂。1989年末,职工319人,其中技术人员11名,职工平均技术等级5级。厂区占地6713平方米,建筑面积10151平方米,固定资产185万元。同年,生产各类气缸垫126.18万件(套),总产值701.46万元,利润55.13万元。20世纪90年代末,企业转制,不久解体。

象山申达轿车配件厂　民营企业。前身为象山建工机械厂,隶二轻工业局,1997年企业转制,集体改私营,址迁县城东郊新凉亭,称现名。占地17316平方米,建筑面积15000平方米,总投资3000万元。注册资金500万元,法人代表柴常国,员工118人,其中科技人员15名。

拥有各类生产、检测设备120余台(套),系上海汽车股份有限公司、上海汽车齿轮总厂、中国一汽集团定点生产轿车零部件的专业厂家,主导产品有汽车同步器总成、差速器总成、操纵机总成、桑塔纳换挡导板、CA7220小红旗轿车上下支架等50余种。1997年评为桑塔纳轿车配套产品A级资质单位。同年始,先后被誉为“象山县先进企业”、“县重点骨干企业”、“县科技型中小企业”、“县潜力型企业”。1998年通过ISO9002国际标准质量体系认证。2000年获德国莱茵公司VDA6.1、QS9000及1909001—2000三项国际认证。2005年,成功研制新材料同步器,其同步速度不但优于原铜质同步器,且成本降低近一半,产品填补国内空白,获国家发明专利。2006年研制的新产品——制动器,为广泛应用于油田钻井的重要设备,是年成为大庆油田该设备供应商。2007年,产值5000万元,利润300万元,纳税200万元。2010年,联合西北工业大学自主研发的高铁受电弓碳滑进入试验阶段,该新产品的开发,将打破德、法、日等发达国家在高铁受电弓项目上的技术垄断。同年产值2320万元,利润205万元。

宁波春华汽配有限公司　民营股份制企业。前身为西周铁业社,1966年创办,后改名象山县西周农机汽车配件厂,隶县工业交通手工业局,产品除农机具外,有"钱江"牌汽车缸套、雨刮器、开关、门锁等,年产值百万元以上。1969年5月改称象山县汽车配件厂,址设西周田洋庙。1970年易名象山县第一汽车配件厂,职工164人。1973年企业性质升为县属大集体。1981年附设象山食品设备制造厂,两块牌子、一套班子,职工增至299人。1995年企业转制,改现名。址设西周镇工业园区,占地50000平方米,车间、办公楼建筑面积30000平方米,固定资产8000余万元。法人代表张德华,注册资金316.8万元,员工300余人,其中专业技术人员30余名。

主要产品有车用水箱、油箱、消声器、储气筒、管路、发动机水泵、机油尺、中冷器、门扶手等,系"一汽"、"东风"、"潍柴"、"大柴"、"宇通客车"、"金龙客车"、"济南重汽"等国内知名汽车制造厂商的定点配套产品。1999年通过ISO9000国际质量标准体系认证。2007年产值1000万元,纳税50万元。2008年通过TSI6949质量体系认证,并获"省高新技术企业"。2010年产值1055万元,亏损60万元。

三浪集团股份有限公司　民营股份制企业。旗下有宁波市三浪润滑元件有限公司、宁波三浪机械部件有限公司、宁波三浪电子有限公司、上海三浪车辆部件有限公司、上海三浪立杰通信科技有限公司等5家子公司,其中三浪润滑元件有限公司下设宁波三浪环球车辆部件有限公司。总部位象山县工业园区蓬莱路309号,占地5.5万平方米,建筑面积4万平方米,总资产2.5亿元,法人代表黄德贤。主营汽车底盘集中润滑、工程机械润滑、自动调整臂、气压盘式制动器,汽车电子等产品。员工400余人,其中专业技术人员80余人,内含高级工程师3人。年产值超亿元。

前身乃晓塘乡社办企业。1954年,黄德兴、唐加夫、陈兆宁等组成晓塘工业木业社,址设九龙江畔励家坪杨大人庙,下设木业、桶业、篾业小组,后增打铁,翻砂业,称晓塘乡农机厂。翌年,始生产机械集中润滑自动装置设备,厂长黄德贤。1983年易名象山润滑元件厂。1992年列入县重点骨干企业。1993年成功开发汽车底盘集中润滑系统。翌年址迁县城工业园区。1996年国家控股,称浙江三浪工业股份有限公司。1998年企业转制,国有改民营,称宁波三浪润滑元件有限公司。2001年,开发的KX-1、KFU2-40汽车底盘润滑系统评为国家级重点新产品,获中国城市客车最佳零部件奖,为"郑州宇通"、"厦门金龙"、"桂林大宇"、"上海申沃"等汽车生产商定点产品。同期研发的自控平衡式荷阀、油脂润滑多功能控制阀、润滑系统定量阀获国家知识产权局颁专利产品证书。同年通过ISO9000国际质量体系认证,并获"宁波市高新技术企业"。2003年省科技厅命名"省高新技术企业"。2006年,研发的高压油脂工程机械润滑系统,获国家专利局颁"实用新型专利产品"。是年,被市科技局定为"省级高新技术研究中心"。2007年荐为"象山县强势型培育企业",并分获德国DQS颁ISO9001:2000、ISO/TS16949:2002质量体系认证。2008年誉为"象山县强势型企业"。2010年12月22日企业升级,称三浪集团股份有限公司。

宁波合力集团股份有限公司　民营股份制企业。原称象山模型厂。1988年创办,址设丹西靖南路44号。1994年10月,与日本铃木金属株式会社合资成立宁波合力模具有限公司。1996年,调整产业结构、扩大经营范围,更名宁波合力机械有限公司。2001年资产重组,改称宁波合力工业股份有限公司。2005年企业发展壮大,定名宁波合力集团股份有限公司,成全国最大模具生产企业。旗下有宁波合力模具有限公司、宁波合力机械有限公司、宁波合力汽车零部件有限公司、宁波曼切斯体育用品有限公司、宁波博力汽车零部件有限公司、宁波合具液压泵有限公司6家子公司。址迁县工业园区蓬莱路307号,占地21.3万平方米,建筑面积7万平方米,总资产4.26亿元。员工700余人,其中专业技术人员百余名。

拥有五轴加工中心、大型卧式加工中心、大型四轴联动镗铣加工中心、车削中心及微机工作站,置400吨合模机、三坐标激光扫描检测仪等先进软硬件设备500余台、套,产品覆盖模具、机械、体育用品、汽车零部件、液压泵等系列。其中刹车间隙自动调整臂获国家实用型专利,与储能弹簧制动室、传动轴、制冷系统等汽车零部件,同为"北汽福田"、"北方奔驰"、"江淮汽车"、"厦门金龙"、"郑州宇通"、"东风杭汽"等汽车制造厂商的配套产品。部分产品出口东南亚诸国。汽车发动机缸体、缸盖、进气歧管等零部件模具,获"一汽"、"二汽"、"上汽"、"东风本田"、"陕西国铸"等众多铸造厂家好评。为"沈阳三菱"研制的4G6发动机进气歧管模具,被中国模具协会评为"具有国际水平模具"。

2000年通过ISO9001质量体系认证。同年6月宁波市科委授"CAD应用工程重点推广企业"。2002年市科技局授"市高新技术企业"。2004年省科技厅授"省高新技术企业"。2005年获县外贸出口"明星"企业。2007—2008年连续二年评为"象山县强势型企业"。2007年总产值3亿元。2010年,与台信(福州)汽车工业有限公司、英国TI-TANS RICH公司合作,建立汽车制动器及零部件生产基地,研发新的制动系统产品。同年,旗下合力汽车零部件有限公司产值2388万元,利润583万元;博力汽车零部件有限公司产值3451万元,利润157万元。

象山民华汽车机械配件有限公司　民营企业。原称宁波高润汽车泵制造有限公司,1986年创建,2002年改现名。址设县工业园区蓬莱路308号,占地18381平方米,注册资金400万元,员工160余人。

生产汽车泵阀类,高压软管类等零部件,为"东汽"、"一汽"、"东风康明斯"、"沈阳金杯"、"上海万丰"等14家汽车制造商提供配套产品。其成功研制的小汽车转向叶片泵攻克设计上技术核心难题,可替代进口产品,结束长期被国外垄断局面。2002年评为国内"质量过硬信誉品牌"产品。2003年8月,经国家级专家鉴定其技术性能可与德国、日本等国外同类产品媲美,领先国内水平。同年始,先后获"象山县科技型企业"、"象山县潜力型工业企业"。2007年,产值4320万元,创利450万元,纳税128万元。

宁波长城玉士集团有限公司　民营股份制企业。前身为宁波长城汽车塑料装潢有限公司,1994年创建,2003年5月改现名。址设象山县工业园区沿区路38号,占地21925平方米,建筑面积14703平方米,总资产2.2亿元,注册资金6800万元,员工455人。下设宁波英德利汽配实业有限公司、宁波长城汽车部件发展有限公司、宁波玉士汽车内饰件有限公司、吉林驰德利电大有限公司、长春长城汽车部件公司、上海索而聚实业有限公司6家子公司。

产品有汽车内外饰件、复合装潢面料、汽车专用电线、电子线、民用线、汽车线束总成、汽车座椅、汽车门里板、汽车顶棚、继电器、塑件、护套等"玉士"品牌。曾先后誉为"象山县实力型企业"、"浙江省光彩之星企业"、"省质量管理先进企业"。2007年获"象山经济开发区十强企业"。同年末,产值1.3亿元,创利425万元,纳税143万元。2010年产值2亿元,利润331万元。

宁波天安汽车零部件有限公司　民营企业，址设丹城天安路236号，占地20000平方米。隶宁波天安集团有限公司，2004年建，生产汽车线束保护、紧固类塑料零部件、塑料波纹管。注册资金500万元，员工132名，其中专业技术人员20余名。

拥有"海天"、"震雄"等名牌注塑机数十台，美国进口全自动波纹管生产线，VG、PRO/E、CATIA等专业设计软件。先后通过ISO9001：2000、QS9000及ISO14000质量体系认证。2007年产值3500万元，创利300万元。2010年产值2751万元，利润580万元。

宁波华翔集团股份有限公司　民营股份制企业，址设象山县西周镇工业园区。占地79.92万平方米，建筑面积79.2万平方米，主汽车工业、兼投资、科技、贸易业等。旗下有宁波华翔电子股份有限公司、辽宁铁岭陆平机器有限责任公司、江西新余华翔橡塑有限公司、宁波利全模具有限公司、宁波玛克特汽车饰件有限公司、宁波劳伦斯汽车内饰件有限公司、宁波安通林华翔汽车零部件有限公司、宁波华众塑料制品有限公司等10余家子公司。总资产59.6亿元，从业人员万余名，董事长周辞美。

前身为象山县邮电器械厂，1980年创办，属街道小工厂，厂房25平方米，设备2台注塑机，女工10余名，资产近万元，次年亏损5000元。1984年7月，更名宁波邮电器材厂，厂长周辞美。1988年9月，与香港宁兴开发有限公司合作，成立中外合资宁波华翔电子有限公司。合资期满后，香港宁兴股权转让上海康丰实业发展有限公司。不久改称宁波华翔电子股份有限公司，下设多家子公司，分布宁波、上海、长春等地，且在美国、德国设办事处。1993年5月，投资400万元，与上海汽车空调器厂、北蔡镇政府，共建上海华新汽车橡塑制品公司，成最大股东。同年9月，组建中外合资宁波华众塑料制品有限公司。1994年8月成立宁波华翔集团公司。1995年8月，兼并象山冷藏公司，设"宁波九洲食品有限公司"。是年，"华翔集团"转制，改称宁波华翔集团股份有限公司。

1996年与"一汽"联合创办长春华腾汽车配件有限公司。2000年收购辽宁铁岭陆平机器厂，易名辽宁陆平机器股份有限公司。2002年，兼并江西工程塑料厂，成立江西新余华翔橡塑件有限公司。2004年，参股国内著名皮卡车制造商——河北中兴汽车厂，汽车制造始由零部件向整车业转移。同年10月，通过股权置换，退出中兴，收购、控股江西富奇汽车总厂，投资15亿元成立江西华翔富奇汽车有限公司，成功生产首辆华翔富奇汽车。不久，华翔富奇6500越野车，华翔驭虎FQ6510越野车、华翔富奇FQ1022皮卡车分别出口俄罗斯、意大利、叙利亚等7国。2005年6月，华翔电子在深圳证券交易所挂牌上市，成县内首家上市工业企业。2006年，先后兼并辽宁本溪北方曲轴厂、长春轿车消声器厂，汽配产品由非金属部件向金属部件延伸。2007年1月，出资340万英镑（约合5195万元人民币）并购英国劳伦斯汽车内饰件有限公司，成立宁波劳伦斯汽车内饰件有限公司，厂址迁象山西周华翔汽配城，下半年即予投产。同年8月，与德国DZZ公司共同投资100万美元，在西周设合资公司，研发车载导航、蓝牙通信、多媒体娱乐、行车电脑、远程诊断等高端汽车电子产品。11月，又与全球最大汽车内饰件及顶篷生产商之一的西班牙安通林合资，成立宁波安通林华翔汽车零部件有限公司，生产汽车门板总成、立柱等零部件。12月，以4.9亿元认购富奥汽车零部件股份有限公司49%股份，联姻一汽集团，拓展汽车零部件配套产品业务。同年末，转让华翔富奇汽车有限公司。2008年始，旗下宁波玛克特汽车饰件有限公司打造的胡桃木饰件产品供不应求，成上海大众、上海通用、一汽大众及北美通用等主流汽车厂供货商，月产值上千万元。同年,旗下辽宁陆平机器改装车产值从不足1亿元飙升至10亿元,创利1.55亿元,成全国著名现代化特种车辆生产基地。2009年,公司实现销售48.7亿元,其中象山本部27.6亿元,纳税1.1亿元,成象山首家税收上亿元工业企业。2010年,旗下劳伦斯汽车内饰件公司以1亿元人民币收购英国捷豹路虎真木工厂,并借机揽得大额订单。

1997年8月,通过ISO9000质量管理体系认证。1999年通过国际汽车制造先进标准QS9000(美国)和VDA6.1(德国)认证。2000年10月通过国家"863"计划CIMS工程验收、鉴定。2003年4月通过TS/16949认证。从整体上实现标准化管理,先后获国家级大型企业、宁波市重点培育的18家大企业集团之一、中国民营企业500强、世界汽配行业500强、中国优秀民营企业、浙江省百强民营企业等荣誉。2009年10月,旗下宁波玛克特汽车饰件有限公司列入国家级高新技术企业。至2010年,集团更专注于汽车零部件业务、新开发产品多达600余个,其中汽车发动机进气歧管、碳纤维内饰件、装饰铝内饰表面加饰等10余项技术达到国际先进水平。

2010年末象山县规模型汽车配件企业见表5-2-1。

2010年末象山县规模型汽车配件企业一览(单位:万元)　　表5-2-1

企业名称	地址	成立年份	主营业务范围	产值	利润	税金及附加
象山丹城胜利机电厂	象山县工业园区百花路66号	1993	专业生产各种汽车内饰件机械五金配件和机电产品	1078	138	7
宁波天安汽车零部件有限公司	象山县丹东街道天安路236号	2004	汽车零部件制造、加工	2751	580	26
宁波宝鑫铁路信号设备制造有限公司	象山县丹东街道陆家村	2001	电力成套设备;冶金电器;铁路信号产品;公路信号产品;汽车配件	3899	267	29
宁波博力汽车零部件有限公司	象山县工业园区北首西谷路358号	2006	汽车配件加工	3451	157	14
宁波合力汽车零部件有限公司	象山县工业园区蓬莱路307号	2005	汽车配件加工	2388	583	40
宁波立强机械有限公司	象山经济开发区滨海工业园海泰路50号	1988	机电、机械制造、模具、汽车、汽配、船舶、厨具等	1777	-3	13
象山县立新机械厂	象山县石浦镇半岭路	1996	汽车内饰配件	1804	185	10
宁波海纳机械有限公司	象山县西周工业园区	2004	汽车配件及机械配件制造	1477	-62	3
宁波玛克特汽车饰件有限公司	象山县西周工业园区	2002	汽车木质饰件的研发	30402	5077	25
宁波华翔汽车饰件有限公司	象山县西周工业园区	2003	汽车零部件涂装业务	24564	420	13

续上表

企业名称	地址	成立年份	主营业务范围	产值	利润	税金及附加
宁波诗兰姆汽车零部件有限公司	象山县西周工业园区	2001	汽车零部件	24428	4289	27
宁波华峰橡塑件有限公司	象山县西周镇弘瀛村鑫港路43号	1999	汽车空调器零部件、汽车发动机隔音件制造	1293	494	12
象山华泰模塑电器有限公司	象山县西周镇下沈关山村	2001	汽车配件生产	5163	279	25
象山华杰塑业有限公司	象山县西周镇下沈村港东路237号	2002	汽车零部件的塑料制品	2945	155	12
宁波华飞塑业有限公司	象山县西周象西工业园区港东路33号	2000	轿车内部塑料零件制造	1564	291	15
象山昌泰橡塑件有限公司	象山县西周镇琴诗岙村	2002	橡塑制品、橡胶制品、五金、胶木、电器制造、加工	238	-57	2
宁波华翔电子股份有限公司	象山县西周镇象西工业园区	1988	汽车零部件制造	131546	8199	93
宁波胜维德赫华翔汽车镜有限公司	象山县西周镇工业园区	2007	汽车后视镜系统、加油小门盖及其他汽车工业用的零部件	19439	118	23
宁波恒富汽车部件发展有限公司	象山县西周镇工业园区	2003	汽车零部件的塑料制品	9685	767	32
宁波华众塑料制品有限公司	象山西周镇镇安卢104号	1993	精密模具及汽车内外饰件、发动机零部件等	109031	6288	104
宁波春华汽配有限责任公司	象山县西周镇工业园区	1993	汽车零部件制造	1055	-60	3
宁波劳伦斯汽车内饰件有限公司	象山县西周镇工业园区	2004	汽车的内饰件的生产销售	9770	1023	8
象山天星汽配有限责任公司	象山县西周镇工业园区鑫港路13号	1996	汽车塑料件产品及注塑模具设计、制造	3166	344	20
象山华鹰塑料工程有限公司	象山县西周镇工业园区	2002	汽车零部件加工	3896	97	15
象山博宇汽车模塑制造有限公司	象山县西周镇象西工业园区	1998	汽车塑料配件加工	2553	717	17
宁波金山谷电子有限公司	象山县西周镇象西工业园区	2003	汽车配件加工	719	80	27
象山松亚汽车模塑有限公司	象山县西周镇工业园区	2000	汽车配件制造	1647	159	3

续上表

企业名称	地址	成立年份	主营业务范围	产值	利润	税金及附加
象山永欣橡塑有限公司	象山县西周镇工业园区	2003	汽车配件加工	2013	182	12
宁波运生工贸有限公司	象山县墙头镇墙头村	2003	汽车零部件加工	4015	173	27
浙江长城玉士集团有限公司	象山县工业园区沿区路38号	2003	汽车零部件加工	20044	331	100
宁波长城汽车部件发展有限公司	象山县丹西街道新丰路工业园区18号	1994	汽车内、外饰件,复合面料,汽车塑料零部件,汽车专用电线,汽车线束总成等	3611	66	21
象山申达轿车配件厂	象山大徐镇新凉亭工业开发区	1987	汽车零部件加工	2320	205	15
宁波三浪环球车辆部件有限公司	象山县工业园区蓬莱路309号	2003	汽车润滑装置制造	8990	936	21
象山恒峰汽车零部件有限公司	象山县工业园区26号	2005	汽车配件制造	2581	318	8
宁波行地汽车电器有限公司	象山县黄避岙乡龙屿	2000	汽车配件制造	827	56	3
宁波宏凯汽车部件发展有限公司	象山县东陈乡沙岗村工业开发区	2002	汽车零部件制造、家电电器零配件制造	6001	311	12
宁波山海橡塑有限公司	象山县滨海工业园区中小企业创业基地8号楼	2007	汽车装潢内饰用品	4342	109	21
宁波赛德森减振系统有限公司	象山县工业园区西谷路321号	2002	汽车振减器加工	12430	1175	27

第二节 车辆维修

1975年1月,由县交通局筹建"象山县交通局汽车修配厂",同年3月,成立县汽车修配厂,由二、三级保养至大修。1989年末,全县有汽车修理厂39家,其中县汽车修配厂能承担大修任务,汽车补胎充气业户8家,摩托车修理业户13家,简易机动车、拖拉机维修点55个(表5-2-2)。进入21世纪,私家车剧增,车辆维修行业逐渐兴盛。2010年末,全县有一类汽修厂13家、二类14家,汽车、摩托车专项维修、保养等三类业户193家。

1989年汽车修理行业一览　　表5-2-2

单位名称	性质	经营方式	准许经营级别	地址
象山县汽车修配厂	集体	营业	汽车大修	丹城东门外
县第一运输公司汽车保养场	集体	兼营	汽车三保	丹城东门
县供销社汽车保养场	集体	营业	汽车三保	丹城建设东路
丹城农机站汽车保养场	镇办	兼营	汽车三保	丹城南河路
县汽车客运公司	集体	自修	汽车三保	丹城东门外
县公路段汽车保养场	全民	营业	汽车三保	丹城城西路
石油公司车队修理组	全民	自修	汽车二保	丹城东门外油库
物资局车队修理组	全民	营业	汽车二保	丹城城西路
县水利经营综合公司车队	全民	自营	汽车一保	丹城新华路
县食品公司车队修理组	全民	营业	汽车二保	丹城东门外
粮食局车队修理组	全民	自修	汽车三保	丹城城西路
省水利机具站汽车修理站	全民	营业	汽车二保	丹城新华路
食品冷冻厂车队修理组	全民	自修	汽车二保	西周镇南
第二运输公司汽车修理组	集体	兼营	汽车三保	石浦沿港中路
水产公司车队修理组	全民	自修	汽车二保	石浦沿港南路
化肥厂车队修理组	全民	自修	汽车一保	石浦番头
营口汽车修理店	私营	营业	汽车一保	丹城城西路
钟礼芳汽车修理店	私营	营业	电器专项	丹城城西路
郑万玉汽车修理店	私营	营业	汽车二保	墙头镇
石浦汽车保养场	联户	营业	汽车三保	石浦邬家凤凰桥
安顺汽车修理店	私营	营业	汽车二保	丹城西门
机动车辆修理店	私营	营业	汽车二保	丹城起春新村
金马汽车保养场	镇办	营业	汽车三保	石浦中央塘
长途汽车运输公司车队	全民	兼营	汽车三保	丹城西门
4819工厂运输科修理组	全民	兼营	汽车三保	莲花淡港门
公安局消防中队警人服务部	集体	营业	汽车一保	丹城东谷湖
丹保汽车修理店	私营	营业	汽车一保	丹城新华路
象山综合汽车修理所	镇办	营业	汽车二保	丹城西门外
城郊汽车修理店	私营	营业	汽车二保	丹城城西路
丹峰汽车保养场	镇办	营业	汽车三保	丹城南河路
爵溪汽车修理店	私营	营业	汽车二保	爵溪新马路
新桥汽车修理店	联户	营业	汽车二保	新桥街
下沈汽车修理店	私营	营业	汽车一保	下沈
石浦塘头港汽车修理店	私营	营业	汽车一保	石浦塘头港
象山港南汽车修理店	私营	营业	汽车一保	定塘镇
西泽汽车修理店	私营	营业	汽车二保	贤庠镇西泽
西周汽车修理店	私营	营业	汽车二保	西周镇
象山特约汽车修理店	私营	营业	小修	墙头镇舫前
象山速达汽车修理店	私营	营业	汽车二保	石浦塘头港

象山县汽车修理总厂

集体所有制企业。1975年1月筹建,址设丹城镇宾阳路2号,称县交通局汽车修配厂。同年3月,正式成立"象山县汽车修配厂",时为象山唯一汽车大修厂。1989年职工104人,其中临时工14人,固定资产58万元,占地5150平方米,建筑面积2113平方米,工业总产值211.19万元,创利19.86万元。全年修理汽车:大修107辆,三保120辆,二保114辆,小修5000辆。

1985年1月,增设汽车配件公司。1987年7月,增设宁波机械设备工具厂,后改名为宁波巨力机械设备工具厂,生产"巨力牌"射钉工具器,能利用火药爆炸所产生的高压推进力,将射钉钉入钢板、混凝土等坚实砖墙或其他施工建筑构件内。A型射钉工具器于1988年获宁波市科技成果四等奖、浙江省科技成果四等奖,1989年获全国星火计划成果、适用技术展览交易会金奖。1989年产3000台。

1989年初,宁波航海电器设备厂并入,设航电车间。年产值35.18万元,创利1.74万元。1996年底更名县汽车修理总厂,下属宁波巨力机械设备厂、宁波航海电器设备厂、县汽车大修厂、县汽车配件公司。

1998年7月,职工88人,退休5人,总资产533万元,净资产值178万元。同年末,企业转制,被县公路运输总公司兼并,更名宾阳汽修厂。后因总公司转制,于2002年职工一次性安置后解体歇业。

县华电汽车维修厂

民营独资企业。址设丹东街道建设路230号,旧称县供销联社汽车保养场,1980年5月建。1997年,企业转制,翌年底更现名。

经改造,占地1100平方米,厂房面积400平方米,停车场600平方米,配施救车2辆,固定资产100余万元。主营各类进口、国产轿车维修,年修车600余辆次,汽修二类资质。

2006年,员工15名,其中修理工13名。2008年,修车3954辆,产值75.82万元。2009年底歇业。

县公运公司石浦汽车修理厂

民营股份企业。1982年5月成立,址设石浦镇五爱村,旧称石浦车站汽修厂。1999年,国有转民营,更现名。2002年石浦汽车东站建成迁入,占地2450平方米,建筑面积1815平方米,停车场450平方米,年修车1000余辆次,汽修二类资质。2007年,获市"二星级"维修企业,为县机动车维修行业协会理事单位。2010年,员工17名,含中、高级修理工13名。

象山安顺汽车修理厂

民营独资企业。1987年2月成立,址设丹城丰茂路59号,占地660平方米,建筑面积380平方米,停车场250平方米,总投资50万元,汽修二类资质,产值15万元。2006年,员工15名,含中、高级以上修理工12名。2008年修车1675辆次,产值54.58万元。为县机动车维修行业协会第一、第二届常务理事单位。2010年,址迁县工业园区园中路22号。

象山丹峰之星汽车维修服务有限公司

民营股份制企业。1987年5月成立,时称丹峰汽车修配公司,主营汽车销售、维修、配件供应。1996年改称宁波丹峰工贸有限责任公司,址设丹西街道蓬莱路98号,占地6000余平方米，建筑面积4000余平方米，其中汽车展厅1000余平方米。汽修一类资质。拥有电脑解码仪、四轮定位仪、车身校正仪、四柱举升机、车辆外壳整形机、电脑调漆设备、大型烤漆房等设备，施救车4辆。

2000年，修车15000辆次，产值650万元。2006年，修车21500辆次，产值900万元。同年末，固定资产1163万元，员工106人，其中含技师专业技工52人。

20世纪末，获县首轮车辆维修定点单位。同期，获全国汽车维修行业优质服务活动优胜奖。2001—2002年，连续评为宁波市行业优秀单位。2003—2005年，连获市"规范维修、诚信服务"优秀示范称号。2003—2006年，连续4年获县消协"消费者信得过单位"。2005—2006年，获县"保险事故车辆推荐修理厂"。2006年4月，获县物价局"价格诚信先进单位"。同年始，连续三年被评为市维修行业"四星级企业"。2007年7月，汽车维修划归县丹峰汽车运输有限公司，称丹峰汽车运输有限公司大修厂。2010年，更名象山丹峰之星汽车维修服务有限公司，址迁蓬莱路308号。同年末，员工80人。

县公路运输公司汽车大修厂

股份制企业。1987年5月成立，址设丹西街道城西路87号，占地4500平方米，建筑面积1850平方米，汽修一类资质。2005年，被中国国际保护消费者权益促进会评为消费者公认"诚信示范单位"。2006年，固定资产值520万元，员工40人，其中中高级以上修理工22人。至2008年，连续三年获市"三星级"维修企业。2010年末，员工58人，年修车10543辆次，产值365.26万元。

石浦鑫新汽车维修厂

原称石浦汽车保养场，1987年5月成立，址设石浦镇凤栖路。1996年，村办转民营独资企业。占地1000平方米，厂房面积300平方米，总投资60万元。年修车1000余辆次，产值80万元，利税15万元。汽修二类资质。2001年，配合县内到期"面的"更新神龙富康轿车，与武汉、宁波厂商协作，设境内新车免保、索赔、维修唯一网点。2008年，员工13人，修车1351辆次，产值36.68万元。县机动车维修行业协会第一、二届理事单位。2010年9月改现名，员工14名，含中、高级修理工6名。

象山海申机电总厂船舶工程部

全民所有制企业。1987年5月成立，时称海申机电总厂汽车大修厂，隶驻象海军某部。主内部自修，址设西周镇谈港，占地1500平方米，建筑面积900平方米，固定资产原值69.86万元，汽修一类资质。2007年更现名，为县机动车维修行业协会首届副会长单位，第二届常务理事单位。2010年，职工25名，含21名中、高级以上修理工。

象山永升汽车维修有限公司

民营独资企业。址设丹西街道象山港西路，占地2925平方米，建筑面积2600平方米，固定资产580万元。年修车5500辆，产值300万元，利税16万元。员工30名，其中技师1名，高级工11名，中级工12名。汽修二类资质。

1990年，投资2万元，经营县大目涂汽车修理厂，首家维修进口轿车；1993年，投资3万元，营县消防汽车修理厂；1997年，投资20万元，营丹城西谷湖轿车修理厂；1998年，投资50万元，营县四八一九工厂海申汽车大修厂丹城分厂；2001年，投资250万元，创办县海升汽车维修中心。2004年更现名。

2006年,获县车辆维修定点单位、市维修行业"二星级"企业。2008年,获市"四星级"维修企业,修车2590辆,产值144.91万元。为县机动车维修行业协会首届常务理事单位,第二届副会长单位。2010年10月转产歇业。

贤庠镇佳能汽车修理厂

民营独资企业。1992年6月成立,址位贤庠镇锦泰路121号,占地1000平方米,建筑面积700余平方米,停车场300平方米,绿化50平方米,总投资120万元,汽修二类资质。年修车1400辆次,产值100万元,利税8.5万元。2007—2008年,获市"二星级"维修企业。为县机动车维修行业协会首届理事单位,第二届常务理事单位。2010年末,员工13名,含中、高级修理工10名。

定塘兴达汽车修理厂

民营独资企业。1993年4月成立,址设定塘镇峰北路工业区,占地1000平方米,建筑面积370平方米,固定资产12万元,汽修二类资质。年均修车480辆次。2006年,员工12名,含中、高级汽修工7名。2008年,员工15人,修车858辆次,产值41.23万元。2009年3月歇业。

县乐业汽车维修有限公司

民营股份制企业。1994年8月成立,原称乐业汽车大修厂。2006年9月,址迁县工业园区山河西路498号,占地1533平方米,建筑面积2871平方米,其中修理车间1971平方米,仓库800平方米,客户休息室100平方米。停车场3000平方米。总投资1500万元,汽修一类资质。

历年均系县汽修行业定点单位。2003年,为象山团队获市汽修工技能赛团体一等奖主要成员单位;2004年系市团体第二名成员单位;同年,获县"诚信企业"。2006年,夺市"华晨杯"汽修赛第1名。同年末,汽修工60名,其中中、高级技工34名,技师4名。至2008年,连续三年获市"三星级"维修企业。2010年末,员工60人,年修车12147辆次,产值288.73万元。同年获市"汽车维修服务质量规范"达标单位,并连续两届被县机动车维修行业协会推选为常务理事单位。

象山宏伟工贸有限公司

民营企业,1995年5月成立,旧称丹城宏伟汽车修配厂。2002年2月,择址县工业园区西谷路315号,动建新厂房。占地13300平方米,办公、生产等房建筑面积4000余平方米,停车场600平方米,厂区绿化1000平方米,总投资800余万元,注册资金168万元。翌年10月迁入,改现名。拥有标准烤漆房、电脑解码器、四轮定位仪、大梁校正机、自动扒胎机、事故施救车等,使用客户电脑记档,汽修一类资质。

2005年,获市"规范维修、诚信服务"优秀示范企业,2006年,获市"二星级"维修企业。2007—2008年,获市"三星级"维修企业。2010年末,员工46人,其中专业技师2人,高级修理工10人,质检员5人。年修车7679辆次,产值296.89万元。连续两届为县机动车维修行业协会常务理事单位。

西周鹏越汽车维修厂

民营独资企业。原称下沈特约汽修厂,1997年5月成立,址设西周镇下沈迎宾路68号,占地1400平方米,建筑面积890平方米,固定资产68万元,汽修二类资质。2008年,员工12

人,修车 1244 辆次,产值 45.65 万元。县机动车维修行业协会第一、二届理事单位。2010 年 9 月改现名,员工 16 名,其中中、高级汽修工 8 名。

象山东湖轿车修理厂

民营独资企业。原称天安轿车修理厂,1998 年 3 月建,法人代表赵伟青。现址丹东街道东郊路 2 号,占地 7186 平方米,办公楼,生产车间等建筑面积 3850 平方米,停车场 1500 平方米,绿化 850 平方米。固定资产 1200 万元,汽修一类资质。

置电脑解码器、标准烤漆房、大梁校正仪、四轮定位仪、灯光检测仪、应急施救车等专业设备,年均修车 11000 辆次。2003—2004 年,获市"规范维修,诚信服务"优秀示范企业。2005 年,被省科协、企联会、商经会、企业家协会等联合评为浙江省首批"行业质量服务诚信"领先示范单位。2006 年,被中国国际保护消费者权益促进会评为"重质量,守信用"优秀示范单位。同年,汽修工 48 名,其中高级技师 1 名,技师 2 名,助理工程师 3 名,高级修理工 8 名,中级修理工 15 名,质检员 4 名,核算员 2 名。至 2008 年,连续三年获市"四星级"维修企业。是年修车 14607 辆次,产值 538 万元。2009 年,获市"汽车维修服务质量规范"达标单位。2010 年,获县内唯一省级"汽车维修服务质量规范"达标单位。继县机动车维修行业协会首届常务理事单位后,为第二届副会长单位。

县东郊云海汽车修理厂

民营独资企业。1999 年 12 月成立,址设丹东街道东郊新凉亭,占地 4000 平方米,厂房面积 1110 平方米,停车场 1500 平方米,总投资 250 万元,汽修二类资质。主修各类货车,配有 8、16、25 吨施救吊车、拖车、铲车。2006 年,员工 30 名,含中、高级修理工 21 名。2008 年 11 月,址迁大徐镇夏雨岙村外考坑,占地 1.2 万平方米,主厂房 1500 平方米,辅厂房 820 平方米,总投资 1250 余万元。同年,获市"二星级"维修企业。系县机动车维修行业协会第一、第二届常务理事单位。2010 年晋级汽修一类资质。

石浦五新汽车维修厂

民营独资企业。2000 年 1 月成立,址设石浦镇五爱村汝溪路 1 号,占地 622 平方米,建筑面积 366 平方米,总投资 52 万元。主营汽车、摩托车、拖拉机修理,年修车 162 辆次,产值 16.1 万元,汽修二类资质。县机动车维修行业协会首届理事单位,第二届常务理事单位。2008 年修车 937 辆次,产值 23.08 万元。2010 年,员工 13 名,含中、高级修理工 7 名。

县龙翔轿车修理厂

民营独资企业,2001 年 5 月成立,前称亚细亚汽修厂。址设丹西街道西谷路 86 号,占地 2333 平方米,建筑面积 1999 平方米,停车场 600 平方米。

置检测、调试、计量等维修设备 78 台(套),施救车 4 辆,固定资产值 120 万元。员工 28 名,其中专业技师 2 名,高级工 12 名,中级工 10 名,助理工程师 1 名,质检员 3 名。年修车 2650 辆次,年产值 150 万元。一类汽修资质,县汽修定点单位。

2002—2005 年,获市维修行业"规范维修,诚信服务"优秀示范企业。2006—2008 年,连续三年获市维修行业"三星级"单位。2008 年,址迁丹西乐业路 18 号,修理车间 800 平方米,停车场 700 平方米。同年末,员工 30 人,年修车 1688 辆次,产值 298.34 万元。至 2009 年,连续两届被县机动车维修行业协会推选为常务理事单位。

宁波华翔汽车销售服务有限公司

民营股份制企业。2002 年 11 月成立,址位丹东街道巨鹰路东侧,占地 12457 平方米,建筑面积4260平方米，固定资产1611万元，汽修一类资质。2006年，修车3985辆次，产值240万元，利税16.8万元。2007年，获县商贸流通服务先进单位、市“四星级”维修企业。2008年，获市“五星级”维修企业、全市4S店年度考评第一名。是年，修车6462辆次，产值450.42万元。2009年，获市“汽车维修服务质量规范”达标单位，并被县机动车维修行业协会推选为第二届副会长单位。2010年末，员工60人，含26名中、高级以上修理工。

象山华东汽贸修配有限公司

民营企业。2003年11月成立，址设爵溪街道前岙工业区，占地12000平方米，办公、生产等房建筑面积8500平方米，总投资550万元。2004—2006年，年均修车5000余辆次，产值400万元，利税37万元。汽修一类资质。2006年，员工45人，含中、高级以上修理工12人。2009年3月歇业。

象山正泰汽车修理厂

民营独资企业。2003年2月成立，址位丹西街道城西路24号。原称县粮食局车队修理厂，占地1800平方米，厂房面积500平方米，汽修二类资质。2006年，员工14名，含中、高级修理工8名。2007年12月歇业。

象山汇丰汽车修理厂

民营独资企业。2003年9月成立，址设丹西街道城西路4号，占地700平方米，厂房面积400平方米，固定资产12万元，汽修二类资质。2006年，员工12名，含中、高级以上修理工8名。2007年4月歇业。

县华吉汽车修理厂

民营独资企业。2004年9月成立，址设西周镇环城北路9号，占地1500平方米，建筑面积900平方米，总投资20万元，汽修二类资质。2006年，员工12名，含中、高级汽修工9名。2007年9月歇业。

象山元通汽修有限公司修理厂

民营独资企业。2005年5月成立，址设县工业园区钱湖路1号，占地3000余平方米，建筑面积4260余平方米，固定资产200万元，年产值250万元，利润20万元，汽修一类资质。连续两届为县机动车维修行业协会常务理事单位。2006年，获市“二星级”维修企业。2007—2008年，连获“三星级”维修企业。2010年末，员工30人，其中中、高级以上修理工24人。

鹤浦宏盛汽车修理厂

民营独资企业。2006年9月成立，址设鹤浦镇蟹厂村，占地2000平方米，建筑面积350平方米，员工12名，其中中、高级修理工8名，汽修二类资质。2007年底歇业。

象山天敏汽车修理厂

民营独资企业。2007年5月成立，址设丹西街道城西路51号，占地2299平方米，建筑面积850平方米，停车场350平方米，总投资30万元。汽修二类资质，县机动车维修行业协会第二届理事单位。2010年员工16人，其中技师1人，高级工3人，中级工9人。

石浦阳光汽车修理厂

民营独资企业。2007年9月成立，址设石浦汽车东站对面(原五爱小学)，占地1000平方米，建筑面积1200平方米，停车场150平方米，总投资40万元。汽修二类资质，县机动车维修行业协会第二届理事单位。2010年员工13人，其中技师1人，高级工2人，中级工10人。

象山裕峰汽车修理厂

民营独资企业。2008年5月成立，址设丹西街道杨家村283号，占地660平方米，建筑面积600平方米，停车场250平方米，总投资40万元。汽修二类资质，县机动车维修行业协会第二届理事单位。2010年员工14人，其中技师1人，高级工4人，中级工7人。

象山众德汽车维修有限公司

民营独资企业。2008年8月成立，址设县工业园区丹阳西路285号，占地18000平方米，建筑面积7600平方米，停车场1000平方米，汽修二类资质。县机动车维修行业协会第一、二届常务理事单位。2010年9月晋级汽修一类资质，获市“汽车维修服务质量规范”达标单位。是年，员工51名，其中高级技师4名，高级工15名。

象山石浦丹润汽车维修有限公司

民营股份制企业。2009年4月成立，址设石浦凤栖路，占地5900平方米，建筑面积3521平方米，其中主车间1958平方米、辅车间200平方米、客户休息室193平方米，停车场600平方米，总投资2000万元。汽修一类资质，县机动车维修行业协会第二届理事单位。2010年末，员工62名，其中技师3名，高级工15名。

象山新丰汽车销售服务有限公司

民营独资企业。2009年7月成立，址设县工业园区商业街东出口与新丰路交汇处，占地1500平方米，建筑面积900平方米，停车场350平方米，汽修二类资质。县机动车维修行业协会第二届常务理事单位，2010年员工14人。

象山华军汽车修理厂

民营独资企业。2009年9月成立，址设爵溪街道前岙开发区，占地12000平方米，建筑面积1691平方米，停车场250平方米，总投资210万元。汽修二类资质，县机动车维修行业协会第二届常务理事单位。2010年员工15人，其中高级技师1人，高级工5人。

象山奥通汽修服务有限公司

民营股份制企业。2010年3月成立，址设丹东街道教育园区高级技工学校内，占地1500平方米，建筑面积750平方米，客户休息室40平方米，停车场200平方米，总投资50万元。汽修二类资质，县机动车维修行业协会第二届常务理事单位，员工13人，其中技师3人，高级工5人，中级工5人。

象山宝通汽车维修有限公司

民营股份制企业。2010年8月成立，址设县工业园区丹阳路248号，占地9000平方米，建筑面积7500平方米，停车场3000平方米，总投资2500万元。汽修一类资质，员工34人，其中技师2人，高级工15人，县机动车维修行业协会第二届会员单位。

象山西周英朗汽车修理厂

民营独资企业。2010年9月成立，址设西周镇工业开发区环城北路8号，占地650平方米，建筑面积450平方米，停车场150平方米，总投资180万元。汽修二类资质，县机动车维修行业协会第二届会员单位，员工14人，其中中、高级修理工12人。

象山侨新汽车修理厂

民营独资企业。2010年9月成立，址设西周镇工业开发区环城西路，占地530平方米，建筑面积350平方米,停车场180平方米,总投资90万元。汽修二类资质,县机动车维修行业协会第二届会员单位,员工15人,其中高级技师1人,高级工5人。

2010年末县汽修二类以上资质企业,三类资质业户见表5-2-3,表5-2-4。

2010年末县汽修二类以上资质企业一览 表5-2-3

企业名称	成立年份	法人代表	企业性质	资质类型	地址
象山丹峰之星汽车服务有限公司	1987	陈世良	民营股份制	一类	丹城蓬莱路98号
象山县公路运输有限公司汽车大修厂	1987	徐安康	民营股份制	一类	丹城城西路87号
象山海申机电总厂船舶工程部	1987	杜松峰	全民	一类	象山西周淡港
象山县乐业汽车维修有限公司	1994	郑才玉	民营股份制	一类	象山工业园区山河西路498号
象山宏伟工贸有限公司	1995	吴伟银	民营股份之	一类	象山工业园区西谷湖路315号
象山东湖轿车修理厂	1998	赵伟青	民营独资	一类	象山丹城东郊路2号
象山县龙翔轿车修理厂	2001	梅法龙	民营独资	一类	象山丹西乐业路18号
宁波华翔汽车销售服务有限公司	2002	黄晓丽	民营独资	一类	象山丹东巨鹰路东侧
象山元通汽修有限公司	2005	赵佑东	民营独资	一类	象山工业园区钱湖路1号
象山众德汽车维修有限公司	2008	杨法增	民营独资	一类	象山工业园区丹阳西路285号
象山石浦丹润汽车维修服务有限公司	2009	陈可表	民营股份制	一类	象山石浦凤栖路
象山东郊云海汽车维修厂	1999	黄祖表	民营独资	一类	象山大徐镇夏雨岙村外考坑
象山宝通汽车维修有限公司	2010	邵　敏	民营股份制	一类	象山工业园区丹阳路248号
象山安顺汽车修理厂	1987	谢年立	民营独资	二类	象山工业园区园中路22号
象山天敏汽车修理厂	2007	仇福南	民营独资	二类	象山丹西城西路51号
象山裕峰汽车修理厂	2008	奚国友	民营独资	二类	象山杨家村283号
象山新丰汽车销售服务有限公司	2009	石贵廷	民营独资	二类	象山园区商业街东出口
象山贤庠佳能汽车修理厂	1992	黄文磊	民营独资	二类	象山贤庠镇锦泰路121号
象山西周鹏越汽车维修厂	1997	王　海	民营独资	二类	象山西周下沈迎宾路68路
象山公运公司石浦汽车维修厂	1982	宋友法	民营股份制	二类	象山石浦汽车东站内
象山石浦五新汽车维修厂	2000	林赛敏	民营独资	二类	象山石浦五爱村汝溪路1号
象山石浦鑫新汽车修理厂	1987	陈新文	民营独资	二类	象山石浦凤栖路
象山石浦阳光汽修厂	2007	蔡　冲	民营独资	二类	象山石浦汽车东站对面
象山华军汽车修理厂	2009	吴建军	民营独资	二类	象山爵溪街道前岙开发区
象山侨新汽车修理厂	2010	周春云	民营独资	二类	象山西周镇工业开发区
象山西周英朗汽车修理厂	2010	李求冠	民营独资	二类	象山西周工业开发区环城北路8号
象山奥通汽修服务有限公司	2010	韩晓东	民营股份制	二类	象山技工学校内

2010年末县汽修三类资质业户一览 表5-2-4

业户名称	法人代表	地址
象山莲花裕嘉摩托修理部	欧小平	西周莲花渡头街
象山丹城世杰摩托车修理店	林杰	丹城镇大碶头街
象山墙头万里达摩托车修理店	柳岗	墙头西沪港路26号

续上表

业户名称	法人代表	地　址
象山丹城飞涛摩托车修理部	柯伟涛	丹城建设路349号
象山丹城丹育摩托车修理店	吴林根	丹城育才路265号
象山丹城根水摩托车修理部	蒋根水	丹城靖南路58号
象山县西周圣敏摩托车修理部	奚圣敏	西周镇嵩溪路3号
象山丹城祥林摩托车修理店	吴祥林	象山县丹西街道新丰路184号
象山亭溪阿挺摩托车修理店	谢先挺	象山墙头镇亭溪大溪蒋
象山丹城达通摩托车修理店	马恩德	象山县丹西街道顺达路80、82号
象山顺达摩托车有限公司摩托车维修部	郑家生	丹城丹峰西路18~20号
象山贤庠宋达摩托车修理店	汪宋达	贤庠镇车站边
象山贤庠岑晁摩托车修理店	盛祥文	岑晁泰和路263号
象山县涂茨王海摩托车修理店	毛封炜	涂茨镇车站边
象山大徐正大摩托车修理店	蔡贤德	大徐汤家店
象山爵溪摩托车修理行	罗英豪	象山县爵溪街道新瀛路58号
爵溪建勇摩托车修理店	蒋建勇	象山县爵溪街道腾蛟路
象山定塘振凯摩托车修理店	王振凯	象山定塘元亨路104号
象山县石浦凤栖满潮摩托车修理店	励满潮	象山县石浦镇凤栖路165号
象山石浦林辉摩托车修理店	林辉	石浦火炉头路159号
象山县石浦江华摩托车修配店	陈胜尉	石浦火炉头路246号
象山石浦朝辉摩托车修理部	叶朝辉	石浦凤栖路58号
象山石浦永来摩托车修理店	韩永来	石浦渔港北路3号
象山石浦宏发摩托车修理店	王振仙	石浦大庆路86号
象山丹城小郑摩托车修理店	欧亚红	丹城丹南路丹南停车场
象山丹城樟树下丛林摩托车修理店	石丛林	丹城樟树下村公路边
象山定塘优辉摩托车修理店	董优辉	定塘元亨路
爵溪人来摩托车修理店	朱人来	象山县爵溪街道振瀛路33~3号
象山丹城昔敏摩托车修理店	许昔敏	丹城镇新丰路1号
象山兴盛摩托车修理店	徐仁利	丹西街道丹峰西路24弄-22号
象山县大徐新红摩托车修理店	卢新勇	大徐新凉亭同家厂对面
象山西周下沈正大摩托车修理部	朱祥贵	西周镇下沈迎宾路89号
象山西周飞达摩托车修理部	周照夫	西周镇嵩溪路106号
象山县石浦林建立摩托车修理店	林建立	石浦玉泉路50号
象山晓塘会根摩托修配服务部	干会根	象山县晓塘乡中央馋村门口
象山东溪摩托车修理店	韩常才	新桥东溪村桥头边
象山西泽精工摩托车修理店	屠剑峰	贤庠镇西泽
象山东陈方舟摩托车修理部	林方舟	象山县东陈乡沙岗村兴岗东路5号

续上表

业户名称	法人代表	地址
象山县石浦嵩峰摩托车维修店	韩松江	象山县石浦镇凤栖路 17 号
象山石浦李惠摩托车修理店	何李慧	石浦渔港北路 92 号对面
丹城海波摩托车店	周海波	象山县丹东街道塔山路 238 号
象山丹城林达摩托车修理店	曹孟灵	丹城育才路 3 号
象山丹城上进摩托车修理店	张彪	丹城上进路 60 号-4
象山丹城世鹏摩托车修理店	张世鹏	丹城靖南路 208 号
象山东溪新大桥摩托车修理店	钱锁忠	新桥镇东溪村新大桥边
象山大徐新亭摩托车精修店	谢云	大徐新凉亭
象山泗洲头海强摩托车修理店	朱海强	泗洲头盛洲路 72 号
象山丹城新中义摩托车有限公司摩托车修理部	陆兴红	丹城顺达路 50 号
象山岑晁大名摩托车修理店	林军福	岑晁泰和路 282 号
象山西周鑫达摩托车修理店	赖灵光	西周镇下沈迎宾东路 32 号
丹城明作摩托车修理店	鲍明作	象山县丹东街道靖南路 642 号
丹城万事发摩托车修理店	陈云夫	丹城莱薰路天安小区 6 幢 7 号
丹城林超摩托车修理店	林超	丹城汇兴路 41 号
爵溪文益摩托车修理店	郑文益	爵溪新瀛路 5 号
吴剑摩托车维修部	吴剑	石浦渔港北路 25 号
茅洋敏来摩托车修理店	石敏来	茅洋乡溪口街
杨家摩托车修理店	李森	丹城镇杨家村
象山丹城精达摩托车修理店	张伟光	象山县丹西街道建设路 83 号
象山西周宏伟摩托车修配行	朱红伟	西周嵩溪路 76 号
象山定塘余乃能摩托车维修店	余乃能	定塘华塘路
丹城阿平摩托车修理店	俞宁平	丹城丹西街道上吴村
象山鹤浦巧胜摩托车维修店	潘巧胜	鹤浦步行街
象山县涂茨前山姚晓辉摩托车修理店	王晓辉	涂茨镇前山姚
象山陈赞摩托车修理店	陈赞	定塘镇华塘路 198 号
象山县西周顺龙摩托车维修店	倪润峰	象山县西周镇嵩溪路屠仁华一间街面
象山丹城康乐摩托车维修店	沈国华	丹城塔山路 284 号
象山丹城李平平魔图车维修部	李平平	象山县丹东街道东风路 38 号
象山万源汽车装潢美容部	陈蔡艳	丹城天安路 208 号
丹城福新汽车装饰精品部	李烈明	象山县丹西街道蓬莱路 50 号
象山县西周美好佳汽车装潢店	赖方军	西周镇丰田巷 2 号
象山丹城西门电器修理店	柴纪位	象山县丹城西门停车场
象山比佛利汽车美容经营部	朱林翼	丹城东谷路 135 号
石浦邬家洗车场	俞明沛	石浦海宁路加油站西边

续上表

业户名称	法人代表	地　址
象山县西周老王轮胎修理部	张冠君	西周镇车站边
象山县丹城福耀汽车玻璃装配部	葛人河	象山丹城瀛洲小区1号楼
象山丹城蒙恩轮胎修配经营部	史宏恩	丹城丹南停车场南首第7~10店面
象山丹城阿海汽车配件经营部	周明海	丹城新丰路315号
象山丹城天天修理店	罗福根	象山县丹城东谷湖路72号
象山丹城靖南路洗车场	曹定山	象山县丹城蓬莱路24号
象山县西周九九汽车养护中心	翁雨禾	西周镇崟港路43号
象山石浦车辆钣金修理部	林利	象山县石浦凤凰桥边
象山石浦立文钣金修理店	刘立文	象山县石浦火炉头路利民巷13号
象山石浦大发钣金点	郑辉	象山县石浦兴港路94号
象山石浦凤凰桥轮胎修理店	陈德永	象山县石浦凤凰桥边
象山县西周万邦汽车养护商行	赖满春	象山西周锦港路1号
象山丹城豪迈汽车美容护理部	陈兆清	象山县丹城东谷路162号
象山西周轮胎修理店	徐福明	象山县西周加油站边
象山丹城永林轮胎修补店	任永林	象山县丹城镇西路51号
象山丹城东风轮胎修理店	俞小云	象山县丹城新丰路白凉亭西首
象山丹城平安轮胎修理店	史安平	象山县丹城丹峰西路24弄18号
象山丹城车之行汽车美容中心	徐亚珠	象山县丹东街道东谷湖路190~192号
象山丹城丹峰兴旺修理店	励宝定	象山县丹城新丰路白凉亭
象山县石浦顺通轮胎修配店	陈建	象山县石浦镇凤栖路(南边)
象山爵溪东岳轮胎修配店	李岳东	爵溪振瀛路35号
象山丹城东风汽车修理店	曹伟国	象山县丹东街道东门新老马路岔路口
象山石浦赞明轮胎修理店	胡赞明	象山县石浦镇海宁路北面
象山县石浦凯萨朗汽车美容店	袁海挺	石浦兴港路南玉泉路西转角
象山石浦永久修配店	刘永久	石浦渔港北路39号
象山石浦昌国南门补胎店	邵才法	象山县石浦昌国南城门
象山丹城立峰补胎店	金立峰	象山县丹城西谷湖路16号
象山丹城车友汽车装潢部	黄挺	象山县丹城东谷湖路116号
象山鹤浦阿海汽车养护经营部	王文海	象山县鹤浦镇兴南路117~123号
象山宝德汽车美容服务部	宋幼华	丹城丹峰东路500号
象山丹城慧光汽车配件商店	章成光	丹城东谷路116号
象山丹城营口车辆修配店	黄忠民	象山县丹城南路18号
象山丹城丹峰汽车装潢部	陈世良	象山丹西街道丹峰西路18~20号
象山西周腾达汽车修理部	郑争取	西周崟港路1号
象山叶子汽车维修店	叶驰	象山港路万象装潢市场内

续上表

业户名称	法人代表	地址
象山西周金龙汽修店	邵道龙	象山西周环城北路2号
象山丹城闽隆汽车装潢美容经营部	颜富平	象山县新丰路307号
象山丹城万洁汽车装潢美容服务部	谢东海	丹城靖南大街738号
象山艺臻汽车维修部	周丹阳	象山丹城蓬莱路22号
合心汽车车身修理部	王成	象山墙头合心村
象山丹城顺国汽车护理店	潘顺国	丹城东谷湖路88号
象山县石浦金方轮胎修配店	陈金方	象山县石浦海丰村玉泉路124号
象山县西周善梁汽车修理部	何善梁	象山县西周镇西瀛大街38号
象山丹城杯水车新汽车美容服务部	姚海波	象山县丹东街道塔山路276号
象山协和汽车维修部	叶齐存	丹峰西路24弄22号
丹城祥安洗车场	钱爱珍	丹城镇城西路37号
象山丹城车骑士汽车维修部	史书明	丹城西谷路107~111号
象山县石浦朝辉汽车装潢美容店	叶朝辉	象山石浦玉泉路41~43号
象山丹城众邦汽车美容店	冯嫦喜	象山县丹西街道莱薰衣路232号
象山丹城创新汽车装饰用品店	郑玉姬	丹西街道新平路63号
象山车天使汽车装潢美容经营服务部	骆仁辉	丹城新丰路126号
象山县石浦车宝贝汽车洗浴行	刘志敏	石浦海宁路94~98号
月光汽车电器修理店	王文月	丹城西门停车场(建设路4号)
象山西周洁净洗车场	周宏锋	西周镇康安路
象山丹城丹阳轮胎修补店	俞官云	丹南路15~16号
象山爵溪宝迪汽车美容养护部	谢旭春	象山县爵溪街道车站路
丹城佰缓汽车装饰服务部	王建国	丹城塔山路268~270号
象山丹城宏鑫汽车玻璃经营部	严鑫锋	象山县丹东街道东谷路74号
象山丹城名豪汽车美容服务部	宋华泰	丹西街道田横山脚石子场
象山鹤浦博康汽车养护吧	冯世恩	象山鹤浦镇浦港西路15~17号
石浦新富油泵修理店	程新富	石浦渔港北路204号
石浦全朝车辆钣金门市部	施全朝	石浦凤栖路
象山石浦宝典汽车美容店	许赛琦	石浦兴港路81号
象山丹城名都汽车美容服务部	黄道恩	丹城东谷路136号
象山西周永兴洗车场	张永茂	西周崟港路1号
象山迅捷汽车维修服务部	贺良敏	象山远大五金机电市场C区内
象山西周代代修理店	俞代代	象山县西周镇蛇山脚(原西周加油站)
象山县丹城庆春汽车维修部	史春苗	丹城东谷路54路
象山石浦丹峰汽车装潢部	王挺	石浦凤栖路与玉泉路转角
象山丹城保华汽车保养部	仇宝华	丹东街道靖南大街722~726号

续上表

业户名称	法人代表	地址
丹城东湖轮胎修配店	黄锡洪	丹城东谷湖路42号
象山丹城夏新汽车美容服务部	赖中月	象山县丹西街道丹南路北侧与天安路西侧的临街土地北侧
象山鹤浦创新汽车养护吧	赵敏	象山县鹤浦镇兴南路85号
丹城兴顺汽车维修部	何光耀	丹东街道下半河村4号
象山达利汽车快修部	周建南	丹城丹峰路与东环一路交叉口
象山丹城万顺轮胎店	戴清水	象山县丹西街道丹南路351~353号
丹城朱玉莲轮胎修补店	朱玉莲	丹城东谷湖东门停车场边
丹城车仔洗车装潢部	胡良桥	丹城东谷路208号
象山石浦兴达汽车快修店	许敏珠	石浦凤凰桥加油站对面
象山俞官夫轮胎修补店	俞官富	东陈乡沙岗村
丹城俞瑞清补胎店	俞瑞清	丹东街道南河村
象山石浦万里轮胎修配店	周小刚	石浦玉泉路208号
石浦岳维修理店	林岳维	石浦五爱汽车东站边
象山爵溪平安洗车场	盛增国	象山港路爵溪段
象山欧德龙汽车装潢用品店	陈恩光	丹城新丰路301号
象山岳林汽车美容装饰店	王亚玲	石浦南屏路广电大楼下
象山丹城强生汽车修理部	石黎霞	丹城镇蓬莱路114号
象山丹城诚意汽车服务中心	陈阿祥	丹城工业园区丹河路39~45号
象山县西周龙记洗车场	严冬花	象山西周环城北路1~3号
象山银都汽车装潢美容服务部	熊双喜	象山港路万象路交叉口
象山县石浦凤凰桥洗车店	江成国	石浦凤凰桥海宁路东面
象山县客运出租汽车服务中心有限公司	吴全福	象山港路与新丰路交叉东南口
象山县石浦众鑫汽车保养场	徐自发	象山县石浦镇渔港北路111号
象山丹城红马汽车保养服务部	徐小辉	象山县丹东街道万象路113~117号
象山县石浦光辉汽车美容服务部	洪光辉	象山县石浦镇海宁路新港菜场4号楼
象山县石浦东洋轮胎店	李玲	象山县石浦镇玉泉路174号
象山县石浦建挺汽车机修店	林建挺	象山县石浦镇凤栖路南侧
象山丹城文峰汽车维修部	何贤龙	象山县丹东街道东谷路74~76号
象山县石浦海挺汽车修理部	陈海挺	象山县石浦镇曙光路西侧2号楼103室
象山丹城申博汽车装潢美容店	齐利扬	象山县丹西街道丹南路丹南停车场
象山丹城海风汽车装潢服务部	朱爱尔	象山县丹西街道丹南路376~382号
象山丹城小宋汽车装潢服务部	应香芳	象山县丹西街道蓬莱路225号
象山县石浦清彩汽车修配店	俞清彩	象山县石浦镇凤栖路369号
象山丹城极速洗车场	励旦峰	象山县丹西街道丰饶路15号

续上表

业户名称	法人代表	地　址
象山丹城创意汽车用品店	刘国锋	象山县丹西街道蓬莱路 231 号
象山国通汽车精修养护站	鲍阿敏	象山县丹西街道城西路 47 号
象山丹城宏鑫汽车玻璃经营部	严鑫锋	象山县丹东街道东谷路 74 号
象山和通汽车有限公司	甘松辉	象山县丹西街道新丰路以东
象山丹城暗香花苑	史佩君	象山县靖南大街 701~705 号
象山丹城领航汽车修理部	史济民	象山县丹东街道上半河村 1 号
象山县石浦建光洗车行	陈建光	象山县石浦镇昌国南沙路 10 号
象山宝德汽车美容服务部丹南店	宋幼华	象山县丹西街道丹南停车场大圆角
象山东陈德运汽车配件经营部	陈文秀	象山县东陈乡沙岗村兴岗东路 47 号
象山丽车会汽车服务中心	吴旭辉	象山县丹西街道丹南路 567 号
象山县石浦顺捷汽车养护服务部	王文军	象山县石浦镇兴港路 111 号
象山县西周大樟社洗车行	伊亚萍	象山县西周镇富源路 4 号
象山鹤浦浦东汽车修理部	叶宝国	鹤浦蟹厂村
象山鹤浦阿国轮胎修配店	任典国	象山县鹤浦镇兴盛街 106 号
象山高塘快又好洗车行	李宝传	象山县高塘岛乡珠益村百家徐
象山县石浦新动力汽车美容养护中心	胡谦	象山县石浦镇兴港路 96 号

第三节　其他工商企业

一、工业企业

县交通塑料制品厂　集体所有制企业,址设石浦渔港北路 19 弄。1980 年 5 月县海运公司兼办,人员大都公司职工家属。1986 年 8 月与公司分离,独立核算,自负盈亏,主要生产塑料台灯、净水器等生活用品。1988 年末职工 48 人,固定资产 15.58 万元,产值 73.44 万元,创利 1.63 万元。后因经营不善,企业陷入生产难继续、转产无条件之困境。1993 年 11 月,复归海运公司兼并。不久企业转制,变更为县海运冷冻厂。

宁波巨力机械设备工具厂　1987 年 7 月县汽车修配厂兼办,主要生产巨力牌射钉工具器(详见第二节车辆修理中象山县汽车修理总厂)。

县交通电子器厂　1985 年 6 月县第一运输公司兼办,址设丹城镇东门口。主要生产增强记忆器等电子器产品。因亏损于 1986 年停办。

二、商业企业

县汽车配件公司　1985 年 1 月县汽车修配厂兼办,统一核算。址设丹城镇建设东路。初名县汽车配件综合公司,同年 10 月改名,经营汽车配件、五金配件、铜棒、铜管、机电,流动资金 19 万元。1989 年度,营业额 53.6 万元。1998 年,随汽车修理总厂转制,停办。

县交通局综合劳动服务公司　1985 年 3 月开办,主要经营食品罐头包装容器。后因资金短缺于同年末停办。

达兴商店　1985 年 4 月县航运公司兼办,址设石浦沿港中路 33 号。初名航运公司劳动服务部,1988 年改名。主要经营棉布、百货、日杂、烟酒、副食品、南北干鲜果品。流动资金 6.26万元。1989 年营业额 40 万元。后随航运公司转制歇业。

海运公司船舶维修配件商店　1988 年 5 月县海运公司保养场分支经营网点。址设石浦渔港北路 29 号,经营船舶维修材料、机电配件。后随海运公司转制歇业。

交通局综合贸易公司　1984 年 7 月海运公司兼办,址设石浦沿港中路 33 号二楼。利用海运公司冷藏船运输优势,经营南北干鲜水果、民用建筑材料、禽、肉、蛋、水产品等。流动资金 11 万元,1989 年营业额 6 万元。附设交通招待所,铺位 29 个,年营业额 3 万元。后随海运公司转制歇业。

象山县交通大厦　1989 年 7 月县第二运输公司兼办,址设石浦渔港中路 20 号。固定资产 100 万元,设住宿、餐厅 2 部、铺面停车、售票。大厦临港,交通方便。开办至同年末,营业额达 48 万元。后随第二运输公司转制歇业。

县和凤贸易有限责任公司　1993 年 1 月县第一运输公司兼办,址设丹城东街 120 号。经营百货、时装、副食品及茶坊、酒肆等,为县内首家集体股份制企业。1996 年末,因亏损歇业。

第三章　科技培训

象山向无交通科研机构,然不乏交通科技获奖项目。交通专业学校亦无一所,干部职工学历进修、业务培训委托省、市相关院校。改革开放后,县内交通专业培训机构相继创办。

第一节　科技成果

主述交通设施建设、交通工业产品市级以上获奖项目及应用新技术、新材料、新工艺、新方法所取得的社会和经济效益。

工农 12 型拖拉机、东方红 12 型拖拉机　1975 年,象山县机械厂会同县第一汽车配件厂、县农机具厂及浙江农业大学农机系联合研制的工农 12 型拖拉机,获省机械局荣誉奖。1980 年,研制的东方红 12 型拖拉机,参加联合国工业发展组织举办的农机工业交流会,获省科技成果二等奖。

东方红 15 型拖拉机　1983 年象山县通用机械厂生产,获省科技进步三等奖。

JWSZ 型双卷筒直槽式无极绳调度绞车　20 世纪 80 年代,象山县船厂与华北电力设计院联合研发新一代绞车,有牵引力 6.3~40 吨 7 个系列产品,为火力发电厂、矿山、铁路等长距离调度机车之用。产品进入京、津、唐、沪等大型火力发电厂,获国家专利局发明专利,水电部科技进步二等奖。

YS-1、YS-2 船用防潮型硅酸铝耐火纤维制品　20 世纪 80 年代象山县耐火材料厂生产，1982 年获省人民政府优秀科技推广四等奖。

象牌 EQ140 汽缸垫　象山县缸垫厂研制的第三代产品，1980 年跻身第二汽车制造厂装机配套市场，1982 年，被“二汽”誉为信得过配套产品，翌年获省优质产品奖和省优秀科技成果奖。1987 年获省优秀产品证书。

巨力牌 A 型射钉工具器　1988 年宁波(象山)巨力机械设备工具厂生产。能利用火药爆炸所产生的高压推进力，将射钉钉入钢板、混凝土等坚实物体。同年分获宁波市、浙江省科技成果四等奖。翌年，获全国星火计划成果、适用技术展交会金奖。

蜊门港大桥工程　属交通部“八五”期全国最大陆岛交通工程中关键项目，为国内首座预应力组合桁架单拱型跨海大桥，长 219 米、宽 9.8 米，主跨 150 米，净空高 25 米。1994 年 6 月开工，1995 年 9 月竣工，获宁波市优良工程。翌年 11 月 18 日，全国第十二届桥梁学术交流会上作大桥工程经验介绍，并入选大会文献。

热溶反光道路涂料　亦称热溶性标线漆，由树脂颜料、骨料制成，具有反光性优、附着力强、耐磨等特点，使用期一般达三年，是普通涂料 4 倍。1999 年，县公路部门接管标志标线工作不久，即使用该材料划漆道路标线。

超前小导管棚支护新法　2001 年，沿海南线鸡窠岭上行线隧道开挖中，发现设计部门提供的钻探资料与实际地质差异大，用原方案进洞极有可能引起局部坍塌。采用该方法后，虽施工难度增大，然安全系数大为提高，且缩短施工期 45 天。

粉喷桩、塑插板、土工格栅处理新法　2002 年沿海南线公路建设时，在原海涂、盐田、养殖塘等软基路段施工中，境内首次应用该处理方法，对块土基排水固结，减少土后沉降，提高路堤长度作用明显。

沥青稀浆层铺法　2002 年，县公路段采用该法治理茅石线上盘村路段沥青路大面积麻面、松散、龟裂等病害，收到了修复快、成本低、工效高等理想效果。

岩石爆破潜孔钻　2002 年，沿海南线鸡窠岭下行线隧道掘进中，县内首次应用该新技术，施工效率大为提高。它具有定向大方量开采岩石、爆破速度快、开采石块粒径小、爆破整体性能好、碎石不乱飞等优点。

沥青冷再生工艺　2003 年，县公路管理段进行重交通液体沥青试验，应用沥青冷再生工艺，解破雨季、冬季不宜修补沥青路面坑槽难题。

汽车刹车自动调整臂　宁波三浪润滑元件有限公司生产，2006 年获宁波市科技进步三等奖。

Ⅱ类化学品船　2008 年 5 月 6 日，新乐船厂打造的 16500 吨级“阿丽娅”号Ⅱ类化学品船，属全省首艘具有自主知识产权船舶，冠名“新乐型”。

纤维沥青碎石封层　2009 年 11 月，县公路管理段首用该新技术修复沥青路，使路面抗挤压、抗磨擦性能增强 30%以上，有效提高养护成本效益和路面使用效益。

框架式轨道延伸码头技术　为县东红船业有限公司独创。采用框架式轨道延伸码头与龙门吊水陆“接力”法，使在建大吨位船舶重型机电安装至主机舱室预定位置一次成功，既减少了岸上占道影响邻边施工麻烦，又使大型设备吊装更为安全、便利、快捷，获 2010 年度宁波市企业管理现代化创新成果三等奖。

第二节　专业培训

原择机定期举办汽车驾驶员培训班。20 世纪 90 年代始，驾培学校相继开办。21 世纪初，驾驶学校计 4 家。县内两家职业技术学校先后设交通专业课程及相关培训中心。

象山交通汽车驾驶员培训中心

原为县交通局汽车驾驶员培训队，集体企业。1991 年 11 月成立，由县长途汽车运输公司兼理，总教练陈才云。拥有教练车 10 辆，其中大货车 8 辆、小客车 2 辆，址设天安路县客运中心停车场。1993 年，与长运公司分离后独立，址设丹东街道东郊新凉亭。1995 年 6 月扩编更现名，有教员 25 名，管理人员 6 名、教练车 21 辆、训练场 6500 平方米。2000 年 2 月并入县车辆综合性能检测站，隶县交通局。2003 年 11 月随车检站划归县公安局。至 2006 年，受训学员达 4900 余名。2008 年 10 月，执行省人民政府纠风办、省公安厅、省交通厅联合颁《关于严明纪律、对行政管理部门与驾校脱钩问题进行全面清理的通知》，通过公开拍卖成民营独资企业，法人代表王徐良。同年底，址迁丹东街道塔山东路 252 号，辟驾培主训场 9600 平方米，石浦成人学校、石浦五爱村分设副训场 2300、2050 平方米。教练车 64 辆，员工 65 人，其中教员 60 人。2009 年，受训学员 2996 名。2010 年，受训 3458 名。

象山汽车驾驶员培训学校

原为集体企业，隶县公安局，2003 年 4 月成立，址设丹东街道东郊新凉亭。员工 53 人，其中管理人员 8 名，教员 45 名。教练车 37 辆，训练场 6000 平方米。至 2006 年，受训学员 5400 余名。2008 年 10 月，执行上级有关文件精神公开拍卖，成民营独资企业。同年，址迁丹东街道塔山东路 400 号（县交通汽驾培训中心南侧）。教练车 46 辆，员工 52 人，其中教员 46 人。训练场 11840 平方米，其中塔山东路 7840 平方米，顺达路停车场 2000 平方米，西周镇下沈村 2000 平方米。2009 年，受训学员 2039 名。2010 年，受训 2473 名。

县象山港机动车驾驶员培训学校

民营独资企业，址设丹东街道高教园区成教中心内。前身为西周镇淡港四八一九军工厂汽驾培训站，1986 年成立。训练场 5800 平方米，教练车 25 辆，其中大货车 23 辆，大客车 2 辆。2002 年 2 月，部队企业转制，集体改民营，更现名。2006 年 11 月迁现址，训练场 4200 平方米。教练车 25 辆，其中轿车 22 辆，大客、大货、中巴各 1 辆。教员 28 名，管理人员 8 名。至年末，受训学员 5000 余名。2009 年，教练车 62 辆，员工 69 人，其中教员 62 人。训练场 14300 平方米，除成教中心外，其中石浦东边村 2100 平方米，天安路 168 号 8000 平方米，受训学员 2383 名。2010 年，教练车 74 辆，员工 85 名，其中教员 77 名，受训学员 3864 名。

象山县世贸铭泰驾驶培训中心

民营独资企业，2003 年 10 月，省运管局准建，址设县体育馆南。各地训练场计 13000 余平方米，其中体育馆南 7000 平方米，石浦盐厂村 2000 平方米，爵溪巨鹰厂内 2000 平方米，西周镇北山村 2000 平方米。教员 43 名，管理人员 7 名，教练车原 20 辆，后增至 47 辆，年培训 1500 余人次。至 2006 年受训学员 5000 余名。2009 年，教练车 63 辆，员工 64 人，其中教员 58 人，受训学员 3191 名。2010 受训学员 3041 名。

象山县水利汽车驾驶员培训学校

1993 年 12 月县水利局开办，址设丹东街道起春路 33 号（县人武部场地内），时称象山县水利局驾驶培训站。2001年,企业转制,集体改私营后更名,址迁丹西街道百花路1号,校长陈兴土。2006年10月,因办公房、训练场等移作他用,不久歇业。

象山港高级技工学校

校址象山县城东教育园区。占地43995平方米,集职业教育、技能培训、技能鉴定、劳动预培训于一体,现有38个班级、2000余名学生、130余名教职员工,为全国第一所县级高级技工学校。

前身称象山县技工学校,1980年5月创办,假县电力公司办公房作教室。1982年,建成起春路校区,占地2000平方米。1990年,建成育才路校区,占地7466平方米。2003年迁现址。2008年5月,获评国家重点技工学校,汽修专业成中央财政支持的职业教育示范实训基地。2009年,数控专业被评省示范专业。经有关部门批准,设有"象山现代职业技能培训中心","象山县职业安全技能培训中心"、"国家职业技能鉴定站"、"浙江省机动车维修从业人员资格考评机构",共培训学员15000余人、高级工483人、技师50人。2010年4月,经国家人力资源和社会保障部批准,成全国第一所县级高级技工学校。同年末称现名。

宁波建设工程学校(象山职业高级中学)

一校二牌,校址象山县城东教育园区,占地14.6万平方米,建筑面积5.8万平方米,为县规模最大、设施最全、环境最优高中段学校。

原名象山县农业技术学校,1983年10月创办,假县农科所(白鹤庙农场内)房为教室,设农学专业1班,学生29人,教师3名。1984年,假县茶厂办班授课,增设畜牧兽医、果树栽培专业。1985年10月,址迁城东育才路7号,教育楼1幢,新设幼师、建筑专业各1班。继设文秘、供销、美工等多种专业。1987年,更名象山县职业技术学校。1992年,获宁波市教委颁"市重点职业技术学校"。1996年,浙江省教委授"省示范性职业高级中学"。翌年,获评"宁波市示范性文明学校"。2000年,更名象山县职业高级中学。2001年,定为浙江省一级重点职业学校。翌年9月迁现址。2003年10月,获评国家级重点中等专业学校。多年来为象山建筑业输送初、中级技术人员4000余名,其中不少成企业项目经理或技术骨干,并于龙元、宏润等多家建筑企业建立合作关系,有效解决毕业生实习和就业问题。还利用师资和设备优势,创办至高监理、至高建筑检测等7家企业。2010年,设学科6大类、17个专业,60个班,计教职员工233人、学生3000余人。同年11月,增挂"宁波建设工程学校"校牌。

宁波市水产技术学校

1983年创办,址位石浦镇,占地3.2万平方米,建筑面积1.1万平方米。开设船舶驾驶、轮机管理、船舶检验、旅游服务管理等7个专业,系宁波市唯一一所水产类中等专业学校,为农业部全国水产研究会理事学校,部属二级培训机构。下辖象山海洋技术培训学校、象山国际海运职业技术学校两个培训部。

2004年9月,按县教育局部署,与石浦中学合而为一。不久与浙江国际海运职业技术学院、舟山航海学校、浙江交通职业技术学院等开展多形式、多层次联合办学。2010年,教职工88人,其中外聘教师11名。先后培训电焊工、船体装配工、冷作钣金工等结业生1000余人,渔船修造冷作工、安装工、质检员300余人,厂长、经理等管理人员50余人。

第六编 人物传录

第一章 传 略

刘倓

刘倓 字硕翁,号益斋。刘家岙人。登1160年(宋绍兴三十年)进士,授华亭县令。修秦山、盐铁、蚌港三堰,获田六万亩。秀州太守以图奏闻,孝宗深加褒赏。绍兴府帅王希吕,使者朱熹曾委理诸暨、萧山荒政,活民十万。1187年(宋淳熙十四年),改知岳州,核四邑常赋,免板帐、马草钱等八税目,岁减一万一千缗,并奏定为令,推广执行。继监广东仓,适四明大饥,移粟五万斛赈济。时南海驿道多穷荒复岭,刘倓辟大道八百里,置六铺,筑七寨,遂成通途。后授直秘阁学士、尚书吏部郎中,著有《益斋诗文集》。

赵彦逾

赵彦逾 字德先,赵宋宗室,南渡后居鄞。1160年(宋绍兴三十年)进士,授象山主簿,决狱无冤。开河渠于县城东南史家泾,以利灌溉,故俗称主簿河,捐俸修朝宗碶。

宋时往来州县,自陈山渡港至奉化东宿登岸,以小舟渡客,往来多有风涛盗劫之虞。1164年(宋隆兴二年),彦逾督造大船2艘,面阔一丈六尺(按宋度折算为4.95米)。躬自课督,费省而功倍。船上帆樯橹篙,器用毕备,募习于操舟者二十八人,分置两船,朝夕互往,以便行者,晏然如在几席之上,陈山始有官渡。定所得渡费除月给及修葺外,余输官,仅二年余,所积已多,作为修理朝宗碶,助邑敕书楼与邑庠。

杨王休

杨王休(1135—1200年) 字子美,政实乡美政里人。登宋乾道二年(1166年)进士,由黄岩县尉,合肥县令,累官至华文阁待制。锄奸剔蠹,号铁面公。1188年(宋淳熙十五年)改知金州,兼管内安抚。罢成邦、西津两渡公帑,在西门建桥,行旅称便。十六年"为四川类试考官,境内一水(汉水),远通襄鄂,行商不绝。有鬼愁滩,摧舟绝险。王休募人平理,石坚不可破。临视得古铁于沙中甚夥,铸为锤凿,严醯炽炭以攻之,石为之解。以炮竿移去,遂为安流"。1191年(宋绍熙二年)任利州路转运判官,适金州大火,王休以米赈济。会"嘉陵江暴涨,漂坏栈道,邮传隔绝,王休大为整理,以其费上闻,总司助役,由益昌至大安军修栈阁二千余间,视旧加辟,令成夷途。明设条约,补役兵之阙,画疆分掌,乘暇采取椽柱绹绞,风雨侵蚀,以时缮治,期以勿坏。自祥符、皇祐,元丰三为此役。元丰尝纪用数,兹役不啻数倍,而不取于民,王休作修桥阁记,蜀中皆歌咏其事”。次年,为成都提刑兼常平事。蜀藉江水入堰灌溉,旧率取竹木于民,水已至而材未集。王休预于冬初收买,岁始修筑。眉州蟆颐山下一堰,岁苦冲决,命采石为之,民以不困。又捐俸于汉嘉西门建石桥,人称杨公桥。光宗时,与邱崈,马大同、辛弃疾,同为全国四名监司。著有《诸史阙疑》、《浙岷漫笔》、《东斋集》等。

吴学周

吴学周　字养台,崇仁人。1606年(明万历三十四年),由选贡任象山知县。上任即修邑乘。浚大河,灌溉六万亩。县西有黄溪渡,渡港20公里达奉化马头浦,因淤浅,非涨潮不得靠岸,时有因候潮而飓风陡起而坏舟丧生,学周于港外高埠处凿山成路,行旅方便,人称吴公渡。

郑亨仲

郑亨仲　字吉斋,太学生,好善有义举,1832年(清道光十二年)岁歉,赈米70余石,并出资浚河以防旱。二十七年,大祲,赈米80余石,不足,又购苏米300石,减价平粜。石浦同知张遇隆赠“谊敦古处”匾。1853年(清咸丰三年),又赈米百石。1862年(清同治元年),斗米千钱,罄家所有,出资采办,折半价平粜。1883年(清光绪九年),建励家坪永渡桥,修石浦五里桥及番头塘岸路,独建乌江茶亭,并置田为经久计。

郑碧山

郑碧山　字仙崖,广东新会人。1883年(清光绪九年)以积功由千总擢升昌石营都司,剿海匪有显功。石浦每遇渔汛,台州渔民,必联翩抵石,泊舟石浦火炉头一带,帆樯林立,渔民多,且杂以匪类,贸易市缠,往往挟众骚扰,商民久以为苦。碧山抵石,限令远驶,不准停舟港畔,有敢违令者,捕其舟焚之,积年凶焰,戢于一旦。

三门口形势险恶,常有船只触礁。岛上原有灯塔,缺少资用,而塔木剥蚀于风雨,将近朽败。碧山捕盗,常伏于此岛上,知其状,于光绪十年捐俸重建,不足部分由其募捐,躬自经营,不日落成,并重修庵舍,置良田以供持住管理灯火。碧山谓此天险之害甚于盗匪,身为地方长吏,容易办到。此后又购助石浦南田道头涂地,建石埠。并创建鹤浦东埠头。

晚年,碧山因营建私宅,私占营基,又令练军搬运砖瓦而被控,受参革处分。郑政绩可观,令闻四达,为区区建宅,竟至晚节不终。无独有偶。民国元年,驻甬防军第五营管带汤兆德,亦于石浦变卖部分旧司署房屋,据为已有,并派营兵拆对面山炮台条石建私宅,地方联呈叠控,撤差。故石浦有谚谓:“前有郑都司,后有汤管带”,戒毋损公肥私。

龚泰尌

龚泰尌　字蛲甫,江苏长洲人。1886(清光绪十二年)—1906年(清光绪三十二年)任宁波总捕府石浦海防同知,兼理民事。1899年(清光绪二十五年),意大利图占三门湾,提督李福兴统两浙新中军,驻防石浦,军部设城隍庙。李滇籍,哨官多湘人,派系摩擦甚烈,偶触即发。会有克扣情事,部兵以李克扣军饷,运炮荷枪,围攻军部,街巷为之不通。石浦百姓从未经此巨变,咸惊惶万状。龚挺身而出。闻变,乘舆赴军部,路兵阻之,离舆步行,沿途拱手请兵少安毋躁。入见李,请以勿扰乱地方,保全民命,并劝双方息让,以弭急变。龚未至前,枪声砰砰,庙前楹柱,已击数洞,龚若不出,则巨祸立见,至是轩然大波消于俄倾,实龚之力,其处大事诚不糊涂。龚抵任时颇威厉,后判某盗案,偶失察,牵涉良民,几撄众怒,拟联控。因此深自韬晦,遇命盗案,则循例移县,民事则批发巡检。文武官员莅石,非节制,不迎送,秉性廉退。第姑息养奸,赌场林立,贻害地方,一般游手好闲者咸颂为"龚菩萨"。

时南田开禁未久,草莱初辟,道路桥梁,尚未修造,每遇阴雨,泥泞没胫,行旅兴叹。泰嵩任石浦厅事,兼办南田垦务,有意兴办交通,然工巨资乏,独力难支。适值胡定坤率军驻防南田,龚因与共商,以兵力代匠工。龚首捐五百元购办材料。叶天镛、陈炳书、赵桂芳等劝募业户捐助。于光绪十九年七月动工,修筑樊岙至鹤浦、樊岙至龙泉塘道路及桥梁,建鹤浦、韭菜湾渡凉亭,次年三月蒇事,收事半功倍之效。

纪子庚

纪子庚(1865—1933年)又名传长,延昌人。幼丧父,事母至孝。作小本经营起家,复与人合股经商,尚称顺利。后独自创办纪协顺商行,置协元、协亨、协利、协贞四帆船,自营贩运,家道日隆。凡涉及地方公益,无不乐输恐后。虽日富商,独称廉贾。每遇青黄不接,必首倡平粜。岁终,邻里贫困者各发银米。

1914年(民国3年),招商局"新裕"兵轮载兵员七百余赴闽,于南韭山附近,与该轮之护航舰因雾相撞致沉,子庚闻讯,派船往救,24人生还,各赠衣食川资。中有外籍大副,事后重金酬谢,子庚三却不得,悉转赠上海红十字会。

1916年(民国5年)秋,闽籍白琦、萧厝两船帮肇事,30余艘船,千余人持枪械,双方严阵以待,地方惶恐,军政束手。传长受地方人士坚邀,出而调停,反复晓喻,化干戈为玉帛,弭祸乱于无形,并出资医疗伤者。

1918年(民国7年),与曹贞玉、陈依利等捐修平砌象石古道之鸡鸣塘岸路,创建半勾凉亭。翌年,资助任氏昆仲重建东门灯塔。1920年(民国9年),与任氏兄弟合资重修五里桥,新建仁义桥。又独资修理五里桥亭,铺筑延昌至五里桥路。1923年(民国12年),与任氏昆仲合造黄埠岭顶凉亭,砌铺百步耸条石阶梯及岭路。次年,与县知事李洣合银千元,兴修白墩码头铁栏。

1922年(民国11年)7月20日,纪协顺商行之"新协元"帆船,装运鲂鱼驶闽,避风玉环山盘港(今洞头县境),风浪肆虐,船夥19人,18人争乘小艇逃生,皆葬身鱼腹。余一人因病困卧待毙,孰料翌日风静浪平,竟庆更生,上岸乞援。而乡人获知船中无人,纷来掠取殆尽,毁船灭迹。后经股东任筱甫查实追控,省令玉环县知事,会同水警严治,着将山盘百余家房产发封拍卖抵偿2万余元。玉环县乡绅郭某等赴石,陈述山盘瘠苦,及讼后乡人颠沛状。传长闻而恻然日:"宁吾一家冻馁,安忍千家破产"。征得股东任筱甫同意,分文不受,慨然销案。山盘绅民特树碑亭以为纪念。

1927年(民国16年)1月,蔡元培、马叙伦遭军阀孙传芳通缉,避难纪家,且资助转赴福州。其六十生辰,国民政府大总统特褒"孝义可风"匾额及黄紫绿绶金质褒章一枚、证书、褒词各一纸。余如道、府、县均有匾额相庆贺,尊为大慈善家。卒后,蔡元培为书墓碑,马叙伦为撰文并书墓志铭。

毛皋坤

毛皋坤　字赞乾,江山县人。1928年(民国17年)5月任南田县长。南田岛邑,县北鹤浦为出入咽喉,轮船到埠,苦无码头停泊。毛抵任,即召集各乡绅商,讨论建筑鹤浦码头之举,众议咸是,遂成立筹备委员会,并组织劝募捐款。又亲赴石浦、海门等地,向各绅商业户积极劝募。得周萍泗、郑亮存、蒋朴堂、辛鹤璋、郑瑞章、包贤兴、张士钦、袁小侠及建设科长潘熙霞等鼎助,耗资2300余元,历时4月建成浮式码头。是年9月,台风肆虐,堤岸崩溃,几成泽国,禾棉皆空,毛分拨赈款之半银3000元,于次年春以工代赈平粜,修樊鹤、樊龙二路。改建樊岙至鹤浦道路为人力车道,长6.5公里,宽由2.5米拓至4米,两旁铺石板,中铺细纱,人车分道。又改建樊岙至龙泉塘弹石路13公里。1930年(民国19年)夏,印发捐册,募建鹤浦众安桥以通南北。是年6月离任,继任厉家祯续成之。

两难传

任筱和(1876—1944年)、任筱甫(孚)(1879—1953年) 同母兄弟,象山东门岛人。父世高早逝,母黄氏,性慈善而课子严。和、甫读书两三年,即命筱和业渔,筱甫业商(甫于沈家门等地开设任宝泰行,股东石浦大皆春国药号、新协元运输船等)。兄弟事母至孝,兄爱弟敬,自立成家。凡地方公益善举,不分难易远近,皆视为份内,无倦容。1915年(民国4年),于东门岛门头买山,建造灯塔,以利航行,规模之大,仅次于北渔山灯塔,为象南胜景之一。光绪乙未科榜眼喻长霖撰文并书《象山东门岛灯塔记》,勒石塔旁。蔡元培题词"出其东门,界尔照明"8字。此后兄弟又募建灯塔于台州湾磨盘山、舟山菜花山、烈表嘴、象山鸡娘山、铜瓦门、三门山等处。1920年(民国9年)与纪子庚合资改建五里桥;倡建仁义桥。又与俞怀白、纪子庚等倡建石浦三湾路廊,其建亭修路、修码头、道头等不胜枚举。任氏昆仲一生于沈家门、石浦等地舍施棺材,不下千余。乡里有难,不吝接济。凡修建、管理灯塔等事宜,皆筱和主持,有关地方公益善举及向上海海关争取灯油给养;劝募资金等由筱甫主持。数十年如一日,自奉俭朴,辛勤积蓄,悉付诸利人济世,兄弟同心同德,至老不休,诚为难乎其难,时人称"两难",即难兄难弟。1944年(民国33年)筱和去世,乡里感其德,于东门天妃宫前塑立像纪念。因战争等原因,灯塔大都毁坏,几经修建,而筱和殁后,筱甫独力难支,欲将所有灯塔,奉献国家,奔走于沪杭间。上海海关接收菜花山、烈表嘴等灯塔,省水产局及上海海关又接济未接收灯塔之灯油,使其继续放光。1949年5月末,上海海关巡轮为国民党军队所追捕,欲劫往台湾,大部船员不愿去台,登陆趋避,为筱甫所收留,并供川资,登陆船员赠筱甫"见义勇为"锦旗一面。

李高涓

李高涓(1891—1930年)丹城北门青草巷人。兄弟五人,排行第二,身材魁梧,为人谦和。清末民初就读上海吴淞商船专科学校,天资聪颖,学识超人。毕业后被宁波三北轮船公司录用,始任申甬线客轮大副,才能出众,颇受公司总裁虞洽卿赏识。继任船长,航线自申甬拓至申汉、申渝。不久,驾航远洋外轮,成久经磨练航海专家。

鸦片战争后,列强霸我航海权,无一中国籍领港(亦称领航员或引航员)。民国成立后,中国政府收回引航权,首次在沪招考领港。李在虞总全力支持下,欣然前往报考,以其丰富学识、高巧技能、一举夺魁,被授首位中国籍引航员,成为中国近代航海史上"第一领港人"。1930年(民国19年),因操劳过度,染患肺结核返乡就医,虽经象籍名医郑安国(字鼻峰)精心诊疗,终因时无特效良药而辞世,享年三十九岁。

20世纪60年代,上海海员工会尚存"中国第一领港李高涓"金漆木匾,系当年在沪宁波同乡会惠赠。

郑圣鉴

郑圣鉴(1906—1951年)爵溪人。1918年入宁波第四中学,1923年夏,考入河海工程学校,继入华东大学改学土木工程。在校时,见义勇为,支援"五卅"惨案罢工运动。毕业后即去湖南汽车局实习,不久升任工程师助理员。1928年4月,应武汉市工程委员会工务处之邀,考取测绘员,测量武昌环城段公路工程,旋调任技工,审核各路图表,兼讲习教师。翌年5月,又兼任汉宜路沙河段测绘主任,不久又任湖南工程局益常段副工程师,设计全段大小桥梁。尔后至南京任军需署工程技士。未几,又应邀回浙任鄞、镇、慈路工程主任。"一·二八"战争发生,奉命测量衢兰、长泗两路。1934年,任浙赣铁路玉(山)南(京)段第一测方队第一桥基探路队主任。竣工后,即奉命接任第四段长。不久回湘,任湘黔铁路帮工程师,兼第三桥基探验队长,探钻资水、沅水两大桥。工毕,调任第四测量队长。翌年初,调第八总段,值抗战军兴,湘黔铁路停工,湖南省府委任湘黔铁路第二管理段主任工程师,负责衡阳境内民工修筑路基。1938年,因改修衡宜公路,兼理该路第二总段测量开工事宜。不久,回湘桂铁路,任桂柳段第一总段副工程师。1940年,调任湘南公路局工程师兼湖南段办事处主任,领5测量队,勘察480公里路程,并兼任湖南段工务股主任。1943年,改任湘桂公路工务局第二总段长。次年8月,随局迁渝。1945年9月,任湖北省交通管理处副总工程师。翌年,交管处改组为公路、航业两局,仍任公路局副总工程师。后入大村建筑师事务所,曾设计省立医院4层大厦。不久回乡,1951年11月去世。

周延瑾

周延瑾(1910—1985年)字子瑜,丹城人。早年就读于宁波效实中学。1931年6月,毕业于上海吴淞商船专科学校,派赴英国格拉斯哥造船厂实习,后至香港招商局轮船任轮机员。1937年9月,任太古洋行轮船轮机员,抗战期间,辞职赴重庆任机器厂经理兼技术员,1946年5月,回招商局,任"海员"轮轮机员及轮机长。翌年12月,应中国油轮公司邀聘,任"永灏"油轮轮机长。1950年4月,于香港随船起义归来。先后任交通部海运局机务科长,中国与波兰、捷克两联合海运公司机务处长,交通部远洋运输总公司副总工程师;总工程师等职。1959年,周延瑾受命购买"光华"轮撤运印尼华侨回国。是新中国第一艘航行国外之客轮。其后,常深入现场,解决船舶故障及难题。先后主持编写《远洋船舶建造参考资料》、《船舶轮机自动化基础》、《巡回监测记录装置》等著作。是中国造船学会、中国航海学会、中国制冷学会会员。1953年参加中国农工民主党,1956年加入中国共产党。被选为五届、六届全国政协委员。

郑明弟

郑明弟(1912—1986年)金星乡司前村人,贫苦出身,颠沛流离,后定居三门山庵山岛上,以渡运为生,向以安全为己任,多次受到地县表彰。三门渡口,以岛分水为三门,口东为石浦港之箬渔洋,口西为三门湾,礁石丛生,水流湍急,航道复杂。岛最险处名蛇口舌,常有船只随流旋转,触礁沉没。岛上虽建有航标,风浪大时,常有覆舟,行旅舵工,都视为畏途。明弟既摆渡南北两岸过客,又驳渡东西进出客轮,40年如一日,风雨无阻,安全无恙,实非易事。夜间但闻呼渡之声,便亦不辞劳苦,为之接送。遇远途过客,不能如期衔接水陆客运,必留宿供膳。

3年困难期间,食品奇缺,肉类尤昂贵,奇货可居。明弟将自养肉猪2只,以国家收购价格售给食品公司、驻石浦海军,受县领导、部队首长表扬。合家共9口,尚收留一孤苦老人,养老十载送终。又收养2个被弃女婴为女,直至年长出嫁。

1970年1月24日,温岭县卫东公社白岩大队“浙岭副帆7”轮,装运箬篮去沪,途经三门口,黑夜骤遇风浪翻船,明弟父子闻声摇船往救,顺流直至鹤浦,救起9人,罹难2人。平素共救遇难者13人。并埋葬浮尸3具。三门口内外,多张网作业,风潮常漂失网具,明弟每捡捞送还。遇他人拾捞,亦代付酬金,取来送还失主。附近生产大队多有锦旗赠谢,其家四壁挂满奖状、锦旗。一生省吃俭用,1976年置机动渡船,因年事已高,其长子加文,次子加富继承父志,多年来亦安全无事故。

顾满银

顾满银(1929—1994年)石浦镇人。15岁即为石浦码头工人,解放后,历任石浦镇搬运工会小组长、组织委员、主任等职。1954年5月,加入中国共产党。1955年,评为省青年社会主义建设积极分子。1957年负责石浦搬运站工作,同年,出席全国工交、基建、财贸先进生产者代表会议。1959年任石浦搬运站党支部书记,是年,评为省工业、基建、交通系统社会主义建设先进工作者,国务院授先进生产者称号,出席全国群英会。1979年,获交通部颁安全优质百日赛奖章。1971—1984年,连任二届中共象山县委委员。

1952年,石浦驻军调防,码头泊船不慎翻沉,人员、枪支皆落水,顾即跳海救人,继而潜水摸捞机枪2挺、步枪3支。同年,码头抢救落水军人、潜捞步枪2支。1953年,下湾门驻军缺粮,炮艇拖驶舢板近岸,风大浪急,难于拢岸,顾纵身入海,以缆系岸,军粮安全抵达。

1959年,台风来袭,木材公司紧急求助搬运站抢运尚在海涂200立方木材上岸,顾义无反顾带领职工率先入海,全力抢运。是年,顾尚发动职工自力更生,义筑延昌、石浦两码头。每逢番薯盛产季节,象山南乡、宁海长街调运沪甬等地鲜薯皆集石浦,外调量约5万吨,顾日夜驻守码头,及时组织调运,颇得船家、货主、港航三方满意。

顾因少年失学,倍加刻苦钻研,悉心技术革新。常潜学车、钻、刨技艺,检修汽车、卷扬机等,既节省资金、增加积累,又减轻职工劳动强度,带领大家逐步实现机械化操作,圆满完成石浦镇及港区装卸搬运任务。1994年不幸病逝。

肖云喜

肖云喜(1931—2004年)涂茨镇肖家村人。1945—1947年,就读县立三中学初中部,学习刻苦,成绩优异,获“吴祖龙奖学金”。1948年,考入宁波效实中学高中部。翌年底,加入中国新民主主义青年团,历任组织委员、副支书等职。1950年底,响应祖国号召,投笔从戎,参加中国人民志愿军。未几,保送中国人民解放军海军联合学校南京第一分校进修。1952年5月,首期测距科结业。不久,相继调任上海华东海军水雷大队班长、中国人民解放军淞沪基地政治部文教办公室教员、华东海军枣庄军舰测距员等。后因偶患肺结核,舟山基地疗养。1958年7月退伍返乡,历任宁象公路五2区施工组长、象山县交通局工程技术员、工程师、交通工程管理所副所长、工程股长等。系中国科协自然科学学会会员、象山建筑学会第一、二届副理事长、宁波市九届人大代表,多次获县及县交通系统先进工作者。1991年10月退休。

自修建宁象公路始,三十余载,老肖常自备干粮奔波野外,足迹踏遍全县山山水水,可谓“哪里有交通工程,哪里就有他的身影”。人称“飞毛腿”、“穿山甲”、“象山活地图”。昔交通测设器具简陋,擅长因地制宜、土“洋”结合,所创“三杆定直线”、“踱步量距离”等法,几无差错。沿乡挨村施工中,肖尚悉心指教众多农民工,使之成日后新农村道路建设技术骨干。

2004年不幸病逝。

第二章 实 录

王 玉 明正德间重建石浦南关桥。

周时策 西周人,1602年(明万历三十年)倡建西周镇瀛桥。

吴季肃 明崇祯间独资在金井头港建桥3座。

倪光宾 字鹿鸣,1661年(清顺治十七年),赈谷百石。1668年(康熙六年)施粥一月、创义仓。捐钱二百缗砌南庄洋大路10里。

张 进 象协副将,1691年(清康熙三十年)捐资建黄溪渡子埠十庙碶埠(在奉化县境),邑令胡祚远捐俸成之。

吴应才 字士英,康熙间捐资铺南庄洋石路500丈。

张良思 1754年(清乾隆十九年)重修车岭庆丰桥,桥屡毁,其子孙屡建。

董尔成 1790年(清乾隆五十五年)独资建造黄溪青龙桥。

胡宗霖 萧胡人,1796年(清嘉庆元年)举孝廉方正,辞不就、损钱50贯倡建泗洲头它山桥。

郑存发 半河人,1796年(清嘉庆元年)助田4亩于半河聚福庵茶亭。

钱起嘉 1805年(清嘉庆十年)独资建造黄土岭凉亭6间。与钱起震同捐田20亩为茶田。

周光第 悯黄溪渡夜间登岸艰于步履,且无以避风雨,于1814年(清嘉庆十九年)募建普照亭,于埠头设路灯。并募田30亩为修葺、灯油之费。

王保元 1824年(清道光四年)捐建涂茨镇东桥。

李廷尧 1830年(清道光十年)捐建雅林溪乡积善桥。

潘定槐 1841年(清道光二十一年)捐建黄埠华西桥。

吴学章 横塘人。1847年(清道光二十七年)创设滩港义渡,募捐田35亩为常年经费。

王国辅 爵溪人。1850年(清道光三十年)重建赵岙岭路,改造溪桥。

马世型 丹城人。改建何婆岭黄泥桥为石桥。

王 桢 王 棣 王 槐 1821—1850年(清道光间)为祝母寿,筑周郎塘百丈岸路,长800米,宽2米。

俞宗点 昌国卫人。1853年(清咸丰三年)独资买山辟东溪岭新路1条。

杨茂三 1872年(清同治十一年)捐建东溪普济桥。1875年(清光绪元年)助东溪岭顶茶亭田5亩。

萧进步 1884年(清光绪十年),独资建筑西泽外道头20余丈。光绪十二年又修,于岸上设路灯。

郑慈河 1909年(清宣统元年)捐建南田大鱼山登瀛桥。

萧大钊 1911年(清宣统三年)捐建萧家山湾桥。

许廷佐　沈家门人，六联公司(航运企业)1919年(民国8年)捐银1万元，助任筱和兄弟建磨盘山、鸡娘山灯塔。

徐泰顺　1932年(民国21年)捐修船倒山至雅林溪、开口岩至樟树岭、三角埭至相见岭、海口至铁丈岙路50公里。

柴土星　1932年(民国21年)募修新凉亭至涂茨路25公里。

郑　福　1933年(民国22年)募修儒雅洋安乐岭至西岙郑路3公里。

陈炳文等　1933年(民国22年)募修昌国至下岙碶路、黄芝岭至延昌路7.87公里。

释功宝　应上才　发起募修欧阳桥。1946年(民国35年)由何敏求等主持劝募重建。1948年(民国37年)5月落成。工款米700石。

戴蓬斗　天台旅石商人，1948年(民国37年)慨助法币600万元，修筑天台公所三弯路。

陈家才　大徐乡鸦雀岭村人。土地改革后第一年，将所卖余粮款，悉数修建村前桥，便学童上学，人称余粮桥。

张美土　东港乡毛湾村人，泥水匠。解放初始义务修毛湾庙岭坑、蓬蒿园、兰江丘路、陈山大娘岭路，水流桥村中路。40年如一日，将狭路修宽为人力车路，泥路改弹石路。将其子所给供养费等5000余元捐修。1989年与东瀛庵僧开修共募款1000元，助凿毛湾岭隧道。

朱升桂　陈炳全　大徐乡大磊头、黄盆岙村人。1984年募建望海岭凉亭2间。

罗裕世　雅林溪乡安家溪村人。1986年募建安家溪庆丰桥3孔，桥旁建亭2间。

冯运才　大徐乡下院村人。1988年募建花莲山凉亭2间。

沈炳麟　湖州人，侨居香港。1988年捐资15万元，助建蛎江桥，改名顺德桥。

龚先孝　(中共莲花乡蚶岙村党支部书记)、欧世员(共产党员)、郑茂春、俞阿英、周亚清、俞伟来、尹才叠、程文忠等1988年6月9日下午，象山县汽车客运公司客车在蚶岙岭翻车，死伤惨重。在龚先孝、欧世员等带动下，蚶岙村民奋勇抢救，维持秩序，使救护工作得以顺利进行，旅客财物无散失。28日，中共象山县委、县政府在莲花乡召开“蚶岙村抢救6·9遇难乘客先进事迹表彰大会”。并为受奖者颁发锦旗和奖金，上述8人名列其中。

烈士荣誉称号

王庆祥　山东莱芜人，县交通科科长。1956年8月1日抗台牺牲。

陈明武　象山人，县交通科副科长。1956年8月1日抗台牺牲。

市级以上先进生产(工作)者

林金甫　石浦搬运站工人。1956年省先进生产者。

顾满银　中共石浦搬运站党支部书记。1959年省工建交系统社会主义建设先进工作者，出席全国“群英会”。1979年交通部颁安全优质百日赛奖章。

林雨水　县运输公司(后航运公司)工人。1959年省交通运输系统先进生产者。

周如江　白墩运输社社长。1962年省工交系统先进工作者。

潘万根　县航道养护队工人。1962年省工交建财贸系统先进生产者。

梅翔瑜　县公路段工人。1976年省工交系统先进生产者。

王小毛　县公路段工人。1976年省工交系统宁波地区先进生产者。

王仁治　县公路段副段长。1978年省、地先进生产者；1979年交通部颁安全优质百日赛奖章;1979—1981年省公路局颁先进生产者。

朱惠丁　县公路段汽车驾驶员。1979年宁波地区安全驾驶员。

黄根木　县公路段晓塘农工班工人。1982年省公路局颁先进生产者。

丁明荣　县公路段工人。1982、1984—1986年省公路局颁先进生产者;1986年省交通安全委员会颁交通文明建设先进工作者。

陈义杰　县汽车修配厂职工。1984年市劳动模范。

奚希茂　县航运公司职工。1984年省总工会颁优秀工会积极分子。

黄云厚　县航运公司“象机4”客轮船长。1986年省交通安全委员会颁交通文明先进工作者。

蔡亨明　县公路管理段路政副大队长。1986、1987年省交通厅交通公安系统先进工作者。

陈传祥　县公路段高级工程师。1985、1986、1989年省公路局颁发先进工作者;1988年省公路局颁文明职工标兵。

章财富　中共象山县航运公司党支部书记。1987年省颁双文明先进工作者;1988年市颁先进工作者。

欧德田　县公路段工人。省公路局颁1987、1989、1990年先进生产者、1988年文明职工标兵、两个文明建设先进个人;市颁1988、1990年先进生产者。

朱永平　县公路段档案员。1988年中共浙江省委保密委员会颁先进工作者。

应康成、叶秀定　县汽车修配厂厂长、副厂长。1988年省、市科学技术进步四等奖(受奖项目:A型射钉工具器)。

赖春梅　县公路段工人。1989年省公路局颁先进生产者;1991年全国总工会颁先进女职工、省总工会颁“巾帼奉献活动”积极分子、省公路局颁两个文明建设先进个人。

沈吉忠　县长途汽车运输公司汽车驾驶员。1989年百万公里安全驾驶员。

彭亚芬　县公路段工人。1991年省公路局颁两个文明建设先进个人;1992年全国“巾帼建功标兵”;1993年全国妇联颁“三八”红旗手;1994年市颁特等劳动模范;1997年市颁“巾帼建功标兵”。

盛松林　县公路运输总公司汽车驾驶员。1991—1993年省交通系统两个文明建设先进职工;1992年市颁劳动模范。

吴开楠　县公路段政工师。1992、1993、1999、2001、2004年分获市公路系统通讯(宣传)报道、信息工作先进个人、优秀通讯员;2001、2003年省公路局颁宣传报道优秀通讯员、先进工作者。

韩士庆　县公路段工人。省团委、省交通厅颁1995—1996年青年岗位能手;1999年市颁文明职工;2001年市颁特等劳动模范、交通部颁全国交通系统劳模;2006年省交通厅颁十佳文明标兵。

韩　晖　县公路管理段团支书。1993年市颁优秀团干部。

杨武良　县交通局工程师。1997年市颁先进生产(工作)者。

顾伟成　县公路管理段工人。1997年省公路局颁青年岗位能手。

朱兴军、励道逸等26位　县公路运输公司职工。省交通厅颁1997-1998年文明营运示范驾驶员、乘务员。

许　布、朱高潮、翁丹红　县公路运输总公司副总经理、总经理助理、团总支书记。1998年市级文明建设先进个人。2010年朱高潮获市交通局颁交通系统上海世博会“环沪护城河”安保工作先进个人。

吴增国　县公路运输公司总经理。1998年市委宣传部、市企业思想整治工作专职评定领导小组颁优秀政工师。

龚根宝　县公路管理段段长。2003年部级文明行业工作先进工作者。

裘宏军　县航管所职工。2004年省级优秀验船师。

王　伟　县航管所职工。2005年省港航风采摄影大赛优秀奖。

钮祥仁　县公路运输有限责任公司中兴出租车分公司驾驶员。2006年中国出租汽车暨汽车租赁协会颁全国文明出租汽车驾驶员。

石晓东　县公路管理段养护工。2007年市颁首席工人。

贺立新（浙BT9108）、屠成才（浙BT9072）、周理广（浙BT9065）、吴晓柒（浙BT9101）中兴出租车分公司驾驶员。2008年市文明营运客运出租汽车。

郑书潭　中兴出租车分公司经理。2008年市出租汽车协会暨行业管理工作先进工作者。

袁天明　县公路运输有限责任公司丹城分公司驾驶员。2009年市文明办、总工会颁“创三优、一满意”活动之“文明优质服务标兵”。

王伟、张福元　县公路运输有限责任公司职工。2010年获省运管局颁道路运输行业上海世博会安保先进个人。

先进集体

石浦搬运站　1958年省工交系统社会主义建设先进集体。

象山航标组　1962年省工交系统先进集体。

田洋湖道班　1977年省公路局、宁波地区颁工业学大庆先进单位。1979年省交通厅、省公路局颁质量优胜集体；1978、1980—1989年省公路局颁先进集体；1986年省交通安全委员会颁交通文明建设先进集体；1999年市颁劳动模范集体；2008年市规范化养护站。

县车辆监理站　1984年省安全管理先进集体。

墙头道班　省公路局颁1986—1989年先进集体、1991年双文明单位。

县航运公司　1981年市颁双文明单位；1988年交通部颁优质运输先进集体；1988、1989年市颁安全生产先进集体。

县航运公司“象机4”客轮　1984年省总工会颁优秀工会小组；1990年市颁模范集体；1990年省交通系统学雷锋树新风“创三优”先进单位。

樟家墩道班　1988年省公路局颁先进集体。

县公路管理段　1989年档案管理达标市二级，1991年达标市一级；1991年省交通厅公路管理局颁双文明建设先进集体；1997—1999年全市“好路杯”竞赛，一般干线（省道）及县道公路和段部综合管理“三连冠”；2003年市公路系统创建部级文明行业先进集体；2008年省公路系统先进单位。2009年，获市“群众满意基层站所”（办事窗口）。

县交通局　1992年交通部颁“水上交通安全先进”集体。1997年省交通厅颁“渡口安全管理先进”集体。1998年市交通委颁“先进渡口办”。2003年获宁波市防治非典工作先进集体。

县公路运输有限责任公司　1995年省长途汽车运输联合总公司行车安全网络会颁行车安全先进集体;1998年市交邮系统文明窗口;1999年市级先进基层党组织;2000年省级治安安全单位,市交邮系统文明窗口;2004年市公路运输管理处颁出租汽车行业先进企业;2005年省公安厅宣传处颁诚信浙江、行业信用优良单位;2007年,省道协安专委颁宁波片区安全管理先进集体,市社会治安综治办、市公安局颁创建治安安全合格单位,市总工会、市安监局、市卫生局联合颁“安康杯”竞赛优胜单位。2009年省厅颁AAA级客运信用企业。其下属上海车队、客运中心分获1997—1998年市级文明建设先进集体;象山至宁波南站快客获2004年市文明中巴客运线路;西门汽修厂获市汽车维修行业颁2005年度优秀示范单位。2010年,客运中心售票组获团市委颁“青年文明号”,金马旅游客运分公司获市旅游局颁四星级品质旅行社,石浦分公司获省运管局颁道路运输行业上海世博会安保工作先进集体,客运中心获市总工会颁“安康杯”道路交通竞赛先进班组。

象山连接线象山收费站　1997年获市级“青年文明号”;2000年市交通委颁文明窗口;2001年市颁“巾帼文明示范岗”;2004年省颁“巾帼文明示范岗”;2005年省颁“青年文明号”、省交通厅颁三星级收费站。

县汽车轮渡有限公司“浙象汽渡5”　1997年交通部颁安全优秀船舶,1999年省交通厅颁文明客船;西泽站,省交通厅颁1999年文明客运站、2003年首批水上三星级客运站,交通部颁2003—2004年三星级文明客运站;横山站,2003年省交通厅颁水上三星级客运站;西泽至横山航线,2005年省交通厅颁文明航线。

县航运管理所　(现称县港航局)1999年获省文明航运管理所、省水监系统文明达标单位;1999—2000年度市颁军警双拥共建先进单位;2005年市“安康杯”竞赛优秀组织奖;2006年省级创建平安交通先进单位。

宁波丹峰工贸有限责任公司　1999年获全国汽车维修行业“优质服务”活动优胜奖;2001—2002年市汽车维修行业优秀单位;2003—2004年市汽修行业“诚信服务、规范维修”优良示范单位;2006年市汽修行业四星级企业。

县公路运输管理所　2003年市军警民共建文明单位、市防治非典工作先进基层党组织;2006年省运管局颁“农村客运大推动”先进单位。

县乐业汽车维修有限公司　2003年市汽修工技能赛团体一等奖;2004年团体第二名。

县四自公路管理所　2005年市颁文明单位,2008年省交通厅颁文明单位、市妇联颁“三八”红旗集体,2009年市交通局颁“建国60周年交通系统(行业)突出贡献纪念奖”、市妇联颁“三八”红旗集体。2010年市总工会颁“工人先锋号”。

县亚西亚运业发展有限公司　2007年获市“维护国家安全”先进集体。

宁波永正海运有限公司　2008年获省交通厅首批“浙江省水路运输诚信企业”。

中兴出租车分公司　中国出租汽车暨汽车租赁协会颁2008年度抗震救灾和奥运服务先进集体;2009年获市级出租车行业文明企业。

中兴出租车分公司爱心车队　2008、2009年分获市出租车行业文明车队。

县公共交通有限公司2路公交线　2010年获宁波市公共交通协会颁文明示范线路(班组)。

丛　录

一、诗文辑存

过乱礁洋(并序)

[宋]文天祥

自北海渡扬子江至苏州洋,其间最难得山,仅得蛇山、洋山、大小数山而已。自入浙东,山渐多。入乱礁洋,青翠万叠,如画图中。在洋中者,或高或低,或小或大,与水相击触,奇怪不可名状。其在两旁者,如岸上山,实则皆在海中,非有畔际。是日风小浪微,舟行浪间,天巧叠出,令人应接不暇,殆神仙国也。孤愤愁绝中为之心旷目朗,是行为不虚云。

海山仙子国,邂逅寄孤篷。
万象画图里,千崖玉界中。
风摇春浪软,礁激暮潮雄。
云气东南密,龙腾上碧空。

陈山晓渡

[明]俞士吉

五夜潮声渡口吞,片帆轻似马嘶奔。
橹声摇落黄溪月,鸡唱传闻白屿村。
贾客推篷探曙色,棹工钻竹备晨飧。
古今来往人如许,又见扶桑送晓暾。

过欧阳桥一首

[明]欧阳懋

欧阳子过欧阳桥,千载奇逢在圣朝。
潮涨东溟连渤海,峰高西岭矗云霄。
隔林啼鸟声声巧,傍水闲花树树娇。
试问象山离远近,居民犹道去程遥。

车岭

[明]车任重

门此何年岭，居然与姓因。
命名非有特，越地偶相亲。
华表初为鹤，沧桑田隐鳞。
探戈语父老，畏垒为清尘。

注：明崇祯十四年，潮州总兵车任重过此岭，即兴赋此。里人勒其诗于木板，悬之岭顶亭内。今亭存而无其迹。

陆运苦

[明]陆宝

陆运苦，寇兵临，海道阻，迢迢百里间，路隔几层山石砾，天末无萝不可攀。千夫负担担子弯，十步一上中险艰。频年海运悲劳止，夫价况堪增倍蓰。尉僚扑责吏追呼，陆运之家多道死。君不见，昌国军，投石超距了不闻，寇至登城循故事，官仓索米日纷纷。军既为鼠，官复如虎，吸尽民膏何法补？吁嗟乎，陆运苦！

乱礁洋

[明]黄宗羲

乱礁浮海国，千年两度臻。
太空留寒翠，世外发奇文。
草木柔弱枝，不得丽云根。
中原佳丽地，堕为耳目尘。
上帝命巫咸，设此招沉魂。
礁声寄古哭，古哭尚殷殷。
谁谓孤篷间，新恨高氤氲。

欧阳桥

[清]魏登龙

东西两岸孰能超，迹继欧阳建此桥。
饮涧长虹空际现，出云初月望中标。
千家门户金为锁，一带溪山玉作腰。
谁是当年题柱客，过时应觉马蹄骄。

姜屿即景

[清]石大成

古渡苍茫外，江村眺望中。
潮来孤渚没，雨后一帆空。
圆笠归舟子，长竿卷钓翁。
云间无数鸟，飞与落霞红。

过门前渡即景

[清]张凌霄

两岸潮平渡正开,晴光荡漾水潆洄。
远山风向云边耸,野鸟声从浪里来。
半倦舵工重换曲,几番贾客共谈才。
推篷遥指家乡处,一望依稀失翠台。

宿大泥塘

[清]吴世枚

小航船窄客篷低,夜半登塘路欲迷。
十里水拖泥滑滑,满村风冷露凄凄。
板桥欹侧危行步,草屋东西杂乱畦。
梦也不思身到此,荒凉遥趁月斜西。
短檐欲入教低头,少妇驱鸡把客留。
四壁乱虫吟到晓,一星幽火暗凝愁。
东风潜动洪涛信,夜雨频催满室秋。
危坐自思还自解,者回小劫许逃不?

石浦竹枝词 (录其一)

[清]佘夑宜

百花洞口路难寻,绝壁登临历古今。
多少游人多少恨,浮沉千古叹浮沉。

东皐杂咏

[清]钱鸿图

新罗岙是古村庄,谁见当年舣海航。
真个蓬莱水清浅,欲从徐市问洪荒。

东门竹枝词

[清]王植三

逶迤山势自西来,谁把天门跌荡开。
浪起中流横石阃,天教雄险镇明台。
樯影联翩到客舟,鸣锣抛碇泊中流。
乘潮侬要扬帆去,一出东门便十洲。

象山杂咏

［清］倪象占

见泊新罗山下舟，昔年徐福去何求？
遗真只恋蓬莱观，能信楼船到祖州。
周郎塘近泊戈洋，风雨凄凄冷铁场。
莫是长生军戍地，相思岭上望家乡。
黄溪渡口去来船，潮落开时潮长还。
看过虾蟆台下路，松林一簇即蚕山。
青苔湾外两模糊，叶叶风飘乍有无。
小目洋过看大目，西殊山去到东殊。
道出天门事远输，八闽贡舶走金珠。
白虾乌鰤风波别，料角谁征海运图。

高湾望海

［清］秦镜

行到千山欲尽头，惊看巨浪拍天浮。
翠螺远点群峰晓，铁马喧腾万里秋。
亭古三间依峭壁，堤长一带束横流。
始知叠巘重重处，锁钥东南第一州。

由三条岭至昌国

肩舆高下岭三条，十里行程路不遥。
斥卤千家濒海口，孤城半壁跨山腰。
衣冠淳朴风犹古，田野膏腴地不硗。
谁道斯游无限景，一时收拾在诗瓢。

黄溪落照

［清］倪劼

一道残阳影未沉，黄溪入望几村阴。
光留林际微成烧，彩荡波中远耀金。
傍渡牛羊归作队，觅巢鸟雀和成音。
此时佳趣常堪忆，对景何人古复今。

姜屿晴岚

一带浮岚远若空，何来姜屿渡头逢？
前村雨过光含日，大海潮来气荡风。
松竹远迷云彩外，岩阿似在雾绡中。
碧天绿水都相映，晕此真知造化工。

陈山晓渡

月落陈山雾吐吞，舟开古渡浪奔腾。
渐听鸡唱离沙浦，旋觉鸦飞辨水村。
帆正悬时星欲隐，橹将荡处客传飧。
奇观此际还夸绝，独起推篷望海暾。

自象山归抵潭下作

[清]童槐

去年次日归装发，征车晓碾关山月。
今年刺篙海上行，月波万顷寒无声。
南舟北马一宵梦，梦破沙头寺钟动。
披衣忽讶云里身，海气湿入衣袂重。
笋舆十里频回头，要志平生汗漫游。
彭姥岭遮山辣阘，黄溪渡唤鸟钩辀。
草草兹游吾愿足，全郡烟霞都寓目。
不然浪迹空天涯，讵免象山笑人俗。
归帆风急尤称心，蛟龙窃听吾低吟。
寒宵一宿最堪恋，潭下月明松竹深。

（童槐，字晋三，一字树眉，号萼君，鄞县人。清嘉庆进士，官至通政司副使。著有《今白华堂集》。）

发象山黄溪渡

[清]姚怀祥

运甓斋头斗色丝，半年文社散瓜期。
风萍踪迹随行止，师友恩情重别离。
话酒天涯烧烛夜，挂帆海上听潮时。
一番好语君须记，他日云程慰所思。

（姚怀祥，字履堂，福建侯官人。由举人大挑署知县。清道光十五年任象山知县，二十年调署定海，鸦片战争中自殉。）

渡黄溪

[清]吴絅斋

渺渺征帆古渡前，寒沙无浪树无烟。
潮声上下平分地，塔影东西返照天。
一岁星辰催短景，五更风雨问年年。
支离襆被五生事，布袜芒鞵尽一肩。

黄溪渡

[清]陈得善

日脚西沉暑气消，满船凉月举杯邀。
南风策策蒲帆响，飞渡猫头[①]趁夜潮。

①猫头，渡名，在高泥湾南岸，称猫头嘴。

过黄溪渡

[清]刘沛启

淡淡云生江上峰，棹声欸乃度春风。
夕阳明灭波光里，远树参差烟霞中。
宦路不堪忙岁月，人生何事老西东。
愁来每欲师彭泽，一曲归辞学冥鸿。

（刘沛启，山东人，清康熙三十四年任象山守备。）

墙头竹枝词

[清]王莳兰

大船埠头多风涛，小船埠头泥涂高。
劝君莫惜买船价，为君添著一枝篙。

西沪棹歌

[清]姚燮

何婆九折石街平，未碍看山款段行。
知否颠崖能倒马，莫冲晓雾犯危坑[①]。
廿八篙丁选健儿，官船丈六矗云桅。
袁村通渡无私载，旧制犹沿赵太师[②]。
航头远客久相违，竹轿如床布作围。
携得果包来讨讯，安排参顿暂充饥[③]。
径路猫头乱石低，两三小艇泊高泥。
满天风雪行人少，载得鸡凫过渡西[④]。
高作危塘下作坡，旱时成陆潦成河。
蜈蚣桥下西流水，不及乌溪入海多[⑤]。
县公传过下乡牌，负纤升冈轿作排。
还割官田充驿例，佛廊宿满解囚差[⑥]。
蒲门北转有奔湍，直抵亹西淡港滩。
容易犯船羊角礁，好凭四顶定罗盘[⑦]。
王公岭势左骖騑，止息亭高控翠微。
遥指莲花千叶影，蒙蒙都作绿烟飞[⑧]。
陆有西沙水白墩，大逵故驿两无存。

何如西谷公非记，利涉犹沾宋令恩[9]。
记取初三十八期，通舟樯下最相宜。
若凭涨落论迟早，却比吾乡占一时[10]。
箬岙凤山汇势齐，乌溪硐道达黄溪。
卷将风里千岩叶，倒泻银河出镇西[11]。

注：①何婆岭名，有大何婆小何婆。倒马坑在西沙岭下。

②宋赵彦逾，字德老，由进士授象山簿。尝于陈山造官船二只，面阔一丈六尺，用篙师二十八人，朝夕互往，其袁村之船亦自陈山渡发步，并严私载之禁。后赵彦逾官至大学士，赠太师。

③航头西乡尽界，亲友来往，悉携果包往视，谓之讨讯。里言添食点心曰参顿。

④猫头嘴有高泥村，设立义渡，以便行人往来。

⑤蜈蚣桥县西五里，乌溪桥县西六里。

⑥县官过西沙岭，每捉民夫系纤轿杠，负之而升。智门寺僧受种官田十余亩，凡县中解囚犯，不航海，必陆行自宁海转入郡中，至泸上以智门寺为宿驿，即以其田生息备供费云。

⑦蒲门为入内港要隘，淡港在泸之西，羊角礁在虾蟆嘴，四顶山最高，船家以此定南北。(今羊角礁上设灯桩)

⑧西沙岭与王公岭相连，姜白岩先生《象山山脉说》云：王公岭之西曰西沙岭是也。止息亭在西沙岭上，莲花山如千叶莲花，迎风纷披，按《志》在县西十里。

⑨西沙岭驿至正年间改为止息亭，陈山驿庆元时置，今但存故址。白墩即陈山。墙头渡，据刘公非《西谷记》，宋邑令林旦通西沙港以利涉，谓即此。

⑩初三、十八称大潮汛，樯下潭为郡奉行旅必由之径，自泸开船八十里，其潮汛初一、二以卯酉涨，比吾乡早一时辰。(燮，镇海人)

⑪乌溪桥水注大岙溪，汇白箬岙、凤凰山诸水注大溪，由黄溪入海，大溪桥一名镇西桥。(查大岙溪、白箬岙溪、凤凰山诸水在七里亭汇合，出清水桥入海，不汇入大溪)

三门湾

[清]鲍谦

明州割界忆当年，健跳东关一水连。
月落潮平风色好，一帆稳趁夜航船。

闻意索三门湾有感

[清]康有为

凄凉白马市中箫，梦入西湖数六桥。
绝好江山谁看取？涛声怒断浙江潮。

南田竹枝词

吕耀钤

十里海程一叶飘，渡江来去片帆骄。

何须枉费推移力，且待东风且候潮[①]。
礁在江心不碍船，黄傍杜弟姓名鲜。
潮流阅尽锋棱少，派别难移根地坚[②]。
东鳞西爪认模糊，点点礁如颔下珠。
舟过山头须仔细，莫惊龙卧误征途[③]。
蜡屐穿云得暂停，石门岭上有茶亭。
八村一览无遮蔽，早稻初黄晚稻青[④]。
金门跨海五丁开，过舶成群浪作堆。
东北高山堪暂泊，西南风劲莫迟回[⑤]。
险扼三门港势横，强邻索借未成盟。
前朝无限兴亡憾，卷入寒潮作怒声[⑥]。
不是浮梁不是桥，秤锤鼻纽海中翘。
怪他水量潮来准，赖尔权衡作涨消[⑦]。
灯高十丈大无伦，三角玻璃嵌罩匀。
旋转不定光四射，重洋黑夜利征轮[⑧]。
农家隔港下洋墩，白玉湾头产业存。
跨县无妨来种植，苇航方便普陀门[⑨]。

注：①石浦舟行，渡港来鸭嘴，平潮去，涨潮来；风色，去利西风，来利东北。（鸭嘴即鹤浦）

②石浦渡港至鸭嘴，中途必经黄傍、杜弟两礁。（黄傍、杜弟即黄胖礁、土地礁。今黄胖礁上设灯桩助航）。

③龙头山在二都，突出海中，其下多礁，曰珠礁，潮势湍急，行船戒之。（珠礁即龙珠礁，没于水中，在林门港，今其上立灯桩以助航。）

④今石门岭开凿隧道，通行汽车，洞口建有茶亭。

⑤金漆门村在四都沿海，与南山跨港对峙如门，故名金漆门。该处东北风有山为蔽，可以泊船，如遇大西南风，则须移泊他处。

⑥六都与十都隔港处，有两屿中立，俨成三门，故名三门湾，最占海防形势，前清意大利索借未成，即是此处。

⑦秤锤礁在八都，海中遥望，锤鼻宛然，潮上不及。（秤锤礁在铜瓦门外，石浦至檀头山之中途。是天然助航标志，其西设置灯桩。）

⑧九都北渔山岛上，中外商轮合资筑有灯塔。理船厅派有洋员管理之，海轮夜航，知所避就。

⑨今围塘筑堤，交通方便，渡废。

三门潮汛

厉家祯

县（南田）之西北隅坦塘乡与渔潭乡隔海相望，中有三山矗立，以三门名，为象山港之锁钥。（此象山港指石浦港）

海上三亹拟赭龛，四时潮汛老渔谙。
平沙两岸护良港，锁钥波湾镇海南。

赴石浦途中

马叙伦

吾非喜行役，海内满干戈。
岭高樵路曲，海近鲎帆多。
半日篮舆里，碧山无数过。
岁晚勤封盖，犹闻何力歌。

题鑑斋砐硌路七律

［清］俞凤昂

一片心机万丈长，经营早夜费思量。
回潮难得钱镠箭，捍海何来铁犍障。
累石鳞排成坦道，安行鱼贯乐康庄。
从兹便涉忘劳烦，那识当年砐硌乡。

东溪岭

陈汉章

我平汝不平，前言不记省。
如同张曲江，新开大庾岭。

注：县人邵谕德景尧尝欲改东溪岭路，后既贵，人问之，曰："我平汝不平"。

南田瀛洲乡十都海口三门募天灯缘簿小启

［清］杜冠英

伏以得意扬帆，伏危机于不测。诞登彼岸，开觉路于当前。此海国程途所有志标之迹，而澳门险阻因无触礁之虞者也。南田瀛洲乡三门者，山称白蛇，形胜露噬吞之象；路当碧海，往来踞扼要之津。收口之艘，连樯过峡。曩时封禁，岸少行踪。今也开荒，地成乐土。蔓草剪除之日，化宇欣逢；茆檐耕耨之天，群生在宥。纳一椽风雨，愿留香火之缘。开万国桅樯，普照长明之焰。天灯永设，波影弗迷。睹群商利涉而来，远关闽粤；虽晦夜汪洋夫何碍，险辨礁矶。焚膏勿辍，长年经费，每忧不继；挂锡全无，半榻功修，曷竟安禅？计惟衣着袈裟，向沿门而托钵；所望钱权子母，求大地之布金。伏乞贵官长者，君子仁人，广积善根，庶苦海之慈航稳渡，襄成厥美，亦迷途之宝筏常通。积玉堆金，莫拘多少，珠联璧合，有藉舍施。

容泐

芳名，永彰福报。是为启

石浦赋

［清］许镜清

偶游武林，适偕酣晏。值众客之欢娱，道故乡而忘倦。天姥天目高不可攀，鉴湖清湖，清而足羡，谓余生长石浦，何不述所钓游以广乎闻见。顾言之易支，听者转眩。曷若希诸词章，传诸笔砚。原夫石浦，地邻白峤，界属丹山。高峰嵯峨而峭立，大海浩渺而回环，辟阛门成，行舟则险防三岛；崎岖路古，控马则隘列二湾。军政置百户千夫，领以都阃；水利来八闽二广，榷以要关。故昔人推福地仙原于兹土，而近者设巡司分宪于其间。当夫春夏之际，舟舆络绎，士女喧阗。风飘飘兮酒旆，帆簇簇兮渔船。皓月清风，书争搨夫石刻；衣香扇影，宫共谒夫仙妃，选胜寻百花之洞，煎茶汲漏锡之泉。经南关桥而清波水映，望番头岭而茂树云连。往矣王将军，旌旗赫赫，怀哉宋幼主，俎豆绵绵。加以迎神赛会，游客懋迁，斗巧争奇，戏陈什百，摩肩击毂，数极万千。即至秋冬之会，栗烈萧骚，海激风高，千重楼阁，万顷波涛。岸蓼开而霜醉，江枫落而夜号。蜜号波罗，削蒂浆逾冰酪；柑名佛手，登盘馥佐香醪。橄榄味在回甘，洵称谏果；荔枝色虽变赭，却助诗豪。尝蔗而渐近自然，足推大官之品；剥柚而正当已熟，不输曼倩之桃，夫奚但黄鱼、乌鲗，与夫海月霜鳌。惟是地为日本之贡道，时为番舶所羁留。东门之险固逼，南田之患为尤。犁头巉之斜出，滴落水之长流。棚曰葛藤，鸟飞莫入；斗名龙虎，猿过生愁。内外渔山，峦奇峰插；盘旋花奥，径曲林幽。而且澎岛、台湾，漫无弗达；番禺、香港，势亦能周。故戚南塘运筹而建善策，汤信国巡视而运良谋。虽有膏腴沃壤，夫何恋而何求？余辞未毕，客揖于庭。谓此浙江之要冲，且逼近于沧溟，宜严防守，勿绸调停。纵使军器有局，与夫演武有厅，而非实心大力，毋乃颓敝时形。子其告水师：壮罴虎，奋雷霆，庶几疆虽岩而亦治，门至夜而无扃。请勿以予为饶舌，竟掩耳而等蒙冥。

砐硌路志

［清］俞凤昂

砐硌路者，与悉嗦相去不远也。自吾卫而上，山崎路险，纡而难行。爰有遵海之举，越田下岭四五里，有沙石杂沓亘数十丈，步之则有悉嗦之声，因名曰悉嗦，过此里余，始至砐硌。夫砐硌则在海涂，布石成道，计其程约一里焉。查前明有云：自邵太史芝南建者，盍在下首，古迹尚存，潮来则路没，潮去则路出，虽称便捷，而坐候之工良多。洎我朝昌石都阃骆公天荣者，迁而上之邻山麓焉。然潮当大水，犹有搴涉之虞。呜呼！苦心费矣，而思稍得其便；苦心费矣，而仍不得乎其安。后虽有欲为是举者，非力之不能即谋之不逮。甲寅秋，从弟德承、兄凤姿公之素意，毅然有志于此，择吉鸠工，不计程日，不吝斧赀。高又增高，非丈尺之可限；坚又益坚，非扣椓之即止；叠然层累，巍然一大堤焉。且其内修而治之，有膏腴近二十亩，佃种收息，设薄存贮，实则以备是堤之倾圮而给修堤之工食，此其为公而不为私概可知矣。又于路端建一亭，寓人以督之。夫而后自一岁以至千万岁，安有不固者哉。吁！前人不能而后人能之，后人能之而复使后人之克遵后人也懿夫。

注：俞凤昂，昌国卫人，清嘉庆十八年寿榜举人。

北渔山灯塔

北渔山灯塔，乃上海区灯塔之最南者，建于黑山群岛北渔山之上，矗立海中，位于冬瓜山之西北约百海里。距大陆约二十五海里，而为指示船只经由远海航线自南驶沪之用。船只经过东涌岛灯塔之后，其首先耀于眼帘者，即此灯塔。

北渔山建设灯塔之问题，海务科早年曾经讨论多次，迨光绪十年（1884年）以还，海务巡工司持之益坚，缘光绪九年十一月间，曾有华轮怀远号，在该处附近失事，旅客船员葬身鱼腹者，计达165名之多。嗣于光绪十六年五月复有德轮扬子号，相继遇险。且该时沿海航路，南自东犬山北至小龟山，中间长逾三百海里，灯务连锁，势成中断，灯塔设置，诚属必要。无如经费有限，而他处需要较急，故该塔直至光绪二十一年始得落成也。

该塔所置镜机，系属特等，直径约八呎九吋，高十二呎，乃巴黎巴比尔公司所制造，体积为世界镜机之最大者。内部美丽宏壮，引人注目，不啻为透镜及棱镜所造之巨室也。体重十五吨，置于水银浮槽之上，以手触之，即可旋转自如，灵巧异常。该灯原系六芯灯头，燃用煤油，至宣统二年（1910年），始改置白炽纱罩灯头，烛力由九万四千支增至三十万九千支。迨民国16年，复改装自然式纱罩，烛力遂增至八十九万支矣。至该灯镜机旋转一周，虽需时二分钟，然每分钟尚能发白色闪光二次。

灯站建于北渔山（英名沙阿岛）之东南端高岩之巅，该岩耸立入云，高可三百呎，灯则高出水面三百四十五呎，乃海关所辖灯塔中之最高者也（按青岛口外大公岛灯塔之光，高出水面四百二十四呎，虽在远东海江中非属最高，而中国灯塔中固无出其右者，惟该塔之管理权，属诸青岛市政府，不在海关管辖范围之内耳）该塔矮而圆，生铁所铸，建于向南突出小岬之上，该岬地势陡斜，故下行时必须急骤，方免倾跌。灯塔屋宇则建于塔北斜坡之上，坡止于涧，涧则迤逦向东。该站之旗杆，在院落西北隅高丘之上，相距约三百码之遥，盖以每值海关巡轮送物料时，往往于其碇泊处所，或距灯站一二海里内，不克远睹灯站之所在，故特树旗站外以为标识，是亦特异之点耳。至于海滨峭壁，则有数处密迩屋宇，如自灯塔环廊东面，以石下投，可远及海中三百四十呎之处。一夜该站管理员某，赴塔更值之际，偶尔失足，竟为风势挟至悬崖之下。地势险峻，可见一斑。此外该站西门外通于码头及村落之蹊径，亦临危崖，往来之人，咸存戒心。十载前有站役某，曾往村中作牧猪奴戏，赌负而归，沮丧之余，竟投岩下，于是万斛愁思，偕流俱逝矣。

该站有警雾炮台二处，一建于院落东端峭石之上，一位于高丘旗杆之旁，惟因比来船只行驶航线，距塔穹远，已非炮声所能及，故已次第拆除。

该岛附近，险象四伏。南有沙滩险阻，东则暗礁丛生，东北及偏北，亦危岩棋布，西面碇泊处所峭石环抱，至站之东北礁石，土人名曰虎岛，盖渔舟自海面视之，该石颇肖蹲踞之虎也，站之西南约二三海里许则为南渔山（外人名马鞍岛，以其二峰形似马鞍），是为海盗出没渊薮。民国10年间海关流星巡轮游弋该处，曾与海盗一度交绥。该岛所居地位，适将北渔山灯塔所发之光遮蔽，致使十三度弧形之内，暗然无光，但至二十海里外，反可于两峰之间，得见四度弧光射出也。

该岛怪石，颇多奇观，而灯站附近洞穴，尤足欣赏，该穴位于灯站大门之西，相隔不过二百码，名曰"破城门"，其中幽邃阴森，倘在英国，必谓为"鬼窟"也。形为长方，长约二百呎，宽五十呎，深一百五十以至二百呎。穴之南端，则有拱路，下有天然水道，长约百呎，宽五十呎，海水得以流灌其中。昔时由灯站至西码头，本可遵该拱路而行，嗣经海水冲刷，路被侵蚀，发生危险，今已放弃不用矣。此外灯塔东南岩石小岬，则有悬崖突出，俗称"大观音菩萨”。虽远在警雾东炮台亦可眺及。而灯站与鬼窟之间,复有石岭隆起,状如刀形,尾端亦有峭壁,而为人迹所不可到之处,名曰“小观音菩萨”,石岭之下,则有一洞,适居水平之上,曩日乡民,视为避盗之桃源,据云,洞中深阔异常,莫究其极。东南岩石之下,亦有洞穴一处,惟值潮水极低时,方可步入,内中产苔,珍贵异常,而为稀世之良药也。渔人咸谓悬崖之下,为鬼所居,行人经此,恒被推下,而“破城门”则系善神税驾之所。所言荒诞,殊不足信。

北渔山灯站,虽属孤寂,然非若图中所示之甚也。盖岛北及西北两面,既有村落二处,与之毗连。而该岛与内地石浦巨镇,相距不过二十五海里,非独书信传递便利,并有民船互相往来,至于岛滨岩石之间,产鱼甚多,管理员恒捕以佐餐。即巨大龟鳖之类,亦可以绳索捕之。惟本地渔业,则以捕鱿为主。且该岛适为鸟类移徙所经之路,故每逢移徙季候,晨间塔基左右,小鸟坠毙,为数甚多焉。

该站档案,民国9年以前,尽行遗失,故该岛附近船只遇险案件,无从查考。但民国20年内,附近遇难船只,竟有三次之多。缘该年三月,有法轮长江号,在灯塔西南偏西约半海里地方触礁,船员旅客六十名,则为灯站所收容,又同年四月,有华轮华阳号,在南渔山西北角搁浅,旅客船员,悉为大英火轮船公司之瑞普太那轮船救护而去。又同年九月,复有日本打捞轮船东洋丸,方在打捞上述触礁二轮之际,忽遇飓风,触于该站西面礁石之上,船身破碎。轮中人员,仅一人获庆生还,余均溺毙。但当该轮遇险之时,适为灯站管理员所瞥见,立即集合同僚,驰往施救,惟为能力所限,救护出险者,仅上述一人而已。

选自海关副税务司班思德著《中国沿海灯塔志》,民国22年(1933年)。

重修欧阳桥记

邑无巨川,淡港最长,蜿蜒丛山间几近二十公里,流域亦最广,集雨面积五十余平方公里。旧有桥名儒雅洋桥,屡建屡圮。明成化间,里人徙址于西沙岭脚。条石作墩,块石为拱,桥成之日,适同知欧阳懋过此,里人请名,懋即兴赋诗云:“欧阳子过欧阳桥,千载奇逢在圣朝……”遂称欧阳桥,长虹卧波,历数百年而利济不替。

1939年秋,台风大作,山洪涌起,拔木发竹,洪流裹挟,冲冒决荡,桥遂坏,仅存二墩。时抗战军兴,乡人以竹木为桥,以免徒徙者有年。迨抗战胜利,蒙顶寺僧功宝,儒雅洋村人应上才大发宏愿,誓欲踏破芒鞋,挨户劝募,重修是桥。1946年春,二人踵门来见,邀余董其事,以资号召。余义其行而感其诚,乃于7月间集乡里知名人士组成重修欧阳桥委员会,印发捐簿,分头劝募。期以七百石米为目标,招工承包。

1947年8月,募款初集,招标后由宁海桑洲石工,以七百石米承包,限明年春汛前完工,工资随米价折款收支,时通货膨胀,物价飞腾,收支差距日增,余乃赴沪劝募,在族人何本芸协助下,募得法币三千万元,至1948年4月16日竣工,工资仍有缺口,乃鬻田以偿,终竟全功。

桥一仍旧貌,块石砌拱圈,两侧乱石干砌;三孔,中孔净跨径9.6米,边孔各8米,长28米,宽5米,高6.5米;桥面铺卵石,砌成图案。东首有殿堂式凉亭3间,旧时建。桥当象西古道要冲,群山缭绕,绿水萦回,风光秀丽,胜境宜人。僧俗倡议之功,邑人翊赞之力,有足多者。

选自《象山县建设志》 何敏求撰文

万马奔腾路为先

——象山县艰苦奋斗办交通纪实

“从屡经修改的象山县交通图上,可以看出象山交通变化的业绩;新建成的西泽汽车轮渡码头,使宁波到象山的距离缩短了48公里;从丹城到石浦的滨海水泥公路比原来的盘山公路缩短了29公里;已建成的7条隧道和在建的7条隧道,使象山隧道名列全省之最;开航不久的象山石浦至上海客轮实现了象山人民几十年的夙愿;458公里公路干线和8条海上客运线连接每一个乡镇,织成一张稠密的运输网,成为象山经济起飞的坚实基础。”

……

——摘自1989年12月14日《浙江日报》一版头条

历代史志记载:象山乃“海道隔越,陆道艰险,海寇时扰,商旅罕通”之地,黎民百姓为此苦不堪言。解放前,陆上交通留给象山人民均是羊肠小道般“弹石路”,没有一条连接内陆通车大道。

1949年,象山是浙江陆地解放的最后一县。那年7月,2万多名解放军指战员,牵着马,抬着炮,边走边打,翻越了120多条高山峻岭,行军7天7夜解放象山全境。

倏忽,40年过去。40年来,尤其是改革开放后10年,象山水陆交通发生令人难以置信巨变;一条平直、宽敞、光滑的水泥路面(指象西、沙石两路),像一条乳白色绸带,从西至南,联贯着半岛大部分陆地;一座座隧道,象一幢幢两头开通的地下宫殿,吞吐着奔驰在层峦叠嶂中穿梭般的车辆;一座座码头成为连接中国东南沿海的枢纽,日夜迎送着南来北往的客货轮船,输出运入形形色色的货物;专设的石浦台轮码头,联结着海峡两岸炎黄子孙的脉络,使石浦成为全国接待台湾渔轮最多和对台小额贸易旺盛的阵地。

现在,让我们沿着历史车轮留下的辙迹,回到那受交通制约的苦难岁月和以愚公移山精神,艰难困苦地建设交通设施之年代。

(一)

“只有共产党才能为人民造福”。这是象山人民的共同心声,事实也确实如此。象山自唐神龙二年(公元706)置县以来,至解放,历经1243年,虽有384任知县、县令、县长,但没有一任动用“皇粮”,为象山人民造桥铺路,致使象山人民长期过着“山海阻隔,行旅不虞”的苦难生活。

在象山广为流传着一首民间故事:

明朝,象山昌国有一个邵景尧,大比科举之年的盛夏,上京赴考,来到号称十里耸壁的东溪岭,一步一挨,喘着粗气,好不容易爬到岭顶,见一凉亭,即便小憩。邵景尧喝着施茶和尚烧的净茶说:“师傅,这东溪岭真险恶,既高又陡,横亘在南来北往的要道上,我邵某有朝一日功成名就,定要出钱派伕削平此岭。”和尚合掌称颂:“阿弥陀佛,祝邵相公高中。”

那年,邵景尧中榜后,乘着八人大轿,前呼后拥,浩浩荡荡,一路往昌国而来,好不威风。他从丹城出发,过白鹤庙、爬黄土岭、翻和尚岭,经南堡村,来到东溪岭脚。轿伕们盼望榜眼大人能赐恩下轿步行过岭。可是,邵景尧仍端座不动,挥手催行,轿伕们只好肩挨肩,靠紧移步,抬大轿上了东溪岭。和尚闻听邵相公高中荣归,出来迎接,见邵大人坐在轿内,即迎上去说："邵大人今日高中，那条东溪岭不久可削为平地了。"邵景尧听后仰笑道："他人不平我已平，今日东溪岭不是在轿下平了吗？"说后手一扬，轿伕们又抬起他，起步下岭了。

邵榜眼作为封建时代的一个文臣小官，一旦自己的生活环境改变了，怎能关心庶民疾苦，为民着想呢？而只有共产党领导下的各级政府，才能替人民修路，为人民造福。

1949年7月，象山解放了，人民翻身当家作了主人，但交通仍然困惑着人们，无法摆脱"出门两件宝，草鞋、丫柱不能少"的困境。象山县地处象山港与三门湾之间，物资丰富，大海和滩涂为民众开辟了一条致富路，黄鱼、白虾应有尽有，可百姓生活依然困苦。究其原因，主要是隔港过山运输难。有些海岛的群众进城难、求医难，买一点化肥，还得摇舢板。道路的不畅阻碍着人民正常的生活和生产。解放初期，象山黄鱼大发，运不出去，动员全县人民吃"爱国鱼"，可还是"消化不了"，眼看它烂掉……。

面对如此严酷的现实，历届县委、县府领导都在寻求一条如何彻底改变象山落后面貌的路子，让人民群众从几千年走过来的崎岖小道上解脱出来。1956年第一条全长10公里的公路建成了，象山人民第一次看到汽车在丹城至白墩的公路上奔驰，与宁波、舟山客轮衔接。1958年2月，毛主席到杭州视察，见浙江地图上唯有象山还无连接内陆公路，便在地图划上一条红线，指示速建。嗣后，在省交通部门的支持下，象山、宁海数万民工，在横亘象山腹地中心，连接104国道，全长78公里的宁象线上摆开了战场，揭开了改变象山落后交通面貌的序幕。

宁象线全线分宁海、象山两段同时进行。宁海经沥洋、胡陈，一直筑到西溪岭北侧；象山从蟹钳渡开始，经泗洲头，一直筑到西溪岭南侧。经过勘察设计，从1958年6月中旬开始，象山、宁海两县数万人民，组织起一支支浩浩荡荡的筑路大军，挑灯大战，义务土建，一阵阵"轰隆"、"轰隆"的劈山开石声，震醒了沉睡几千年的群山丘陵。经过150天夜以继日地苦战，一条连接象山与内陆的盘山公路，奇迹般地在这古老的山海之间出现了。成为象山第一条与外界相连的公路通道。

在灾难深重的"文化大革命"时期，经济建设停滞不前，但勤劳的象山人民，仍以坚忍不拔的毅力与意志，造路不止。旦门乡旦仁村党支部书记张宗宝，在建造东溪至旦门的公路中，义务负责保管工具和物资。因无工棚，就在岩头陈水库旁山坡，挖个3米长、5米宽土洞，傍晚歇工，收拢工具，放进洞内，晚上，他就睡在低矮、潮湿的土洞内。每天起早摸黑，一住就是4个月，公路修通他才回家。

农民施工员称起发，在建造东溪至丹城的公路中，连续8个月吃住在工地，做到"三过家门"而不入。结婚五年后的妻子生第一个孩子时，家人带信让他回去探望，可他坚持四处检查工程质量，不肯离开工地一步。

……

象山县的各级干部和广大人民经过20多年苦战，相继建成了茅洋至石浦、泗洲头至西周、丹城至爵溪的公路，造起了大溪蒋、定塘、莲花、下沈、通山庙、十亩田等公路大桥，使象山的交通面貌，有了较大的改观。但由于众所周知的原因，象山的交通建设仍进展缓幔，远远跟不上蒸蒸日上的经济发展形势。

（二）

"若要富，造公路"。党的十一届三中全会制订了"改革、开放"的方针政策，它象春风吹拂着象山大地。乡镇工业,尤其是利用港湾、海涂等自然资源发展起来的养殖业,似雨后春笋般出现,工业的发展和落后的交通形成尖锐的矛盾。

在人民代表提案中,改善落后的交通条件,已成为大家普遍关注的热点。象山县委、县人民政府顺应人民的意愿,把发展交通事业作为各级领导干部的任期目标,并把这个目标作为考核各级干部政绩的一项内容。县第十届人代会所作的政府工作报告决议中指出:“要针对交通运输中薄弱环节,加强基础设施建设,提高运输能力,采取民办公助等多种形式,筹集资金,兴建乡村公路,形成纵横交错,连乡连村的公路网络。”在党和各级政府领导下,一场群众性的兴建公路网战斗从1979年开始打响了。

——泗(洲头)—马(岙)公路,是象山半岛最后一条沟通边塞乡镇—灵南乡的公路。它全长虽只18.7公里,但全线均是沿海傍山险要路段,地形复杂,工程量大,任务艰巨,县交通局蒋炳芳等技术人员,负责设计和施工,他们吃住在工地,整整蹲点一年。灵南乡人民,苦战6年,投入义务土建工程17万余工,建成长62米泗洲头公路桥,凿通长176米峙前岭隧道和长48米龙潭坑隧道,至1985年全线竣工通车。不但实现了象山本土乡乡通公路,而且接通了宁海县长街区,方便岳井洋一带人民群众。

——沟通丹城、石浦两镇的沙(岗)—石(浦)公路,是连接南北大动脉,1982年上马前,副县长郑友庆,亲自带着县交通局丁祥祺、肖云喜等同志,背着干粮,步行20多公里,沿线踏勘,选择最佳线路走向。工程上马后,局长丁祥祺入驻旦门、新桥工地,与施工员一起,同吃同住同劳动,蹲点指挥,每天检查工程质量,监督工程进展状况,使一条全长20公里,中有两座公路隧道的民办公助三级公路于1985年12月30日通车,比茅石公路缩短29公里,大大提高社会效益。

——象山岛礁面积150多平方公里,是洞头、嵊泗两县面积总和,过去岛上交通极其不便,现较大海岛都建造了通车公路,人们行路方便了,经济飞速发展。南田岛是浙江省最大的第三个海岛,从金七门至鹤浦,来回要走一天时间,过去珂上来的鲜鱼活虾,只得腌制或晒成虾皮鳑头,到石浦、鹤浦投售。1980年,他们组织起20多支义务筑路队伍,男女老少,轮流出勤,360天做到天天不断人。经过6年苦战,至1986年1月建起了一条长9.4公里,宽6.5米,横贯南田岛南北的鹤(浦)——樊(岙)公路,全线有三座公路桥,30多只涵洞,凿通了长达284米的石门岭隧道,从南到北,过去单程要走一天时间,现乘车只需一个小时就能来回,交通方便了,过去住茅草屋的渔民,都盖起了新瓦房。

——地处深山冷岙的下沈乡里静、外静、普塘、白岩后等村,平均海拔400米以上,修路困难特别多。如海拔高达500米以上的白岩后村,因交通不便,丰富的资源无法出运。一个只有35户人家、170人的小村,要修一条长达5.5公里的机耕路,困难确实很大。村党支部书记胡家易,带领全村人民,发扬“愚公移山,每天挖山不止”精神,历经15年,每个劳力每年修路100多个劳动日,而且省吃俭用,集资5万元,硬是要把道路修通。他们的精神感动了上级部门,于是就拨款支持,促进工程完工。这些深山岭岙的公路修通后,使山货源源外运,走上了脱贫致富的道路。

全县公路里程最短的黄避岙乡,乡政府根据群众意愿,决定修建一条沿海公路,把乡村公路连成一线,资金有困难,就靠大家集资。大家集资修路的踊跃情景,就象当年支援解放军解放舟山那样,有钱出钱,有力出力,一定要把沿海公路建成。沿海公路的第一站,是毛

(洋)——黄(避岙)地段,全长5.5公里,路宽6.5米。这段任务全部由大林村承建。该村虽有420户人家,1450多人口,但要独自完成任务,困难也很多。负责整个工程的共产党员林善成、林宜焕等,他们牢记党的宗旨,一心为群众办事,既当指挥员,又当战斗员,每天跟随拖拉机运石载沙,晴天一身汗,雨天一身泥。1985年农历岁尾,人家忙于置办年货,而林宜焕则与施工员一起,浇注黄避岙公路桥,每天加班至深夜才回。在落实土地政策时,有个承包户不愿让田,林宜焕就主动把自己最好的秧田调给他,自己宁去垦荒;当资金发生短缺时,他把借来的建屋款3000元转借给工地买炸药。经过4年零3个月的艰苦奋斗,挖土填石12万方,铺路面石4500方,黄沙3000方,共投工13050工,总投资13万元,其中10万元靠克服各种困难自筹解决,终于提前建成5.5公里毛黄公路,使大林到丹城的路程缩短3.5公里,为黄避岙乡沿海公路的通车奠定基础。

——公路网建设中,大家相互传诵着一个只有48户人家的海边渔村,集资25万元,建成长6.7公里沿海重丘公路的故事。这个村叫白沙湾村,位于大目洋渔场边,村后有座“赵五娘娘”庙,传说菩萨很灵,可岁月千年百载过去,菩萨并没保佑百姓解脱“行路难”。村民们所需的生产资料和生活用品,一直靠肩挑手提。群众说“走出白沙湾,要转10里湾,才到爵溪滩”。为了脱贫致富,90%以上的村民,都要求自筹资金,把公路修通。但一个小小的渔村,不但要造全长6.7公里沿海重丘公路,而且沿途要筑24道涵洞,填土石78871方,谈何容易!当初估计起码集资20万元以上,每户平均5000元左右,这一重任,落在共产党员齐开国身上,他毅然离开有丰厚收入的黄沙加工厂,义务担任建路负责人,不但和村民一起,每人捐资(包括义务工)5000元,并且还从亲戚、朋友处借来上万元建屋款,无息借给集体。在他带领下,短短时间,全村就集资5万元。接着,规定每户义务工指标,全村50多个劳动力,共投工25000多工,大家顶烈日,冒严寒,起早落夜,掌钢钎,挥铁锤,开山辟道,硬是开出了6.7公里公路。1986年7月,经有关部门验收符合山岭重丘四级公路标准。

位于象山港边的大徐区,151个农渔村,山隔海阻,他们把修公路看作第二次翻身。村民们的造路积极性,不亚于50年代兴修水库那阵子,工地上出现了八九岁小孩也上阵,七八十岁老人也参战的情景。大家除了义务参加铺路外,还主动捐助资金。有些老人把做寿坟、买棺材的钱,也无所顾忌的掏出来,不少年轻人缓建房子,推迟成亲,男女老少聚沙堆塔般地集资给村里,走“民办公助”建交通的路子。

大徐区的人们一谈起建公路,就自然想起为公路建设辛勤操劳的乡村干部黄九一、张大勇等人。原大岭后村村长张大勇,他在争取资金,调集力量、组织施工中四处奔波,忘我工作。当积劳成疾,患病弥留之际,乡党委、乡政府领导前去看望,问他有何要求时说:“我的病介重,看来再也不能为修路出力了。我唯一的要求,就是希望尽快修通沿海公路。”临终前,还嘱咐家人,待他死后,把坟做在公路边,让他死后也能看到汽车从村边经过,听听汽车喇叭的声音。经过5年的努力,大徐区形成了纵横交错、大小循环的公路,每天车水马龙般地将农副产品和乡镇工业产品源源不断地运往外县,全区出现了704家村、乡和联户、私营企业。工农业产值成倍增长,仅多种经营一项年产值就达7300万元,比公路修通前增长了137.7%。

全县人民在党领导下,经过5年时间的艰苦奋斗,使象山的交通事业得到迅速发展。至1985年,全县已形成公路网络化,象山半岛本土和南田、高塘等较大海岛上的乡、镇皆通汽车,总里程达 349.13 公里。其中省道 3 条,140.2 公里,县道 19 条,96.5 公里,乡道 8 条,91.83公里,专用道 4 条,20.6 公里。初步形成了以丹城为中心,东西联接,南北沟通的干线骨架,和乡乡通公路,村村有机耕路,四通八达公路运输网络,为象山经济发展奠定基础。

(三)

形势在发展,时间即金钱。

随着经济的振兴,工农业生产的发展,群众已不满足于“公路修到高山巅,汽车驶在白云间”的初级公路网络。他们迫切要求改善交通设施,提高公路效益,节省时间,减少耗费,配合经济腾飞。乡镇工业起步顶早、办得最好的爵溪镇人民要求最强烈。一向靠海吃海的爵溪人,因七十年代海洋渔业资源衰退,为寻找生机,办起了乡镇工业,但又尝到了行路难的滋味,开始不得不用“竹木桥”把技术师傅抬进来,把各种机械和工业原辅材料,用“蚂蚁拖苍蝇”的精神驮进来。1976 年造的一条简易盘山公路,路狭、弯多、坡陡,尤其是前岙岭,路面凹凸不平,弯弯曲曲,常出车祸。爵溪镇是全县发展乡镇工业的一面旗帜,产值超亿元,来来往往车辆很多。爵溪人为了把外地客户、外商请到爵溪来洽谈业务,而又不让它们看到爵溪的公路,往往先在县城找个下榻之处,吃了晚饭,再乘车到爵溪。但这总归不是长久之计,爵溪人民强烈要求改变交通条件。

一次,世界银行建设项目投资评估团一行 5 人,乘轿车从宁波出发,沿着 104 国道至梅林拐弯,徐徐地离开黑色公路,进入坑坑洼洼、高低不平通往象山的盘山沙石公路,路的左边是斧削般的岩石,右边是悬崖深谷,或惊涛拍岸的海湾。每到这里,即使是正常乘车往返的旅客,也会感到紧张,何况是头次来象、跑惯高速公路的银行家呢?他们面对险恶狭窄的路面,惊恐得心惊肉跳,一手紧捏扶手,一手在胸前划着十字,随着汽车颠簸,眼睛开开闭闭,祈求上帝保佑。车到对虾养殖场,人人像经过一场硝烟弥漫的洗礼,全身尽是灰尘,满头“白发”,他们面对名菜佳肴,懒得动筷,至于投资的事,连说“再议、再议”。一外商说,我走下飞机,来到象山,同样这点时间,可飞越好几个国家呢。

交通阻碍着象山的改革开放和外向型经济发展!

交通影响着象山经济的腾飞!

改善落后的交通,已成为象山人民政治、经济生活中的“热点”!

人民政府为人民。县长郑友庆代表县委和县人民政府,召集有关专家、工程技术人员及相关部门召开专题研讨会。大家认为:象山县在交通设施建设中是有成绩的,尤其是党的十一届三中全会以来,全县通车里程已达 394.13 公里,实现了公路网络化,但公路路况实在太差,其中三级公路只有 40.1 公里,四级公路 75 公里,其余都是等外公路,高级次高级路面仅 4.05 公里(包括县城的 2.05 公里街道)。全县不但没有黑色路面,而且所有路面等级极低,弯多、路窄、坡陡、线形差,视线不良,通车能力低,山岭险要的地段多,行车极不安全,加上沙石路面多,抗灾能力低:晴天,一路“风烟滚滚,尘土飞扬”;雨天,“坑坑洼洼,泥水飞溅”,车辆交会极为困难,很不安全,交通事故屡屡发生,尤其是泗洲头至西周的 14 公里路段,1985 年连续两次客车翻入水库,死亡多人。即使丹城至梅林的主要通道,也要翻越三座高山,冬天一下大雪,汽车受阻,影响交通,特别是蚶岙岭地段,一向被省、市交通部门列为危险路段,如果交通设施建设不向高层次方向发展,将会影响象山工农业生产发展,抑制外向型经济腾飞!

经过论证,县委、县政府认真分析研究,制订了以丹城为中心的十字框架式规划,把石浦、爵溪、丹城、西周等主要工业城镇,联接成线,提高公路效益,以适应90年代进一步改革开放需要。

1987年5月,县十一届人代会上《政府工作报告》指出:“三年内,要建成象山港汽车轮渡、石浦五新公路、鹤浦码头,开辟石、沪客运航线,继续改造丹城至石浦、丹城至柴溪公路路基、路面,逐步改善海岛乡镇交通条件,大力发展海陆运输事业……”在中央、省、市交通部门的支持下,一场穿山改道、填海筑路、兴建大桥、开辟轮渡,大办交通事业的战斗又打响了。这是象山县交通建设史上出现的第二次高潮,实现汽车过港渡轮化,逐步实现汽车越岭隧道化、公路路面高级化。

俗话说:“兵马未到,粮草先行”,办一切事业都要具有一定的财力,办交通更需要钱的投入。象山在制订“七五”规划和安排工作时虽然把发展交通事业作为重点,但银根紧缩,财力不足,要办好交通,除了集中部分财力,还必须依靠自筹资金,艰苦创业。县府决定实行财政倾斜政策,重点扶持交通项目建设。

从1986年开始,连续三年用于交通建设的投资都占机动财力的三分之一以上。1989年,财政紧缩,县机动财力只有400万元,但在交通建设上却投放177万元,占县机动财力44%,而本来用于建造县府会议室、机关宿舍等投资,只好让路。同时,在建设中贯穿“人民交通人民建”的方针。3年来,征得机动车辆路面改造资金360万元,民间道路建设资金117万元,一些企业也为交通建设提供方便,如县里两家水泥厂,在浇铺水泥路面中,宁愿劝退一些高价订购水泥的“关系户”,而保证重点工程建设,并让利100多万元;昌国冷冻厂、狮子山柑桔场都为修建县、乡公路出支了20多万元。

人们盼望公路路面高级化,汽车越岭隧道化的夙愿,成为积极的实际行动,在捐款集资上得到了充分体现。一些乡镇通过民间自发集资,几年里筹集1230万元,用于交通事业建设。

离县城12公里的爵溪镇,过去吃没有公路的苦,现在有了路,就不满足于盘山公路,而要求打通穿山隧道。

1989年,全镇集资200多万元,凿通680米长前岙岭隧道,并进行全线路面拓宽改造,路程缩短了,进出方便了,使小镇的经济插上了翅膀,腾飞了!

汽车越岭隧道化,是象山交通建设一个特点,县长郑友庆,在总结八十年代前期发展交通事业的经验时,向全县提出“学习高坎头精神,实现汽车越岭隧道化”。高坎头是南田岛上最偏僻渔村。全村240户人家,面对近海猫头洋,背靠高山荷花心,世代依靠捕捞小鱼、小虾、养殖蛏子、蛤蜊等为生,每潮抲上海鲜,均要翻越海拔344米高山,奔走30多里路到鹤浦、石浦去投售,特别是盛夏季节,鲜货挑到投售点即已变质腐烂。为此,高坎头村民,祖祖辈辈都梦想把挡在家门口的荷花心山搬掉。自1984年岛上建鹤——樊公路起,全体村民,在党支部领导下,集资购置钢筋炮钎、炸药雷管,每天挖山凿洞不止,一锤一寸地掘进;男女老少,日日夜夜,轮流到工地,决心靠一个村的人力、财力,把长350米的隧道挖通。当鹤樊公路即将通车时,联接干线的隧道亦已基本竣工。这条公路的通车,缩短了里程,解除了往日肩挑背驮、爬山越岭投售鱼货的苦痛。过去步行要耗半天时间,现在乘车半小时就能来回。路通了,人“活”了,村富了,1989年,仅养蛏子收入超3000元的就有70多户,今年预计,全村养蛏子收入可突破80万元。

"汽车越岭隧道化"在全县推开以后,实践又证明了连贯丹城至石浦两镇的昌国隧道的效益。昌国隧道,全长190米,初为围筑昌国盐田时简易人行道,后在改建沙石公路时,扩建成沙石公路昌国隧道,使石浦来往丹城尝到无需爬山越岭的"甜头"。接着,松岙隧道开通,二条隧道成为丹城连接石浦主要通道。它使石浦至丹城里程大大缩短,原先得翻九条岭、三道岗,约需二三小时,现在一小时就到。隧道的优越,使它在全县普遍开花,象东港乡大坦、长沙、大岭后、毛湾4个村,自己动手,开凿三条隧道。长沙一个村,只有76户人家,打通了一条长200多米的隧道,乘车走路再也不要翻山越岭。目前宁波市的10座公路隧道中,有9座在象山,县里还有7座隧道和一座公路立交桥正在建设中,象山隧道之多,已居全省之冠。

路面铺筑混凝土又是象山县交通设施建设上另一特点,除了丹城至石浦全线浇铺水泥路面外,梅(梅林)丹(丹城)线象山县境内路面改造,业已收到实效。原先是,进入境内地段"汽车跳、象山到"。现如今,汽车驶过宁海县境,一看到水泥路面,便知到了象山。外地人看到笔直光滑的水泥路面,无不赞叹象山人有气魄!殊不知,这每一米混凝土路面,是象山人节衣缩食用50元票面的人民币铺出来的呢?

象山境内,纵横交错的公路,以及路况的好转,提高了社会效益,发展了经济。据匡算,这样使运入象山的生产资料、工业原料的运行每吨可降低20元左右;以砂石线、梅丹线为例,如按各种车流量一千辆测算,与原来沙石公路路面相比,全年可减少机械、轮胎磨损400万元左右。"时间就是金钱",那行车时间的缩短,这价值就无法计算了。还值得一提的是,交通事故,也随之减少。1989年重大事故比1988年降低26%。

一条条道路在加宽,一个个山坡被削平,一座座隧道被凿通,弯道被拉直,高级路面在延伸,……象山的路况发生令人瞩目的巨变:共改建高级路面100多公里,打穿了9座隧道和正在打的7座隧道,共长4373.8多米,开凿填沟,劈山平峰15处,横跨沟坑桥梁30多座,与原主要公路的里程相比缩短了三分之一。缩短三分之一的里程,也许不值得惊奇,然而当你亲历沟壑峰峦之中,置身崇山重丘之间,面对险恶的悬崖,惊涛拍岸的海湾,你必然会叹之不易。当你了解常在野外施工的各级干部之艰辛、改建工程的艰苦,任何有事业心的人必然会想到创业的艰难。这里不妨让我们撷取一些踏实苦干的领导干部、工程技术人员和一支支改路大军中艰苦创业、无私奉献的几个事例。

1988年5月1日"国际劳动节"刚过,沙石公路改造工程全线铺开,一场艰苦的战斗开始了。

象山人民说:"旧社会县长下乡,前呼后拥,要用八人大轿抬,请也请勿来。"现在年近"花甲"的县长郑友庆,不知有多少日子为发展交通事业而呕心沥血。一次,他在工地疏导受阻的车辆时,司机们还以为他是赚补贴的"劳保老头"呢。他每次从省市开会回来,第一件事,就是到施工现场去看看。一次,郑县长像往常一样,异常仔细地巡视路面、涵洞,突然发现东段20米横坡边缘有蜂窝状小洞,如果光滑的路面也有类似的小孔,这不是绣花枕头吗?难道路是让人看的!一旦投入使用,车子过后,路面就会破裂下陷。他火了,大家一分一厘集起来的钱,却造出这样的路,后来敲掉部分路面发现里面倒还结实着呢,连点滴气孔都没发现,县长这才消了气,施工员如释重负。

工程进入施工不久,就碰上了石子问题,20公里水泥路面,石子堆起来可成座小山。为此,县长召集了县财政、城建局和沿途有关乡镇以及各轧石场负责人,召开“石子”会议。要求大家都要为重点工程提供方便,保证工程顺利进行。财税部门当场表态,只要采石场为公路提供石子,可减免部分税收;各区乡镇长和轧石场负责人也明确表示,工程所需石子他们全包了。最后,大家说到做到,先后为工程提供的 8.3 万吨石子,从未出现过因待料而停工的现象。确实,在这一工程建设中,凝聚着各个部门的精诚团结,凡是工程所需的汽油、柴油,只要一开口,有关部门均开绿灯,保证供应。在整个工程建设中,县委、县府领导上工地达 50 多次,像这样的协调会就有 16 次之多,保证了工程的提前完成。

被称为筑路先锋的东陈工程队,队长翟忠林抓质量的那股狠劲令人生畏。一次,某段刚浇筑的路面拆掉边上的铁板,发现有蜂窝状,他马上带领全队人马,开现场会,并拍下照片,挂起来“示众”,以提醒大家注重质量。在整个施工过程中,翟队长除派出全队最好的人马上阵外,自己一日数次上工地指挥。他这个队以质量、时间取胜,提前 21 天完成任务。他们的完工催促着其他三支建筑队伍,也拼命追赶,县“建安”二处队长,在血压升高的情况下,一手揣着“降压灵”,一手揣着尺子,在工地上和工人一起奋战了六昼夜,并列第三名。整个工程比原来计划缩短了 5 个月。这条丹城至石浦的新线,穿过松岙、昌国两隧道,绕过三大盐田,沿着大目洋西岸出现了。它全长 32 公里,并伴有拆建、新建 56 座桥梁、涵洞的公路,只用了 300 天时间,终于在 1989 年元旦建成了,它开创了浙江省同样距离浇铺混凝土路面工程期限最短之先例。水泥路面的公路似条白链,把象山半岛的两个重镇连在一起,比原来的盘山公路缩短了 29 公里,即减少了 40%的里程。

在整个改造路面、延伸公路的战斗中,交通部门干部责无旁贷,个个奋勇当先。在部队当过汽车驾驶员,专业至地方后担任过丹城镇镇长,1987 年 1 月才上任的县交通局局长陈官浩,虽然才过“不惑”之年,但他像老局长丁祥祺一样,决策有方,指挥得当,一年 365 天,天天在考虑发展象山的交通事业,尤其是降大雪、下暴雨,解决疑难问题,总是站在第一线。1988 年、1989 年交通建设的摊子大,银根紧,他为争取丹城至石浦、丹城至梅林的路面改造、凿通隧道等工程列入中央计委、交通部的建设项目,不顾疲劳,与副局长蒋炳芳等一起,写“计划、任务书”、“技术论证”等报告,日夜奔波于宁波、杭州、北京之间,争取工程列入计划、增加拨款。一回象山,就深入工地,抓进度,查质量,解决具体问题,脚踏实地,率先苦干。

县交通局工程股股长肖云喜,他,矮矮的个子,消瘦的身材,只要哪里有公路建设工程,哪里就有他的影子。他兢兢业业奔波几十年,跑遍了全县山山水水,每个村庄,每一寸公路无不有他的足迹,人称“飞毛腿”、“象山活地图”。他对工程认真负责,新建沙石公路时,面对关键工程—松岙隧道,他吃住在工地,洞口多次塌方事故中,三次死里逃生。常年负责施工中,还培养了许多农民工程技术员和公路施工骨干,成为日后象山交通建设中重要力量。为此,他多次被评为县先进工作者,并被选为宁波市九届人大代表。

发展象山的交通事业中,区镇乡广大干部,在勘察线路,处理政策、发动土建……等各项工作中,他们顶烈日、冒严寒,风餐露宿,始终战斗在第一线。“文革”期间,担任旦门公社党委书记的张世声,他不顾晚上轮流去各村“挨斗”,白天坚持到东溪至旦门的工地上劳动。他牢记“相信党,相信群众”的教导,头戴草帽,身穿蓑衣,脚着车腿鞋,挑泥拉石,与群众一起劳动,坚持为人民服务,把路修通。1978 年他担任西周区委副书记时,仍保持老干部本色,坚持劳动,密切联系群众。在筑莲花至柴溪的公路时,他与施工员薛先安等一起,拉皮带尺、打址界桩,实地勘查,选定最佳线路,与施工人员一起,日夜苦干。南田岛上建造鹤樊公路时,樊岙乡党委副书记励先进,与群众一起,苦战6周年,凿通石门岭隧道,建成9.4公里的海岛公路,方便了过去出门靠步行或乘船的渔民。

(四)

交通是国民经济发展的动脉,对于一个经济落后、信息闭塞的半岛县来说,加快交通设施建设显得尤为重要。被誉为"蓝色交通线"的海运基础设施建设,随着陆上改造公路的步伐,也紧紧跟上。

历史的车轮进入"改革开放"的八十年代,一场"北开汽车轮渡,南辟石沪客轮,专设台轮码头,航运全国港口"的战斗与陆上交通建设一样,在象山港、石浦港两地热火朝天地展开。

北面的象山港,以开辟西泽汽车轮渡作为重点,目的是方便群众,缩短象山至宁波的路程。从六十年代中期开始,象山去宁波的旅客在西泽乘渡船至鄞县横山码头,为了抢购车票,渡船还没靠岸,旅客们就预备起跳,蜂拥般地跑到横山站,跑得慢的买不到车票,又得跑到咸祥街等车,来往很不方便,许多人感叹:"象山到宁波乘汽车真难。"这一轮渡的建成,不但使丹城至宁波的里程缩短了48公里,而且使象山半岛与舟山沿海一线相连,可缩短里程94公里,对发展沿海经济起着重要作用。但要建造浙江省跨海距离最长的第二座汽车轮渡,困难很多。它是涉及公路、码头、渡轮、房屋建筑的综合工程,象山尚属首次。1986年3月,工程上马后,实际负责该项目工程的张汉庭与交通局丁祥祺、叶升达、杨武良等团结一致,一心扑在工程上。在施工过程中,他们纠正了设计上的重大失误,克服了资金上的严重困难。为了少花钱多办事,对钢引桥、铁锚、铁链,不是采用简单承包办法,而是顶烈日,冒严寒,跑遍了浙江、江苏、安徽等沿海沿江拆船公司,通过洽谈比较,最后买下质好、价廉的码头设施,投资比预算减少三分之一。为了节省两只50×12米的趸船运费,委托驻象海军无偿拖运;两边码头的安装,在保证质量前提下,委托县航标工程队安装……。由于处处精打细算,千方百计减少造价,使整个工程费用节约28万元,并将这些资金用于渡轮的配套设施上。如西泽码头来回车道和场地,原设计800平方米,后经交通局丁祥祺、蒋炳芳等认真分析测算,采用劈山填海方法,使场地扩大到6600平方米;码头管理用房建筑,原设计为500平方米,后扩大到1300平方米,并建造了油库、管道设施。在大家共同努力下,西泽汽车轮渡终于在1988年7月胜利竣工。通航不久,震惊省内外的"7.30"台风登陆,山洪暴发,104国道上的宁海县凫溪大桥被冲毁,交通中断,近千辆满载救灾物资的汽车,绕道西泽轮渡,保证了国道上客货车辆的正常运行。渡轮通航后,根据来往车辆测算,每天至宁波的各机动车辆100辆左右,每年可节省汽油73.11万公升、柴油91.39吨,减少轮胎损耗11.5万元,三者合计每年可节约人民币163.3万元。对于物资畅流、车辆周转、减少事故、节约时间等所发挥的效益更是无法计算。对这巨变,一民间艺人编了一首顺口溜:象山港阔八海里,西泽横山一船连,路程缩短九十里,人民拍手称方便。

在象山半岛之南的石浦港,素有"浙洋中路重镇"之称。渔汛期间,是四省一市渔船的汇集地,十分繁华。自从日军侵华以来,对石浦镇进行狂轰烂炸。1941年4月19日石浦沦陷后,日军为掠夺象山碘石资源,霸占码头,抢运碘石。投降前夕,日军将所有码头设施破坏,解放时只剩两座破码头,客货运输依靠97只木帆船。解放后虽有发展,但还跟不上经济发展形势的需要,尤其是党的十一届三中全会以后,随着小平同志"一国两制"构思的提出,石浦港对外开放了。1983 年始,台湾渔轮纷纷进港避风、补给、观光、旅游,并来大陆开展贸易活动。渔汛期间石浦镇,桅樯林立,人山人海,摩肩接踵。而石浦的主街道,只有 1.9 公里,最繁华地段仅 300 米。道路相当狭窄,最宽 12 米,最狭 4.2 米,而且大小卡口很多,功能混乱,破旧落后,古老的渔港显然与八十年代的改革步伐很不相称。县人民政府就在石浦设立重点工程领导小组,以石浦镇政府为主,由县城建、交通等单位负责,决定对石浦港进行全面改造。

1988 年开始,一场移山填海、改造沿港公路、建设新码头、开辟石沪客运线的战斗在石浦港边打响了。第一任务是改建沿港公路。原来的石浦街道大都筑在山坡上,后建的沿港路也只 4 米宽,靠拆迁还不能解决全部问题,要拓宽延伸的 4 公里沿港马路,有 2.1 公里是移山填海筑起来的,其中 1.5 公里处用了 2500 根深水桩。水下打桩难度很大,施工时须赶在黄海高程 0.5 米以下的低潮位。为了赶时间,施工人员都穿上橡皮衣裤下水,不管白天黑夜随潮汐变幻工作。具体负责石浦港改建工程的县城建局副局长高鼎(工程师)头发斑白,年近花甲。他带领工程技术人员,大部分时间都住在石浦工地里,还与技术人员一起在办公室里绘制图纸,有时得忙到 12 点以后。这样不但施工时间提前了半年,而且还节约勘察、设施、施工、用料等费用 283 万余元。使整个石浦港的沿港公路,由老港区向新港区延伸,岸线总长达 5 公里。原来石浦的老街道弯路被拉直,卡口被切除,狭道被拓宽。浦江一路长 2 公里,宽 36 米,延伸 4 公里。与沿港路相连接的三岔路口,不但宽 60 米,长 80 米,而且还建起一组具有渔港特色的雕塑。拓宽沿港街道中,拆迁各种建筑物 6430 平方米,围墙 1500 米,场地 9000 平方米,拆迁外移码头各一座,拆除道头 15 处,建成了一条曲直相宜的渔港中路。路两旁,原来堆满垃圾、破烂,龌龊不堪的地方,新建了花坛,绿地、公园,种上了 1585 株四季常青的乔木和五彩缤纷的花卉,两座雕塑像站立在港边,似乎注视着石浦港日新月异的变迁。

石浦镇政府为不断加快基础设施建设,从 1987 年开始,三年来用于交通、通讯、码头等投资近四千万元。他们在省、市、县有关单位支持下,开辟了新港区,一座座码头连珠般地在港边崛起,一条条航线向全国各港口伸展。

几年时间,在石浦港边,增建了 13 座趸浮式码头,其中一座专供台湾渔轮停泊的劳务协作码头,它一次能停靠 6 至 8 艘渔轮。去年下半年,经国家批准,又开始兴建了 3000 吨级的对台接待专用码头。迄今,石浦商务部门已与台胞进行贸易达 1000 余次。石浦在八十年代,共接待台湾渔轮 7892 艘次,渔民 66000 多人次,石浦港成为大陆沿海接待台轮最多的一个港口,对台贸易额列全省之冠。

继石浦至椒江、海游、健跳、沈家门、六横等 7 条客运航线通航以后,于 1989 年又开辟了石浦至上海的石沪线。这条航线象山人民企盼了 40 年。但以一个县的财力要购买一条几百个客位的客轮,谈何容易。改革开放后,为繁荣经济,石浦交通分局副局长章才富等"求奶奶,告爷爷"般地数十次来往于杭州、上海、舟山之间,始终找不到一条价钱便宜、舱位舒适的客轮。最后他一咬牙:自力更生,自己干,他在海军某部支持下,北上大连,购得一艘从部队退役的旧船,委托浙江船厂改造成有 282 个卧铺客位的客轮。象山直达至上海的事,一忙忙了 3 年多。县里虽为此添了一笔高达 300 万元的"外债",但终于使石浦至上海客运线,于 1989 年 10 月通航了,石浦活了,象山活了!人民政府为人民,人民是多么高兴啊!1990 年春节,港澳侨胞、台湾同胞,赶乘上海客轮,到象山等地来探亲的达300多人。40多年没有来过石浦的台胞李阿祥、王三梅、郑彩香等先生女士一跳上客轮就赞扬说:“共产党真伟大,连中断了40多年的上海至石浦的客轮也恢复了,给我们回乡探亲带来了方便,今后我们要多来走走。”

石浦港自八十年代一艘一千吨级的冷藏船投入货运以后,航线延伸至:北达青岛、大连,南抵闽粤、湛江,西溯武汉、宜昌,货船增至257艘,货运量达72.86万吨,使陆运衔接海运,路路皆通,经济振兴。

“长风破浪会有时,直挂云帆济沧海”。

象山水陆交通事业的发展,如大鹏展翅,促进了象山半岛经济的腾飞!1989年,象山县工农业总产值达到14.2亿元,比1978年翻了近三番,农民人均收入从1978年的156元,提高到760元。明朝时代,作为封禁之地的象山,如今有了17家“三资”企业,象山的外向型经济以少有的速度,迈进了全省先进行列。

象山的路、象山的码头,是靠沙、石、水泥默默地奉献、牢牢地凝结而成的。这里面,也凝聚着各级党政干部、工程技术人员和工农群众的智慧及汗水,以及全县50万人民艰苦创业的精神。他们的业绩将和这些崭新的路一起,载入史册,成为人民赞誉社会主义建设的丰碑!

(执笔:顾挺、朱华庭、袁一峰)

注:选自《象山党史资料》(1990.9.6第二期)。限于篇幅,略作删改。

象山通往境外第一条公路

杜竹轩　竺桂良

象山县地处象山半岛,位居我国沿海中部,历为海防要冲,水上交通称便,陆多高山峻岭,交通闭塞。1932年(民国21年),始建丹城至西泽公路,未几即毁于战事;1937年(民国26年)11月,省建设厅曾派员勘测宁象公路,取道墙头、儒雅洋、西周、下沈、大佳河、黄墩至梅林,长61.5公里。嗣因战事吃紧,省府南迁而搁置。

1956年1月4日,县委、县人委向省人委、舟山地委、专署报告,要求批建象宁、象石公路,象宁线取道泗洲头、西周至梅林。当年,省派测量队勘察宁象公路,取道宁海小北门,经沥洋、胡陈、泗洲头至丹城,越白峤、铜坑、西溪、鹭鸶跳、文山、乌石岐、船岙、黄土岭等大小山岭,并计划于1960年筹建。

在尚未批建之前,县委、县人委决定先修建丹城至蟹钳渡、白墩公路,并于1956年1月27日发动大徐、墙头、南庄、新桥、丹城5区(镇)组织各乡、社民工修建。白墩公路于6月8日通陈山渡。次年7月,丹城至蟹钳渡全线通车。

1958年2月6日,毛泽东主席来杭视察,看到浙江省地图上海防前哨的象山没有公路通内地,唯标一条虚线。即召省交通厅长吴化文及金总工程师,询问该公路情况,答曰:“已勘察设计,拟1960年修建。”毛主席说:“这条路早该修通了。”毛主席这一声令下,各级政府、宁象两县人民雷厉风行,省交通厅当即召集会议,研究建设宁象公路事宜,象山县交通科周斌、宁海县交通科范铭华与会。省交通厅还从已安排它县建设经费中,划拨款项给宁象公路,并抽调技术骨干参加宁象公路建设,派总工程师葛辰生、工程师吴伯云,于2月16日到达宁海城关筹备。

省有关部门会同宁象两县交通部门成立筹备宁象公路修建委员会,由副县长倪岐任主任委员,交通科长柏光禧为副主任委员。并设指挥部于泗洲头,倪岐为指挥,柏光禧、吴伯云(省派主办工程师)为副指挥。全线设4个工区,一、二、三工区为宁海县段,第四工区为象山段,象山段修建蟹钳渡至西溪岭顶宁象两县分界处,全长9.8公里。第四工区主任齐月华(新桥区副区长),副主任余洪根(省工程局技术员)、周斌(县交通科技术员),技术员石敬成(省工程局),会计陈为轩(县交通科)。同年10月,宁象并县,设宁象公路修建指挥部于沥洋(当时县治),由副县长陈星为指挥,吴伯云负责施工。

1956年测量时,计划投资811855元。1958年3月1日,重新进行复测,至14日结束。此次复测改线,遵照"勤俭办一切事业"的精神,发动依靠群众,选择合理线路,提高质量标准,降低造价,削减造价至50万元(国家投资部分)。

按上级指示,宁象公路修建,统一领导,分段包干,每个时期确定重点。技术由省统一调度,民工由两县分别负责。前半期以宁海为重点,完成时间根据两县农时统一制定计划,以6月10日至7月11日,突击土方为主;9月17日至30日以路基扫尾和路面等工程为主,做到农时、筑路两不误。鉴于以往发动民工突击筑路时,出工人数多,现场指导人手少而造成劳力浪费、影响质量等情况,工区事先通知各乡、社负责民工的干部来工地学习训练,然后组织民工骨干到现场开会,由施工员讲解、操作示范、技术交底,管理一致。在施工中组织劳动竞赛,检查评比,以推动全面工作,保证施工进度和质量。技术性工作,如开山采石、桥涵工程、防护设施等,雇技工修建。5月份又从仙居、缙云、泰顺、文成等公路工地调来部分技工,配合民工突击。土方、路面和备料等工作发动民工义务建勤。全线最多时动员技工600余人,民工7000余人。在鼓足干劲、力争上游、多快好省地建设社会主义总路线教育鼓舞下,和县委、县人委正确领导下,积极推广先进经验,掀起技术革新运动,如推行钢钎山萘淬火,桥涵无桩基础等办法,加速了施工工期,降低了建路成本。宁海至丹城全长78.6公里,其中丹城至蟹钳渡23.4公里,已于1956年建成通车。宁海至蟹钳渡55.2公里,按六级公路标准设计施工,全线3月3日正式开工,至11月7日建成,提前3个月竣工。国家实际投资45.56万元,民工建勤37.96万元,合计83.52万元。

1958年11月7日,在沥洋举行通车典礼。由副县长陈星主持,县委书记冯书法剪彩。原宁象两县县城各派汽车前往庆贺,丹城派车1辆,由梁和全驾载代表参加仪式。后全线通过验收,同意交付台州公路运输公司接养,于11月21日正式移交使用。

注:选自象山县政协文史委员会庆建国五十周年编《创业漫忆》(1999.1)。限于篇幅,已删改。

作者简介:杜竹轩,1912年出生,山东省莒县人。1941年入伍并加入中国共产党。曾任山东莒县垛区区公所文助、校长,莒县民政科科员、股长,浙江省台州专署民政科副科长,宁海县府秘书、主任,宁海青珠农场场长、书记,象山县交通局长。1985年离休。

竺桂良,1936年出生,浙江省象山县人。1952年入伍。曾任象山县交通局副主任科员、首轮《象山县交通志》主编。

象山港汽车轮渡记

张汉庭

第七个五年计划期间,象山县通过改革开放,经济建设已取得较大成就,县内交通设施也得到一定改善。但偏僻的象山半岛,交通落后仍然制约着全县经济发展。县委、县府针对象山地理条件,通过多方调查研究,提出改善象山交通的总体规划,建造象山港汽车轮渡是规划的重点项目之一。

开辟象山对外第二通道

县领导于1984年开始酝酿建造象山港汽车轮渡,以开辟象山至宁波第二通道。经有关人员数月调查论证,证明建造象山港汽车轮渡对促进象山经济发展具有明显社会和经济效益:一、轮渡如建成通航,丹城到宁波从原有127公里减至79公里,缩短里程48公里;石浦至宁波从155.8公里减至114.8公里,缩短里程41公里。二、随着里程减少,各种车辆的燃料及轮胎损耗也随之下降,这是一笔可观节能数字。三、两岸原过港群众(据统计每年约有32万人次),由一条200客位小客轮接送,遇到低潮位客轮无法靠埠时,由舢板转驳,由此造成乘客拥挤,秩序混乱,伤亡事故时有发生。建造象山港轮渡后,不但方便群众,交通安全也得到保障。四、在技术上,我县虽属首次,但省内已有舟山白峰海上轮渡的成功经验,可以借鉴。

1984年10月,县领导对建造象山港汽车轮渡作出决定,并带领人员向宁波市及省交通厅有关领导汇报,省、市领导对该项工程表示支持,并同意由象山县委托浙江省交通设计院进行钻探、测量和设计。1985年8月,县计划委员会根据初步设计和国家基本建设工程管理规定,向省计划经济委员会正式上报《象山县关于象山港汽车轮渡工程请求立项的报告》。省计经委对轮渡工程也很支持,于同年12月批文同意立项施工。省交通厅根据省计经委批文,于1986年1月组织有关人员审查了设计方案,经过修改后,交通厅也批准施工。至此,象山港汽车轮渡工程成为象山县1986年重点建设项目。

全力以赴投入轮渡工程

1986年2月春节刚过,我正参加全县计划工作会议,县府张启楣县长到招待所四楼会议室找我,他说:"象山港轮渡工程前期工作已结束,现将具体实施,经郑友庆副县长推荐商量后,这项任务决定请你去负责。"听后感到很突然,我调到计委工作只有半年多时间,许多业务和关系都不熟悉,该工程虽听说过,但前期工作没有参加。更重要的是它是公路、码头、渡轮、房屋建筑多项综合工作,既有陆上施工,又有水下作业,工程管理十分复杂,不像其他工程单纯,过去又从未接触过,我便坦率地向县长说:"谢谢县长对我的信任,交通工程我从未参加过,如此重要的轮渡工程,我恐怕心有余力不足,是否请其他同志去完成。"县长说:"我们要建的汽车轮渡全省尚属第二,象山同志谁也没有做过,困难肯定是有的。郑副县长说你一定有办法能完成,你负责过大塘港堵港工程,不是做得很好吗?轮渡工程就交给你了。当然,有什么困难我们可以一起商量。"于是我只好接受这一任务,同时我请求交通局局长丁祥琪同志一起参与,县长同意了。接着县府正式发文建立象山港汽车轮渡工程领导小组,由副县长高明峰任组长,我和丁祥琪任副组长。同时抽调了交通系统叶升达、杨武良两同志,又聘请了民政局退休干部贺师旷、原南田区委副书记贺师科两同志组成了办公室,办公地点设在西泽原供销社仓库。

修改设计不断扩大规模

工程启动后,我的设想开始很简单,认为只要把好质量关,一切按图施工就可以了。但一接触实际并不如此,首先发现交通设计院的设计存在不少问题,如果按图施工,将会造成一座候高潮位通航,类似农村常见的渡口,不过是渡汽车罢了。这种汽车渡口不但不能适应今后象山经济发展的需要,就是当时象山经济现状也难以适应。这种简陋的轮渡设计主要是受到资金的限制。面对已设计好的图纸怎么办?轮渡办公室全体同志经商议后统一了三点认识:一、决不盲目按图施工,通过我们主观的最大努力,在征得设计部门同意的情况下,把象山港汽车轮渡建设得既实用、漂亮,更要现代化些。二、要迎着困难上,决不把轮渡建成"半拉子"工程,半途而废,给国家造成损失。三、大家出主意想办法,不计报酬,苦战三年,完成建造任务。

征用土地是开工前的首要工作。当我们征用西泽码头、公路接线所需土地时,发现从码头通向原公路的接线设计不妥。按照设计图纸,接线公路只有741米,但要穿过每年利税有数十万元的西泽砖瓦厂生产区,而且公路线形也不好。如果按图征用土地,所需土地面积虽不多,但要赔偿砖瓦厂生产损失费很大,还要解决该厂部分职工转业的问题。可是我们工程概算内,根本没有砖瓦厂生产损失赔偿和职工转业的费用。在县府领导的帮助下,经过多次实地踏勘,我们决定放弃原有设计,公路接线改由砖瓦厂生活区通过,不但解决了线形不好问题,而且不影响砖瓦厂的生产,不用赔偿损失费。但改线要劈掉一座山坡且要延长公路接线124米,增加工程量和工程费用。公路接线按原设计,路面宽7米,路基宽8.5米,眼前来说,一般是可以了,但从今后车流量增多来考虑,路面宽度是不够的。同时该接线是轮渡专用线,今后如要改造加宽必须由轮渡公司负责,费用很大。为了适应渡运发展需要,减少轮渡公司今后发展中的困难,我们决定西泽公路接线路基路面各加宽2米(个别地段增加到14米),横山码头接线属鄞县地界,受到土地征用的限制,但也各放宽0.5米。

码头地面建筑按设计征用土地也不多,西泽码头只建800平方米回车道和一条7米宽水泥路,没有停车场等设施。码头用房为700平方米,建在远离码头的山岙内,由于整个码头的设计与农村渡口相似,将来肯定对来往车辆与旅客,对码头渡轮的管理和职工的日常工作、生活带来极大不便。对于这种过于简陋的设计,我们多方征求意见,决定予以改变。为此,采用劈山填海办法,在码头定点处征用小山一座,在海涂上填出十亩面积的场地一块,以集中建造码头所需各种设施之用,并同时解决了接线公路拓宽、加长所需路料问题。

码头水上工程是整个轮渡建设的主体部分。为了确保码头工程质量,聘请省交通厅直属企业,已建过舟山轮渡的浙江省海港工程公司负责施工(当时工程投标还未全面推广)。当工程队进驻鄞县横山,在海面放样打桩时,发现横山码头水上工程在设计上有严重失误,即在低潮位时,钢引桥坡度过陡,过渡车辆不能在码头栈桥和趸船之间通过,必须等到高潮位时方可通行。国家投入不少物力财力,建造一座低潮时不能通行的轮渡,不是浪费吗?为了对人民负责,我们一面通知施工队停止施工,一面即向张启楣县长汇报,县长感到问题很大,经商议同意暂停施工,并向设计院提出要求修改设计的意见。他们对我们提出的修改方案也表示同意,为了争取时间,要我们即去杭州汇报。我们于当夜赶赴杭州,第二天上午去省交通设计院向一位负责设计的高级工程师汇报,谁知他听后却轻描淡写地说:"低潮位不能通车就等高潮位好了,也可在岸边增设一架牵引设备把车辆拉上来嘛。"意在不愿修改。我们说如果车辆要落船,下不去怎么办?他久未作答。我们只好又奔交通厅向负责工程技术的副厅长汇报,厅长听后极为重视,基本上同意我们提出的两边码头修改方案,当即把设计院高级工程师叫来批评,并指示设计院,迅速修改设计。设计院根据厅长的指示,对原有码头设计作较大修正,横山码头的栈桥长度在原设计基础上再向海面延伸 20 米以降低坡度。为了保障车辆上下安全平稳,并与降低坡度相适应,原设计的 8 米阔、32 米长的趸船,改为阔 12 米、长 50 米,并在趸船二边各加一条小趸船作系缆之用(西泽码头也一样)。通过设计修改后,横山码头不但解决了低潮位不能通车问题,且解决了渡轮停靠方式与西泽码头纵、横向不一致问题,以便渡轮职工的操作和保证车辆上下安全。

码头陆上设施建设是汽车轮渡的形象工程,根据原有设计轮渡既无水电设施,也无停车场地。但张启楣县长多次对我说:"西泽码头是象山县的东大门,必须建得漂亮些,使外地来人首先有个好印象。"把码头建得漂亮些也是我们的意愿,在资金严重缺少的情况下,我们硬是聘请县城建局设计室的同志外出参观,在新辟出的 10 亩土地上设计布局,要求码头所需的生产、生活各种设施尽量齐全,能有一个较为宽畅,具有时代气息的环境。根据地形条件,建造了约 6 亩面积的停车场,以及 944 平方米四层船形立面综合楼一座,241 平方米框架结构候船室一座,此外还建造了门卫、配电房、仓库、油库、厕所及旅客服务用房等计 1335 平方米。为了解决用水问题,又建了蓄水池一个。西泽码头地面建筑比原有设计土地面积增加 5000 多平方米,房屋面积增加 900 多平方米。横山码头虽受土地的限制,也建了 800 平方米停车场一个,326 平方米综合楼一座及水电等设施。

多方筹集资金降低造价

1985 年底,汽车轮渡的概算已经出来,总造价为 180 万元(不包括渡轮),当时全国尚处计划经济为主、市场经济为辅阶段,基本建设资金仍由国家无偿调拨。象山港汽车轮渡按其建设规模属于局部性地方项目,建设资金由地方政府自行解决。为此,经省、市、县三级有关领导商议后,决定由省交通厅补助 100 万元,宁波市政府补助 60 万元,象山县政府自筹 20 万元。建设资金应该说是有保证,但谁知工程开工后,建设资金便出现缺口。首先 1986 年 1 月,项目经过会审后,由于设计修改,工程造价由 180 万元增加为 193.3 万元,新增的 13.3 万元就无处着落。在设计图纸中我们发现有多处错漏,设计部门如不更正,那些错漏项目的资金就无来源,为此多次请求设计院修改,但是设计者虽承认错漏,却因交通厅早已发文不能修正。我们在施工中不能将错就错,这又增加了工程资金的缺口。直到 1987 年 7 月,经多次请求交通厅,终于给予更正。

设计院对横山码头设计重新修改后,工程造价从 193.3 万元上升到 289 万元,由于增加投资 95.7 万元数额较大,省、市、县三级领导再次作了商议,决定由省交通厅原补助 100 万元调整为 131 万元,宁波市原补助 60 万元调为 100 万元,象山自筹 20 万元调至 58 万元。资金来源明确后,照理讲资金困难应该不存在了,但资金问题远比修改设计、扩大建设项目的困难还要多,还要大。碰到第一个难题是浙江省海港工程队承包的水上工程,他们不接受设计院编制的概算工程单价,理由是 1986 年交通部已颁发了新的工程单价,设计院仍采用已停用的 1980 年、1984 年颁单价标准是不合理的。我们认为新标准已执行一年多,现在仍用老标准确是说不通。为了保障工程按时开工,我们只好按 1986 年新标准与施工单位签订合同,再次出现数万元的资金缺口。再一难题是资金不能及时到位,三级拨款单位除宁波市外,省交通厅为了防止出现"钓鱼工程",补助资金一定要按工程进度下拨,不能提前。县内自筹资金除原 58 万元外,后又同意增拨增加建房面积 26 万元,共 84 万元,到位只 10 万元。由于资金到位滞后,使某些工程无法提前,经常出现资金拖欠现象。面对缺口资金不落实、落实资金不到位的困难局面,为了保证正常施工,达到预定进度,我们按月向交通厅报告工程进度,要求及时拨款,并在资金使用上进一步采取精打细算,节省开支的措施:1.千方百计做到少花钱多办事,在符合设计要求的前提下,尽力做到一举数得,如在建造西泽接线公路和码头场地时我们只花了一笔小山征用费和人工开采费,不但解决了新建公路所增加的长度和宽度及码头新辟的6600余平方米场地的所需费用,而且比原工程概算还节省2万元,工程质量比设计更坚固。2.凡办公室力所能及的事,宁愿大家辛苦些,决不简单承包,以减少费用。如购置大小6只趸船,码头施工单位多次提出承包,没予同意,我们自己亲去镇海、台州等地洽谈建造趸船事宜。由于掌握了行情,在同等规格质量前提下,节省资金10余万元。西泽码头的实地工程也由办公室同志自己组织力量施工,节省资金5万余元。又如按设计两边码头需配置铁锚24门,共48吨,铁链56吨(用以固定趸船),我们也不承包给工程队,由办公室同志顶烈日、冒严寒,跑遍浙江、江苏、安徽等省沿海沿江的拆船公司,购回从万吨轮拆下的可用铁锚60余吨,铁链86吨,不但锚比设计重、链比设计粗,而且节省资金7万余元。趸船建好后应由厂方送到工地,但运费由我方负担,为了节省费用,决定请鹤浦驻军拖运,节省费用3万余元。对一些小项目我们也不放弃,如对码头的安装,我们没有包给施工队,而请石浦航标船安装,在保证质量前提下节省费用2万余元。此外我们在海港工程公司驻地发现一批舟山轮渡未曾用上的桥面板,规格与我们一致,便向该公司多次要求无偿支援,最后同意了我们请求,这样又节省数万元。3.减少工程管理费用。办公室的用具能借就借,能自带就自带,一切因陋就简;因公出差一律按规定报销,不搞额外补贴。在二年多施工中,上级领导多次来工地检查工作,我们均在工地现场接待,不搞请客送礼,就连烟茶也由个人开支,不在工程内报销。据不完全统计,整个轮渡工程共有10余个项目,总节省费用达28.2万元。

少花钱多办事只能降低工程造价,不能解决资金不到位的缺口。当工程已完成一半以上,省市资金已基本到位时,县内自筹部分除10万元外,由于某些原因仍难兑现,必须“找米下锅”,另想资金来路。有次偶然得知舟山汽车轮渡在施工时曾获部队补助资金200万元的消息,联想象山驻军也不少,可以通过部队解决资金困难。当即向县委书记黄兴国、县长张启楣汇报,同意以有利于战备为理由,向部队提出要求。我们根据领导意图,便与宁波市战备领导小组办公室张鹤鸣同志取得联系,并通过他向宁波军分区、浙江省军区报请资金补助。1987年3月13日,市战备办公室来电告知,南京军区后勤部军事运输部部长兼南京军区战备领导小组副组长孙书清同志已来宁波。我即向张县长汇报,在市战备办公室帮助下,14日早上张县长与我赶到宁波海军招待所孙部长住处。他听了张县长简要汇报后,当即同意亲自到鄞县横山码头察看。孙部长站在横山海边,眺望着对港西泽的山影说:“建造象山港汽车轮渡是件好事,我们表示支持,关于经费上的补助,待我回南京想法争取,我一定为此摇旗呐喊。”为了争取驻象部队对轮渡工程的支持,1987年3月20日,在县委常委会议室黄兴国书记主持召开由驻象各部队首长参加的联席会议,由我介绍建造象山港轮渡的必要性和工程施工情况,黄书记对驻象部队提出希望和要求。部队首长对建造轮渡的重要性,特别是石浦到舟山通过象山港轮渡和沿海公路从原有的207公里减至113公里,缩短里程94公里,认为很有战备意义。驻象各部队一致表示支持该工程,并同意向各自上级打报告请求资金补助。同年6月,我们又得知中央军委后勤部战备办公室一位副主任到宁波的消息,我与丁祥琪同志当即赶赴宁波向副主任汇报,他听后也很重视,即派一位干事来象山西泽察看,表示回京后研究。通过我们一系列工作,得到部队补助希望很大,可是等到11月仍无确切消息。为此,我与丁祥琪、市战备办公室张鹤鸣同往南京军区后勤部,并与孙部长的助理员(同来宁波时相识)见面,他说:“从宁波回来后,部长很重视,由于军区本身无此项补助经费,与有关领导商量后,已以军区战备办公室名义向北京报告,请求补助。”我问:“部长意见补多少?”他说“大约30万左右”。最后他建议我们,如有可能去北京问问,并告诉了地址。1987年12月,市交通局为了国防公路一事去北京,经县府领导同意,我与市里同志一起赴京,找到军委后勤部战备办公室曾来宁波的那位副主任,我简要汇报了轮渡施工情况后,他说:“南京的报告收到了,我现已调动工作,你们的事由接替的同志办理,我已交待过,你们可与他谈。”并向我们介绍了这位领导,那位领导说:“轮渡的事我知道,这项补助经费是由国务院战备办公室开支,我们已将报告转到那里,现在我给你们通电话,到那里去谈吧!”又告诉我办公地点在交通部内,当时我们感到有些不妙,但仍抱着很大希望赶到交通部,找到了国务院战备办公室的一位处长,我便向他汇报,他当即问我是哪里来的,起初我说是宁波,后来说是象山时,处长说:“全国有二千多个县都像你们那样来北京,我们就不要做事了,你们的问题找省里、市里去解决吧!我们还有其他事呢!”我虽再三要求,他却不理了。难道真的到了“山穷水尽疑无路”的地步吗?幸好市交通局一位同志想找交通部的一位熟人,我也不甘心,还想在交通部内碰碰运气,我们便在大楼内找到一位名叫钱文中的工程师,他是交通部公路局(等于司)负责华东片公路工程的,宁波象山在他的工作范围之内。我便向他述说了来北京的目的和目前所遇到的情况,他对我的处境很同情,我便请求他在资金上能予支持。他说:“轮渡工程是地方办的,又这么小,部里都是大项目,根本挂不上号。”在我再三请求下,他说:“你明天上午再来一次,我给你引见一下主管工程的毛家安副局长,或许有些办法。”我听后感激不尽,真是“柳暗花明又一村”,又有希望了。第二天早上我一人冒着零下10多度的严寒,走了一个多小时赶到交通部,部里还未上班,约等半个多小时,钱文中同志即领我进毛副局长办公室。相互虽不相识,毛副局长却非常热情,不但让座还亲自倒茶,听完我汇报后,他说:“你们的项目太小,要在部里列项解决资金问题是不可能的,不过我与钱工程师商量过,在即将下达的1988年度已批准的宁波市工程投资项目中,再增加一些资金补助你们,用这个办法来解决你看如何?”我听后真有说不出的高兴,忙说:“好的,好的。”并又讲了许多感谢的话,便离开交通部回象。到了丹城细想与毛局长的谈话,感到尚有问题,交通部批准宁波工程项目有几个?给轮渡工程的资金放在哪个项目内?补助多少?宁波市交通局是否会承认?这些问题我都不清楚,如不事先弄清楚,今后可能又会变成泡影。我当即向交通部钱文中同志寄了挂号信,请求交通部下达计划时能予明确,以免与宁波市交通局发生矛盾。钱文中同志的工作确是负责,他接信后,当即回复:“经请示部领导后,在宁波市南门出口改造项目内,增拨50万元,作为象山港汽车轮渡建设资金,计划本上都有具体说明,可去宁波市交通局联系。”由于交通部补助50万元,县府又拨15万元,总算解决了工程资金的缺口。

争取银行贷款建造渡轮

汽车渡轮也是工程主体之一。建造怎样的渡轮,关系到建造价格、航行速度、运输安全和生产成本。根据象山港所属海区、航行距离、车流数量和当时投入资金的可能,省计划经济委员会批准我们建造36米长、8米阔、可载运东风牌五吨汽车8辆(统称8车渡)、散客50名,船头船尾都能驾驶(统称为双向推进),航行速度为8节,吃水为1.5米的渡轮两艘。由于省内没有此类图纸,我们便委托浙江省船舶设计室具体设计。在设计过程中设计单位向我们提出,“该渡轮由于1.5米吃水,会产生船体不稳定,影响安全。为使船体稳定,必须加放压舱铁40吨,这又影响到1.5米的吃水。是否可以超出1.5米的吃水线?”这是一个新难题,当时我们所以确定1.5米吃水线,主要是横山码头海涂上涨较快,在低潮位时,船体吃水超过1.5米就难以进出,因此要增加吃水是不可能的。设计单位又提出:要保持1.5米吃水,只好用加大船体的长度和阔度来解决,这就要增加造价每艘10多万元。对我们来说,由于没有资金来源,增加造价也是不可取的。为了妥善解决船体的稳定性问题,我们便到设计室作进一步了解。通过与有关人员交谈,发现提出船体不稳的是一位单位业务负责人、高级工程师,而进行具体设计的工程师却认为1.5米吃水不会影响船体稳定,理由是他详细计算过,而那位高级工程师是凭经验提出的,没有具体计算。由于他是负责人,只能听他的,因此具体设计的工程师希望我们否定高级工程师意见。我们认为通过计算应该说是可靠的,但船体的稳定涉及到科学技术,关系到生命财产安全的大事,我们作为甲方不能随意表态,我对设计者说:在保证船体稳定又不增加资金投入,保持1.5米吃水线的前提下,还有什么办法证明你的计算是正确的,能促使高工放弃船体不稳的意见呢?设计的同志说:“现在唯一的办法是去上海做稳性模拟试验,可靠性一般在百分之九十以上,不过你们要出一笔试验费,大约三、四千元。”为了尊重科学,我就同意模拟试验并委托该同志具体办理。该同志为了证明自己是正确的,也非常积极,只用了二十余天时间试验结果出来了,从数据上看基本与人工计算的结果相符。但我们为了确保船体稳定、运输安全,在渡轮建成后,还是加了部分压舱铁。

建造渡轮的资金,根据省计经委批文,由国家拨款改由银行贷款。贷款额度两艘船共计200万元。我们根据批文便向象山有关银行贷款,象山银行没有此笔资金,宁波市有关银行也无此项贷款指标。为了不影响造船时间,我们多次向省计经委、省交通厅请求帮助落实,最后在他们的协调下,向中国工商银行浙江省分行贷款200万元。贷款由象山港轮渡公司负责归还,贷款利息,考虑到轮渡公司生产利润尚有一段时间,经县府同意由象山地方财政支付。

选择建造渡轮的船厂是确保渡轮质量、降低造价的重要一环。当时有数家船厂前来联系,我们通过考察与厂方报价情况,最后拟选择宁波造船厂承建,该厂的技术力量虽和其他厂家相仿,但突出的优势是造船所需原材料和机电设备,均以农用价格计算,每艘船比其他船厂降低造价7-8万元。正当我们与该厂协商时,石浦船厂通过县府领导要求两艘渡轮均由该厂建造。石浦船厂当时是我县较大国营企业之一,技术力量比较雄厚,本应优先考虑,但由于该厂交船时间信誉不佳,且所报价格高出宁波船厂每艘10万元以上,故不得不转向宁波。最后在县长的多次协调下,为了照顾该厂业务不足的困难,我们与石浦船厂以每艘高于宁波船厂4万元,即96万元签订合同。为了保证交船时间,在合同中增加了奖罚条款,按规定时间每提前一天交船,奖励厂方1000元,每推迟一天,罚厂方1000元。1988年春节后,两艘船建成。在领导的协调下,每艘以98万元结账。交船时间按合同规定推迟了一个多月,应罚款3万多元,为照顾该厂困难也不了了之。

三年艰苦奋斗胜利通航

整个轮渡工程于1988年5月全部竣工。比县府三年完工的要求提前了半年。根据工程决算,如以全部工程量计算共需投资536万元,但由于我们采取一系列措施,实际投放506万元,为国家节省资金30余万元。

1988年7月25日,西泽、横山两码头彩旗飘扬,两艘全新渡轮停靠在码头边。上午9时,由宁波市副市长叶信虎、象山县县长郑友庆剪彩后,满载着各种车辆的渡轮,在鞭炮声中正式通航。

注:选自象山县政协文史委员会庆建国五十周年编《创业漫忆》(1999.1)。

作者简介:张汉庭,1930年出生,浙江省平湖县人。1945年入伍并入党。曾任新四军军部、华中工委、苏南军区司令部等处机要科机要员,浙江省委机要科、士兵团司令部、上饶指挥部、浙江军区司令部机要员、组长,浙江省委机要处、宁波地委机要科、宁波地委农工部干部科秘书、科长,绍兴矿渣水泥厂、龙游煤矿党委书记,象山县委常委、宣传部长,象山县计划委员会正科级巡视员。1990年离休。

石浦港铜瓦门大桥建成记

竺桂良

(一)且说石浦

提到石浦,宁波人也许感到有些陌生,提起赚浦,善于经商的宁波人却都知道是个做生意的好地方。原来"石"字,宁波口音读起来仿佛如同"蚀本"的蚀,为商人大忌,聪明的宁波人把它改作"赚",预祝财源茂盛,讨个好彩头,所以象山南端的石浦港,在宁波人口中就变成了"赚浦"。

过去石浦街头流行两首歌谣,一是抬轿的劳工唱的,诉说他们的苦情:阿龙哥,命真苦,冷饭挂腰部,抬轿落石浦;石浦街头高低路,啪嗒,屁股跌得漆墨乌。

另一是石浦儿童唱的,希望石浦有个美好的将来:前世修来石浦人,先降福禄后生人。一日有三朝(谐潮),朝朝有仙(谐鲜)到。进口铜瓦门,出口金漆八排门(金漆门亦称金齿门,与八排们俱在南田岛西侧)。无限美好的前景,是石浦人童年的憧憬。

石浦确实是个好地方。首先地理位置好,地当南北航运中枢,早在六百多年前的明代,就被称为浙洋中路重镇,筑城置所,重兵守卫。民国时为象山对外贸易的主要口岸,有"小香港"之誉,抗战期间,一度成为向内地运输物资的重要通道,时报关行林立,小轮十余艘穿梭似的往来于沪石间,今为全国著名渔港,且集商港、军港于一身。其次是港湾优良、港域宽广,面积二十七平方公里,形如曲尺,亦称荔港。四岛环抱,屏障天成,八十年代曾为台湾渔轮夏秋避风首选之地。五门罗列,自北向南折西,依次为铜瓦门、东门、下湾门、林门(亦称蜊门,九十年代已建成单跨大桥)、三门。铜瓦门在铜瓦山(又称点灯山冈)与东门岛南汇山之间,向为石浦港出入主要通道。门宽二百米,最窄处一百五十米。由于口门狭窄,涨潮时潮位外高内低,落潮时内高外低,相差悬殊,每生成强烈漩涡、激浪,不利航行,唯涨潮前二小时,最为安全,可通行三千吨级轮船。而"金山望月"与"铜瓦观潮"相沿为石浦的二大景观。今在口门西侧及港内铜钱礁上设置航标灯以利航行而策安全。铜瓦门外为半招列岛和檀头山岛,北走大目洋,南驶猫头洋,所谓"一出东门便十洲",无远弗届了。

(二)沉痛的回忆

史事沧桑,近代百余年国家多难之秋,铭刻在铜瓦门头的只能是一些惨痛的回忆。

一八四〇年,英舰三艘意图侵犯石浦,以铜瓦门狭小,未谙潮汐,不敢贸然进犯。

一八八四年,法国图吞越南,向我挑衅。台湾告警,南洋水师派五舰南下,恰于除夕那天在铜瓦门外遭遇法舰。我三舰掉头驶回宁波,二舰被创退入石浦港内沉没。法舰也不敢贸然进港,泊在铜瓦门外,夜间不断用探照灯扫射,光柱所至,仿佛白昼。石浦、延昌一带居民吓得年夜饭也不敢吃,扶老携幼,纷纷躲到山林深处。

抗战期间,一九三九年八月六日,侵华日舰满载海军陆战队,驶入铜瓦门强行登陆,横冲直撞。驻石浦税警部队怀同仇敌忾之心,在分队长夏文俊等率领下挺身御敌,分头伏击,凭借熟悉的地形与敌周旋,从上午八时直战至晚上,终使日寇遗尸遁去。

日军失利后,竟对我渔民大肆报复。一九四〇年六月六日,日舰驶至铜瓦门,向我渔船发炮,击沉东门渔船数艘,其未沉没渔船十一艘渔民三十二人,被团团围困,浇上汽油,连人带船,活活烧死。一九四一年三月十五日,一载客渡船从石浦往檀头山,行至铜瓦门外遭遇日舰,被强行扣住,浇油纵火烧船,仅一人泅水逃命生还。铜瓦门头,夜夜鬼哭,东门岛上,哪一家没有沉痛史!

半个多世纪变化惊人,如今进出铜瓦门的多为钢质渔轮,面积不足三平方公里的东门岛上,冷藏库、冷冻厂,产品远销国外,六千多居民丰衣足食,弦诵声喧,被誉为“浙江渔业第一村”。而铜瓦门大桥的建成,虹梁飞架,天堑变通途,实现了岛民梦寐以求的心愿,谁不为大桥的建成雀跃欢呼呢?

(三)雄姿英发　异彩流光

从丹城南行,车至塘头港,早已望见半空中一条橘红色的虹彩,横亘在两座青翠的山头上,错疑是天女织就的彩带,令人神往。汽车由石浦港北首直驶铜瓦门山麓,绕山而东,穿过一座隧道,便来到大桥之上,这里海阔天空,恍如另一世界。

凌虚御空,游目骋怀,气象万千,心神俱畅。东望则烟波浩渺,微茫无际,岛礁纷罗,隐现于波涛之中;西眺则层楼栉比,桅墙林立,车水马龙,人流如织,大小铜钱礁兀峙港中,青翠如画;俯瞰则水流成纹,船如蚱蜢;仰瞻则海鸥翔空,白云缕缕。衬着那南汇山腰几椽平水庙,恍如林宫仙阙,真有遗世独立,羽化登仙之感受。

同行的诗人何敏求老人,即兴赋得七律一首记之:天下飞虹铜瓦桥,万民同庆一时骄;遥瞻东海微茫岛,指点铜钱大小礁;忆昔干戈伤扰攘,欣看商贸见雄豪;明灯指点小康世,祖国江山分外娇。

县文史专家林志龙说,大桥落成,不可无联,乃吟:波卧长虹,山川增灿;地呈灵秀,天汉同光。

何老说,桥有两端,联须成双,又续成一联:浦江凝瑞霭,七彩长虹天外落;东海涌鲸波,百年新貌峡中开。

(四)铜瓦新姿虹影　天时地利人和

改革开放,春风淡荡。九十年代,雄心勃勃的象山人,倡议“陆岛工程”,在石浦港周围五门上架桥,通连四岛,以加快开发象南的速度,并率先建成蜊(林)门港大桥。下一步铜瓦门大桥自为当务之急了。

一九九八年,县交通局总工程师柴志刚出任大桥工程总指挥,负责设计施工。其时适逢宁波招宝山大桥断梁事故,有关部门对铜瓦门大桥设计的安全系数产生怀疑,一度陷于停顿,柴总虽有自信,但为了充分论证,尊重科学,平息众议,特邀宁波、同济、大连等大学教授和铁道部大桥设计院专家们复核验算,还多次邀请国内桥梁专家论证,终于取得主管部门同意,于二〇〇〇年五月十一日复工。在全体职工努力下,仅用一年多时间,于二〇〇一年六月八日主拱合拢,年底全面完工。

桥长297米,宽10米,净高25米,中承式单跨238米,钢管混凝土提篮拱结构。灯柱70余个,入夜华灯齐放,水光灯影,沉浮摇动,远望如龙宫风阙。大桥由宁波交通设计院、大连理工土木设计院设计,由同济大学监理,上海船厂承制钢管拱,铁道部大桥局第一桥梁工程处承建。计划投资2300万元,实际耗资1500万元(应为1651万元)。

柴总为我们讲了大桥主拱合拢时的一段佳话,主拱合拢要求严格,不能受潮汐影响,是整个工程中的关键时刻。当时择定于六月八日下午四时五十分铜瓦门内外无落差那十分钟,事先邀请省交通厅、市、县领导三十余人及各界人士二百余人到场参观。可是天公偏不作美,自早晨至下午,风雨不止,直到四点过后,尚无停息现象,紧急会商中,有人建议延期一天,也有人暗中抱怨柴总不会拣日子。正焦急间,不料四点三十分突然风收雨止,云开一角,缕缕阳光照射到大桥工地上,全场为之兴奋不已。只听一声哨响,工人们拽动缆索,将最后一根四十吨重的钢梁轻轻吊起,对接到两端悬空的钢梁上,合拢告成,万众欢腾。

桥南山上,原有灯塔一座,为民国初年东门岛任筱和、筱甫昆仲所建,与门头山灯塔遥相辉映,灯塔已圮,遗址尚存。东门岛民沿旧习,于其地重建平水庙、祀夏禹,朱楹青瓦,焕然一新。二〇〇二年夏,东门、檀头二岛暨铜瓦村居民自发举行古老的祈祷仪式,在庆祝大桥和平水庙落成的同时,祈求国泰民安,大桥永固,祝愿出入于桥下的轮舶顺风得利,桥上往来的车辆行人安全无事。仪式历时七天,最后一天,参加祈祷者竟超过八千人,开筵三百余席,分设于平水庙和大桥隧中,足见大桥在当地人民心目中之分量。

铜瓦门大桥展示了时代的风貌,成为象南人民前进的又一里程碑,后人再记以诗云:波卧长虹气象雄,天时地利尽和融。抚今追昔沧桑感,古国文明淡荡风。

注:选自台湾《宁波同乡》会刊2003年5月10日编第410期。

冰鲜船的回忆

郭振城

象山县石浦港临近大目洋、猫头洋两大渔场,渔业资源丰富。在上世纪五、六十年代,南来北往的小型木质渔船,一到春夏渔汛旺季,都会云集到石浦港,进行早出晚归的捕捞作业,往往都满载而归。这些到港交易的鱼货由于当时没有冷冻设备,除一部分由本地的渔贩销往本县的四乡八岙鲜销外,其余的大多数都经腌制加工处理。

当时因交通不便,于是那些有头脑的水产行就将质量好的新鲜鱼货装进冰桶,一层层铺上天然冰,盖上桶盖,搭乘去宁波的航班小火轮销往外地,往往能赚到丰厚的利润。

由于丰厚的利润诱惑,有些渔行主再也不满足于小打小闹的冰桶保鲜。于是就出现了用大一点的木帆船来改装成专门用于收购鲜鱼保鲜的冰鲜船。这些经改装后的木帆船,配上做冰鲜要用的基本设备,如用于过仓操作的竹笠,保温要盖的草苫,配上收购照明用的汽灯,过秤用的大小木杆秤,仓内操作人员的基本保护用品,如纱手套、头发结成的发袜、蒲主,以后用的是长筒靴，还购上仓内照明用的蜡烛，打冰用的冰耙，筛冰用的冰撬、冰箕、鱼篰等。还要僱上专门下冰仓操作的落仓、副仓技术人员。先到土冰厂充足冰（农民用冬闲田盖起来冬季收集天然冰用的临时冰厂）。一切准备齐全，待到晚上渔船进洋，点上汽灯，泊在渔港中的冰鲜船就可以迎接满载而归的点点渔火。汽灯和渔火相映成辉照耀着整个石浦港，成了渔港夜市中的一道独特风景线。

冰鲜船停泊在港中让渔船靠在旁边，进行船过船的收购。这时冰鲜船的老大成了当然的司秤人员，船上的业务员做起了记账、划码、开票行当。因为船靠船地进行交易，省却了渔民靠埠、抬鱼等许多交易环节和体力，深受广大渔民欢迎，往往一条冰鲜船经一夜收购就能高载（收满仓以前称高载）。他们为了保鲜就抓紧时间开航去宁波、上海等地鲜销。至于鱼货款子因冰鲜船上不宜备大量现金，渔民们则凭水票（账单）待有空或禁风时（刮大风不能出海），顺便到岸上渔行里结算，这在当时是一种信用惯例。

随着形势的发展，五十年代后期浙江沿海的渔业大县都先后成立了国营水产供销公司。各地、县的水产供销公司不但负责本地的鱼货收购工作，同时还担负着各地渔民的渔需物资供应。因为在计划经济年代，各地的水产品收购和物资供应都有统一计划，因此各地归各地收购，各地管各地供应。于是就出现了凡有捕捞作业的县都打造了自己的冰鲜船，跟着渔场的转移而转移收购地点和物资供应。石浦渔汛期间，港内就停泊着打有各种标志旗号的来自舟山、宁波、温州、台州各地、县水产公司的许多冰鲜船。由于结算鱼款和物资供应，各地、县还专门派出了驻地工作组。

象山因是渔业大县，六、七十年代曾先后打造添置了二十三号（艘）冰鲜船，这些冰鲜船跟着渔场的转移，北上吕泗洋、嵊泗列岛，南下大陈，常年转战在渔场收购第一线。在为渔业生产服务的同时，也为国家创造积累了宝贵的财富，每年都给县财经上缴丰厚的利润。记得有一年象山水产供销公司曾给县财经上缴利润突破 100 万元。这在当时是我县的一笔很大收入，平常年份也都在五、六十万元以上，因此象山水产公司曾被县里誉为财政创利大户。

随着形势的迅速发展，原来小型的木壳渔船已不再适应不断向外海远洋捕捞的需要，各渔业社队都已逐渐打造钢质渔轮，各地、县的水产收购冰鲜船为了适应形势也跟着发展机动船参加收购。如今，随着冷冻设备企业如雨后春笋般跟着发展，加上钢质渔轮在外海捕捞周期长，保温设备好，那些在六、七十年代应运而生的三帆木壳冰鲜船早已退出历史舞台，不再在人们视线中呈现。但在特定历史时期，它为渔业生产服务，为国家积累财富所作贡献功不可没。同时也给我们这些亲历那段历史的人们留下一个美好的回忆。

作者：为象山水产公司退休职工，2009 年 7 月

象山的"一号工程"

象山港大桥是象山人民的千年之梦、百年之盼，是事关象山发展全局的"一号工程"。象山港大桥的建设对象山人民来说有着非同寻常的意义。

2008 年是象山港大桥全面开工建设的关键之年，能否做好土地政策处理和服务保障工作，直接关系到大桥工程能否顺利实施。因此，县委县政府高度重视，把早日启动象山港大桥建设作为各项工作中的重中之重，并根据市委、市政府提出的"工程年内动工，确保 2012

年建成”的总体目标,提出倾全县之力加以推动的口号。

行动的号角吹响了。

9月2日,县委、县政府专题召开了象山港大桥及接线工程建设动员大会,县委书记周江勇进一步明确了工作机制,专门设立由县委常委、政法委书记金红旗任总指挥,袁廷春任常务副总指挥,赵正祥、朱建新、王立新、朱永平任副总指挥,抽调政策处理经验丰富、工程管理业务精深的精兵强将10余人,组成象山港大桥象山指挥部作为大桥工程象山段政策处理和服务保障工作的职能部门,全面负责和协调处理征迁和保障工作。要求各级各部门,一定要以决战决胜的态度,从对全县人民负责的高度出发,全力以赴地推动象山港大桥及接线工程建设各项工作顺利开展。沿线镇乡要组建专门工作班子,层层落实责任,乡(镇)包村、村包户、干部包亲属,确保征迁任务分解到人、具体到户,层层得到落实。各镇乡、部门主要领导要亲子挂帅,亲自督察,身临一线,靠前指挥,全身心投入到征迁工作中去,决不能让征地拆迁问题成为工程推进过程中的“绊脚石、拦路虎”。

11月17日,县里又召开了象山港大桥及接线工程土地政策处理和建设保障工作动员大会,县长李关定作了重要的动员报告,象山港大桥象山指挥部总指挥金红旗就做好大桥及接线工程的土地政策处理和建设保障工作进行了具体的部署,要求进一步统一思想,树立“使命意识、效率意识、责任意识”,发扬“拼搏、负责、团队、奉献”的精神,坚定“政策处理无投诉、服务保障无漏洞、协调沟通无障碍、宣传舆论无死角”的工作目标,齐心协力,艰苦奋斗,不折不扣完成任务。

象山港大桥及接线工程是象山县有史以来最大的建设工程,工程所涉及的征迁也是该县线路最长、范围最广、任务最重、时间最紧和要求最高的一次。大桥工程过境象山15.08公里,政策处理涉及墙头、黄避岙、贤庠、涂茨、大徐5乡镇22个村,共需征收土地1814亩,林地250亩,迁移坟墓1000余座,拆迁房屋112户,拆迁面积约25000平方米。

2008年征迁工作启动伊始,大桥工程征迁方案和补偿标准还一片空白。为了确保征迁工作合理合法,顺利推进,象山港大桥象山指挥部结合象山其他项目征迁方案和补偿标准,三上三下进行多番论证,从组织县法制、国土、建设、农林、海洋、物价等相关部门的业务专家进行科学论证,到深入沿线镇乡政府征询镇乡干部建议,再到沿线各村听取基层干部群众的意见,召开大大小小几十次协商会,制定的《象山港大桥及接线工程(象山段)政策处理补偿标准》和《征迁方案》,还一度成为象山县重点工程建设征迁补偿标准的范本。

一边是施工单位进场建设的“压力”,一边是时间紧、工作量大的“重担”,象山指挥部直面现实,勇敢面对,全体干部作出“政策处理无投诉、服务保障无漏洞、工程建设无障碍,为实现大桥工程早日竣工通车而努力奋斗”的庄重承诺,采取倒逼机制,制订百日攻坚计划,科学组织认真协调,破解了政策处理和服务保障过程中遇到的重重困难。

为打响“征迁百日攻坚战”,出色完成大桥工程象山段的征迁工作,市大桥指挥部詹鑫华主任、鲍丹章副主任及征迁处相关领导多次亲临指导征迁工作。象山指挥部在金红旗在总指挥的带领下,身临一线,靠前指挥,由袁廷春总协调,赵正祥、王立新两位副指挥分别负责墙头、涂茨、大徐和黄避岙、贤庠两片区。他们白天会同沿线乡镇干部顶烈日冒风寒深入田间地头放红线、量土地、点青苗、迁坟墓、拆房屋;夜间回到指挥部反馈信息、汇报进度、研究问题、制订方案。在征迁工作基本完成、大桥工程进入实质性建设阶段后,由于大桥工程桥隧较多,施工过程中实施爆破、打桩等所引发的噪音、震动、石渣违规使用,可能影响到周边区域的畜牧、水产养殖等,存在路地矛盾隐患。象山指挥部始终坚持"确保第一时间把矛盾和问题化解在第一现场"的处置原则,按照早发现、早处置的要求,主动出击,通过多方调查摸底掌握实情、组织召开协调会议并以会议纪要的形式对影响工程建设的矛盾隐患作出相关要求规定和处置办法,因此,在征迁过程中没有出现重大的无理取闹阻工事件和负面影响严重的群体事件,确保了建设环境的和谐稳定。

三年来,指挥部和沿线乡镇党委政府不折不扣地用实际行动践行着承诺,开启了一次次破冰之旅,收获了一串串丰硕果实,将大桥工程征迁和服务保障团队艰苦奋斗、敢干敢拼的"大桥精神"发挥得淋漓尽致,创造了在沿线三县区率先完成征迁的"大桥速度",为大桥工程快速和谐地推进奠定了扎实基础。

象山段征迁和保障工程主要涉及墙头、黄避岙和贤庠三乡镇。自工程建设开启后,三乡镇党委政府把做好政策处理和建设保障工作作为压倒一切的重要工作,由主要领导亲自挂帅,成立强有力的工作班子,倒排计划,紧扣时间、紧抓任务、紧盯目标,切实落实工作措施,全身心投入到征迁工作中去,确保各项任务的圆满完成。征迁过程中,他们深入一线调查研究,认真分析,针对各村实际情况制定政策,做到一村一策,甚至细化到一户一方案,创新机制,对症下药,将政策性与灵活性进行有机结合。自征迁工作全面启动后,全体征迁干部实行"5+2""白加黑"的工作制,起早摸黑,加班加点成了家常便饭。晴天下地进行实地测量,雨天上门思想动员,以情换情、以情感召,争取群众的理解和支持,整整三个月,每位征迁干部均似机器一般在高速运转。

象山征迁工作最先完成任务的是墙头镇,仅用一个多月的时间就基本完成正常处理签约工作。大桥工程墙头段总长度为 8 公里,征迁工作涉及 9 个行政村,土地征用面积 611 亩,内外养殖塘 500 余亩,拆迁房屋 33 户、迁移坟墓 422 座。墙头镇党委、政府从 2008 年底起多次召开专题会议,成立以党委书记胡海峥为组长,镇长周建华为常务副组长,分管城建镇长倪跃丰、镇人大副主席潘小定为副组长,农办、镇国土所、政法办等政策处理能力强、房屋拆迁经验足、业务精的精干力量为成员的镇大桥办,下设办公室,分洋北、黄溪两片征迁工作组。同时明确落实计划、要求、措施、时间、人员五要素,形成措施有力、务实高效的责任体系,确定"征迁零投诉、施工无障碍"的工作目标。

象山港大桥及县快速通道政策处理(墙头段)工作由潘小定负责。面对此重担,潘小定带领墙头段办公室全体同志及有关村负责人,发扬"咬定青山不放松"的工作精神,强化镇重点工程政策宣传,深入细致地做好县快速通道的各项工作。他特别注重大桥工程征迁氛围的营造,通过镇文艺队、宣讲队,以群众喜闻乐见的民间曲艺形式宣讲大桥建设与墙头发展的密切关系,在全镇上下形成"关注大桥建设、支持大桥建设"的良好氛围。特别是在房屋拆迁过程中,镇、村两级党员干部充分发挥了先锋模范作用,实现了"签约搬迁一户,影响动员一片"的示范效果。如白墩村征迁工作,开始时左邻右舍相互观望,都怕先签要吃亏,原村主任罗明亮就带头签约,拆迁户一看村干部已签,均迎头赶上,主动配合。所谓百姓看干部,干部看领导,特别是在观望阶段,党员干部的带头作用等于给群众树立了榜样,指明了方向。

对于征迁工作过程中的艰辛,负责墙头镇房屋拆迁工作的何吉项同志深有感触。从事国土部门拆迁工作多年、即将退休的何吉项工作经验丰富,熟悉政策法规,重点负责 33 户拆迁户的房屋拆迁。

走马上任第一天，何吉项来不及喘口气，就直奔拆迁户家。当他走到塔岭村一农户家门口，男主人看到他，愣了一会儿后，转身进屋就把门重重关上了，他被晾在门外。

这家男主人姓潘，他之所以不让何吉项进门，是因为他这大半辈子造了四次房子，已经搬了三次，而且前面那三次拆迁都是何吉项来做的动员，他实在不想再搬第四次了。

何吉项自然明白他的想法，说实话，这事轮到谁头上都接受不了。何吉项也不生气，他在门外站了一会儿，见老潘是不想开门了，就不再等待，离开前还顺便把散落在院中的锅碗瓢盆、桌椅板凳收拾整齐。

第二天，天刚蒙蒙亮，何吉项踏着晨曦，拎着水果又来到了老潘家。老潘没防他这么早过来，虽让他进了门，但依然黑着脸，一声不吭。第三天，同样的时间，拎着水果的何吉项又来了。第四天，第五天，何吉项一次次上门，不管老潘是啥态度，他总是心平气和地跟他拉家常。老潘骂他，他也不生气，眯眯笑着。

精诚所至，金石为开，老潘终于答应何吉项，自己会去镇政府找他签约，让他不要再来了。

时间太紧张了，何吉项给自己列了一个倒计时般的工作计划表，几月几日必须完成什么，上面写得清清楚楚。从早到晚，没有休息天，因为拆迁涉及群众私人财产，工作程序很严密，必须要公告、公示、谈话、评估等，只要有一个环节卡住，工作就要停下来。

对于负责的这些拆迁户，何吉项最少的去了5次，查看房屋情况，核实拆迁面积，反复做思想工作。最多的他一个人就去了18次，一直到拆迁户自己都实在过意不去而答应为止。每天晚上，他都要花上一段时间去研究拆迁政策，为每户拆迁户设计最佳的拆迁方案。上门做工作时，他像老朋友一样跟拆迁户探讨最合理最满意的赔偿解决方式，与他们交朋友。不管是一个人去，还是和村干部一起上门，他都非常有耐心，不怕挨骂，笑脸相迎，直到拆迁户同意签协议，如期腾空房子为止。

蒋月林和潘伟成两位同志负责墙头镇的土地征用工作，他们两人的笔记本上记满了被征地的每位农户的联系电话。

有一次，他们去白墩处理养殖塘事宜，那里有十几户人家，要一家家去丈量，清点物品，从早上一直忙到天黑。至于海涂测量就更麻烦了，必须掌握潮水涨退时间，去了五六次才完成，因为只有等潮水退了以后才能看得清楚。大夏天的中午，又累又饿又热，走着走着，有一位同志就昏倒在了海涂上，把大家都吓了一跳。

土地征用过程中，工作量最大也最容易产生分歧的是青苗清点工作。为了保证老百姓的合法权益，他俩加倍认真。那些地方没法开车，只好步行，春夏之际，山上蚊子多，叮得工作人员手上全是包。但是再认真仔细，还是有不同意见，比如有农户提出来，说古树不止这几棵，他们就要重新核对。在工作中，他们坚持一个原则，就是在政策允许的前提下，尽量满足老百姓的要求。

征迁工作顺利推进的关键是得到村基层组织、村干部的密切配合，这是他们最深的体会。镇党委、镇政府和征迁工作人员紧紧抓住这一要领，积极沟通，使得沿线各村基层组织和村干部在政策处理中发挥了重要作用。

如洋北村支书朱令益，六十多岁的人了，还日夜带领村两委会班子学习土地征用政策、丈量土地、清点地面附着物，走家串户做工作，连自家的小店都顾不上打理。

塔岭村支书张忠林原本从事驾驶员工作，为了政策处理工作，他另雇驾驶员代开中巴车。2009年下半年，他的妻子得了癌症要去上海治疗，他一边忙大桥政策处理的事，一边跑上海照顾住院的妻子。后来实在没办法，只好在上海租了房子，让丈母娘过去照顾正做化疗的妻子。那一年，他的儿子刚好高考，几股麻绳全拧在一起了，作为男人，他只能扛着。

再如桃湾村支书胡仁德，养蛋鸭近2000只，每年收入有五六万元，当得知鸭棚也在被征范围之内，他带头主动签订了有关协议。

大桥工程过境黄避岙乡7.08公里，全乡上下欢欣鼓舞，乡党委、乡政府甚是重视。乡党委书记陈东亲自挂帅，乡长陈淑萍总负责，由乡党委副书记史冬宝、主管农业的乡长朱合兴分别负责房屋拆迁和土地征收工作，抽调30余名干部组建象山港大桥黄避岙乡征迁领导小组，倒排计划，明确时间节点，落实任务，建立"周汇报、月督察、季考核"的工作机制。

乡党委、乡政府清醒地看到，要想顺利推进征迁工作，必须得到群众的认同和支持。乡党委、乡政府即刻召开全乡政策处理动员大会，进一步统一乡干部、村干部的思想，明确大桥工程征迁工作是当前工作的重中之重，进一步明确工作计划任务，落实人员，不惜一切代价，全力做好大桥征迁工作。同时，分组分头到各村召开动员会，讲清大桥建设意义，解读补偿政策，广泛听取意见，承诺群众合法利益不受损。

大桥工程穿过谢家村唯一的供水水库一角，将对谢家村民的饮用水造成影响。这水库库容共5000立方米，按照水库征用补偿标准——每立方米库容补贴50元，共补25万元。但村民认为水库缺角在施工过程中会影响到他们的饮用水安全，所以就提出三个要求：一是把丹城的自来水接到村里；二是水库被征用后，政府要长期提供补贴或保证其免费用水；第三，因为造水库时他们曾投入过劳动工，现在要补偿，按100元一工算，需补50多万元。

问题很快汇报到县里，针对老百姓提出的三个要求，大家立即进行讨论。假如给村里接上乡里的自来水，3.5公里的距离，投资约需20万元。第二要求被否定，免费用水肯定不行，负担不起。第三个也不行，因为政策处理有评估价，最多不能超过评估价的百分之五。

既然这些要求都没法答应，就只好走协商这条路。一次又一次，开了四次村民代表会议，主要村干部会议开了五六次，多次与水利局、大桥指挥部等商讨。最后，终于在开工之前，把自来水从贤庠镇小蔚庄村接过来，距离1.7公里，省了很多成本。在大桥建设期间，让村民们无偿使用自来水。水库的水，用掉多少，到时候再补充回去，保证原来水量不变，同时对水库进行持续加固，增加高度和宽度，另外再按规定进行补偿。这个处理结果，老百姓都很满意。

大桥工程途径黄避岙乡时隧道多、改路多，而工程施工、隧道爆破等可能导致的路地矛盾隐患严重。乡党委副书记史冬宝和主管农业的乡长朱合兴两位同志对此记忆犹新。隧道爆破产生的震动和噪声一下子打破了黄避岙村百姓往日的平静生活。因隧道爆破点离村民居住地近，爆破引发的震动势必会对村民住房产生影响。为了避免日后的纠纷，大桥办就规定工程队在放炮前，要把边上所有的房屋都拍成录像，提前介入评估。大桥办和施工方还说好了放炮的次数、放多少药量等。结果，由于施工队的疏忽，放炮造成老百姓房子开裂，有些裂缝明显加大；有窗户玻璃被震碎、吊顶被震掉；畜牧场里有些母猪流产，还有小羊跳到水塘里被淹死……老百姓纷纷提意见，要赔偿，要问责。乡征迁领导小组就马上向县大桥办汇报，组成工作组，让施工方先停工,再找受损百姓商谈。经过多次沟通,这些问题都得到了圆满解决。

由于工程施工,原先的公路和机耕路严重受损,也给老百姓的出行带来不便。在大斜桥村,快过年的时候,天气很冷,有位村民骑着三轮车回家,不小心翻到在地,脸擦破了,缝了七针。村干部给乡里打电话说这事,乡干部马上买了牛奶、水果等慰问品去该村民家里看望,还给了2000元慰问金。正月初八,乡干部和村干部又一起去看他的伤情,又给他送上2000元钱,作为误工费、医药费和慰问金。这下好了,村里你传我,我传你,都在说政府好,这么负责。村民都很感动,表示以后政府有什么事,都好商量。

黄避岙乡征迁人员坚持“百姓事无小事”的原则,听民声,讲信用,站在百姓的立场公正公平处理问题,坚持不偏原则,不损群众利益,自然也能得到百姓的理解和支持,这为工程建设的顺利推进奠定了基础。

根据象山港大桥及接线工程的建设要求,工程日供水量要达到4500立方米,水质需达到优质饮用水标准,工程日供电量要达到5600千瓦时。但从象山现有的供水、供电情况来看,这些都暂时无法予以满足。

对大桥的专线供水、供电工程,市大桥建设指挥部领导相当重视,宁波象山港大桥及接线工程领导小组办公室鲍丹章副主任,征迁处陈健、邬建峰处长多次亲临象山,研究商讨大桥专线供水、供电方案,并在建设资金上予以及时兑现,为工程建设筑起坚强后盾。专线供水、供电工程线路长,所牵涉的行政村多,时间紧,任务重,这给贤庠镇和涂茨镇政府的政策处理工作带来了很大的难度。面对这一工作现状,贤庠、涂茨的镇政府积极应对、狠抓落实,定时间、定任务、定人员,将责任落实到人。特别是贤庠镇政府,承担了大桥专线供水、供电工程政策处理的大部分工作。为此,他们及时组建了由党委书记张学军任组长,胡金文、张赛君、王仁令、乐美忠、鲍于钊、欧忠仕为成员的领导小组,下设施工场管、土地征用、专线供水、专线供电四个工作小组,分别由四位党政班子领导牵头负责,抽调具有丰富政策处理工作经验的同志为小组成员。在工程红线放样之后,领导干部亲子带头,主动放弃休息时间,加班加点做好群众的思想工作,及时进行政策的宣传和解释,圆满完成政策处理工作,为大桥专线供水、供电工程的顺利竣工提供了有力保障。电力、水利部门广大建设者们顶烈日冒风雨,起早贪黑、加班加点,也为大桥专线供水供电工程的如期竣工付出了不懈努力和辛勤劳动。

选自《苍茫海天路——象山港大桥建设纪实》 天涯著

亭　联

西山下岭涌泉亭

凉自亭生,皆可宽停蹶趾;

亭因凉建,方能得复其原。

一关已过关关透,

六处和融处处通。

——苔皮岭亭

山高岭陡,有所疲倦,暂坐何妨;

夕阳西下，路还几何，莫贪舒畅。
乐观军港娱双目，
欣赏茶山称胸怀。

——高墩洋凉亭

公道在人凭月旦，
心经无我任云游。

——海口公心亭

人遇舒适思永生，
物逢春暖吐新颜。

——三角埭三安亭

座中列岫森罗，自多雅处；
亭外孤松挺秀，别有清凉。
已过数重山，到此何妨少憩；
还有几许路，请君慎勿耽延。

——莲花双汪亭

花外莺声闻唱晓，
亭内月色静依人。

——新桥梓树岭亭

依然极浦遥天，相见阁中帝子；
安得长风巨浪，送来江上才人。
坐客为谁，听二分明月箫声，依稀杜牧；
主人休问，有一管春风诗笔，点缀扬州。

——石浦铜关路廊

一宇拓江壖，赫赫明神常庇护；
三湾通石镇，劳劳过客暂勾留。
铜瓦潮来，伫听数声渔唱；
石港近市，闲看万户龙鳞。
泗水恩波长流千古，
荔江法雨普及万民。
坐坐也好，
去去就来。

——石浦三湾路廊

日之方中子休矣，
道之云远曷行乎。
倦客到来暂且歇，
行人归去不须忙。

——石浦盐厂路廊

地连千山路，
天遥万水程。

——大塘小花港凉亭

植杖耘余姑少坐，
扶犁插后且闲谭。
口燥何妨茶满饮，
力疲最好磴斜依。

——昌国丰乐亭

世间事得缓且缓，
天下事可行则行。
力倦到来堪歇息，
途长少坐且徐行。

——昌国武牙峻亭

一旁清水东柳楼，
闹中取静为君留。

——东溪乌江凉亭

饮水解渴，一杯能止渴，可济行人渴；
小憩解惫，两腋便生风，聊抒旅客情。

——西周镇黄栀岭双解亭

港济海通千樯集古亭，
门成山峙大道耸新亭。
避俗养心亭清幽，
苍松翠柏乐万年。

——西周文岙长乐亭

丽日小亭春似海，

清风碧池客如仙。

——大徐院花亭

座中雅客曾闻两言前事，
海上长城何惧狂风怒涛。
磐石固长堤东海空明台暴靖，
凯风催碧浪南畴半稔稻香飘。

——大目涂柴嘴头安澜亭

龙喷甘泉润桑梓，
鹰展雄翅招赤子。

——龙屿村望乡亭

一弹流水一弹月，
半入江风半入云。
清流急湍映带左右，
朝晖夕阳气象万千。

——林丰亭

奇石尽含千古秀，
春光欲上万千枝。
群贤毕至少长咸集，
清风徐来水波不兴。

——盛亩亭

六经注册在躬行，
百福源头归好德。
人寿年丰乐无穷，
山清水秀春常驻。

——黄沙归乐亭

东风鲤鱼眺青山，
鲫鱼桃花笑绿水。

——东风水库问渔亭

亭间流水齐今古，
竹外青山时有无。
水收眼底入诗章，

山纳胸中浮画意。
林下泉声静自来，
水心云影间相照。

——平潭水库平安亭

亭对千垄地万亩园望丰收，
村座三溪水九重山拥琴话。

——琴诗岙琴丰亭

大旦门小旦门门门通四海，
单孔桥双孔桥桥桥达五洲。
潮起霞飞海色天光真无际，
南来北往相逢一笑皆有缘。
六角小亭添村野几多春色，
四通大道送山乡无限生机。

——望旦亭

浮礁渡大桥楹联

稻花香里，卧听农家说丰年，
秋爽风中，遥看流云近却无。

遗闻轶事

此路往东京去

"此路往东京去"传说系指路碑之碑文。说见过此碑文者很多，有说在南韭山捣臼湾，有说在南田大沙岭亭，有说在三门湾满山岛。传闻大目洋、猫头洋一带原为繁华东京城，因居民贪心不足而遭沉没。《中国海洋民间故事》、《中国民间文学集成》均有载此故事。又说在阴霾天气，铜瓦门外，曾有阴城隐现。象山民谚"皇帝坐东京，桔梗当人参"，而南韭山产桔梗。象山有东京岭，在田洋湖与高湾之间，俗称船岩岭。东乡长沙、三门湾满山，均有弹石路通海中，可为传说之佐证。白沙湾南有赵五娘岭，传说赵五娘东京寻夫，曾经此岭，留下不少故事。赵夫婿乃大名鼎鼎之东汉文豪蔡邕，字伯喈，建宁中官拜郎中，后随董卓为司空，拜中郎将。王允诛董，邕坐董党死狱中。其一生事都在东京洛阳，僧尼牵强附会以骗钱财。又说渔民作业，间有网着屋脊龙，城砖等物。事关交通历史，且传闻又广，笔者实地采访考察，影踪全无。设果有此事，方今潜水有术，潜艇穿梭其间，焉有不见沉城踪迹。1946年(民国35年)10月5日《浙江日报》载，题为"象山南韭岛，矿藏待开发"一文，"……数年前，在岛上曾发现一块石碑，有字云'从此路可通东津'，东津乃另一岛名，现在已无，据俗语说：'坍东津，涨崇明’可知东津坍了后，崇明岛才涨起来了，崇明现属江苏，说是也有这个传闻。”总之，关于“此路往东京去”碑文传说，鲁苏浙闽沿海：妇孺皆晓，然至今尚未发现实物。据福建某文史部门考证，独树一说，碑文之字皆面向东南，为弃海从陆者之指路，北上至东京（洛阳或开封）而言，颇有见地。

浦 裔

县城南十里，东近乌龙山，其村名河东、河西，今河甚小，闻之里老云，相传乃一大埠也，海舟入港，则下桅而进，地名浦裔。凡贾治货焉，不半里为百丈岸，再以小舟运入县治中。自河道淤，乃筑三眼族。陆运固不便，而形胜水势亦太直矣。然此说不见宋志，姑存之。如乌龙山之东名刘家岙，相传宋刘氏七进士皆出此。近惟茅茨数家，亦无姓刘者，信沧桑之无定也。（摘自清乾隆间邑人倪象占《蓬山清话》）

军舰沉港

1884 年（清光绪十年），法舰入侵台湾，南洋大臣两江总督曾国荃于 1885 年 2 月（清光绪十年十二月）遣南洋水师总兵吴安康以兵轮 5 艘自沪南援，中途泊檀头山洋面，弁兵日乘小舟登石浦宿土娼逗留十余日，竟不往救。法海军中将、远东舰队提督孤拔得悉，亲率“凯旋”轮等 7 舰北上截击，于农历除夕晨，在檀头山洋面相遇。吴安康等遥见敌舰阵容，内心恐惧，无意抗敌。忽又大雾迷漫，乘机逃遁。“开济”、“南琛”、“南瑞”3 轮航速较快当日退入镇海口；“澄庆 23”、“驭远 6”轮，航速较慢（“澄庆 23”轮，铁肋木壳，时速 12 海里，552 千瓦，1880 年下水，造价白银 20 万两；“驭远 6”轮，木壳明轮，时速 13 海里，1325 千瓦，1875 年下水，造价白银 31.87 万两），被法舰追击，于当日下午四时半遁入石浦港。石浦居民咸惊恐万状，不顾满桌年夜酒肴，纷纷整理细软，准备逃难。法舰不谙航道，不敢入内港，唯封锁港门，是夜法舰驰泊铜瓦门外，大放电灯，闪烁如昼，利用民船，夹护鱼雷进口。“澄庆”轮哨弁蒋超英、营务处丁华容，“驭远”轮哨弁金荣（原驻太湖水师都司）惧不敢战，诘旦（正月初一晨）登岸而逃，并启兵轮水门沉于港，其器械船具约值三四百万金，尽付东流。兵勇多甬籍，各携械逃遁，沿途变买易钱。孤拔于初一日入港观看沉船后，次日南返，金荣以敌炮击沉报，后查得实，发配张家口。但从《江督曾国荃查明“澄庆”、“驭远”两船失事情形析》中有“既未并力抵御，又不小心保护，以致失事……”看，有击伤之可能，如能小心保护，不致沉没。

“澄庆”、“驭远”二轮皆沉于小关帝庙（今第二码头）北。1886 年（清光绪十二年），官方欲将沉船拖往铜钿礁浅滩检验致沉原因，旋以链断而未果，致沉轮移位港中，数年后尚见中桅。有羡其金属之富，器械之良，泅而取之者不乏其人，大都官督商办。有文字记载者：1900 年（清光绪二十六年）秋，泅水捞物者以炸药贮木桶中沉舰中，攻取铜铁，致死伤多人。1929 年（民国 18 年）1 月，海军船事工程所，打捞沉船物件，至次年末，捞摸一空。解放后，为清除航障暨打捞财物起见，上海打捞局第三工程队“航二 108”轮，于 1959 年 8—1960 年 4 月，对“驭远”轮进行全面清淤打捞；1966 年初对“澄庆轮”进行探测，上海打捞局派“征捞 3”轮于 1974 年全面清淤打捞。打捞物品多炮弹步枪子弹、煤、铜、铁等。县文物委员会考证沉船原因，采访上海打捞局，答：“乃开启船底阀门自沉。”并以“打捞之物，当时已处理，清单销毁”

告。据说打捞物品有在水下装箱,又据原象山航管站站长李友根说,他于打捞船(指“驭远”轮)中亲见有金银器皿。由此亦可推测,“驭远”轮有可能受击致伤进水,近岸已是万幸,逃岸匆匆,不及整理贵重携逃。也有说两轮均受击致沉者。

南石航埠纠纷案

南田集岛而邑,非舟莫行,与象山县石浦一衣带水。1884年(清光绪十年),都司郑碧山在石浦港边购地(在今第一码头北首),公筑航船埠头,专供南田各埠航船停泊,遂称南田道头。1886年(清光绪十二年)改建石埠,历四十余年,相安无异。迨1927年(民国16年),上海达兴轮船公司欲在南田道头南首建造码头,租用各业户涂地,而南田道头未经租入。南田航埠董事郑义章等以南田道头被占联名控省,南田县政府纷起抗争。省主席何应钦、建设厅长程振钧饬令南象两县县长及省管理船舶事务所实地会勘。至1928年(民国17年)3月省定由达兴轮船公司每年付南田县政府500元,拨充航政建设经费。5月立碑永志在案。

1933年(民国22年)“宁象南临黄温沙田办事处”标卖南田道头及达兴码头涂地(系胡常瑛化名陈宜丰等冒领涂地)并指令达兴公司停付南田县租金。南田县政府及国民党南田县区执委会呈文请省财政、建设两厅免费升科、豁免南田道头田赋,以充南田公产。而达兴公司因南田道头租金尚未明确解决,致生诸多纠葛,遂于1934年(民国23年)4月自动放弃租用,将趸船、栈桥拆除,另租越东码头使用。9月,省将陈宜丰冒领涂地以每亩1000元价售与达兴公司,并给营业执照,于次年4月重建达兴码头。

后经沙田办事处专员马肇敏调解确定:码头所在地属达兴公司所有;南田县政府未能证明码头有越界侵占之点,则达兴公司无负担租金之义务。在无碍码头使用及轮船停泊情况下,南田航船可使用码头;达兴公司每年付南田县政府200元为鹤浦码头修理费。

东门道头涂地案

东门岛开埠于唐代,1209年(宋嘉定二年)设寨,1387年(明洪武二十年)设昌国卫,城址依稀可见,后石浦建所城,俗谓“老东门,新石浦”,自有其历史根源。东门兀峙一岛,与石浦隔港相望,举步需船,向于石浦横塘岸设埠头。1904年(清光绪三十年),横塘岸坍陷,道头亦在陷之列,后仍于原处复涨之涂停泊航船。1926年(民国15年),宁象南垦放分局与县公署会衔布告,明确其界限。次年,在其旁建设码头,道头亦在租用之列。1933年(民国22年),其旁有曾姓因建房侵地涉讼,县知事李洣诣查勘,予以保留。同年,宁象南临黄温沙田办事处将埠外涂地水面标卖,令达兴公司按南田道头办法停付租金。东门大和公所代表周康贤,土地堂众代表陈善据理力争,乃得保留。该道头因1962年建造航运公司楼房而废,东门路廊亦于同年拆迁至东门岛。

一代造亭　三代烧茶

西周镇镇区北有镇安桥,为象西交通要道。桥西建有凉亭,为清光绪间周张氏(车岭张氏女嫁周姓,故称)捐资建亭2间,水缸镬灶皆备,并助田3亩为常费,后周张氏之堂兄及下沈陈氏女又增建亭3间,并各助田3亩。

周张氏卒,其媳张修贵亲自烧茶。修贵老,媳赖常明接替。1956 年,亭毁于台灾,常明等募款重建 3 间。后又在亭内挖井一口。亭内设茶食烟酒小店,方便行旅。1988 年常明年迈(86 岁),其女周彩青(61 岁)协助同管茶亭。周氏门中,一代造凉亭,三代烧茶水,传为佳话。

二、文　告

宁象南垦放分局布告　第　　号
象 山 县 公 署

为会衔布告。业据东门岛公民任筱和、任筱孚、周康贤、丁希圣、丁希贤、陈友耕、陈含辉、葛元贵等呈请:民等合岛已筑东门道头于石浦横塘岸地方。内通大街,外达海水,计道头路身阔一丈,道头南北两旁船路各阔八尺,历经渡船公用无异议。兹奉办理垦放,诚恐道头沿边涂地被人影射冒领,致碍公路船场,有害交通,为此公叩钧局,准予会县布告,永远留充公用,以利交通,俾可勒石,昭垂共知遵守等情前来。据此除批示该道头两旁地方,各阔八尺,应予划留船路公用外,合行会衔布告,仰就近居民人等,一体知照。此布

垦放局局长　胡佩珍

知事会办　劳伟章

中华民国 15 年 4 月　日

宁海至象山公路路线踏勘报告书

民国二十六年十二月

郑作樽

钧厅二十六年十一月　日,　字第　号训令(适值迁金华之时,原令迄未收到,故缺日字第　号),兹据浙江省公路工程处呈请,准予暂调职会同该处工务员范世弼赶即踏勘宁海至象山公路,绘制图说,编造预算,具报察核等因。奉此,职遵于本年十一月八日。会同范工务员世弼,偕测工两名,由杭赶宁海县城,准备一切。于十一月十二日开始工作,至二十一日蒇事,计勘定自奉海路梅林站起,经王墩、溪下王、大佳河、井栏村、柴溪、下沈、西周、庆丰桥、越车岭而儒雅洋、再越西沙岭,过墙头、彭姥岭至象山县城,全长六十一公里半,是线距离较短,工费较省,故属上选。……再该路工程预算书职谨编造甲乙两种,甲种预算总数为国币 594584.41 元,系一劳永逸之计。乙种预算总数为国币 373549.54 元,系因陋就简之计也,

两者孰取,须视财力如何而后确定。

宁象路工程计划书

工程预算书(乙种)

工程预算书(甲种)

象山县政府布告

财建字第44号

查际此非常时期，公路交通，亟应加维护，以利运输。乃迭据报告，近来时有本县常备队及各乡游击队官兵恃强乘车，不肯购票，发生滋扰等情。据此，合亟布告，嗣后本县常备队官兵随持有通行证者外，及各乡游击队官兵乘车着军服者，必须购买半票。便衣者一律照章购全票。倘再有恃强拒购以及骚扰等情，惟由该公司扭送来府，定予严惩不贷。仰各遵奉切切此布。

县长　盛世馨

中华民国二十七年一月二十八

实贴本县公路、汽车内。

象山县人民政府

关于加强渡口安全管理的布告

为加强对渡口安全管理，维护水上交通秩序，保障人民生命财产的安全，进一步搞好交通文明建设，根据国家有关法令，特颁发本布告：

一、本布告适用于县内各类性质的渡口，包括交通渡、农渡和客班渡。渡口性质的具体划分，请参照象政(85)92号文件有关规定。

各类渡口的该管单位均须落实专人，负责安全管理，明确职责，加强领导。

二、各类渡口设置，应选择在岸平水缓的地段，建立简易码头或梯阶。设置或撤销交通渡、农渡、客班渡，均须经县交通主管部门批准，设置临时性的农渡由乡(镇)政府批准，并报县航管部门备案。

三、渡船应由经营单位申请，经县航管部门检验合格，核定装载定额，发给“渡船证”，并经工商部门同意登记，领取营业许可证，才准航运。渡船应配备必要的航行工具和安全设备，并应将核定装载定额标写在渡船明显处，以便检查监督。

四、渡船要及时检修，保持良好的技术状况，如发生破漏失修或驾船工具缺损的情况，不准开航。

五、渡工应保持固定，要选择政治可靠、驾船技术熟练、体力胜任的人担任，并经县航管部门检审合格，发给“渡工证”。严禁残、病和醉酒的渡工驾船，严禁船工或其他无证人员代渡工驾船。

六、渡口两岸应设立禁牌，严禁抢渡超载。加强过渡人员的安全宣传。广大群众应自觉遵守渡口守则，听从渡工和渡口管理人员的指挥。在节日、农忙、集市日等往来人员比较集中拥挤时，要相应增开渡船，有关管理人员要亲临现场，维持秩序。保证安全过渡。遇有大风、浓雾、急流等威胁安全情况，应予停航，渡工有权拒绝摆渡。

七、严禁过渡人员携带易燃品及爆炸物等危险品上船，严禁人畜混装，如大牲畜过渡时，除渡工和畜主外,不得搭乘其他旅客。

八、如发生渡口事故要及时报告,有关领导要亲临现场,查明原因,对违章航行的,要给以严肃批评教育,由此而造成严重事故的,要追究责任,严肃处理,直至追究刑事责任。

九、本布告自公布之日起施行,望各地各部门认真贯彻执行,共同自觉遵守。

一九八五年十一月二十六日

象山县人民政府

象政[1992]58 号

关于对彭姥岭隧道工程指挥办公室、蚶岙岭隧道工程领导小组办公室胜利完成隧道建设任务的嘉奖令

象山县彭姥岭隧道工程指挥部办公室、蚶岙岭隧道工程领导小组办公室,在隧道工程建设中,以强烈的事业心和高度的责任感,不畏艰险,团结奋战,顽强拼搏,克服地质复杂、资金紧缺等带来的重重困难,想方设法节省投资,加快进度,高质量、高标准地完成了隧道建设任务。为象山加快交通建设,改善投资环境,发展外向型经济作出了积极的贡献。

为此,县人民政府决定给予两个隧道办公室通令嘉奖,给予两办公室人员奖励人民币 2 万元。并给予两隧道办公室负责人陈官浩、蒋炳芳同志各晋升一级工资的奖励(九二年十月份开始)。同时,授予象山县交通局锦旗一枚,以表彰其在交通基础设施建设中作出的成绩。

希望全县交通系统广大干部职工再接再厉,努力工作,为发展象山县交通建设事业再立新功。

一九九二年十一月六日

规　章

象山县石浦镇码头业职业工会章程草案

(一九四五年九月十五日)

第一章　总　　则

第一条　本章程依据工会法及工会法施行法订定之。

第二条　本会定名为象山县石浦镇码头业职业工会。

第三条　本会以联络感情,增进知识、技能,发达生产,维持并改善劳动条件及生活为目的。

第四条　本会以象山县石浦镇行政区域为区域会址设之。

第二章　会　　员

第五条　凡在本区域内年满十六岁之男子具有以下资格之一者皆得为本会会员：一、现在从事码头业务之职员或工人；二、曾选任为本会之职员者；三、曾为同一业务之工人者。

第六条　有以下情形之一者虽具有前条各款规定之资格不得为本会会员：一、剥夺公权者；二、有反革命及附逆行为者；三、受破产宣告尚未复权者；四、无行为能力者。

第七条　会员入会须由会员二人以上之介绍填写志愿书经审查合格并缴纳入会费。

第八条　会员退会须于一月前将退会情形报告理事会。

第九条　会员有发言表决、选举被选举诸权及其他依法应享之权利。

第十条　会员须遵守本会章程，服从命令及决议案，按时缴纳各种会费。

第十一条　会员违反本会章程决议或有其他不法情事，致妨害本会名誉信用，由监事会检举者，得按其情节轻重分别予以警告、停权、罚款、除名等处分。唯除名处分应以会员三分之二以上之同意行之。

第十二条　会员被除名后须缴还一切会员凭证，如有欠费应一律缴清。

第三章　组织及职权

第十三条　本会设理事五人，候补理事二人，监事二人，候补监事一人，均由会员大会或代表大会选举之。

第十四条　本会理事组织理事会互选常务理事一人处理日常会务。

第十五条　理事会得分设下列三股，各股设主任一人由理事互推任之，分别掌理各股事务。

一、第一股掌理本会一切文件收发、会计庶务报告及其他不属于各股之事项；

二、第二股掌理本会教育、训练、出版、登记，组织调查统计等事项；

三、第三股掌理本会合作储蓄、仲裁、卫生、娱乐、职业介绍及工人福利等事项。

第十六条　各股得酌设办事员若干人助理会务，由理事会任用之。

第十七条　本会监事组织监事会互选常务监事一人处理日常会务，并得酌设办事员若干人助理会务，由监事会任用之。

第十八条　理事会之职权如下：

一、处理本会会务；

二、对外代表本会；

三、召集会员大会或代表大会并执行其决议案；

四、接纳及采行会员之建议。

第十九条　监事会之职权如下：

一、筹核本会经费之出入；

二、审查各种事业之进行状况；

三、考查本会职员工作之勤惰及会员之言论行动。

第二十条　理事、监事任期二年，连选得连任，如理事监事因故中途出缺，由各候补人依次递补，以补足原任之任期为限。

第二十一条　理事会、监事会办事细则另定之。

第四章　会　议

第二十二条　本会会员大会或代表大会每半年开会一次，如有会员三分之一以上之连署请求或理事会认为必要时均得召集临时大会。

第二十三条　理事会每二星期开会一次，监事会每月开会一次，如有理事、监事三分之一以上之请求或常务理事或常务认为必要时均得召集开临时会议。

第二十四条　理事会、监事会开会时，候补理事、候补监事均得分别列席该会议，如遇理事、监事缺额时得分别依次递补才有临时表决权。

第二十五条　会员大会、代表大会、理事会及监事会等各种会议除法令另有规定外，均以过半数之出席方得开会，过半数之同意方得决议。

第二十六条　本会各种会议细则另订之。

第五章　经费及会计

第二十七条　本会经费之来源分入会费、经常会费、临时会费三种。

第二十八条　入会费不得超过其入会时一日工资之所得，经常会费不得超过该会员收入百分之二。

第二十九条　入会费于入会时缴纳之，经常会费由会员按月缴纳之。

第三十条　本会财产状况应于每六个月报告会员一次，如有会员十分之一以上之连署请求，得选派代表查核之。

第六章　任　务

第三十一条　本会之职责如下：

一、团体协约之缔结修改或废止；

二、会员之职业介绍及职业介绍所之设置；

三、储蓄机关、劳动保险、医院诊治所及托儿所之举办；

四、生产、消费、购买、信用、住宅等各种合作社之组织；

五、职业教育及其他劳工教育之举办；

六、图书馆及书报社之设置；

七、出版物之印行；

八、会员恳亲俱乐部及其他各项娱乐之设备；

九、工会或会员间纠纷事件之调处；

十、劳资间纠纷事件之调处；

十一、关于劳动法规之规定、改废事项，陈述意见于行政机关法院及立法机关，并答复行政机关法院及立法机关咨询；

十二、调查工人家庭生计经济状况及就业失业并编制劳动统计；

十三、其他有关于改良工作状况，增进会员利益事业之举办。

第七章　附　　则

第三十二条　本章程未规定事项悉依工会法及工会法施行法之规定办理之。

第三十三条　本章程如有未尽事宜经会员大会或代表大会之决议呈准主管官署修正之。

象山县公路管理暂行办法(试行)

(一九八二年九月十八日象山县第九届人民代表大会常务委员会第九次会议通过)

第一条　公路是车辆运行的条件。管好养好公路,对于促进城乡物资交流,发展国民经济,便利人民往来和落实战备,都有重大意义。为了使公路经常完好,保障行车安全畅通,根据上级有关规定,结合我县具体情况,特制定本办法。

第二条　公路和公路两旁所划定的留地及其他附属设施,都是国家财产。人人都有保护责任,对公路和公路留地,任何单位或个人都不得侵占和破坏。对侵占、破坏公路的行为,人人都有监督、制止、揭发的权利和义务。

第三条　公路沿线的社队、机关、工厂、学校、商店、单位都应积极配合交通部门向广大群众进行爱路、护路的宣传教育,并遵守交通规则。对积极宣传、努力保护公路财产,敢于同损害、破坏公路及附属设施的行为作斗争,成绩显著者,由主管部门报请县人民政府予以表彰,或给予适当的物质奖励。

第四条　为维护和保持公路经常完好,对违反下列规定者,根据情节轻重和本人态度,采取批评教育和惩处相结合的办法,由公路管理部门和公社,按规定处理。

一、严禁占用公路和划定的公路留地。在公路留地范围内,不准建筑房屋、开垦种植、挖沟引水、修筑渠道、阻塞边沟。为确保行车视线良好,凡石灰窑、砖瓦窑、缸窑等应离开公路至少二十米以外。对原建成的老窑,要坚决采取措施,设法迁移或改善。不准在路面上堆摊灰壳、煤渣、砖瓦、砂石、泥块、竹木柴、建筑材料等路障。不准在公路上设摊贸易、放牧牲畜、堆肥、堆放摊晒农作物。凡由路障造成交通阻塞或事故时,其损失据情节轻重均由违犯者负责赔偿。凡任意侵占或破坏公路和公路留地,应在公路管理部门提出的规定期限内迅速撤除,并负责恢复公路原状。经通知后仍不撤除,公路管理部门有权代为撤除。其撤除和修复费用由占路单位或个人负责、或作无主处理。对撤除暂时有困难的,经公路管理部门同意,按规定期限,交纳每天每平方占路费一角五分。限期不撤除者,应加一至三倍占路费。

二、严禁在公路近旁开山采石或挖砂、挖泥。如确实需要在公路边开山采石,必须经公路管理部门同意、公安部门批准,并预交保证金二百至五百元。发给许可证后方可动工采石。但必须采取严格的安全措施,不得毁损、占用公路,影响车辆安全通行。凡未经批准、擅自在公路边开山采石,危及人民生命财产安全者,应令其停止开采。毁坏的公路应责令其立即修复,并按修复费处以二至五倍罚款。由此造成事故,一切责任均应由违犯者承担。凡过去已作业的采石场,要限期在一九八二年内补办手续,否则一律停止开采。

三、严禁在中型以上桥梁的上下游各一百米内挖砂、开石、取土、建筑堤坝或搞建筑物。严禁动用、迁移或损坏公路的各种标志,违反者,责成其恢复原状,并处以二至五十元的罚款。

四、严禁任意砍伐、攀折或损坏公路两旁的行道树。不得在树杆上牵挂电线、拉钢筋。损坏的行道树应分别情况,给予赔偿。毁坏一棵要种活三棵,并付赔偿费每棵五至五十元;砍伐行道树要加处一至二倍罚款;盗窃行道树加处二至五倍罚款。

五、严禁盗窃公路路料和公路养护的其他物料、机具。对盗窃者除责令其将原物退还或经济退赔外,还可以按原物价值的二至五倍罚款。情节严重者交政法机关依法惩处。

六、在兴修农田水利时,不能任意损坏公路路基、桥梁或涵洞,违犯者,个人罚款二至五十元,单位罚款五十至五千元。

七、使用单位如需临时占用或挖掘公路,应事先向公路管理部门申请,经审核同意发给许可证,并由使用单位负责建好便道或便桥及其他必要的设施,在确保公路安全畅通的前提下,才能动工。施工期间,必须设置明显标志,夜间设置红灯。完工后要及时清场。并应及时缴纳路面修复费。缴纳标准按交通部门规定办理。若因安全措施不力而造成行车事故,其一切损失均由施工单位负责。

八、凡在公路两侧架设广播、通讯线,须离行道树枝二米以外,电力线须三米以外。跨越公路的广播、通信线,最低应高于路面五点五米,电力线应高于路面六至七米。原来架设在公路留地范围内的杆线不符规定的,应订出计划,进行改善。

九、严禁机动车辆装载钢筋、毛竹等在公路上拖行和手拉车拖棒损坏公路。凡因车辆装载、装卸、行驶不当或肇事而损坏公路路面和附属设施的,责令其限期修复或经济赔偿。

十、公路管理和养护部门,要以身作则,模范带头管好养好公路,保持路况经常完好,做到路料四不堆(桥头、弯道、窄路、两侧)。违犯者按上述有关规定同样处理。

第五条　对违反上述规定,拒交罚款者,由银行、信用社及各有关单位、社队凭公路管理部门的扣罚款通知予以扣罚。对拒绝扣罚款的,由人民法院裁决,强制执行。对情节严重、性质恶劣的提交政法机关处理。

第六条　本办法由各级人民政府贯彻执行,交通管理部门具体办理。

第七条　本办法自一九八二年十一月一日起在本县试行。

象山县人民政府渡口安全管理办公室

象渡办[1998]4号

关于下发《象山县渡口安全管理制度》的通知

各有关镇乡政府及村委会、渡工:

根据浙江省渡口安全管理办法,结合我县实际,特制订《象山县渡口安全管理制度》,现下发给你们,望认真贯彻执行。

一九九八年四月二十四日

象山县渡口安全管理制度

为进一步做好我县渡口安全管理工作,使渡口安全管理形成制度化、程序化、规范化,确保人民生命财产安全。根据浙江省人民政府第88号令《浙江省渡口安全管理办法》结合我县实际,特制定渡口管理制度如下:

一、渡口管理机构

1.县政府渡口管理机构的设置

县交通局代表县人民政府负责全县渡口安全管理工作,为便于工作,县府设立渡口安全管理办公室,人员组成由县交通局运输科和航管所有关人员组成。其主要职能是协调有关部门做好渡口安全管理工作。办公地点设在县交通局运输科内,合署办公,联系电话:5723069。专职管理人员由交通局运输科专人负责。

2.各镇乡政府管理机构设置

镇乡政府管辖二艘以上(含二艘)渡船的,均要设立由分管副镇乡长为主的渡口管理领导小组,并指定专人具体负责管理;只有一艘渡船的乡镇,由分管副镇长负责,指定专人管理。其主要职能负责本辖区渡口安全管理工作。

3.有渡口的行政村也要落实专人负责,管理人员原则上由村长或党支书负责。

4.监督部门渡口管理人员由航管所自定。

以上管理机构请各镇乡及航管所认真抓好落实,并将管理人员名单、联系电话、传呼、移动电话报县渡口办。今后如有人员变动,要及时上报渡口办。

二、渡口管理分类及责任

根据省政府第88号令有关条款规定,结合我县渡口分布及现状,对我县渡口进行重新分类编号及明确管理责任。

(一)渡口分类

1.乡镇渡凡设于乡村或集镇的渡口为乡镇渡,其编号统一为象农渡××号。

2.自备渡。凡设于乡村或无居住人口的岛屿作为生产性用渡,为自备渡,其编号统一为象自备渡××号。

3.交通渡。定位交通局下属县汽车轮渡公司、港务石鹤汽渡公司。

4.重点渡口的划分。石浦至檀头山农渡6号、石浦至渔山农渡13号、泥礁塘至三门口农渡14号、英山村至李家渡农渡20号、台宁至红卫塘农渡25号、下山至奉化石沿农渡24号、柴溪至奉化铜礁农渡28号等七艘渡船均航行在洋面较宽海域,凡遇大风、大雾等恶劣气象时,列为重点渡口管理;

大树墩农渡16、17号、竹屿农渡15号均为农忙季节重点管理渡口。铜钱礁农渡1号、石浦至东门农渡2、3号作为日常客流量较多的重点渡口。各有关乡镇应加强对上述重点渡口的安全管理,港航监督部门也根据自己的职责加强安全监督管理。

(二)渡口管理责任

乡镇渡(农渡)和自备渡的所在村及渡工负安全管理工作全责,县渡口办(交通局)和镇乡政府负本辖区渡口管理领导责任。港航监督,船舶检验部门负全县渡口安全监督责任及船舶检验质量责任。

1.凡编号为农渡的渡口管理责任书,由县渡口办与镇乡政府→村委会→渡工的三级责任书;

2.凡编号为自备渡的渡口管理责任书,由镇乡政府与村委会→渡工的二级责任书,不列入县渡口办考核,有自备渡镇乡政府应加强对该渡口的安全管理。

三、渡口管理职责

明确管理责任后,管理部门及经营者按下列规定履行好各自的职责:

(一)县渡口办(交通局)职责

1.负责宣传贯彻有关渡口安全管理的法律、法规、规章及上级有关会议、指示精神。

2.召集全县渡口安全工作会议。

3.负责县与镇乡政府签订责任书;督促检查镇乡与村→村与渡工责任书签订落实情况;要求签订率为100%。

4.制定渡口安全管理制度;转发上级有关安全工作指示、通知等事项,编发渡口简报;向上级报告有关事项。

5.协调处理渡口安全管理中存在有关问题,统一编制渡口的更新改造规划等。

6.县府交办的其他有关渡口安全管理工作事项。

(二)各镇乡政府及村委会的职责

1.负责设立本渡口安全管理机构,落实镇、村二级专职渡口安全管理人员。

2.按规定配备渡工,并做到相对稳定(要求三年以上)。

3.负责本辖区渡口安全教育,传达上级有关安全工作指示,贯彻国家有关法律、法规等工作,定期召开渡工、管理人员会议;及时向县渡口办反馈有关渡口管理动态及信息。

4.确保本辖区渡船适航,和渡口设施的完好适渡。

5.维护渡口的安全秩序、制止超载抢渡,遇到农忙、重大节日、农贸集市等渡运高峰期增加班次,并派人到现场值班,遇到浓雾、大风及灾害性气象时,要及时通知渡工,做好防范措施,必要时派人到现场指挥并作停渡决定。特别要加强对重点渡口的安全管理。

6.负责组织实施安全管理责任书。镇乡与村由镇政府负责签订;村与渡工由村负责签订,镇乡政府负责监督检查落实情况,时间要求县府与镇政府签订后20天内完成,签订率要达到100%。

7.及时消除渡口安全隐患。凡港监、县渡口办对渡口检查出事故隐患,镇乡政府要及时督促落实整改措施,并将落实情况反馈到检查部门。

8.负责落实上级部门交代的其他有关渡口安全管理工作。

9.负责本级渡口,管理有关安全检查及台账工作。

(三)渡工安全职责

1.渡工应由责任心强,技术好,熟悉本海域水文气象,身体健康,在20~60周岁担任。渡工必须严守岗位,遇到特殊情况,不能交给无证人员代替,要有相应人员顶替。

2.渡工应严格按照本船额定乘员载客,严禁超载,人车、人畜混装,严禁装载危险品过渡;需要运载危险品,须出示有关部门核准危险品准运证。严禁酒后驾驶,无证驾驶,严禁冒风、冒雾等情况下航行。

3.要确保渡口适航状态,经常保持本船完好性,经常检查渡船仓内积水情况,发现渡船仓内积水须排干,并查明原因,发现有漏水,要立即进行修补,消防、救生、讯号设备要配齐、配足并保持完好无损,不准将渡船"带病"航行,发现渡船不适航,渡工无法解决时要及时报告村、镇乡政府或港航监督部门。

4.向旅客宣传《渡口守则》及安全知识,维护好渡运秩序。

5.渡船发生事故,或乘客落水时,应及时组织救援措施,组织抢救,并向村、镇乡渡口办和港航监督部门报告。

6.自觉遵守和宣传国家有关安全法律、法规。

7.上级交待有关安全管理工作。

8.严格遵守航行规则,要加强瞭望、谨慎驾驶,严格按规定航行,横渡时,应主动避让他船,严禁抢越沿流行驶中的他船船头。重点渡口的渡工应自觉遵守本船的抗风等级及额定船员。

(四)港航监督部门职责

1.港航监督部门负责全县渡船检验、登记、核发船舶检验证书,船舶登记证书和航行签证等渡船证书。负责渡工技术培训,核发渡工证或船员适任证书。办理上述证书时要严格按照规定办理。负责装配渡船额定乘员牌子。

2.负责对全县渡口安全管理宣传教育,负责对全县《渡口守则》牌子安装并保持清晰完好。各镇乡政府、村渡口应积极配合。

3.负责全县渡口安全监督检查,发现事故隐患及时通知渡工进行整改,严重危及渡船航行安全,要及时阻止停航,并向镇政府发出书面整改通知书,报渡口办备案,发现渡工违章,按规定进行处罚。

4.调查处理渡船交通事故,并将处理结果报县渡口办。

5.上级主管部门交办的其他有关渡口安全管理等工作。

四、渡口管理制度

(一)会议制度

1.县渡口办一般每年召开一次渡口安全工作会议。根据需要随时召开。

年度工作会议主要内容:回顾总结上年度工作,部署今年度安全管理工作,表彰先进,签订渡口责任书;时间一般在春运结束后召开。参加人员;各镇乡渡口管理负责人,必要时召集有关渡工,村级领导参加;县府有关部门领导及港航监督有关人员。

2.有设立渡口的镇乡政府每年也应召开渡口安全会议,参加人员一般由村级负责安全管理人员,必要时由渡工参加,会议主要内容:传达上级有关渡口安全会议精神,总结本辖区渡口管理工作,提出本年度工作要求,签订责任书,时间一般在春运前和来年的县渡口安全工作会议后。每年一般不少于4次,必要时随时召开。

3.村级召开渡工会议。根据上级要求,随时组织召开,形式可集中或分散在船头召开。内容传达上级指示及会议精神,结合本村实际,对渡工提出具体要求。特别遇到渡运高峰期及灾害性气象时,必须到船头召集渡工布置防范措施及上级指示。

以上各级组织召开的安全会议,要认真抓好落实,并将召开会议的内容、参加人员、时间等记录在台账上。

(二)安全检查制度

搞好渡口安全检查制度，是落实渡口安全工作的重要环节，通过检查使各级能及时发现事故隐患，消除事故发生的有效途径。为此，县渡口办、港航监督、各有关镇乡政府要按照各自的职责，认真坚持安全检查制度。

1.县渡口办

每年组织检查次数不少于2次，根据上级要求随时组织安全检查。检查形式，自行组织或会同有关部门及乡镇领导进行检查，检查的内容及时间，一般每年春运期，和县责任书签订后，进行三防工作之前各一次。其内容主要检查春运或三防工作组织人员是否到位，安全责任是否落实，以及安全责任书签订情况，安全台账建立及记录情况，根据上级要求所要检查其他事项，检查对象，一般是在乡镇政府，必要时到实船现场检查，面点结合。

2.港航监督部门

港航监督部门要根据自己职责，其范围是对全县渡口进行检查，其次数一般渡口每二月一次，重点渡口每一月一次，根据上级要求，随时组织检查。参加检查人员，根据不同季节（其中春运、清运、三防必检）和上级要求，由所领导确定。必要时，县渡口办一起参加检查。检查内容：渡船适航性，渡埠完好程度，安全设施（消防、救生）渡工适任、航行遵章守纪、装载等内容。通过检查出的事故隐患，凡渡工能做到的，当即提出整改意见，并记录在渡船安全记录簿上，或者发出书面通知给渡工，严重危及渡运安全，渡工一时难以改正，要以书面形式通知所在镇政府，提出限期整改意见，情况紧急时，责令停航，后向镇政府提出，并报告县渡口办备案。

3.镇乡政府及村级安全检查

①根据上级要求，通过本镇乡部署给渡工安全任务，镇乡政府应及时检查其落实情况；②县渡口办和港航监督部门提出整改意见，渡工是否整改落实；③遇农忙季节，农贸集市出现高峰期，应到现场检查渡运秩序、渡船是否超载；出现秩序混乱，超载、人畜、人车混装时，要分别进行维护秩序、阻止超载等违章现象；④遇到灾害性气象（大雾、大风）特别是台风到来前，检查其防范措施是否落实；⑤其他日常检查，渡船、渡埠情况，特别灾后对本辖区渡埠受损情况要进行实地检查，并将检查情况及时报告有关部门；⑥村与渡工责任制落实情况；⑦其他根据上级要求及本级管理职责安全有关问题。检查次数根据以上检查内容由各镇乡确定，一般对本辖区组织次数每月不少于一次。

（三）报告制度

报告原则一般情况下应按级报告，这里需明确有关事项的报告制度。

1.关于渡船修理。渡船年度修理计划、渡船检验由渡船所在行政村提前半个月向航管部门提出申请，报告内容、修改项目、代渡船舶、航管部门根据本所实际，及时给予同意修理批复或修复后及时派人给予渡船检验。代渡船舶应经航管部门临时检查合格后，才能代渡（严禁水泥船代渡）。

2.船员培训。根据渡工变更，由村向镇政府报告，尔后由镇政府统一汇总到县航管所，由航管所根据年度安排，组织实施给予培训发证。

3.渡埠修理及经费。由村级提出修理计划，由镇政府领导负责实施修理，涉及业务技术要求勘测、设计等应报告县航管所，县航管所应给予指导帮助；渡埠修理经费要贯彻“以渡养渡的原则”对有些渡口收费不足，确有困难由镇乡政府向县渡口办申请，县渡口办根据资金作出适当补助。

4.渡口的设置、迁移、撤销的报告制度

(1)农渡渡口的设置、迁移、撤销由经营渡口行政村提出书面报告,经所在乡镇人民政府同意后,报县航管所签署意见后,再报县交通局(渡口办)审批;

(2)专用渡的设置、撤销。须经其主管部门同意,后经县航管所签署意见后,再报县交通局(渡口办)审批;

(3)凡涉及两个乡镇的渡口,须经由经营一方向另一乡镇政府同意后再提出申请,按前(1)、(2)项办理;

(4)凡跨县的渡口,由镇乡政府报告,经航管所签署意见后,再由县交通局(渡口办)向上级交通部门(渡口办)报告。任何单位和个人未经批准,不得擅自设置、迁移、撤销,否则按有关规定给予处罚。

5.渡口发生海损事故的报告

凡渡口发生海损事故,渡口经营者立即分别向所在镇乡政府、县航管所、县渡口办报告。报告内容发生海损事故的渡口名称、地点、海损程度,需要上级救助有关事项等内容。各单位接到渡口的海损事故,应立即赶赴现场组织抢救。渡口经营者,及村级领导,在上级部门尚未赶到之前,在报告的同时,应及时组织抢救,把损失减少到最低程度。海损事故的调查处理,由航管所负责调查处理。有关部门应予以配合。事故报告由航管所负责拟写后,报县渡口办,根据事故等级由县渡口办向上级有关部门报告。

(四)渡口违章的处罚规定

凡渡口经营者违章的处罚,按省政府88号令规定进行。

(五)渡运规定

1.各渡船应当在规定的航区及指定的航线航行。未经港航部门批准,不得跨越航区行驶。

2.装载危险品时,未经批准所有渡船不得装载批量危险品。考虑到农村海岛液化气瓶实际需要,气瓶经严密包装后,每航次允许装一瓶,但安放的位置应远离旅客客轮。并且要固定牢靠。

3.有下列情况之一,严禁渡运(请经营者及经营单位应严格把关)。

(1)超员或超载;

(2)装载不当(超高、倾斜)影响安全渡运的;

(3)天气恶劣(大风超过本船抗风等级)能见度少于对岸2/3;

(4)船员配备不足或持证人员不在位;

(5)渡船不适航(机械故障,船体漏水安全设施不全);

(6)其他危及渡运安全的情况。

4.各渡工对小学生、残疾人、老年人、孕妇等旅客应当予以照顾。特别对学校组织学生旅游要严格按额定人数载客,确保安全。

以上各项规定,如与省政府88号令有抵触的,以88号令为准。

附件:(一)象山县渡口安全管理网络

(二)象山县渡口管理一览表

一九九八年四月二十三日

象山县人民政府文件

象政[1998]3号

关于印发《沿海国道主干线象山连接线两侧规划建设若干规定》的通知

各镇(乡)政府,县府各部门:

现将《沿海国道主干线象山连接线两侧规划建设若干规定》印发给你们,请认真贯彻执行。

一九九九年二月二十五日

沿海国道主干线象山连接线两侧规划建设若干规定

第一条 为加强沿海国道主干线象山连接线公路路政管理和两侧土地用地的规划管理,切实控制公路用地、留地范围,维护公路设施,保障安全畅通,根据《中华人民共和国公路法》、《浙江省村镇规划建设管理条例》和《宁波市公路路政管理条例》等有关法律、法规,结合本县实际,制定本规定。

第二条 连接线公路两侧边沟外缘至各侧公路建筑红线的距离为15米,禁止建设永久性建筑物、构筑物和设施。

第三条 在建筑红线范围内确需设置供水、排水、供气、供电、供油、通讯管线等设施及广告牌、厂名牌等非公路标志的,必须经县交通行政管理部门批准,在公路建设需要时,应当按有关规定拆除或迁建。

第四条 在公路两侧建筑红线控制范围内构筑临时建筑物(包括增设交叉道口)的,必须按下列程序办理审批手续:

(一)建设单位或个人首先向连接线公路管理部门填报《临时建筑申请表》,并附上临时建筑平面图,经村民委员会和镇、乡人民政府签署意见后,报县交通行政管理部门审批。经批准后,发给《占用公路用(留)地、附属设施许可证》,并与建设单位或个人签订协议。

(二)建设单位或个人领到《占用公路用(留)地、附属设施许可证》后,根据临时建筑物的不同性质,按规定向计划、土地、规划等部门申请办理其他手续。

(三)建设单位或个人的临时建筑完工后,应及时告知连接线公路管理部门进行验收,验收通过后方可启用。县交通行政管理部门将验收后的材料存入临时建筑管理档案。

第五条 各镇、乡人民政府和土管、工商、城建、公安、邮政、电信、供电、水利等部门在编制城市和村镇规划、审批建设项目、办理土地征用、核发各类许可证等时,凡涉及公路两侧建筑红线控制范围的,必须事先征得县交通行政管理部门同意。对不符合规定的,管理部门要及时提请审批单位予以纠正;对不及时纠正或纠正不力的,要追究有关部门的责任。

第六条　在公路两侧沿线规划新建或扩建(村)镇、住宅小区和集市的,应当选在公路一侧进行,其离公路最近的建筑物的边缘与同侧的公路边沟外缘的距离控制为50米。

第七条　沿公路边沟两侧起100米之内为建设规划控制地段。沿线各镇乡政府负责编制好该地段的规划,并报县建设(规划)主管部门批准。

第八条　对违反本规定的单位和个人,县交通行政管理部门可依照有关法律、法规和规章进行处罚。

第九条　本规定由县交通局负责解释。

第十条　本规定自发布之日起实施。

象山县人民政府文件

象政发[2009]24号

关于加快象山县海洋运输业发展的若干意见(试行)

各镇(乡)政府、街道办事处,县政府各部门:

为深入贯彻落实科学发展观,培育发展特色经济,促进我县海洋运输业平稳较快发展,根据国家有关法律、法规和政策的规定,特制定如下意见:

一、指导思想、发展目标、扶持范围和对象

1.指导思想:全面贯彻落实科学发展观,以促进海洋运输业持续、平稳、健康发展为目的,积极拓展行业发展空间,进一步优化运力结构,不断提升行业综合经营能力和管理水平,加快建设"港航强县"。

2.发展目标:到2013年,全县海运业规模年均递增15%以上,确保比2008年翻一番,力争突破100万载重吨;对地方经济贡献不断加大,地方税收达1亿元;加快优化运力结构,万吨级以上船舶占比达到50%;扶持规模大、竞争力强、管理水平高的海运企业,培育运力15万载重吨以上企业2家,30万载重吨以上企业1家;强化对海洋运输业的服务管理,基本形成能适应海运业发展需要的扶持体系。

3.扶持范围和对象:凡在我县注册、纳税的实缴税收在50万元以上并在本意见实施起承诺经营6年以上的独立法人企业。

二、加大财政扶持力度,不断增强海运业竞争力

4.鼓励海运企业做大做强。凡在象山县注册新办的海运企业,从企业正式营运之日起,三年内按企业年实缴税收地方所得的50%给予奖励。以企业上年实缴地方税收为基数,对非新办实缴税收在100万元以上的海运企业,超基数10%以上部分,县留成部分25%给予奖励;超基数20%以上部分,县留成部分50%给予奖励。对规模较大、发展势头较好、能够带动行业发展的海运企业可以享受"一企一策"的扶持政策。

5.引导海运企业扩大运力。凡列入扶持范围的海运企业,新建和购置县外5年以内船龄的船舶,运力单船规模在5千载重吨以上的均给予40元/吨的贴息补助。

6.支持海运企业联合重组。鼓励海运企业与生产企业、营销企业的合资合作,加快海运企业与陆运企业、仓储企业的联动发展,促进海运企业由单纯的承运企业向物流经营企业发展,企业在重组过程中所涉及的税费予以减免。

7.加快推进海运业转型提升。实施品牌战略,扶助支持鼓励海运企业向规模化、专业化、特色化方向发展。鼓励企业"走出去",对新开辟国际航线的企业一次性奖励10万元。引导企业规范管理,创新经营理念,建立现代企业管理制度。

三、优化发展环境,营造良好氛围

8.加大信贷支持力度。金融部门要针对海运企业(船舶)的资金周转特点,调整信贷结构,简化办贷手续,增加长期贷款发放比例,并在企业落实有效抵押的基础上,开办最高额抵押,实行一次抵押,多次放贷。对新建、新购万吨级以上船舶的海运企业,金融机构要给予最大额度的贷款支持。2009年起,把海运企业纳入县中小企业信用担保中心担保范围,并将县中小企业信用担保中心注册资金增资200万元,着力解决海运企业流动资金贷款需求。

9.强化人才支撑。鼓励海运企业培养和引进中高级海运经营管理人员和船员,对企业在人才引进工作中成绩突出的给予奖励。引导渔(农)民参加海运相关专业培训,鼓励海运企业吸纳转产转业渔(农)民。

10.完善公共服务平台。港航管理部门负责对海运企业提供证件办理咨询、生产经营指导、船务知识培训等服务。有关职能部门要对海运企业经营资质、更新改造等项目的审批开辟绿色通道,简化审批手续。镇乡(街道)政府要积极帮助海运企业解决发展中的困难,着力扶持海运企业发展。

11.加强行业管理。享受补助和奖励的船舶须在本企业登记、连续服务时间超过6年(因不可抗力造成船舶灭失、全损的除外),如企业船舶未按承诺营运,其补助和奖励资金由县港航部门督促退还,营运不足3年的,予以全额退还;满3年不足6年的,按比例退还。发生重大安全责任事故的,取消当年的补助和奖励。对弄虚作假,骗取扶持补助政策的,依法追还补助和奖励资金,并取消该企业以后所有补助奖励政策的享受资格。自2009年起,对海运企业实施排行榜制度,进行专项表彰奖励。

四、附则

12.享受补助、奖励政策的海运企业,在承诺期限内,对县财政新增贡献额必须大于所享受的各类补助、税收奖励的总和,并要将所享受的贴息补助、税收奖励资金用于企业发展壮大。上述补助、奖励政策如与其他政策交叉,不得重复享受。

13.本意见由县港航部门会同县财政局负责解释。

14.本意见自2009年1月1日起实施,一年兑现一次。

二〇〇九年三月十三日

象山县人民政府文件

象政发[2010]56号

关于印发《象山县乡村公路养护与管理实施办法》的通知

各镇(乡)政府、街道办事处,县政府各部门:

《象山县乡村公路养护与管理实施办法》已经第三十一次县政府常务会议讨论通过，现印发给你们，请遵照执行。

二〇一〇年五月十八日

象山县乡村公路养护与管理实施办法

第一章　总　　则

第一条　为加强乡村公路养护与管理，保护乡村公路路产路权，保障乡村公路完好畅通，促进我县农村经济社会发展和农村环境建设，根据《中华人民共和国公路法》、《宁波市农村公路管理养护体制改革实施意见》（甬政发[2009]72号）等有关法律、法规和文件的规定，结合本县乡村公路实际情况，制定本实施办法。

第二条　本县行政区域内乡村公路的养护和管理适用本办法。

第三条　本实施办法所称乡村公路是指按照国家、省公路工程技术标准修建并经交通主管部门验收合格并批准认定的乡道和村道。

乡道：是指不属于县道及以上的县城通往县内镇乡的公路，乡镇际间、乡镇与外部连接的公路，以及具有重要联网功能的乡镇通往行政村的公路。

村道：是指不属于乡道以上的乡（镇）通往行政村、行政村之间以及行政村与外部连接的公路。

第四条　乡村公路包括：公路路基、路面、桥涵、隧道、绿化及公路附属设施。

第二章　机构与职责

第五条　乡村公路实行“统一领导，分级管理，以镇乡为主、乡村尽责”的管理养护体制。县交通局主管乡村公路的行业管理工作，具体由其所属的公路段负责。镇乡（街道）负责所辖行政区域内乡村公路的管理养护工作。

第六条　县交通局的主要职责是：

（一）负责乡村公路养护管理的行业管理工作，按照科学、高效的原则，建立乡村公路管理养护工作的协调、监督、管理、考核机制。

（二）负责编制并组织实施本辖区乡村公路管理养护发展规划，会同县财政局编制上报本辖区乡村公路养护年度建议计划，统筹安排上级养护补助资金。

（三）负责乡村公路养护年度计划执行情况、资金使用、养护市场及养护质量等的监督检查，指导并监督镇乡、村级组织做好乡村公路管理养护工作。

（四）负责乡村公路大中修计划和施工图设计方案的审批和养护市场监管，交（竣工）质量验收，对养护大中修的招投标进行行业管理和监督、指导。

第七条　县发改、财政、审计、劳动保障、人事、编制、公安、国土资源、农林、建设、水利、环境保护等有关部门，在各自职责范围内，做好乡村公路养护和管理的相关工作。

第八条　县公路段的主要职责是：

（一）对乡道、村道管理养护进行技术指导和监督、检查、考核，并将年度考核结果书面通报；

（二）审查上报乡村公路养护计划，检查督促乡村公路计划执行情况，参与施工图设计审查和负责乡村公路大中修工程的建设与管理；

（三）依据乡村公路检查考核标准和养护定额核定各类养护费，并按时拨付乡村公路日常养护经费；

（四）建立乡村公路养护数据库，对列入养护计划的乡村公路进行路线代码编号、区域划分。

第九条　各镇乡（街道）应明确乡村公路管理机构及分管领导，落实专人负责乡村公路养护、管理工作，在业务上接受县交通局和公路段的指导、监督和检查。

镇乡（街道）对乡村公路管理养护的主要职责是：

（一）负责乡村公路的养护与管理工作；

（二）负责制订乡村公路养护管理制度，加强养护与管理，经常保持乡村公路的完好、安全与畅通；

（三）编制乡村公路本级财政预算、编报乡村公路养护年度计划，并按批准计划组织实施；

（四）定期对乡村公路养护质量进行检查验收；

（五）调查报送乡村公路统计数据，为公路数据库提供详实的基础资料；

（六）配合县公路管理机构做好乡村公路路政管理工作。

第三章　养护管理

第十条　乡村公路养护应当遵循“预防为主、防治结合、全面养护”的原则，保证乡村公路处于良好的技术状态。除遭遇自然灾害等不可抗力外，乡村公路应当保持路基稳定、路面平整、路肩整洁、排水畅通、构造物和沿线各类设施完好；对桥梁、急弯、陡坡、临水临涯或者容易发生危险的路段，应当按照国家标准逐步设置警告标志和安全防护设施。

第十一条　乡村公路养护分为养护工程和日常养护。

乡村公路养护工程，主要指乡村公路的大中修工程。

乡村公路日常养护，主要指乡村公路的小修、保洁、绿化管理和附属设施维护等。

乡村公路大中修和日常维护应当按照国家、省、市公路养护技术规范、质量评定标准组织实施。

第十二条　乡村公路大中修工程计划由镇乡（街道）按照县交通局的要求编制，经县公路段审核后，报县交通局及县人民政府有关部门审定。

对已审定的项目，县公路管理机构要根据招投标管理的有关规定及时组织并开展实施，镇乡（街道）应予积极配合，并做好政策处理等相关工作。

第十三条　乡村公路日常养护应逐步推行专业化、机械化。对村道公路养护一般应按照“乡镇监管、行业指导、村民自养、政府补助”的原则组织实施，有条件的地方可以由乡镇统一管理养护。因自然条件等限制，乡村公路养护作业可采用委托、分段承包等灵活方式进行。

乡村公路管理机构应当与养护作业单位或个人签订养护合同，明确双方权利义务和相关责任，并报县公路段备案。

第十四条　镇乡(街道)应当结合乡村公路养护特点,建立养护安全生产管理制度,督促养护作业单位和养护人员严格执行养护作业安全操作规程。

第十五条　乡村公路作业时,应当遵守下列规定:

(一)在作业区间或施工路段两端设置必要的交通安全设施与警示标志,采取相应的安全防护措施。

(二)公路养护作业人员应当穿着安全标志服。

(三)养护作业车辆、机械设备应当设置明显的作业标志。

(四)在夜间或恶劣天气作业时,现场应当设置警示标志。

(五)养护作业完毕后,应当及时清除遗弃物。

(六)法律、法规规定的其他养护作业安全管理规定。

第十六条　乡村公路养护作业期间,应当保障车辆运行的基本条件和安全,不得因养护作业而随意封道,中断交通。确因养护作业需要封道,中断交通 12 小时以上的,除紧急情况外,应当提前 5 日向社会通告。

第十七条　镇乡(街道)和村民委员会应当对乡村公路养护所需的取沙、取石、取土、取水等事项给予支持和协助。

第十八条　乡道的绿化按照《中华人民共和国公路法》等有关规定执行;村道绿化应当参照《中华人民共和国公路法》等相关规定,因地制宜,自主实施。任何单位、个人不得擅自砍伐绿化树木;确需更新、砍伐的,应当按照《中华人民共和国森林法》等有关法律、法规的规定办理审批手续。

第十九条　县交通局及其公路段应当建立乡村公路养护资料档案库;镇乡(街道)应当按照有关规定做好有关资料档案的各项统计上报工作。

第二十条　乡村公路管理机构应当加强乡村公路养护巡查,对因自然灾害致使乡村公路中断或者严重损坏的,应当及时报告沿线镇(乡)政府、街道办事处,同时应当按照分级管理的原则及时组织力量进行抢修或者采取措施排除险情,以尽快恢复通行。

第四章　路 政 管 理

第二十一条　乡村公路的路政管理,按照《中华人民共和国公路法》和《浙江省公路路政管理条例》等法律、法规和规章的规定执行。县公路段和各镇乡(街道)应当认真履行职责,依法做好公路保护工作,并努力采用科学的管理方法和先进的技术手段,提高公路管理水平,逐步完善公路服务设施,保障公路的完好、安全和畅通。

第二十二条　县公路段负责具体实施乡村公路的路政管理工作。

镇乡(街道)和村民委员会要协助做好乡村公路的路政管理工作,并接受县公路段的指导。

第二十三条　乡村公路的路政管理工作由县公路段统一组织实施,县公路段应安排一定数量的路政管理人员,加强巡查,依法制止,处理各种违法使用、占用和破坏、损害乡村公路的行为。

乡村公路管理机构应安排一定数量人员协助做好乡村公路路政管理工作,负责有关政策宣传,及时制止破坏路产路权的行为,协助路政执法。

第二十四条　乡村公路两侧建筑控制区应严格按照法律、法规的规定执行，在控制区范围内，禁止违法修建任何建筑物或者构筑物。

第二十五条　任何单位和个人不得擅自占用、利用和挖掘乡村公路，因特殊需要占用、利用、挖掘乡村公路的，应按照《中华人民共和国公路法》和《浙江省公路路政管理条例》等有关法律、法规的规定办理。

第二十六条　在乡村公路上行驶的车辆，其轴载质量必须符合《公路工程技术标准》的要求，铁轮车、履带车和其他可能损坏路面的车辆，不得在乡村公路上行驶。以上车辆确需行驶的，需经县级公路管理机构同意，并按要求采取有效防护措施，对公路造成损坏的，应予以修复或承担修复费用。

第五章　资金筹措与管理

第二十七条　乡村公路养护资金包括日常养护资金和公路大中修资金。日常养护资金是指公路小修保养和日常管理资金。

第二十八条　乡村公路养护资金主要由市、县补助和乡镇(街道)财政预算资金和其他资金共同构成。

第二十九条　乡村公路养护补助资金年度支出计划由县公路段编制，报县交通、财政部门审定批准后执行。

第三十条　乡村公路养护资金构成

(一)日常养护资金(小修保养和日常管理)

1.市补助用于乡村公路的日常养护资金为乡道年公里4500元，村道年公里1500元，欠发达乡镇另外增加补助资金为：乡道年公里2000元，村道年公里1000元；

2.县财政补助资金标准为年公里：乡道4000元，村道2500元；

3.镇乡(街道)财政安排乡道年公里不低于1000元，村道年公里500元；

4.村道不足部分由当地受益村采用一事一议、筹资投劳的方法筹集解决。

(二)公路大中修资金

1.市补助用于乡村公路大中修的专项资金；

2.乡村道不足部分由县财政全额安排。

(三)按以上方式筹集的乡村公路养护资金，年底有节余时，自然结存下一年度，累积使用；随着乡村公路里程的增加和人工、材料价格与养护成本的提高，用于乡村公路养护投入资金要逐步增加，以保证乡村公路养护管理的需要；乡村公路养护资金，以县交通局认定的公路行政等级的里程增减情况，每年作相应调整。

第三十一条　日常养护资金由县财政局及时划拨给县交通局，县交通局应将日常养护资金及时划拨给县公路段，县公路段应将乡村公路养护资金及时拨付各乡镇(街道)。公路大中修资金由县财政局及时划拨给县交通局，并视工程进度情况，由县交通局分批拨付县公路段。

第三十二条　乡村公路日常养护资金分经常经费和考核奖励经费两部分。日常养护的经常经费按年补助资金的50%分季度拨付，考核奖励经费按年补助资金的50%根据年度考核结果拨付。

第三十三条　乡村公路养护资金应实行专户储存,独立核算,专款专用。该项资金只能用于乡村公路养护管理,任何单位和个人不得截留、挤占、平调和挪用。

第三十四条　财政、交通部门负责对乡村公路养护资金的使用进行监督和检查,审计部门对乡村公路养护资金使用情况进行定期审计,确保乡村公路养护资金专款专用。

第六章　考核与奖励

第三十五条　县政府将乡村公路养护管理工作纳入政府目标考核范畴。县公路段具体负责对乡村公路的养护质量和管理情况进行考核,其考核结果作为县人民政府目标考核的依据。

第三十六条　为调动各镇乡政府、街道办事处的养护积极性,乡村公路养护补助经费采用"以奖代补"的方式予以拨付。"以奖代补"是针对养护质量和管理情况进行综合考评后,按照考核结果对乡镇、街道拨付日常养护经费。

第七章　附　　则

第三十七条　乡村公路的确权,按照《中华人民共和国物权法》等法律、法规和国家有关规定执行。

第三十八条　大中修工程的确定,按照国家、省、市有关规定执行。

第三十九条　专用道的养护与管理,由其管理单位参照本实施办法执行。

乡村公路中的沥青路面道路及主要重交通道路(由县交通局确定)纳入县道养护管理。

第四十条　县交通局可根据本办法制定具体的乡村公路养护管理考核办法,并报县政府备案。

第四十一条　本办法由县交通局负责解释,并自发文之日起施行。

二〇一〇年五月十八日

象山县人民政府文件

象政发[2010]57号

关于印发《象山县县道养护与管理实施办法》的通知

各镇(乡)政府、街道办事处,县政府各部门:

《象山县县道养护与管理实施办法》已经第三十一次县政府常务会议讨论通过,现印发给你们,请遵照执行。

二〇一〇年五月十八日

象山县县道养护与管理实施办法

第一条　为加强县道养护与管理,保护县道公路路产路权,保障公路完好畅通,促进经济社会发展和满足人民群众生产、生活需要，根据《中华人民共和国公路法》、《宁波市农村公路管理养护体制改革实施意见》（甬政发［2009］72号）等有关法律、法规和文件规定，结合本县实际，制定本办法。

第二条　本县行政区域内县道的养护与管理适用本实施办法。

第三条　本实施办法所称县道，是指连接县城与县内主要乡（镇）人民政府所在地、主要旅游景点、主要商品生产和集散地的公路以及不属于国道和省道的县际间、连接省道的重要公路。同时，县道是按照国家、省公路工程技术标准修建并经交通主管部门验收合格并批准认定的公路。

第四条　县道包括：公路路基、路面、桥涵、隧道、绿化及公路附属设施。

第五条　县交通局主管县域内县道的养护与管理工作。主要负责编制并组织实施县道公路管理养护发展规划，会同县财政局编制审核上报县道养护年度建议计划，统筹安排上级养护补助资金和县财政专项资金，监督检查养护年度计划执行情况、资金使用以及养护市场、养护质量等情况。

第六条　县发改、财政、审计、劳动保障、人事、编制、公安、国土资源、农林等有关部门，在各自职责范围内，做好县道养护与管理的相关工作。

第七条　县公路段具体承担县道的养护管理，负责编报县道养护建议计划，并按照批准的计划组织实施。负责县道大中修工程的建设与管理等工作；依法行使公路路政管理职责。

第八条　县道养护应当遵循“预防为主、防治结合、全面养护”的原则，并积极推广新材料、新设备、新技术的应用，以保证公路处于良好的技术状态。

第九条　县公路段应加强对县道的巡查，对因自然灾害致使县道中断或严重损坏的，应及时组织力量进行抢修或者采取措施排除险情，以尽快恢复交通。

第十条　县道养护包括日常养护和大中修工程。

日常养护是指公路的小修、保洁、绿化管护、附属设施维护等。

大中修工程是指对公路及其沿线设施的损坏部分进行定期或周期性修理，以恢复公路原有的技术状况。

第十一条　县道大中修由县公路段提出计划，按有关规定报批。县交通局和公路段应通盘考虑公路路况、交通流量、路面类型等，视公路破损状况全面衡量，科学合理安排计划，并积极组织实施。

第十二条　县道大中修工程应当采取向社会公开招投标的方式，择优选定具有相应资质的养护作业单位，同时建立“企业自检、社会监理、政府监督”的质量监督体系，确保大中修工程质量；因突发事件、自然灾害紧急抢修或战备需要而安排的特殊大中修工程和法律、法规规定可以不招标的，可采取指定养护作业单位的方式组织实施。

第十三条　县道养护资金包括日常养护资金和大中修工程资金，日常养护资金是指公路小修保养和日常管理资金。

县道养护资金构成

1.日常养护资金

县道日常养护资金为年公里45000元，其中市补助资金23000元，县财政配套资金22000元。

2.大中修工程资金

(1)市补助用于县道的专项资金;

(2)不足部分由县财政全额安排。

第十四条　县道日常养护资金由县财政局及时划拨给县交通局,并由交通局及时划拨给县公路段。大中修资金按工程进度分批拨付。

第十五条　县道养护资金应专款专用,任何单位和个人不得截留、挤占、挪用,财政、交通部门要加强对资金使用情况的监督和检查,审计部门对养护资金使用情况要进行定期审计。

第十六条　县道日常养护资金,以县交通局认定的公路行政等级的里程增减情况,每年调整一次;对于当年新增的公路,经交通局验收合格,并同意纳入县道管养范围的,交通、财政部门应根据该新增公路实际的管养时间,在年度经费计划中将日常养护经费予以补列。对于公路行政等级已列入县交通局报上级审批计划的公路,在上级未批准之前,按县交通局确定的公路等级管理,日常养护经费由财政局予以补足。

第十七条　县交通局应加强对县道养护管理工作的监督、检查、指导,以保证各项工作正常有序开展。

第十八条　本实施办法由县交通局负责解释,并自发文之日起施行。

二○一○年五月十八日

三、杂　　记

交通运输事故纪实

海上重大交通事故

1756年(清乾隆二十一年)六月十八日,西乡民夜渡奉化茅山进香,黄溪埠航船冒险超载,舱容二三十人,载客百余人,中途触礁沉没,死40人。

1825年(清道光五年)八月初二,东乡溪沿村民,过港进香,因超载在湖头渡沉船,死20余人。

1826年(清道光六年)八月初,墙头村民过港进香,因超载沉船,死多人。

1883年(清光绪九年)十一月,中国船"怀远"轮,在北渔山附近失事,死旅客、船员165人。

1890年(清光绪十六年)五月,德国"扬子"轮在北渔山附近沉没。

1914年(民国3年)4月24日,招商局"新裕"商轮,载兵员等700余人赴闽,至南韭山附近,因迷雾与该船护航舰"海容"轮相撞致沉,石浦纪协顺商行派船营救,生还24人。

1922年(民国11年)7月20日,石浦"新协元"木帆轮,自石运海货去闽途中,避风玉环山盘港,船工19人,18人乘小船上岸逃生,船翻,俱丧命。

1931年(民国20年)3月,法国"长江"轮在北渔山西南触礁沉没,灯塔管理员收容船员旅客60人。4月,中国"华阳"轮在南渔山西北搁浅,英国"瑞普太那"轮救起旅客船员。9月,日本打捞船"东洋丸"轮,打捞上述两轮之际,遇飓风,触礁船裂。灯塔管理人员往救,仅1人生还。

1940年(民国29年)11月28日晚,行驶石浦至蟹钳渡间"永浦"轮,驶往鹤浦过夜,在下湾门附近遇行驶沪椒线之"宝利"轮,"永浦"轮船长疑为敌舰,惊慌失措,两轮相撞,"永浦"轮裂下沉。

1943年(民国32年)12月28日,"乌屿山"渡轮离岸500米处,遇风沉没,死23人。

1946年(民国35年)1月23日,黄溪渡航船载客50余人去翔鹤潭。离岸(黄溪埠)10丈处,忽狂风覆船,死5人。

1960年4月30日,温州"浙海115"轮(130吨),自沪运煤返瓯,在三岳山触星礁沉没。

1961年8月1日,金星乡平阳厂生产队农船,开往打鼓屿培育番薯,超载致覆,死7人。

1962年12月28日,泗洲头集市,杨岙山埠过渡,40余人争先上船,致船头下沉,侧翻,皆落水,死9人。

1966年11月13日,溪口公社文山大队社员15人,乘小船去海涂拾海瓜子,船只破漏又超载,返航时在蟹钳渡死人山附近翻船,死7人。

1975年4月23日,浮礁渡礁横大队渡船因赶集人多,超载。离岸5米处,船头进水,旅客慌乱,渡工维持秩序无方,少数渡客跳水,船失平衡致翻,救起33人,死6人。

1978年11月30日,海运公司"象机101"轮运输碘石去沪途中,油灶起火,船长指挥失当烧毁,直接经济损失13.5万元。

1979年6月7日,海运公司"象机101"新轮,在象山港大石门触礁沉没。直接经济损失1.4万元,打捞费用5万元。

1979年12月24日,海运公司"象机110"轮(载重101吨,99.2千瓦),自沪运煤返港,在旦门小锅山撞山致沉。两次打捞,历时50天,无效,耗打捞费3万元,遂拖回,至长山嘴,钢索中断下沉,无法打捞,只得炸毁沉船,以清航障。在打捞期内,因风浪大,灯浮标移位,触沉文成、瑞安2县机动船各1艘。

1982年3月23日,海运公司"象机112"轮装运碘石100吨去沪,在毛湾排子礁触沉,直接经济损失7.5万元。

同年7月9日,"象机5"轮自沪运煤返航,在吴淞口南支航道56号浮筒附近搁浅沉没,直接经济损失5万元。

1983年10月20日,金星乡花岙盐场"象副机3"轮,因超高、超载,在大榭涂泥嘴遇急流沉没,死4人。

1985年9月9日,海运公司"象机106"轮,自沪运石灰石130吨返航,中途私载货物8吨,绕道西泽返石,在野龙山中段触礁沉没,直接经济损失9.08万元。

1986年4月2日,"象副机214"轮船长无证驾驶,在甬江清水浦与上航二处拖轮相撞致沉,死3人。

1986年5月11日,苍南县"苍机13"轮(载重量1050吨、699千瓦)自沪运煤返回鳌江,至牛鼻山水道时,遇东港乡屿岙村"象渔94018"轮(10吨、14.7千瓦),船不适航,船长无证驾驶,两船碰撞,渔船致沉,溺毙渔工4名。船舶损失,双方各负担一半。抚恤费、打捞费及事故调解费由"苍机13"轮负担。

1986年6月2日,檀头山乡前卫村"5011"渔轮(载重量57吨,渔工17人)自石返航,因装载失当(甲板上装红砖40吨,柴油4吨,渔网3顶等),违章搭客34人。驶近大王宫码头,右满舵转弯时,船身左倾致翻,51人皆落水,多被砖头砸死,或被渔网罩住,死船工1人、搭客26人(其中女性23人)。

1986年9月12日,石浦镇"象副机21"轮,自沪运煤100吨返航,中途超载私货10吨,并搭客6人,被上海港监部门查扣,经纠正违章后,发还被扣证件放行。该船乘港监下班之机,重新装上已卸货物。致干舷减少5公分,甲板装载高达1米,重心提高,在菜花山洋面,遇风浪沉没,死2人,直接经济损失7万余元。

1987年1月24日,"象副机38"轮(载重量130吨,99.2千瓦)自沪运煤返航,在岱山鱼腥脑附近因漏沉船,9人乘舢舨逃生,又被风浪击沉,仅1人生还,直接经济损失11万元。事后查明:该船在上海装卸时,曾遭拖轮碰撞,既不向港监报告,又不认真检查船舶损漏情况,大管轮不在位,擅自开航,舱内进水,副机无人管理。该船违反核定抗风等级,以不适航船舶,冒险航行致沉。

1987年4月23日,檀头山乡大王宫村"象渔50008"轮(载重16吨,58.8千瓦)无证、无照、无灯号、信号及消防、救生设备,搭客20余人,自下湾门驶入石浦港,与石浦镇外海运输站"象副机502"轮(载重量60吨,58.8千瓦)在石浦第二码头外50米相撞,死2人,重伤2人,轻伤1人。

1988年12月10日晚,东门乡"3007"渔轮(61吨,110千瓦)在渔山列岛外作业,被一艘向南行驶铁壳大轮撞沉,23名渔工全部落水,2人生还。铁壳轮躺航半小时,扬长而去。

1995年7月8日中午11时40分,"浙象渔7016"钢质轮,随"7015"轮(为对船)自石浦驶蟹钳港锚地休渔。经马岙门鹰嘴头海域,与新桥镇龙洞村金从祥(33岁)、李玲妹夫妻携儿(9岁)作游丝网捕捞(近海作业)之木质手划渔船碰撞,致小船翻沉,3人落水后金妻获救,金某及其儿失踪。后查明:"7016"轮船长徐祖定发现前方小船时,未采取事前减速、发信号、派人船头瞭望等避碰措施。事后,又施救不力,既无下海救助,又未抛救生衣、圈,仅投一缆绳施救,以致金某及其儿失踪遇难。为此,县政府特发事故通报。

1996年2月9日,三门县航运公司"浙三机3"木质轮,载客50余人,由石浦驶往三门海游,途经三门县蛇盘乡山前村岩塘外洋面翻沉,8人获救,死8人,余下落不明。

1997年1月31日(农历1996年12月23日),石浦延昌人董小根、刘根全为筹铜关庙菩萨塑像、衣冠等,乘"象运公司3号"轮(与"8号"轮对开)赴三门、路桥等地。船至蛇盘洋不幸倾翻(原因不详),同船63人全部落海,8人获救,董、刘等55人皆遇难。时任浙江省副省长张启楣闻讯亲赴三门处理此特大交通事故。

2000年3月10日,"浙椒机180"货轮,载重420吨由上海驶往温州,途经象山淡水门海域,遇8级风浪沉没,8名船员中,4人生还,3人死,1人失踪。

2004年2月19日上午7时,"浙象渔70031"轮由石浦港驶往渔场,因浓雾,与不明大轮碰撞沉没,6名渔工皆下落不明。

2006年3月12日，温州吉泰运输有限公司“吉达102”轮（388总吨、218千瓦），途径象山辖区草鞋耙屿附近水域翻沉，7名船员全部落水，4人自救脱险，2人死亡、1人失踪。象山“海巡112”轮连续3天组织搜救，未果。

2006年4月11日傍晚，鄞州咸祥镇李建军之“浙鄞渔11715”轮（31总吨、83.84千瓦）从石浦港启航，在196海区起网作业时，被一艘由北向南航行的不明大轮撞翻沉没，6渔工全部落水。象山“海巡112”、象山“渔政33026”及“渔政33212”轮赶赴现场搜救，至次日，5人被2艘张网小渔船救起，1人下落不明。

2006年4月26日，正在象山辖区海域捕捞作业的“浙临渔8305”渔轮，因迷雾，被1艘大轮撞沉，船上8名渔工全部落水，6人被“浙临渔5699”渔轮救起，2人失踪。

2006年11月12日晚9时半，福州晋安区海运公司“榕新106”货轮（659总吨、441千瓦），装载1140吨钢材从上海驶回福州，途经象山牛鼻山水道二目水域，与装载950吨钢材，从江阴驶往温州的温岭永兴船务有限公司“宝马151”（495总吨、202千瓦）货轮碰撞，“榕新106”轮速沉，致1人死亡。

2006年12月11日晚7时半，“浙普渔72329”渔轮在象山海区沉没（原因不详），4人获救生还，8人下落不明。

2006年12月21日晚9时半，石浦金星打鼓峙船厂13名工人，乘一农用小船经晓湾渡码头前沿水域，不慎翻沉，人员全部落水，11人获救、1人死亡、1人失踪。

2007年10月1日晚8时，满载黄砂的“浙象06502”轮，途经石浦港渔政站码头附近水域，与“浙椒渔7187”轮碰撞，运砂船沉没，两船各2人落水，3人获救，1运砂员失踪。

2008年1月11日凌晨，鄞州区通顺海运有限公司“鄞通顺89”轮（总吨：320，主机功率：202千瓦，船长46.46米），载重397吨干货，自北仑峙头驶往温岭金清港，途经象山称柱礁附近水域，与船主为石浦镇渔村柯福寿，145总吨之“浙象渔40001”轮，因相互避让不当发生碰撞。“鄞通顺89”轮沉没，1人失踪；“浙象渔40001”轮首左侧轻微损。双方直接经济损失约95万元。

2008年3月4日傍晚，象山大徐镇章家弄村民谢胜利之“环海28”轮（总吨：493，主机功率：198千瓦，船长：51.8米），载重554吨普货，自石浦驶往白墩港，经石浦港渔政码头前沿水域，因疏忽瞭望、避让不及，与鹤浦镇流水岩村马根法之“象渔供254”渔业辅助轮发生碰撞，致后者沉没，1人死亡。直接经济损失1.46万元。

2008年9月9日晚9时许，石浦镇彭某夫妇驾无证小船载11人从石浦驶往鹤浦，至港内黄胖礁附近水域沉没，船上13人全部落水。经抢救，10人生还，2人死亡，1人失踪。

2008年10月18日凌晨2时半，福建连江县凯达轮船公司“凯达238”货轮（总吨：497，主机功率：199千瓦，船长：53.56米），自上海装载682吨钢板运往泉州，途经象山弥陀岛西南女英礁附近水域，因避让渔船，不慎触礁。晨6时，该轮乘潮脱礁后，欲往东嘴头方向冲滩，半小时后终因舱底进水沉没。直接经济损失约40万元。

2009年8月11日下午5时许，三门县健跳镇猫头村渔业公司之长30米“浙三渔0211”中型钢质渔轮，在象山渔山渔场突遇强风沉没，15名渔工皆落水。经象山县政府指挥“中国渔政33205”等5艘施救船，及浙江海事局协调东海舰队、省海洋渔业局，出动直升机全力搜救，7人生还，8人失踪。

2009年12月4日6时05分,“浙苍渔0926”轮在象山海域被伊朗籍“PANTEA”货轮撞沉,7名渔工全部落海,1人被“浙苍渔2741”轮救起,6人失踪。

2010年6月27日10时52分,“盛金9”轮自江苏镇江驶往海口,途经象山海域(概位:28°58′N/122°07′168E),碰翻正在拖网作业的“象鹤渔026”轮,2渔工落海,1人获救,1人失踪。

2010年9月24日20时40分,“浙象渔25217”轮从石浦港出发捕鱼作业,途经东经122度13分、北纬29度13分处,与一南京籍拖轮(“宁海拖4001”)碰撞,渔船沉没,7名渔工全部落水,1人死亡,6人失踪。

2010年11月21日晚7时许,象山海洁船务有限公司“海洁58”轮自甬满载黄砂驶往象山大目涂,途经象山道人山东北1.5海里处与临海市桃渚镇永兴村张哲都“浙临海货2018”轮碰撞,致“浙临海货2018”轮沉没,2船员失踪。

其他事故

1948年(民国37年)2月27日,行驶甬椒线之镇余轮,停靠石浦达兴码头维修,冷泵爆炸,立时沉没,死船员5人。

1975年12月31日,航运公司“象机3”客轮,停泊石浦码头,油灶起火,烧毁顶棚。

1977年1月31日,海运公司“101”轮,自白墩运矽铁168吨去沪,船员13人,搭客14人,途中发生中毒事故(因矽铁释放磷化氢、砷化氢等毒气),船上13人中毒。1女孩死亡,其余12人经抢救脱险。该船还于2月1日晨将临海县涌泉公社运输站“临副机161”轮(自沪运煤40吨,船员6人)撞坏;雇船拖引时,又因无经验,致使伤船沉没,船员被救至“101”轮上。

1982年5月31日,海运公司“象机113”轮,在公司船坞内大修,违反明火作业规程起火,因扑救不力,船烧毁。

1989年7月23日8时许,绍兴市海运公司“浙绍海1”轮途经檀头山北嘴头洋面,因机舱失火,蔓延。经石浦镇政府紧急调集县海运公司“10”、“12”、“122”轮与“税政5”轮,及小网巾部队“南虹3”轮和途经的“浙江806”轮合力抢救,幸免于难。

1990年2月29日,“浙象副机41”轮,由黄避岙装载136吨石子往崇明,途经大洋山触礁沉没,直接经济损失8万余元,幸无人员伤亡。

2002年3月11日凌晨6时,“浙玉机127”轮,在象山牛鼻山水道与“浙椒机235”轮碰撞沉没,幸无人员伤亡,19日,象山海事处成功打捞。

2004年7月16日下午2时半,“浙椒机521”轮(431总吨、294千瓦),从北仑载砂驶往椒江,途径牛鼻山水道三岳山附近触礁,机舱进水,主机熄火,船体迅速沉没,象山海巡艇获悉后赶赴现场,7名船员全部获救。

2005年11月17日,南京籍“宏运油19”轮(3878总吨、2375千瓦),从广州卸完汽油驶往青岛,途径象山辖区渔山岛附近海域,发生泵机舱油气闪爆,船员1死1伤。象山“海巡112”艇赶赴现场救助,与随行医务人员将伤员接送台胞医院抢救,当夜转至宁波第二医院,经治疗脱险。

2008年3月9日上午7点10分许,象山荣宁船务公司“荣宁158”轮(总吨:199,主机功率:202 千瓦,船长:40 米),自嘉善装载 3200 吨水泥运往石浦港,途经牛鼻山水道,因迷雾与台州市华海航运有限公司载重 965 吨“浙椒机 1021”货轮碰撞致沉,“浙椒机 1021”轮球鼻受损。事故直接经济损失约 95 万元。

2008 年 5 月 13 日晚上 8 时,宁波福海海运有限公司“双宁 11”轮(总吨:499,主机功率:218 千瓦,船长:52.8 米),自大榭装载 750 吨钢材运往厦门,途经象山牛鼻山水道大漠山东南水域突遇涌浪,在船体严重右倾,实施抢滩过程中沉没。直接经济损失约 95 万元。

2008 年 6 月 1 日 12 时 20 分,福建籍杂货船“景发 8”轮自福州驶往上海,途经石浦洞头岛附近水域,遇风浪倾覆,9 名船员全部落水。象山海事部门迅速组织协调“星远强 1”等货轮及附近作业渔船前往施救。12 时 55 分,落水人员悉数救起并安全送至石浦。

2009 年 5 月 23 日 24 时许,台州翔龙舟海运有限公司“翔龙舟 9”轮自宁海岳井码头装载 668 吨碎石驶往象山花岙岛,在白礁水道锚泊候潮时翻沉,6 名船员全部获救,直接经济损失 35.77 万元。

2009 年 7 月 24 日上午 7 时许,临海市海河船务有限公司“浙临机 576”轮从北仑峙头装载 600 吨湿砂驶往椒江,途经象山弥陀岛附近海域沉没,人员无恙,直接经济损失 63 万元。

2010 年 4 月 14 日上午 7 时 50 分,安徽籍“皖濉溪货 1156”轮从北仑峙头载 500 吨湿砂驶往三门,途经象山淡水门附近遇风浪沉没,3 名船员皆获救,直接经济损失 30 万元。

2010 年 5 月 1 日上午 7 时 20 分,“林龙 37”轮与“浙象机 512”轮石浦港外碰撞,前者当场沉没,后者船首轻微漏水。两船人员均安全、直接经济损失 40 万元。

陆上重大交通事故

1976 年 2 月 27 日,贤庠公社马岙大队手扶拖拉机搭客 13 人,自贤庠至丹城,翻入丹城东风水库,死 2 人,其余 11 人被道班工人王小毛救起。

1977 年 2 月 12 日晚,“4819”工厂解放牌大客车在蚶岙岭侧翻,死 2 人,重伤 10 人,轻伤 9 人。

1977 年 6 月 15 日,儒雅洋公社西岙郑大队手扶拖拉机,去下沈公社运蛎壳,搭客 9 人,在车岭下坡时,脱档溜坡,冲入水库,死 3 人。

1979 年 6 月 18 日,林海公社大碶头大队轮式拖拉机去爵溪岭运块石,返回时,7 人拥挤驾驶室内,下坡时突然熄火,驾驶员措施不当,翻下山谷 50 米,死 2 人,重伤 3 人,轻伤 2 人。

1979 年 9 月 3 日,民主公社钱仓大队无证驾驶员驾驶无牌船型拖拉机,运虾皮 15 包去石浦,搭客 4 人,在上盘岭下坡时,交会失当,侧翻,死 2 人,重伤 1 人,轻伤 1 人。

1985 年 3 月 12 日,南田客运公司东风牌大客车,自甬载客 31 人返石,在何婆岭新民水库前与宁波汽车分公司零担车交会,因路面狭窄,操作不当,加道路松软,两车相擦,翻入路侧麦田,深十余米,重伤 9 人,轻伤 12 人,车厢报废,直接经济损失 2 万元。

1985 年 8 月 18 日,县汽车站解放牌大客车,在何婆岭下坡时操作不当,撞山翻入新民水库,溺死 4 人,重伤 5 人,轻伤 5 人。

1986 年 7 月 9 日,泗洲头镇田边村村民朱金良驾手扶拖拉机,从大麦塘运农副产品 500 公斤,搭客 17 人返村,脱档溜坡,翻车,死 1 人,重伤 4 人,轻伤 10 人。

1988 年 6 月 9 日,县客运公司大客车,载客 45 人从甬返象,在蚶岙岭上坡时,多次熄火,刹车失灵,汽车倒溜38米,部分旅客跳车,驾驶员失措,右后轮接近路边时,驾驶员跳车,汽车翻落坡下103米,死9人,重伤3人,轻伤18人,客车全毁,直接经济损失15万元。

2002年7月29日13时许,县公路运输责任有限公司李华阳驾驶浙BF1940中巴车,载客6人由宁海县梅林返象,途经象西线高架岭隧道东洞口内约50米处,与沈小夫所驾象山驶往鄞州浙BF2082中巴车相撞。李华阳、沈小夫等6人死亡,重伤5人,轻伤10人。事发后,象山县委书记肖培生、县长金俊杰赶赴现场指挥抢险,县公安、交通、卫生及途经现场的92910部队官兵合力施救。

2008年5月7日夜10时许,戴某及其亲朋共7人,饭后同乘一辆桑塔纳轿车从东郊返丹城,途经盛宁公路东谷湖进城路段,与一出城重型工程车迎面相撞,致车内7人全部死亡,其中一名5岁男孩。

2008年8月25日凌晨0时50分许,巨爵公路燕山水库路段,1轿车与公路中央绿化隔离带及照明灯杆剧烈相撞后翻车,致车内4人全部死亡。

2009年10月22日凌晨3时07分许,何某驾驶轻型普通货车自甬返象,途径象西线西周路段,撞翻一辆正在慢车道上更换轮胎的正三轮摩托车,致摩托车驾驶员和协助换胎的4名乘客全部死亡。

2010年5月25日下午5时许,宁波克浪机械制造有限公司厂车,途经象山经济开发区滨海工业区海宁路,与一辆工程车相撞,致厂车内26名员工4死3重伤。

旅途劫案录

象山多高山峻岭,遍地萑苻,易为盗薮;岛屿错落,多成匪窟,邑人呼盗匪为“绿壳”(多指海盗)。宋代《象山县渡船记》载“日以小舟往来,多有风涛盗劫之虞”。明嘉靖《象山县志》载:“海道隔越,陆道艰险;海寇时扰,商旅罕通”。清乾隆《象山县志》载:“诸渡为通商便民而开,因奸匪出没而废”。1947年(民国36年)9月,县长孟铸离任时,在《告别象山父老书》中有一段对盗匪为患,无可奈何感慨之言:“……吾象邑也,深山多分赃贼寨,官道有剪径喽罗;诸姑父老置身于水深火热之中。大战之后,百废待兴,恢复水陆交通为刻不容缓之事。”象山自古以来,盗匪出没无常,虽经剿抚,仅收效一时,不久死灰复燃。考其症结,皆社会经济凋蔽,谋生艰困,铤而走险;保甲组织未臻完备,匪易匿迹;自清至民国,散兵游勇,官匪一体,地方人士畏不检举,姑息养奸,以致匪患蔓延,未能彻底肃清。迨解放初期,在中国共产党领导下,军政民团结一致,海陆并进,盗匪彻底肃清,竟旷古未有之功。

本节所录多民国时期海上劫案,陆案繁多限于篇幅少录,打家劫舍不录。

1923年(民国11年)5月,著名海匪张顺安,聚众百余人,劫渔山、牛鼻山洋面船只,掠东乡涂茨、后七埠等地。

1925年(民国14年)3月11日夜,定海船户陈良民、朱家继等在洋遇盗,船上人货尽被绑掳。盗命陈良民、王阿根回来报信,限期赎取。陈等诉于毛湾陈文明。文明乃率同船户陈安全等十数人,乘船直捣南韭山匪窟,毙盗3名,生俘3名,逃脱2名,救回难民3人。当地警察知陈文明薄有资产,竟诬私聚徒众,击匪后又未报官告发至县司法当局。8月,以私毙盗匪罪捕陈下狱。

1926年(民国15年)4月4日,驻石浦三门口警备队第八营第四哨,探悉洋面泊有匪船一艘,由陆地进剿。双方枪战达3小时。后巡船赶到,水陆夹攻,匪渐不支,当场击毙海匪2名,生擒海匪首徐小法以下5名,救出难民2人,难船1艘。

是年,南韭山洋面盗匪特多,渔汛受威胁。爵溪渔民选派代表,多次赴水警厅请加派巡船,无效。7月中旬,爵溪渔民相约,拟每船出银15元,集得银圆1500余元,向匪纳款,以作苟全。

9月25日,石浦水警队在木杓洋与海匪激战,死警士2名、保卫团员2名,伤1名。

10月7日,东溪一盐船被劫,去向不明。地方惶恐,学校停课。

1927年(民国16年)4月23日,海匪80余人分乘20对红头船,大掠金漆门。

1930年(民国19年)1月中旬,一航船驶至蛤巴嘴里翁家嘴,突遇一匪船,7名匪徒持械上船,劫去县城隆泰、聚丰、源丰、隆润、懋昌等商号货物,客商财物亦被掠一空。

4月初,南田县长刘沛英被海匪掳去,经水警队营救出险,并救出乐清难民3人。

1932年(民国21年)12月,县长张周文率队清剿道人山股匪,海匪趁夜逃逸。截获被劫货船1艘,内上海光华公司煤油300桶,棺木8具,难民8人。

1933年(民国22年)7月3日,道人山发现海匪百余。警团分路进剿,毙匪3名,俘3名,救回民船1艘,难民2人。

1935年(民国24年)6月27日晨,宁海窦岙、葛岙各埠护洋船发现盗船1艘,泊三门湾,开枪射击,近旁1艘石浦水警队第三巡船,竟开枪掩护盗船,使其从容逸去。

9月初,货船2艘,从泗洲头南驶,在马岙门遇2匪船被劫。

1938年(民国27年)1月10日,行驶宁、象、南三县间"永浦"轮,在蟹钳渡遭匪徒洗劫,枪杀乘客5名,绑架5名,逃回1名,余下落不明。

3月19日下午,南田帆船3艘,自鹤浦运猪皮、薯丝等物去甬,在淡水门遇匪船拦截,1艘被掳,2艘逃回。

7月21日,匪徒八九十人,乔装商人,分乘帆船,袭击中泥渡盐务税警队,缴步枪11支。

1940年(民国29年)6月6日,日巡洋舰1艘,自舟山南下,至檀头山附近发炮轰击正在作业的东门岛渔船,击沉多艘,继又将未击中的11艘,围拢一起,将渔民周福寿等32人用铅丝捆绑,浇汽油后纵火,人船俱毁。

12月20日,定塘乡警备队12名,在台宁洋面缉获被匪劫持柴船1艘,俘匪4名。

1941年(民国30年)3月15日,檀头山渔船3艘,载乘客19名自石浦返航,至铜瓦门外,突遇日舰,被扣焚烧,除1人泅水回,余皆死难。

1946年(民国35年)3月2日下午,三桅船2艘满载南货,在南韭山洋面被3艘匪船包围,双方激战一时许,击沉盗船一艘,匪首李老三等十余人溺毙,余2船南逃。

3月17日晨,陈山、黄溪、墙头航船由护航船护航,自翔鹤潭南航,至猫头嘴海面,护航船折回,护送象山开往翔鹤潭航船。预伏黄溪航船内海匪6名及墙头航船内4名,见护航船远去,出手枪勒令落蓬,旋有一匪船驶近,将船上货物及细软装上另一匪船远逸,损失千余万元(贬值法币,下同)。

5月8日,行驶甬椒线"岱山"轮,在东屿山洋面,遭乔装旅客7名匪徒洗劫,损失2亿元。匪首章志国曾任象山县党部行动队中队长。

7月23日,延昌两舢舨满载客货自鹤浦返石浦,驶近黄胖礁附近,一化装匪徒亮出手枪,迫令乘客上山，所劫货物悉数搬上匪船。两舢舨急回鹤浦，报请自卫队往剿。匪见有兵船追来，弃舟登箬渔山逃遁。枪战中，流弹打死乘客 1 名。

8 月 22 日，自鹤浦开往石浦航船，在黄胖礁附近，遭海匪 5 人拦截，迫令驶往乌岩港，将航船货物搬上舢舨而去。

8 月 25 日夜，驻石浦外海水警队第四中队，在三门湾海面，与台州著匪乌嘴三股相遇，匪众分乘帆船 5 艘，拥机枪一挺，误警船为渔舟，喝令下帆，水警佯答应，待接近开枪射击，激战约半小时，匪不支逸去。

9 月 22 日晨，丹城大隆、志诚运输行、邮局人员及单帮等 10 余人，乘"上海"汽轮赴甬，途经安家溪庙，被匪徒 3 人抢劫，计损失 1300 余万元。

10 月，浙东沿海海匪潘忠良部强迫船民购买匪片（匪首名片，持此可免匪劫，始自日寇占领期），每片 4 万元，船民叫苦连天。

10 月 2 日，驻防石浦自卫队第二中队，分乘帆船 2 艘来县城调编，船经屏风山洋面，突遇潘忠良股匪船 2 艘，自卫队驾机枪扫射，激战约 1 小时，匪不支欲遁，追击中，截获匪船 1 艘，毙 2 匪，生擒 4 名，缴获步枪 2 支，手枪 1 支。

10 月 16 日，爵溪独捞 18 艘，泊新碶头港，候潮驶往沈家门。突有三桅匪船一艘闯入港内，鸣枪喝令起锚，船工开枪还击，匪以机枪扫射，激战 1 小时许匪船退去，死船员 1 人，伤 2 人。

次日下午 5 时，丹城大隆、合顺运输行伙友，乘"新上海"轮回象，在关山弄新凉亭被劫 50 余万元。

10 月 22 日，匪徒多人在安家溪抢劫现款八百万元，掳去警察 4 名（当日在白屿放回）。当局调驻西周保安队警察一班查缉。28 日行至淡港渡，适匪众正下渡船，即登岸逃上杨岙山，一路丢弃所劫钞票，警士贪财忙于拾钞票，让匪徒逃逸。

11 月 16 日，瑞安小对渔船 9 艘，结队北上捕鱼，在林门港被潘忠良股匪劫去 2 艘，渔民 4 人。

11 月 26 日，由海游开往鹤浦航船，遭海匪洗劫，船内有文山乡公所向三门县政府领来之步枪 4 支，亦被劫去。

12 月 4 日晨，三门一柴船在白礁水道遭潘忠良股匪拦劫，石浦励某被绑架。次日上午，宁海杨光辉货船在半边山海面遭劫，一船员被杀。

12 月 18 日，有满装杉木帆船 2 艘，自闽驶沪，在南韭山海面被匪船 3 艘包围，鸣枪喝令下帆，闽船还击，但寡不敌众，被迫下帆，船员 5 人，悉被枪杀。

12 月 26 日，"上海"客轮自薛岙开甬，在东屿山海面遭 9 名海匪拦劫，航警枪械被缴，志诚、合顺、大隆运输行等汇甬购货款 500 余万元，及乘客财物，悉被劫去，总计损失一千万元以上。时县党部书记长周凯旋亦在船中，匪归还其衣物后说："以后请书记长帮忙"。

12 月 28 日下午，行驶沪闽间之"南平"货轮，在孝顺洋象山嘴停泊候潮，遭潘忠良股匪劫掠，另有小钓船 1 艘被焚。

1947 年（民国 36 年）1 月初，三门县长华国谟率保安警察队至南田清剿潘忠良部，潘当场被毙，余匪 40 余人窜三门湾。7 日夜，又毙匪数人，匪 19 人携械投诚，交出"肉票"。残匪一股由张阿来率领，窜向岱巨洋；另一股以潘忠良妻为首，劫"南平"货轮，盘踞南渔山。

9日,爵溪独捞1艘、大捕1艘从石浦装运柴爿赴三门,在白礁洋遇匪被劫,并缴去步枪6支,子弹450发。

2月26日下午3时,航船一艘自翔鹤潭驶往黄溪,在长礁,遇匪船拦劫。匪徒10余人劫去钞票及细软等物,价值百余万元。次日下午2时,该航线航船在西塔嘴又遭盗劫,损失百万元以上。

3月20日,宁海帆船2艘,满装稻谷驶往宁波,在白礁水道遭匪洗劫。

春,车岭著匪张阿登,聚众四五十人,携机枪3挺,步枪40支,结寨蒙顶山自称"忠义堂",并勾结海匪李子清(曾充税警队长),势甚猖獗。4月3日夜,突入西周群英饭店,绑架并洗劫青岛客商。

5月12日,宁海胡陈集市,匪10余人在西溪岭顶拦劫行贩20余人,计损失8千余万元。

5月17日,"华象"轮之驳船,返回墙头途中,突遇匪船,被劫现钞4千万元,货物多件。匪船向蛤巴嘴逸去。

10月16日晨,下沈港小驳船从"胜利"轮上吊驳客货完毕进港,遭匪船1艘拦劫,损失不详。

11月4日下午,航船3艘自翔鹤潭返象,在高泥港突遇预伏蛤巴嘴之匪船1艘,匪徒8人,携枪3支,洗劫黄溪、墙头2船,船上搭客50余人,多系割稻客,有工资米16石,另有猪客2人,携款3400余万元,皆被劫一空,陈山埠航船在后,幸免。

1948年(民国37年)1月1日,一渡船载客20余名,自奉返象,途中遭匪船拦截,旅客现钞、细软被掠一空。还绑去宁波三一中学生张玉璋。

3月21日,岳井王必振来石购货,在黄埠岭遇匪2人,架至鹅公岭僻静处,搜去现钞1400余万元,剥去毛衣。

7月16日,温州黄方希大帆船3艘,自沪来象装运柴爿,在爵溪洋面遭著匪周圣水股十余人拦劫,31名船员全部被掳。次日,周将黄释回,勒索米百石洽赎,黄向县告发,县派自卫总队副队长王孝南、警察局长姚万祥前往招抚。周率部12人,携长短枪14支投诚,难民船只分别交保发还。

1950年12月15日夜,解放军海军某部对檀头山、南韭山海匪发起攻击,俘匪副司令姚五臣以下182人,毙10余人,伤20余人,并击沉匪船7艘,淹死匪80余人,至年底,歼匪3600余名,全县海陆匪基本肃清。

1952年8月28日,"万利"轮载客15名及货物自甬返石,在爵溪洋面为国民党军队劫持至大陈,时船中有人民解放军战士2名,乘夜间在渔山附近跳海,生死不明,余客释回。

1995年某月,县亚西亚公司一出租车遭江西籍歹徒劫持至江西鄱阳,因敲诈不成,驾驶员遇害。

2003年1月2日凌晨,石浦一"面的"车途经台胞医院附近小巷,遭5名歹徒抢劫,因未获钱财而生恨行凶,"面的"司机身中9刀奋力脱身,后经抢救幸免于难。

2005年6月22日凌晨,县亚西亚汽车出租分公司一女司机被同行柳佳文劫持,敲诈不成惨遭杀害。

2006年12月17日晚,石浦一出租车司机,载客3名途经东陈乡井金头村路段遭绑架,歹徒将其塞进后车厢驾车逃离象山,至奉化高速公路收费站停车收费时,司机乘机开厢呼救,歹徒见状弃车而逃。

坠机、击船

1942年(民国31年)4月18日,美杜立特将军率机多架首袭日本东京,返航途中,因油尽坠落多架,其中附落象山两架。一架坠爵溪牛礁门附近洋面,5飞行员2人溺死,3人游至海滩,为该乡乡长救获。次日,派壮丁10名护送县政府。事泄,茅洋敌酋出兵白沙湾拦截,10壮丁被俘,惨遭杀害。另一架落三门县南田区(今属象山县)檀头山大沙海面,飞行员5人轻伤,由该县自卫队第二大队陈熔部营救脱险。20日护送海游,次日转送临海。21日,国民政府航空委员会奉蒋介石令,嘉奖营救飞行员有功人员,并发奖金5200元。美驻中印缅派遣军总司令史迪威将军亦向三门县长发来谢电。

11月21日,日机一架坠于月华乡中岙地方。县自卫队第二大队第四中队及警察分队立时赶往警戒,敌驾驶员1名自杀毙命,次日,石浦日军会同伪军前来搜查,被守军击退,死伤10余名。

1945年(民国34年)3月16日,日机一架在宁象交界之念四泡山坠毁,乘敌8名焚毙。

3月17日,美机在石浦铜瓦门外炸沉日舰1艘,死敌40余人。20日又于该地炸沉日护航舰1艘、商船2艘。从日护航舰起飞的2架战斗机,一架被击落,另一架逸去。29日美机1架在淡水门上空轰炸一日舰,毙敌4名。

4月1日上午,美机在爵溪洋面炸沉日巨舰一艘,下午,于檀头山狗头滩炸伤日军小型运输舰一艘,敌兵登岸逃命。同日中午,敌华中矿业公司“兴亚丸”轮,驶经三门口外,被美机炸沉,死3人,伤10余人。日第一海军施设部海军大佐来成幸等5人泅水在横屿上岸逃命,被苏本善部击毙3名,生俘2名。

同日,日“水丸”轮由甬驶至双屿港附近被美机炸伤,毙伤10余人。其中石浦日副警备队长篁园、华中矿业公司翻译王文宪、宁波保安队副官马明初即时毙命。

同日,美机在石浦附近海面炸毁日小轮1艘,炸死日海军大佐佐木治樟及日军10余人。岳井伪十师三十九团三营营长俞雪明与日海军大尉乘木船随后,遇美机即高悬中国国旗,得幸免。4日又在檀头山附近海面炸沉日舰一艘。

6月7日,两日舰在大目洋遭美机轰炸,一舰逃进象山高泥港,一舰被炸沉,日军泅水逃命,宁海薛岙渔船返航瞥见,齐用船楫木棍追击,毙敌多人。

8日,日舰一艘在檀头山洋面被炸毁,200余日兵皆葬身鱼腹。

15日,美机在石浦附近海面炸沉日舰1艘。

30日,日舰2艘自温返沪,被3美机炸沉于大目洋。200余日军泅水攀附渔船逃命,爵溪渔民认为是杀敌良机,各执器械将其一一击落海中,只7人抱住一商船船舵,被爵溪伪军救起,余均葬身鱼腹。

7月19日下午,石浦日军17人分乘帆船3艘,开往福建抢运物资,内有柴船一艘,船主戚正良,沈家门人,来石浦被日军扣押征用,载有日军7人,机枪1挺,步枪6支。该船驶至东门岛附近洋面,11名船伙趁敌熟睡之际,持菜刀、柴斧、木棍将其悉数击毙,抛尸海中,转驶至钱仓乡大江口登陆,申报象东区署。

1954年3月18日,解放军海、空军在南田湾与国民党4艘军舰,8架飞机激战,击落飞机1架。

11月14日,驻石浦海军配合舟山海军,在渔山洋面击沉国民党军"太平"轮护卫舰。

碑 记

象山县渡船记

[宋]楼钥

象山为邑,海匝三垂。汉志(《汉志》):有鄞越天门山,《舆地广记》谓:即今之东门山也。唐神龙二年属台州,广德二年始属于明。元和《郡县图志》亦言:本汉鄞县地。神龙元年,监察御史崔皎奏:于宁海县东界海曲中象山东麓彭姥村置县,惟西南有陆路接台州宁海。二说微有不同,而《郡县志》加详焉,《志》实李吉甫在相位所上。吉甫尝为明州长史,宜得其真。今西北至庆元府水陆一百六十里,中有一渡之险;若由宁海陆行,则回远倍之,故多以渡为便。渡实支海,南曰陈山,去邑十五里;北曰东宿。皆潮退而行,中途小憩海口,候潮登而后达。旧以小舟往来,多有风涛盗劫之虞。隆兴二年,今资政殿大学士赵公彦逾主邑簿,始创二大舟,帆樯篙橹,器用毕备。募习于操舟者,月给之,分置二渡,以便行者,晏然如在枕席之上。所济不知其数,邑人至今歌之。钥尝侍公坐,问何以能办。公曰:"句稽之职,安得有力及此。偶郡委以征商事。旧例:商贾以钱输官,以十之二为导行费。既首蠲其半以惠之,余分给胥辈。因置缿筒而谕之曰:前日公用有例,今一切不取,尔曹得百金则以一钱实其中。仅二年余,所积已多矣,因首以修朝宗碶,又助邑之敕书楼与邑庠,遂以为此。二舟皆躬自督课,费省而功倍,人乐为用,故能办耳"。钥为之三叹。试吏之初,孰能用心及此,今日勋在社稷,岂偶然哉!公去既久,寖以隳废。而一舟先坏,间有修治,往往因陋就简,不可支久。撤旧增新,并为一舟,行旅不堪濡滞;而私渡出焉,未免复有覆溺者。庆元四年六月,承直郎韩君元礼为宰,访问疾苦。耆老首以是告,谋欲遵赵公之法而兴起之。鸠工度材,即以八月先造一舟,其长七丈,广二寻。十一月既成。又以次年之冬,葺治旧舟,去朽易坚,色色鼎新,几于改作,至今年二月毕工。修广之度,视前少杀之,若什器细大,篙师名额,悉循古规。又月委官僚以次提督,用防奸弊。功就而民不知,邑士请纪其事。钥以为赵公济川之功,未易遽及。今令尹忠宪裔孙,雍容办治,唯此一举,仰有以继赵公之成绩,俯有以为一方永久之利。赵公名遂身退,卜筑城中,亲见其成,喜形于色,尤为一段奇事。夫子产以舆济人于溱、洧,孟子以为惠而不知为政。今前后邑官之贤,盖能知为政者惠及斯民如此。后来者苟能垂意而不忽,二舟之利,其有既乎!陈山有驿,以为宾客行人弛担之地,将刻石驿中以诏后人。慨然为直书之,以补吾里地志之阙云。

修交绾路记

[清]史鸣皋

象山南乡通衢有交绾村,滨大海,其东沿山故有路,崎岖纡回,不便于行。土人于泥途叠石别为道,行者便焉。岁久不治,海水冲激,石既沉没散乱。每昏暮潮涨,行者踮踮堕水中,或至折伤。余尝数经其地,肩舆不能过,则徒步扶掖而行,惴惴乎蹉跌是慎。噫,何其危也!屡欲鸠工,苦执役无暇而梗于余心者久矣。戊寅春,得近庵僧广源经纪其事,而其地之贤士庶人共乐成之,顿成康庄焉。《季春之令》曰:"修利堤防、开通道路。"盖时雨降,下水腾,畚铺良不可缓。吾乃知吾民乐趣事功矣。路不便于行,犹倾众力,而况事之重远于斯路者欤?旧名曰砐硌路,今则履道坦坦,予即以绞绾路名之,盖欲后之君子,不懈益勤,惩前毖后,行人之便,岂有涯哉!

重修丽江桥记

[清]胡学义

距象邑西四十里有丽江桥。桥枕山带海,上达宁绍,下连昌石台温诸处。舟樯往来,行人络绎,信孔道也。弘治三年,有高僧为此桥。至康熙三十八年,洪潮冲击,桥遂圮。潮至则深不可测,尝夜半呼舟弗得,重趼十余里而后至其所;潮退蛎滩蚌石,其锋若镞,行人病焉。象之人有志于斯桥久矣。丁卯秋,比丘尼一修者,力任修桥,而乡之善士分董其事,募资千金,成功有日。而又以石匠技窳,垂成复圮。斯时一修及诸董事,深咎选工之不慎,而成桥之志隳矣。适山左王公知县事,士民以是请。公曰:"石杠不修,薛彭城之所为贬议也,敢不为民分忧"。时郡尊胡公以事莅象,士民亦以是请,公欣然从之。饬县各乡耆劝捐,简良工,选美石,费核侵渔,事戒卤莽,不数月而叠桥三座。桥高三丈许、长二丈许,而丽江桥成。某于此窃有感焉。古之人建利民之伟绩,奚不望后人之有以继之也。夫时之久则易颓,费之繁则难举,非有志者恶以成之?有志矣,然力不足;有志与力至于垂成而隳,非大有志力之人总其成,终无由成之也。则二公之垂德于吾象者,其可没哉!然是桥之成,成而圮,使圮于数年而后,则志力两绌,必无以借二公之力而致今日之成。斯若有物焉以相之,又非人力之所能为也。某老且贱,不能文。诸君以记相属,因志成桥之甚难,诸首事及老尼拮据之瘁,且以为二公之岘山之片石也。夫是役也,石浦司包公讳都与有劳,其董事者某某也,例得并书。七十老人胡学义谨撰。

庆丰桥记

[清]姜炳璋

象邑山川间隔,村落崎岖,乱流病涉,唯桥是赖,县西四十里曰庆丰桥,尤行旅要津也。前明嘉靖间,桥圮。里人张景昶,偕从弟景旼倡众修之。旁累大石,中叠以巨木长三丈许,桥之上覆以屋,越月而告竣。国初屋毁,其四世孙子春及族孙子纲又新之。乾隆十三年,洪水冲激,桥尽崩。十九年,七世孙良思倡众重修,规模气象,较昔有加矣。考张氏修桥之年,俱在甲戌之岁,前后合符,其殆有数存耶。顾一百八十年间,目击桥之坏而为宜修者非少也;齐心同愿而力能办此者不乏也;乃屡坏屡修,唯张氏视为家事,亦可见事之存乎人而不存乎数矣。倘邑之桥梁皆如张氏之绳绳继继,相修弗替,夫岂虞乱流之冲激哉,抑岂复有病涉者哉!事虽小,滋足纪矣。

修黄溪渡樯下潭两埠立石记

[清]倪象占

象山黄溪渡与奉化樯下潭,为要津久矣,而登舟之埠,恒苦海潮冲激,立石不定,行者患之。岁在乾隆丙申,爰有商人沈文肇助资以先事,有邑民俞延义竭力以鸠工,有蓬莱寺僧大彻募化以运谋。在樯下潭则于近日所登山麓,斧岩去峭,帖石补仄,成若阶级者三。凡数月而及黄溪。黄溪有旧道头、新道头之别,乃于新道头外筑桩架石以高之,累石增砌以长之,工成又数月。自此往来者舟与岸接,可望而知其便矣。然两埠安各数十步,而上下相通之水道方八十余里。象山以僻左之地,值日蕃之会,公私所集,乃惟以两舟递往来。譬如相逢于狭道,终莫得而他逾。莫得而他逾,则渡者之苦,又恒不在埠而在舟。尝读宋楼宣献公《象山渡船记》,窃慕其时创议有人,设施有法,未尝不叹昔之便殊胜于今。今两埠既便矣,而舟不增号,人不定数。售渡者利赢,争渡者冒险;风涛之无情,晦明之不时,樯橹之单脆,仓口之逼侧;货蓄之纷拿、纠错,赋招招者不闻欢声焉;亦安得有若而修埠之愿力,展而谋舟,而后普其利于永久?是所愿告当道君子之问津者。

半河聚福庵桥记

[清]倪象占

出象城南门外三里许,地名半河,有佛庵,巍然在东岸,盖中大河南流向朝宗碶,至此约路之半,行人借以憩息之所也。三里中,有文昌阁桥与新桥架大河,通东西岸,而半河庵旁无之。南庄张君某,既鸠同志拓旧庵数十楹,又于庵南创桥二洞。曰吾非自求福利也,将以通西畴之有事者,备其暑雨不虞焉。计日工成,属予及门乞文以记之。夫张君既成其事矣,行者农者方交口诵其利不已,何待记;即记,亦记其始末岁月耳。顾吾有慨于吾乡诸务之颓废,未有甚于此事不讲者也。即以此河论之,在上洋者,流之长不及十里,而海潮逆焉,故有朝宗一碶。河之身阔不及十丈,支港小汊,视此为汇。然土久涨淤,三日雨则田皆浸没;不雨十日,则又皆告竭矣。近来傍河耕者,多侵削河岸,勤拓其田以谋升斗之赢。向之分人路、牛路以为大道者,今其狭处两人相值,必侧肩乃可过;反幸大河之浅,常无水,得假道而行。吾不知谁实倡之,而共视为得计者,曾不思流祸之将及无穷也。盖河浅犹望浚有时,而削岸为田,必无复田为岸之势。他日浚河议起,当必培贴其岸于河身而河身日狭,河身日狭则水益不蓄,水益不蓄,是使上洋有河如无河也。夫修桥铺路以求福利者往往而在,今不必论其所事何如,要以人人世世现蒙其利者为有益。乃吾乡水利至务,即在守业之家,亦懵懵无为当事告者,以此见张君之勤劳奔走,与同志之乐成此庵与桥者,为不可及也。因名半河庵曰聚福庵,桥曰聚福桥。夫"祸福无门,惟人自召",福之聚也,千人扶之而不足;祸之贻也一人创之而有余。抑亦思旱涝无时,一届不测,将即此数万之田亦不可恃,而侵削尺丈、私以自利者,果独得乎?有议张君为好事者,请视此文。

黄泥桥记

[清]倪劻

蒙山东南麓之下有黄泥桥,山僻之隘口,行旅之通途也。乾隆丁未秋毁于大水,废而不修,行人病涉有年。嘉庆丙寅,从伯桂植出资二十缗,因其旧址驾木为之。维时城中柳氏,马君世型之母氏也,乐善好施,与植为亲旧;于桥之成也,助钱四十千,交植存放,为不时修换之费。因得羡余,置田四亩,永作桥众业,厥功茂矣。无如踵事者朽坏不理,行人病涉如故。道光壬寅,胡君长义、赖君有煌及予弟士楷,同事募捐,集金数百,始用石梁,分作三门,缓其水势,以图久远。乃程功忽于匠石,甫期年,旋为洪波所圮,越岁戊申,植之世侄世珍,谋于马君世型与林君用植承慰,同心修造,予亦共襄厥事焉。是役也,石料精良,工筑坚固,方位仍旧,规模增新。助予呼伯,感乐善之多人;集腋为裘,幸观成之有日。至于督课畚揭,朝夕不倦,珍之力居多焉。《易》曰:“自天佑之,吉无不利。”由是“斯迈斯征,履道同坦”,则行人不将永利赖之哉!工既竣,爰记巅末,勒诸贞珉,永垂不朽云。

建镇西桥记

[清]邓亢宗

尝考罗参军《宝庆志》,象邑桥梁凡十有三,大溪桥在县西八里,知是地之有桥由来旧矣。盖自乌溪桥、蜈蚣桥而下,汇白箬岙、凤凰山、蔡家岙、昌岙诸流,并注大溪入于海。每霖雨,众流澎湃,卷石走沙,脱无桥以济,纵欲奋飞蔑由也。且考《陈本堂集》,知元明以前,象山正供之米,视所出而输。水行则渡东宿,沿而北;陆行必由大溪桥逾西沙岭,道宁海,迂而东:则此桥之相须又甚急矣。传言毁于明季。乾隆间邑人沈丹墀、史圣治架木为桥,并置田四亩以为修理之需。道光五年,里人蒋渊、蔡致谦、俞锡章等,因水骤则木辄漂去,终非久远计,爰协勤募捐,集资数千缗,以建石桥。阅年告竣。历峙十一洞,高丈余,广称之,延袤二十余丈,名之曰镇西。于桥之右创集义亭,以为憩息所。今之视昔,桥之同不同未可知也,然而往者来者,肩者负者,朝朝暮暮,凌空径度,如履康庄,莫不叹其成之速而功之巨焉。是役也,耆民沈霖第、张兆成、蒋永源、蒋本奎与有劳焉。例得并书。

改砌东溪岭记

[清]虞峻

东溪岭,上达邑城,下达石浦,往来之要道也;故乾隆二十二年署协镇李都督倡修之。然其山与五狮一体,上皆峭壁,下临深溪,崇峻嵯峨,与他岭异。间有一二纡曲之处,亦险仄悸人心魄,过客至此,莫不懔懔乎有陨坠之惧焉。昌国卫俞君宗点,慷慨乐善者也;其母邑城孝廉邓如城先生胞姊,归宁经此,心焉危之,将以便行旅,归而与点谋。点奉母命,即率其子传垕至岭,相度形势。出己资,买山地,雇土工,于岭右别开一径,直者曲之,险者夷之。将欲砌石,以母忧营丧中沮;继又以子传垕身故而止。中心于悒,渐以致疾,赍志以没。嗟乎!古人云“有志竟成”。斯顾若是之难耶。今其孙渡帆、晓帆,克绍先绪,弗惮辛勤,鸠工修砌,早作夜息,时自督率,不数月而告竣。向之险峻者,今为康庄矣。行人皆便之。邓生谱盒馆于其家,渡帆昆季皆从其游,往来斯岭亦相与商榷。功成问序于余,余慨然叹息,既而应之曰:列御寇“愚公移山”之说,余向疑之,今而知其非无为也。夫天下之为善者,不患其难成而患其不诚。邓一念所注,俞君乔梓虽未之竟,而其孙卒能成之。此固渡帆昆玉之善于继述也,而亦俞君父子孝感之所致也,且实邓善念之诚有以基之也。因书其巅末,镌诸石以劝来者。

淡港桥题名碑引

[清]王莳兰

吾邑西淡港之水,上与湖滨之水相接,潮至,东西不能涉,每以叶舟渡之,日无停晷。农者、樵者、贩者、笋舆而冠盖者,咸此问津焉。潮去涂辄浅露,衣履之俦不能跳而过,猝遇风雨,无所栖止,往来者恒苦之。吾友翁君虚斋,醵钱桥其上。桥去涂一尺,潮汐至,外入之舟可径过其上不碍;潮去则行者无伫立之患,亦义举也。落成,核其费五百余金,佽助者不盈其数,复乃出券贷成之。虚斋寒士也,为是举,盖可贵乎哉!兹将佽所助名刻之石,为叙其缘起如此。

（淡港桥,即莲花乡淡港渡水底桥,解放后其外建闸蓄水,桥没于水底。）

镇安桥记

[清]徐锡尧

象山为县,西连宁海,而隶宁郡,必北渡海方至郡。海渡有数所,迤西南为西周渡,距县治五十里。又稍南二里许有大长溪,上接蒙山东摄潭诸水,常有急湍;下通潮汐,势尤汹涌。自溪而南十里曰车岭,即达象治孔道也。溪旧以石磴供往来,往往为淫潦涨泛所淹没,有张文山者始为木桥,行人便之;而暴流冲突易坏,岁葺修为艰。甲戌,周福梅、王士荣、任圣儒、鲍伯昂、蒋传心、谢开春诸君,倡率其里之人改造石桥,工费浩大,规制宏固,阅半载乃成。桥右故有镇安庙,因名曰镇安桥。来问记于予,勉后人以弗坏。夫天下事,其所当为者亦第为之而已。易石磴而木杠,而石梁,以渐而起也,人文之掩胜前流,其亦有然者乎。象邑虽僻处海隅,将其人士,必有因而踵起,争长于通都大邑者,正不第在区区津梁之修治已也。事有小而不可不书,以励其他者,此类是也。

三亹保善庵天灯记

三亹者,浙洋南北之中,帆楫之通衢也。两山夹峙如龛赭,中耸二屿,水势分而为三,故曰三门。亹者门也,在水曰亹。亹前礁石森立,流水内北则外南,内南则外北,及礁而分,故礁以分水名。舟行者不得径行前进,设遇昏夜,远近莫辨,辄随流旋转以触于礁,败坏死伤者先后相继;其愁惨有耳不忍闻,目不忍见者。庚辰之秋,方外显德托钵得百余金,设灯山巅,而构庵于其麓,商渔称便。乃节棁甫架,而资用已竭,木质剥蚀于风日霜露者,将近朽败。仙崖郑都督率师海上,今之施黄也。甲申仲秋,摄篆石江,见所为善之,而惜其不终,奋然以为己任。首捐鹤俸,公余躬自经营,不足则广为劝募。不日落成,焕然巍然,光明洞沏上下,开不夜城,入水晶域,行路者莫不以手加额,颂扬公德。两载以来,无有一船失事者。顾其地无香火资,则更置良田数区,以给住持饘粥,俾久远无匮乏。呜呼,都督之用心周、爱民至矣。夫三亹一盗薮耳,历数十载,为航海患,公既殳而平之,顾此天险,害甚于盗而力易于盗,地方长吏,分所宜为,而卒莫之为耶!以口口生,若有意留待公之举行者,何耶?以上官督责所不及而忘之口德,郑公赖其口乎,口乐而为之。秀山陈宝治撰文。

龙飞光绪十三年丁亥仲冬月立

注:仙崖郑都督即昌石营都司郑碧山字仙崖,广东新会人。

修造道路桥梁碑记

[清]龚泰尌

南田孤峙海中,自前明汤信国徙民入内地后,迄今封禁有年。光绪乙亥,浙江巡抚杨公昌浚奏,奉旨准开禁,檄杨君殿材招民开垦,玉环同知杜君冠英总理其事,知县易君镜清继之。十余年来,建牐筑塘,黎民聚处,惟道路桥梁尚未修造;每遇阴雨,泥深没胫,行旅兴叹。泰尌任石浦厅事,兼办南田垦务,有以成之,然工资既巨,独力难支。适楚南胡定坤率军驻防南田,因共商以兵力代匠工,泰嵙首捐银一百五十圆购办石料,贡生叶天镛、监生陈炳书、赵桂芳等劝募诸业户,同襄善举。经始于光绪十九年七月,竣工于光绪二十年三月。并于鹤浦埠、韭菜湾两渡口建设凉亭,为行人驻足之所。凡用银钱若干。计斯役也,以十数年未竟之工,不一载而告成功,初非泰嵙意料之所及。虽由防兵之力,亦由诸生善劝、业户乐输之所致。用将捐户姓名及银钱数,镌勒石端,俾昭公信。爰濡笔以记其巅末云。

光绪二十年岁次甲午仲春月

鹤浦航埠渡船碑记

昔我祖黄帝作舟楫以济川,印度释氏造宝筏以东渡,亦不外博施济众之遗意耳。如我鹤浦,乃南田第一埠也,西接龙泉,南及金七门,东至下湾门,四面环海,不便交通。惟北近象邑,与石浦仅隔一带泓,则商民往返皆借于此,实我南田全县之咽喉也。较台之海门、宁之江北岸、苏之上海、福之厦门、广之九龙、香港诸码头,亦无稍异;则汽车汽船何难设立。惜乎初建县治,人民稀少,商贩无多,为此权设航船以通出入。董事叶占先、金乔松、赵桂芳、王桂卿等禀准孙前任,出示立案。现今航舟往来石浦航艘过多,生计日绌,舵手难为谋,所在不无需索之弊,商民被累,啧有繁言,遇公则多方推诿,遇利则相持不下,遇忙则租船参夺,遇闲则各便私图,舵手商民,两方未便。先等爰集众议;舵手郑阿本等十六人,各航船一艘,常在该两埠轮流行驶,载送客货;并订定搭客每人收船价铜圆二枚,猪一只洋一角,黄牛每只洋两角,水牛每只四角,竹木柴炭米谷百货,小数每担照人给价,如系大数或独雇一船,当由该客人与舟主公同面谈,不得意外需索,至行趁人每舟限定三十七人,其余让后舟收给,并派驶次序,不许争先,又选总舵手一舟,以酬劳职务。其碑上无名者,不得私参图利。青训游至此,目击舟驶齐整,大有可贺,援笔挥毫,刊碑石以为序云。

民国二年岁次癸丑桃月下浣立。

象山东门岛灯塔记

东门岛兀峙海中,为象山石浦屏蔽,旧志所称天门山者是也。唐设昌国卫城于此。群岛罗列,岛北港口曰铜瓦门,岛南港口曰老东门,扼三门湾航路要津。每遇天雾夜霾,港门莫辨咫尺,海舶过此,惊涛险恶,咸视为畏途焉。岁乙卯春,岛人任筱和、筱孚兄弟,醵金建塔于岛之东南,指迷航路,遂庆安澜。己未秋,役人弗戒,塔屋被毁,筱和昆仲复商纪传长等集资扩筑三层灯塔,更就塔旁造屋七楹,以为司灯栖息之所,庖湢备具,工坚且固,前后共费万余金,不惜毁家以成善举。从此海波不惊,商人歌颂,而任氏兄弟乐善好义之风,遂与斯塔并垂不朽,万年无终极。长霖亦浙人,同庆怀焉,遂为之记,以诏方来,垂后世。

甲子孟秋之月　黄岩喻长霖并书

编者按:卫所建制,始自明初,非唐代。1352年(洪武十二年)舟山置千户所,十七年改卫,二十年徙象山东门岛,二十七年又徙后门山,即今昌国卫城。

新治桥记

南邑桃源乡之蟹厂,其地扼县境之枢,鹤浦河流通焉,中建木桥如长虹偃卧两岸,相距几十余丈。凡是金漆门、大南田、樊岙等处之赴鸭嘴达石浦者，靡不由此。行人往来，终日不绝，诚全邑之咽喉，行旅之关键也……。余于民国九年冬，檄权斯邑，下车之日，睹斯险状，即谋，所以重新之……。由余召集参事会，参事吴一忠、陈楚琛、郑瑞璋、王渝章，佐理员□尚文等会议……。余□筑斯桥之成而尤幸，各乡道路之修筑，就□将由此增市廛启阛阓招来航舶，以徐达于新民治之，希望且得高出先进富庶各县，而与鲁之青岛，粤之汕头、澳门并箸也，遂书以名斯桥焉。

署理南田县知事长沙陈炳业识
政务科长长沙杨霖书
中华民国十二年岁次癸亥孟夏月谷旦立

建造鹤浦码头记

民国十七年五月春，坤奉命出宰南田，道经沪上，访邑绅周萍回先生，询以治南之道，孰为最要。先生曰："邑之西有鹤浦焉，为全县咽喉地，亦为宁象南交通要区。乃轮舟到地，停泊无所，旅客上下，极感困难，盖无码头而接引之，而安顿之也。且是处水势奔腾澎湃，往来之人莫不凭小舟与波涛相上下，偶不经心，即葬鱼腹，计每年死于非命者不知凡几。"先生所云如是。嗟呼，人命之重而可漠然恝置若是乎！迨坤由沪莅浦，亲历其境，向之闻于萍回先生者，其言果不谬也。抵任后，即召集各乡绅商，讨论建筑鹤浦码头之举，众议咸是之。遂成立筹备委员会以专办其事，并分途劝募捐款，以图速观厥成。嗣因秋初风水为灾，中间停滞者三阅月，迨至十月初旬仍继续进行。一面动工，一面劝募，并经坤亲赴海门、石浦等处向各绅商业户积极劝助，而乐输者皆应缘而起，所谓人之好善，谁不如我者是也。自动工以至告竣，为时仅四阅月，用款不过二千三百余元。是役也，帮助最力者为周君萍回、郑君良存、蒋君朴堂、辛君鹤璋、郑君瑞璋、包君贤兴、张君钦士、袁君小侠、建设科科长潘君熙霞亦与有力焉。并承达兴轮船公司预备租金计洋五百元，永浦、临浦两轮船公司各慨助二百元，又承屈文六先生转捐一百元，此其荦荦大者。其余自一元至五角诸大善士，皆另立芳名，以垂不朽云。

中华民国十八年五月
南田县长毛皋坤立

募建鹤浦码头路亭记

鹤浦为全南咽喉，西接龙泉，南及金漆门，东至下湾门，北近象属之石浦。交通渐辟，轮舶增加，码头虽经修理，惟往来行人尚无息(歇)足之所，一遇狂风骤雨，困苦不堪言喻。本邑建设乏费，人所共知，势又不能因噎废食，深冀乐善君子慷慨解囊，俾资助补，早观厥成。其功德胜造浮屠，用留手泽，蒙荫庇直同广厦，普遍口碑。款不虚糜，事归实际，希集腋成裘，乃沿门而托钵。马负千钧，蚁驼一粟，诸君子各视其力以捐输，曷胜公感。

南田县政启
中华民国二十年四月二十九日

建筑鹤浦路亭捐资善士监工人员营造各匠题名録

碑不籍口,榜可洗心。极小构造,颇费经营。好义者探囊乐助,热心者任劳监工;孰运斤于此,孰圬墁于此,分别题名,与亭俱传。

计开

陈馀庆堂、张吉安、陈吉成各十元……

共计收入银三百三十一元又小银元五角

共计支出银五百二十八元六角

收支两抵计不敷银一百九十七元一角六分

是项不敷银由叶袁两君经募梁裕庭、许从香助修筑樊鹤路银五百元内拨付。

中华民国二十一年三月厉家祯刊列

顺德桥记

原系古白查渡口。清同治间筑蛎江桥,后移址其上。一九二九年募建拱桥,迭遭风暴,日见破损,至一九八七年台风中倾塌。幸有香港大业织造公司董事长沈炳麟先生,慨然输资兴建顺德桥于前址,长五十二米,宽五米,历数月完竣,遂为通途。过往行旅当铭记先生之盛德。

注:“清同治间”当为“明弘治间”。非台风中倾塌。

象山县人民政府

一九八九年十月　日

渔港路拓建纪略

渔港路始建于六十年代,时渔业兴起,每逢渔汛,苏浙闽沪渔船结集石浦港,而港岸曲折,锚泊拥挤,行旅不虞,镇上单位,遂于沿港处劈山填海,构筑便道。七十年代省水产部门投资建桥修路,于是南起百花洞,北至塘头港,长一点九公里,连成通途。至八十年代中期,经济发展,车人日增,道路狭窄且多卡口,屡发交通阻塞及伤人事故。一九八七年十一月,县、镇人民政府以重点工程,复行拓建,经勘察设计,分段施工,先后拆迁码头、道头十八处,征地扩建九千平方米,于港一侧打桩二千六百零八支,砌墙一万八千零六十四平方米,填方十万六千一百八十二立方米,浇敷水泥路面二万七千五百八十平方米,并南北展延,使全线总长达四点零四公里,路宽十八至三十五米,与之配套沿途又辟停车场二处,置浮码头二座,设菜场等四个,于一九九一年三月基本完工,总耗资七百七十六点八万元。如今大逵既成,绿带成荫,车人分流,坦荡如砥,尤以滨港公园景色宜人,观海听涛,是为佳处,古城石浦,大展新容,故略述始末,以照镇人。

石浦镇人民政府,1992年8月立

彭姥岭隧道工程碑记

象山自唐立县,历以彭姥岭为西出要道。七十年代,辟越岭公路,建象西线,沟通县外路网。八十年代,改革开放,经济发展,经省交通设计院与县交通局联合测设,省交通厅批准,于一九八七年十一月开工兴建。工程包括隧道及东西接线,总长3070米,按国家平原微丘二级公路标准施工。其中隧道长660米,全衬砌,全照明,净宽12米,高6米,下敷双道混凝土隔离带。东口为三向曲面塔形建筑,西口为仿古丹城城门。东接线建互通式立交桥,长131米,宽13米,计15孔。主桥孔跨径14米,余皆8米。县政府专设指挥部组织实施,由温岭县交通工程公司承建隧道开掘与衬砌,象山县交通工程公司承建东面部分隧道开掘及直墙衬砌,象山县第二建筑工程公司承建明洞衬砌、东西洞口、立交桥及接线路面。施工期间,因洞内及西洞口地质复杂,先后塌方、滑坡百数次,且伴发强风化层冒顶崩塌四次,情势险恶。工程建设者发扬拼搏精神,克服重重困难,历时五载,耗资千万,终成通衢,于一九九二年十一月十一日通车。象山自此结束翻山进出历史,可谓:开凿凝神功,大逵贯西东,车流穿梭过,山县沐春风。特立是碑,以昭往来。

象山县人民政府,1992年11月11日

蜊门港大桥记

象南石浦,浙洋重镇。千古良港,四岛并列,南田、高塘兀峙海外,尤为南洋要冲,物阜民殷,历为开发重点。然隔港对峙,交通阻梗,经济开发滞后。1991年12月,县人民政府顺乎民情,放眼未来,决定兴建石浦—南田—高塘陆岛交通工程。蜊门港大桥坐落于姑娘寨与蜊门头之间,横跨海峡,为其关键工程之一。1993年2月成立石南高工程办公室大桥工程组,承交通部和当地鼎助,着手筹建。请同济大学建筑设计院桥梁分院设计。次年6月动工,由交通部第三航务工程局第四工程公司承建。主孔桁片分四十二个单元二百五十一件预制构件,合拱结构新颖,加之港深50米,潮流湍急,两岸岩石裸露,场地狭窄,水陆运输不便,施工技术难度较大。六十四位架桥工人、技术人员,不怕困难挫折,采用两向逐段浮吊悬拼新工艺,夜以继日,连续拼搏,历时13个月,于1995年7月21日晨5时合拢,9月底竣工通行。系预应力混凝土箱形组合桁架拱桥,长219米,面净宽9米,主孔净跨150米,通航高程24.65米,荷载汽车-20级,挂车-100,总耗资900万元(应为1077万元),为国内最大跨径桁式跨海大桥。从港面望去,一桥凌空飞架,气象万千,势若长虹,其下洪流滔滔,烟波浩淼,金光攒闪,气吞山海。自此,两岛连成一体,利国惠民,泽被后世。

象山县人民政府1995年10月立、县人林志龙撰

浮礁渡大桥记

大塘岛方圆十平方公里,东北隔大塘港,与内陆相望。清嘉庆五年始围垦开发,历两百年,民殷物阜,人口逾万。自古岛陆赖木船摆渡,每遇风暴,交通阻滞,覆舟堪虞。改革开放以来,政通人和,经济繁荣。一九九二年大塘并入定塘镇,建桥呼声益烈。镇人民政府顺应民意,数上书陈情,得上级俞允。一九九四年,经宁波市交通委员会批准立项,为大塘岛陆岛交通工程之一。县成立工程领导小组,请市交通设计研究院设计,县市政工程公司承建。一九九六年三月二十日兴工,各方协同,夙夜奋战,于翌年五月二十八日落成通车。系钻孔桩基双柱式墩台,桥面九跨二十五米简支预应力空心板,钢混结构。总长232.88米,宽10米,高5.5米。耗资五佰万元(应为850万元)。自此长桥卧波,不雾而虹,人无风涛之忧,物无濡滞之困,开陆岛交通新篇章。

定塘镇人民政府1997年10月立,邑人林志龙撰

重修东门岛灯塔记

民国初,里人任公筱和、筱孚醵资建东门岛灯塔,舟旅称便。历数十年,几遭劫难,亭阁殆尽,鱼池废弃,塔墙壁立,顶部岌岌可危。去岁秋,乡人缅怀古岛先贤,善承任氏昆仲好义之风,动议编撰东门岛史话,兴爱乡爱国教育之举。遂集资重修灯塔及两难先生墓,得县文物管理委员会临场指导。至今年10月竣工,耗资10万元。塔依原样修复,旁造屋3间,辟为天门馆,藏东门古今文物图籍,以壮景观。使永存于天地间,供人观瞻,传惠不息。是为记。

象山县人民政府一九九八年十一月

林志龙撰

李高渭碑记

李公讳高渭,字清夷。久森公第二子。祖居北仑小港,清初徙象邑刘家岙,后迁丹城青草巷。光绪十七年三月初四生。公魁伟俊逸、天资聪颖,处世有礼有节;清末民初,就读上海吴淞商船专科学校,学识超人。毕业后,就职宁波三北轮船公司,始任大副,继升船长,往返甬沪;拓申汉、申渝线;嗣驾外轮,远涉寰内,卓然有声。

鸦片战争后,列强霸我航海权,无一中国籍领港。民国肇基,闻沪上招考,欣然往试,高登榜首。宁波同乡会喜赠"中国第一领港李高渭"金匾(后移上海海员工会),报称"航海盖世英雄",名扬中外。公益忠职守,培植后继,奋进不息。因劳累过度,终以肺结核病重返乡,遽于民国十九年二月十三辞世,年三十九。

夫人黄方孟,海塘黄家人,光绪二十年十一月廿八生,温文贤淑,一九八四年正月廿二逝于武汉,享年九十。育子二:厚玠(风),厚球(度、原永);女三:淑芝,淑慧,三宝。

厚球娶姜梅坞先生女树梧,育子二:瑷瑷,光华;女三:光美,光敏,光旭。光华娶曾昭云,有子明洁;明洁娶刘琼,有子伟成。光美适上海张虎根,有子浩;光敏适上海王聪,有子俊,女晓敏;光旭有女李明珠。

淑慧适墙头欧世洪,有国夫、国柱、国强三男。

公卒,嘱葬故里河东刘家岙山麓。夫人灵柩亦护迎返乡,与公合茔。

铭曰:志无不能,才无不成,旷前启后,彪炳千古;英年早逝,缅怀无期。

林志龙　敬撰

公元二零零九年八月十五日

编 后 记

2006年11月,根据浙江省交通厅和宁波市交通委二轮修志工作部署及象山县委、县政府有关文件精神,结合境内交通实情,县交通局决定重修《象山县交通志》,成立编审委员会。时任局长柯建国为主任,副局长张理振、林旺增、樊普定、杜建民为副主任,系统有关领导及企事业单位负责人为委员,特聘县文史专家林志龙、前县交通志主编竺桂良为顾问。下设编纂小组,组长林旺增,副组长蒋宪曙、徐勇。自此,编审委遂着手组织发动、落实人员、分解任务。编纂小组始发凡起例、草拟纲目、搜集资料。采编人员专访有关部门、单位广征博采,深入实地调查考证,整理、收集各类资料数百万字。2009年,完成《象山县志(2008)》交通篇稿。2011年,撰交《宁波市交通志》象山县篇稿。与此同时,交错撰写本志初稿。期间,因人事更迭,先后二次调整编审委成员。2011年2月,增补副局长邓夫琪、黄建国、龚根宝为副主任,杜建民兼编纂组长。翌年9月,新任局长袁廷春为主任,增张赛君、包春成、蒋连红、朱建新、蒋宪曙为副主任。是月,形成征求意见稿。是年10月,编审委召开内部初审会议,征求、核实资料,提出修改、补充意见。嗣后,根据内审意见,调整篇目,删繁补缺,分解下发所属部门、单位核实。2013年3月,通过内部复审,形成送审稿,约80万字。是年11月,通过市交通志编审委组织的专家、学者终审。2014年8月脱稿付梓,历时七载有余。

本志编纂过程中,县交通局和省交通厅、市交通委领导非常重视、关心与支持。市交通志主编钱起远、本志顾问林志龙、竺桂良悉心指导。县发改局、县经信局、县建设局、县档案局、县科学技术局、县物价局、县志办、象山海事处、象山航标站、象山港大桥工程象山指挥部及县属交通运输企事业单位鼎力相助,提供史料。2014年4月30日至6月5日,原交通部体改法规司副司长、巡视员付国民先生审查书稿,提出了许多很有见地的修改意见并赋诗一首:交通伟业——甲午端午读《象山县交通志》重修稿有感:象山交通多奇葩,明显缓解气力大,基本适应叹不足,适度超前现代化。

值此定稿付梓之际,一并致以崇高敬意和谢忱。囿于专业知识、编纂水平、人员配备,谬误疏漏之处定所难免,敬请阅者赐教匡正。

编 者

2014年6月

参考文献

[1] [宋]罗濬.宝庆四明志[M].台北:成文出版社,1983.
[2] [宋]梅应发.开庆四明续志[M].台北:成文出版社,1983.
[3] [明]毛德京.嘉靖象山县[M].上海:上海书店,1990.
[4] 罗士筠.民国象山县志[M].上海:上海书店,1993.
[5] 吕耀钤,等.民国南田县志[M].上海:上海书店,1930 .
[6] 象山县志编纂委员会.象山县志[M].杭州:浙江人民出版社,1988.
[7] 杜冠英.南田风土志[M].成稿于同治九年(1870 年).
[8] [日]东亚同文会.支那省别全志·浙江卷[M].东京:东亚同文书院,1920.
[9] 班思德,李廷元.中国沿海灯塔志[M].上海:海关总税务司公署统计科,1933.
[10] [清]倪象占.蓬山清话[M].北京:中华书局,2010.
[11] 南田县政府.南田县政府年刊[M].南田县政府,1931.
[12] 纪经训. 纪子庚先生孝义录[M].民国 13 年.
[13] 象山县地名办公室.象山县海域地名简志[M].内部印发,1987.
[14] 作者不详.中国沿海航标表[M].天津:中国人民解放军海军司令部航海保证部,1986.
[15] 宁波市政协文史资料研究会.宁波文史资料[M].宁波:宁波市政协文史资料研究会,1984.
[16] 象山县文史资料委员会.象山近百年史事胜录[M].象山:象山县文史资料委员会,1988.
[17] 童孟.神秘的航标灯[M].北京:海洋出版社,1983.
[18] 三门县交通局.三门县交通志[M].三门:三门县交通局,1990.
[19] 浙江省方志办.重修浙江通志稿[M].北京:方志出版社,2010.
[20] [明]周希哲,张时徹.嘉靖宁波府志[M].台北:成文出版社,1983.
[21] [清]王莳蕙.抱泉山馆诗文集[M].清光绪二十七年铅印本(1901).
[22] [明]张时徹,周希哲,曾镒.宁波府志[M].嘉靖三十九年.
[23] 象山县建设志编纂委员会.象山县建设志[M].北京:方志出版社,2004.
[24]《象山县地名志》编委会.象山县地名志[M].杭州:浙江人民出版社,1995.
[25] 余维新.象山县渔业志[M].北京:方志出版社,2008.
[26] 象山县政协文史资料委员会.创业漫忆[M].象山:象山县政协文史资料委员会,1999.
[27] 象山县海洋与渔业局渔业志编纂办公室.象山县渔业志[M].北京:方志出版社,2008.
[28] 象山县交通志编纂委员会.象山县交通志[M].北京:海洋出版社,1992.